ROBERT GELLATELY

A MALDIÇÃO DE STALIN

Tradutor
Joubert de Oliveira Brízida

1ª edição

EDITORA RECORD
RIO DE JANEIRO • SÃO PAULO
2017

CIP-BRASIL. CATALOGAÇÃO NA PUBLICAÇÃO
SINDICATO NACIONAL DOS EDITORES DE LIVROS, RJ

G282m

Gellately, Robert
   A maldição de Stalin: o projeto de expansão comunista na Segunda Guerra Mundial e seus ecos para além da Guerra Fria / Robert Gellately; tradução de Joubert de Oliveira Brízida. – 1ª ed. – Rio de Janeiro: Record, 2017.

   Tradução de: Stalin's curse: battling for communism in war and cold war
   Inclui bibliografia e índice
   lista de abreviaturas e glossário
   ISBN 978-85-01-40378-0

   1. Stalin, Joseph, 1879-1953. 2. Segunda Guerra Mundial, 1939-1945. 3. Guerra Fria. I. Título.

16-37170

CDD: 940.531
CDU: 94(100)'1939/1945'

Copyright © Robert Gellately, 2013

Título original em inglês: Stalin"s curse: battling for communism in war and cold war

Todos os direitos reservados. Proibida a reprodução, armazenamento ou transmissão de partes deste livro, através de quaisquer meios, sem prévia autorização por escrito.

Texto revisado segundo o novo Acordo Ortográfico da Língua Portuguesa.

Direitos exclusivos de publicação em língua portuguesa para o Brasil
adquiridos pela
EDITORA RECORD LTDA.
Rua Argentina, 171 – 20921-380 – Rio de Janeiro, RJ – Tel.: (21) 2585-2000, que se reserva a propriedade literária desta tradução.

Impresso no Brasil

ISBN 978-85-01-40378-0

Seja um leitor preferencial Record.
Cadastre-se em www.record.com.br
e receba informações sobre nossos
lançamentos e nossas promoções.

EDITORA AFILIADA

Atendimento e venda direta ao leitor:
mdireto@record.com.br ou (21) 2585-2002.

Para Marie

Sumário

Abreviaturas e glossário   9

Mapas   11

Introdução   15

PARTE I: A REVOLUÇÃO STALINISTA

1. Fazendo a Revolução Stalinista   33
2. Eliminação de ameaças internas à Unidade Socialista   49
3. Guerra e ilusões   61
4. Objetivos soviéticos e concessões ocidentais   85
5. Conquista da Europa Oriental   107
6. O Exército Vermelho em Berlim   127
7. Restauraçao da ditadura stalinista em uma
nação despedaçada   143

PARTE II: SOMBRAS DA GUERRA FRIA

8. Stalin e Truman: falsos começos   163
9. Potsdam, a bomba e a Ásia   185
10. Retaliação soviética e julgamentos pós-guerra   205

11. Retaliação soviética e grupos étnicos	227
12. Reafirmação da ideologia comunista	245

PARTE III: A GUERRA FRIA DE STALIN

13. Novos regimes comunistas na Polônia e Tchecoslováquia	263
14. O padrão das ditaduras: Bulgária, Romênia e Hungria	283
15. Comunismo na Iugoslávia, Albânia e Grécia	303
16. A morte do comunismo na Europa Ocidental	323
17. Alternativas de Stalin e o futuro da Europa	345
18. Fracassos stalinistas: Iugoslávia e Alemanha	363
19. O olhar para a Ásia a partir do Kremlin	383
20. Novas ondas de stalinização	403
21. O último desejo e o testamento de Stalin	423

Epílogo	443
Agradecimentos	453
Abreviaturas nas notas	455
Notas	457
Índice	535

Abreviaturas e glossário

Bolcheviques	"Maioria" do Partido Operário Social-Democrata Russo (POSDR)
Comitê Central	Órgão Supremo do Partido Comunista Soviético, eleito pelos congressos do partido
Cheka (ou Vecheka)	Chrezvychainaia Kommissiia (Comissão Extraordinária), polícia secreta soviética original, 1917-22; os membros da polícia secreta continuaram sendo, mesmo depois, chamados de chekistas
Cominform	Bureau Comunista de Informação, fundado em 1947 como sucessor do Comintern
Comintern	Internacional Comunista, organização fundada em 1919
GPU-OGPU	Gosudarstvennoe Politicheskoe Upravlenie (Administração Política do Estado) – Obedinennoe Gosudarstvennoe Politicheskoe Upravlenie (Administração Política do Estado Unificado), a polícia secreta, 1922-34
Secretário-Geral	Título de Stalin como chefe do Comitê Central do Partido Comunista Soviético, na verdade como chefe do governo e líder do país
gulag	Glavnoe Upravlenie Lagerei (Administração Geral dos Campos de Trabalho Correcional), responsável no final pelos campos soviéticos de concentração
Kremlin	Conjunto fortificado de edificações em Moscou; também, residência oficial do chefe do governo soviético; e, ainda o governo soviético

kulaks	Camponeses "ricos"
lichentsy	Povo soviético "sem direitos"
NEP	Nova Política Econômica (1921-29), introduzida por Lenin
NKVD	Narodnyi Komissariat Vnutrennikh Del (Comissariado do Povo para Assuntos Internos), a polícia secreta; em 1934, a OGPU foi reorganizada dentro do NKVD e denominada GUBG/NKVD
Politburo	Principal órgão do Comitê Central do Partido Comunista Soviético
Pravda	Principal jornal dos bolcheviques; mais tarde, jornal semioficial do Partido Comunista Soviético
Sovnarkom/SNK	Conselho de Comissários do Povo, órgão governamental criado pela Revolução Russa; sucedido em 1946 pelo Conselho de Ministros
Soviet	Palavra russa para "conselho"
Stavka	Comando principal das forças armadas soviéticas
TASS	Agência Telegráfica da União Soviética, distribuidora oficial de notícias
Vojd	Líder, correspondente ao *Führer* alemão
Wehrmacht	Forças armadas alemãs

Mapas

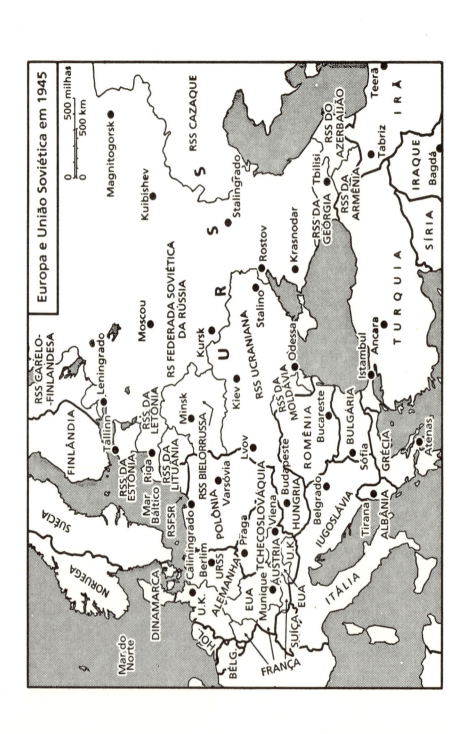

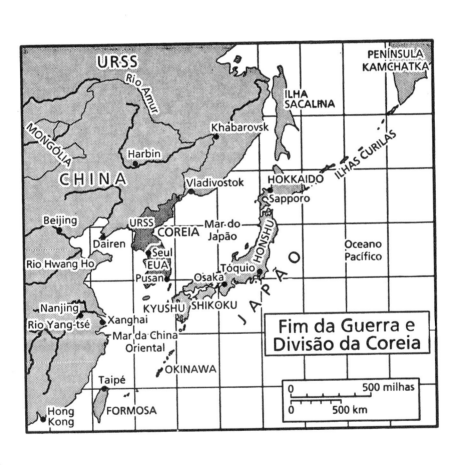

Introdução

Ninguém poderia ter adivinhado através das fotos tiradas pela polícia secreta russa quem era um dos suspeitos presos na virada do século XX. O jovem barbudo estava imundo e parecia meio chegado à malandragem, mas suas feições revelavam arraigada e diabólica maldade, até mesmo raiva e ressentimento. A polícia o conhecia como Josef Vissarionovitch Djugashvili, um sujeito problemático, ativista de sindicatos, marxista renegado, e já o havia prendido diversas vezes e o exilado para o Leste. De lá, ele escapava e voltava para perturbar sua nativa Geórgia, no Cáucaso. Era membro do Partido Operário Social-Democrata Russo e havia atraído a atenção de Vladimir Lenin, líder da facção bolchevique. Em 1912, o jovem incitador adotara o nome de guerra *Stalin*, que significava "Homem de Aço". Ele se destacara nos entreveros políticos daqueles tempos e, em especial, por seus escritos, notavelmente sobre o importante e explosivo tema da nacionalidade no Império Russo.

No fim de 1913, a polícia o prendeu de novo, decidiu que já não o suportava mais e o mandou para os confins da Sibéria. Lá ele iria permanecer até o começo de 1917, quando toda a estrutura do regime tsarista começou a desmoronar — não em razão de qualquer coisa que Lenin e seu diminuto bando de seguidores tivessem feito. A exemplo de Stalin, a maioria dos principais líderes bolcheviques também estava no exílio.

A inexorável energia revolucionária de 1917 era gerada pela Grande Guerra. Embora no início muitos julgassem o conflito armado uma questão nobre e patriótica para a Rússia Imperial, os anos de intermináveis mortes e sacrifícios, aliados aos descontentamentos no front doméstico, acabaram fazendo o que diversas décadas de dedicados rebeldes não tinham sido capazes de realizar. A reação contra a guerra escancarou as comportas de uma revolução social primária que levou de roldão o tsar Nicolau II em fevereiro de 1917 e possibilitou a volta dos bolcheviques para aquilo que Lenin chamou de "o país mais livre do mundo". Quando o Governo Provisório deu prosseguimento à guerra sem mais sucesso que o tsar, a revolução golpeou novamente em outubro, dessa vez sob a liderança de Lenin. Como esperado, Stalin tornou-se comissário das nacionalidades no novo governo, importante cargo no império multinacional da ocasião.

O homem que iria chefiar o Kremlin por cerca de três décadas nasceu em Gori, na Geórgia, em 6 de dezembro de 1878 (18 de dezembro no calendário gregoriano), embora normalmente dissesse que a data de seu nascimento era 21 de dezembro de 1879. Talvez tivesse trocado essa data para fugir da convocação, mas ele sempre foi bastante reservado quanto ao seu histórico familiar, e as biografias oficiais que inspirou, publicadas em milhões de exemplares antes e depois da Segunda Guerra Mundial, devotam pouco mais de uma dezena de linhas à sua família e à sua criação.

Quando Lenin adoeceu em 1921 e foi forçado a passar muito tempo fora de Moscou no ano seguinte, começou uma batalha interna na elite do partido pela sucessão do idolatrado líder. Stalin se encontrava bem posicionado nos comitês e ganhou adeptos por causa de seu profundo compromisso com o leninismo e sua paixão pelo ideal comunista, combinados com um pragmatismo e rigor políticos que Maquiavel teria apreciado.

Onde teria ele encontrado a missão à qual devotou sua vida e que dominou tudo o mais? Passada apenas uma semana da morte de seu herói em 1924, em um discurso proferido na escola militar do Kremlin, Stalin atribuiu sua "irrestrita fé" no comunismo a Lenin. Citou a *Carta a um camarada*, um breve panfleto escrito por Lenin em 1902. Ele a recebera pelo correio no ano seguinte enquanto definhava em um de seus exílios no Leste, antes de entrar na vida de Lenin. Apesar de ter dito à audiência que o panfleto chegara acompanhado de uma carta pessoal do autor, não houve tal mensagem. É possível que naquela oportunidade, ou em reflexão posterior, Stalin tivesse sentido, de uma maneira estranha e compulsiva, que a *Carta* havia sido escrita só para ele. Foi como uma epifania o seu encontro com uma nova fé, e, olhando para trás, ele lembrou-se de que o panfleto havia lhe causado "uma impressão indelével que jamais me abandonou".[1]

INTRODUÇÃO   17

A breve "carta" de Lenin muito se assemelha ao esboço de uma organização terrorista moderna, e inclui as linhas gerais de um novo tipo de Estado que deveria ser instalado. A visão ia bem além de qualquer coisa até então descrita na literatura socialista. Na cabeça da organização deveria haver um "grupo executivo especial e bem pequeno", a vanguarda que lideraria o caminho para o futuro. Mais tarde, na União Soviética, esta elite seria chamada de bureau político (ou Politburo). Dela fariam parte Lenin e, significativamente, também Stalin. Abaixo do "grupo executivo", visualizava o panfleto, estaria um comitê central dos mais talentosos e experientes "revolucionários profissionais". Ramos locais disseminariam propaganda e estabeleceriam redes, e como uma antevisão do porvir, haveria um forte controle centralizado.

Se o leninismo proporcionava a fé e a grande ideia, quando Stalin teria cruzado a fronteira psicológica de querer matar em nome delas? Logo depois de maio de 1899, na ocasião em que foi expulso da escola secundária, na verdade um seminário, ele se envolveu com a política trabalhista na capital da Geórgia, Tiflis, e na sua segunda cidade mais importante, Batumi. Penetrava num mundo violento, sobretudo após uma grande greve ferroviária em agosto de 1900. A polícia frequentemente atirava contra os grevistas e tentava se infiltrar em suas fileiras. Os trabalhadores reagiam com represálias selvagens, inclusive mutilações e assassinatos de membros da direção de certas companhias. A cumplicidade de Stalin com uma primeira dessas mortes foi retraçada a 1902. Contudo aqui, como em diversos casos subsequentes do período pré-1914, não temos evidências concretas.[2] O partido no Cáucaso condenava o anarquismo e o terrorismo gratuito, o que, por certo, não era garantia de que não procurasse se livrar de espiões policiais.[3]

Até ser expulso para a Sibéria em 1913, Stalin "não era notavelmente diferente de outros revolucionários no comportamento, pensamento e moralidade".[4] Quando retornou do exílio em 1917, ele logo foi alçado a uma posição de autoridade, e em especial na guerra civil que se seguiu até 1921, acompanhou de perto toda a sucessão de eventos — como comissário, porta-voz do governo e jornalista do partido. Serviu como um dos solucionadores de problemas para Lenin e, em julho de 1918, estava em Tsaritsin cumprindo uma missão. Foi lá que, pela primeira vez, ordenou execuções na qualidade de membro do novo governo.[5] Talvez já o tivesse feito antes, porém os anos de guerra civil representaram novo estágio em sua carreira revolucionária, e Tsaritsin era especial. Como se admitisse isso, ele permitiu que seus camaradas de governo Mikhail Kalinin e Abel Yenukidze sugerissem renomear aquela cidade do Volga em sua homenagem para Stalingrado.

O envolvimento de Stalin em execuções de inimigos políticos patrocinadas pelo Estado pode ser rastreado à guerra civil, mediante o Grande Terror dos anos 1930, passando pela Segunda Guerra Mundial, até à Guerra Fria. Seguidor escrupuloso dos ensinamentos de Lenin, ele encarava a violência como ferramenta que o revolucionário habilidoso deveria utilizar com eficiência contra inimigos poderosos, ou seja, os capitalistas e seus apoiadores. Aparentemente, matava sem remorsos sempre que isso o ajudasse a conseguir o que queria, embora tivesse empregado com mais frequência a velha arma tsarista de deportar inimigos e até mesmo grupos étnicos inteiros considerados "inimigos". Em particular durante os anos 1930, a violência ganhou um ímpeto tão próprio que tornou-se contraproducente. Em razão disso, Stalin encurtou-lhe as rédeas.

É plenamente possível que Stalin tenha sido ou se tornou um psicopata, como afiançou recentemente Jörg Baberowski em um relato voltado para o terror dos anos 1930. Mas Baberowski decerto se equivoca quando alega que Stalin "simplesmente gostava de matar" e que para ele "a violência era um fim em si mesma" sem relação alguma com a ideologia ou os motivos dos perpetradores.[6] Ao contrário, como mostro, a ideologia marxista-leninista conforme interpretada por Stalin orientava os homens dos altos escalões, assim como inspirava outros muitos milhões. As interpretações de Stalin dos textos sagrados afetaram profundamente as políticas econômica, social, cultural e exterior do país. A vida de cada cidadão foi transformada.

O stalinismo foi mais que terror, e suas ideias dominaram a União Soviética e a Europa Oriental pelas décadas seguintes. A influência de Stalin afetou outros regimes comunistas no mundo, como o da China, por exemplo. Em 1949, Mao Tsé-tung começou seu mando como cópia consciente do modelo stalinista e, nos seus primeiros três anos, ele e seus seguidores, segundo um historiador, "forjaram mais mudanças na estrutura social da China do que as ocorridas nos dois mil anos anteriores".[7]

Embora a constituição do psiquismo de Stalin talvez tivesse ocorrido bem cedo, demorou algum tempo para que suas propensões mais cruéis se

INTRODUÇÃO 19

revelassem. Nos anos 1920, ele se tornou identificado por fazer "o socialismo em um só país", adaptação moderada da teoria marxista-leninista "ortodoxa", que afirmava ter a revolução russa que se alastrar para o Ocidente, além de suas fronteiras, a fim de se conservar viva. Nas circunstâncias criadas após a morte de Lenin, a onda vermelha espalhou-se por todos os cantos da Europa, mas, na Rússia, a abordagem "de um só país" continuou atraente até para os militantes, que se concentraram em manter o sistema soviético ativo e operante. Pelo fim da década, Stalin começou a conceder urgência especial àquilo que se tornou o grande projeto de modernização nacional. Fomentou a indústria, introduziu a coletivização na agricultura e sancionou o uso do terror contra quem quer que obstruísse o caminho. Bons bolcheviques e ex-aliados que aconselharam moderação, como Nikolai Bukharin, passaram a ser suspeitos, foram colocados à margem e diversos deles encontrariam a morte alguns anos mais tarde.

Certamente é notável que, independentemente de suas diferenças políticas, ninguém na hierarquia soviética, por certo nem Stalin tampouco Bukharin, jamais desistiu do sonho de Lenin de levar a grande verdade ao resto do mundo. Os bolcheviques se vangloriavam de estar na vanguarda de um grande movimento socialista internacional que sobrepujaria ódios e guerras nacionalistas. Lenin jurara em 1919 que, após as revoluções comunistas varrerem a Europa Ocidental e além dela, os marxistas criariam no final uma "República Federativa Mundial de Sovietes", na qual todos os Estados seriam independentes e fraternalmente vinculados a Moscou.[8] Um ano mais tarde, Stalin pensava que os novos Estados comunistas do futuro, como "as soviéticas Alemanha, Polônia, Hungria, Finlândia" e assim por diante — antecipando o sucesso das revoluções de esquerda — não estariam prontas "para entrar de imediato em laços federativos com a Rússia soviética". Considerava ele que "a forma mais aceitável de abordagem [para tais Estados] seria uma confederação (uma união de Estados independentes)".[9] No entanto, por fim, eles seguramente fariam parte de algum tipo de Império Vermelho.

De acordo com Lenin, guerras entre capitalistas eram endêmicas e, mais cedo ou mais tarde, o novo regime soviético, já cercado por essas potências, seria atacado. A variante de Stalin para o tema era acelerar as grandes mudanças e entrar na batalha apenas para vencer como "o sorridente terceiro homem numa briga". A teoria quase conduziu ao desastre em meados de

1941 quando, graças aos incríveis erros do Kremlin, o ataque de Hitler pegou a União Soviética desprevenida e a empurrou para a beira da derrota.

Mesmo assim, Stalin logo teorizou que Hitler estava, sem querer, desempenhando um papel revolucionário. Segundo esta versão atualizada do Kremlin, a destruição desencadeada pelos alemães logo presentearia os comunistas com a primeira oportunidade genuína desde a Grande Guerra de retomar o antigo imperativo leninista de levar a revolução ao mundo. Neste livro, descrevo como Stalin e seus camaradas tentaram capitalizar a intensa paixão e os conflitos políticos da guerra contra os fascistas e como, ao fazê-lo, desempenharam um papel fundamental em provocar a Guerra Fria e uma corrida armamentista.

Já nos anos 1930, Stalin se tornara um ditador em tudo menos no nome e tendia a empregar o terror como método para governar, justificando-o como maneira de preservar a revolução de seus inimigos internos e externos. Ao mesmo tempo, ele e outros fomentavam um culto à liderança que o transformou em uma espécie de deus. Inspiravam ativistas em casa e no estrangeiro, assim como simpatizantes em todo o mundo. Na esteira da Segunda Guerra Mundial e com sua ajuda, alguns discípulos impuseram regimes de estilo stalinista, que variavam na severidade e na repressão por uma série de razões que explicarei. Em lugar algum, todavia, poderia qualquer desses sistemas permitir que liberdades democráticas sobrevivessem, tanto que bem depois de Stalin ter deixado esta vida, muitos milhões de pessoas aguentaram nos ombros seu legado como carga pesada, até mesmo uma maldição.

No presente livro, delineio as origens desse infortúnio desde o seu período de incubação, que se estende dos primeiros dias da Segunda Guerra Mundial em 1939 até o falecimento de Stalin em 1953. Examino o papel central que desempenhou nesses anos plenos de eventos, quando ele e seus seguidores batalharam pelo comunismo na Europa e em todo o mundo. Revisitei fatos mediante consulta a uma ampla gama de documentos originais russos e a outras fontes do Leste Europeu, liberados após o desmoronamento da União Soviética, bem como a outros documentos alemães, americanos e ingleses.

Os historiadores têm oferecido interpretações conflitantes sobre o envolvimento de Stalin na Guerra Fria, e vale a pena ressaltar como a análise deste livro difere das outras.

INTRODUÇÃO 21

O primeiro esforço sistemático para explicar o comportamento da União Soviética no período imediato do pós-guerra foi o altamente influente relato de George F. Kennan. Em 1946, como diplomata mais antigo na embaixada dos EUA em Moscou, ele se preocupou com a falta de reação de Washington à agressividade soviética e enviou um longo telegrama ao seu país, tentando mostrar o que realmente se passava. A "neurótica visão do Kremlin sobre as questões mundiais", disse ele, era na essência pouco mais do que o "tradicional e instintivo senso russo de insegurança" travestido no "novo disfarce de marxismo internacional". Eles eram os mesmos velhos russos, só que agora sua retórica marxista lhes proporcionava uma "folha de parreira" de "respeitabilidade moral e intelectual".[10] Kennan enfatizou a continuidade de séculos na história russa, minimizou a ideologia comunista e deu realce às características tsaristas do governo de Stalin e da política externa soviética.[11] Tal perspectiva, no fim, veio a ser denominada de escola "tradicionalista" nos estudos da Guerra Fria. O próprio Kennan permaneceu resoluto em sua determinação de minar o papel da ideologia em favor do foco na estratégia internacional e na política do poder.[12]

É definitivamente verdade que, em suas tratativas com o Ocidente durante o período de guerra, Stalin não emitiu um sussurro sequer de suas teorias revolucionárias; tampouco ofereceu a menor indicação das profundas convicções que tinha da distância entre os comunistas e os que rotulava de capitalistas, imperialistas e fascistas. Em vez disso, escondeu escrupulosamente suas paixões políticas e formulou demandas para o acordo pós-guerra exclusivamente em nome da preservação da segurança de seu país.

Não obstante, o foco "tradicionalista" na política do poder internacional interpreta equivocadamente as intenções e valores de Stalin. Meu livro contesta os critérios de tal ênfase e sublinha a importância das convicções ideológicas do líder soviético. Como mostro, os ensinamentos marxistas-leninistas estavam por trás de tudo em sua vida, da política à estratégia militar e aos valores pessoais. Ele se via como tudo menos uma versão atualizada de um tsar russo dos velhos tempos. Por exemplo, em 1936 e num rotineiro formulário interno do partido, Stalin descreve seu "cargo" como "revolucionário profissional e organizador do partido".[13] Estas palavras refletem certa verdade, se bem que, naquela ocasião, ele estivesse no ápice do poder por mais de uma década e fosse o chefe dos chefes, operosamente construindo o culto à sua própria liderança.[14]

No fim dos anos 1950 e em especial durante os 1960, os historiadores americanos questionaram a abordagem tradicionalista. Estes "revisionistas" começaram por clamar que o conflito Oriente-Ocidente surgira principalmente porque a União Soviética fora forçada a se defender contra a agressividade dos Estados Unidos. Estes autores afirmaram que a procura americana pela expansão da "política de portas abertas" só fizera forçar a URSS a lutar contra isso.[15] Os documentos mostram que, muito pelo contrário, Moscou tomou todas as primeiras iniciativas e que, na realidade, o Ocidente foi tristemente complacente até 1947, quando a sorte já estava lançada.

Embora tivessem existido diversas variedades de revisionismo, todos eles clamam que a responsabilidade primordial pela emergência da Guerra Fria coube aos Estados Unidos. As contendas dentro do revisionismo tendem a se concentrar em questões de importância secundária. Por exemplo, alguns alegam que os americanos não foram motivados por questões econômicas ou de aquisições e sim por "idealismo da política externa". Tais estudiosos censuram Washington por ter provocado "o ímpeto crucial para a escalada" do conflito Oriente-Ocidente ao recusar "reconhecer" a validade das solicitações soviéticas por uma "zona de segurança".[16] Porém, essas avaliações não levam em conta as consequências de qualquer daquelas concessões, nem ponderam se era possível tranquilizar Stalin. De qualquer modo, em vista das dezenas de estados ao longo das fronteiras da URSS, garantir sua demanda por tal zona teria significado forçar muitos milhões de pessoas a se submeterem ao domínio de Moscou. E como Stalin demonstrou vezes sem conta, ele não se preocupava com o que os americanos teorizavam sobre seus motivos, desde que não colocassem empecilhos à consecução daquilo que desejava.

Uma variante no tema revisionista afiança que a Guerra Fria foi deflagrada pela má interpretação americana das intenções de Moscou, em consequência da qual os Estados Unidos reagiram exageradamente e obrigaram a União Soviética a entrar em ação, em um "caso clássico de profecia autorrealizável".[17] Os documentos revelam, é claro, que Stalin se orgulhava de iludir deliberadamente a Casa Branca.

Os principais argumentos dos revisionistas não resistem às análises, e aqui concordo com historiadores russos como Vladislav Zubok e Constantine Pleshakov que reiteram, com razão, que o Kremlin não era

INTRODUÇÃO 23

apenas reativo ao Ocidente e sim contemplava ambições maiores do que simplesmente garantir as fronteiras.[18]

Neste livro, afirmo que a ofensiva ideológica comunista começou em agosto de 1939 e persistiu durante a guerra contra Hitler. Os Aliados ocidentais, longe de serem agressivos demais com seu parceiro após junho de 1941, acomodaram-se visivelmente. O presidente Franklin Delano Roosevelt buscou com persistência entender a posição soviética e simpatizar com ela; chegou a fazer vista grossa para minimizar os horrendos métodos soviéticos de governo e suas óbvias ambições. Charles Bohlen, um dos intérpretes de Roosevelt, escreveu que o presidente padecia da "convicção de que o líder soviético era 'um bom homem' que reagia adequada e decentemente caso fosse bem-tratado".[19] Apesar de Roosevelt merecer o devido crédito por manter a URSS na guerra e assim reduzir o número de mortes americanas em combate, ele não conseguiu perceber o fundamental abismo ideológico e moral existente entre as democracias ocidentais e o comunismo soviético. Em vez disso, encorajou Stalin.

As simpatias do presidente se revelaram durante a conferência dos Três Grandes em Teerã, em novembro de 1943, quando ele se colocou claramente ao lado do ditador soviético em vez de apoiar o primeiro-ministro britânico Winston Churchill. Um dos membros da delegação inglesa em Teerã observou laconicamente: "Esta conferência acabou antes de ter começado. Stalin já colocou o presidente no bolso."[20] Os soviéticos, invariavelmente, interpretavam os esforços de Roosevelt para ser amistoso e conciliador como demonstrações de fraqueza. Rapidamente exploraram as simpatias de Roosevelt e sua condenação das velhas potências imperialistas como a Grã-Bretanha.[21]

Embora Churchill tivesse antevisto o que os comunistas pretendiam na ocasião da Revolução Russa, durante o grande conflito armado ele se sentiu espremido entre as duas novas potências mundiais e se resignou em pensar que precisava tirar o melhor daquela situação complicada. Sua estratégia, para evitar culpar Stalin pessoalmente, envolvia iludir-se, como quando atribuiu políticas por ele consideradas particularmente abomináveis a líderes não identificados do Kremlin que agiam nos bastidores em Moscou. Só assim ele pôde se aferrar à sua "estimada crença, ou ilusão", de que "se podia confiar em Stalin".[22]

Outra área que diferencia este livro de outros se refere a como a União Soviética exportou revolução. Exatamente que passos ela precisou dar tiveram que ser definidos na prática, como foi de fato o caso após 1917, quando Moscou teve que decidir como governar seu Estado multinacional. Contrariamente ao que podemos supor, nem seus políticos ou administradores se consideravam senhores colonialistas, muito menos tsaristas ou chauvinistas da Grande Rússia.[23] Em vez disso, chegavam como salvadores ou educadores com a missão "de libertar" várias comunidades e eleitorados em seus vastos territórios "das doenças e do atraso".[24] Evidentemente, eles não se expressavam de maneira tão ostensiva assim e preferiam dizer — ao menos inicialmente — que buscavam instruir os ignorantes, libertar os oprimidos e estimular suas culturas e idiomas.

Os revolucionários alimentavam sonhos maiores, centrados na criação do Império Vermelho, que seria um moderno "Estado anti-imperialista".[25] Esta "nova Rússia" surfaria nas ondas das revoluções comunistas que se alastrariam pela Europa e, depois, pelo restante do mundo. É claro que muitos milhões de pessoas comuns na Finlândia, nos Estados Bálticos, Ucrânia, Polônia, Hungria e Alemanha, e não menos na ex-tsarista Rússia, viam a Revolução Russa e o comunismo por ela criado como alguma coisa semelhante a uma praga. Já em 1917, uns poucos simpatizantes pensadores se desesperavam ao constatar como liberdades básicas eram pisoteadas.[26] Malgrado tudo isso, Stalin abraçou a visão bolchevique e viu chances para fomentá-la no mundo durante e imediatamente após a Segunda Guerra Mundial. Quão longe ele poderia ter levado o estandarte vermelho se não tivesse encontrado oposição permanece questão aberta.

Como aliado de Hitler em setembro de 1939, Stalin começou a impor o comunismo no leste da Polônia, nos Estados Bálticos e, com menos sucesso, na Finlândia.[27] Os esforços iniciais cedo foram desfeitos, e a Wehrmacht quase conquistou Leningrado e Moscou no fim de 1941. Mesmo assim, Stalin permaneceu o consumado pensador estratégico. Logo entendeu que a nova guerra tinha o efeito de equalizar "antigos regimes" e de obscurecer fronteiras nacionais. Com Estados, sociedades e a ordem internacional confusos, Stalin tinha a oportunidade de construir o Império Vermelho que ele, com Vladimir Lenin e os bolcheviques, havia desejado ao término da Primeira Guerra Mundial.

Ocorreu que, em 1944 e 1945, e mesmo depois, a desordem ofereceu mais oportunidades para a construção desse Império do que Stalin julgou prudente explorar. Ironicamente, este autoproclamado revolucionário viu-

INTRODUÇÃO 25

-se restringindo alguns de seus ardorosos discípulos em países como Irã, Grécia, Iugoslávia, Coreia e China — não porque quisesse desencorajar os comunistas como tais, mas preocupado em não irritar seus Aliados ocidentais. Pela mesma razão, conteve seus camaradas que retornaram à França e à Itália, onde uma inusitada convergência de forças favoráveis existia ao fim da guerra. Os partidos comunistas nos dois países, espinhas dorsais da resistência e ainda armados até os dentes, desfrutavam de mais apoio do que os outros. O *Vojd*, ou líder, por vezes também chamado de *Khozyain*, o chefe ou senhor do Kremlin, os orientou a prosseguir lentamente. Assim também aconselhou a Mao Tsé-tung, que polidamente rejeitou a sugestão e, em 1949, assumiu o poder pela força.

A União Soviética de Stalin poderia muito bem ter avançado o Império Vermelho até o litoral do Canal da Mancha se os Estados Unidos, em 1947, com o apoio da Grã-Bretanha, não tivessem se envolvido tanto com a Europa. Washington, um relutante guerreiro, de início simplesmente ofereceu generosa ajuda através do Plano Marshall. Tal financiamento fora projetado para sobrepujar a crise social pós-guerra que assaltava o continente europeu e para restaurar a esperança por lá. O dinheiro foi também posto à disposição da União Soviética e dos países que estavam em sua esfera de influência, mas Stalin o rejeitou, a despeito da situação desesperadora em que se encontravam seu próprio país e todo o Leste Europeu. Como assevero, confrontado com a oferta de assistência americana, Stalin ficou encurralado num beco em grande parte criado por sua própria ideologia. Se a URSS e os estados satélites soviéticos recebessem ajuda financeira, ponderou ele, os desvalidos seriam beneficiados, porém resultaria um efeito adverso na missão soviética de levar o comunismo para o mundo. De acordo com esta análise de custo-benefício, amainar o sofrimento no presente só postergaria a luta por uma solução revolucionária total.

Nesta questão, como em muitas outras, o líder soviético manteve essa "verdade" para si mesmo. Ele queria, na realidade, com muita satisfação, enfrentar o fato de que os capitalistas não podiam — e não iriam — ser amigos dos comunistas. Em particular, mais de uma vez, confidenciou a camaradas que havia pouca escolha entre "Estados fascistas", fossem eles a Alemanha e a Itália, ou os Estados Unidos e a Grã-Bretanha. Aos seus olhos, todos eram inveterados inimigos, e qualquer acordo com eles não passava de tática de curto prazo. Stalin vinha prevendo uma confrontação final com os capitalistas desde os anos 1920, porém, em 1945, com seu país cambaleando após o conflito contra a Alemanha, a ocasião era inoportuna. Apesar disso, nos últimos estágios da guerra, ele fez consideráveis progressos sempre que possível. Em certo momento podia estar desesperadamente lutando para que o Exército Vermelho chegasse primeiro a Berlim, ou se esforçando para conseguir ganhos contra o Japão; no meio-tempo, instruía os exilados comunistas em Moscou, antes que retornassem aos seus países, para que estabelecessem novos regimes.

Em 1944 ou 1945, o chefe do Kremlin era muito sagaz para pensar que o Exército Vermelho poderia meramente ocupar Polônia, Tchecoslováquia, Bulgária, Romênia e Hungria, e então alçar abertamente líderes comunistas a ditaduras do estilo soviético. Isso dispararia sirenes de alerta na Grã-Bretanha e nos Estados Unidos, dos quais ele queria empréstimos, não hostilidade. Por conseguinte, e por ordens expressas suas, os comunistas nativos, caídos de paraquedas em seus cargos nos respectivos países, deveriam criar governos de coalizão numa "frente nacional". A estratégia seria seguida na Europa Central e na Oriental, e Stalin também desejava espalhá-la por toda a Ásia. Era estritamente uma fase de transição para acalmar os temores dos seus Aliados ocidentais, assim como as populações locais.

Sua preferência era pela continuação da aliança da época da guerra, para dela extrair o que fosse possível, enquanto, ao mesmo tempo, plantava regimes ao seu bel-prazer aonde fosse o Exército Vermelho. Ele dirigiu a encenação dessas iniciativas e censurava quaisquer acólitos que tentassem ir rápido demais. Embora todos fossem instruídos a manter uma fachada de sistema pluripartidário, não havia a menor chance para que uma genuína democracia liberal tivesse permissão para existir.

O desafio para os soviéticos e para aqueles a quem ajudaram a tomar o poder era que, por anos, todos esses países haviam demonstrado extremas atitudes antirrussas e/ou anticomunistas. E, mesmo assim, antes de a poeira da guerra assentar, Stalin providenciou sua transformação em estados policiais ao modelo soviético.[28] Exerceu uma profunda influência, com mais intromissões do que frequentemente se supõe. Embora fosse especialmente cauteloso sobre envolvimentos em conflitos armados com o Ocidente, esteve sempre preparado para assumir a ofensiva ou para encorajar outros a fazê-la quando as oportunidades de sucesso para a causa comunista pareciam boas. Como resumiu para os camaradas iugoslavos

INTRODUÇÃO 27

em 1948: "Ataca-se quando se pode vencer e evita-se o combate quando a vitória não é possível. Juntamo-nos à luta quando as condições são favoráveis e não o fazemos quando elas favorecem o inimigo."[29]

Emprego o termo *stalinização* para caracterizar este processo em vez de *sovietização*, mas os dois conceitos se ajustam à essência de como Moscou estabeleceu controle sobre os que se tornaram seus estados satélites.[30] É evidente que Stalin imprimiu seu estilo pessoal na ideologia e no sistema de governo que exportou, e seus discípulos estrangeiros, convencidos que estavam de que a dele era a marca vencedora, copiaram tudo o que puderam; até os iugoslavos, propensos à independência, no início suplicaram ser instruídos por assessores de todos os tipos de Moscou. A maior parte dos novos líderes, longe de conhecerem Stalin apenas aos poucos, como alguns historiadores sugerem, trabalhou de braços dados com ele.[31] De bom grado iam a Moscou para lhe renderem as devidas homenagens ou buscar aconselhamento e ajuda do mestre, com a regularidade que este permitia. Fizeram questão de emular o grande homem enquanto este reagia às circunstâncias, alterava as linhas do partido quando necessário e a impunha aos camaradas estrangeiros da mesma forma que o fazia com os de casa.

Em 1947 e 1948, Stalin prescreveu uma nova onda de comandos pela Europa Oriental, em parte como reação ao Plano Marshall, o programa de ajuda que também tinha sido oferecido à União Soviética. Ele o tinha rejeitado, depois recomendou e, por fim, ordenou que os líderes dos estados satélites também o fizessem. Uns poucos resmungaram, mas depois apertaram as algemas em seus povos e os prostraram com um sistema econômico fadado ao insucesso. Stalin aumentou os gastos soviéticos com a defesa à custa do bem-estar do povo e, no início de 1951, esforçou-se por demandar que os países do Leste Europeu sob governos comunistas também assim procedessem.[32]

Este livro igualmente se diferencia com respeito à atenção dedicada à sociedade soviética na era pós-guerra, um campo geralmente enevoado mesmo na "nova história da Guerra Fria".[33] É sempre bom abordar com foco mais estreito as cenas domésticas no Império Vermelho.[34]

Quanto a Stalin, mostro que, bem antes de cessarem as hostilidades em 1944-45, ele começou a aprimorar sua ditadura e a acertar os desvios ideológicos que haviam se infiltrado na teoria comunista. Pareceu que ele preparava o front doméstico para a guerra de ideias e de princípios políticos que estava disposto a travar com o Ocidente. A imagem do homem e do seu governo que descrevo durante os últimos anos de sua vida é gritantemente diferente daquela oferecida por recentes relatos que, em contraste, argumentam que o ditador soviético "embarcou em um processo de reforma doméstica pós-guerra".[35]

O que o assustou foram os relatos dos primeiros dias após os invasores alemães penetrarem nas defesas soviéticas em 1941. Para sua consternação, os alemães foram por vezes recepcionados como libertadores, não só por um punhado aqui, outro acolá, mas por regiões e nações inteiras. Tão logo os alemães foram rechaçados, ele começou a acertar as contas com todos os "inimigos internos", contas essas que, para as dezenas de milhares de ignorados, se tornaram um reino do terror. Casos múltiplos de limpeza étnica tiveram lugar na URSS e em sua esfera de influência. As conferências do tempo de guerra previram o que foi eufemisticamente chamado de "transferências de populações", que se transformaram em infernos vivos.

Quando o Exército Vermelho se aproximava de Berlim, por trás das linhas continuava sendo travada outra guerra contra a resistência nativa nos Estados Bálticos, na Polônia e na Ucrânia. As campanhas soviéticas podem ter sido vinganças contra "traições" reais ou imaginadas, mas ao mesmo tempo eram inerentes à batalha pelo comunismo e partes da cruzada de deixar esses ensinamentos bem aprofundados na Europa. Essa luta tem sido em geral ignorada nos estudos sobre a Guerra Fria.

A fome e as enfermidades a ela associadas prevaleceram ao longo da Europa e se estenderam à União Soviética, onde, após drásticas carências durante a guerra, uma inanição enorme custou, em 1946-47, mais de 1 milhão de "mortes excedentes".[36] Por que esta crise social pós-guerra na Europa Oriental e na Ocidental tem sido ignorada ou minimizada? São muitas as razões. Alguns acadêmicos friamente avaliaram que a dor e o sofrimento daqueles tempos foram inevitáveis no processo de recuperação da Europa pós-guerra.[37] Os horrores do Terceiro Reich e da Segunda Guerra Mundial podem ter levado a algumas subestimações nos terrores de seus rescaldos. No entanto, no longo espaço de tempo desde aquele período, os historiadores têm sido lentos em reavaliar o modo quase casual com que aquelas atrocidades do pós-guerra foram tratadas. Diversos estudos recentes demonstraram esse fato sem sombra de dúvida, inclusive um deles que culpa a União Soviética por perpetrar muitos genocídios.[38]

INTRODUÇÃO 29

Por fim, devo ressaltar que este livro não é uma biografia de Stalin, embora ele seja o personagem central. A nova documentação o apresenta como uma figura curiosa, difícil de entender, com frequência brilhante, mas cruel e tirânico. Ele era capaz de seguir numerosas linhas de ação simultaneamente e de operar de tal maneira que lhe permitisse máxima flexibilidade. Como o guerreiro que imaginava ser, foi adepto da técnica de desestabilizar a todos. Podia fazer o papel de homem jovial do povo, realista e transparente, e ainda assim era suficientemente engenhoso para manter seus pensamentos e sentimentos ocultos, mesmo para seus companheiros mais chegados. O que permanece notável era sua reserva em relação aos cidadãos comuns. Diferentemente de Hitler, ele não se empenhava por aplausos e, na verdade, achava repulsiva a veneração, dizendo certa vez para sua filha que todas as vezes que "eles abrem a boca sai alguma coisa estúpida!" Era um desconforto. Quase sempre comunicava suas ordens e desejos através de terceiros. Depois da guerra, seus poucos discursos ainda ficaram mais raros e, como ele não dava a mínima, passava anos inteiros sem se comunicar diretamente com o povo.[39]

A maioria dos visitantes ficava embasbacada, obsequiosa, na presença do homem que ordenara a morte de milhares. Um de seus auxiliares mais tarde afirmou que alguns, no primeiro encontro com o ditador, provavelmente ficavam nervosos porque, no subconsciente, se intimidavam por estarem próximos de tamanho monstro.[40]

Por tudo isso, Stalin impressionava os estadistas estrangeiros, e a maior parte deles o considerava uma figura talentosa e extraordinária. O ministro de Relações Exteriores e depois primeiro-ministro britânico Anthony Eden disse que Stalin seria o primeiro que ele selecionaria para uma equipe destinada a uma conferência. "Ele nunca explodia, e só raramente ficava irritado. Por métodos mais sutis conseguia o que queria sem ter que parecer obstinado."[41]

Será possível entender a enormidade da tragédia inspirada pelo comunismo e como ela veio a acontecer? Sem dúvida, um só indivíduo não poderia ter feito tudo sozinho, nem que fosse um líder mais poderoso do que Stalin e Lenin combinados. O credo comunista e suas visões despertaram ebulições de entusiasmo, ilimitada energia, e inspiraram incontáveis milhões de seguidores leais. Os revolucionários originais russos julgaram que podiam sacrificar direitos humanos no curto prazo porque o objetivo deles era um futuro em que "as autênticas liberdade e justiça" prevaleceriam. Estavam convencidos de que alguma "força externa" (inclusive o terror) era necessária para conscientizar o povo. Uma vez alcançada a verdadeira emancipação, ou assim eles pensavam, "a humanidade faria justiça a esse sonho milenar da revolução global, e todas as atrocidades e crimes" que os comunistas haviam cometido "seriam lembrados como apenas incidentes passageiros".[42] Resultou que o "fim do socialismo" esteve sempre no horizonte, em remotos tempo e espaço. Ainda assim, o que em parte o tornava atraente para os genuínos revolucionários era que implicava um "futuro supergarantido".[43]

Stalin foi um personagem poderoso que se identificava, simbolizava e abastecia essas aspirações. Ele e um exército de portadores do estandarte soviético conduziram seu próprio povo e depois outras nações pelo caminho do fracasso monumental, uma catástrofe produzida pelo homem que muitos se recusaram a vê-la, até que implodiu.[44]

PARTE I

A REVOLUÇÃO STALINISTA

1

Fazendo a Revolução Stalinista

Stalin não era o herdeiro aparente quando Lenin morreu em 1924. Mas, no prazo de cinco anos, se não antes, ele já era praticamente o grande líder inconteste. Uma década mais tarde, Stalin era o todo-poderoso ditador e criador da revolução stalinista, uma experiência extraordinária no socialismo. No seu tempo de vida, tornou-se figura endeusada, a quem, mesmo seus camaradas mais orgulhosos e injustamente acusados pelo sistema stalinista, se entregavam por inteiro pela causa. Como isso foi possível? E aqui tentaremos encaixar as peças e entender a emergência de Stalin, que se tornou o líder, o chefe ou o senhor do Kremlin.

IMPACIENTE PELO COMUNISMO

A liderança de Lenin foi pontilhada por surtos de enfermidades, trabalho demasiado e tensão, e, a partir de meados de 1921, sua saúde se deteriorou rapidamente com uma série de ataques cardíacos que começaram no ano seguinte. A questão de quem iria substituí-lo não saía da cabeça de ninguém. Lenin não ajudou muito em seu "testamento" político — dois curtos bilhetes que ditou para sua secretária em dezembro de 1922. Nas últimas palavras aos seus camaradas, ele se preocupou com um "racha" no partido e disse coisas negativas a respeito de todos os candidatos à liderança. Em um pós-escrito ditado apenas uma semana mais tarde (4 de janeiro de 1923), Lenin disse que Stalin era "rude demais" e expressou a opinião de que alguma outra pessoa poderia ser melhor secretário-geral.[1]

Entretanto, seria um engano acreditar que Lenin queria excluir uma má escolha para líder do partido e que, caso ele conseguisse se livrar de Stalin, a União Soviética estaria salva de um monstro. Na realidade, quase até a morte, ele confiou mais em Stalin do que em qualquer outro e jamais mencionou sua remoção do poderoso Politburo ou do Comitê Central. O "pecado" de Stalin era censurar a esposa de Lenin, Nadejda Krupskaia, por não seguir as ordens médicas de evitar que seu marido doente ditasse documentos de trabalho.

No curso da enfermidade de Lenin, Stalin e seus dois parceiros mais fracos, Grigori Zinoviev e Lev Kameniev, criaram uma aliança informal (*troika*) no Politburo. Ela estava operante quando Lenin faleceu em 24 de janeiro de 1924 e logo sua presença se fez sentir. Nesta aliança, o "estilo de governo" de Stalin, se é que ele tinha algum, foi o colegiado. De modo algum as coisas corriam só de acordo com sua vontade.

Pode-se até questionar se o homem mais poderoso do país, por ocasião da morte de Lenin, era mesmo Leon Trotski, o afamado comissário do povo para assuntos militares. Contudo, este cometeu erros imperdoáveis como, por exemplo, convalescer no sul e não comparecer ao funeral do grande homem, sem ter muita importância o fato de Stalin o ter enganado quanto à data da cerimônia fúnebre. Além disso, no início de 1924, a *troika* governante deixou vazar antigos documentos mostrando que, em 1923, Trotski dissera coisas horríveis a respeito de Lenin.[2] Nem Trotski ajudou a si próprio quando disse que o país não o aceitaria como líder devido a suas "origens judias".[3]

Os seguintes na linha de sucessão eram Zinoviev e Kameniev, ambos também judeus. A falha principal dos dois foi sua oposição à decisão de Lenin de assumir o poder em outubro de 1917. Vinha depois o mais jovem e esfuziante Nikolai Bukharin, que Lenin julgava talvez não ser "suficientemente marxista".

Apesar do histórico de Stalin ser mesclado, suas políticas, que outrora o distanciaram de muitos membros do partido, começavam agora a fazer sentido. Ele quase ficara sozinho em sua oposição ao objetivo de Trotski de acelerar e alastrar a revolução comunista. Depois, inúmeros planos para fomentar a revolução na Alemanha deram errado, e a crítica de Stalin à estratégia ganhou força. No rescaldo do esforço fracassado de 1923 na Alemanha, o partido soviético, de maneira geral, alinhou-se com ele. Com os parceiros da *troika*, Zinoviev e Kameniev, Stalin agiu por intermédio do Comitê Central para pressionar Trotski moderadamente, e este renunciou no início do ano seguinte ao cargo de comissário do povo para assuntos militares. Alegou que estava cansado das insinuações, mas ao sair deixou o caminho livre para seus inimigos. Quando, em determinada ocasião, Zinoviev e Kameniev começaram a desafiar a aparente disposição de Stalin em abandonar o já longo compromisso da revolução com a Europa, o futuro ditador trocou as alianças e se juntou a Bukharin (então com apenas 33 anos), e a nova dupla logo emergiu no controle do Politburo.[4]

Os dois amigos discordavam em alguns temas importantes. Bukharin abraçava a teoria econômica e a filosofia política da Nova Política Econômica (NEP), introduzida por Lenin em 1921, quando a produção agrícola era apenas 60% dos níveis pré-1914.[5] A NEP sinalizou que os comunistas deveriam "recuar" porque o país estava agitado e desesperado. Ela cobrava um imposto proporcional aos camponeses, os quais eram então autorizados a vender privadamente qualquer excedente que ocorresse. Esta lasca de liberdade deu impulso à produção agrícola e, por volta de 1926, sob a égide da NEP, as reformas funcionaram. Mas a economia logo entrou numa "crise real e sistemática" em virtude das demandas a ela feitas.[6] Stalin atacou violentamente a NEP e, no que quase chegou a ser uma segunda revolução russa, advogou uma economia planejada com base na coletivização e modernização da agricultura. A promessa foi que tal abordagem alimentaria melhor o país e também, através de um "regime da mais estrita economia", permitiria o acúmulo de fundos excedentes para financiar a indústria. No cômputo final, esses planos quinquenais aspiravam converter a Rússia num gigante industrial e militar.

Desse modo, Stalin e seus seguidores optaram por dar nova partida na revolução que Lenin havia postergado, mas levou tempo para que fosse decidido o rumo certo. Nos seus discursos e artigos durante 1925, Stalin começou a se identificar com a perspectiva marxista "heterodoxa" de que "o socialismo em um só país" era possível.[7] Como geralmente fazia quando inovava, Stalin invocou o nome de Lenin e o citou com liberalidade.[8]

No XIV Congresso do Partido (dezembro de 1925), Stalin foi solene enquanto chegava à conclusão de seu relatório político. Trabalhadores dos países capitalistas, ao constatarem os sucessos soviéticos, disse ele, ganhariam "confiança em sua própria força", e o aumento da conscientização do proletariado seria o começo do fim do capitalismo. Nesse cenário, enquanto os soviéticos criavam o socialismo em casa, de modo algum renunciando à revolução proletária internacional, eles proporcionavam um modelo para inspirar os trabalhadores de todo o mundo. Suas palavras foram saudadas com estrondosos aplausos.[9]

Todavia, por volta de 1927, a escassez de alimentos e o elevado desemprego exigiram ação. Em janeiro do ano seguinte, Stalin, Bukharin e outros do Politburo decidiram adotar "medidas de emergência", um eufemismo para campanhas de expropriação no campo. Stalin enviou funcionários dos altos escalões, inclusive Anastas Mikoyan, Lazar Kaganovitch e Andrei Jdanov — todos eles seus fiéis seguidores — para regiões designadas do país. O próprio Stalin foi de trem para os Urais e a Sibéria, onde o fornecimento agrícola para o Estado havia decrescido, ainda que as safras tivessem sido boas. Lá ele soube que os camponeses preferiam vender para comerciantes particulares, que pagavam mais. A cada parada ele ia intimidando autoridades com a ameaça de invocar o Artigo 107 do código penal (retenção de grãos) para processar os kulaks (camponeses que possuíam mais recursos) e outros "especuladores".[10]

Quando Stalin retornou a Moscou, Bukharin questionou aqueles brutais "excessos". Para Stalin, no entanto, a viagem para o leste aprofundara sua determinação em resolver o problema agrícola; ela o havia convencido, mais do que nunca, de que deveria acabar com o cultivo pelos camponeses de pequenos tratos de terra e de que a coletivização era a solução definitiva. Em todos aqueles anos como líder, aquela foi sua única visita às fazendas coletivas. Na maior parte do tempo ele as conhecia apenas como abstração, como peças de xadrez a serem movimentadas para lá e para cá.[11]

A carência de alimentos piorou em 1928 e entrou por 1929, resultado de safras ruins em alguns lugares, mas principalmente porque o Estado oferecia muito pouco em pagamento pelos grãos. No entanto, quem sugerisse pagar mais aos camponeses por suas colheitas, como Bukharin o fez, era logo atacado como "reacionário de direita", porque parecia tender para uma economia de mercado. Stalin repreendeu Bukharin por dizer que os kulaks "cresceriam no socialismo", afirmando, em vez disso, que a riqueza gerada e acumulada pelos camponeses nas fazendas coletivas seria confiscada como "tributo". Ela financiaria o desenvolvimento industrial do país e os planos quinquenais.[12] Não tinha a menor importância que ele houvesse pouco antes desprezado precisamente tal abordagem como exploradora dos camponeses.[13]

Em abril de 1929, num pronunciamento para o Comitê Central, Stalin reiterou que a ideia principal do primeiro plano quinquenal — já então sendo implementado — não era meramente aumentar a produção, mas "garantir o setor socialista da economia". Agora ele ridicularizava a sugestão de Bukharin de incentivar os camponeses com preços mais elevados, de modo que eles entregassem quantidades maiores ao Estado. Essa heresia, acreditava Stalin, elevaria o preço do pão nas cidades; pior, fortaleceria "elementos capitalistas" no campo.

Segundo a teoria de Stalin, estes "últimos elementos" eram o problema, e ele então postulou que o socialismo se tornasse mais forte e anteviu que os camponeses mais prósperos, como os kulaks, lutariam com mais intensidade porque nenhuma classe a ponto de desaparecer na história havia desistido sem uma desesperada batalha final.[14] Bukharin julgou "estranha" essa "lei inevitável" de que quanto mais a União Soviética avançasse na direção do socialismo, mais a luta de classes se intensificaria. Então, "às portas do socialismo, teremos que começar uma guerra civil, ou definharemos de fome e cairemos mortos".[15]

Apesar disso, os argumentos de Stalin prevaleceram, e o primeiro plano quinquenal foi adotado na XVI Conferência do Partido, iniciada em 23 de abril de 1929. O plano preconizava nada menos do que uma segunda revolução russa, marcada pela coletivização da agricultura, industrialização e transformação na cultura. Ele estabelecia cotas astronômicas com a finalidade de fazer a agricultura crescer 55% e a indústria, 136%.[16]

Chegar a tais resultados e conseguir o que era necessário do campo foi uma empreitada maciça e complexa que envolveu órgãos estatais, direções de fábricas e fazendas coletivas, operários e camponeses. Stalin esperava que alguns ou todos estes tentassem driblar o sistema, e sua propensão foi pelo emprego da força, se necessário.[17] Parte da revolução, portanto, implicaria estender o controle do Estado — que havia declinado drasticamente fora das cidades maiores.[18]

No décimo segundo aniversário da Revolução Russa, em 1929 — celebrado, como de costume, em 7 de novembro —, Stalin publicou um artigo crucial no ano da "Grande Virada" (*veliki perelom*). Hoje em dia, historiadores classificam o artigo como o início da revolução de Stalin vinda de cima. Num jargão tipicamente militar, ele lembrou a todos que Lenin havia considerado a NEP apenas um "recuo" tático, depois do qual haveria um avanço e, em seguida, "um grande salto à frente". O partido já lançara "uma *bem-sucedida ofensiva* contra os elementos capitalistas", como mostravam os primeiros resultados; "estamos avançando com rapidez pelo caminho da industrialização — para o socialismo, deixando para trás o velho 'atraso' russo".[19] Não obstante o otimismo oficial, no interior o campesinato resistia à imposição de um sistema pior do que aquele conhecido sob os tsares.[20] Em 1929, o governo teve que recorrer às prisões em massa, e no ano seguinte houve "distúrbios" que envolveram até 2,4 milhões de pessoas. A polícia e as brigadas das cidades chocaram-se contra os camponeses que se recusavam a entregar suas safras.

Moscou teimou que a resistência era liderada por kulaks, em particular da Ucrânia, onde o sentimento nacionalista era forte.[21] Num discurso para estudantes marxistas em 27 de dezembro, Stalin anunciou a política sinistramente sonante da "*eliminação* dos kulaks como classe". "Lançar uma ofensiva contra os kulaks", disse ele, era preparar e depois "atacar tão fortemente para evitar que eles se ponham de pé novamente. Isso é aquilo que os bolcheviques chamam de ofensiva real."[22]

Por insistência de Stalin, em 30 de janeiro do ano seguinte, uma comissão chefiada pelo escudeiro de longo tempo Viatcheslav Molotov baixou um decreto de grande abrangência. Os kulaks foram divididos em três categorias, com as respectivas punições. A "primeira categoria" incluía qualquer família de 3 a 5% por cento das mais ricas em cada distrito. Um assombroso alvo inicial para execução foi de cerca de 60 mil chefes dessas famílias. Cotas foram também fixadas para as categorias "dois" e "três" de kulaks, com instruções sobre como suas terras deveriam ser tomadas e para aonde eles deveriam ser mandados. A estratégia assemelhou-se a uma operação militar.[23] Na verdade, foi assim que o chefe da polícia secreta (OGPU) Guenrikh G. Yagoda referiu-se a ela para seus paladinos. Ele só se preocupou em "evitar perdas" de seus homens.[24]

Em alguns lugares, ninguém era suficientemente próspero para ser considerado kulak. Aldeões se reuniram para decidir quem iria ser sacrificado ou fizeram sorteio. Alguns gananciosos denunciaram vizinhos como "kulaks" a fim de ficarem com os bens, terras e mulheres que cobiçavam.[25] Famílias rotuladas como kulaks perderam tudo e foram deportadas para "assentamentos especiais" (*spetsposelenie*). Composições ferroviárias rumaram para o leste por semanas e, com frequência, depositaram suas cargas em locais completamente inóspitos, resultando em fome, doenças e até canibalismo.[26] Em 1930 e 1931, não menos do que 381.026 famílias ou aproximadamente 1,8 milhão de pessoas foram forçadas a se mudar. É difícil avaliar com exatidão a quantidade de mortos, embora estimativas cheguem às centenas de milhares. E o processo continuou pelo ano seguinte.[27]

INANIÇÃO E TERROR

O regime sabia em 1931 que a inanição ocorria, porém, quando indagado sobre a situação, Stanislav Kosior, líder do partido na Ucrânia, escreveu para Stalin em 26 de abril de 1932 e repeliu todos "os rumores de fome". Disse que a ajuda, já a caminho, erradicaria quaisquer dificuldades. Esta declaração desafiava os fatos em razão de que, especialmente em partes do interior da Ucrânia, havia rebelião ostensiva. Os camponeses abandonavam as fazendas coletivas em grandes grupos e também usavam a violência para recuperar os cereais requisitados. Na província russa de Ivanovo, eles fizeram a mesma coisa, e irromperam rebeliões quando as rações nas cidades foram reduzidas. Naquele maio, Moscou abrandou as punições em face da maciça resistência. Reduziu as requisições planejadas e, com começo previsto para janeiro de 1933, deu permissão aos camponeses para venderem os excedentes de grãos e de outros alimentos, uma vez atingidas as metas fixadas.[28]

No verão de 1932, Stalin saiu de Moscou e, por acaso, tivemos acesso à sua frequente correspondência com instruções para Molotov e Kaganovich. Em meados de junho, o líder reconheceu que, "a despeito de uma boa safra", a Ucrânia vinha experimentando "empobrecimento e fome", e que existiam problemas nos Urais e na região de Nijni Novgorod. Como um príncipe medieval, ele ainda estava convicto de que os camponeses o iludiam ou que os administradores não estavam sendo suficientemente duros. Convocou então uma conferência imediata de primeiros-secretários do partido, quando lhes foi dito para adotarem uma abordagem diferente e descentralizada, segundo a qual distritos com boas colheitas em determinada região ajudariam os com safras piores e, juntos, atingiriam as metas fixadas.[29]

Moscou enviou mensagens declarando, com todas as letras, que não seriam admitidas exceções, fosse na Ucrânia ou em quaisquer outras regiões. Em 28 de junho, Molotov leu em voz alta para os secretários do partido a carta de Stalin, na qual ele exigia que as quantidades de aquisições de Moscou tinham que ser cumpridas. Além disso, no início de julho, Molotov e Kaganovich compareceram à reunião do Politburo ucraniano para repassarem as mesmas demandas.

Stalin repetiu que os líderes partidários regionais eram desorganizados ou flexíveis demais, e aquelas demandas tencionavam sacudi-los nas colheitas das safras e atingirem as quantidades designadas das metas. Entretanto, em 25 de julho, ele escreveu para Kaganovich a fim de dizer que a situação talvez fosse diferente depois de meados de agosto, quando seria apropriado dizer aos ucranianos que muitos deles teriam suas cotas reduzidas. As fazendas coletivas que haviam se saído mal teriam permissão para reduzir uma média de 50% em suas entregas esperadas, e os camponeses individuais poderiam reter um terço ou um quarto de suas cotas.[30]

Em 7 de agosto, Stalin aprovou uma nova e áspera lei para acabar com o roubo de alimentos, que podia ser uma única batata ou uma simples espiga de milho. Não menos do que 5.338 pessoas foram condenadas à morte por violarem tal lei em 1932, e mais 11.463 no ano seguinte, embora nem todas essas sentenças tivessem sido executadas.[31] Sua argumentação era de que, a menos que ele tornasse sagrada e inviolável a propriedade pública, como os capitalistas haviam feito com a propriedade privada, os socialistas "não seriam capazes de exterminar e enterrar os elementos capitalistas e os atos, práticas e tradições individualistas e egoístas (que constituem a base dos roubos)".[32]

Em 11 de agosto, tornava-se claro para ele que a colheita da safra não seria tão boa quanto esperado, e ele se encontrava especialmente zangado com o triste estado do Partido Comunista. Cinquenta ou mais comitês distritais partidários na Ucrânia tinham elevado os protestos contra as cotas de grãos. Stalin classificou como vergonhoso o partido ucraniano e considerou que Stanislav Kosior, seu primeiro-secretário, não estava à altura do cargo. Afirmou que, se o Kremlin não resolvesse a situação por lá — no partido e na polícia secreta —, "podemos perder a Ucrânia". Seu objetivo era "transformar" aquela república numa "fortaleza da URSS".[33]

As brigadas de aquisição de alimentos enviadas para regiões da Ucrânia em dezembro seguiram as ordens de Stalin para um ataque no "front dos grãos". Jovens idealistas entre os ativistas se convenceram de que não deveriam ceder à "compaixão debilitante" enquanto derrubavam residências e estábulos, e jogavam pessoas na rua.[34] Eles descobriram suficientes depósitos escondidos para persuadir o pensamento oficial de que astutos camponeses surrupiavam mais. Quaisquer chefes regionais que alertassem os camponeses para as consequências eram tachados de "não bolcheviques" por se esquecerem de colocar "as necessidades do Estado em primeiro lugar".[35]

Mais estava em jogo do que a safra de grãos — havia inquietações adicionais quanto ao nacionalismo ucraniano. Nos meados de 1923, Stalin havia formulado uma política flexível sobre nacionalidades segundo a qual Moscou, em vez de esmagar as nações e forçar todas as pessoas a serem russas, apoiou as "características" que constituem nações, tais como línguas e culturas nativas. O regime faria com que os povos fossem bem recebidos no novo império, encorajando a educação e a emergência de novas elites. Os realistas teimosos sabiam que existiam riscos em se elevar o nível dos iletrados e ajudá-los a desenvolver as próprias identidades nacionais. Mas os novos mandantes estavam dispostos a correr esses riscos. Para falar a verdade, a política de nacionalidades continha a importante ressalva que se tribos, grupos étnicos e nações inteiras na URSS resistissem às diretrizes nacionais, minassem a missão comunista ou ameaçassem a unidade do Estado, enfrentariam o terror e a deportação.[36] Em decorrência, foi emblemático que, em dezembro de 1932, Stalin modificou especificamente a antiga política soviética de recrutar o máximo possível de ucranianos para o partido e sua liderança naquela região.[37]

O Império Vermelho estava começando a se tornar mais centralizado, em particular porque a elite soviética governante havia chegado à conclusão de que o nacionalismo ucraniano, que fomentava resistência à coletivização, era, no frigir dos ovos, o responsável pela crise na requisição de grãos.[38]

Stalin jactou-se na plenária de janeiro de 1933 do Comitê Central de ter conseguido coletivizar 60% dos camponeses e abrir para o cultivo novas e vastas extensões de terra. Nem um sussurro de preocupação foi ouvido nessas reuniões, e os líderes do Partido Comunista Ucraniano chegaram a comemorar as grandes conquistas do plano quinquenal.[39] Na realidade, a fome já estava à espreita no campo, apesar de Moscou continuar expedindo instruções para que os funcionários na Ucrânia, depois de darem o prazo de cinco dias para que as fazendas coletivas entregassem os "estoques escondidos" a fim de atingirem suas cotas, pudessem confiscar grãos para completar o que faltava.

A fome começou a fazer com que agricultores abandonassem o campo. Durante o plano quinquenal, cerca de 12 milhões de pessoas foram para as cidades, onde, após cuidadosa triagem, era possível obter rações.[40] Em 27 de dezembro de 1932, para controlar essa onda de miséria e necessidade, o regime deu início à expedição de passaportes internos para residentes urbanos acima de 16 anos de idade. No começo, grandes cidades como Moscou, Leningrado e Carcóvia foram contempladas; nos primeiros meses de 1933 os passaportes foram estendidos às "cidades de maior prioridade" como Kiev, Minsk, Rostov e a distante Vladivostok, no leste; não tardou para que grandes centros industriais como Kuznetsk, Stalingrado e Baku também os recebessem. Os passaportes foram introduzidos por fases, mas houve muitas lacunas na rede oficial. Não obstante, no primeiro ano e meio da lei do passaporte, pelo menos 630 mil transgressores foram descobertos vivendo ilegalmente nas cidades, a mais pessoas foi negado o precioso documento e ainda outros camponeses que haviam abandonado o campo decidiram voltar para lá quando ouviram que não havia esperança.[41]

Em 22 de janeiro, Stalin deu ordens para que fosse estancado o êxodo da Ucrânia e de Kuban (onde também viviam muitos ucranianos). A tentativa de fugir do campo foi alegadamente "organizada por inimigos" para desacreditar a coletivização. A polícia deveria criar barricadas e prender e deportar kulaks e elementos "contrarrevolucionários". Foram restringidas as vendas de passagens ferroviárias e logo estendidas tais medidas para abranger regiões muito afetadas como o norte do Cáucaso e o Baixo Volga. Outras áreas que perdiam populações solicitaram que Moscou impusesse restrições às viagens para elas também.[42]

FAZENDO A REVOLUÇÃO STALINISTA   43

A despeito de indubitáveis evidências de inanição no começo de 1933, as autoridades soviéticas reagiam com hesitação.[43] Embora Moscou determinasse assistência alimentar, ela era "insignificante" em vista da situação desesperadora, e ia para as cidades ou para os camponeses que auxiliavam a coletivização. Na verdade, é preciso dizer que o regime já abaixara as cotas para as regiões mais atingidas, em 1931, no Cazaquistão e em diversas outras áreas. A cota de 1932 para a Ucrânia fora menor do que a do ano anterior e depois cortada em mais 35%, mas tinham sido providências tardias para evitar a fome de 1933.[44] O governo soviético pareceu assassino porque aumentou as exportações de alimentos entre 1929 e 1931. Depois desacelerou o processo. Ainda assim, no ápice da fome de 1933, o país ainda vendia ao exterior não menos do que 1.632 milhões de toneladas de grãos.[45]

A campanha de coletivização no campo foi parecida com uma guerra, e as mortes decorrentes da violência, inanição ou de doenças relacionadas com a fome foram estimadas entre 4 e 8 milhões. Os números exatos jamais serão conhecidos porque nem sempre as mortes eram registradas. A taxa de mortalidade na URSS como um todo de 1930 até 1933 saltou para 83,9%, porém não foram contabilizadas regiões duramente afetadas como o Cazaquistão, onde aproximadamente 1 milhão de pessoas morreram. A mesma quantidade de pessoas também morreu no norte do Cáucaso e nas regiões de terra negra. Na Ucrânia, contudo, a mortalidade cresceu em 189,5%, e os números para 1933 foram o triplo dos ocorridos nos dois anos anteriores.[46]

Stalin esquivou-se de inspecionar as áreas atingidas, mesmo quando viajou para o sul nos seus três meses de férias dos verões de 1930 a 1932. Em agosto do ano seguinte, ocasião em que já havia passado o pior da fome e das enfermidades relacionadas, ele foi novamente para Sochi e, no caminho, supostamente "absorveu" tudo o que viu "como uma esponja", inclusive os vilarejos abandonados e os visíveis sinais do desastre. Isso foi o que Voroshilov, que o acompanhava, disse. Embora o chefe tomasse decisões enquanto se deslocava, a única relevante delas relativa à fome foi escrita numa carta a Kaganovich dizendo-lhe para providenciar, pelo início de 1934, que um comitê de reassentamento transportasse 10 mil chefes de família com seus bens e familiares para os distritos de Kuban e Terek (bem ao norte da Geórgia), assim como de 15 a 20 mil famílias para as estepes da Ucrânia. Acrescentou que esta região do sul teve sempre carência de mão de obra. Dessa forma, ele se recusava a reconhecer a fome e seus efeitos, justamente como fizera dois anos antes.[47]

Recentemente, diversos historiadores respeitáveis acusaram Stalin de múltiplos genocídios, inclusive das mortes em massa provocadas pela fome na Ucrânia e no Cazaquistão.[48] Com frequência, o ocorrido foi que chefes regionais partidários exageraram seus sucessos e reivindicaram ter excedido suas cotas. Moscou se permitiu acreditar em fábulas, apesar das crescentes evidências em contrário, e demandou mais.

Teria sido isso intencional assassinato em massa? Pesquisadores mergulharam nos arquivos, mas nenhum documento foi encontrado que embasasse a alegação (expressa ou subentendida) de que os líderes soviéticos tinham motivos parecidos com os que levaram ao Holocausto. Enquanto Moscou alimentava desentendimentos especiais com a Ucrânia, onde os nacionalistas ameaçavam, em momento algum Stalin expediu ordens para que as pessoas morressem de inanição. Mas foi também suficientemente cruel para não ceder às solicitações de quem quer que fosse pelo rebaixamento das cotas. Quando autoridades do Cazaquistão imploraram por uma redução na requisição de grãos por causa do grande sofrimento causado por dois anos de safras ruins, Stalin respondeu que tinha melhores informações e ordenou "cumprimento incondicional".[49] Se o Médio Volga reclamasse, era ameaçado com "medidas mais duras".[50]

Na plenária do começo de 1933, Stalin trombeteou os sucessos no front industrial e, usando "criativamente" as estatísticas, gabou-se de que em apenas quatro anos a União Soviética havia ultrapassado a produção industrial pré-1914 em 334%. O segundo plano quinquenal poderia ser mais modesto, objetivando o mínimo de "apenas" 13 a 14% de crescimento anual.[51] Ele queria tanto fomentar a indústria que não se envergonhou em convidar capitalistas americanos, que construíram verdadeiras cidades industriais.[52] Quando lá ou em outros lugares ocorriam fracassos ou acidentes, eram atribuídos a espiões ou "destruidores". Os incompetentes ou sem sorte já tinham sido submetidos a julgamentos públicos em maio-junho de 1928.[53]

Em função da mão pesada e da abordagem repressiva que a revolução stalinista adotou, um sistema mais amplo de campos de concentração se tornou inevitável. Após uma série de mudanças em 1929-30, Stalin instou sua expansão sob o acrônimo *gulag*, ou Administração Geral dos Campos de Trabalho Correcional.[54] Uma vasta cadeia de campos ou colônias foi

FAZENDO A REVOLUÇÃO STALINISTA **45**

construída para prender "inimigos" designados. Em 1930, tal sistema tinha 179 mil prisioneiros, número que cresceu para 510.307 em 1934; 1.196.369 em 1937; e 1.929.729 em janeiro de 1941.[55]

Ao mesmo tempo, um "*gulag* desconhecido", sistema paralelo de assentamentos (*spetsposelenie*) frequentemente negligenciado pelos historiadores, foi criado. Os assentamentos eram abertos em locais ermos no distante norte e tinham por objetivo primordial prender kulaks e suas famílias, arrebanhados pelo impulso coletivista. Eles mantiveram 1,3 milhão de prisioneiros em 1932 e permaneceram com cerca de 1 milhão até quando a Segunda Guerra Mundial ia bem avançada, mas, em 1942, a quantidade de internos começou a aumentar de novo.[56]

A atitude áspera de Stalin não combinava bem com o temperamento da esposa, Nadejda Alliluyeva. Ela esteve ao seu lado desde os tempos de Tsaritsin (Stalingrado) e deu-lhe dois filhos. Era uma boa bolchevique, mas achava difícil aceitar os rigores da coletivização e confidenciava seus pensamentos a Bukharin, a quem visitava com frequência. Chegou ao limite da tolerância durante as festividades anuais no Kremlin, em 1932, para celebrar a Revolução Russa. Não ficou claro o que levou exatamente ao ponto de ruptura. Stalin pode ter flertado com outra mulher, jogava "de brincadeira" cascas de laranja e guimbas de cigarro em cima de sua esposa, ou talvez tenham sido apenas seus modos grosseiros quando bebia. De qualquer modo, Nadia correu para seu quarto e, tarde da noite, matou-se com um tiro.[57] Sua filha disse que Stalin considerava a esposa "o amigo mais próximo e fiel" e que ficou arrasado com sua morte. Talvez sim, mas ele encarou como traição o que ela fez.[58]

A partir de então, o ditador soviético levou uma vida de ascético militante revolucionário — salvo pela demasiada indulgência com a bebida. Quase renegou o filho Yakov (nascido em 1907), de seu primeiro casamento, e, no fim, afastou-se dos filhos de seu segundo matrimônio, em particular de Vassili (nascido em 1921), embora tivesse sentimentos amorosos pela filha, Svetlana (nascida em 1926).

Distanciado de qualquer pessoa com quem pudesse partilhar calor humano, Stalin se tornou cada vez mais comprometido com as ideias que davam significado à sua vida. Um sinal de alarme soou em dezembro de 1934, quando o líder de Leningrado, Serguei Kirov, foi assassinado. Circularam mais tarde histórias de que Stalin talvez visse em Kirov um rival e tenha mandado matá-lo. De acordo com boatos dos anos 1960, Stalin teria ficado desconcertado pelo fato de entre 270 e 300 delegados ao XVII Congresso do Partido, em 1934, terem votado contra sua indicação para o Comitê Central. Pesquisa mais recente, entretanto, mostra que apenas 3 dos 1.059 delegados se opuseram à indicação. Ademais, Kirov não tinha grandes diferenças políticas com Stalin, sempre fez parte do grupo íntimo de amigos, e o chefe do Kremlin não tinha motivos para querer livrar-se dele. O assassino Leonid Nikolaiev era mentalmente desequilibrado e agiu sozinho.[59]

Mesmo assim, Stalin usaria acusações de envolvimento no crime para justificar a eliminação de um círculo cada vez maior de inimigos reais ou imaginários. Foi então que ele chegou a Leningrado acompanhado de seu anjo da morte, Nikolai Iejov, antigo membro do partido com experiências parecidas com as de Stalin na guerra civil. Como se para mostrar que a mão da vingança estava por perto, a polícia imediatamente executou "dezenas" de prisioneiros em várias cidades, nenhum deles remotamente ligado ao caso. Igualmente inocentes eram os 11.095 indivíduos do antigo regime na própria Leningrado — tais como ex-aristocratas, oficiais tsaristas, comerciantes e clérigos — que foram retirados de suas casas no rigor do inverno.

O maior talento de Iejov era pressentir o que Stalin desejava e traduzir isso em investigações que produzissem resultados. Ele foi capaz de descobrir vínculos entre a morte de Kirov e os "importantes" na longa lista de suspeitos de Stalin.[60] Um expurgo no Partido Comunista, na verdade arquitetado antes do assassinato de Kirov, começou assim em meados de 1935 e foi oficialmente denominado de *proverka*, ou "verificação de documentos". Iejov deslanchou o expurgo, o comandou e, pelo fim do ano, 9,1% dos membros (ou 177 mil) foram expulsos quando revelados "materiais comprometedores".[61]

No início de 1936, Stalin disse a Iejov que "algo parecia não estar certo" sobre a investigação da morte de Kirov, que já havia sido encerrada, com o único assassino preso e sentenciado. O caso foi reaberto e as diligências aprofundadas; novo material incriminador foi então usado num julgamento público do "grupo trotskista-zinovievista-kamenievista contrarrevolucionário". O evento de agosto teve como protagonistas Zinoviev, Kameniev e quatorze outros — todos foram julgados culpados e executados.[62] Embora as acusações fossem ridículas, muitos na elite mandante acreditaram que

FAZENDO A REVOLUÇÃO STALINISTA

"os acusados tinham de ser culpados de uma coisa ou outra, talvez de uma conspiração contra Stalin".[63]

Fosse por ordem de Stalin ou por iniciativa própria, Iejov também inventou redes de chefes de "oposicionistas de direita" e até descobriu "deficiências" no trabalho do NKVD. Sempre que teve oportunidade, enodoou o nome do chefe do órgão, Guenrikh Yagoda, e, no fim do verão de 1936, sobraçando arquivos, visitou Stalin em sua residência de verão no sul. Os dois analisaram uma lista de alguns milhares de supostos trotskistas para execução. Stalin fez objeções, mas viu o suficiente para reconhecer o talento de Iejov e decidiu primeiro exonerar e depois mandar prender Yagoda, seu outrora fiel carrasco. Em 25 de setembro, Stalin informou ao Politburo que Iejov seria o novo chefe da polícia secreta, a qual, queixou-se, já estava "quatro anos atrasada" no trabalho de "denunciar o bloco trotskista-zinovievista".[64]

Na plenária do Comitê Central de dezembro, Iejov reportou outra conspiração envolvendo um "centro paralelo de trotskistas antissoviéticos" ligado às importantes figuras de Karl Radek, Yuri Piatakov, e de quinze outras pessoas.[65] Um novo julgamento público foi encenado, e todos executados. Esses julgamentos eram alardeados pela imprensa e divulgados em pormenores, mas o que os tornava sensacionais para o povo era o aparente desejo dos acusados de confessarem suas conspirações e crimes.[66]

Esse julgamento foi meramente um prelúdio para a plenária do Comitê Central em fevereiro-março de 1937, depois da qual o terror funcionou a toda velocidade.[67] O primeiro item da pauta foi o caso de Bukharin e Alexei Rikov (outro defensor da NEP) e de outros que se "desviaram" para a direita da linha partidária.

Stalin conhecia por muito tempo as dúvidas de Bukharin. Viajando pela Ucrânia em 1930 — bem antes de a fome realmente se fazer sentir —, Bukharin chegara à lágrimas ao ser cercado em cada parada do trem por "bandos de crianças" com ventres inchados pedindo esmolas. Ele ponderou em voz alta se toda a experiência soviética realmente valia a pena.[68] Ideólogos fanáticos sabiam da existência de camaradas com a mesma opinião, mas desaparecer com eles de uma só vez não fazia sentido. Stalin agiu nesse caso com mais prudência do que o comum e encorajou o NKVD a esperar até que o Comitê Central se reunisse em 23 de janeiro de 1937. Aí então Bukharin seria submetido a um teste de lealdade através da "confrontação" com seus acusadores. No passado, todos eles tinham sido camaradas próximos de Bukharin, mas agora verbalizavam as mais abrangentes alegações contra ele.[69]

Bukharin e Rikov foram arrastados para diante dos supremos sacerdotes da plenária do Comitê Central a fim de confessarem traições, destruições e terrorismo. Bukharin foi interrogado e insultado por Stalin e por seus asseclas dos escalões mais altos Mikoyan, Molotov, Kaganovich e Voroshilov. Iejov alegou que o acusado havia se aliado a seguidores de Trotski e Zinoviev, e conspirado com os fascistas da Alemanha e do Japão para organizar um levante em massa seguido pela tomada do poder. Bukharin e Rikov foram devidamente expulsos do partido e presos. Eles e dezenove outros foram submetidos ao terceiro julgamento público importante em março de 1938, e todos foram executados.[70]

O terror, contudo, estava apenas começando, pois a revolução stalinista se encontrava prestes a embarcar na turbulência mais sangrenta de todas. Vestígios do que estava por vir emergiram nos julgamentos públicos dos personagens mais proeminentes, denegridos pela acusação de traidores, mas ninguém poderia antever a amplitude da carnificina sem precedentes que assolaria o país.

2

Eliminação de ameaças internas à Unidade Socialista

O que veio a se chamar Grande Terror não começou com uma simples ordem de Stalin. O terror teve três vertentes inter-relacionadas. A primeira primordialmente dirigida aos oponentes políticos, a segunda mais amplamente concentrada na oposição social, sobretudo nos kulaks, e a terceira perseguiu os grupos étnicos que poderiam ameaçar a segurança interna na eventualidade da guerra. Stalin jamais admitiria isso, talvez nem para si mesmo, mas o terror tornou-se um ajuste de contas final com quem quer que ousasse franzir um sobrolho para sua liderança ou políticas. Em algum momento ao longo do processo, ele concluiu que seus adversários nunca mudariam de ideia e, em consequência, precisavam ser eliminados.[1]

Estudos recentes mostraram que a ameaçadora situação internacional, a crescente preocupação com a ascensão do fascismo, a irrupção da Guerra Civil Espanhola em 1936 e a incessante ameaça de guerra influenciaram os expurgos e o terror domésticos. Stalin tinha a propensão de alegar que as sempre presentes "ameaças externas", o "cerco" do país por estados inimigos e a suposta presença de quintas-colunas exigiam mais repressão. No Grande Terror, todas essas alegações e especulações desvairadas trabalharam em conjunto para produzir a pior série de assassinatos em massa na União Soviética.[2]

O ACERTO FINAL DE CONTAS DE STALIN
COM A OPOSIÇÃO SOCIAL E POLÍTICA

As argumentações do Kremlin para o terror, em particular para os julgamentos encenados, foram publicadas pela imprensa, porém as histórias eram tão ilógicas que, àquela altura, algumas pessoas não puderam acreditar. Não obstante, um destacado e representativo "verdadeiro crente" viu os julgamentos públicos como "expressão de uma política perspicaz". Ele disse que "no balanço final, Stalin foi correto em se decidir por aquelas medidas terríveis para desacreditar todas as formas de oposição política de uma vez por todas. Éramos uma fortaleza sitiada, tínhamos que nos unir, sem mostrar hesitação ou dúvida".[3] Por outro lado, uma pessoa mais cética lembrou-se de ter pensado que aquelas histórias não eram para ser consideradas ao pé da letra. "No máximo, aceitamos as fantasias num sentido simbólico e alegórico."[4]

Surpreendente foi que a imprensa estrangeira convidada para os julgamentos públicos em geral aceitava a validade das acusações e dos vereditos de culpa. Assim como o embaixador americano Joseph Davies, que convenceu-se de que os conspiradores, inclusive líderes militares, haviam tentado um golpe que por pouco fracassara.[5]

No seu discurso de encerramento da plenária do Comitê Central de fevereiro-março de 1937, Stalin ofereceu uma velha, porém plausível, argumentação para o terror. Após duas décadas de governo soviético, por que existiam tantos traidores, espiões e "sabotadores com a carteira do partido"? Por que as atividades antipartido e antissoviéticas haviam se alastrado, inclusive no topo da liderança? A resposta, segundo o chefe, era que o partido vinha se concentrando na construção econômica e, cego pelos grandes sucessos, ignorara os sinais de alerta e esquecera as potências capitalistas que "cercavam" o país.

Bukharin zombara dessa "estranha teoria" para explicar a resistência em 1929, porém Stalin e seus discípulos a utilizaram com frequência nos anos 1930. Sua tese principal era de que "quanto mais progredimos, mais vitórias alcançamos, maior fúria podemos esperar dos remanescentes das derrotadas classes exploradoras, mais intensa será a luta que empreenderão e mais desesperados eles se tornarão, apelando para o último recurso dos vencidos". Esses "vestígios das classes derrotadas", os que "eram

ELIMINAÇÃO DE AMEAÇAS INTERNAS À UNIDADE SOCIALISTA   51

privilegiados", não se deteriam diante de nada, até mesmo tentando arregimentar os "elementos retrógrados". Stalin conclamou por vigilância contra as sempre presentes ameaças, ainda mais perigosas por suas ligações com potências estrangeiras. Seus pronunciamentos sobre esse tema saíram na imprensa, foram usados em panfletos para a educação do povo e chegaram a ser empregados nas denúncias dos julgamentos.[6]

Foi assim que Stalin começou a ponderar se até o NKVD, "a vanguarda do partido", merecia a glorificação que recebia. Seu novo favorito Nikolai Iejov denunciou a pobre liderança do órgão e isso levou a um expurgo em suas fileiras e à prisão de seu ex-chefe Guenrikh Yagoda.[7]

Em 3 de agosto de 1937, Stalin orientou os secretários regionais do partido "a promoverem, em cada distrito de cada região, dois ou três julgamentos públicos de inimigos do povo — sabotadores agrícolas" que supostamente haviam "se infiltrado" em várias organizações partidárias e estatais para solapar operações. Ele e Molotov reforçaram tal diretriz em 10 de setembro e de novo em 2 de outubro, especificando os tipos de "sabotagem" na agricultura que deveriam ser expostos ao escárnio público. Já em 10 de dezembro, o procurador-geral da URSS Andrei Vishinski reportava que 626 julgamentos tinham sido promovidos. Embora menos deles ocorressem em 1938, no mínimo 5.612 condenações foram lavradas, resultando em pelo menos 1.955 execuções. Tais julgamentos tinham por objetivo ampla divulgação como parte da missão "pedagógica" do Estado, e eles revelaram outra das muitas faces do terror.[8]

Os efeitos dos julgamentos públicos e dos expurgos provinciais variaram de acordo com o entusiasmo dos chefes comunistas. Nikita Khruschev iria, mais tarde, fazer o papel do inocente traído, contudo, em 1937-38, seu comportamento alucinado no partido foi um dos mais sanguinários. Designado para a Ucrânia no início de 1938, ele substituiu toda a liderança, prendeu e "reprimiu" milhares de pessoas. Os duzentos membros do Comitê Central Ucraniano foram reduzidos a três. Entre 1933 e 1939, em toda a URSS, 1,8 milhão de membros foram expulsos do partido e cerca de 1 milhão de novos e mais leais comunistas foram recrutados, razão pela qual o partido tornou-se mais do que nunca uma instituição stalinista confiável.[9]

Stalin teve participação ativa no processo e queria ser completamente informado sobre os interrogatórios. Por vezes, expedia instruções referentes a quem deveria ser espancado, influía minuciosamente na redação das denúncias e chegava a ajudar na redação das declarações finais dos promotores.[10] Perseguiu oponentes do Politburo e do Comitê Central, os quais, a despeito dos elogios feitos ao líder, perderam perto de 70% de seus componentes.[11] Nem sua querida Geórgia foi poupada. Antes do fim de 1937, Lavrenti Beria, chefe do NKVD na região, reportava que mais de 12 mil tinham sido presos e mais da metade, condenados.[12]

Da agenda também constavam expurgos nas forças armadas. Stalin fora alertado em 1930 de que o general Mikhail Tukhachevski, um dos líderes do Exército Vermelho, tornara-se o favorito dos "elementos antissoviéticos" entre os "direitistas" do partido. O general era o tipo de pessoa sensata que irritava os nomeados políticos menos dotados e, em certa ocasião, Stalin chegara a chamá-lo de um "Napoleonchik", a mesma acusação que assacara contra Trotski.[13] No entanto, depois que a polícia secreta, em 1930, fez uma investigação completa a respeito de Tukhachevski, Stalin pareceu se dar por satisfeito e deixou a questão de lado.[14] O general introduziu importantes reformas militares e foi promovido a marechal da União Soviética. O que, na realidade, provocou sua queda em maio de 1937 permanece em dúvida.

Em 1º de maio de 1937, Tukhachevski assistiu de pé ao lado de Stalin e de outros dignitários, no pódio do Mausoléu de Lenin, ao desfile anual. O comissário da Defesa, Vorochilov, e o marechal Semion Budionni também estavam presentes. Os dois eram mais próximos, política e pessoalmente, de Stalin e o vinham pressionando por mais de um ano a limpar o Exército de "inimigos". No histórico recente de Tukhachevski, afora as críticas a Budionni, ele vinha tentando desestabilizar Voroshilov. Figuras da alta liderança não recebem bem tal comportamento.[15] Na véspera do Primeiro de Maio, Stalin mencionou para seus íntimos o desejo de "acabar" com os inimigos no Exército, até mesmo no Kremlin. As engrenagens do terror começaram a se movimentar e diversos generais foram presos e torturados para a obtenção de provas. Em 11 de maio, Tukhachevski foi "aconselhado" a renunciar ao cargo de vice-comissário da Defesa e, onze dias mais tarde, foi preso com um punhado de oficiais-generais do Alto-Comando.[16]

As sensacionais notícias correram mundo e, em 2 de junho, Stalin falou para uma audiência de centenas de comandantes militares sobre uma alegada conspiração "político-militar" com a Alemanha nazista. Instou por mais vigilância e logo saíram diretrizes para os distritos militares de modo a não deixar o assunto esfriar. Tudo aconteceu muito depressa. Em 11 de

ELIMINAÇÃO DE AMEAÇAS INTERNAS À UNIDADE SOCIALISTA   53

junho, um tribunal militar, não aberto ao público, julgou Tukhachevski e sete outros generais. Os resultados foram conclusões inevitáveis, de vez que dois dias antes do julgamento Stalin estava de posse de confissões arrancadas à força para revelar ao Politburo. O ditador não parou de repetir que era "inacreditável, mas é um fato".[17]

No período de pouco mais de uma semana, 980 oficiais dos altos escalões e comissários políticos foram detidos por fazerem parte da "conspiração". Um general soviético diria mais tarde que se tratava da "fina flor da oficialidade, com experiência de guerra, e a maioria relativamente jovem".[18] Nos dois anos que se seguiram, cerca de 33.460 foram expulsos do corpo de oficiais e aproximadamente um quarto deles foi preso. Os Altos-Comandos do Exército e da Marinha foram dizimados, com desastrosos efeitos para o aprestamento do país em face de um agressor.[19]

Para completar o serviço, em 15 de agosto, seguindo determinações de Stalin, o NKVD expediu a Ordem 00486 para a prisão das esposas de todos os traidores e de outros condenados pelos tribunais militares.[20] Todas teriam que cumprir penas de cinco a oito anos num campo de trabalho correcional. A maior parte delas acabou enviada para Akmolinsk, no Cazaquistão, um especial "campo para esposas de traidores da pátria-mãe", ou ALZhIR. Os filhos foram tirados delas, separados uns dos outros, e receberam novas identidades.[21]

Outra face do terror concentrou-se na sociedade soviética, num processo que teve início no fim dos anos 1920 e acelerou gradualmente para entrar em compasso com a "segunda revolução" de Stalin e lidar com a oposição a ela. A sociedade iria ser "limpa" num acerto final de contas com os "vestígios das classes derrotadas", que, disse ele, tinham se acumulado desde a revolução de 1917. Stalin decidiu que eles e suas famílias jamais poderiam ser assimilados e, assim, todos teriam que ser eliminados, seja pela morte imediata, seja pelo envio para os campos.

A "estranha teoria" de Stalin especificava que o comunismo precisava ser defendido contra toda uma gama de "elementos antissoviéticos", os "últimos remanescentes de classes moribundas" — como as dos kulaks, negociantes privados, ex-nobres, clérigos, e de outros. Estavam todos subvertendo a grande experiência do socialismo. No início de 1933, o ditador começou uma campanha contra os "ladrões e sabotadores da economia pública, contra os desordeiros e larápios da propriedade pública".[22] Demandou "uma decidida e poderosa ditadura do proletariado" que "espalharia aos ventos os últimos recalcitrantes das classes agonizantes".[23] Dezenas de milhares foram detidos, levados à presença de *troikas* da OGPU e enviados para os campos.

Em 1937, a luta que prosseguia por anos alcançou um novo estágio e, em 2 de julho, Stalin formulou uma diretriz para o Politburo exigindo medidas mais radicais contra os "elementos antissoviéticos". No dia seguinte, Iejov instruiu seus comandados para que preparassem, em cinco dias, listas de todos os kulaks e criminosos que haviam retornado do exílio. Os da primeira categoria, os julgados "mais hostis", deveriam ser executados, uma vez revistos seus casos por uma *troika*. Os da segunda, "menos hostis, mas ainda perigosos", seriam enviados ao *gulag* por oito a dez anos. O documento ficou pronto para aprovação pelo Politburo em 30 de julho.[24]

A Ordem Secreta 00447, a "operação para reprimir ex-kulaks, criminosos e outros elementos antissoviéticos", se transformou num instrumento mortal que chegou até as zonas rurais.[25] A leitura do documento hoje em dia é a demanda para a exterminação dos "restos" sociais que a revolução havia desbordado. Eles teriam que ser liquidados para sempre, "da maneira mais impiedosa possível". A lista começava com os kulaks, incluía os clérigos e aqueles envolvidos com "seitas" religiosas, ex-membros de bandos armados de partidos oposicionistas, bandidos e os Brancos. Prosseguia abrangendo criminosos, de ladrões de gado a transgressores reincidentes.[26] Embora Lenin tivesse composto listas como essas, ele desejava que as pessoas fossem colocadas em campos de concentração. Stalin se mostrava disposto a matar quase todas elas.[27]

Segundo o raciocínio de cotas da época, metas quantificadas foram fixadas. No total, 79.950 deveriam ser fuzilados e 193 mil enviados para o *gulag*. Os tribunais de *troikas* quase não liam os dossiês dos acusados, como por exemplo quando, num só dia (9 de outubro), uma *troika* de Leningrado sentenciou à morte 658 prisioneiros. No dia seguinte, em Omsk, outra *troika* "sentenciou" 1.301 pessoas, das quais 937 foram fuziladas. O próprio Stalin punia aqueles que não demonstravam zelo suficiente para terminar rapidamente os julgamentos. Entusiastas locais atingiram suas cotas e se apressaram por solicitar permissão para que elas aumentassem. No cômputo final, a Operação 00447 resultou no sentenciamento de mais de 767 mil, dos quais cerca de 387 mil foram executados.[28]

ELIMINAÇÃO DE AMEAÇAS INTERNAS À UNIDADE SOCIALISTA 55

O terror "limpou" muitos aspectos das artes e das ciências e foi um novo e mais rigoroso estágio do ataque contra a "intelligentsia antissoviética", que começou nos anos 1920.[29] A educação da classe trabalhadora foi fomentada com a entrada de centenas de milhares de trabalhadores, pela primeira vez, nas universidades. Uma nova geração de intelectuais e líderes políticos, pessoas como Leonid Brejnev — futuro chefe da União Soviética pós-stalinista —, alçaram-se à proeminência durante os anos 1930. O outro lado da moeda foi que aqueles com origens sociais inadequadas — como os *lichentsi*, e os "indivíduos do antigo regime", como ex-policiais, nobres, comerciantes, e assim por diante — tiveram tais oportunidades sistematicamente negadas. As origens sociais tornaram-se quase tão indeléveis como a raça e quase impossíveis de serem apagadas. Durante o Grande Terror, dezenas de milhares desses indivíduos foram mortos.[30]

LAÇOS REAIS OU IMAGINADOS COM "INIMIGOS EXTERNOS"

A inquietação do Kremlin quanto a uma possível quinta-coluna contribuiu para a Operação 00485 contra "poloneses diversionistas e grupos e organizações de espionagem da Organização Militar Polonesa (POW)".[31] Essa organização desaparecera havia muito tempo, mas agora um olhar maldoso se voltava para as centenas de milhares de poloneses na URSS. A triagem deles teve seguimento com a ordem de Iejov de 11 de agosto de 1937, dois dias após o Politburo tê-la aprovado.[32]

Stalin incitou a limpeza "da lama espiã polonesa".[33] A polícia, em sua ação, preocupou-se mais em atingir sua cota do que em checar as acusações de espionagem, e fez verdadeiro "arrastão" por suspeitos mediante a leitura de catálogos telefônicos em buscas de nomes que soassem poloneses. Não importava se a pessoa fosse polonesa ou não. No total, 139.835 indivíduos foram presos, dos quais 111.091 executados. O restante foi enviado para o *gulag*.[34]

Para a garantia de um mínimo de controle, o Kremlin insistia que a execução fosse aprovada antes de concretizada. Os funcionários locais adicionavam brevíssimos esboços dos suspeitos em álbuns, os quais começaram a formar pilhas nos corredores do NKVD em Moscou. Stalin e outros líderes assinavam a capa de centenas desses álbuns, enviando dezenas de milhares de pessoas para a morte. Alguns desses álbuns, completos com as assinaturas, podem ser agora vistos na internet.[35] Os acusados jamais tiveram um minuto ante uma *troika*, muito menos um dia de tribunal. Em meados de setembro de 1938, até mesmo o falso "procedimento dos álbuns" foi abandonado, e novas *troikas* do NKVD foram autorizadas a verificar sentenças e realizar execuções por iniciativa própria.[36]

As "operações nacionais" contra alemães e poloneses estabeleceram o padrão para a repressão simultânea de (entre outros) cidadãos estrangeiros ou grupos étnicos dispersos do Afeganistão, Bulgária, China, Estônia, Finlândia, Grécia, Irã, Coreia, Curdistão, Letônia, Macedônia e Romênia. Tais campanhas tinham como alvos específicos grupos étnicos que eram, mesmo remotamente, considerados contrarrevolucionários ou "elementos antissoviéticos". Na ocasião em que cessaram as "operações nacionais" dentro da URSS, em 1938, tinham sido presas quase 350 mil pessoas, das quais 247.157 foram executadas; cerca de 88.356 permaneceram aprisionadas ou foram enviadas ao *gulag*. O componente étnico era a parte do Grande Terror que mais crescia, no fim estimada em um quinto das prisões e um terço das execuções.[37]

Os soviéticos estavam sem dúvida apreensivos quanto ao fato de os capitalistas poderem se infiltrar no país por intermédio de suas minorias. A princípio, Moscou pensava que esses grupos com vínculos através das fronteiras pudessem ser empregados para alastrar o comunismo. Porém, em meados dos anos 1930, o Kremlin concluiu que era mais provável ocorrer o contrário — ou seja, que os inimigos do comunismo explorassem laços fronteiriços com grupos étnicos no interior da União Soviética. Assim, as autoridades decidiram deslocar certas minorias bem para o interior e pinçar os membros de tais grupos que viviam em outros locais da URSS.

O terror orientado para a etnia teve rápida aceleração. Por exemplo, uma campanha contra os coreanos começou em 18 de agosto de 1937, com uma nota de Stalin e Molotov instando pela deportação de 44.023 coreanos de distritos das fronteiras. Três dias depois, um decreto oficial especificou 23 distritos, afetando 135.343 pessoas. Em 22 de setembro, o NKVD solicitou a Moscou o direito de remover todos os coreanos das regiões do Extremo Oriente. O raciocínio era que qualquer coreano deixado para trás se sentiria ressentido e se tornaria "terreno rico para

ELIMINAÇÃO DE AMEAÇAS INTERNAS À UNIDADE SOCIALISTA 57

o trabalho dos japoneses". No fim, toda a população coreana de 171.781 foi "varrida", o que quer dizer reassentada, enviada para o Cazaquistão e o Uzbequistão.[38]

Numa antecipação da Guerra Fria, a União Soviética, ao término dos anos 1930, isolou-se do mundo exterior e considerou anátema não apenas o pensamento anticomunista como também o contato com não cidadãos. Não menos vulnerável ficou a Internacional Comunista, ou Comintern, cujo quartel-general era em Moscou. Líderes respeitados que haviam buscado refúgio na capital soviética viram-se sob ataque. Alguns partidos sofreram mais do que ataques, como o Partido Comunista Polonês, que quase foi inteiramente aniquilado. Também mortos foram muitos membros dos partidos alemão, austríaco, húngaro, italiano, búlgaro, finlandês e báltico. Cidadãos soviéticos que, por acaso, eram funcionários do Comintern não foram poupados. Dessa forma, a grande organização internacional criada por Lenin como instrumento para espalhar o evangelho comunista acabou sendo considerada "pecadora". Qualquer "prova" de que aquelas pessoas conspiraram contra Stalin ou a União Soviética foi tramada e extraída à força de vítimas indefesas.[39]

Certa noção da escala imensa do terror pode ser imaginada pelo número de pessoas que se viram envolvidas com a polícia secreta (a OGPU; mais tarde o NKVD). Entre 1930 e 1938, mais de 3,8 milhões de pessoas foram presas por organizações policiais, particularmente por "crimes contrarrevolucionários" ou "agitação antissoviética". Só em 1937 e 1938, quando o terror atingiu níveis sem paralelo, de um total de 1,5 milhão de presos, 1,3 foram sentenciados, e 681.692, executados. No ápice do terror (agosto de 1937 a novembro de 1938), uma média de 1.500 pessoas foram fuziladas por dia.[40] Devemos levar em conta que essas quantidades estão incompletas porque temos apenas estatísticas da polícia secreta, não da polícia comum, cujas ações foram igualmente intensas.

Stalin ofereceu uma explicação para tudo isso em 7 de novembro de 1937, vigésimo aniversário da Revolução Russa, quando ele e uma dúzia de seus asseclas se reuniram para almoço na casa de Kliment Vorochilov. Também lá e fazendo anotações estava Gueorgui Dimitrov, chefe búlgaro do Comintern. Como de hábito, os brindes foram muitos, e as palavras de Stalin seguiram sua lógica para o terror. Ele agradeceu aos tsares por criarem um império que ia até Kamchatka, dizendo que os bolcheviques haviam consolidado, unido e fortalecido o Estado em nome dos trabalhadores e do povo:

> Quem tenta destruir a unidade do Estado socialista, quem almeja separar qualquer de suas partes ou nacionalidades dele é um inimigo, inimigo jurado do Estado e do povo da URSS. E exterminaremos cada um e todos esses inimigos, sejam eles bolcheviques ou não. Exterminaremos seus parentes e todas as suas famílias. Impiedosamente exterminaremos quem quer que, por atos ou pensamentos, ameace a unidade do Estado socialista. Brindemos ao extermínio de todos os inimigos, deles e aos de sua laia![41]

Poucos dias mais tarde, ele acrescentou numa conversa privada que existiam aqueles "que, realmente, mesmo aqui dentro não aceitaram por completo a linha do partido, em especial não engoliram a coletivização", e não teve contemplação com os kulaks. Essas forças tinham então entrado na clandestinidade e apesar de "não possuírem poder, ligaram-se com inimigos externos, prometeram a Ucrânia à Alemanha, a Bielorrússia aos poloneses e o Extremo Oriente aos japoneses". Stalin chegou mesmo a afirmar que *eles tinham feito preparativos em julho para um ataque ao Politburo no Kremlin. Mas perderam a coragem*". Sendo assim, mesmo em particular, Stalin tentava justificar o terror como defensivo e supostamente necessário para evitar golpes de alguma espécie.[42]

Finalmente, em 17 de novembro de 1938, ele acabou com o banho de sangue e sustou cerca de vinte operações especiais que estavam sendo efetuadas mais ou menos simultaneamente. O NKVD deveria acertar as coisas de modo a eliminar "deficiências" e, dessa forma, continuar realizando o que era chamado de "contribuição positiva para a construção da sociedade socialista".[43] Apesar disso, em um único dia (12 de dezembro), Stalin aprovou a morte de 3.167 "inimigos" já "processados".[44]

Depois da guerra, alguns dos perpetradores do terror, como Kaganovich e Molotov, tentaram desculpar tudo o que ocorreu. Molotov disse que, por causa do terror, não existiam inimigos por trás das linhas durante o conflito armado nem houve oposição depois dele. Admitiu que erros foram cometidos e disse que "Stalin sempre teimou em fazer dupla verificação; não poupou ninguém, mas garantiu absoluta estabilidade no país por longo período de tempo — durante a guerra e nos anos posteriores a ela".[45] Já

ELIMINAÇÃO DE AMEAÇAS INTERNAS À UNIDADE SOCIALISTA 59

em idade avançada, Kaganovich concordou também com o cometimento de "erros", mas isentou-se da responsabilidade por eles. Tinha certeza de que muitos inocentes foram condenados à morte, e dos "espiões" de que se lembrava, a maioria, disse, era supostamente de trotskistas. Mais uma vez tentou inocentar o regime de sérios malfeitos. Perguntou retoricamente: "Não existiam muitos inimigos declarados do socialismo, da revolução de outubro? Quantos podiam ser tolerados? Caso se deseje proteger a revolução, o poder e o Estado soviéticos, então é preciso derrotar esses sabotadores."[46] Ele continuava batendo na velha tecla da história stalinista.

O terror incluiu uma campanha maciça contra alemães que viviam na União Soviética. Em 20 de julho de 1937, Stalin determinou a prisão de todos que trabalhavam em indústrias relacionadas com a guerra e, cinco dias mais tarde, Iejov assinou a Ordem Operacional 00439 contra "espiões e sabotadores" alemães. Incluídos na caça estavam os poucos alemães residentes e refugiados políticos, inclusive comunistas, embora imediatamente visados fossem também os que tivessem algum histórico alemão, ou mesmo cidadãos soviéticos suspeitos de terem ligações com tais "espiões, sabotadores e terroristas".[47] O arrebanhamento durou mais que o esperado e terminou condenando 55.005, dos quais 41.898 (76%) foram fuzilados. Quando a polícia local tinha problema para alcançar sua cota, como por exemplo na região de Sverdlovsk, assim mesmo foram presos 4.379 suspeitos, porém só 122 deles eram de origem alemã. Para compensar a quantidade baixa, eles pegaram também deportados russos e ucranianos.[48]

Apesar de horrível e irracional que foi o terror para milhões, um número aproximadamente igual de pessoas, ou até maior, incluindo proeminentes figuras entre a elite intelectual, apoiou Stalin e participou como olhos sempre vigilantes do sistema. Eles denunciavam amigos e vizinhos, colegas de trabalho ou estrangeiros que casualmente conhecessem. O efeito total do genocídio foi a completa stalinização do país, com fatídicas consequências de longo prazo. "Homens novos" em seus 30 anos assumiram os lugares dos de 50 ou 60. Esses rematados stalinistas na burocracia e no partido iriam dominar a União Soviética e a Europa Oriental até muito depois de o ditador partir.[49]

Malgrado a radicalização do terror, causada pelo assassinato de Kirov, ter levado à eliminação da oposição dentro da elite dominante e ao estabelecimento da ditadura de Stalin, o chefe ainda era um "jogador do time" Desde o fim dos anos 1920 e durante todos os 1930, ele seguiu encontrando-se com os paladinos e os seduzindo com argumentação muito bem pensada. Embora a imagem de governo de um só homem precisasse ser ajustada, sua voz, durante aquelas reuniões, era prevalente. Acontece, porém, que não apenas Stalin, mas toda a sua equipe, foi responsável pelo que aconteceu, inclusive o terror.[50]

O ditador e seus camaradas mais próximos usaram o terror não apenas para esvaziar a oposição em circunstâncias de uma crescente ameaça de guerra, como eles e alguns historiadores mais tarde alegariam, mas também e principalmente porque o Kremlin julgou tais ações necessárias para materializar a grande ideia, o sonho da sociedade comunista. Foi assim que também Bukharin as considerava, mesmo quando o NKVD bateu à sua porta. Na última vez que ele viu sua esposa, implorou para que ela não fosse vingativa. Seu grande desejo era que ela criasse o filho deles como "um comunista sem mácula!" Bulkharin não poderia saber que a esposa acabaria num campo de concentração ou que o filho deles, Yuri, com apenas 13 meses, seria mandado para um orfanato.[51]

Enquanto o infeliz Bukharin esperava pela execução, buscou compaixão e escreveu ao homem do Kremlin, que outrora fora amigo muito chegado. Talvez o terror proporcionasse, de fato, "garantia total" para a liderança de Stalin. "Pelo amor de Deus", implorou ele ao todo-poderoso mestre, "não nasci ontem. Sei muito bem que os *grandes* planos, as *grandes* ideias e os *grandes* interesses têm precedência em relação a qualquer coisa, e sei que seria mesquinho de minha parte colocar a questão de minha própria pessoa *no mesmo nível* das tarefas *histórico-universais* que ainda pesam, em primeiro e principal lugar, sobre seus ombros." Mas se o bom Stalin pensasse que Bukharin simplesmente estava no caminho e precisava ser morto, "e daí! Se tem que ser assim, que assim seja".[52]

3

Guerra e ilusões

Os líderes soviéticos desde Lenin acreditavam que a guerra entre potências capitalistas era inevitável. Stalin disse que quando a próxima guerra chegasse entre os capitalistas, o Exército Vermelho "seria o único sobrevivente da luta", e colheria os benefícios ao "desequilibrar as forças".[1] Em outubro de 1938, ele chegou a mencionar a possibilidade de liderar uma "cruzada" contra as potências reacionárias a fim "de ajudar o proletariado desses países a libertar-se da burguesia".[2]

Em março de 1939, Stalin especulava a respeito dos capitalistas e de suas esperanças e aspirações. No seu esboço sobre aquilo que ingleses e americanos queriam, o Japão tomaria a China, enquanto Alemanha e Itália atacariam a União Soviética. As potências ocidentais, fantasiava ele, veriam essas rivalidades se exaurirem e seus inimigos enfraquecerem, depois "surgiriam em cena" alegando agir no interesse da paz, mas "ditando condições aos beligerantes exaustos".[3] Stalin não desejava ficar passivamente sentado esperando o Ocidente esgotar seus rivais ou cair na cilada deles.

GUERRA IMPERIALISTA, VITÓRIA COMUNISTA

Todos os indícios mostravam que o ditador soviético percebia o conflito vindouro e queria participar da ação, para ajudar a dirigi-lo na direção que julgava ser para aonde inevitavelmente iria. Em 3 de maio de 1939, ele nomeou Molotov seu novo comissário para as Relações Exteriores, substituindo o respeitado Maxim Litvinov, que era judeu. Esta iniciativa significou, no mínimo, a disposição para abrir conversações com Hitler. No fim daquele mês, o novo comissário deixou registradas suas observações sobre a retomada de negociações comerciais com a Alemanha.[4] Conversações já estavam em curso com Grã-Bretanha e França e, até 26 de junho, elas se concentraram principalmente em questões econômicas. Então, um dos membros do Politburo, Andrei Jdanov, publicou um curto artigo sobre como os esforços para chegar a tratados de não agressão com Grã-Bretanha e França haviam atingido impasses.[5] Os alemães acertaram ao reconhecerem ali uma oportunidade e começaram a cortejar a União Soviética, aumentando a intensidade da aproximação, em julho e agosto, com a decisão de Hitler de atacar a Polônia no início de setembro.[6]

Stalin pensava entender o nazismo e que podia manipular Hitler, o político mais anticomunista do mundo. De fato, tão logo Moscou lançou a isca, Berlim a mordeu. Em 14 de agosto, Hitler divulgou seu desejo "de sérios aperfeiçoamentos nas relações políticas entre Alemanha e União Soviética".[7] A única precondição do Kremlin foi levar as negociações comerciais a uma bem-sucedida conclusão, e um acordo amplo foi assinado em questão de dias.[8]

O que aconteceu em seguida ficou envolvido pelo manto da controvérsia, mas Stalin, inquestionavelmente, via a guerra iminente em mais do que termos defensivos, pois ela abriria oportunidades políticas para avançar sua causa no Ocidente.[9] Mais de uma vez ele havia declarado que o Exército Vermelho não existia apenas para proteger a segurança soviética, e que ele era um instrumento para a revolução mundial.[10]

De sua parte, Hitler queria evitar uma guerra em duas frentes e logo cedeu às exigências soviéticas por um "Protocolo Secreto Adicional", garantindo para a URSS uma esfera de influência nos Estados Bálticos, na Polônia e na Bessarábia. A existência desse documento tem sido também posta em dúvida por historiadores russos e permanece não mencionada até mesmo em renomados relatos ocidentais.[11] De qualquer forma, o ministro das Relações Exteriores alemão, Joachim von Ribbentrop, viajou para Moscou em 23 de agosto e assinou o Tratado de Não Agressão. Os dois lados também concordaram em preparar um acordo de comércio ainda mais abrangente.[12]

A reviravolta radical de Stalin ao abraçar o inimigo nazista chocou os fiéis adeptos do partido em todo o mundo.[13] Mais tarde, eles tentariam justificar o tratado com a Alemanha em termos estritamente defensivos. O tratado daria tempo para os soviéticos se prepararem e se armarem, disseram eles.[14] Na verdade, não era a mera defesa da pátria que Stalin arquitetava. Ele vangloriou-se para seu círculo íntimo, em 7 de setembro de 1939, de que jogaria os países capitalistas uns contra os outros. "Hitler, sem entender ou desejar", disse com satisfação, desempenhava um papel revolucionário ao "sacudir e minar o sistema capitalista". Stalin queria que eles lutassem o mais longa e ferozmente possível. "Sob as condições de uma guerra imperialista", ou nisso apostava, "surge a perspectiva da aniquilação da escravidão!" Para fazer com que esse dia ficasse mais próximo, ele instruiu os comunistas de todo o mundo a fomentarem a dissidência dentro dos países beligerantes.[15] Já em 28 de setembro, Moscou coagia a Estônia a assinar um tratado de ajuda mútua que permitia lá instalar um número limitado de bases do Exército, Marinha e Força Aérea. Concessões semelhantes foram rapidamente extraídas com ameaças da Letônia e da Lituânia.

Em julho de 1940, falando com o ministro das Relações Exteriores da Lituânia, Molotov explicou a estratégia de usar a guerra para fazer a revolução comunista. Explicou que a URSS supriria assistência material à Alemanha "na exata medida para que ela não aceitasse propostas de paz". A aposta era que na devida hora as "massas famintas das nações em luta" cansariam da guerra e se sublevariam. Então a URSS se apresentaria com "tropas descansadas, bem preparadas, no território da Europa Ocidental". Seguir-se-ia "uma batalha decisiva entre o proletariado e a burguesia apodrecida". Stalin expôs essas ideias diversas vezes. Molotov citou nada menos do que Lenin e disse que "uma segunda guerra mundial nos permitiria assumir o poder em toda a Europa".[16]

Os soviéticos se satisfaziam em dar a Hitler luz verde para atacar a Polônia porque nisso viam oportunidades de auferir vantagens. As tropas alemãs invadiram a Polônia em 1º de setembro e, como esperado, Grã--Bretanha e França expediram um ultimato que as levou, dois dias depois, a declarar guerra contra a Alemanha.[17] O Kremlin quisera coordenar com Berlim os planos para o ataque à Polônia, porém, em função da chocante velocidade do avanço germânico, não dera tempo. A Polônia já estava à beira da derrota em 17 de setembro quando o Exército Vermelho, da maneira mais ignóbil, a invadiu pelo leste.

Stalin alegrou-se por, finalmente, entrar na Polônia, porque a cruzada inicial bolchevique para levar a revolução a Berlim, Paris e além terminara nas portas de Varsóvia em agosto de 1920. Naquela ocasião, as forças polonesas haviam barrado e cercado o Exército Vermelho, fazendo mais de 100 mil prisioneiros e começando a expulsar os invasores, até que um armistício foi obtido em outubro. A Polônia celebrou a grande batalha como o "Milagre do Vístula", mas então, em 1939, o Exército Vermelho estava de volta. A Polônia, disse Stalin no início de setembro, havia "escravizado" ucranianos, bielorrussos e outros eslavos, e, quando caísse, o mundo teria "menos um Estado fascista burguês. Seria assim tão ruim", perguntou ele retoricamente aos seus camaradas, "se nós, mediante a destruição da Polônia, estendêssemos o sistema socialista por novos territórios e nações?"[18]

ATROCIDADES VERMELHAS NA POLÔNIA
E NOS ESTADOS BÁLTICOS

A ocupação soviética do leste da Polônia durou dezoito meses até os nazistas a levarem de roldão no seu avanço para Moscou. Neste curto período de tempo, os comunistas tomaram de assalto as fundações do país. A nova república polonesa de 1918 tinha incorporado o oeste da Ucrânia e o oeste da Bielorrússia, que ficaram conhecidas como terras da fronteira leste. Os soviéticos as tomaram de volta e agregaram tais terras, respectivamente, às Repúblicas Socialistas Soviéticas da Ucrânia e da Bielorrússia. Tão logo eles entraram pela Polônia, começaram operações de "limpeza" para prender e deportar os considerados inimigos. O NKVD incitou o ódio que os locais já alimentavam contra os poloneses. No topo da lista estavam os proprietários de terras, os envolvidos na administração, no governo, negócios, militares, policiais e igreja, todos eles varridos como "elementos hostis e politicamente perigosos" do tipo que a polícia soviética tinha aterrorizado dentro da URSS.[19]

O chefe do NKVD, Lavrenti Beria, trabalhava em cerrada ligação com Stalin em todas essas questões. Houve três deportações em fevereiro, abril e junho de 1940. As operações foram meticulosamente organizadas. Em fevereiro, cem composições ferroviárias transportaram o equivalente à população de uma grande cidade em questão de horas. Os vagões foram apinhados com pessoas famintas e erradicadas, e as viagens para o interior soviético duraram semanas.[20] Os números totais de deportados e mortos permanecem em aberto, embora não exista sombra de dúvida sobre o terror soviético. Estudos recentes sugerem que quatro grandes ondas de deportações, assim como as individuais e menores, levaram entre 309 e 327 mil poloneses; a quantidade de presos é agora projetada entre 110 e 130 mil. Além destes, estima-se em 25 mil os mortos no cativeiro e em 30 mil os executados.[21] A alguns, no final, foi permitido o regresso, mas quantos perderam a vida no processo ainda é uma interrogação.

Um relato russo contemporâneo ratifica a conclusão de que aonde as forças de ocupação soviéticas chegaram, as antigas administrações, oficiais do Exército e intelectuais "deixaram de existir".[22] Tais forças logo se puseram a tornar a área tão "vermelha" quanto a União Soviética tinha feito após 1917, eliminando ou removendo as elites social e política, e esmagando a oposição.[23]

Muitos judeus fugiram dos nazistas para o leste, e os soviéticos também deportaram grandes quantidades. A despeito da assustadora experiência, a fuga para a URSS oferecia uma melhor chance de sobrevivência do que permanecer no leste polonês, ocupado pela Alemanha em junho de 1941.

O Exército Vermelho capturou em torno de 230 mil prisioneiros de guerra da Polônia e maltratou muitos deles antes de enviá-los para campos no interior da União Soviética. Embora alguns logo tivessem sido soltos, em particular os residentes no leste polonês, nenhum dos oficiais foi libertado.[24]

Documentos recém-liberados mostram que as decisões sobre os destinos destes homens foram tomadas por Stalin e Beria. Os dois se reuniram no fim de fevereiro de 1940 e prepararam juntos uma resolução de 5 de março à apreciação do Politburo para a execução de 14.765 oficiais poloneses e outros civis renomados que eram mantidos em campos da Organização Militar Polonesa.[25] Escrito à mão no alto do documento está o seu "*za*" ("de acordo"); abaixo do qual, suas iniciais a lápis. Os outros signatários foram K. Vorochilov, A. Mikoyan e V. Molotov. Também a serem executadas havia 7.300 pessoas classificadas como membros da elite "burguesa", como padres, proprietários de terras, advogados e donos de fábricas. A implementação da resolução foi registrada em pormenores monótonos chegando às migalhas de recompensas dadas aos atiradores, às quantidades fuziladas por noite e ao relato final do comandante do campo "contabilizando quanto o trabalho forçado dos prisioneiros havia reduzido os gastos com sua manutenção".[26]

A decisão de executar pode ter se seguido à proposta de Nikita Khruschev e Beria, de 2 de março, de retirar da fronteira oeste da União Soviética os habitantes de uma zona com cerca de 800 metros de largura ao longo de toda a fronteira, e recolher as famílias dos "povos oprimidos".[27] De qualquer modo, Stalin ordenou as execuções em massa três dias mais tarde.[28]

Esse capítulo do terror vermelho veio à tona porque as tropas alemãs, no seu avanço, encontraram aproximadamente 4 mil cadáveres em vala comum na floresta de Katyn e anunciaram o achado em meados de abril de 1943. Os nazistas usaram este e inúmeros outros exemplos de atrocidades soviéticas para fazer propaganda antibolchevique. Os soviéticos negaram tudo e acobertaram o crime por cerca de meio século. Em resposta a questionamento oficial em 1959, o então chefe da KGB, Alexander Shelepin, reportou a Nikita Khruschev que um total de 21.857 "pessoas foram fuziladas" em vários campos da "ex-burguesa Polônia". Khruschev determinou a destruição de todos os documentos e a continuação da negativa, mas a ordem não foi cumprida.[29]

A verdade finalmente emergiu em 14 de outubro de 1992 quando, após o colapso da URSS e em nome do presidente Boris Ieltsin, documentos-chave foram apresentados ao governo polonês. As sepulturas em Katyn são hoje mantidas como símbolos dos grandes extermínios. A operação contra os oficiais poloneses foram compatíveis com a maneira que os soviéticos tratavam seu próprio povo. Um desertor do NKVD, envolvido com esses crimes, disse mais tarde que o massacre dos poloneses foi "uma operação típica [...] considerada inteiramente rotineira e não surpreendente".[30]

Entrementes, as forças alemãs tomaram a Noruega em abril de 1940, avançaram para os Países Baixos e a França em maio e dominaram esses estados com aparente facilidade. Tais vitórias começaram a solapar a convicção de Stalin de que uma guerra arrastada esgotaria os capitalistas. Decidiu, então, se mexer quando os alemães entraram em Paris. Molotov ofereceu as "mais calorosas congratulações" ao embaixador alemão em Moscou e também disse que a União Soviética em breve ocuparia os Estados Bálticos. De fato, os soviéticos não perderam tempo para expedir um ultimato à Lituânia e, dois dias depois, à Estônia e à Letônia. Stalin exigiu que as tropas do Exército Vermelho recebessem "passagem livre", e logo elas ocuparam os centros importantes.[31]

Stalin enviou representantes às capitais bálticas de cada um dos estados para introduzirem o estilo soviético de governo. As instituições políticas endógenas foram esmagadas e novas eleições foram convocadas, embora apenas comunistas pudessem se candidatar. O NKVD começou a prender e executar centenas de "elementos antissoviéticos". No devido tempo, os Estados Bálticos foram convencidos a solicitar anexação à União Soviética, um pedido autorizado no início de agosto.[32] Estas nações jamais aceitariam totalmente a perda da independência e lutariam pela liberdade, malgrado as chances insignificantes ou as situações sombrias, até que por fim as conquistaram, meio século mais tarde.

Andrei Jdanov, que esteve na Estônia, disse inocentemente depois, numa reunião secreta do partido em Leningrado, que a União Soviética deveria tirar vantagem da guerra para se expandir. Num discurso de novembro de 1940, ele citou Stalin dizendo que o "urso" (imagem histórica da Rússia) tinha que "andar pelo mundo demandando pagamento por cada árvore que fosse cortada para a obtenção de madeira". Jdanov afirmou que, no ano anterior, essa política "resultara na expansão dos territórios socialistas da União Soviética" e que mais ganhos poderiam ser esperados no futuro.[33]

Stalin parecia pensar que a ocupação do Exército Vermelho trazia felicidade, uma vez que, perguntou retoricamente, os povos não estavam, afinal de contas, "sendo libertados do jugo dos senhores de terra, dos capitalistas, da polícia e de outros patifes?" Não deveriam eles ser agradecidos por fazerem agora parte do "front socialista" contra os capitalistas? O que ele desejava em todos os territórios ocupados era concretizar a missão bolchevique que fracassara após a revolução russa, isto é, "substituir a textura pluralista das terras fronteiriças por uma uniformidade ideológica".[34]

Não obstante, ele se angustiava com o controle soviético sobre as áreas recém-incorporadas, e Beria propôs "limpá-las" em meados de maio e, de novo, em meados de junho para agrupar todos os "antissoviéticos, criminosos e elementos socialmente perigosos", assim como as "organizações contrarrevolucionárias". Quem tivesse passado suspeito era expatriado ou executado. O NKVD já tinha aprontado havia muito tempo procedimentos para a deportação de famílias inteiras, enquanto mantinha ao mínimo a interferência local. Mulheres e crianças só eram separadas dos maridos e pais na estação ferroviária. As operações da noite de 13 para 14 de junho deportaram 12.569 pessoas da Lituânia, 16.564 da Letônia e 6.700 da Estônia.[35] A maioria era de membros de famílias cujos chefes tinham sido presos e, provavelmente, já executados. Todos haviam sido considerados ferrenhos oponentes do comunismo.[36] Embora as estimativas variem, um consenso sobre o número de mortos, deportados ou desaparecidos no ano da ocupação soviética estabelece o total em 34.250 na Letônia, cerca de 61 mil na Estônia e aproximadamente 39 mil na Lituânia.[37]

Stalin ameaçou também a Finlândia e, no outono de 1939, optou por invadi-la no que pensava ser uma "guerra-relâmpago" de duas semanas. O ataque começou em 30 de novembro, mas a chamada Guerra do Inverno arrastou-se por 105 dias. No meio dela, o ditador afiançou ao seu círculo de íntimos no Kremlin que a "revolução mundial" continuaria seu inexorável avanço, a despeito daquele pequeno quebra-molas no caminho.[38] Em março de 1940, Molotov reportou para os presentes em uma reunião apressada que 52 mil soldados do Exército Vermelho tinham morrido de um total de cerca de 233 mil baixas.[39] Stalin tentou minimizar o desastre num discurso para o Comitê Central em abril. Tratava-se da primeira guerra verdadeira do Exército, disse ele. Apresentou então uma longa lista de desculpas, mas não havia como esconder o fato de que os finlandeses tinham posto à luz a gritante debilidade das forças armadas soviéticas.

Todos sabiam que Hitler estava observando, e Stalin ficou perturbado quando o embaixador alemão ousou oferecer ajuda "se estivéssemos enfrentando dificuldades na luta com os finlandeses".[40] Alguém tinha que pagar, de modo que, em maio, Stalin jogou a responsabilidade pela confusão na Finlândia sobre os ombros do comissário do povo para a Defesa, Voroshilov, outrora aliado que ousou culpar o Grande Terror pelo desaparecimento do escalão superior do Exército. Ele foi exonerado, mas permaneceu pessoa influente até sua morte em 1969.[41]

Enquanto os ponteiros do relógio caminhavam inexoravelmente para o choque entre as duas ditaduras, Hitler tinha todas as razões para imaginar uma rápida vitória, ao passo que Stalin não via motivo para otimismo; talvez por isso tenha tentado o apaziguamento. Uma linha de ação melhor talvez tivesse sido apelar para a Grã-Bretanha e, sobretudo, para os Estados Unidos, todavia, pela teoria de Stalin, os capitalistas lutariam entre si e nenhum deles viria em socorro da URSS. Ele errou nas duas suposições.

O MAIOR ERRO DE STALIN

Hitler há muito tempo se convencera de que sua missão era combater a detestada pátria do comunismo. Durante anos, vinha dizendo que o mero comércio de recursos não era a resposta para os problemas da Alemanha, porque ela também necessitava de *Lebensraum*, uma vasta extensão em que a "raça superior" iria se assentar e dominar. A proeza germânica fizera com que as forças inglesas, francesa e de outros Aliados recuassem rapidamente para as proximidades do Canal da Mancha, nas proximidades de Calais e de Dunquerque. A França concordou com um armistício em 22 de junho de 1940, com poucas semanas de combates, deixando Stalin embasbacado com a facilidade do triunfo germânico e desgostoso com o fato de Hitler começar a se apresentar como o homem que libertaria a Europa do comunismo.[42]

Toda a Europa ficou impressionada com as vitórias alemãs e o nazismo tornou-se atraente, mesmo para muitas pessoas de fora da Alemanha. O primeiro-ministro Churchill definitivamente não era uma delas, porém mesmo ele, fugazmente, achou que algum tipo de paz podia ser uma opção. Não importava o que ele dissesse em público sobre a "vitória a qualquer custo"; isso não era assim tão simples. De volta a 26 de maio, com muitas tropas ainda encurraladas em Dunquerque, ele pensou em voz alta a respeito de um acordo com os nazistas. No dia seguinte, disse que poderia concordar com negociações se Hitler estivesse disposto "a fazer a paz sobre os termos da restauração das colônias germânicas" e se contentasse com o domínio da Europa Central.[43] Mas a hesitação acabou definitivamente em 19 de julho, quando Hitler fez menção a uma semisséria oferta de paz, à qual Churchill não se dignou em responder.[44] O líder alemão ficou então postergando a Operação Leão-Marinho — a invasão da Inglaterra —, e, em 17 de setembro, a adiou indefinidamente.[45]

A Batalha da Inglaterra estava longe de ser vencida quando Hitler contrariou seu importante dogma de evitar uma guerra em duas frentes e, em 18 de dezembro de 1940, expediu a diretriz sobre a Operação Barbarossa, a invasão da União Soviética. Os espiões de Stalin eram extraordinariamente bem-informados e vinham intensivamente rastreando o processo alemão de tomada de decisões desde junho. Durante os meses seguintes, eles reportaram sobre o ataque iminente com crescente certeza. Em 29 de dezembro e em informações seguintes, confirmaram a decisão de Hitler que, observaram eles, se baseava na crença do líder germânico de que "as condições do Exército Vermelho eram tão inferiores" que a vitória seria fácil.[46] Seguiu-se uma inundação de relatórios desses espiões, que eram espantosamente precisos, sobre o ataque vindouro alemão, mencionando datas, efetivos dos atacantes, vias de acesso da invasão e a exata estratégia das três direções, bem como os respectivos comandantes militares.[47]

Enquanto a Alemanha se aprestava para a guerra, por breve espaço de tempo ela se desviou desses planos e inflectiu para sudeste na direção da Iugoslávia e da Grécia. Em 5 de abril, Stalin impensadamente ofereceu aos iugoslavos um pacto de amizade e não agressão, na esperança de que esse gesto desencorajasse Hitler.[48] Muito pelo contrário, a Wehrmacht começou a bombardear Belgrado mesmo antes que os delegados em Moscou pudessem celebrar o acordo. De forma bastante patética, o chefe soviético passou a se preocupar que o oferecimento de um banquete aos iugoslavos poderia ser interpretado em Berlim como ato de "caráter ousadamente provocador". Assim, afora um brando protesto, Stalin continuou com o apaziguamento ao estilo soviético. Promoveu infindáveis gestos de boa vontade, como o reconhecimento dos novos governos títeres instalados pelos nazistas à medida que iam conquistando países um atrás do outro.[49]

Informações não paravam de chegar de seus espiões e de governos estrangeiros, inclusive Grã-Bretanha e Estados Unidos.[50] Uma análise russa recente apresenta uma tabela com 56 relatórios da inteligência de janeiro a junho de 1941, cada um mais específico que o outro. No início de maio, as fontes davam (corretamente) os dias de 20 a 22 de junho como os exatos para o ataque.[51] Um deles dizia que os alemães estavam deliberada e ostensivamente fazendo preparativos para intimidar os soviéticos.[52] O

GUERRA E ILUSÕES

estado-maior do Exército Vermelho sabia, mês a mês, exatamente onde as forças alemãs estavam se concentrando na fronteira e como isso se fazia.[53]

Curiosamente, Stalin se recusava a tirar as conclusões óbvias e, no fim de maio, disse a exasperados líderes militares, com pouca convicção, que "não tinha certeza" das intenções de Hitler. Só três dias antes da invasão os líderes soviéticos determinaram esforços sérios para camuflar as instalações militares, tanques e aviões no solo. Mesmo essas medidas atrasadas não teriam complementos por mais de um mês.[54] Em suas memórias, Molotov tentou defender Stalin e a si mesmo dizendo que eles esperavam retardar o ataque inevitável. Não explicou, entretanto, por que permitiram que o Exército Vermelho ficasse tão exposto que a força terrestre quase perdeu a guerra antes de ela ter início.[55]

Em estágios mais avançados da vida, líderes militares disseram que não foram suficientemente insistentes para convencer o líder sobre as ulnerabilidades do país.[56] Estes oficiais admitiram que a "autoridade de Stalin era inconteste, e que todos acreditavam em sua infalibilidade". Por conseguinte, ninguém ousou objetar quando ele continuou desconsiderando as acumuladas evidências do ataque que se aproximava.

Stalin enganava a si mesmo crendo que os nazistas não atacariam a URSS até que liquidassem com os ingleses. Sua arraigada teoria marxista era que os capitalistas primeiro se destruiriam reciprocamente e ficariam exauridos, depois do que a União Soviética entraria em ação e venceria facilmente.[57] Por que será que sua suposta paranoia o abandonou quando ele mais dela precisava? O que lhe dizia a voz interior? É verdade que ele vivia isolado do "mundo real", mas seu distanciamento não o impedia de formular astutas negociações estratégicas com estadistas que visitavam Moscou. Então, sua remota posição por trás das grossas muralhas do Kremlin não explica seus esforços para pacificar Hitler.[58]

Por anos Stalin vinha, incorretamente, apostando que Hitler não passava de um "agente do capitalismo" que trabalhava em prol de industriais e banqueiros. O ditador soviético encarava os aspectos racistas da ideologia nazista como um monte de insânias, e não há dúvida de que eram. A despeito disso, elas compeliam a visão de Hitler para um "paraíso" racial que abastecia sua paixão pelo aniquilamento dos judeus e a destruição do comunismo. Tais fantasias convergiam no lema que Hitler selecionou para a invasão da União Soviética, uma cruzada contra o "bolchevismo judeu".

Em 22 de junho, com batalhas já sendo travadas, o embaixador alemão em Moscou entregou uma notificação formal a Molotov explicando as razões para a guerra. No topo da lista estava a necessidade de defender a Alemanha e de evitar que Moscou organizasse a Internacional Comunista e "bolchevizasse" a Europa.[59]

Alguns historiadores revisionistas asseveram que Stalin apenas procurava ganhar tempo para preparar a própria ofensiva que Hitler havia, supostamente, frustrado como sua "guerra preventiva".[60] A débil prova frequentemente usada para tal argumentação é o discurso de Stalin de 5 de maio de 1941, se dirigindo ao Exército Vermelho para falar sobre o que este aprendera da história, como se fortalecera nos últimos três anos e que poderia partir para a ofensiva.[61] Ocorre que, na leitura dos documentos soviéticos dos doze meses que antecederam junho de 1941 fica-se perplexo com a posição reativa do Exército Vermelho. Em 14 de maio, o comissário da Defesa, marechal Semion Timochenko, e o chefe do estado-maior, general Gueorgui Jukov, expediram ordem "de especial importância" aos comandantes militares da linha de frente limítrofe com a Alemanha para que preparassem um "novo plano" para a defesa das fronteiras ocidentais. Eles iriam providenciar uma série de medidas detalhadas de defesa por volta de 20 de maio.[62]

Quando Stalin mencionou a opção de passar à ofensiva no futuro, sua intenção era elevar o moral do Exército em face dos continuados sucessos de Hitler na Europa. A União Soviética ganharia tempo e atacaria quando as potências capitalistas tivessem se desgastado umas às outras.[63]

A crença equivocada de Stalin foi que os nazistas eram motivados apenas economicamente e pelo prazer da pilhagem. Isso o levou à falsa conclusão de que se a URSS suprisse os recursos essenciais — tais como gêneros alimentícios, matérias-primas e petróleo —, então uma guerra custosa não faria sentido para Hitler. De fato, sob a égide do tratado de comércio com a Alemanha de 11 de fevereiro de 1940, os soviéticos concordaram em enviar no prazo de um ano, entre muitas outras coisas, um milhão de toneladas de grãos, 900 mil toneladas de combustíveis, 100 mil toneladas de algodão, 100 mil toneladas de cromo e 500 mil toneladas de fosfato e de minério de ferro.[64] O chefe da delegação econômica alemã para a União Soviética, Karl Schnurre, dissera na ocasião que apenas a intervenção pessoal de Stalin tornara possível o sucesso das negociações. Malgrado todas as dificuldades, Schnurre ficara impressionado com o "desejo do governo soviético em ajudar a Alemanha". Como ele vira o fato, o novo acordo de comércio "significa para nós uma ampla porta aberta para o Oriente".[65] A verdade é que, já no verão de 1940, a URSS havia se tornado a mais importante fonte de matérias-primas para a Alemanha.

Não obstante, os soviéticos, possivelmente, não poderiam proporcionar o suficiente para satisfazer as infladas ambições de alguns integrantes da comunidade germânica de grandes negócios nem os elevados escalões das forças armadas e da alta administração. Além do mais, eles logo começariam a ver não oportunidades, mas perigos em se tornarem tão dependentes das entregas soviéticas.[66] Só em 1940, não menos do que 52% das exportações soviéticas foram para a Alemanha, a qual falhava em enviar de volta produtos manufaturados, como determinava o acordo. Apesar de o tratado permitir que a URSS, nesses casos, reduzisse proporcionalmente suas entregas ou elevasse os preços, os alemães se surpreenderam em vista de nenhuma dessas medidas ter sido adotada pelos soviéticos.[67]

Segundo o renovado acordo de 10 de janeiro de 1941 entre os dois países, a União Soviética se comprometeu em enviar 2,5 milhões de toneladas de grãos, capazes de resolver o problema alemão da alimentação, além de 1 milhão de toneladas de combustíveis, 200 mil toneladas de minério de manganês e outros diversificados minerais vitais. Na realidade, por volta de abril, "centenas de vagões com grãos, combustível, minerais e outras matérias-primas congestionavam o lado soviético das estações da fronteira", ali mantidos porque as ferrovias germânicas não davam vazão para o escoamento de todo aquele tráfego. Stalin sabia perfeitamente bem que o acordo era bastante vantajoso para a Alemanha, pois ela poderia inflar os preços dos produtos manufaturados sem que os soviéticos respondessem na mesma medida, seja retardando as entregas, seja elevando seus próprios preços.[68]

Stalin estava diretamente envolvido na negociação e necessariamente teve que supor que se a Alemanha conseguisse tudo o que necessitava pelas trocas comerciais, então a ameaça de guerra por parte de Hitler só teria que desaparecer. Falhou em entender — e, em consequência, ignorou todos os sinais de alerta — que a ideologia e a economia estavam entrelaçadas nos planos grandiosos e no pensamento da política externa de Hitler. Na verdade, os suprimentos entregues à Alemanha tenderam a firmar a decisão de Hitler em invadir a URSS.[69]

Apesar disso, ainda em meados de 1941, os especialistas econômicos do ministério alemão das Relações Exteriores julgavam que a URSS honrava suas obrigações do tratado e que as deficiências eram decorrentes da capacidade germânica em conseguir material rodante suficiente para o transporte. As entregas soviéticas para a Alemanha previstas para 1941 seriam substanciais: por exemplo, 632 mil toneladas de grãos, 232 mil toneladas de petróleo, 23,5 mil toneladas de algodão, 50 mil toneladas de minério e manganês, 67 mil toneladas de fosfatos, e assim por diante.[70] Em virtude deste volume de encomendas, Hitler e a elite empresarial alemã, bem como os militares, se preocuparam ainda mais em confiar nas trocas e na boa vontade soviéticas. Optaram pela guerra, imbuídos do pensamento (amplamente compartilhado, mesmo nos Estados Unidos) de que o Exército Vermelho poderia ser derrotado em poucas semanas.[71] Até mesmo os membros "pragmáticos" da elite alemã deram apoio a Hitler.[72]

Algumas das apreensões germânicas relativas ao acordo comercial deviam-se em parte ao fato de os soviéticos esperarem em troca tecnologias militares e industriais sofisticadas. Empresas privadas, como o conglomerado I.G. Farben, por exemplo, se alarmavam com o Kremlin desejar acesso aos seus segredos químicos e esperar que a companhia, no fim, construísse uma fábrica completa para produzir esses materiais em solo da União Soviética. A Farben alertou as forças armadas que um projeto assim abriria mão de segredos militares cruciais. Desta forma, as próprias reservas particulares de Hitler quanto às trocas comerciais de longo prazo com a URSS se encaixaram nas da indústria privada e nas dos militares alemães.[73]

Stalin via na negociação uma maneira de ajudar a fortalecer o poderio da União Soviética, que a capacitaria a oferecer forte resistência contra futuro ataque e depois passar à ofensiva se a oportunidade aparecesse, cooperando dessa forma para o robustecimento do Império Vermelho. No curto prazo, ele seguia convencido de que antes que Hitler atacasse, ele faria mais demandas ou, no mínimo, expediria ultimato sobre outro tratado de comércio.[74] Em decorrência, os soviéticos continuaram, fielmente, embarcando centenas de milhares de toneladas de suprimentos exatamente até o momento em que a invasão alemã começou. Quaisquer notícias conflitantes com os pontos de vista de Stalin foram descartadas como "desinformação".

GUERRA E ILUSÕES 75

Numa reunião apenas três dias antes do ataque, ele de novo ridicularizou os líderes do Exército Jukov e Timochenko por se atreverem a solicitar que as tropas nas fronteiras recebessem ordens de prontidão total. Obcecava-se por evitar "provocações".[75] Mas os líderes soviéticos podiam testemunhar eles mesmos que a missão diplomática inglesa começara a abandonar Moscou em meados de junho e que os correspondentes alemães, italianos e húngaros requereram "urgentes vistos de saída" em 19 de junho.[76] Quando aquele sábado (21 de junho) já ia avançado, o Politburo reuniu-se na dacha de Stalin. O comissário Timochenko, o general Jukov e o chefe das operações do estado-maior Nikolai Vatutin reportaram que um sargento alemão havia desertado e avisara que o ataque seria na manhã do dia seguinte. Stalin perguntou: "Este desertor não fez isso só para nos provocar?" O máximo que os militares conseguiram foi persuadir Stalin a autorizá-los a notificar as tropas ao longo da fronteira a respeito de um "possível ataque-surpresa". Providências defensivas deveriam ser por elas tomadas antes do amanhecer, mas evitadas "ações provocadoras".[77]

A invasão alemã teve início às 3h (horário soviético) de 22 de junho. Notícias sobre ela fluíram aos borbotões de todas as frentes para Jukov, que teve a desagradável tarefa de telefonar para Stalin. Ordens foram então expedidas para uma reunião no Kremlin, onde os líderes militares com seus relatórios e anotações assim como os membros do Politburo se reuniram com Stalin às 17h45. O líder os surpreendeu quando indagou: "Isso não é uma provocação dos generais alemães?"[78]

STALIN QUASE DERROTADO E DEPOIS RESGATADO

O erro de avaliação de Stalin resultou numa tragédia de proporções bíblicas, pela qual muitos milhões de militares e civis pagaram com suas vidas. Em suas memórias, alguns generais do Exército Vermelho culparam Stalin por deixar o país desprotegido contra o ataque. Muitas unidades de fronteira não tinham munição para as armas portáteis nem granadas para a artilharia. O marechal chefe da artilharia, N. N. Voronov, que estava no quartel-general supremo na ocasião, observou que se os alemães tivessem se deparado com uma defesa forte e organizada quando adentraram território soviético, por certo não teriam provocado baixas iniciais tão aterradoras.[79]

Na primeira semana de guerra, "praticamente todos os corpos mecanizados soviéticos perderam 90% de seu poderio".[80] Divisões inteiras desapareceram. O general Dimitri Volkogonov, escrevendo sobre os primeiros dezoito meses da guerra, lembrou dolorosamente que os alemães fizeram cerca de 3 milhões de prisioneiros, ou seja, devastadores 65% das forças armadas soviéticas existentes.[81]

Quando um atormentado Stalin finalmente admitiu que a invasão era real, permaneceu em seu gabinete durante todo aquele dia e grande parte do seguinte, em reuniões uma atrás da outra com figuras-chave.[82] Por volta das 9h do dia do ataque, o estado-maior geral havia criado um novo Alto-Comando Supremo das Forças Armadas (Stavka).[83] O fato de ele ter sido instituído em situação de emergência atesta inequivocamente quão despreparado estava o país. No dia seguinte foi estabelecido um novo conselho de evacuação a fim de deslocar pessoas, instituições culturais e fábricas inteiras, com seus operários, para o leste. Uma tarefa hercúlea por si só. Stalin havia cometido tamanho erro de cálculo que não teve apetite para informar a nação sobre a invasão, missão que repassou a Molotov.[84] A esperança era que em duas ou três semanas o front fosse estabilizado. Aí então o líder em pessoa faria uma aparição.[85]

Como muitos cidadãos, figuras destacadas do Kremlin não podiam acreditar na velocidade com que os alemães avançavam. Na noite de 29 de junho, Stalin foi ao Comissariado da Defesa em busca de algumas respostas de Timochenko, Jukov e Vatutin. Quando ouviu que eles tinham perdido contato com o front na Bielorrússia, explodiu com Jukov, que deixou a sala "soluçando como uma mulher", ou foi mais ou menos isso que Mikoyan disse mais tarde, e ainda acrescentou que talvez tenha sido naquele momento que Stalin percebeu por fim a extensão de seus equívocos.[86] No dia seguinte, ele partiu para sua dacha fora de Moscou.

Lavrenti Beria saiu-se com a ideia de um novo Comitê de Defesa do Estado (GKO) que tornaria mais eficiente a burocracia. Além de Beria o comitê incluiria Molotov, Vorochilov e Georgui Malenkov. Os quatro, acompanhados de Mikoyan e Nikolai Voznesensky, foram à dacha de Stalin na noite de 30 de junho. Assim que o chefe os viu, pensou que iria ser preso, ou pelo menos forçado a deixar o poder. Mas quando Molotov lhe falou sobre o GKO, Stalin só perguntou quem seria o chefe do órgão. Os outros julgaram que ainda necessitavam dele, pois mesmo em meio à

GUERRA E ILUSÕES   77

crise que se instalara em 22 de junho, ninguém se atrevia a sugerir que Stalin fosse expulso.[87]

Apenas em 3 de julho Stalin se dirigiu à nação pelo rádio por cerca de meia hora. Muitos se espantaram com as palavras iniciais do pronunciamento: "Camaradas! Cidadãos! Irmãos e irmãs! Homens de nosso Exército e de nossa Marinha! Dirijo-me a vocês, meus amigos!" Ele sublinhou a gravidade da situação, mas não admitiu erros, dizendo que tinha sido correto para qualquer "país amante da paz" a tentativa de um pacto de não agressão. Ao povo foi dito que apoiasse as tropas e reconhecesse "a imensidão do perigo". Concluiu conclamando o povo "a se congregar em torno do partido de Lenin e de Stalin, e do governo soviético para um abnegado apoio a fim de que o Exército Vermelho e a Marinha destruam o inimigo e obtenham a vitória. Toda a força do povo tem que ser empregada para esmagar o inimigo. Avante para a vitória!"[88]

Stalin voltou a trabalhar no Kremlin no dia seguinte e gradualmente foi assumindo maior autoridade. Em 19 de julho autonomeou-se comissário da Defesa e, em 8 de agosto, se permitiu ser "nomeado" como *verkhovnyi glavnokomanduyushchii* — comandante supremo das forças armadas, ou o Supremo. Em função de tudo isso, sua ditadura pessoal diminuiu um pouco e, em vista das dimensões dos desafios da guerra, poderes reais tiveram que ser delegados a políticos prepostos e aos militares.

O primeiro-ministro Churchill ficou grato pelo fato de o foco do poder de fogo alemão ter sido desviado da Grã-Bretanha. Anunciou imediatamente que seu país se alinharia à Rússia, um país inimigo de longa data. Confessou que "ninguém tem sido mais consistente oponente do comunismo", sobre o qual não "desdiria uma só palavra". Apesar disso, Churchill prometeu "dar a ajuda que pudermos" à União Soviética. "Devemos apelar a nossos amigos e nossos aliados em qualquer parte do mundo para que palmilhem esse mesmo caminho."[89] A própria Grã-Bretanha se encontrava em condições lamentáveis, sem poder proporcionar o tipo de apoio de que a URSS desesperadamente precisava, de modo que isso seria deixado aos americanos.

A política oficial dos EUA em relação à guerra na Europa havia atingido um ponto de inflexão no fim de 1940, quando Churchill escreveu sobre a situação perigosa em que seu país estava e sobre a necessidade de ajuda urgente.[90] Roosevelt reagiu com a introdução do Programa de Empréstimos e Arrendamentos (Lend-Lease) para desbordar o continuado sentimento isolacionista no país e, em 10 de janeiro de 1941, o Congresso começou a deliberar sobre a lei. Ela garantiria empréstimos sem juros para a compra de bens nos Estados Unidos. Com o intuito de adiantar os entendimentos, o presidente enviou Harry Hopkins e Wendell Willkie a Londres com a missão de auxiliar Churchill na preparação de um discurso de aceitação garantindo aos americanos que eles não seriam arrastados para os problemas europeus. Este ponto foi convenientemente transmitido através de uma das frases mais célebres do primeiro-ministro: "Deem-nos as ferramentas e terminaremos o trabalho." A despeito de alguma oposição no Congresso, a legislação foi aprovada e Roosevelt a assinou em 11 de março.[91]

Pouco tempo depois, Harry Hopkins, emissário e confidente de Roosevelt, voou de volta a Londres para um encontro com Churchill. Roosevelt também precisava saber se os soviéticos podiam se aguentar, de modo que em 27 de julho Hopkins viajou para Moscou, onde ficou impressionado, principalmente quando Stalin afirmou que seu povo estaria recebendo fogo germânico na primavera. Stalin era um belo ator e blefava; na verdade ainda procurava maneiras de apaziguar Hitler. Hopkins não ficou em Moscou por tempo suficiente para constatar quão indecisas as coisas realmente estavam, porém Stalin foi encorajado a ouvir sobre a ajuda de Roosevelt e então, do modo habitual, exagerou nas solicitações por armas e suprimentos.[92] Hopkins foi muito bem-visto no Kremlin, tanto que alguns nos Estados Unidos desconfiaram de que ele fosse um espião, suspeita sem fundamento.[93]

Uma vez consciente do que havia ouvido, Hopkins deixou Moscou e, apesar de adoentado, juntou-se a Churchill a bordo do *Prince of Wales* para cruzar o Atlântico. Os dois se encontraram com Roosevelt na panorâmica baía de Placentia, na Terra Nova. Embora o primeiro-ministro desejasse que Roosevelt declarasse guerra à Alemanha, em função do estado de espírito isolacionista do povo americano isto estava fora de questão. Os dois líderes ocidentais enviaram mensagem a Stalin oferecendo "o máximo de suprimentos que o senhor precise com mais urgência" e propondo uma reunião sobre estratégia a ser realizada em Moscou em futuro próximo.[94] Stalin, no entanto, iria esperar até que a situação no front da batalha estivesse mais ao seu gosto antes de demonstrar interesse por tais debates.

Um dos resultados do encontro na Terra Nova foi a Carta do Atlântico, exarada em 14 de agosto. Ela especificava os objetivos dos Aliados no conflito armado e os princípios para um acordo pós-guerra. Os líderes americanos e ingleses disseram não querer expansão territorial, tampouco quaisquer mudanças "que não fossem condizentes com as vontades livremente expressas pelos povos envolvidos". Respeitariam "o direito de todos os povos escolherem as formas de governo sob as quais irão viver" e buscariam restabelecer o autogoverno àqueles que dele tivessem sido privados. Favoreceriam as liberdades econômicas, inclusive a liberdade nos mares. Também mencionadas foram as esperanças por uma paz e segurança duradouras após a destruição da "tirania nazista".[95] Em 24 de setembro, representantes da União Soviética, Bélgica, Tchecoslováquia, Grécia, Luxemburgo, Holanda, Noruega, Polônia e a França Livre assinaram a carta numa reunião em Londres. Ela seria citada com frequência nas disputas que mais tarde surgiriam.[96]

A despeito das ofertas de auxílio ocidental, Stalin tentava desesperadamente fazer a paz com a Alemanha, já em julho e de novo em outubro, da mesma forma que Lenin o fizera em 1918. Nossas provas para essas sondagens de paz são fragmentárias; os envolvidos foram ameaçados de morte se deixassem vazar uma palavra que fosse. De qualquer maneira, nada resultou dos esforços de Stalin, sérios ou não, porque Hitler estava convicto de que a vitória completa era apenas questão de tempo.[97]

Em setembro, Stalin admitiu certo grau de precariedade da situação para o enviado de Roosevelt, Averell Harriman, e para o representante de Churchill, lorde Beaverbrook, quando eles o visitaram. O ditador provocou Beaverbrook porque a Grã-Bretanha não havia aberto uma segunda frente, uma ação totalmente impossível. A certa altura disse que a parcimônia dos suprimentos que eles enviavam "provava" que queriam ver seu país derrotado. Com as conversações a ponto de serem interrompidas, Stalin recorreu ao charme; porém, para alarmar seus convidados, reconheceu que Hitler poderia ter conquistado Moscou e que, se o fizesse, "teria destruído o centro nervoso da nação". Na verdade, as equipes das embaixadas americana e inglesa achavam que as conversações estavam prestes a serem cortadas. Harriman e Beaverbrook mantiveram-se distantes dessas pessoas desconfiadas porque Roosevelt e Churchill já haviam decidido apoiar a União Soviética a qualquer custo. Em 1º de outubro, quando assinaram o

Protocolo de Moscou, que esboçava a ajuda a chegar dos Estados Unidos e do Reino Unido, Stalin fez emocionado agradecimento.[98]

A história da desconfiança entre Estados Unidos e URSS vinha desde 1917, mas não há necessidade de rememorar tudo isso neste livro. Foi Hitler (nomeado chanceler em 1933) quem fez a relação mudar, juntamente com a ascensão do Japão. As condições modestas que Roosevelt tinha em mãos para garantir o reconhecimento formal da União Soviética eram que Moscou proporcionaria proteções legal e religiosa aos americanos na URSS e também pararia de orientar o Partido Comunista Americano. Em 17 de novembro de 1933, o representante soviético Maxim Litvinov assinara documentos em Washington, reatando as relações diplomáticas. Os efeitos imediatos foram mínimos e até mesmo o comércio entre os dois países ficou estagnado nos anos que se seguiram.[99]

Apesar disso, o presidente decidiu, bem antes de a América entrar na guerra, que toda a assistência possível deveria ser dada aos inimigos do nazismo. Quando Hitler atacou a União Soviética em junho de 1941, Roosevelt resolver acautelar-se com mais intensidade. Nem um mês depois, em 9 de julho, baixou instruções para que um plano de contingência fosse preparado.

O "Programa Victory" estabeleceu objetivos estratégicos e especificou como eles deveriam ser atingidos. Seriam necessários dois anos para mobilizar, instruir e equipar suficientes forças armadas para a guerra contra a Alemanha e, possivelmente, também contra o Japão. O programa previa 215 divisões (ou 8,7 milhões de homens) ao custo de 150 bilhões de dólares. A suposição básica de que seria necessário mobilizar uma força tão poderosa era porque a União Soviética provavelmente seria derrotada em não muito tempo. Os Estados Unidos esperavam que a generosa ajuda a mantivesse combatendo, e foi uma agradável surpresa quando o Exército Vermelho demonstrou todo o seu valor em Stalingrado e lá conseguiu significativo triunfo no início de 1943. Embora os EUA logo diminuíssem a escala de seus efetivos, seria necessário convocar para o serviço militar das 215 cerca de 90 divisões, mas o custo final da guerra escalaria para aproximadamente 300 bilhões de dólares.

Roosevelt estendeu o Lend-Lease para a União Soviética em 1º de outubro de 1941. Sob este programa federal, as nações Aliadas foram supridas com material bélico e receberam empréstimos para pagá-lo a

GUERRA E ILUSÕES

81

taxas favoráveis. Ao fazer a extensão, o presidente enfrentou a oposição do secretário da Guerra, Henry Stimson, e do chefe do estado-maior do Exército, George C. Marshall. Ambos detestavam o sistema soviético, mas Roosevelt agiu bem ao contrariar o assessoramento dos dois.[100]

Em 3 de outubro e novamente em 4 de novembro, Stalin escreveu ao presidente para expressar seu "profundo agradecimento" pelo empréstimo sem juros e pela promessa de material bélico. Uma vultosa quantia para aquela época, 1 bilhão de dólares, seria enviada pelo programa.[101] Embora os suprimentos apenas gotejassem antes do fim daquele ano, nos primeiros meses da guerra "até simples promessas eram importantes", e concorriam para uma desesperadamente necessitada elevação do moral.[102] O auxílio econômico em si chegou principalmente depois de janeiro de 1943 e serviu tanto para robustecer o front doméstico soviético quanto para a grande contraofensiva que o Exército Vermelho montou na segunda fase da guerra.[103] Os líderes soviéticos estavam conscientes de que seu povo, e não os americanos, pagaria com maior número de vidas o conflito armado. Nikita Khruschev escreveu em suas memórias que os Estados Unidos "usavam nossas mãos e deixavam nosso sangue se esvair para combater a Alemanha nazista. Eles nos pagavam para que continuássemos lutando; pagavam-nos com armas e outros materiais".[104]

Proporcionar a ajuda do programa à Grã-Bretanha e, sobretudo, à URSS talvez tenha sido o feito mais significativo de Roosevelt. Isto salvou incontáveis vidas americanas, e os Estados Unidos emergiram da guerra com a vitória e a economia em fantástica expansão. Talvez mais importante, sem a promessa de ajuda americana, a União Soviética poderia muito bem ter capitulado.

Para os cidadãos soviéticos, o que saiu nos relatórios da imprensa, nas leituras oficiais e em documentos semelhantes foi uma nova descrição do país no cenário internacional. Em vez de uma luta contra o capitalismo, a nova imagem da URSS era que ela estava "no centro de uma aliança de estados progressistas" na guerra contra os hitleristas.[105] Fosse como fosse, os pontos de vista da liderança soviética mudaram muito pouco. O declarado nada mais foi do que uma alteração na tática política.

As duras demandas de Stalin
feitas ao Ocidente

O avanço inicial alemão em junho de 1941 pareceu impossível de ser parado. As pessoas tinham que decidir entre ficar ou ir embora. Para um gerente de fábrica, *quando* fugir tornou-se dilema de difícil solução: se pegasse os arquivos, o dinheiro e saísse cedo demais, poderia ser acusado de traição; se, contudo, "de boa vontade permanecesse" e tivesse contato com o inimigo, poderia experimentar o mesmo destino. E o tempo para tomar a decisão correta era curto.[106]

> Todos partiam para todas as direções. Ninguém era punido por crime algum. As vitrines eram quebradas à luz do dia. Começaram os pogroms contra os judeus. A chegada dos alemães era esperada para qualquer hora. Os aviões germânicos nos sobrevoavam de rua em rua e ninguém ao menos atirava contra eles; os alemães não tinham medo, mas acenavam seus quepes e saudavam as pessoas lá de cima. Eles poderiam ter conquistado Moscou facilmente. Ninguém comandava coisa alguma.[107]

Outro habitante recordou-se de que os distúrbios duraram um dia ou dois, "depois não havia mais nada para saquear. As lojas estavam vazias".[108] Derrotistas foram fuzilados no ato, por exemplo, em 16 de outubro, quando o NKVD executou mais de duzentos. Ainda outros, classificados como "criminosos especialmente perigosos", foram levados para a prisão de Lubianka e fuzilados. A tática da violência restabeleceu a ordem.[109]

O Exército Vermelho combateu ferozmente nos arrabaldes de Moscou, por vezes a 30 quilômetros do Kremlin. Malgrado a situação, Stalin mostrou-se suficientemente atrevido para, em 7 de novembro, aniversário da Revolução Russa, realizar a parada anual. Julgou que sua atitude injetaria a necessitada determinação no país. No dia anterior, discursou pelo rádio e chamou o povo de "irmãos e irmãs". Evocando o patriotismo russo, ele realçou exemplos de grandes líderes do passado. Pela primeira vez, elogiou a nova aliança com os Estados Unidos e a Grã-Bretanha, e disse que o lado "que tivesse avassaladora superioridade na produção de motores venceria a guerra".[110]

GUERRA E ILUSÕES   83

Apenas dois dias depois do anúncio da nova solidariedade com os anglo-americanos, Stalin escreveu a Churchill e o acusou de tentar evitar discussões sobre acordos pós-guerra. Também estava furioso porque os ingleses ainda não haviam concordado com a ajuda militar mútua. Mesmo com a Wehrmacht às portas, Stalin já estava de olho no período após as hostilidades. Apesar de o primeiro-ministro ter ficado ofendido com o tom da carta, logo enviou Anthony Eden para aparar as arestas.[111]

Eden e Stalin se encontraram, com minutas de acordos nas mãos, em 16 de dezembro. Stalin queria a Alemanha enfraquecida e desmembrada pela transferência de vasta extensão de seu território para a Polônia. O que restasse da Prússia poderia se transformar em Estado independente, mas sem a Renânia, que incluía importante região industrial da Alemanha. A Áustria se tornaria independente de novo, como também possivelmente a Baviera. Stalin afirmou que todas essas mudanças debilitariam a Alemanha e a impediriam de ameaçar com a guerra outras gerações.[112] Foi ele quem tentou persuadir Eden sobre essas medidas e também sobre a necessidade de reparações de guerra.[113]

No dia seguinte, Stalin — conforme Eden descreveu — "começou a mostrar suas garras" e exigiu o reconhecimento das fronteiras soviéticas de 1941. Com efeito, ele buscava sanção oficial para as conquistas da URSS na sua guerra de agressão contra a Polônia e os Estados Bálticos. Propunha agora que, quando a vitória chegasse, a Polônia seria compensada com a expansão para o oeste a expensas da Alemanha. A URSS ficaria com o leste da Polônia até a chamada Linha Curzon. Esta foi a fronteira proposta em vão em 1920 por Curzon, secretário britânico das Relações Exteriores, para separar o recém-criado Estado polonês da Rússia revolucionária. Naquela ocasião a Polônia era suficientemente forte para conquistar território a leste daquela linha. Se a URSS pudesse ocupar tal território, grande parte do antigo Império Russo ficaria novamente sob mando de Moscou. Eden objetou e, num cabograma para Churchill ao fim das conversações, sintetizou a situação. Stalin queria acordos militares "mas não os assinará até que reconheçamos suas fronteiras, e temos que esperar uma persistente canseira sobre esse assunto".[114]

Relatórios soviéticos recém-revelados mostram como Stalin pretendia iludir seus aliados. A paixão do ditador por desmembrar o inimigo alemão era a pedra angular do plano do Kremlin para a Europa do pós-guerra, e demandar isso em todas as oportunidades era mais do que "tática de negociação", como alguns historiadores russos afirmaram.[115] Significava expandir a União Soviética e sua influência quanto possível. Ao mesmo tempo, amplamente conhecedor da opinião pública no Ocidente, Stalin negava alegações circulantes de que a URSS tencionava "bolchevizar a Europa".[116] Em todas as conferências durante a guerra, de fato, ele jamais mencionou um desejo de propagar o comunismo. Ao contrário, sagazmente amorteceu suas exigências exclusivamente em nome de "interesses da segurança" soviética. Essa foi sua nova máscara, por trás da qual disfarçou suas fixações ideológicas e políticas.

Stalin se esforçou bastante para fazer parecer irracional quem procurasse negar suas demandas por melhor segurança. Ofereceu apoio à reivindicação britânica por bases aéreas e navais na Bélgica e na Holanda após a guerra. E mostrou-se surpreso por não receber apoio recíproco dos ingleses quando tudo o que queria era um retorno às fronteiras de 1941.[117]

Em 7 de dezembro, enquanto o Exército Vermelho contra-atacava as forças alemãs, os japoneses bombardearam Pearl Harbor. O Japão nem informou Hitler sobre a operação; o líder alemão teria preferido bem mais que os japoneses invadissem a URSS pelo leste e lá subjugassem tropas soviéticas.

O presidente Roosevelt abordou o embaixador soviético no dia seguinte ao do ataque japonês não provocado, na esperança de que Stalin se juntasse aos Estados Unidos na declaração de guerra ao Japão. Disseram-lhe que o líder soviético não tinha condições de fazê-lo, nem o faria até que o Exército Vermelho expulsasse os alemães. Isso ainda iria demorar longos anos.[118]

Em 11 de dezembro, Hitler cometeu mais um erro com a estrondosa proclamação de guerra aos Estados Unidos e assim trouxe para conflito todo o poderio militar e econômico da América, sem conseguir muita coisa em troca. No dia seguinte, em Moscou, o *Pravda* anunciou que a progressão alemã havia sido barrada. Para aumentar ainda mais as dificuldades de Hitler, antes de o ano terminar EUA e Grã-Bretanha ratificaram sua decisão de derrotar a Alemanha primeiro.[119]

4

Objetivos soviéticos e concessões ocidentais

Os Aliados ocidentais hesitavam entre apreensões a respeito do comunismo e receios mais imediatos da Alemanha e Japão. Stalin sabia dessas preocupações e tentou apresentar a União Soviética como um parceiro confiável e forte. Quase desde o início da guerra, ele aconselhou os líderes da resistência com vínculos a Moscou a adotarem uma "unidade de ação" com outras forças antinazistas. Eles deveriam fazer o que pudessem contra a ocupação nazista, mas sem semelhanças com movimentos revolucionários comunistas endógenos.[1] Esta nova linha do partido era um retorno à posição antifascista propagada pelo Comintern nos anos 1930, que ficara politicamente desconfortável em agosto de 1939 quando Stalin assinou a aliança com Hitler.[2]

Em 7 de julho de 1941, o Comintern, agora de novo operando com seu costumeiro espírito, expediu uma diretriz especial aos partidos no estrangeiro para que formassem "frentes nacionais" em países ocupados pela Alemanha a fim de unificarem a luta contra Hitler.[3] Esse seria o lema que Moscou também logo usaria para patrocinar novos governos nos territórios libertados pelo Exército Vermelho.

ROOSEVELT E CHURCHILL DIVIDEM
MAIS RESERVAS SOBRE STALIN

O avanço dos alemães e seus aliados foi barrado em Moscou no fim de 1941, mas no início do ano seguinte eles redobraram os esforços e voltaram a parecer impossíveis de parar. A União Soviética desejava um novo tratado de ajuda e Molotov viajou para Londres em maio de 1942 a fim de assiná-lo. Insistiu novamente pelas fronteiras soviéticas de 1941, mas os ingleses não concordaram. Então, para surpresa de todos, Stalin mudou de curso e disse ao comissário Molotov para conseguir o tratado mesmo sem o acordo sobre território.[4] Nas instruções para o subordinado, Stalin observou sombriamente que, de qualquer maneira, as questões de fronteiras logo seriam decididas pela força.[5]

O comissário viajou para os Estados Unidos com o objetivo de conseguir uma decisão sobre uma segunda frente na Europa e mais ajuda econômica. No seu primeiro encontro com o presidente americano, em 29 de maio, Molotov perguntou se era verdade que ele "não concordava" com as exigências soviéticas quanto às fronteiras de 1941 ao oeste do país. Roosevelt "respondeu que, de fato, não desejaria ver essa questão mencionada em qualquer tratado, em vista da opinião pública americana. Acreditava que um momento conveniente surgiria para o levantamento dessa demanda, mas ele ainda não chegara". Molotov conseguiu do presidente um compromisso, ou pelo menos uma expressão de esperança para um desembarque Aliado em 1942, com talvez de seis a dez divisões chegando às praias da França.

Roosevelt confessou que esses soldados americanos "poderiam passar por uma outra Dunquerque e perder de 100 a 120 mil homens". A operação possivelmente abaixaria o moral alemão, "melhoraria a situação e elevaria o espírito do Exército Vermelho". Um pronunciamento incomum como este só podia ser interpretado como gesto para aplacar o abrasivo Molotov. De fato, o presidente confidenciou ao seu assessor Harry Hopkins que, de todas as pessoas com que se envolvera em tratativas, jamais tinha encontrado uma tão difícil. Segundo Hopkins, o presidente ficou motivado a "envidar todos os esforços para descobrir um denominador comum que, ele tinha certeza, tem que existir em algum lugar".[6]

OBJETIVOS SOVIÉTICOS E CONCESSÕES OCIDENTAIS   87

Às 23h do fim do primeiro dia, Hopkins tomou a inusitada iniciativa de visitar Molotov em seus aposentos na Casa Branca. Sugeriu ao comissário que "pintasse um quadro mais sombrio" da situação soviética no seu próximo encontro com o presidente, com o chefe do estado-maior do Exército, general Marshall, e com o comandante da Marinha, almirante Ernest King. Hopkins acreditava que uma avaliação negativa das perspectivas soviéticas conquistaria os americanos. Foi muito estranho que um funcionário dos EUA estivesse aconselhando um diplomata estrangeiro sobre como tirar vantagens de líderes de seu próprio país. Mas parece que o principal assessor de Roosevelt estava convicto de que os soviéticos se interessavam apenas por segurança e julgou que eles trabalhariam com os americanos por um "mundo de democracia e de paz". De qualquer forma, o general Marshall manteve-se firme, dizendo que existia quantidade insuficiente de barcaças de desembarque para uma invasão anfíbia da Europa. Molotov queixou-se no seu telegrama para Stalin que "a insinceridade dessa resposta era óbvia".[7]

O comissário também torceu o nariz para o presidente como irrecuperável capitalista e imperialista, igual a Churchill. Quando Molotov pressionou o presidente americano para a abertura de uma segunda frente, ele e Stalin sabiam perfeitamente bem que isso era impossível.[8] Na reunião final, Molotov insistiu mais uma vez em ter uma previsão para a segunda frente, porém Roosevelt foi evasivo e disse apenas que a operação estava sendo alvo de grande consideração.[9]

Enquanto isso, Roosevelt e Churchill receavam que Stalin ainda buscasse um acordo com Hitler, porque em julho de 1942 a Wehrmacht entrou pelo Cáucaso na direção dos grandes campos petrolíferos do sul. No fim do mês, Stalin finalmente autorizou a visita do emissário de Roosevelt, Averell Harriman, e do próprio Churchill. Quando eles chegaram ao Kremlin, em 12 de agosto, não agradaram o ditador com a notícia de que não poderia haver desembarque na França em 1942. Como se para compensar, o primeiro-ministro falou bastante sobre a Operação Tocha, um ataque à África do Norte que teria início em 8 de novembro. Todavia, o anúncio provocou reação fria de Stalin, que resmungou ser aquele um pobre substituto para a invasão da Europa continental.[10] Seus espiões em Londres já o haviam informado que o Ministério da Guerra britânico tomara a decisão em 25 de julho, de modo que a demonstração de surpresa do ditador foi puro teatro.[11]

Quando Stalin colocou em dúvida a coragem do Exército britânico, Churchill quase explodiu. Mas colocou seu país à frente do orgulho e engoliu o desaforo, continuando a falar sobre a Real Força Aérea (RAF) que bombardearia a Alemanha até que ela se rendesse. Também mencionou a próxima incursão a Dieppe, em 19 de agosto, no litoral francês, mas não conseguiu apaziguar em absoluto seu parceiro soviético.

Os três líderes Aliados concordaram que a Alemanha tinha que ser dividida para a garantia de paz e segurança no pós-guerra. Nesse encontro com Stalin, Churchill disse que o militarismo prussiano e o nazismo precisavam ser destruídos, e a Alemanha, desarmada. Stalin também queria que seus líderes militares fossem exterminados e o país, privado de seu principal centro industrial no Ruhr.[12] Um dos membros da delegação britânica, escrevendo em seu diário, comparou o ditador a uma serpente, e um outro o rotulou de criminoso. Ainda assim, Churchill e Harriman voltaram convencidos de que os soviéticos permaneceriam combatendo.[13]

De volta aos anos 1930, o presidente Roosevelt ficara exaltado quando Stalin continuava persistindo no emprego da "tática do Cavalo de Troia" para ajudar o Partido Comunista Americano e não parou mesmo depois do reconhecimento diplomático dos EUA, em 1933, da União Soviética. Aquilo incomodou Roosevelt, mas ele não era isolacionista e achou que poderia alcançar certo entendimento com Stalin. Essa propensão por chegar a acordos logo levou à desconfiança do presidente por parte dos linhas-duras do Departamento de Estado, em particular do embaixador americano William C. Bullitt em Moscou, que renunciou ao cargo no verão de 1936. Roosevelt aproveitou o ensejo para nomear Joseph E. Davies, que lá serviu de novembro daquele ano a junho de 1938. Davies era velho amigo, partidário político e considerado "moderado" com a União Soviética. Roosevelt detestava tudo o que Hitler representava e enviou Davies como um gesto de amizade para equilibrar as coisas na Europa.

Enquanto se preparava para sua primeira viagem a Moscou, Davies fez questão de dizer a todos que seria mais amistoso do que o embaixador anterior. Falando com um repórter de jornal soviético, ele disse que havia espaço para a cooperação na tensa situação internacional.[14] A equipe da embaixada dos Estados Unidos em Moscou instantaneamente sentiu aversão por Davies, por julgá-lo não qualificado, e logo começou a considerar exonerações e transferências de posto.[15] Em Moscou, Davies, advogado por profissão, presenciou alguns julgamentos públicos e, notadamente, aceitou a validade deles. Chegou a acreditar no conto de fadas de que Stalin havia reprimido um golpe "ao agir com consideráveis rigor e rapidez".[16]

Em 1939, Roosevelt condenara as agressões germânica e soviética à Polônia e se solidarizara com França e Grã-Bretanha, mas não quis envolvimento direto de seu país na guerra.[17] Ainda em 30 de dezembro de 1940 — bem depois da queda da França em junho —, ele garantia aos cidadãos em um dos seus discursos eleitorais: "Seus rapazes não serão enviados para guerra estrangeira alguma."[18] Entretanto, em face da grave situação enfrentada pela Grã-Bretanha, o presidente cedo introduziu a ajuda do programa Lend-Lease àquele país e, mais tarde, estendeu o financiamento para suprir outras nações.[19]

Ao longo do processo, Roosevelt, em determinado instante, passou a considerar a Alemanha nazista o mais diabólico dos males e chegou a ficar menos crítico em relação à URSS. Charles Bohlen, o experiente diplomata de Moscou que foi absorvido pela Casa Branca para servir de intérprete e assessor, observou que Roosevelt explicou a desconfiança de Stalin como causada pela "negligência que a União Soviética sofreu pelas mãos de outros países, por anos, após a revolução. O que o presidente não entendia era que a inimizade de Stalin se baseava em profundas convicções ideológicas". Dessa forma, ele não via o abismo moral e político que separava os Estados Unidos e a URSS, muito menos que jamais poderia ser lançada uma ponte sobre tal abismo.[20]

O ex-embaixador americano na União Soviética, William Bullitt, instou Roosevelt a estender o Lend-Lease aos soviéticos, mas só em troca de garantias quanto a direitos humanos. O presidente e o secretário de Estado, Cordell Hull, descartaram a permuta em favor de manter a URSS na guerra.[21] Roosevelt chegou à conclusão de que poderia converter Stalin proporcionando a ele uma pletora de recursos sem quaisquer condicionantes, e também num encontro cara a cara. O presidente, em ligação com o embaixador Bullitt, disse que iria seguir sua própria "intuição" e que Hopkins estava certo em dizer que se podia trabalhar com os soviéticos.

O presidente e o assessor queriam acreditar que a União Soviética era ou logo caminharia para "o socialismo democrático". Embora tivessem existido algumas "arestas ásperas" na relação com Moscou no passado, a

Casa Branca considerava que os exemplos anteriores de "comportamento patológico" dos soviéticos deveriam ser desconsiderados ou tolerados.[22] Quando Roosevelt soube do ataque alemão contra a URSS em junho de 1941, pode ter achado que ele era "uma oportunidade caída do céu". Para ajudar a manter o Exército Vermelho combatendo, os Estados Unidos estenderam o Lend-Lease à União Soviética mais tarde naquele mesmo ano com cautelosa esperança.[23]

Na realidade, o Exército Vermelho suportou o maior peso do combate dos Aliados e, no início de 1943, venceu a batalha decisiva de Stalingrado (verão de 1942 a 2 de fevereiro de 1943), onde o marechal de campo Friedrich Paulus, recém-nomeado por Hitler, rendeu-se em 31 de janeiro. Apesar de controvérsias quanto ao número exato de alemães e seus aliados que foram cercados — indo de 195 a 290 mil —, há assentimento de que aproximadamente 110 mil combatentes do Eixo foram feitos prisioneiros. Não há a mínima dúvida, contudo, que tal batalha foi um desastre absoluto para a Alemanha e representou um ponto de inflexão na guerra.[24] Pouco depois, no Norte da África, forças americanas e britânicas derrotavam potências do Eixo em 12 de maio na Operação Tocha e faziam 238.243 prisioneiros, metade deles alemães. Foi como uma segunda Stalingrado no espaço de poucos meses.[25]

AJUDANDO OS ALIADOS A FAZER VISTA GROSSA PARA OS CRIMES

O presidente Roosevelt, em quatro ocasiões durante 1942 e 1943, pressionou Stalin por conversas diretas. Querendo assegurar a paz no pós-guerra e garantiu apoio para as Nações Unidas, ele julgou que seu carisma pessoal seria eficaz caso se encontrasse com o "senhor" do Kremlin.. Tratava-se de um equívoco uma vez que os líderes comunistas haviam por muito tempo enraizado suas ideias. Além do mais, Molotov reportara que os esforços do presidente eram oficiosos e ridicularizara sua "visível" falsidade.[26] No meio-tempo, Roosevelt continuava superestimando suas próprias habilitações e, mesmo sem ter visto Stalin, disse cheio de certezas a Churchill que era capaz de lidar com aquele homem melhor do que o Departamento de Estado dos EUA ou o Ministério das Relações Exteriores do Reino Unido:

OBJETIVOS SOVIÉTICOS E CONCESSÕES OCIDENTAIS

"Stalin detesta o jeitão do pessoal de seus altos escalões. Ele acha que gosta mais de mim, e espero que continue assim."[27]

O presidente fez o que pôde para cativar Stalin; em maio de 1943, enviou novamente o ex-embaixador Davies para conversações. Circulavam rumores de que um novo acordo germano-soviético poderia pôr fim à guerra. Roosevelt estava convencido de que era essencial evitar tal resultado, mesmo que isso significasse aceitar as fronteiras ocidentais que Stalin vivia pleiteando. O livro de Davies sobre suas experiências anteriores já fora publicado como *Mission to Moscow*. Não só ele camuflava todas as faltas como desculpava a União Soviética pelas invasões da Polônia e Finlândia. Um filme baseado no livro era ainda menos crítico. A estreia foi em abril de 1943, e Davies assistiu à película com o presidente, que gostou dela. Ele queria que o ex-embaixador a mostrasse a Stalin para convencê-lo da sinceridade americana. Roosevelt seguia confiante de que, se pudesse se reunir sozinho com Stalin, sem o encardido Churchill por perto, poderia se dar muito bem com o chefão soviético.[28]

O Kremlin ficou tão satisfeito com o filme de Davies que o liberou para distribuição nacional. Sem dúvida Stalin deve ter ficado matutando sobre o que havia por trás do envio de um tal apologista dos crimes soviéticos, mas ainda hesitou sobre um encontro que considerava cedo demais. Em vez disso, solicitou mais ajuda através do Lend-Lease e mencionou a decepção que sentia com seus aliados, que, sem consultá-lo em absoluto, haviam adiado a abertura de uma Segunda Frente na Europa para a primavera de 1944.[29]

Stalin, para falar a verdade, ofereceu um gesto simbólico para melhorar sua imagem nos Estados Unidos: em 22 de maio de 1943, anunciou a iminente dissolução do Comintern. (Ele prometera fazer isso por quase uma década.) O secretário de Estado Hull disse ao povo americano que este último passo "promoveria um maior grau de confiança" e contribuiria para "a cooperação necessária com o objetivo de ganhar a guerra e fomentar bem-sucedidas iniciativas no pós-guerra".[30] O governo britânico instruiu a BBC a descrever o fim do Comintern como "de longe, o evento mais importante da guerra", já que supostamente indicava que os comunistas soviéticos tinham se voltado para a cooperação internacional.[31]

Os soviéticos, com tal providência, também tentavam desviar a atenção do massacre de Katyn. O mundo se encontrava atônito com as revelações dos nazistas de que os corpos de milhares de oficiais poloneses haviam sido encontrados. Em 13 de abril, Berlim começou a divulgar a história pelo rádio, e ela se alastrou pelo mundo.[32]

Com certeza não foi coincidência que, em 19 de abril, nem uma semana após os horrores sobre Katyn começarem a se espalhar, a União Soviética anunciou novos tribunais militares para julgar os ocupantes nazistas e "seus mercenários locais". O Kremlin desejava dirigir a atenção mundial de volta aos crimes do Terceiro Reich e encenar uma série de julgamentos espetaculosos, com início previsto para julho.[33]

Em cartas a Roosevelt e Churchill, no fim de abril, Stalin negou envolvimento nos "monstruosos crimes" contra os oficiais poloneses e lamentou que os "polacos londrinos" estivessem se deixando usar como "instrumentos" para propósitos antissoviéticos.[34] Em 25 de abril, a URSS cortou relações com o governo polonês sediado em Londres. Uma semana mais tarde, Stalin decidiu que talvez fosse útil dissolver o Comintern, e Moscou apressou-se em informar o fato à rede mundial, inclusive a Mao Tsé-tung, ao chefe iugoslavo Josip Broz Tito e ao líder comunista americano Earl Browder. O processo começou a se arrastar e Stalin, numa ligação para Dimitrov em 20 de maio, determinou-lhe que acelerasse as providências. Numa entrevista de 29 de maio, publicada na primeira página do *New York Times*, o ditador soviético disse que Moscou não tinha a intenção de se imiscuir nas questões de outros países e descartou mais uma vez o desejo de bolchevizá-los. Uma história tão atraente conseguiu empurrar as notícias sobre os poloneses assassinados para segundo plano.[35]

A dissolução do Comintern iludiu por completo a inteligência americana e ainda mais o presidente Roosevelt. Assim, num memorando de maio, a Agência de Serviços Estratégicos (OSS) — precursora da CIA — reportou fontes russas afirmando que Moscou havia desistido da revolução mundial e usava o fim do Comintern como "prova" da lealdade de Stalin a seus aliados. A OSS, num memorando de junho, julgou ter visto "mudanças fundamentais no comunismo russo". A mais importante delas, dizia o relatório, era a rejeição soviética à pureza da ideologia comunista em nome da defesa e da segurança nacionais da mãe-pátria. A inteligência americana se encontrava completamente equivocada, mas, como os ingleses, os EUA estavam focados na Alemanha e no Japão. Os soviéticos, da mesma forma, centravam suas atenções nos inimigos comuns, mas não deixavam de espionar com muito vigor seus aliados. Os historiadores russos ficaram surpresos com o

OBJETIVOS SOVIÉTICOS E CONCESSÕES OCIDENTAIS

fato de os serviços ocidentais de inteligência e Roosevelt abraçarem com tamanha facilidade o significado da dissolução do Comintern.[36]

Para os comunistas de todo o mundo, Stalin explicou a providência com uma justificativa lógica que a tornava aceitável, esperava ele. O motivo principal para acabar com o Comintern, afiançou, era prático. Em tempos de guerra, os partidos nacionais empregavam táticas diferentes. Assim, na Itália e na Alemanha, esclareceu, havia resistência a sobrepujar, enquanto na Grã-Bretanha e nos Estados Unidos os camaradas deveriam apoiar o governo. A dissolução do Comintern fortaleceria os partidos nacionais, que não mais poderiam ser acusados de serem "agentes de uma potência estrangeira". Em outras palavras, a decisão era tão somente tática. O Kremlin esperou com ansiedade reações dos mais fiéis, ainda que a possibilidade de objeções fosse quase inexistente. Stalin conseguiu a unanimidade que queria e então, em 8 de junho, soltou o anúncio oficial da dissolução para a imprensa.

Todo o processo foi laborioso e espelhou a cautela que Stalin tinha ao manipular seus aliados, ao mesmo tempo em que alimentava o movimento internacional. Exatamente quatro dias mais tarde, com a preocupação de não deixar nada ao acaso, ele reuniu membros-chave do Politburo e Dimitrov para criar o Departamento de Informação Internacional. Tratava--se de um ramo do Comitê Central do Partido Soviético que iria dirigir os comitês antifascistas, fomentar ligações com os camaradas estrangeiros e assim por diante, de modo a executar, mais ou menos, as mesmas tarefas feitas pelo Comintern. Foi nomeado um novo chefe para evitar suspeitas, porém Dimitrov continuou como antes.[37]

Quando os cidadãos souberam do ocorrido, suas opiniões foram mistas. Declarações de peso vieram de um homem que disse "deve ter sido uma decisão difícil para Stalin; afinal, ele havia jurado no túmulo de Lenin jamais abandonar a causa da revolução mundial. Mas, exatamente como o seu 'socialismo em um só país', esta decisão foi outro sinal da grandeza de Stalin em poder adaptar-se às condições cambiantes".[38]

O Kremlin estava, de fato, atarefado em diversos fronts internacionais. Moscou já instruía antigos e futuros líderes dos partidos comunistas romeno, polonês, húngaro, búlgaro, tcheco, alemão e até italiano e francês.[39] Havia também um programa (introduzido no fim de 1941) para treinar funcionários entre grupos como os de prisioneiros de guerra e desertores, que permaneceriam devotos a Stalin, se e quando fossem repatriados.[40] Simultaneamente, medidas eram tomadas para aprimorar a imagem da URSS mediante o relaxamento da perseguição religiosa. Em 4 de setembro de 1943, Stalin reuniu-se com os três principais líderes da Igreja Ortodoxa, prometendo-lhes, de forma inesperada, todo o tipo de apoio material. Sugeriu que eles promovessem um sínodo para selecionar um novo patriarca, coisa que não era permitida desde a morte do patriarca Tikhon, em 1925. Sem questionar esta recém-descoberta compaixão, os líderes religiosos ficaram agradecidos e julgaram que o sínodo poderia ser convocado dentro de um mês. Sorrindo com benevolência, Stalin perguntou se eles não podiam adotar um "ritmo mais bolchevique", isto é, antecipar o encontro. Na verdade, com a ajuda do governo, o sínodo foi reunido em quatro dias.[41] Toda essa atividade foi amplamente alardeada pela imprensa. Igrejas conseguiram permissão para reabrirem, em especial nas regiões fronteiriças do oeste, que tinham sido ocupadas pelos nazistas.[42] Havia, sem dúvida, um apelo patriótico no retorno a uma aparência de liberdade de credo, e a tolerância efêmera de Stalin também tinha o intuito de agradar Roosevelt, o qual antes a mencionara, e, nesse sentido, funcionou.[43]

PRIMEIRO ENCONTRO DOS "TRÊS GRANDES"

Stalin anuiu em se encontrar com seus aliados só depois que seus exércitos demonstrassem mais esforços e ele estivesse em posição mais vantajosa para negociar. Preparou-se, então, em pormenores, para não ser surpreendido por nada, como se as reuniões fossem uma extensão da guerra por outros meios.[44] Finalmente, concordou com uma reunião dos líderes em Teerã para 28 de novembro a 1º de dezembro de 1943, ressalte-se, após Stalingrado. As forças alemãs logo estariam fora de dois terços dos territórios que outrora ocuparam e, em Kursk, o Exército Vermelho teria vencido em julho-agosto de 1943 a maior batalha de blindados já travada. A escala maciça desses eventos e o gigantesco efetivo do Exército Vermelho tornaram Stalin mais desejoso de se encontrar com os líderes ocidentais.

Ele continuava inquieto com a procrastinação do Ocidente para a abertura da outra frente na França e não acreditava nas razões para o atraso. As forças anglo-americanas haviam, por fim, desembarcado em novembro de 1942, mas não na França como Stalin esperava, e sim no distante Norte da África. Embora os Aliados ocidentais lutassem lá ferozmente, as forças germânicas conseguiram retardar a progressão de suas tropas sem precisar retirar efetivos consideráveis do front oriental. O mesmo foi verdade nos desembarques dos Aliados na Sicília, em julho, e no território continental italiano, em setembro.

Stalin tinha medo de andar de avião e, depois de suas viagens aéreas de ida e volta a Teerã, jamais voou novamente. Ele viu o evento como uma oportunidade para impressionar Roosevelt e começou com promissora oferta para que o presidente ficasse alojado na missão soviética. Como era de se esperar, todos os quartos dos convidados foram grampeados pelo serviço secreto.

Houve uma conferência preliminar dos ministros de Relações Exteriores em outubro em Moscou, para a qual Molotov levou documentos especificando as posições soviéticas, preparados pelos altos escalões de seus formuladores de política externa. O lado soviético arquitetou por completo suas estratégias e até mesmo a tática a adotar para a mesa da conferência principal. Ele estava melhor equipado e determinado do que os Aliados ocidentais para os debates cruciais que iriam configurar o mundo pós-guerra.[45] Quaisquer "compromissos" aparentes que resultassem nas reuniões de tempos de guerra seriam, de fato, mais aparentes do que reais porque Stalin já decidira havia muito tempo seus objetivos. Se o Ocidente quisesse colocar obstáculos no seu caminho, teria que desdobrar bem mais tropas nos campos de batalha, uma opção que Roosevelt queria evitar. Em vez disso, o presidente americano preferia que o Exército Vermelho realizasse a maior parte dos combates e sofresse a maior parte das baixas, embora, ao fazê-lo, Roosevelt colaborasse bastante para a causa soviética de uma Alemanha dividida.[46]

Numa tarde de domingo em Teerã, 28 de novembro, Stalin se preparava para uma conversa informal com Roosevelt antes da reunião principal prevista para as 18h. Inusitadamente, ele estava nervoso e se comportava como um ator pouco antes de a cortina levantar, cuidadosamente checando a aparência, os vincos das calças e o brilho das botas. Também alterou seu modo de ser para tornar-se um mais respeitoso ouvinte, sem dar o menor sinal da costumeira rudeza e nem demonstrar sua abrupta identidade ditatorial. Apesar de poder ser jovial, decidira de antemão não rir de quaisquer piadas contadas por Roosevelt. Resultou que este comportamento, astutamente tramado por Stalin, foi um sucesso, porque desarmou o presidente que tinha orgulho de seu bom humor e das histórias cômicas que contava.[47]

Quando os dois se encontraram, Roosevelt foi o primeiro a falar e disse quão feliz estava com a reunião e como tinha se esforçado para que os dois se conhecessem. Stalin aceitou a responsabilidade pela demora do encontro enquanto se desculpava, é claro, por se ver muito atarefado com questões militares. Depois, explanou a situação complicada, que piorara com o fato de os alemães terem carreado para o front oriental novas divisões descansadas. As notícias deixaram o presidente preocupado, mas ele mudou de assunto para dizer que no período pós-guerra as Marinhas Mercantes americana e britânica estariam disponíveis para a União Soviética. Stalin levantou a questão do apoio da França ao Terceiro Reich, criticou seu exilado líder general Charles de Gaulle e, inopinadamente, declarou não desejar que os franceses tivessem papel importante no mundo pós-guerra.[48]

Na primeira sessão plenária, Stalin roubou o show com uma descrição da colossal escala do combate no front oriental — o Exército Vermelho empregava 330 divisões contra 260 do inimigo.[49] Ele e Roosevelt pressionaram Churchill para concordar com uma invasão através da França — então denominada Operação Overlord. O primeiro-ministro declarou que provavelmente seriam dezesseis divisões britânicas e dezenove dos Estados Unidos.

Apesar de os preparativos terem começado em 1942 para uma ofensiva através do Canal a fim de libertar a França, nada resultara ainda. Em Teerã, Churchill continuava favorável a operações no Mediterrâneo, que Stalin descartou como "apenas diversionistas". Em vez disso queria a Overlord e a fixação de uma data. Prometeu que, quando ela tivesse lugar, o Exército Vermelho, simultaneamente, "realizaria operações ofensivas e demonstraria com suas ações o valor que emprestava a tal decisão". Também quis saber quem estaria no comando da operação. Roosevelt, no fim, nomeou Dwight D. Eisenhower e, mais tarde, telegrafou sobre a indicação para Moscou.[50]

No jantar da primeira noite, Stalin trouxe à baila a espinhosa questão do que aconteceria com a Alemanha nazista. Os soviéticos, contrariando prévias negativas, haviam formulado extensos planos para o desmembramento da Alemanha.[51] Roosevelt era conhecido por querer a mesma coisa,

OBJETIVOS SOVIÉTICOS E CONCESSÕES OCIDENTAIS 97

mas naquela noite teve que se retirar mais cedo porque não se sentiu bem. Stalin e Churchill deram prosseguimento à conversa. O primeiro-ministro propôs medidas garantidoras de que a Alemanha não mais se tornasse uma ameaça militar, mas Stalin manteve-se firme em sua antiga posição de deslocar as fronteiras ocidentais da Polônia bem para dentro da Alemanha a fim de privá-la de territórios, pessoas e riquezas. Ainda assim, o líder soviético continuou dizendo que não havia coisa alguma que evitasse que eles se unissem novamente. Confessou que não "estava seguro" se deveriam existir "quatro, cinco ou seis estados germânicos independentes", e sugeriu repassar a matéria para estudos por parte de um dos comitês.[52]

Até os "moderados" entre os líderes soviéticos, como Ivan Maiski, estavam convencidos de que a segurança soviética exigia que a Alemanha fosse enfraquecida, além de passar também por uma "completa e exaustiva revolução proletária em função da guerra e pela criação de uma nova ordem estável baseada no modelo soviético. A psicologia do povo alemão, envenenada pelo fascismo, tem que ser transformada através da intensidade de tal revolução, e as atuais classes governantes da Alemanha precisam ser totalmente exterminadas". As anotações de Maiski em seu diário desde o início de 1943 sintetizam o que os líderes soviéticos desejavam fazer na Alemanha, assim como em outros países.[53]

Em Teerã, a URSS fez papel de moderada e permitiu que Roosevelt alimentasse a ilusão de que fazia progressos. O presidente achou que estava melhor informado sobre a Alemanha do que os outros dois, pois quando era menino estudara numa escola naquele país. Só recentemente, disse ele, sentiu que ela deveria ser dividida em três ou mais estados independentes que partilhariam alguma infraestrutura. Roosevelt foi, de certa forma, dissuadido dessa posição pelo Departamento de Estado antes de viajar para Teerã.[54] No entanto, Churchill e Stalin advogaram com tal vigor na conferência a dissolução da Alemanha que Roosevelt os acompanhou e foi além, optando por sua divisão em cinco partes.

O que o líder soviético realmente buscava era influência dominante sobre aquele país, mas ele precisava esperar por melhor oportunidade para tomar tal iniciativa; na ocasião disse apenas que a Alemanha "deveria ser dividida e mantida como tal", não lhe sendo permitida qualquer espécie de federação ou associação. Dessa forma, ele publicamente foi a favor do plano de Roosevelt e se manteve com tal opinião até 1945, quando começou a acreditar que uma transformação comunista da Alemanha era factível. Foi com essa perspectiva em mente que ele se tornou mais inclinado a manter o país não dividido.[55]

Sem muitos conflitos, os Aliados ocidentais consentiram vastos ganhos territoriais para a URSS. Stalin já havia antes dito aos ingleses que queria a parte norte da Prússia Oriental. Então acrescentou que desejava para seu país o porto livre de águas congeladas, "um pequeno pedaço do território alemão que julgava merecer".[56] Na versão soviética das minutas, contudo, a justificativa para ficar com aquele troféu era ser ele "tradicionalmente russo".[57] Não era. Stalin ambicionava o prêmio bem maior daquilo que tinha sido o leste da Polônia até a Linha Curzon. Assim, ele repetiu sua reivindicação por terras conquistadas como aliado de Hitler em 1939. Churchill sugeriu que a Polônia "podia ser deslocada para oeste", isto é, abriria mão da fronteira leste em prol da União Soviética, mas, em compensação, ganharia uma fatia do leste da Alemanha. Ele sabia que uma medida dessas desconsideraria a Carta do Atlântico e as aspirações do governo polonês no exílio em Londres. Stalin argumentou que deveria ficar registrado nos anais da conferência que era a favor da "restauração e fortalecimento da Polônia", porém demandou que suas fronteiras fossem modificadas, com Moscou pleiteando uma enorme extensão do território daquele país. Essa posição de Stalin repercutiu na noção de muitos historiadores do pós-guerra, os quais tendiam a aceitar seu raciocínio de que, em vista do quanto a União Soviética sofrera com as invasões através da Polônia, suas "necessidades de segurança" justificavam a expansão em todas as direções da bússola.[58]

Stalin fez a surpreendente reivindicação de que nenhum polonês deveria permanecer na área que a URSS iria ocupar. Difamou os "polacos londrinos" como pouco mais do que "agentes de Hitler", que, supostamente, incitavam ações contra os "guerrilheiros" na Polônia. Ele ajudaria o país libertado a estabelecer fronteiras mais a oeste, em detrimento da Alemanha, ao longo do rio Oder, mas nada além disso.

Em particular, Churchill alertou o presidente que Stalin preparava "um substituto comunista para o governo polonês". Um espião soviético, Sergo Beria, filho do chefe da polícia secreta de Stalin, que supervisionou a instalação dos dispositivos de escuta nos aposentos dos conferencistas, ficou espantado ao escutar o nível da contra-acusação de Roosevelt a Churchill por tentar arquitetar um governo anticomunista. Beria recordou-se de

OBJETIVOS SOVIÉTICOS E CONCESSÕES OCIDENTAIS 99

pensar quão estranho era o presidente americano "colocar Churchill e Stalin no mesmo plano", e julgar-se "o árbitro entre os dois".[59] Roosevelt queria se distanciar das questões polonesas, que ele e seus assessores consideravam "dinamite política" para as eleições vindouras nos EUA. Quando os dois estiveram a sós em 1º de dezembro, o presidente pediu a Stalin que entendesse o porquê de ele não querer que suas opiniões sobre a Polônia fossem publicadas por causa dos efeitos que elas teriam sobre os votos étnicos. A única dúvida que Roosevelt tinha sobre a fronteira leste da Polônia era se o território perdido pelo país era mais ou menos equivalente ao que ganharia da Alemanha. Ponderava também se nas áreas de populações mistas poderia haver "transferências voluntárias". Stalin, satisfeito, concordou: isso era exatamente o que ele desejava. O presidente aceitou tacitamente os argumentos soviéticos ainda que persistissem alguns desacordos sobre a exata linha da fronteira.[60]

O conceito daquilo que era eufemisticamente chamado de "transferência populacional" já pairava sobre as cabeças dos governos polonês e tcheco no exílio no Reino Unido quase desde os primeiros dias da guerra. Ambos sugeriram que a expulsão seletiva de alemães (como os nazistas) que viviam em seus países ajudaria a evitar futuros conflitos. Em meados de 1941, entretanto, eles clamavam pela completa expulsão de "seus" alemães. Em conversas com Churchill, Roosevelt e Stalin, os representantes poloneses e tchecos foram assegurados quanto a apoio para as "transferências". Foi assim que tiveram início as operações de limpeza étnica, uma das características mais terríveis dos últimos anos da guerra e dos primeiros do pós-guerra. Outros países seguiram os precedentes poloneses e tchecos, que investigaremos em mais detalhes no capítulo 13.[61]

Roosevelt também sacramentou as aquisições soviéticas da Estônia, Letônia e Lituânia. Em sua reunião particular com Stalin em 1º de dezembro, ele disse que aquelas terras tinham sido, ao longo da história e também mais recentemente, parte da Rússia. O protocolo oficial estipula que o presidente "acrescentou jovialmente que quando os exércitos soviéticos reocupassem aquelas áreas, ele não pretendia entrar em guerra contra a União Soviética por isso". Piorando as coisas, ainda disse que "seria mais útil para ele pessoalmente se algum pronunciamento público pudesse ser feito com relação às futuras eleições" naqueles países. O líder soviético ficou tão alegre que teve dificuldade para manter as aparências, embora nos registros russos ele insistisse que a promessa de deixar os povos bálticos se expressarem livremente não significaria eleições livres e irrestritas sob supervisão internacional.[62]

Os Três Grandes concordaram com a criação de uma organização internacional, e Roosevelt traçou alguns esboços daquilo que, no fim, seriam as Nações Unidas. Stalin achou que essa organização poderia funcionar, mas sagazmente sondou a profundidade do compromisso do presidente dizendo que, no futuro, os Estados Unidos poderiam ter que enviar tropas terrestres para regiões problemáticas. Roosevelt não tinha certeza se seu país aprovaria. No mundo pós-guerra, disse ele, os EUA concordariam, no máximo, em despachar "aviões e navios para a Europa".[63]

Stalin poderia interpretar essas francas observações como um indício, ao menos se ele procedesse com razoável cautela, de que seria possível perseguir seus desígnios sem muitas preocupações. Na verdade, foi assim que alguns observadores americanos presentes nas conversações viram o desafortunado desenrolar dos eventos em Teerã.[64]

O EXÉRCITO VERMELHO ABRE A PORTA PARA O COMUNISMO

Em Teerã, Stalin soou como se confiasse em seus aliados e estivesse ávido por cooperação. Mas seu desprezo por eles não tinha limites. O histórico está repleto de exemplos, como um de março de 1944, quando falou para visitantes comunistas iugoslavos. Disse-lhes que não se enganassem em relação às suas relações cordiais com Roosevelt e Churchill, por ele equiparados a batedores de carteira capitalistas. Aconselhou seus convidados a não "amedrontarem" os Aliados ocidentais, com isso querendo dizer "evitar qualquer coisa que pudesse alarmá-los a ponto de pensarem que uma revolução se processava na Iugoslávia ou uma tentativa de controle comunista".[65] As atitudes e ambições políticas de Stalin eram imutáveis, a despeito de quaisquer gestos de amizade que ele pudesse fazer.

Por ora, a guerra tinha suas próprias exigências e Stalin, como comandante em chefe e conforme prometera em Teerã, queria que um ataque importante contra os alemães coincidisse com a Operação Overlord,

OBJETIVOS SOVIÉTICOS E CONCESSÕES OCIDENTAIS   101

os desembarques na Normandia. Os soviéticos prepararam a Operação Bagration, cuja denominação homenageava o general georgiano que morreu na guerra contra Napoleão. Ela enfrentaria forças do Eixo numericamente fortes e ferozmente determinadas.[66]

O planejamento da Bagration começou em março e abril de 1944. Ela estaria no centro de uma série de cinco ofensivas coordenadas que teria início no norte contra a Finlândia, com os ataques seguintes sucedendo-se em fases até o extremo sul na direção da Romênia.[67] A operação foi concebida em grande escala, envolvendo, no fim, 2,4 milhões de combatentes soviéticos, além dos guerrilheiros *partisans*, que eram cerca de 140 mil em bem organizadas unidades. O Exército Vermelho objetivava conseguir avassaladora superioridade em efetivos e empregar aproximadamente 5.200 tanques, 5.300 aviões e 36 mil peças de artilharia e morteiros. Em comparação, as quantidades alemãs eram de cerca de novecentos tanques, 1.350 aeronaves e 9.500 peças de artilharia e morteiros. Quando o ataque teve lugar, já fora precedido por elaboradas e bem-sucedidas operações dissimuladoras.[68]

A hercúlea operação sobrepujou em muito os desembarques na Normandia de 6 de junho de 1944, onde 57.500 soldados dos Estados Unidos chegaram às praias simultaneamente com 75.215 combatentes britânicos e canadenses. Soldados de outras nações logo os seguiram. Por volta de 30 de junho, quando a primeira fase da invasão terminou, mais de 850 mil soldados haviam desembarcado. A decantada Muralha do Atlântico de Hitler não foi capaz de barrá-los, de sorte que o Führer decidiu retirar algumas forças do leste para tentar parar a progressão no oeste e na Itália. Sendo assim, a invasão dos Aliados ocidentais contribuiu para o sucesso do Exército Vermelho no leste.

Em 8 de março, Hitler ordenou a preparação de outra linha de defesas ao longo do front oriental com "posições fortificadas" (*feste Plätze*) que se estendia do norte em Tallinn (Reval) próxima a Leningrado, passava no centro por Vitebsk, Orsha, Mogilev, Borisov, Minsk e Bobruisk, e ia finalmente terminar bem ao sul, no mar Negro, a oeste de Odessa. No cômputo total, existiam 29 de tais fortalezas. A diretriz de Hitler especificava que cada uma delas deveria se "permitir ser cercada, de modo a manter ao seu redor o maior número possível de forças inimigas", como as fortalezas o fizeram no passado remoto.[69]

Após breve retardo, a Bagration começou em 22 de junho, por coincidência exatamente três anos depois que a Operação Barbarossa abriu a guerra contra a URSS. Os afamados generais Gueorgui Jukov, Alexander Vassilevski e Konstantin Rokossovski lideraram o avanço do Exército Vermelho numa frente com mais de 500 quilômetros de extensão, que logo chegou a aproximadamente mil quilômetros, quase sempre por terreno difícil, inclusive atravessando os quase impenetráveis pântanos de Pripet. O escopo completo da ofensiva foi tão bem disfarçado que os alemães tiveram dificuldade para identificar a direção do ataque.[70]

Por acaso, o famoso escritor soviético Vassili Grossman estava em Bobruisk em 27 de junho, exatamente quando ela foi reconquistada. Ele viu milhares de corpos tão próximos que caminhões e tanques passavam por cima deles. "Um caldeirão da morte fervia aqui", enquanto o Exército Vermelho tirava sua desforra, "uma vingança cruel e terrível contra aqueles que não haviam se rendido, depondo suas armas, e tentaram escapar para o oeste."[71] Nas primeiras duas semanas, as forças soviéticas destruíram não apenas Bobruisk, mas quase todo o Grupo Central do Exército, cerca de 25 divisões e mais de 300 mil homens. A Bagration causou mais perdas aos alemães do que Stalingrado. Os comandantes soviéticos se surpreenderam por não verem os alemães recuarem, porém Hitler ordenara que suas tropas mantivessem as posições.

Em 8 de julho, Stalin convocou Jukov de volta a Moscou para uma conferência com o general Alexei I. Antonov, chefe das operações no quartel-general. Todos concordaram que a derrota total da Alemanha era uma questão de tempo. Molotov, que também estava lá, sugeriu que Hitler provavelmente tentaria negociar com o Ocidente. Stalin achou que Roosevelt e Churchill não pactuariam com aquilo. Em vez disso, julgava que os dois "tentariam conseguir seus interesses políticos na Alemanha lá estabelecendo um governo obediente, não mediante conluio com os nazistas, que não mais contavam com a confiança do povo".[72]

Em 17 de julho, Stalin determinou que cerca de 57 mil soldados capturados da Wehrmacht desfilassem por Moscou, a maioria feita prisioneira próximo a Minsk, capital da Bielorrússia. Os derrotados e deprimidos marcharam pelas ruas lado a lado em envergonhado silêncio. Demoraram três horas para cumprir todo o trajeto. Segundo a maior parte dos relatos, eles despertaram piedade e ódio. Os espectadores também ficaram, quase

OBJETIVOS SOVIÉTICOS E CONCESSÕES OCIDENTAIS

todos, silenciosos; umas poucas mulheres tinham lágrimas nos olhos, com uma delas dizendo que eles pareciam "com nossos rapazes, também arrastados para a guerra".[73]

A começar em 20 de agosto, o Exército Vermelho montou outra grande ofensiva na direção da Romênia, pelo sul. Tinha por objetivo retomar a Moldávia (na ocasião, República Popular da Moldávia, adquirida em 1940) e esmagar a aliança germano-romena. Apesar de suas proporções maciças (com 1,3 milhão de homens) causarem surpresa, as divisões não eram, de fato, das melhores. Muitos integrantes haviam sido convocados nas ruas e nos campos, colocados dentro de uniformes e recebido pouco treinamento. Além delas, existiam as unidades de prisioneiros (*shtraf*), constituídas por voluntários ou por conscritos do *gulag*. Estes *shtrafniki* podiam ser os sentenciados por crimes contrarrevolucionários, embora muitos fossem bandidos, inclusive assassinos condenados. Apesar de estes homens terem sido inicialmente empregados em missões suicidas, em meados de 1944 eles podiam ser encontrados em unidades regulares. Pode ser que tenham contribuído para o espírito de luta, porém, seguramente, concorreram para a erosão do moral nas fileiras.[74]

As forças alemãs também foram acrescidas com pessoal sem instrução completa. A maioria deles começou a desertar, e seus aliados romenos mostravam muito pouca disposição para o combate. O preço em mortes de soldados da Wehrmacht no verão de 1944 foi assombroso. Estimativas germânicas mostram que no front oriental, em junho, o Exército Vermelho matou 142.079; em julho, 169.881; e em agosto, 277.465. Além disso, um grande número de prisioneiros foi registrado e, só nos três meses citados, eles chegaram a aproximadamente 200 mil. A maré da guerra havia decisivamente virado contra a Alemanha e seus aliados. Enquanto também é verdade que o Exército Vermelho pagou um preço absurdo pela grande vitória, com 243.508 mortos e o dobro disso de feridos, a União Soviética tinha condições de repor as perdas, de aumentar os efetivos totais e equipá--los com mais (e melhores) tanques e artilharia.[75]

Bem antes de a amplitude total do desastre romeno se tornar patente, o marechal Ion Antonescu começara a procurar uma saída, ainda que afiançasse a Hitler, em 5 de agosto, que persistiria em seu caminho. Em vez disso, o rei Miguel foi apeado do poder por grupos diversificados de políticos, em 23 de agosto. Moscou não ficou muito satisfeita com essa ação porque esvaziava a "libertação" promovida pelo Exército Vermelho, que só entrou em Bucareste no fim do mês. Um escritor judeu observou que seu desfile de vitória foi recebido com certa perplexidade, alternando entre "grandes ondas de entusiasmo" e uma "certa reserva". Alguns observadores não gostaram de ver judeus aplaudindo, de sorte que o antissemitismo e o anticomunismo persistiram mesmo depois da queda de Antonescu.[76]

Como na maioria dos estados libertados, quando o governo romeno entrou em colapso e as forças alemãs foram repelidas, o resultado foi um vácuo político. Independentemente das atitudes do povo e do pouco apoio ao comunismo, a União Soviética prontamente se pôs a criar um novo regime; ela tentou disfarçar que o regime estava, de fato, dominado pelo Partido Comunista.

Enquanto isso, a Hungria ainda estava em guerra e determinada a barrar os vermelhos. O ditador almirante Miklós Horthy ficara radiante em participar da invasão da União Soviética. Exatamente como Antonescu, ele queria integrar a cruzada de Hitler contra o que todos chamavam de "bolchevismo judeu".[77] Mas com a Romênia e a Bulgária já derrotadas, Horthy alterou sua opinião e, no início de outubro, enviou uma delegação a Moscou. Lá foi acordado que a Hungria mudaria de lado e declararia guerra à Alemanha. O acerto ocorreu em 11 de outubro e Horthy anunciou pelo rádio a inesperada notícia quatro dias depois. Em resposta, Hitler despachou Otto Skorzeny e sua equipe, que sequestraram o filho de Horthy. O líder húngaro foi depois deposto em um golpe pró-germânico.

Em 18 de outubro, Horthy aceitou o asilo oferecido pela Alemanha após renunciar em favor de Ferenc Szálasi, líder do fascista Partido da Cruz Flechada. O novo chefe não desejava defender Budapeste a todo custo, já que, sendo um general de estado-maior, sabia que isso significaria a destruição da capital. Não obstante, Hitler ordenou que ela fosse defendida até o último homem e, em 23 de novembro, especificou que nenhuma casa deveria ser abandonada sem luta. Logo começou o cerco, que foi um dos piores da guerra.[78] Os soldados soviéticos se atiraram ao combate sem qualquer consideração pelo número de baixas; Stalin desejava avançar para o oeste o máximo e o mais rápido possível, e queria garantir o controle soviético sobre Budapeste e a Hungria.

Lá, e em outros países em que seus exércitos venceram, ele logo começou a transformá-los. De modo a encobrir suas intenções, fez com que cada um deles adotasse um modelo de "frente nacional", com vários partidos políticos em governos de coalizão. Para seus Aliados ocidentais, a prioridade era derrotar Hitler. Esta também era a prioridade de Stalin, mas seus objetivos políticos integravam sempre os seus cálculos.

5

Conquista da Europa Oriental

Stalin sempre conseguiu tempo para pensar no futuro do comunismo. Mesmo em meio à crise de agosto de 1941, enquanto sentado em um abrigo antiaéreo em Moscou ele ponderava sobre o futuro da Polônia. Disse ao chefe do Comintern, Gueorgui Dimitrov, que "seria melhor criar lá um partido operário" de algum tipo, e não um comunista porque ele "amedronta não só os de fora como também alguns que simpatizam conosco".[1] É interessante notar quão à frente Stalin raciocinava, ainda mais porque os alemães estavam às portas da cidade. Ele e Dimitrov sabiam que durante o Grande Terror de 1937-38, o NKVD havia exterminado a maioria dos camaradas poloneses exilados. Agora, em 1941, eles começavam a cogitar sobre um novo Partido Operário Polonês (PPR).

As mensagens enviadas da mesa de Dimitrov para os militantes do PPR na Polônia, um ano mais tarde, diziam-lhes como proceder. Deveriam ressaltar que seu objetivo era a expulsão dos invasores nazistas, a consecução da libertação nacional e o estabelecimento de um "poder democrático do povo".[2] Tinham de deixar de lado qualquer menção ao comunismo e evitar a impressão de que "caminhavam para a sovietização da Polônia o que, nas presentes condições, só a jogaria nas mãos dos diversos provocadores e inimigos do povo polonês".[3]

LEVANTE EM VARSÓVIA

Ao longo de 1943, Stalin tornou-se a figura militar e política mais poderosa do mundo e, no ano seguinte, as forças armadas soviéticas estavam capacitadas para derrotar sozinhas a Alemanha; pelo menos era isto que seus generais afirmavam. Ainda que a agenda política de Stalin quanto à Guerra Fria ficasse cada vez mais óbvia, Roosevelt e Churchill reprimiam as próprias preocupações. Queriam a vitória primeiro. Mas, em agosto-setembro de 1944, eles poderiam facilmente ter sido mais insistentes quando Stalin rejeitou com firmeza os apelos dos dois para que apoiasse o movimento de resistência, democraticamente orientado, na Polônia.

Em 18 de julho de 1944, o Comitê Central do Partido Comunista Polonês em Moscou instruiu seus ativistas na terra natal a criarem uma frente nacional e disse que frentes seriam em breve também constituídas "na França, Tchecoslováquia, Itália, Iugoslávia etc." O princípio que os comunistas deveriam adotar, na Polônia e em outros países, saiu diretamente do manual de bolso de Stalin. Moderação era a palavra de ordem. Foi dito aos poloneses que sua nova abordagem iria requerer "compromissos que racharão nossos oponentes sem, necessariamente, alterar nosso objetivo". O importante era "satisfazer as demandas vitais das massas e criar uma situação favorável aos nossos planos de longo prazo".[4] O Comitê Polonês de Libertação Nacional (PKWN) foi criado em 22 de julho na recém-libertada Chełm, na província de Lublin. Era um disfarce do Partido Comunista e, por conseguinte, considerado o governo legítimo da Polônia.[5]

A principal oposição polonesa ao comunismo era o oficialmente reconhecido governo polonês no exílio. Ele estava sediado em Londres desde 1940 e tinha muitos leais seguidores que haviam combatido na terra natal contra os nazistas. A orientação desse governo não era comunista, mas ele se dispunha a cooperar com o Exército Vermelho quando este entrasse na Polônia em operações combinadas contra os alemães. Além disso, a União Soviética mobilizara grandes quantidades de poloneses para a luta, tanto no Exército Vermelho quanto como guerrilheiros *partisans*.[6]

A ofensiva do Exército Vermelho atingiu o Vístula no fim de julho de 1944 e algumas tropas do marechal Konstantin Rokossovski chegaram à margem ocidental do rio, abaixo de Varsóvia. Um bom número dos po-

CONQUISTA DA EUROPA ORIENTAL

derosos tanques T-34 chegou a penetrar nos subúrbios ao leste da capital polonesa em 31 de julho. Porém, então, tudo parou.[7]

Em 1º de agosto, contrariando desejos de Stalin, o Armia Krajowa, exército de resistência polonês baseado em Londres, deu início ao Levante de Varsóvia. Ele foi liderado pelo general Tadeusz Bór-Komorowski, mas os motivos para a sublevação permanecem ainda alvos de questionamentos. O governo polonês no exílio esperava mobilizar suas tropas para evitar o pior, quando seu país mudasse das mãos germânicas para as soviéticas. O primeiro-ministro Stanisław Mikołajczyk, em Londres, queria pleitear as fronteiras pré-guerra do país e sua independência.

Já em 1943, esses "polacos londrinos" diziam a americanos e britânicos que haveria um levante em alguma data futura, mas as opiniões continuavam divididas, também sobre a União Soviética. Nenhum deles, todavia, tinha intenção alguma de combater o Exército Vermelho.[8]

Se o levante fosse bem-sucedido, os políticos devotados à independência do país poderiam assumir o poder. Não foi de admirar que Stalin recusasse oferecer qualquer ajuda, a despeito de Roosevelt e Churchill implorarem por sua intervenção; ele preferiu deixar que os alemães sufocassem a rebelião.[9] Desde 1941, Moscou vinha enviando membros do Comintern polonês para organizar seu próprio movimento de resistência.[10] Como o Kremlin via o problema, se o Levante de Varsóvia triunfasse, e uma "Polônia burguesa" resultasse, o país obrigatoriamente seria um "agente do imperialismo".[11]

Encorajado por Roosevelt, o primeiro-ministro Mikołajczyk seguiu para Moscou em 29 de julho a fim de debater a questão com Stalin.[12] Com as hostilidades já ocorrendo em Varsóvia, Stalin concordou em recebê-lo em 3 de agosto, às 15h30, no Kremlin, mas depois o deixou em banho-maria por 48 horas e então enviou o inflexível Molotov para amaciar seu convidado. Stalin foi ainda mais frio em relação a um auxílio imediato, como Mikołajczyk observou, "para nossos homens em dolorosas batalhas desiguais contra os alemães".[13] O líder soviético ainda provocou: "Mas vocês não estão levando em conta o acordo que foi firmado entre a União Soviética e o Comitê de Lublin." Stalin jamais mencionou a desculpa que deu aos seus aliados — que era tecnicamente impossível ajudar os combatentes da resistência.[14]

Ele manipulou Mikołajczyk, dizendo que não tinha a intenção de impor um regime comunista à Polônia, e pediu-lhe que conversasse sobre o assunto com os líderes do Comitê de Lublin. Estes últimos prontamente declararam que ficariam muito satisfeitos por ver Mikołajczyk como primeiro-ministro num governo controlado pelos comunistas. Stalin ainda afirmou que, de qualquer maneira, muito duvidava que uma sublevação estivesse ocorrendo em Varsóvia ou que ela tivesse a menor chance de vitória.[15]

Em 5 de agosto, em resposta ao apelo de Churchill, o líder soviético repetiu sua descrença referente a qualquer levante genuíno. Três dias mais tarde, contudo, de acordo com ordem recentemente revelada, o marechal Jukov reportou que todas as unidades poderiam estar no Vístula (no lado leste do rio em relação à cidade) e prontas para avançar, fazer a junção com as forças polonesas e ocupar Varsóvia por volta de 25 de agosto. Na mensagem para Moscou, o marechal acrescentou que esperaria aprovação para prosseguir.[16] Não há menção a tal plano até nas memórias posteriores de Jukov. O relatório indica que o Exército Vermelho poderia ter feito mais, mesmo que no momento em que chegasse, a maior parte da resistência já estivesse destruída. Jukov deve ter recebido ordem para ficar onde estava.

Com Moscou fazendo ouvido de mercador, a missão militar britânica em Moscou e a embaixada britânica confirmaram repetidas vezes que os poloneses com certeza combatiam e necessitavam desesperadamente de armas e munições. Então, em 14 de agosto, o embaixador dos EUA solicitou permissão para que aviões anglo-americanos pousassem em território mantido pelos soviéticos depois que lançassem suprimentos para os combatentes.

A distância da Itália era muito grande (cerca de 1,3 mil quilômetro) e abarcava faixas de território inimigo terrivelmente perigosas. A RAF conseguiu lançar alguns suprimentos durante agosto, com o assustador preço de uma aeronave abatida para cada tonelada de suprimentos despejada sobre Varsóvia. Outra opção era empregar bombardeiros americanos decolando da Grã-Bretanha e da Itália e pousando em bases na Ucrânia. Desta forma, eles teriam condições de bombardear alvos em regiões ao leste do Reich alemão, inclusive na Polônia. Apesar de Stalin concordar com o pouso dos bombardeiros para abastecimento após suas missões, ele se mostrou relutante e até hostil quando Churchill ou Roosevelt buscaram permissões para que voos com suprimentos dirigidos para Varsóvia aterrissassem na Ucrânia. Não existem documentos hoje que permitam determinar com

CONQUISTA DA EUROPA ORIENTAL

exatidão quais eram as razões de Stalin, porém são pequenas as dúvidas de que ele não queria ter qualquer envolvimento com a ajuda ao levante.[17] Em 15 de agosto, Molotov informou ao embaixador britânico que o governo soviético desejava se dissociar da "questão puramente aventureira" em Varsóvia. Dali por diante, disse Stalin, ele só se entenderia com o Comitê Polonês de Libertação Nacional (o PKWN), em Lublin. Continuou rechaçando os pedidos de Roosevelt e Churchill.[18] A argumentação soviética era de que o material lançado pelo ar "necessariamente" caía nas mãos dos "inimigos".[19]

Stalin logo começou a classificar a levante como tentativa de "um bando de criminosos com sede de poder" e decidiu deixar que os alemães fizessem o trabalho sujo por ele.[20] O marechal Rokossovski concorreria para a mitologia dizendo em suas memórias que os insurgentes eram politicamente motivados e queriam conquistar Varsóvia antes que o Exército Vermelho chegasse. Ele fora preso em 1937, durante o Grande Terror, e passara quase três anos na prisão; sabia, portanto, o que era esperado quando chegasse aos portões de Varsóvia. Jukov concordou com Rokossovski que era prudente esperar. As tropas soviéticas permaneceram na margem leste do Vístula até o início de janeiro de 1945.[21]

Ainda hoje alguns estudiosos ocidentais continuam a sugerir que, longe de o Exército Vermelho "parar" de propósito para deixar os alemães esmagarem o movimento subterrâneo polonês, a captura da capital jamais esteve nos planos originais soviéticos.[22] A interpretação do Kremlin foi de que a clandestinidade em Varsóvia, liderada pelo movimento polonês emigrado para Londres, tentou assumir o poder para evitar que o Exército Vermelho tomasse a capital.[23] Uma coleção de documentos soviéticos recém-liberada, no entanto, sugere que a atitude de Stalin "não foi tão sincera como anteriormente apresentada pela literatura soviética". Embora os registros ainda sejam nebulosos, parece agora, até para historiadores russos, que a decisão no Vístula não teve nada a ver com considerações militares, mas foi "com muita probabilidade tomada por razões políticas".[24]

Contemporâneos poloneses conheciam a amarga verdade: que Moscou via o "Estado clandestino" deles e o governo no exílio (sediado em Londres) como obstáculos para a criação da nova ordem amistosamente soviética. O Kremlin tinha outros objetivos em mente e "por trás das linhas do Exército Vermelho um governo polonês diferente, organizado por Moscou, já estava no poder".[25]

O Levante de Varsóvia, como observou o renomado escritor polonês Czesław Miłosz, foi "a revolta da mosca contra dois gigantes". Ela foi esmagada por um deles enquanto o outro observava do lado de lá do rio.[26] Heinrich Himmler aproveitou a oportunidade para vingança e jactou-se de que iria resolver o problema polonês para sempre.[27] Os 66 dias infernais terminaram quando os remanescentes dos insurgentes se renderam em 2 de outubro.[28] A capital polonesa, que outrora era ocupada por 1 milhão ou mais de habitantes, foi sistematicamente reduzida a escombros. Entre 150 e 200 mil foram mortos, enquanto 15 mil do Armia Krajowa morreram ou desapareceram em ação. As perdas alemãs foram significativas, com cerca de 26 mil baixas.[29]

CONCEDENDO O LESTE EUROPEU PARA O TIO JOE

A esperança de Stalin era atingir seus objetivos sem arriscar confrontação com o Ocidente. Ele respondeu afirmativamente em 30 de setembro de 1944 quando Churchill, sem dúvida incomodado com o horror que grassava em Varsóvia, solicitou conversações diretas. Roosevelt não estaria presente porque estava às voltas com a eleição, mas seu embaixador na URSS, Averell Harriman, acompanhou o primeiro-ministro.[30]

O que Stalin encarava como verdadeira segunda frente ocidental só começou em 6 de junho de 1944 com o desembarque na Normandia. As tropas ficaram presas ao litoral, porém, por fim, penetraram em 25 de julho na região de Saint-Lô. Outro desembarque, originalmente concebido para ocorrer simultaneamente com a Overlord, atingiu o sul da França em 15 de agosto, na Riviera. Lá, uma combinação de forças americanas, canadenses e da França Livre chegou às praias. No dia seguinte, Hitler autorizou a retirada da maior parte de seus exércitos da região, deixando apenas tropas de bloqueio em algumas áreas. Na sexta-feira, 25 de agosto, o general Dietrich von Choltitz, comandante alemão em Paris, rendeu-se e entregou a capital.[31] Na Itália, enquanto isso, o combate se desenvolvia mais acirradamente, mas Roma fora libertada em 4 de junho, embora a campanha no norte do país estivesse longe de terminar. Roosevelt escreveu para Churchill em Moscou, em 16 de outubro, a fim de dizer que a campanha italiana já custara 200 mil baixas aos Aliados e que havia pouca expectativa de significativos avanços para aquele ano.[32]

CONQUISTA DA EUROPA ORIENTAL   113

Apesar de a viagem de Churchill a Moscou ser bastante conhecida, devemos nos lembrar quão longe ele foi para agradar Stalin. Ocorreu que o Leste Europeu caía em mãos soviéticas, e sua visita apenas confirmou o fato. Ele pousou em Moscou em 9 de outubro e, depois de breve descanso, foi rapidamente levado ao Kremlin para conversações às 22h. O primeiro--ministro devia estar exausto. Talvez isso explique o porquê, em clássica contenção britânica, um historiador disse que Churchill, então, cometeu "a indiscrição central" das conversas.[33]

Em confuso bom senso, o primeiro-ministro britânico tentou fazer um "arranjo" político para todo o libertado Leste Europeu. Ele especulou, "Como o senhor veria 90% de sua predominância na Romênia, nós ficarmos com 90% do controle na Grécia e dividirmos meio a meio a Iugoslávia?" Mostrou a Stalin um pedaço de papel no qual rabiscara os nomes dos diversos países e o que considerava porcentagens adequadas de influência:

Romênia,
    Rússia 90%
    Os outros 10%
Grécia,
    Grã-Bretanha 90%
    (em concordância com os EUA)
    Rússia 10%
Iugoslávia, 50-50%
Hungria, 50-50%
Bulgária,
    Rússia 75%
    Os outros 25%

Stalin deu uma olhada no papel, pegou um lápis azul e o ticou no topo, empurrando-o de volta para Churchill.[34] O "acordo", se é que pode ser assim chamado, tirou o chão daqueles que tentavam resistir ao comunismo. O Ocidente estava, a bem dizer, considerando perdido o Leste Europeu, e o primeiro-ministro, pensando melhor no que havia feito, começou a ter dúvidas e sugeriu que o documento fosse queimado.[35]

Stalin pareceu indiferente quando, na realidade, levava a barganha muito a sério. O entendimento a que eles chegariam, como provavelmente pensou, se tornaria matéria de grande importância no pós-guerra imediato.[36] Já no dia seguinte, Molotov começou a atormentar o secretário de Relações Exteriores, Anthony Eden, que acompanhava Churchill, para que aumentasse as porcentagens russas na Bulgária e Hungria. Nos dois casos, a influência soviética aumentou para 80% e para 60% na Iugoslávia. Stalin calculou as pobres perspectivas para os comunistas na Grécia, que os ingleses consideravam tão importantes para seus interesses no Oriente Médio. Em consequência, tentou ceder um pouco, para dar a impressão de conciliador. O secretário Eden acertou ao dizer que os soviéticos "já haviam conseguido o território que desejavam". Eles continuariam tentando mais, até que ingleses e americanos descobrissem suas ambições políticas.[37]

Roosevelt foi contrário ao mapeamento de esferas de influência, ainda mais porque os dois outros líderes haviam se encontrado sem sua presença. Mesmo que Harriman estivesse por lá para ficar de olho, o inglês conseguiu manter o acordo escondido do embaixador até 12 de outubro, quando este último, por acaso, tomou conhecimento dele. Encontrando-se com Churchill no momento em que minutava carta a Stalin para formalizar o acordado, Harriman disse que Roosevelt jamais o aceitaria, e o primeiro--ministro, então, resolveu deixar as coisas como estavam.[38]

O acordo, como combinado, não falava absolutamente nada sobre a urgente questão do futuro da Polônia, e embora Churchill se mostrasse disposto a resolver o problema, não tinha condições de fazê-lo. De qualquer jeito, foi suficientemente ousado para pedir ao chefe do governo polonês no exílio que viesse a Moscou. Lá, em 13 de outubro, Mikołajczyk teve que enfrentar a oposição coletiva de Stalin, Molotov, Churchill e Eden, que o pressionaram a abrir negociações com o Comitê de Lublin e a aceitar a Linha Curzon como fronteira leste de seu país. Churchill queria preservar "a boa atmosfera" entre ele e Stalin, e prometeu ao líder polonês "um belo e grande país", possivelmente até aquele criado em 1919. Disse o primeiro--ministro: "Providenciaremos para que o território perdido no leste seja compensado na Alemanha, Prússia Oriental e Silésia. O senhor conseguirá uma ótima saída para o mar, um bom porto em Danzig e os muito caros minerais da Silésia."

Quando o líder polonês fincou pé, Molotov soltou a bomba: "Mas tudo isso foi combinado em Teerã!" Olhando em torno da mesa, ele acrescentou, "Se a memória lhe falha, permita-me lembrar-lhe. Todos acordamos em

CONQUISTA DA EUROPA ORIENTAL

Teerã que a Linha Curzon seria a fronteira da Polônia. Recorde-se que o presidente Roosevelt endossou fortemente a linha."[39] Churchill assentiu com a cabeça. Na verdade, Roosevelt não havia "endossado fortemente" as novas fronteiras; concordara com o princípio de deslocar as fronteiras e, onde necessário, transferir populações para dentro e fora de territórios anexados.

Mikołajczyk recusou-se a aceitar. Num encontro privado, Churchill rugiu que concordara com Stalin e diria ao Parlamento exatamente isso. Declarou sem rodeios: "Nossas relações com a Rússia estão muito melhores do que jamais estiveram. Pretendo mantê-las assim." Mikołajczyk não cedeu, mesmo depois de o buldogue britânico rosnar que "Se o senhor não aceitar a fronteira, não negociaremos nunca mais! Os russos varrerão seu país por completo e seu povo será liquidado. O senhor está à beira da aniquilação".[40]

Em seguida, o primeiro-ministro britânico reuniu-se com Bolesław Bierut e Edward Osóbka-Morawski, líderes em Moscou dos "polacos de Lublin" — isto é, do Comitê Polonês de Libertação Nacional (PKWN). Anthony Eden cochichou sobre os dois, "o rato e o furão". Bierut disse com firmeza: "Estamos aqui para reivindicar, em nome da Polônia, que Lvov deve pertencer à Rússia." Com tal declaração ele queria dizer que a cidade deveria ser anexada à República Ucraniana da URSS. E ainda afirmou: "Esta é a vontade do povo polonês." Churchill olhava para Stalin enquanto essas palavras servis eram traduzidas. O senhor do Kremlin deixou transparecer um laivo de aparência divertida, mas levava aquelas questões muito a sério.[41]

Ao desanimado Mikołajczyk, Roosevelt escreveu mais tarde, com palavras vazias, sobre seu apoio a um "forte, livre e independente Estado polonês". No entanto, apesar de Roosevelt não fazer objeção à mudança nas fronteiras como Stalin propusera, ele ainda recusava compromisso com "fronteiras específicas".[42]

Churchill disse a Roosevelt que havia esgrimido um acordo e que Stalin se inclinava por deixar que os "polacos londrinos" e os "polacos de Lublin" dividissem o poder em um governo chefiado por Mikołajczyk. O fato é que Stalin oferecera uma mera fachada para ajudar a aplacar suas consciências. O embaixador Harriman também muito se enganou ao julgar que as conversações tinham "produzido um lampejo esperançoso dentro da aliança" e ao concluir que "com tempo e esforço o assunto poderia ser equacionado". Esta era precisamente a impressão que o Kremlin queria deixar para tranquilizar preocupações ocidentais sobre planos comunistas para a Polônia do pós-guerra.[43]

Naquele exato momento, Stalin orquestrava, pessoalmente, os eventos políticos. Em 31 de dezembro, seus "polacos de Lublin" (o PKWN) declararam criado um governo provisório. A União Soviética o reconheceu cinco dias depois, embora Churchill e Roosevelt tivessem especificamente solicitado a Moscou que esperasse um pouco até que os três se reunissem. Tudo o que o presidente e o primeiro-ministro conseguiram foi a absurda desculpa de Stalin de que ficara "impotente" para retardar o processo porque em 27 de dezembro o Presidium do Soviete Supremo havia aprovado o reconhecimento do governo polonês "no momento em que ele fora criado". Na realidade, o Presidium fizera exatamente o que lhe fora dito para fazer.[44]

Churchill outrora se opusera ao apaziguamento de Hitler, mas agiu de maneira bem mais branda com Stalin. Em sua defesa deve ser dito que a Grã-Bretanha não era mais a potência que fora e não tinha condições de ser mais incisiva. Contudo, essa explicação não pode ser a causa da afeição e respeito que ele, aparentemente, passou a ter pelo líder soviético. Pelo fim de 1944, o antes astuto primeiro-ministro embarcou na fantasia de que, no plano pessoal, ele tinha uma boa relação com Stalin, e que o respeito mútuo era salutar para suas conversações. Escreveu para a esposa dizendo que tivera "excelente reunião com o velho Urso. Quanto mais nos encontramos, mais gosto dele. *Agora* eles nos respeitam aqui e estou seguro de que querem trabalhar conosco".[45] O líder britânico acreditava, até mesmo enquanto escrevia suas memórias anos depois, que Stalin fora "sincero" e que os dois "conversaram com franqueza, liberdade e cordialidade jamais antes conseguidas por nossos dois países".[46] Tudo indica que ele não encarava os fatos.

A CONFERÊNCIA DE IALTA

Roosevelt e Churchill vinham insistindo para levar Stalin à mesa de conferências desde meados de 1944. O líder soviético apresentava todos os tipos de escusas para adiar o encontro, e apenas em 15 de dezembro mencionou o desejo de uma reunião só com o presidente.[47] Roosevelt bem que partilhava essa preferência, porém uma semana mais tarde a conferência tripartite foi agendada para Ialta, na Crimeia. Os Três Grandes se encontrariam de 4 a 11 de fevereiro de 1945, no que seria a última reunião deles.

O que esperavam conseguir? Quem quer que leia a correspondência entre os líderes pode ser levado a se admirar pelo tom amistoso e brincalhão. Eles pareciam concordar em quase tudo. Só com análise profunda podia-se descobrir o que os líderes realmente pensavam.

Churchill talvez fosse o menos otimista dos três. "Não se engane com o que vai ocorrer", disse ao seu secretário particular em 23 de janeiro: "Toda a região dos Bálcãs, exceto a Grécia, será bolchevizada; e não há nada que possamos fazer para evitá-lo. Também nada há que eu possa fazer pela pobre Polônia."[48] O que tornava pior a posição do primeiro-ministro é que Roosevelt não se inclinava por apoiá-lo. O presidente americano fazia o possível para evitar qualquer impressão de que estivesse numa frente unida com a Grã-Bretanha, de modo que nada foi obtido nas conversas pré-conferência em Malta. Roosevelt chegou a recusar um encontro particular com Churchill durante os primeiros dias em Ialta e, embora os dois concordassem realmente sobre os pontos essenciais, existiam mais diferenças do que se podia esperar.[49]

Roosevelt gastou suas debilitadas energias para manter unida a aliança de tempo de guerra e para derrotar a Alemanha e o Japão. Quando o embaixador Harriman retornou de Moscou após as eleições de novembro de 1944, descobriu ser quase impossível fazer o presidente se interessar pelo destino do Leste Europeu.[50] Na opinião do novo secretário de Estado, Edward Stettinius, como registrado em seu diário em 2 de janeiro, "para muitos observadores a sensação é de que Roosevelt vem conduzindo uma política externa sem rumo". O presidente falava sobre o futuro do Extremo Oriente e da China, sobre a possibilidade de bases no Pacífico e na África, e sobre o Oriente Próximo e a Palestina. Mas pouco dizia sobre a Europa pós-guerra, que era o assunto mais premente da agenda. Stettinius instou-o a aproveitar o discurso sobre o Estado da União para fazer uma declaração forte sobre política externa, mas o presidente apresentou apenas generalidades, num pronunciamento criticado pela imprensa como evasivo.[51]

O discurso de posse foi semelhante, o mais curto da história americana. O tema foi o sonho de uma ordem internacional futura não mais eivada de suspeitas e desconfianças. Roosevelt não passou em absoluto a imagem que dele fez a literatura revisionista: um guerreiro frio disposto a tornar o mundo seguro para o capitalismo. Em vez disso, a preocupação foi com seu legado, e ele, equivocadamente, concluiu que poderia forjar tal mundo mediante seu vínculo com Stalin.

O líder soviético era uma criatura totalmente diferente. Havendo ultrapassado décadas de cruéis lutas internas, ele sabia que botões apertar nas conferências. Conhecia perfeitamente bem os detalhes militares e políticos de cada país europeu, trabalhara com afinco em cima de uma estratégia de longo prazo, e era flexível em suas táticas. Seu *modus operandi* nas conferências dos Três Grandes era descrever os sacrifícios que seu país enfrentara, sem ser melodramático. Seus modos enganadores e (em sua maioria) agradáveis contrastavam gritantemente com sua reputação de brutal e sanguinário, a ponto de Roosevelt e Churchill julgarem oportuno chamá-lo de "Tio Joe". De início, eles usavam tal tratamento pelas costas de Stalin, mas em Ialta foi no trato pessoal. No entanto, o soviético os tinha sob controle. Stalin sabia muito bem que o comunismo, na teoria e na prática, despertava nos dois os piores pressentimentos, por isso não parava de dizer, em tudo o que fazia, que a segurança nacional era seu único e autêntico propósito.

O que pensava realmente o ditador soviético às vésperas de Ialta? O contraste com Churchill e, em especial, com Roosevelt, não poderia ser mais claro. Por acaso, tivemos acesso a um registro recém-liberado das observações de Stalin para visitantes comunistas iugoslavos, em 28 de janeiro de 1945, só uma semana antes da conferência. Como ele via a situação, a Grande Depressão que assolara o Ocidente desde 1929 havia "se manifestado pela divisão dos capitalistas em duas facções — uma *fascista* e outra *democrática*. Nossa aliança com a facção democrática dos capitalistas surgiu porque ela também se decidira por evitar a dominação de Hitler; aquele estado brutal acabaria levando a classe trabalhadora a extremos e derrubaria o próprio capitalismo. Na atual conjuntura, estamos aliados com uma das facções contra a outra, porém, no futuro, nos colocaremos, também, contra a primeira facção dos capitalistas".[52]

Tratava-se de bombástica declaração; revelava que a guerra decisiva, na perspectiva de Stalin, seria contra seus aliados. Suas convicções ideológicas não tinham se distanciado das que ele nutria nos anos 1930. No meio-tempo, antes do embate final, ele mantinha as aparências, disciplinado e, sobretudo, paciente. Ademais, seus aliados se mostravam acomodados; Churchill e Roosevelt cediam sem muito espalhafato, e mesmo quando se dispunham a criar caso, Stalin se deleitava com os entreveros.

Era crença generalizada entre os líderes soviéticos que, depois da guerra, os Estados Unidos enfrentariam profundos problemas econômicos e então buscariam mercados desesperadamente. Tal hipótese emergia de diversas maneiras, uma das quais levara Molotov, em 3 de janeiro, a solicitar ao embaixador Harriman que os Estados Unidos garantissem créditos de 6 bilhões de dólares, em condições favoráveis, para que a URSS pudesse comprar bens americanos.[53] Molotov fez o mesmo pedido ao secretário Stettinius em Ialta. Ousadamente, ele fez a solicitação parecer que seu país fazia um grande favor aos EUA: ajudando os capitalistas a resolver seu "inevitável" problema do desemprego após a guerra.[54]

Quando os Três Grandes se reuniram no início de fevereiro, o Exército Vermelho estava prestes a destruir a dominação nazista nas Europas Central e Oriental; ele se encontrava no rio Oder, bem dentro do território germânico. Em contraste, os Aliados ocidentais ainda combatiam para vencer a Batalha das Ardenas, ou do Bolsão, travada no início de 1945. Ainda não haviam transposto o Reno, o que só fariam no começo de março.

Essa situação militar concedia à URSS uma tremenda vantagem psicológica. Todos sabiam que ela havia suportado o pior peso da guerra e sofrera infinitamente mais baixas do que qualquer outro país.[55] Só por conta disto, os dois líderes ocidentais se inclinavam por ceder a Stalin. Mesmo assim, para se garantir, o Kremlin já estava bastante atarefado com o traçado do mapa político pós-guerra nas terras que havia libertado.

Os serviços soviéticos de inteligência infestaram de antemão todos os cômodos da conferência com dispositivos eletrônicos disfarçados. Eles já sabiam que americanos e ingleses não tinham programa para o acordo pós-guerra, de maneira que a missão dos espiões foi esboçar retratos psicológicos dos delegados, "que eram mais importantes para Stalin do que informações sobre inteligência".[56] Durante a conferência, o líder soviético falou com cada membro de sua delegação, extraindo suas impressões e inquirindo sobre posições a serem discutidas. Ele foi mais multidimensional do que frequentemente suposto, e ouviu atentamente. O embaixador soviético Andrei Gromiko achou que, em Ialta, Stalin esteve no melhor de sua forma. O diplomata escreveria mais tarde que seu chefe tinha "memória de computador e não deixava passar nada. Durante as sessões percebi mais claramente do que nunca as excepcionais qualificações que o homem possuía".[57]

Não houve agenda em Ialta, e os encontros tenderam à divagação. Durante curta conversa com Stalin em 4 de fevereiro, pouco antes da sessão principal, Roosevelt observou que, no caminho, ele ficara chocado com a destruição que testemunhou na Crimeia. Ambos admitiram que tinham se tornado "mais sedentos de sangue" em relação aos alemães.[58]

Roosevelt presidiu a primeira sessão plenária, se bem que com fraco desempenho. Os soviéticos se mostraram entediados, enquanto os britânicos, mais polidos, exibiam olhares perdidos a distância. Matérias controversas surgiram no segundo dia, tais como as zonas de ocupação futura na Alemanha. Roosevelt ainda achava que a Alemanha podia ser dividida em cinco ou mesmo sete partes. Churchill a queria separada em norte e sul, porém depois solicitou mais tempo para pensar no assunto.

Stalin ofereceu uma de suas típicas resoluções forçadas: (1) aceitar, "em princípio, acordo de que a Alemanha deveria ser desmembrada; (2) encarregar uma comissão de ministros de Relações Exteriores de trabalhar nos detalhes; e (3) adicionar aos termos da rendição uma cláusula declarando que a Alemanha seria desmembrada, sem dar pormenores". Ele julgava que anunciar logo o desmembramento "facilitaria a aceitação de todo o povo alemão do que o esperava".[59]

Em 6 de fevereiro, os ministros reportaram sua concordância com a adição proposta por Stalin ao documento da rendição, ponto encoberto nos registros soviéticos.[60] Alguns americanos esfriaram um pouco a respeito do fatiamento do país derrotado e, como os britânicos, começaram a perceber que seria de seu interesse ter "democracias economicamente saudáveis".[61]

Até os dias de hoje — e contrariando as evidências —, respeitados historiadores russos afirmam incorretamente que "é bem sabido que Stalin não compartilha das ideias dos Aliados ocidentais de desmembrar a Alemanha".[62] Ele, ao contrário, foi uma águia nesse particular, mas novamente suas observações dessa reunião não foram incluídas nos anais soviéticos da conferência.[63] Em vez de formalizarem o acordo, os líderes remeteram o assunto a uma nova comissão sobre o desmembramento da Alemanha, que começou seu trabalho naquele março em Londres.[64]

As minutas russas não fazem referência a essas demandas, presumivelmente porque, à época de sua publicação, os objetivos soviéticos haviam mudado. Eles, nesta ocasião, eram favoráveis a manter a Alemanha territorialmente incólume para poderem, no tempo devido, dominá-la. Apagar parte dos registros, prática-padrão stalinista, poderia evitar serem vistos como ligados aos malfeitores propensos a varrer do mapa o país derrotado.

Os Aliados concordaram em dividir a Alemanha em três zonas, com parte da Prússia Oriental indo para a Polônia e parte concedida diretamente à União Soviética. A discussão então foi se a França teria uma zona de ocupação. Stalin julgava que não e repetiu sua declaração de 1940, que os franceses haviam "aberto a porta para o inimigo". Churchill estava certo ao dizer que, se a França fosse excluída e os Estados Unidos decidissem não ficar na Europa "por mais de dois anos", como Roosevelt dissera, então a Grã-Bretanha ficaria sozinha para enfrentar a possibilidade de uma renascida Alemanha. Stalin anuiu em deixar a França ter uma zona enquanto os outros dois disseram que tal zona poderia ser criada nas alocadas aos Estados Unidos e Grã-Bretanha.

A Áustria também seria dividida em zonas, embora existisse consenso de que ela poderia ser, de novo, um Estado independente. Stalin não estava particularmente interessado em lá exercer influência permanente, mas os soviéticos procurariam extrair o máximo de reparações de sua zona. Os americanos demonstravam bastante indiferença até mesmo na participação da ocupação na Áustria.[65]

O embaixador Ivan Maiski tinha minutado, por determinação de Stalin, um relatório sobre reparações, segundo o qual a indústria pesada da Alemanha seria cortada em 80%, e todas as fábricas "dedicadas apenas a propósitos militares", desativadas. Uma proposta soviético-americana foi aprovada, no fim, que antecipou reparações na ordem de 20 bilhões de dólares, dos quais 50% iriam para a URSS; os outros países receberiam pagamentos de acordo com suas perdas e com sua contribuição para a vitória.[66]

A Grã-Bretanha preferiu não fixar números, e Churchill lembrou o que acontecera após a Primeira Guerra Mundial, quando os vitoriosos "se deixaram levar por fantásticas quantias como reparações". Ele começou a se preocupar com o espectro de 80 milhões de alemães famintos e concluiu que "caso se deseje que um cavalo tracione uma carroça", então "é necessário alimentá-lo com forragem". Stalin retorquiu, "é preciso tomar cuidado para que o cavalo não se vire e solte um coice". Roosevelt também se opunha firmemente às reparações e disse que os vitoriosos deveriam tentar não "matar o povo".[67]

O presidente conhecia Maiski e, depois, lhe disse: "Bem, você me surpreendeu com sua humildade, pois, em função das pesadas perdas que experimentaram, eu esperava que você pedisse 50 bilhões de dólares." O embaixador respondeu que ficaria feliz em pedir 100 bilhões, porém sabia que o povo soviético não contemplava "fantasias infundadas". A matéria, confiada à Comissão de Reparações em Moscou, foi uma das muitas questões jamais resolvidas. Não obstante, a União Soviética insistiria em receber vultosas quantias em dinheiro e espécie de várias nações derrotadas.[68]

A sessão principal de 6 de fevereiro cuidou da criação das Nações Unidas, uma prioridade para Roosevelt. Talvez sabendo quão comprometido estava o presidente, Stalin esbanjou flexibilidade. De fato, em um discurso de 1944 no aniversário da Revolução Russa, ele dissera que desejava um órgão internacional assim para manter a paz no pós-guerra.[69] Em Ialta, sem muita pressão, Stalin reduziu o número de assentos adicionais que pleiteara na ONU, em nome da URSS, para Ucrânia e Bielorrússia. Fez objeção à necessidade de "submeter" as resoluções às opiniões de pequenos países e considerou que os três principais vitoriosos deveriam desempenhar papel dominante. Finalmente, foi aprovado o veto das grandes potências que permaneceu prerrogativa do Conselho de Segurança da ONU. Uma conferência de criação foi agendada para São Francisco, a ter lugar em 25 de abril de 1945.[70]

Entrementes, Ialta teve que enfrentar de novo a complicada questão polonesa, e os Três Grandes concordaram que as fronteiras da URSS se deslocariam para oeste até a chamada Linha Curzon. Os poloneses seriam compensados recebendo uma larga faixa do leste da Alemanha e parte da Prússia Oriental. Todos na conferência sabiam que Stalin levara vantagem. Nas últimas três décadas, disse ele, exércitos alemães haviam atacado a URSS via Polônia porque este país era fraco. Agora, nas palavras do próprio Roosevelt, Stalin desejava bloquear aquele caminho "com uma Polônia forte, independente e democrática". O que ele almejava, é evidente, era uma ditadura comunista dependente.

Stalin asseverou que o Exército Vermelho estava preparado para continuar combatendo a Alemanha, a fim de pagar com sangue a obtenção

CONQUISTA DA EUROPA ORIENTAL 123

para a Polônia no oeste o que ela perderia no leste para a URSS. O líder soviético, de forma dissimulada, declarou que cabia aos poloneses criarem o próprio governo, e que ninguém deveria ordená-los a vir até Ialta para dizer-lhes o que fazer. "Sou chamado de ditador e não de democrata", satirizou Stalin, "mas tenho suficiente sentimento democrático para recusar a criação de um governo polonês sem que o povo polonês seja consultado." Reivindicou que, em sua opinião, as duas facções polonesas tinham que se entender e, para fins de registro, acrescentou que tudo o que queria para seu país era segurança. Como já vimos, ele corria atrás de mais uma grande negociação.[71]

Em reuniões posteriores, os Três Grandes falaram sobre eleições livres na Polônia e sobre o status do governo polonês no exílio. Stalin fingiu ceder aqui e ali, por exemplo concordando em incluir alguns poloneses exilados no novo governo. Confidenciou a Beria, o chefe da polícia secreta, entretanto, que "não se movera um centímetro".[72]

As "boas notícias" foram repassadas à Polônia, onde foram tratadas como vitórias. No fim do mês, o Exército Vermelho em Varsóvia reportou que a população ficara, aparentemente, agradecida, com muitos tentando descobrir como conseguir um retrato de Stalin.[73]

Ialta também reconheceu o acordo trabalhado por Josip Broz Tito, presidente do Comitê Nacional de Libertação da Iugoslávia, com Ivan Šubašić, primeiro-ministro do governo real iugoslavo. Os Três Grandes recomendaram que os dois líderes formassem um novo governo, que foi, inesperadamente, anunciado em Ialta em 12 de fevereiro. Tito não havia nem sido informado sobre a conferência e não tardaria a mostrar seu viés independente. Ele e seus seguidores resistiram aos termos ditados para seu país pelos Aliados, especialmente pela União Soviética.[74]

Durante a sessão de 7 de fevereiro, Churchill expressou inquietação pelo fato de os alemães serem expulsos da Prússia Oriental (ele citou a quantidade de 6 milhões de refugiados) e ainda mais de outras áreas. Isso não causaria grandes problemas? Na última conferência de Teerã, Roosevelt havia perguntado "se uma transferência voluntária de populações de regiões mistas era possível".[75]

Stalin reportava agora "que a maioria dos alemães dessas áreas já tinha saído".[76] Ele não mencionou que eles haviam fugido da campanha de estupros, saques e roubos do Exército Vermelho. Nem revelou que já tinha concordado com os tchecos e outros que eles podiam expulsar "seus" alemães. Churchill afirmou que não tinha "receio do problema da transferência populacional desde que ela fosse proporcional à capacidade dos poloneses em lidar com eles e da possibilidade de os alemães os receberem". Tal comentário punha à tona uma aterradora falta de noção da realidade de problemas como aquele. Dezenas de milhares de pessoas já haviam sido mortas naquelas operações e milhões iriam eventualmente morrer.

A seu crédito, o secretário de Estado dos EUA recomendou que Roosevelt "se opusesse o quanto possível a qualquer transferência em massa e indiscriminada de minorias com estados vizinhos". Essa sugestão foi ignorada com trágicas consequências.[77]

Stalin prometeu que a URSS entraria na guerra contra o Japão "dois ou três meses" após a derrota da Alemanha. Ele já havia comunicado esta resolução ao então secretário americano de Estado, Cordell Hull, em outubro de 1943 e voltou a assegurar isto a Roosevelt em Teerã.[78] Em troca da declaração de guerra ao Japão, Stalin queria não só retomar os territórios perdidos para aquele país antes da Primeira Guerra Mundial, como também direitos especiais relativos a Darien e Port Arthur e às linhas ferroviárias através da Manchúria. Disse que se conseguisse tais concessões, "o povo soviético entenderia por que estava entrando na guerra contra o Japão".

Tais desejos foram aceitos, mesmo que alguns ferissem a soberania da China. Roosevelt tinha certeza de que Chiang Kai-shek estaria de acordo, embora, como o presidente sabia, o líder chinês tivesse pouco a dizer sobre o problema. Em 11 de fevereiro, os Três Grandes assinaram esse protocolo secreto que tornaria a União Soviética uma potência tanto europeia quanto asiática. Seguindo o hábito de Stalin, todos essas exigências foram exclusivamente justificadas em termos de garantir os "interesses de segurança" de seu país.[79]

Não é simples avaliar quem ganhou e quem perdeu em Ialta, a mais importante das conferências de tempo de guerra. É muito difícil, todavia, aceitar a conclusão de um recente estudo de que "no longo prazo, foi o presidente americano quem mais ganhou do debate". A assertiva de que Roosevelt foi o "vencedor" em Ialta e firmou "sua reputação de negociador honesto" não resiste a uma análise cuidadosa.[80]

Embora os participantes do Ocidente e alguns historiadores tenham dito que Ialta conseguiu um "meio-termo", o diplomata soviético Maiski foi mais preciso quando escreveu a um colega que seu líder havia determinado 75% das decisões. O diplomata teve bastante tato ao acrescentar que essas tinham sido as realmente importantes.[81]

Quando Roosevelt e Churchill retornaram de Ialta, tentaram alardear ao máximo o que haviam conseguido. Em determinada ocasião, mais sóbrio, Roosevelt admitiu em particular que sua única esperança na conferência fora "amenizar" o controle soviético sobre a Europa Oriental, mas que, de qualquer forma, cedera a ele. Curiosamente, Churchill vangloriou-se de estar muito orgulhoso por ter mantido Stalin preso ao notório acerto das "porcentagens", pelo qual, na realidade, ele concedera ao líder soviético tudo o que desejava. O primeiro-ministro, defensor do antiapaziguamento nos anos 1930, por certo precisou de um forte drinque depois da sessão parlamentar de 27 de fevereiro, quando reportou suas impressões de Ialta: "que o marechal Stalin e líderes soviéticos almejam viver em honrosa amizade e igualdade com as democracias ocidentais. Também sinto que as palavras deles são o aval".[82]

Churchill estava por muito tempo convencido de que podia administrar o ditador soviético. Mais tarde na guerra, quando começou a passar por dificuldades, presumiu que Stalin devia trabalhar sob o comando de pessoas que detinham o poder em Moscou. Em suas memórias, Churchill lembrou-se de que, depois de um encontro com Stalin em outubro de 1944, ou mais ou menos nessa época, sentiu que "havia algo mais por trás das aparências". Acreditou que o "senhor" do Kremlin "não estava sozinho" e que radicais invisíveis mexiam os pauzinhos. Churchill mencionou para Roosevelt que não se devia culpar Stalin por indícios de uma nova teimosia, e sim "os líderes soviéticos, onde possam estar".[83] No entanto, Stalin segurava firmemente as rédeas e não era, de modo algum, manipulado por quaisquer radicais dentro do Politburo.

Outros participantes daquelas conferências não tinham dúvida sobre quem vencera ou perdera nas mesas de negociações. O secretário de Relações Exteriores, Eden, esteve com Stalin mais frequentemente do que qualquer outro estadista Aliado, e seu veredicto foi:

> O marechal Stalin, como negociador, foi o mais duro propositor de todos. De fato, após cerca de trinta anos de experiência em conferências internacionais de um tipo ou de outro, se eu tivesse que selecionar uma

equipe para uma sala de conferência, Stalin seria minha primeira escolha. É claro que o homem era cruel e é evidente que conhecia seu objetivo. Não perdia uma palavra. Jamais explodia, e até raramente ficava aborrecido. Reservado, calmo, sem nunca elevar a voz, evitava as repetidas negativas de Molotov, exasperantes de se ouvir. Por métodos mais sutis conseguia o desejado, sem parecer muito obstinado.[84]

Alexander Cadogan, o lúcido subsecretário permanente de Estado do Ministério de Relações Exteriores e membro da delegação britânica em Ialta, observou que Stalin foi "sem dúvida o que mais impressionou" dos líderes aqui. "Ele permanecia sentado pela primeira hora e meia, ou quase isso, sem pronunciar uma palavra — nem havia convocação para que o fizesse. O presidente divagava para lá e para cá, o primeiro-ministro rugia, mas Joe continuava só sentado absorvendo tudo e se divertindo bastante. Quando intervinha, jamais usava palavras supérfluas e ia direto ao assunto."[85]

Stalin venceu não apenas por ser melhor negociador que o outro lado, mas também porque sabia o que queria e tinha o respaldo da avassaladora força do Exército Vermelho. Ele era o chefe do exército mais poderoso de toda a história e seus homens se encontravam orientados, acreditava Stalin, para a vitória, por mais demorada que ela viesse a ser.

6

O Exército Vermelho em Berlim

Na Conferência de Ialta de fevereiro de 1945, houve também reuniões mais especializadas dos líderes militares Aliados. Os debates foram amistosos, ainda que os soviéticos se mostrassem reservados. O chefe do estado-maior do Exército Vermelho, Alexei Antonov, mencionou a proximidade do inverno e as campanhas adicionais dando garantias de que os soviéticos as coordenariam com os exércitos ocidentais quando estes transpusessem o Reno.[1]

Tais promessas, no entanto, também continham vestígios de tensões importantes na "grande aliança". Elas vieram à superfície durante os últimos meses da guerra. Enquanto o Exército Vermelho expulsava as tropas de Hitler e derrubava regimes colaboracionistas, Stalin procurava tirar proveito disso nas oportunidades políticas e persuadia seus marechais e generais a fim de que ignorassem todos os custos para atingir Berlim. Nem uma só vez ele manifestou apreensão quanto à escalada das perdas. Para ele, não era uma questão de apenas ganhar a guerra como também sobrepujar os Aliados ocidentais na vitória da paz.[2]

ESPERANÇAS DÉBEIS DE RÁPIDA VITÓRIA

Stalin aprovou o detalhado plano militar para a conquista de Berlim como formulado pelo Stavka e pelo estado-maior. O ataque deveria começar entre 15 e 20 de janeiro. Para assegurar o sigilo, só Stalin e mais quatro pessoas conheciam o quadro completo, e ele, pessoalmente, coordenava os quatro grupos de exércitos envolvidos. Esperava derrotar a Alemanha antes que os Aliados ocidentais acabassem o serviço na França, Bélgica e Holanda.[3]

A estratégia soviética visualizava a tomada de Berlim em duas fases. A primeira, com a duração de quinze dias, seria uma gigantesca ofensiva de dois grupos de exércitos que avançariam diretamente de uma linha de partida ao longo do Vístula (passando através de Varsóvia). Seu objetivo era chegar ao rio Oder, a cerca de 450 quilômetros de distância. Simultaneamente, dois outros grupos de exércitos rumariam para o norte para acabar com a Prússia Oriental. As operações foram ensaiadas, com grande atenção às ações de dissimulação (*maskirovka*), que tinham sido transformadas pelo Exército Vermelho em verdadeira ciência. Após esta primeira fase viria o segundo estágio, com o objetivo de conquistar a capital alemã em trinta dias.[4]

Os planejadores operacionais do Supremo Quartel-General das Forças Expedicionárias Aliadas (SHAEF) consideravam exequível que os Aliados transpusessem o Reno entre 20 e 25 de outubro de 1944. Outro ataque por volta de 25 de novembro atravessaria a região do Sarre, cruzaria o Reno em Mainz e depois se deslocaria velozmente para o norte na direção do Ruhr, o coração industrial da Alemanha. Hitler seria obrigado a defendê-lo com uma concentração de tropas, e elas seriam cercadas.[5] Depois disso, a estrada para Berlim estaria aberta; nem toda a Alemanha precisaria ser destruída para que o Terceiro Reich chegasse ao fim. As linhas demarcatórias para os exércitos de ocupação já tinham sido traçadas. As tropas adentrariam o território alemão para manter a paz, relativamente pequenos efetivos seriam necessários, e o país derrotado seria administrado por um "governo indireto".[6]

Hitler perturbou esta linha de raciocínio com um contra-ataque surpresa que começou em 16 de dezembro. Ele continuava dizendo aos seus generais que existiam contradições políticas no lado Aliado e que um ataque de choque poderia derrubá-lo.

O EXÉRCITO VERMELHO EM BERLIM

Os alemães reuniram 200 mil combatentes e arrebanharam seiscentos tanques, alguns retirados do front oriental. Eles enfrentariam 80 mil soldados americanos que possuíam apenas quatrocentos tanques. Como era de se esperar, a Wehrmacht empurrou os americanos para trás, criando um bolsão nas linhas de defesa que, todavia, não foi rompido (daí a denominação de Batalha do Bolsão). Nem decorrida uma semana de combate, as forças alemãs começaram a se deparar com resistência mais forte e a sofrer carência de suprimentos. O tempo melhorou na véspera do Natal e então os Aliados passaram a contar com superior apoio aéreo. No dia seguinte, o comandante em chefe de Hitler no oeste, general Hasso von Manteuffel, desejou sustar a ação.[7]

Hitler percebeu que aquela era sua última chance e tentou restaurar a impulsão do contra-ataque. Em 28 de dezembro, ele evocou o espectro do comunismo, afirmando a seus comandantes que "uma vitória de seus inimigos sem dúvida conduzirá ao bolchevismo na Europa".[8]

Pouco depois, lançou outro ataque ao sul, na Alsácia, que rapidamente fracassou. Churchill escreveu para Stalin em 6 de janeiro e sondou se os Aliados ocidentais poderiam contar com uma ofensiva durante aquele mês. Stalin respondeu que suas forças haviam acelerado os preparativos e, a despeito do permanente mau tempo, estariam prontas o mais tardar na segunda metade do mês.[9] De fato, a ofensiva soviética foi deslanchada em 12 de janeiro.[10]

Aconteceu que, por volta de 16 de janeiro, os exércitos dos Aliados no oeste, que vinham ocupando a periferia das linhas americanas no bolsão, finalmente se uniram. Não foi possível encurralar todas as forças inimigas dentro do bolsão, como Eisenhower esperava, mas a Batalha do Bolsão foi ganha.[11] Mesmo assim, a guerra demoraria mais tempo para ser vencida do que se supunha e, no seu fim, começou a se emaranhar com a política.

Em 12 de janeiro, a ofensiva Vístula-Oder do Exército Vermelho teve início, usando sequencialmente nove grupos de exércitos. O marechal Jukov, comandando a Primeira Frente Bielorrussa, desdobrou-a no centro do grande dispositivo com ordens de tomar o que restasse de Varsóvia, seguir diretamente para Poznań e, depois, para Berlim. Mais ao sul, o marechal Ivan Konev, comandante da Primeira Frente Ucraniana, deveria seguir na direção de Breslau (Wrocław). Entre as duas frentes o efetivo total era de mais de 2,25 milhões de homens — a maior operação soviética na guerra.

130 A MALDIÇÃO DE STALIN

O Stavka admitiu que, sendo o corredor Varsóvia-Berlim a rota mais curta para a capital alemã, ele deveria estar fortemente defendido. Para então esgarçar os meios da Wehrmacht numa frente mais ampla, o marechal Rokossovski, chefiando a Segunda Frente Bielorrussa, atacaria ao norte na direção de Danzig, e o general Cherniakovski, comandante da Terceira Frente Bielorrussa, se encarregaria de Königsberg, na Prússia Oriental.

Konev partiu, Rokossovski foi em seguida e, um dia mais tarde, Jukov pôs os motores de seus exércitos a roncar: seus blindados chegaram a cobrir quase 150 quilômetros nas primeiras 24 horas. Por volta de 26 de janeiro, Jukov já buscava autorização a fim de prosseguir para Berlim e logo conseguiu sinal verde. Pouco depois Konev também obteve permissão para atacar a capital. As primeiras unidades das forças de Jukov chegaram ao rio Oder no fim do mês, e tinham capacidade para transpor o rio congelado, porém sem artilharia e tanques. Em 4 de fevereiro, o marechal determinou que os que estivessem em posições na vanguarda cavassem abrigos para proteção contra ameaçadores ataques aéreos e, dezesseis dias mais tarde, com a aprovação de Stalin, determinou uma parada.

O general Vassili Chuikov, herói de Stalingrado e um dos melhores comandantes de Jukov, disse mais tarde que o marechal e Stalin ficaram preocupados demais com a vulnerabilidade, e que eles não deveriam ter ordenado a parada de 20 de fevereiro. Chuikov achava que o prosseguimento do ataque para Berlim teria sido possível, encurtaria a guerra em algumas semanas e salvaria incontáveis vidas. Porém, Stalin, Jukov e Konev foram mais prudentes, de modo que a vitória teria que esperar. Algumas tropas de Konev prosseguiram combatendo por outra semana e juntaram-se com as de Jukov no encontro dos rios Oder e Neisse. Então Konev optou também por entrincheirar-se.[12]

O Exército Vermelho havia desbordado as "cidades fortificadas" de Hitler, mas elas continuavam a interromper as comunicações. Os pontos fortes pesadamente defendidos como Poznań, Budapeste, Danzig, Breslau, Königsberg e Küstrin exigiram o emprego de forças do Exército Vermelho e retardaram sua progressão. Konev concordou com Jukov que as tropas precisavam de um "período de descanso" antes de continuarem combatendo. Elas vinham lutando desde 12 de janeiro — quarenta dias ou mais para alguns dos soldados — em distâncias que variavam entre 310 e 435 quilômetros. As linhas de comunicações estavam muito compridas, as fileiras se encontravam desfalcadas, os suprimentos (em especial, combustíveis), muito para trás, e os tanques precisavam de manutenção.[13]

A decisão de parar também deve ter sido influenciada por Hitler, que ordenou o contra-ataque de Stargard (Szczeciński) em 15 de fevereiro, para aliviar a pressão soviética sobre Küstrin, no rio Oder. Os líderes do Exército Vermelho se surpreenderam, embora a ofensiva germânica terminasse antes de três dias de combates inconclusos. O fato de o líder das SS Heinrich Himmler ter comandado o lado alemão não fez a menor diferença.[14]

O marechal Jukov lembrou-se de que, em 7 ou 8 de março, recebeu ordem de ir a Moscou, onde Stalin lhe relatou sobre Ialta, sobre suas suspeitas quanto às intenções dos Aliados e sua desconfiança de Churchill, que preferia ter um governo "burguês" na Polônia (ou seja, uma democracia liberal).[15] Em suas memórias, o general Serguei Shtemenko, vice-chefe do estado-maior do Exército Vermelho, escreve que a Alemanha tentava, na ocasião, obter um acordo em separado com Estados Unidos e Grã-Bretanha "pelas costas da União Soviética". Em vista daquela "situação histórica especial, não podíamos arriscar ações impensadas". O Stavka e o estado--maior decidiram guarnecer os flancos porque, disse o general Shtemenko, "as consequências militares e políticas de um fracasso no último estágio da guerra poderiam ser muito graves e irrecuperáveis". O que ele queria dizer é que os Aliados avançavam sem descanso e, se o Exército Vermelho quisesse assumir riscos e não conseguisse conquistar Berlim, então todos os sacrifícios teriam sido em vão.[16]

Os Aliados ocidentais somente transpuseram o Reno em força no dia 7 de março quando tropas da 9ª Divisão Blindada americana, sob o comando do general John Leonard, atingiram a ponte em Remagem e a encontraram quase intacta. Quatro divisões se apressaram em cruzá-la. Eisenhower mal pôde acreditar em tanta sorte porque suas tropas fizeram cerca de 300 mil prisioneiros, à média de 10 mil por dia, do fim de fevereiro ao fim de março.[17] A louvada Linha Siegfried foi ultrapassada e, por volta de 1º de abril, a região Reno-Ruhr foi cercada numa manobra em pinça que encurralou 21 divisões, ou outros 320 mil prisioneiros. Foi perda maior do que a sofrida pelos alemães em Stalingrado.[18]

O SHAEF e Eisenhower divulgaram a estratégia para o estágio seguinte: forçar o avanço até a linha Erfurt-Leipzig-Dresden (sul de Berlim), com um desvio mais para o sul na direção Regensburg-Linz, que isolaria a área onde Hitler teria sua última posição defensiva. As tropas parariam no rio Elba, 60 quilômetros a oeste de Berlim, como havia sido previamente combinado com os soviéticos. Por fim, ao norte, outra operação dos Aliados ocidentais iria simultaneamente isolar as tropas germânicas na Dinamarca e na Noruega.[19]

Eisenhower se encontrava ansioso por terminar com tais tarefas "o mais rápido e completamente" possível e por evitar os combates urbanos, onde a luta casa a casa era sabidamente custosa. Ele foi criticado por Churchill e pelo marechal de campo sir Bernard Montgomery (e por alguns historiadores) por não tentar progredir aceleradamente para Berlim. Eisenhower e o general Omar Bradley estimavam que se o fizessem, isso significaria ao menos a morte de 100 mil de seus homens. As chances eram mínimas de chegar antes do Exército Vermelho à capital alemã, e seria "estúpido" tentar. De qualquer maneira, não havia coisa alguma que ele pudesse fazer no campo de batalha que alterasse a configuração da Europa pós-guerra.[20]

Seguindo os procedimentos estabelecidos, Eisenhower enviou seu planejamento a Stalin em 28 de março. Era necessário sistematizar as comunicações e determinar como cada lado reconheceria o outro. Mas Churchill decidiu pôr em prática sua própria agenda. Achava que Eisenhower exorbitava suas atribuições ligando-se com Stalin sobre assuntos que iam além de questões militares. Ainda que o acordo alcançado em Ialta situasse Berlim cerca de 300 quilômetros dentro da zona soviética, o primeiro-ministro queria jogar todas as fichas numa chegada à capital alemã antes do Exército Vermelho.[21]

A mensagem de Eisenhower chegou à missão militar americana em Moscou. O embaixador Harriman e o embaixador britânico Archibald Clark Kerr decidiram apresentá-la pessoalmente ao Kremlin. Levaram com eles o general John R. Deane e seu correspondente britânico, almirante Ernest Archer, em 31 de março.[22]

Os soviéticos seguramente foram alertados por alguém porque, mesmo antes de receber os planos de Eisenhower, Stalin convocou de novo Jukov a Moscou, aonde ele chegou em 29 de março. Os dois se reuniram na mesma noite e debateram estratégias. O líder disse que, de acordo com os relatórios da inteligência, os alemães não mais estavam oferecendo grande resistência no oeste e desviavam reforços para o leste. Calmamente, perguntou quando o Exército Vermelho estaria pronto para atacar Berlim. Jukov respondeu que sua Primeira Frente Bielorrussa não precisaria "de mais do que duas semanas". Ele era de opinião que a Primeira Frente Ucraniana do marechal Konev talvez também necessitasse mais ou menos do mesmo prazo, mas que a Segunda Frente Bielorrussa de Rokossovski ficaria possivelmente engajada no norte até pelo menos abril. Stalin então disse abruptamente, "Então vamos ter que começar a operação sem esperar por Rokossovski".[23]

Stalin em seguida mostrou a Jukov um relatório da inteligência indicando que os nazistas haviam tentado uma paz em separado com os Aliados ocidentais, mas fracassaram na empreitada. Stalin duvidava que Roosevelt estivesse envolvido com a trama, mas o mesmo não podia dizer de Churchill. Os generais Shtemenko e Antonov haviam também sido informados e, como Jukov, concluíram que havia negociações em curso "nos bastidores" para que o Ocidente ganhasse a corrida por Berlim.[24]

Na noite de 1º de abril, Stalin reuniu seus marechais e Shtemenko leu em voz alta o relatório da inteligência para Konev, que chegara de avião no dia anterior. Ele fez menção a um "Comando Anglo-Americano chefiado por Montgomery" que se preparava para tomar Berlim. Não existia tal plano, mas Stalin levou-os a acreditar no pior e então, virando-se para seus dois marechais, perguntou: "Bem, quem irá conquistar Berlim, nós ou os Aliados?" Konev foi o primeiro a responder, afirmando, "Seremos nós os conquistadores de Berlim, e o faremos antes dos Aliados".[25] Apesar de o marechal Rokossovski não estar presente, ele pouco depois retornou a Moscou e foi persuadido de que os nazistas estavam facilitando a entrada dos Aliados ocidentais em Berlim, enquanto redobravam os esforços para deter o Exército Vermelho.[26] Stalin igualmente espalhou os rumores entre os diplomatas, que passaram a admitir que o Ocidente queriam colher os frutos da vitória antes dos soviéticos.[27]

O FIM DA ERA ROOSEVELT

Roosevelt e, em menor dose, Churchill ainda estavam enfeitiçados pelo Stalin de Ialta e foram surpreendentemente inocentes em acreditar que o soviético honraria sua palavra mesmo quando começou a criar regimes comunistas tenuemente velados nos países libertados pelo Exército Vermelho. O Ministério das Relações Exteriores em Londres e o Departamento de

Estado em Washington aferraram-se à ideia de que "outras pessoas" no Kremlin manipulavam Stalin por trás do cenário. Churchill já dava sinais de ceticismo, porém ainda concedia muitas coisas ao ditador que seriam depois difíceis de desfazer.[28]

É verdade que alguns nazistas ocupantes de cargos elevados tentaram abrir negociações com o Ocidente desde o início de 1945. E isso foi suficiente para confirmar a noção de conspiração que Stalin logo assumiu em relação aos "capitalistas". Ademais, ele não ficou aliviado com o fato de seus aliados o terem informado sobre a "Operação Sunrise". Desde 21 de fevereiro, o general da SS Karl Wolff enviara sondadores a Allen Dulles, da Agência de Serviços Estratégicos (OSS) dos EUA. Em 8 de março, Dulles teve um breve encontro com Wolff em Zurique e então passou essa informação ao QG Aliado em Caserta, Itália. O marechal de campo lá sediado, sir Harold Alexander, determinou que o americano vice-chefe de seu estado-maior, general Lyman Lemnitzer, e o inglês chefe da sua inteligência, general Terence Airey, dessem prosseguimento às conversas com Wolff. A fanfarronice do general da SS foi direta. "Meus senhores", disse ele, "se tiverem paciência, eu lhes entregarei a Itália numa bandeja de prata."[29]

Relatos sobre essas conversações foram repassados às embaixadas americana e britânica em Moscou onde, em 12 de março, Molotov foi informado. Este último não fez objeções, só desejou a inclusão de militares soviéticos. Os altos escalões militares dos EUA, inclusive o general George Marshall e o Estado-Maior Conjunto, expressaram reservas sobre a participação de oficiais do Exército Vermelho, que poderiam fazer "demandas embaraçosas" e deixar tudo a perder. Os líderes dos Aliados ocidentais ficaram atônitos com a possibilidade de encurtar o fim da guerra na Itália e talvez de obter uma rendição alemã geral. Embora inicialmente Churchill tivesse a sensação de que tais negociações com o inimigo pudessem ofender os soviéticos, acabou cedendo aos americanos. Todo o processo foi muito mal conduzido e deu mais do que o suficiente para ocasionar suspeitas no Kremlin. Molotov então disparou uma nota irada acusando os Estados Unidos e a Grã-Bretanha de negociações "pelas costas" de seus aliados.[30] As conversações com os alemães foram infrutíferas e bastante inoportunas, pois o Ocidente, na ocasião, fazia uma objeção inútil ao que os soviéticos promoviam em lugares como Polônia e Romênia.

Apesar de Roosevelt e Churchill se mostrarem apreensivos com a violação do espírito cooperativo de Ialta por toda a Europa Oriental, eles ficaram sem condições de pedir satisfações ao Kremlin de vez que eles mesmos se encontravam na defensiva quanto à "Operação Sunrise". Numa nota ao líder soviético, recebida em 25 de março, Roosevelt explicou que não havia ideia de uma paz em separado nem outro meio de encerrar o conflito armado que não fosse pela rendição incondicional. Eles simplesmente tinham feito contato com "competentes oficiais militares alemães para uma conferência com o intuito de debater os detalhes da rendição" da Itália e de estancar o banho de sangue. Stalin insistiu que aquilo era hipocrisia e negociação enganosa.[31]

Ainda mais, na noite de 31 de março, os embaixadores Harriman e Clark Kerr foram ao Kremlin, dessa vez com os planos de Eisenhower mostrando que ele não tencionava seguir para Berlim. "Ike" foi então citado por dizer que Berlim "não era mais um objetivo particularmente importante". Será que Stalin interpretou isso como mais desinformação? Talvez, mas ele replicou afirmando seu ponto de vista de que a capital alemã "perdeu sua importância estratégica anterior". O Alto-Comando Soviético, disse ele a Harriman e Clark Kerr, estava tomando as medidas a fim de enviar apenas "forças secundárias" para lá.

Isso era uma mentira porque, naquele exato momento, os soviéticos terminavam o planejamento para a mais rápida conquista possível de Berlim. Os dois diplomatas ocidentais, satisfeitos, avaliaram Stalin como "calmo e amistoso" durante toda a noite, mas definitivamente ele não estava.[32]

Churchill reclamou com Eisenhower que a tomada de Berlim deveria ter altíssima prioridade e salientou para Roosevelt, numa declaração que está em muitas memórias russas, que era imperativo chegar lá primeiro. O Exército Vermelho logo conquistaria a Áustria e Viena, disse ele, e então a conquista de Berlim "não lhes imprimiria na mente a impressão de que tinham sido, indubitavelmente, os maiores contribuintes para nossa vitória comum, e talvez isso os levasse a um estado de espírito que ocasionaria graves e formidáveis dificuldades no futuro? Por conseguinte, considero, da perspectiva política, que devemos avançar o máximo possível para o leste e, caso Berlim fique ao nosso alcance, por certo despendermos esforços para tomá-la".[33]

O presidente Roosevelt começava a duvidar de Stalin e escreveu-lhe longa carta na qual mencionou sua profunda inquietação com o crescente domínio comunista na Polônia. Roosevelt chegou até a asseverar que "o atual regime em Varsóvia não seria aceitável e faria o povo americano acreditar que a Conferência de Ialta *havia fracassado*".[34]

Em vez de responder ao alarme expresso na carta, Stalin pôs ainda mais lenha na fogueira falando nos encontros secretos com os nazistas. Em 3 de abril, ele escreveu uma mensagem acusadora a Roosevelt alegando que os alemães tinham concordado em "abrir as portas" para deixar que as tropas anglo-americanas "entrassem no coração da Alemanha quase sem resistência". Culpou seus aliados de urdirem uma negociação que não "ajudaria a preservar e promover a confiança entre nossos países".[35]

Churchill disse ao presidente que as acusações de Stalin obrigavam os anglo-americanos a não demonstrarem medo e não deixarem transparecer que podiam "ser ameaçados e se tornarem submissos". Ele desejava responder à altura os insultos. "Acredito que esta é a melhor chance para salvar o futuro."[36] Roosevelt ficou zangado e afiançou a Stalin que a inteligência soviética estava errada. O senhor do Kremlin não aceitou a resposta e afirmou que seus informantes eram "pessoas honestas e discretas que cumpriam conscientemente suas obrigações".[37]

O presidente Roosevelt se encontrava em seus últimos dias de vida e andava muito deprimido com o curso dos acontecimentos. Das últimas mensagens que enviou, em 11 de abril, a primeira foi para Churchill. Tentou minimizar o "problema soviético" que, para Roosevelt, se resolveria por si mesmo, e acrescentou que "devemos ficar firmes, contudo, porque nosso rumo é o correto". Depois escreveu a derradeira para Stalin, expressando sua esperança de que as futuras relações não fossem nubladas por "desconfianças recíprocas e mal-entendidos menores". Todavia, Averell Harriman, embaixador americano em Moscou, achava que os problemas estavam longe de serem "menores". Ele decidiu retardar a entrega da nota de Roosevelt para dar ao presidente a oportunidade de repensar essa parte da mensagem. Porém, às 13h15 de 12 de abril, Roosevelt passou cabograma de Warm Springs, na Geórgia, para Washington dizendo querer que a nota original fosse entregue. Dez minutos depois, ou quase isso, ele faleceu. Sua mensagem original chegou ao Kremlin em 13 de abril, mas Franklin Roosevelt havia deixado esta vida no dia anterior, sem poder testemunhar o fim da guerra.[38]

O comissário Molotov, informado sobre a morte do presidente já com a noite avançada em 13 de abril, dirigiu-se à embaixada americana às

O EXÉRCITO VERMELHO EM BERLIM

3h da madrugada para levar suas condolências. Harriman reportou que jamais vira o homem falar de maneira tão intensa e sincera. Não existem registros sobre a reação de Stalin ao ser informado sobre a morte súbita do presidente. Mais tarde naquele dia ele encenou o show esperado no Kremlin e deu a impressão de ter ficado "visível e profundamente abalado" enquanto apertava a mão do embaixador dos EUA por tempo que pareceu uma eternidade. Enviou seus pêsames ao novo presidente, Harry Truman, e à sra. Eleanor Roosevelt.[39]

Em suas memórias, o combativo Molotov encobriu seus sentimentos pelo passamento de Roosevelt com restrita menção. Ele não tinha os líderes americanos em alta conta, desdenhando as tentativas aristocráticas de Roosevelt de ser informal com ele, e menosprezando ainda mais o despretensioso Harry Truman. Para Molotov, esses presidentes partilhavam um horroroso traço: eram empedernidos capitalistas e imperialistas.[40]

FOICE E MARTELO SOBRE BERLIM

De volta à noite de 1º de abril, Stalin dissera a seus marechais que eles tinham que atingir o rio Elba, a oeste de Berlim, no prazo de doze a quatorze dias. Naquela ocasião, todos eles estavam convencidos de que os alemães afrouxariam para as forças dos Aliados ocidentais, mas lutariam ainda com mais tenacidade contra o Exército Vermelho. Isso era uma fantasia. Real era o deplorável comportamento das forças soviéticas e sua fama de estupros, pilhagens e roubos. Em certa medida, a sede de vingança provinha da forma brutal com que os alemães haviam agido durante a invasão e ocupação da URSS. As ações do Exército Vermelho, entretanto, resultaram em atrocidades que ultrapassaram todos os limites e provocaram a determinação nazista de barrar os bolcheviques a qualquer custo.

Ocasionalmente, quando o Exército Vermelho recuava por breve período de tempo, as pessoas tinham oportunidade de ver o que as esperava, como ocorreu no vilarejo de Nemmersdorf (Maiakovskoie) na Prússia Oriental, em outubro de 1944. A Wehrmacht reportou que em uma fazenda "os corpos de duas mulheres nuas tinham sido pregados pelas mãos nas duas portas do celeiro". Lá dentro os alemães encontraram mais 73 cadáveres. Médicos atestaram que todas as mulheres, mesmo meninas de 8 a 12 anos, haviam sido estupradas — até uma senhora de 84 anos — e "assassinadas de maneira selvagem".[41] O relato não foi invenção e o abuso não se limitou às mulheres alemãs, pois um relatório polonês, de 19 de março de 1945, de uma região próxima, descreveu história semelhante sobre o Exército Vermelho, com detalhes horripilantes demais para serem aqui repetidos.[42]

Qual a origem de tal comportamento? Parte dele era consequência da ferocidade do combate, mas alguma dose podia ser retraçada ao sistema stalinista de justiça militar. Os soldados soviéticos recebiam punições terríveis pelo descumprimento de ordens.[43] Em agosto de 1941 e de novo em julho de 1942, Stalin introduziu notórias medidas punitivas. No curso da guerra, tribunais militares condenaram à morte a assustadora quantidade de 158 mil pessoas. Os fuzilamentos, por vezes, eram executados diante da tropa formada. Os tribunais militares enviaram outros 400 mil para as prisões e forçaram pelo menos 420 mil a servir em unidades de punição, o que, para esses *shtrafniki*, como eram chamados, poderia significar sentença de morte. Um recente estudo russo conclui que não menos do que 994 mil homens e mulheres a serviço das forças armadas foram condenados só por tribunais militares, com metade das sentenças proferidas nos primeiros dois anos de guerra.[44]

As duras punições e as horríveis experiências em combate enraiveciam os soldados. Além disso, a nova organização da contrainteligência Smersh (Smert Shpionam — "morte para espiões") plantou agentes nas forças armadas e denunciou quem quer que eles considerassem suspeitos, uma prática que solapou a solidariedade da tropa.[45] Quando chegaram à Alemanha ou à Áustria, os soldados ficaram surpresos em ver quão bem vivia o inimigo. Em certos lugares, eles deram vazão à sua cega selvageria em lares deixados para trás por civis em pânico. Alguns deles fugiram com tanta pressa "que não tiveram tempo de fazer as camas, e então os espelhos, pratos, aparelhos de jantar, porcelanas raras, taças de vidro, jarras de cristal — ficaram estilhaçados no chão". Foi assim que um soldado do Exército Vermelho descreveu a primeira onda de ódio que veio à tona em sua unidade. Disse que a tropa destruiu o que estava à vista, "quebraram a machadadas poltronas, sofás, mesas, cadeira, bancos, até carrinhos de bebês!"[46]

Líderes militares procuraram dirigir aquela fúria para a batalha contra a Wehrmacht, mas esperaram até que a tropa estivesse totalmente preparada para o lançamento do ataque. O marechal Jukov teria preferido aguardar o ataque final a Berlim até que o grupo de exércitos de Rokossovski pudesse se juntar ao assalto, porém, escreveu mais tarde, "a conjuntura político--militar" — o que queria dizer, a suposta duplicidade dos Aliados — tornou impossível a postergação.[47] No meio-tempo, a Primeira Frente Ucraniana de Konev avançara pelo sul menos defendido. Stalin jogou com a rivalidade entre seus dois ambiciosos marechais e deixou em aberto qual dos dois iria conquistar Berlim. Apagou o limite entre os dois grupos de exércitos em um ponto bem próximo da capital, obrigando assim os marechais a competir para ver quem a tomaria. As forças de Konev receberiam o reforço das de Rokossovski tão logo estivessem disponíveis.[48]

Como estrategista, Stalin era a favor dos ataques maciços que combinassem um grupo de exércitos em ligação com outros para esmagar o inimigo. A lição da arte da guerra que ele jamais aprendeu foi que a vitória deveria ser buscada com o menor custo de vidas.[49] Para o assalto a Viena, iniciado em 16 de março, empregou 750 mil soldados e, para Berlim, 2,5 milhões. Eles possuíam 6.250 tanques e canhões autopropulsados, 3.200 lançadores múltiplos de foguetes, 41.600 peças de artilharia e 7.500 aviões. Só Jukov tinha em torno da metade dessa parafernália para empregar. Mas o marechal superestimou a vantagem sobre os alemães, os quais, além disso, haviam detectado a data e o local do ataque.[50]

Na oportunidade em que começou a ofensiva de Jukov, antes do amanhecer de 16 de abril, os alemães haviam recuado muitas tropas das posições avançadas. O Exército Vermelho partiu com tudo que tinha e acendeu 140 refletores, que não cegaram, como esperado, os defensores. Além do mais, a iluminação da fumaça e da poeira tornou impossível para os atacantes observar à frente, e quando as ondas de infantaria desciam das elevações tropeçavam uma nas outras. Os primeiros dias da batalha são causticamente descritos por um historiador como "ópera bufa encenada por cinco exércitos, num palco com 30 quilômetros de extensão".[51]

Centenas de tanques empregados na ação durante o dia só concorreram para o horroroso emaranhado. Eles não tinham liberdade de manobra nas planícies alagadas e precisaram se deslocar pelas estradas e pontes onde se tornaram alvos fáceis. A despeito do disparo de mais de 1 milhão de granadas de artilharia e dos infindáveis ataques aéreos, Jukov encontrou as defesas germânicas quase incólumes nas colinas de Seelow. Embora os generais alemães tivessem aguentado no terreno o ataque soviético do primeiro dia, eles sabiam que a situação iria piorar, de vez que já tinham empregado toda a reserva no confronto.

Stalin, em contato telefônico com o front, criticou erros e intimidou Jukov, que continuou atacando sem levar em conta as perdas que sofria. Foram dois dias inteiros de combate acirrado para a ocupação das colinas de Seelow, que custaram as vidas de no mínimo 30 mil soldados do Exército Vermelho. Os feridos foram deixados por horas sem assistência no campo de batalha.[52] Para Stalin e seus líderes militares, o que tornava a conquista de Berlim tão vital era seu significado político, um ponto destacado nas memórias dos principais participantes.

A rota de Konev a partir do sudeste avançava rapidamente por uma das primeiras autobahns. Ele teve que transpor diversas linhas defensivas e dois rios, o Neisse e o Spree. Quando reportou seu progresso em 17 de abril, Stalin determinou-lhe que virasse seus tanques para cercar Berlim. Quatro dias mais tarde, unidades de Konev tomaram o quartel-general do Exército alemão (OKH) em Zossen, e já se encontravam nas proximidades de Potsdam. Por tudo isso, qualquer esperança de que o Exército Vermelho conquistasse Berlim no aniversário de Lenin (22 de abril) foi por água abaixo.

Em 25 de abril, unidades da 58ª Divisão de Guardas do Exército Vermelho se juntaram a unidades da 69ª Divisão de Infantaria do Primeiro Exército dos EUA, em Torgau e em diversos outros locais ao longo do rio Elba. As tropas americanas e soviéticas se rejubilaram e, no mesmo dia, Berlim foi completamente cercada. A Segunda Frente Bielorrussa de Rokossovski finalmente chegou do norte, fixando tropas inimigas e dando um fim a qualquer expectativa de contra-ataques na direção das forças de Jukov ou de Konev. Stalin anunciou pelo rádio o encontro das tropas dos dois lados, mas não partilhou a solidariedade dos escalões inferiores.

Para levar alguma ordem ao caos, ele, em 22 de abril, remarcou o limite entre as tropas de Jukov e Konev, que já estavam infligindo baixas de "fogo amigo" uma à outra. Stalin decidiu que os soldados de Jukov teriam o privilégio de conquistar o Reichstag, o último símbolo de poder da cidade, e isto foi feito em 30 de abril. Quando o general V.I. Kuznetsov telefonou para Jukov a fim de dizer que a bandeira vermelha tremulava no alto do prédio, tropas alemãs ainda combatiam nos andares superiores e nos porões. Elas só se renderiam no fim de 1º de maio. Depois disso, os Aliados pensaram que a sanidade prevaleceria em Berlim e que não haveria mais necessidade de continuar combatendo em todo o país.[53]

A batalha toda, de 16 de abril a 8 de maio, custou ao Exército Vermelho 78.291 mortos e 274.184 feridos. Parece certo que muitas dessas baixas foram desnecessárias e que as quantidades poderiam ter sido bem reduzidas em um ataque mais bem pensado. O mesmo foi verdade na operação Áustria-Viena, que terminou em 15 de abril. Ela custou aos soviéticos 32.846 mortos e 106.969 feridos.[54] Em meio ao banho de sangue, Stalin ficou em contato direto com o front, forçando os oficiais da inteligência a descobrirem determinadas figuras políticas, de modo a garantir trunfos para os arranjos políticos do pós-guerra.[55]

Contrariando a predição de Hitler de que os Aliados rachariam, americanos e soviéticos cumprimentaram uns aos outros na celebração.[56] Por volta da meia-noite de 29 de abril, não havia a menor chance de tropas alemãs resgatarem sua capital. Às 13h do dia seguinte, Hitler almoçou com a esposa e seus secretários, deu um breve adeus aos que ainda permaneciam no bunker e entrou em seus aposentos particulares, onde ele e a mulher cometeram suicídio.[57]

Jukov telefonou para a dacha de Stalin e fez com que o acordassem só para receber a notícia da morte de Hitler. O ditador resmungou: "Este é o fim do canalha [Doigralsya, podlets]. É uma pena que não o pegamos vivo." Disse a Jukov para exigir rendição incondicional e voltou para a cama com o intuito de descansar para as comemorações do Primeiro de Maio.[58] Durante as festividades, ele divulgou o que havia acontecido e até mencionou que Hitler "tomou iniciativas com os Aliados com o objetivo de causar dissensão". Os criminosos de guerra seriam punidos, e reparações, pagas, disse ele, ao mesmo tempo em que enfatizava que os soviéticos não eram contra o povo alemão. Ele jurou que as forças invasoras não "molestariam" a população pacífica, mas tal declaração já estava sendo desmentida pelo que ocorria na realidade.[59]

Quando Stalin soube que os generais alemães concordaram em assinar os documentos da rendição incondicional, não em Berlim, na presença dos comandantes do Exército Vermelho, mas na pequena cidade francesa de Rheims, ficou furioso. Telefonou a Jukov e ordenou-lhe a ida a Berlim para outra cerimônia, a fim de lá representar o comando supremo das forças soviéticas, na companhia de selecionados líderes dos Aliados. O documento foi por fim assinado às 12h43 de 9 de maio de 1945. Este seria o Dia da Vitória celebrado na União Soviética, e não 8 de maio, considerado o "V Day" na maior parte do resto do mundo.[60]

Stalin difundiu a notícia pelo rádio para seu povo, às 20h, hora de Moscou. O pronunciamento foi breve e cuidadosamente calibrado. Interessante foi que ele não pintou a guerra germano-soviética como um conflito de ideologias, nazismo *vs.* comunismo, mas sim como parte de antiga "luta dos povos eslavos" contra os invasores germânicos. Sabedor de que o mundo ouvia, ele não disse uma palavra sobre o comunismo. O povo estava compreensivelmente orgulhoso, já que apenas três anos antes, Hitler o havia ameaçado com aniquilação e escravidão. Stalin e os comunistas de todos os lugares viam a vitória soviética como validação do sistema soviético. Ele agora falava que não queria vingança e não "desmembraria ou destruiria" a Alemanha. "Camaradas", afirmou, "terminou o período de guerra na Europa. Começou a fase do desenvolvimento pacífico."[61]

7

Restauração da ditadura stalinista em uma nação despedaçada

Em maio de 1945, o ditador soviético, recém-saído da guerra, fez dois pronunciamentos públicos. No dia 9, anunciou a vitória por radiodifusão e, três semanas mais tarde, numa recepção para o Exército Vermelho, brindou o "grande povo russo", singularizando-o no louvor. Os dois foram breves e pouco emotivos, dizendo pouco sobre o significado maior da guerra.[1] Ao longo dos oito meses seguintes, seu silêncio foi completo; após 1946, ele só falou em público três vezes. A única chance que o povo tinha de vê-lo era de longe, quando ele aparecia nas paradas duas vezes por ano, na plataforma do Mausoléu de Lenin.[2]

Josef Stalin tinha 66 anos quando a guerra terminou e corriam rumores de que não ia bem de saúde. Em vez de se aposentar, como alguns próximos em Moscou podiam esperar, resolveu utilizar o capital político que amealhara com a vitória para continuar sua missão no próprio país e estendê-la através da exaurida Europa e a outras partes do globo.[3] Vastas quantias de dinheiro foram despejadas em gastos militares e, logo depois, na Guerra Fria. Cidadãos soviéticos pagaram por aquilo tudo com carências persistentes de bens de consumo e com a pobre qualidade de suas vidas.

VITÓRIA PARA O GOVERNO DE UM SÓ HOMEM E PARA O COMUNISMO

Stalin, o líder ou o chefe do Kremlin, reinava sobre seu vasto domínio como um príncipe medieval, consultando pessoalmente aqueles convocados ao trono do poder. Era o centro de um culto à liderança que ele mesmo criara. O culto era adornado com nuances semirreligiosas porque Stalin reconhecia que a elevação do poderoso líder era útil para a consecução da missão "pedagógica" do regime e tinha um lugar na sociedade, que ele via como uma espécie de "sala de aula permanente".[4] O culto atingiu alturas bem elevadas no fim da guerra porque pôde ser vinculado ao papel militar de Stalin na liderança para a vitória.

Nos bastidores, ele ia colocando de lado os remanescentes controles institucionais de seu poder e se cercava de um punhado de homens chamados de "círculo íntimo" ou "grupo dirigente". Desde os anos 1930, estes homens eram normalmente referidos por números, tais como o "quinteto" que, em 1945, era formado por Molotov, Beria, Malenkov e Mikoyan, além do ditador.[5]

Nikita Khruschev, mais tarde admitido no "grupo seleto", fez um vívido retrato do estilo de governo de Stalin. Ele consistia da "expedição de ordens extemporâneas. Por vezes, ouvia outras pessoas caso gostasse do que escutava, ou então rosnava alguma coisa e imediatamente, sem consultar ninguém, formulava o texto de uma resolução do Comitê Central ou do Conselho de Ministros [denominação que substituiu, em março de 1946, o Conselho de Comissários do Povo, ou Sovnarkom], tudo por conta própria, e depois disso o texto era publicado". Tratava-se do domínio político de um único indivíduo em sua forma mais extremada. "Era um governo totalmente arbitrário. Nem sei como chamá-lo, mas é fato que as coisas se passavam assim."[6]

Viacheslav Molotov era o mais próximo de Stalin, a figura mais conhecida em casa e no exterior depois do líder e, e em geral, tida como quase tão importante. Na realidade, houve ocasiões em que Churchill e outros erradamente acharam que ele era o verdadeiro chefão, e Stalin, apenas homem de fachada. Anastas Mikoyan, um dos eternos sobreviventes na elite governante, oferece outra perspectiva. Ele lembrou-se de que, sempre que entrava no gabinete de Stalin, Molotov estava lá — fato apoiado pelo

RESTAURAÇÃO DA DITADURA STALINISTA EM UMA NAÇÃO DESPEDAÇADA 145

registro na agenda do líder, que anotava sua presença com mais frequência do que qualquer outra pessoa.[7] Ele ficava lá sentado quase o tempo todo calado, ao menos segundo Mikoyan, que supunha ser Molotov meramente alguém que o chefe queria por perto para evitar a impressão de que decidia tudo sozinho.[8] Molotov não era o autêntico mestre que Churchill parecia pensar; nem sua presença mero conforto para Stalin. Mesmo depois que o ditador o rebaixou oficialmente, ele foi mantido próximo e consultado frequentemente.

Stalin tinha uma maneira peculiar de censurar os mais chegados, como em novembro de 1945 quando a Academia de Ciências da URSS elegeu Molotov membro honorário. Por mais que Stalin se divertisse em jogos com Molotov e os outros, bebericando drinques, ele não gostava que ninguém se autovalorizasse demais.[9] O calejado comissário não foi ajudado quando o *Daily Herald* especulou que ele era o genuíno poder no país, com Stalin adoentado e fora da cidade. Alguns especialistas no Departamento de Estado americano julgavam a mesma coisa. O ditador não queria herdeiros presumíveis ganhando força e rapidamente repreendeu Molotov por permitir a publicação em Moscou de um texto de discurso de Churchill, pronunciado em Londres por ocasião do aniversário da Revolução Russa. Churchill oferecera simplesmente seus respeitos, porém, para Stalin, elogios de tal homem encorajavam "servilismo a figuras estrangeiras". Molotov humildemente implorou desculpas e recebeu permissão para permanecer. Stalin enfiou um lembrete na pasta de "erros de Molotov", mas a abriria novamente em 1949 para exonerá-lo.[10]

Os grandes eventos do Partido Comunista levavam a Moscou centenas de delegados, embora, depois do XV Congresso em 1927 e da XVI Conferência de 1929, tais reuniões só tivessem ocorrido três vezes durante a década de 1930. Stalin apenas promoveu mais uma conferência (1941) e o último XIX Congresso em 1952.[11] Até mesmo o Comitê Central do partido, com 138 membros e membros-candidatos em 1930, reuniu-se completamente muito poucas vezes e quase nunca durante a guerra; seus integrantes foram convocados duas vezes em 1940 e em 1941, mas apenas uma em 1944, 1946 e 1947, se bem que duas em 1952.[12]

Desde 1917, o Politburo era composto pelos luminares políticos do país. Tinha quinze membros e membros-candidatos em 1930.[13] Até 1932 ele se reunia semanalmente, com encontros extras de trabalho a partir de 1928.

Todavia, começando em 1933, as reuniões passaram a ser menos frequentes e o processo verdadeiro de tomada de decisões tornou-se mais personalizado a ponto de chegar a ter lugar no gabinete de Stalin. Além disso, para ouvir aqueles convocados para consultas, o líder delegou grandes poderes a subordinados e deles esperava que demonstrassem iniciativa. Mas a última palavra era sempre sua. Os assuntos de maior importância como segurança interna, política externa e os indefectíveis compromissos oficiais eram por ele pessoalmente conduzidos. Depois da guerra, Stalin reviveu por breve período o Politburo e apesar de ele ter mais do que importância simbólica, não foi nem sombra do que fora.[14]

Era primordialmente Stalin quem determinava como o país deveria interpretar e relembrar a Segunda Guerra Mundial. Só em um discurso de "eleição", pronunciado em fevereiro de 1946, ele descreveu o que se tornou a grande narrativa. Asseverou que o conflito recente "não fora apenas uma maldição" (*proklyatiye*), mas também uma "grande escola" que examinou os sistemas sociais e os regimes políticos. Todos os combatentes compareceram para um teste "sem máscaras e sem maquiagem, com todos os seus defeitos e méritos". A vitória, proclamou, provou diversas coisas — sobretudo, a superioridade do sistema social comunista. Longe de ser o que os inimigos chamaram de "experiência perigosa", segundo Stalin, o regime soviético mostrou-se viável e foi apoiado pelo povo. Em segundo lugar, o grande Estado multinacional, que estrangeiros afirmaram ser artificial e não poder durar muito, "ficou mais forte do que nunca durante a guerra". Por fim, ao derrotar todos os inimigos, o Exército Vermelho demonstrara que era tudo "menos um colosso com pés de barro", como esperavam os críticos. Ainda assim, a bravura dos homens de uniforme jamais seria suficiente para vencer o conflito armado. Assumindo o crédito que ele julgava devido ao Kremlin, lembrou a todos que seus três planos quinquenais — o terceiro fora encurtado por causa da guerra — tinham transformado o país de essencialmente agrário numa potência industrial e militar.[15]

A alegação de Stalin de que a validade do comunismo fora provada com a vitória na guerra tornou-se a linha histórica oficial. Os discípulos em toda a Europa compraram tal história com tamanha sinceridade que a repetiram por décadas. Depois ele lembrou aos votantes sobre outro axioma de Lenin, a saber: que a segurança nacional seria impossível sem mais indústrias pesadas. Prometeu — para estrondosos aplausos de filiados do partido presentes ao Teatro Bolshoi para seu discurso — sobrepujar a produção pré-guerra de ferro-gusa, aço, carvão e petróleo, com três mais planos quinquenais.[16] Na realidade, já no verão de 1945, o Comitê Central sinalizava que o Comitê Estatal de Planejamento (Gosplan) preparava um novo plano.[17] Para a pessoa comum, o sofrido consumidor de muito tempo acostumado a ler nas entrelinhas, a simples menção da expressão *plano quinquenal* — não só um, porém três novos — significava mais sacrifícios e trabalho mais árduo.[18]

Uma deficiência importante do mando de um só homem é que quando o líder promove alguém cujas ideias são antiquadas ou erradas, os erros se multiplicam e se tornam difíceis de corrigir. Por exemplo, Stalin deu suporte ao trabalho do cientista Trofim Lysenko e o fez desde os anos 1930. A promessa de Lysenko era de que seria capaz de modificar o cultivo de safras desde a semente e provocar uma revolução na agricultura. Quando suas descobertas provaram-se equivocadas, ele insistiu, e Stalin e mais tarde Khruschev continuaram dando-lhe apoio porque eram atraídos pela ideia de que um milagre agrícola colocaria o país à frente do Ocidente. O que tornou Lysenko uma grande ameaça ao estamento científico foi o fato de ele ser um lobista nato e contar com a total atenção de Stalin.

O "caso" Lysenko demonstra quão cegamente Stalin podia se aferrar às "verdades" que julgava cruciais para seus esquemas de modernização. Também mostra a dose da crueldade com que ele podia rejeitar quem o contradissesse, mesmo que fosse alguém "especial" como Andrei Jdanov.

Já figura proeminente na elite mandante desde o final dos anos 1930, após a guerra Jdanov se destacou ainda mais quando Stalin o encarregou de arrumar a inteligência soviética. No exterior, ele proferiu palestras inflexíveis para os partidos comunistas europeus do Leste como principal orador das reuniões de 1947 e 1948 do Bureau Comunista de Informação (Cominform). Stalin também gostava do filho de Jdanov, Yuri, um homem de 28 anos que ele nomeou responsável pela Seção de Ciência do Agitprop (propaganda). O ditador julgou que Yuri era o par perfeito para sua filha, Svetlana, e esperou que eles se casassem em 1949. No entanto, em 1948, a atenção de Yuri foi despertada para diversos cientistas de renome que duvidavam do trabalho de ninguém menos que Lysenko, um dos favoritos de Stalin. O jovem Jdanov fez um discurso em 10 de abril para funcionários da propaganda no qual criticou duramente Lysenko, que estava por perto, ouviu tudo e se queixou a Stalin. Em 28 de maio, o ditador, que ainda acreditava na promessa do cientista charlatão, chamou ao Kremlin os Jdanov, pai e filho, bem como outros envolvidos. Stalin estava aborrecido com Yuri, mas desculpou-o por ser jovem. Andrei Jdanov, que tinha sérios problemas de saúde, recebeu uma descompostura. Em 31 de agosto de 1948, ele morreu em um hospital, de acordo com muitas pessoas, "em circunstâncias misteriosas".[19]

Embora algumas delas achassem que Beria o havia envenenado, a médica Lidia Timachuk escreveu para o chefe da segurança pessoal de Stalin, general Nikolai Vlasik, e alegou que os médicos que tratavam de Jdanov eram os culpados. Tal informação se infiltrou no sistema como veneno de ação lenta, como veremos depois, e, em 1952, culminou com um clamor popular sobre um suposto complô dos médicos para matar líderes soviéticos.[20]

Stalin convocou uma sessão especial da Academia de Agricultura em agosto de 1948 para debater os pleitos de Lysenko e os dos geneticistas. Lysenko, que vinha sendo também presidente da academia por dez anos, encheu o auditório e a lista dos oradores com seus seguidores. Dos 56 documentos apresentados no grande evento, uma imensa maioria era favorável a ele. Entre outras coisas, disseram que os geneticistas eram burgueses e estavam "se curvando ao Ocidente" — exatamente a praga que Andrei Jdanov combatia ferozmente. Que Lysenko sairia vencedor do debate eram favas contadas, mas Stalin continuou o processo consultando especialistas.[21] Ele havia dito inopinadamente a Yuri que "nosso sistema agrícola inteiro depende de Lysenko".[22] Assim, tornou-se simplesmente impossível o líder reconsiderar tal endosso. Somente anos após a morte de Stalin, a trapaça de Lysenko veio finalmente à tona, e a genética moderna passou a ser apoiada na União Soviética.

Outro favorito entre a elite que chegou ao topo, apenas para logo depois cair em desgraça, foi Nikolai Voznesenski. Ele era experiente economista e vinha servindo lealmente na importante função de diretor do Gosplan desde 1938. Além do mais, Voznesenski era autor de *The War Economy of the USSR in the Patriotic War* [Economia de guerra da URSS na Grande Guerra Patriótica], de 1947, que foi muito elogiado nas resenhas e recebeu o Prêmio Stalin, Primeira Classe. Muitos achavam que, se Jdanov não fosse o sucessor de Stalin, Voznesenski era forte candidato. Stalin, apreciador da economia socialista e convencido de que este era seu campo principal de especialização,

RESTAURAÇÃO DA DITADURA STALINISTA EM UMA NAÇÃO DESPEDAÇADA 149

pode ter ficado ressentido com o antigo camarada ou preocupado com ele como possível sucessor. O líder afirmou que gostava da maneira com que o comissário expressava firmemente suas opiniões e não fazia concessões a outros, precisamente os atributos que criavam inimigos no círculo íntimo.[23] Isso era tão verdade que podemos intuir que a queda de Voznesenski começou com suas fatídicas "transgressões" em Leningrado. Lá, de 10 a 20 de janeiro de 1949, líderes regionais patrocinaram por iniciativa própria uma feira por atacado abarcando toda a Rússia. Embora esses líderes tivessem solicitado ao nativo Voznesenski que assumisse o posto de patrono do evento, ele declinou da honra. Os organizadores também tinham laços com outras figuras nacionais da cidade, entre eles Alexei Kuznetsov, secretário do Comitê Central. Muitos consideravam uma estrela o jovem e vistoso Kuznetsov, e ele também era citado como possível sucessor de Stalin. Alguns administradores mais antigos em Moscou, contudo, expressavam uma ligeira preocupação com o fato de que a execução da feira deveria ter sido autorizada pelo Conselho de Ministros.

A informação sobre a feira irritou Stalin suficientemente para que ele convocasse uma reunião do Politburo em 12 de fevereiro com o objetivo de questionar os organizadores locais e regionais. Quando eles foram condenados, Voznesenski tentou se distanciar do grupo dizendo que havia rechaçado a oferta de agir como "patrono". Três dias mais tarde, Kuznetsov e seus "cúmplices" foram exonerados das funções. Voznesenski foi censurado por não informar ao Comitê Central seja sobre a feira "antipartidária", seja pela solicitação para que fosse seu patrono.

Para piorar as coisas, seus rivais Beria e Molotov espalharam rumores de que alguma coisa ia mal no Gosplan, a agência que Voznesenski chefiara e era responsável pelo planejamento e coordenação da economia, estabelecendo cotas a serem alcançadas. Foi levantada a suspeita de que o Gosplan manipulava os números quando, na verdade, as taxas de crescimento eram menores do que as esperadas e as divulgadas. De qualquer maneira, Stalin foi aos poucos se convencendo de que Voznesenski era desonesto e havia "mascarado a real situação" da economia. A acusação, além de sua associação com o que parecia ser a emergência de uma facção em Leningrado, cedo provocaria consequências fatais.

Em 5 de março, malgrado os anos de fiel serviço, Voznesenski foi afastado do cargo importante e logo excluído do Politburo. A polícia prendeu mais gente e descobriu provas adicionais incriminadoras até que, em 27 de outubro, ele foi preso. Com outros quatro suspeitos, Voznesenski foi cruelmente interrogado por meses, condenado em sigilo em setembro de 1950 e fuzilado. No total, 69 dos acusados e 145 parentes foram sentenciados, com 23 deles executados, e as prisões continuaram até 1952. O "Caso Leningrado" foi singular nos anos do pós-guerra, pois implicou queda de um dos membros do Politburo. A administração do Gosplan foi também expurgada, com a demissão, rebaixamento ou transferência de muitos, mas não houve execuções.[24]

Stalin enfiara na cabeça que aquelas pessoas representavam ameaças ao seu mando. É bem provável que o Grande Terror dos anos o tivesse "debilitado", ou ele se inquietou com a possibilidade de "embarcar num novo turno de sangria daquela escala".[25] Para falar a verdade, nos anos do pós-guerra ele não mais necessitava de julgamentos-show porque o clima de insegurança já estava alastrado e era facilmente suplementado por campanhas na imprensa e por outros métodos. Ademais, o controle da polícia sobre o país era mais profissionalizado e extenso do que nos anos 1930, de sorte que Stalin se sentia livre para exercitar sua tirania com mais sutileza.

Sendo assim, mesmo quando ele se reunia informalmente com o grupo dirigente, os participantes sempre tinham a sensação de que algo importante acontecia. Por esta razão, ao serem convidados à dacha do líder, ninguém da elite desejava "perder um simples jantar, mesmo que adoentado. Era lá que tudo de importância vinha à baila, era debatido e, por vezes, conclusivamente decidido".[26]

Ao capricho do ditador, ele convidava seus principais auxiliares dessa forma para discutir até assuntos políticos cruciais, sem agenda, minutas ou secretárias. Os encontros ocorriam ao anoitecer ou já com a noite bem avançada. Ele podia convidá-los para assistir a filmes americanos capturados na Alemanha ou em outros lugares durante a guerra. As películas não tinham legendas, e Stalin adorava fazer pouco delas por serem muito primitivas. Em determinada noite, ele escalou o ministro do cinema da URSS, Ivan Bolshakov, para fazer a tradução simultânea. O pobre homem não ousou dizer que não sabia inglês, de modo que improvisou imaginando o que os atores falavam. Os asseclas de Stalin, que sabiam da verdade, mal conseguiram conter o riso.[27]

RESTAURAÇÃO DA DITADURA STALINISTA EM UMA NAÇÃO DESPEDAÇADA   151

O hábito dos jantares que varavam a noite começou no final dos anos 1930 e os rituais se deterioraram na última parte da guerra, quando Stalin se recuperou do choque da invasão nazista e começou a sentir a vitória. Em vez de se deleitar serenamente sob os holofotes, o ditador passou a implicar e insistir em brindes intermináveis até que os convidados ficassem totalmente embriagados. Terminada a bebedeira geral, eles iam embora de madrugada e ainda tinham que enfrentar o trabalho em seus gabinetes. As horas bizarras, a tensão e a bebida em excesso tiveram desastrosos efeitos sobre sua saúde, mas isso não fez com que o líder parasse de praticar jogos infantis como "penalizar" alguém com uma dose extra de vodca por ter entornado a última muito lentamente. As refeições por vezes acabavam em guerras de comida. Porém, independentemente de quão barulhentas, tolas e divertidas fossem aquelas ocasiões, ele podia atacar qualquer das pessoas num piscar de olhos. O que tornava aquele homem tão aterrador, como um famoso escritor observou, era que "participar de brincadeiras com ele era como se atrapalhar com um detonador. Isso só podia ser feito uma vez na vida; não havia possibilidade de correção".[28]

Com convidados estrangeiros, Stalin era mais contido, apesar de sempre político. Milovan Djilas, por exemplo, numa visita com delegação iugoslava pouco antes dos desembarques dos Aliados na Normandia, disse que por trás de todas aquelas trapalhadas com alimentos e bebidas, Stalin sempre tentava intimidá-los e fazer com que rompessem com o Ocidente.[29]

É também verdade que, depois do conflito armado, o velho tornou-se desesperado por companhia. Quando Khruschoev chegava a trabalho da Ucrânia, Stalin o convidava à sua casa e o mantinha em Moscou até que ele implorasse permissão para ir embora. E só o que conseguia era: "Por que a pressa? Fique mais um pouco. Dê a seus camaradas a oportunidade de trabalharem sem você." Sua filha, Svetlana, não estava mais por perto, pois se casara (contra a vontade dele) em 1944, e de novo em 1949, deixando-o por conta própria. Stalin não tinha amigas mulheres para ajudarem-no a moderar sua aspereza. Conseguir camaradagem com pessoas de educação mais esmerada para sociabilizá-lo, pode-se especular, seria tentar em parte preencher uma lacuna em sua vida, de outra forma, desprovida de contato humano.[30]

UMA SOCIEDADE SERIAMENTE FERIDA

As grandes celebrações da vitória em 1945 não puderam esconder a dura realidade: a União Soviética fora sangrada até a palidez pela guerra, tão terrivelmente atingida que a recuperação levaria bem mais tempo do que as pessoas poderiam esperar ou os líderes em Moscou temer. Stalin minimizou o preço pago em vidas por não querer revelar o quanto a guerra havia enfraquecido a nação.

Em março de 1946, em uma entrevista para o *Pravda*, ele mencionou de passagem que a URSS sofrera 7 milhões de baixas, as quais, observou com seriedade, foram maiores que as perdas combinadas dos Estados Unidos e da Grã-Bretanha.[31]

Os sucessores de Stalin falavam de 20 milhões de vidas perdidas até o presidente Mikhail Gorbachev ordenar novas investigações no final dos anos 1980. Estudos procedidos pelo estado-maior soviético revelaram então que cerca de 26,6 milhões tinham morrido no conflito armado; 8.668.400 deles foram homens e mulheres em uniformes. Só as perdas militares são assustadoras e, como dois estudiosos britânicos afirmaram, caso calculadas ao longo de quatro anos, "as baixas diárias do Exército Vermelho foram, em média, o dobro das perdas dos Aliados no Dia D".[32] As estatísticas oficiais soviéticas devem ser interpretadas como mínimas. Por exemplo, as perdas incluem 1,8 milhão de prisioneiros do Exército Vermelho que morreram no cativeiro. As estatísticas alemãs, entretanto, mostram que houve pelo menos 3,3 milhões de tais mortes. Alguns respeitáveis historiadores russos elevam as mortes militares para aproximadamente 10 milhões.[33] As "baixas médicas" subiram para 18.344.148, embora algumas fossem "contabilizadas duas ou mais vezes" porque os militares foram feridos mais de uma vez.[34]

Se levarmos em conta o cálculo "oficial" de que, mais ou menos, 26,6 milhões de pessoas morreram por causas diversas na União Soviética e subtrairmos as cerca de 8,6 milhões de baixas militares, o resultado significa que 18 milhões ou mais de civis pereceram prematuramente. Esses números são complicados porque um cômputo preciso não foi realizado na ocasião, e tiveram que ser estimados. É verdade que alguns milhões morreram em função do terrorismo de tempo de guerra de Stalin e da limpeza étnica, mas tais causas tinham também relação com a guerra e não deixaram de contribuir para a perda de vidas.[35] Ainda mais pessoas morreram, por certo, porque o governo não formulou quase plano algum para as necessidades civis na eventualidade de guerra, e elas tiveram que enfrentar carências crônicas e fome.[36]

Stalin procurou compensar o déficit populacional recusando-se a repatriar prisioneiros de guerra do Eixo, os últimos dos quais só deixaram a União Soviética em 1956. É evidente que essa mão de obra não poderia chegar nem perto das perdas.[37]

A taxa de natalidade vinha decrescendo desde os anos 1920, como continua nos dias de hoje. Também havia um desequilíbrio de gêneros, acentuado pelo conflito armado, que deixou mais 20 milhões de mulheres que homens.[38] Nos primeiros anos do pós-guerra, essa defasagem afetou principalmente as áreas rurais, onde, em determinados lugares, só um punhado de homens retornou ao vilarejo.[39]

Os danos provocados nas propriedades foram colossais. Em novembro de 1945, Molotov anunciou alguns resultados de uma comissão especial de investigação. Afirmou que áreas metropolitanas e centros culturais, como Stalingrado, Kiev, Minsk, Smolensk, Carcóvia e muitas outras cidades importantes, estavam reduzidos a escombros. "Os hitleristas", como ele e Stalin os chamavam, incendiaram e destruíram 1.700 cidades e 70 mil vilarejos. Demoliram 6 milhões de prédios e deixaram 25 milhões de pessoas sem teto. Um total de 31.580 empreendimentos industriais foram destruídos, cortando 60% da produção do país em metais e minérios. No campo, qualquer coisa que pudesse ser movida tinha sido roubada e o restante, aniquilado. Ao se retirar, a Wehrmacht inutilizou sistematicamente 60 mil quilômetros de linhas férreas, devastando também estações e pontes. Molotov divulgou os arrasadores estragos em milhares de escolas, bibliotecas, hospitais, institutos técnicos e universidades.[40]

Pesquisas mais recentes sugerem que, acima de tudo, Molotov subestimou os danos; de acordo com uma estimativa, o país perdeu um quarto de seus ativos físicos pré-guerra.[41] A atividade produtiva de gerações inteiras sumiu na poeira, em tal medida que, em 1945, a União Soviética parecia mais um dos países derrotados do que um dos vencedores.

Os anos que seguiram imediatamente às hostilidades militares foram os mais desesperadores de todo o século XX na Europa e os piores de todos na União Soviética, onde a pobreza e as necessidades foram avassaladoras. Mesmo no fim de 1946, jovens soldados que retornavam da devastada

Alemanha se chocavam com a comparação feita em seu país. Quando seus trens paravam nas estações ferroviárias, eles eram assaltados por súplicas: "Tio, nos dê um pedaço de pão!" As cenas foram tão pungentes em Dnepropetrovsk que os soldados não tiveram coragem nem de olhar.[42]

Alguns falavam sobre pessoas que conheciam que haviam sobrevivido comendo bolinhos de capim.[43] Dezenas de milhares de cartas foram enviadas às autoridades solicitando ajuda, como uma de uma cidade perto de Voronej: "Vivemos em condições aterradoras", dizia uma delas. "Não temos absolutamente nada, comemos apenas nozes do carvalho e nos faltam forças até para caminhar. Morreremos de fome este ano." De Stalingrado e cidadezinhas do entorno veio um rogo parecido: "Não há pão e não sabemos como sobreviver. Vendi tudo o que tinha para nos salvar. Nada mais há para vender."[44] Mesmo em lugares como Saratov, não ocupada pelos alemães e, por conseguinte, relativamente intacta, a escassez de alimentos era tão grave que, no início de 1946, as pessoas não conseguiam com seus cartões de racionamento itens básicos como pão e batata.[45]

O tempo conspirou e o resultado foram safras pobres, com forte seca na Ucrânia e Moldávia, enquanto na Sibéria chuvas tardias na estação fizeram o estrago. A safra de grãos de 1946 foi 15% menor que a de 1945, a qual já tinha sido 2,4 vezes menor que a de 1940. A colheita de batatas em 1946 foi 69% inferior à de 1940.[46]

A fome, contudo, resultou em parte de ações do regime comunista, que ainda exercia a política da miséria humana. Na Moldávia, por exemplo, o governo provocou a fome pelas técnicas da requisição de grãos de que foram alvo os camponeses supostamente ricos, na eterna luta contra os "kulaks". Exatamente naquela região, pelo menos 115 mil camponeses morreram naquele período "de inanição e doenças correlatas".[47]

Quando Stalin tomou conhecimento das deficiências nas entregas das principais áreas agrícolas, ficou colérico e, em outubro de 1946, tal e qual no início dos anos 1930, enviou seus escudeiros às províncias para garantir que elas abririam mão de suas cotas.[48] Nikita Khruschoev reportou a horrível situação na Ucrânia, inclusive casos de pessoas famintas que, em seus delírios, tinham recorrido ao canibalismo. A resposta de Stalin foi previsível: "Isto é coisa de gente sem determinação. Eles estão enganando você. Relatam essas coisas de propósito para que você se apiede e libere para eles suas reservas."[49]

RESTAURAÇÃO DA DITADURA STALINISTA EM UMA NAÇÃO DESPEDAÇADA 155

A fome de 1946-47 afetou adversamente 100 milhões de pessoas, principalmente no interior, mas também nas áreas urbanas.[50] Em 16 de setembro de 1946, para abreviar a demanda por alimentos, o regime elevou os preços nos armazéns estatais e, em onze dias, retirou o privilégio no racionamento de pão de 27,5 milhões de pessoas que viviam nas áreas rurais, porém não nas fazendas.[51] Naquele dia também foi cortada a permissão para que camponeses e outros plantassem alimentos em minúsculos tratos de terra que tinham sido conseguidos ao longo dos anos das fazendas coletivas, então seus diminutos sonhos de mínima liberdade econômica foram estraçalhados. A fome e o desespero se espalharam pelo campo, que, de maneira geral, não sofrera demais com a escassez. Escrever para líderes soviéticos e até mesmo para Stalin era uma saída comum para reclamações. Prudência, no entanto, era necessária para não se empregar palavras proibidas que sugerissem a existência de fome, porque tal "blasfêmia" podia mandar gente para o gulag.[52]

Enquanto existia fartura de resmungos e insatisfações, a vontade para ação coletiva era muito fraca e o controle da polícia muito forte para o desenvolvimento de levantes. Em resposta à crise, Stalin convocou uma rara reunião do Comitê Central para fevereiro de 1947. Todavia, em vez de oferecer alívio e afrouxar os controles, os membros reprimiram as demandas e exigiram obediência ao "primeiro mandamento dos camponeses", ou seja, entregar suas cotas ao Estado e se arranjar com o que sobrasse.[53]

Para muitos, a comida foi escassa. No entanto, os dados não são acurados sobre o número de "mortes excedentes" em relação à taxa normal de mortalidade. Ainda assim, a maioria dos historiadores aceita que entre 1 e 2 milhões de pessoas perderam a vida por fome e enfermidades.[54]

A situação piorou ainda mais nos anos de 1946 a 1948 quando a URSS exportou 5,7 milhões de toneladas de grãos para os novos satélites Bulgária, Romênia, Polônia, Tchecoslováquia e Iugoslávia, e mesmo para a França e outros países. Tais medidas foram ditadas pelo desejo de Stalin de impulsionar novos regimes comunistas ou conquistar favores. O governo também aumentou seus estoques de grãos, como garantia para qualquer situação internacional que pudesse fugir ao controle.[55]

A reação popular às carências foi um aumento instintivo no furto de alimentos. No outono de 1946, 53.369 pessoas foram acusadas de roubar pão e cerca de 75% delas perderam a liberdade.[56] Um sinal da continuidade no viés punitivo do stalinismo foi que, em janeiro de 1947, o regime começou a reformular a lei contra roubos e furtos. Na ocasião em que a minuta da nova lei atravessava os meandros da burocracia, Stalin tomou conhecimento e sugeriu punições mais rigorosas para todos os tipos de roubo. Enquanto nos anos 1920 e 1930 as penas para réus primários que roubassem "propriedade estatal" eram três meses na cadeia, a nova lei propunha uma extensão da punição.

O poderoso ditador ficou irado quando a minuta de lei lhe foi apresentada em maio de 1947 e, de próprio punho, escreveu dois novos decretos, um para o roubo de propriedade pessoal e outro para estatal. Desejava, naquela oportunidade, a sentença mínima de três anos de prisão para a primeira — com reincidentes pegando de seis a dez anos. Para os julgados culpados de roubo de propriedade estatal, o ditador demandava uma sentença mínima de cinco anos ou mais se o roubo fizesse parte de crime organizado. Quando a minuta final lhe foi finalmente submetida para aprovação, ele, com uma simples penada, aumentou de novo as penas mínimas, acrescentando um ano ou dois em ambos os casos.[57]

A lei para pequenos furtos afetava os mais pobres, como duas mulheres cujo caso foi apreciado pelo tribunal distrital de Tomarov, em 16 de julho. A sentença das duas foi de seis anos de trabalhos forçados em um campo correcional (gulag) por furtarem 4 quilos de batatas numa área agrícola. A sentença foi menor que o mínimo de sete anos, ainda que ilustrasse a brutalidade sistemática contra o campesinato nos anos do pós-guerra.[58] No restante de 1947, cerca de meio milhão de pessoas foram enviadas aos tribunais para julgamento sob a draconiana nova lei, de modo que os tribunais funcionavam como esteiras rolantes diretas para o gulag. Em 1º de janeiro de 1951, exatamente 637.055 pessoas tinham sido punidas por esse crime.[59] Três magistrados importantes concluíram que a lei era demasiadamente severa e apelaram a Stalin para que diminuísse as sentenças mínimas. O ditador não recuou.[60]

O sistema judiciário conseguiu contornar os efeitos da ira do tirano de várias maneiras. Uma delas foi a procuradoria encontrar acusações menos graves do que as impostas pelo decreto, seja excetuando os menores seja através de atenuantes. Começando em 1948, o resultado final foi um declínio contínuo no número de casos envolvendo roubos e furtos de propriedade pessoal e estatal.[61]

O racionamento por fim acabou nos últimos meses de 1947 e a moeda foi revalorizada. Em alguns lugares, pairou no ar um sentimento festivo e, no grande dia do câmbio, os artigos apareceram nas lojas — ainda que por um momento fugaz.[62] Depois disso, os alimentos e as provisões foram melhorando gradualmente, embora, mesmo com os anos 1950 bem avançados, os bens de consumo continuassem bastante escassos. Por exemplo, cada membro de uma "família média de trabalhador" podia, uma vez ao ano, conseguir um par de sapatos de couro ou um par de botas de inverno, mas não os dois. Podia esperar também possuir três barras de sabão e, nas instalações públicas de banho em Moscou, tomar um "banho de verdade" (*pomyvki*) um pouco mais do que uma vez ao mês. Em outros locais, os banhos públicos eram menos frequentes.[63]

O stalinismo no dia a dia era, em grande parte, o que fora nos anos 1930 e considerado, para a maior parte das pessoas, sistema comparável a uma prisão/serviço militar, a um rigoroso colégio interno e à agência de assistência/cozinha de sopa beneficente.[64] A propaganda do pós-guerra foi pobre substituto para um melhor estilo de vida.[65]

No interior do país, a habitação também era miserável. A reconstrução urbana no pós-guerra se atrasou apesar do modesto crescimento populacional. Novas e apressadas construções com frequência não atingiam padrões mínimos e padeciam de inimagináveis defeitos. Por volta de 1950, a área mínima de ocupação por pessoa ainda era menor que a de uma década antes, quando já existiam deficiências. Menos da metade das casas de Moscou tinha água corrente e serviço de esgoto. Nos Urais e na Sibéria Ocidental, onde muitas indústrias foram localizadas nos anos 1930, a febril criação de fábricas não foi acompanhada por acomodações para os operários. As condições dos alojamentos nas cidades-dormitórios se assemelhavam àquelas de meados do século XIX. Numa cidade como Cheliabinsk, as pessoas dormiam em cozinhas e banheiros das casas, nas instalações de lazer e sanitárias das fábricas, nas escolas, vagões ferroviários e garagens.

Incontáveis milhares tinham apenas abrigos ou cabanas de barro (*zemlyanki*). Desde os anos 1930, tais "assentamentos" eram o que se podia esperar em áreas em desenvolvimento; os soviéticos davam atenção secundária à moradia para operários. Uma pesquisa de 1956 sobre cidades, vilarejos e regiões outrora ocupadas por invasores alemães constatou que

158   A MALDIÇÃO DE STALIN

milhares ainda viviam em buracos no chão e noutros lugares incompatíveis com a habitação humana.[66]

As primeiras ondas de soldados vindos da guerra foram aplaudidas e reintegradas na sociedade, pelos menos se voltavam inteiros. Muitos deles se tornaram comunistas fanáticos, mas alguns questionaram o sistema depois da relativa prosperidade que tinham testemunhado no exterior. Houve veteranos de guerra que criticaram, e alguns — temendo uma guerra contra os Estados Unidos ou a Inglaterra — ousaram dizer, "Foi um erro não destruirmos os 'aliados' após a queda de Berlim".[67] A maior parte retornou para a pobreza do interior. O Dia da Vitória foi decretado feriado, até que Stalin entendeu que havia pouco a ganhar focando no passado e, em 1947, decidiu abolir a celebração. Desencorajou seus generais a escreverem memórias, em parte porque preferia saturar o povo com discursos públicos com ataques aos novos inimigos na Guerra Fria.

Aos estimados 2,75 milhões de inválidos da União Soviética foram concedidas irrisórias pensões e muitos tiveram que recorrer à mendicância ou ao furto de cigarros nos mercados. Por volta de 1947, Stalin deu um basta e ordenou a retirada de todos os mendigos das ruas.[68]

O GULAG

Não existe melhor símbolo da restauração pós-guerra da ditadura de Stalin do que o *gulag*. No início de 1939, o total combinado de prisioneiros de guerra em campos e colônias de trabalhos forçados era de aproximadamente 1,6 milhão de pessoas. Esta quantidade subiu para 1,9 milhão em 1941 e caiu em 1944, quando ficou em 1,1. Os prisioneiros preferiam se apresentar como voluntários para o combate do que apodrecer por lá. Em 1945, o total em todos os campos aumentou de novo para 1,4 milhão e foi crescendo anualmente até que atingiu 2,5 milhões em 1950. O número foi o mesmo no ano seguinte e permaneceu assim até 1953, quando a contagem chegou a 2,4 milhões. Em 1948, os prisioneiros foram mais ou menos igualmente divididos em campos de trabalho (ITL) e colônias de trabalho (ITK), porém, em 1953, 70% estavam em campos. Eles foram distribuídos por 476 complexos separados contendo numerosos campos menores.[69]

RESTAURAÇÃO DA DITADURA STALINISTA EM UMA NAÇÃO DESPEDAÇADA 159

Os prisioneiros do sexo feminino no *gulag* eram sempre em menor número, mas seus destinos, comoventemente descritos por Alexander Soljenitsin, bem piores. Em 1943, a quantidade de mulheres nos campos e colônias foi de 17,3% do total. No ano seguinte, correspondeu a 24,9%. Em 1945, esse número alcançou 28,4%.[70] Essas proporções foram maiores que as normais porque muitos homens se voluntariaram para servir e foram aceitos nas forças armadas. Depois da guerra, as prisioneiras constituíram entre 22% do total (em 1948) e 17% em 1951 e 1952.[71]

Havia um sistema paralelo de campos especiais que normalmente passa despercebido nos estudos do *gulag*. Em 1945, tal sistema comportou mais de 2,2 milhões de pessoas e o número foi crescendo até o recenseamento de 1º de janeiro de 1953 quando foram contabilizadas 2.819.776. Incluídas nesta quantidade estavam 885.717 crianças até a idade de 16 anos. A história desses assentados (*spetsposelentsi*) foi investigada com um recorte para os anos 1930, mas ainda não o foi para o pós-guerra, quando eles existiam em ainda maior número. Embora, antes da guerra, a maioria fosse de "kulaks", nos anos 1940 e 1950 eram primordialmente grupos de nacionalidades perseguidas, como as do Cáucaso, do Báltico e da Crimeia. Em 1953, o grupo maior (1,2 milhão) era constituído por alemães.[72]

Tomados em conjunto, esses sistemas mantiveram uma população cativa de mais de 5 milhões. É fácil imaginar quantas vidas foram afetadas por tal terror, bastando considerar os parentes e amigos deixados para trás.

Soljenitsin, oficial do Exército Vermelho até fevereiro de 1945, quando foi preso e sentenciado, escreveu a história do *gulag* mais vividamente do que qualquer outro. A acusação a ele imputada foi de criticar o regime numa carta particular enquanto servia no front. Soljenitsin foi então denunciado e recebeu a pena de dez anos nos campos, onde a vida continuou tão infernal depois da guerra quanto antes dela.[73]

Tais instituições não ficavam todas no distante leste ou no remoto norte. Após o conflito armado, os prisioneiros trabalhavam em todos os lugares e era impossível não perceber sua presença. Assim, no início da década de 1940 e início da de 1950, existiam mais do que cinquenta *gulags* na região de Moscou (*oblast*). Escravos eram "alugados" para trabalhar em canteiros de obras e em fábricas. Porém, independentemente do que os gerentes pudessem fazer, eles não conseguiam tornar esse sistema economicamente autossuficiente.

O que foi tão ruim ou pior do que seu custo econômico foi aquilo que a historiadora russa Galina Ivanova sugeriu ao afirmar que toda a operação corrompeu a sociedade. As centenas de milhares de pessoas empregadas para trabalhar no *gulag* como guardas, administradores e gerentes se acostumaram a agir como senhores de escravos, e muitos criaram seus filhos em ambientes dominados por aqueles dos campos. Participar daquele mundo ou mesmo testemunhá-lo por algum tempo ajudou a enraizar atitudes antissociais — por exemplo, que era perfeitamente aceitável maltratar outras pessoas, exceder-se nas normas, ludibriar, trair e roubar. Desenvolveu-se todo um sistema incompatível com a decência comum. O sistema comunista, com suas inerentes e crônicas carências, moldou um "novo homem soviético" que, na realidade, estava muito distante do ideal que qualquer dos revolucionários teve em mente.[74]

Os campos foram gradualmente desativados após a morte de Stalin. Mesmo antes, todavia, o *gulag* chegava a um beco sem saída. Muitos prisioneiros tornaram-se ineptos por serem demasiadamente explorados. Os fisicamente capacitados eram utilizados com ineficiência, e muitas vezes os mais velhos ou mais fracos eram designados para os trabalhos pesados, enquanto os quase analfabetos e saudáveis podiam acabar em trabalhos com contato com o público. Para Stalin, o principal objetivo do sistema punitivo não era aprimorar a produtividade econômica, mas aterrorizar a população e sustentar o sistema político que desejava. Daí a razão de o *gulag* permanecer intocado até que ele faleceu.

De qualquer forma, por volta de 1947, a ditadura e todos os seus meios repressores estavam firmemente instalados e o país fechava-se cada vez mais para o mundo exterior. Este processo foi reforçado pelos conflitos com o Ocidente e pela aproximação da Guerra Fria, e com eles se emaranhou.

PARTE II

SOMBRAS DA GUERRA FRIA

8

Stalin e Truman: falsos começos

Em 13 de abril de 1945, Averrell Harriman garantiu a Stalin que o presidente Truman daria continuidade às políticas de Roosevelt. O embaixador adicionou que seria útil se o comissário Molotov pudesse fazer visita de cortesia a Washington no caminho para a conferência de criação das Nações Unidas, agendada para 25 de abril em São Francisco. O Kremlin vinha fincando pé quanto à participação da União Soviética, muito embora Roosevelt o tivesse instado a não deixar de fazê-lo. Quando Harriman levantou o assunto em 13 de abril, Molotov estava no gabinete e, embora demonstrasse irritação só com a menção de tal viagem aos Estados Unidos, Stalin o repreendeu na hora e ordenou sua ida.[1] O ditador soviético ainda esperava alcançar seus objetivos políticos com a cooperação dos americanos e ingleses, e mais do que queria testar sua sorte com o novo ocupante da Casa Branca.[2]

O PRIMEIRO ENCONTRO DO PRESIDENTE COM A URSS

Em Washington, Harry Truman viu-se subitamente arremessado no palco internacional. O país ainda estava em guerra na Europa e na Ásia, e ele enfrentava problemas muito pouco familiares. Veterano no Senado, bem conhecia o ramo legislativo do governo, mas não era suficientemente versado em política externa. Apesar de ter sido incluído na chapa do Partido Democrata para as eleições de 1944, o reticente Roosevelt não lhe disse que os Estados Unidos trabalhavam no projeto de uma bomba atômica, e muito menos lhe ensinou o caminho das pedras para a "grande aliança". Truman confidenciou no seu diário no dia que prestou juramento: "Sei que o presidente teve diversos encontros com Churchill e Stalin. Conheço pouco sobre isso, mas admito que o assunto merece muita reflexão, porém decidi que o melhor seria ir para casa, descansar o máximo possível e, depois, enfrentar as consequências."[3]

O novo presidente manteve toda a equipe da Casa Branca e o gabinete, de modo que, contrariamente à lenda da Guerra Fria, não houve repentina descontinuidade na política de Roosevelt. O que mudou foi a situação internacional quando, no período de um mês, a Alemanha foi derrotada. Deveriam então emergir questões sobre como fazer a paz na Europa, como reagir ao comportamento soviético na Europa Oriental e na Central, e como terminar a guerra contra o Japão.

Na ocasião, é óbvio, a Polônia era o "premente e perigoso problema" da agenda e, em 13 de abril, Truman escreveu ao primeiro-ministro Churchill, em resposta à mensagem de condolências, para dizer que gostaria de fazer alguma coisa sobre o assunto.[4] O presidente estava disposto a "endurecer" com o Kremlin e instruíra o secretário de Estado Stettinius a solicitar ao embaixador Harriman em Moscou que levantasse, mais uma vez, a questão polonesa antes que Molotov começasse sua viagem aos Estados Unidos.[5]

Stalin fazia grandes esforços para amainar as suspeitas do Ocidente quanto às intenções soviéticas. Orgulhava-se da maneira astuciosa com que havia instruído os comunistas estrangeiros assim que o Exército Vermelho libertara seus países: reuniu-se com eles em Moscou antes de voltarem para casa e ensinou um a um como formar uma frente nacional de governos, constituídos por coalizões de partidos. A realidade que os comunistas dominavam, entretanto, era demasiadamente óbvia para ser ignorada. As comissões dos Aliados ocidentais na Europa Oriental enviaram numerosos relatórios sobre a matéria para Washington e Londres.

Quando a Casa Branca foi informada sobre a iminente viagem de Molotov, Truman e seus assessores concluíram que o governo americano deveria ir além da troca das amenidades de praxe. Em seguida a essa

STALIN E TRUMAN: FALSOS COMEÇOS

resolução de 16 de abril, Truman e Churchill enviaram uma mensagem conjunta a Stalin, referente às discussões que estavam em curso em Moscou por uma comissão encarregada de trabalhar sobre a constituição de novo governo provisório para a Polônia. Solicitaram que representantes do governo polonês no exílio recebessem permissão para se juntar aos debates.[6] O pano de fundo para tal requisição era que a liderança anglo-americana e Stalin acusavam-se reciprocamente de não respeitarem os acordos de Ialta em relação a Polônia, Romênia ou Bulgária. Moscou procurava maximizar a influência dos partidos comunistas enquanto o Ocidente buscava proteger aquelas vulneráveis nações contra a intrusão e domínio soviéticos. A mensagem deixava subentendido, além disso, que violações adicionais tornariam difícil conseguir aprovação do Congresso para o empréstimo de 6 bilhões de dólares que a URSS tentava obter de Washington.[7]

O propósito do novo presidente era prudentemente fazer vingar os acordos já feitos. Seu grande temor era não estar à altura da missão e parecer fraco. Contudo, ele não tinha planos de longo prazo ou agendas secretas relativas à União Soviética, Europa ou Ásia e desejava o melhor entendimento possível com Moscou. Por vezes, soava terrivelmente ingênuo e propenso a perseguir a política externa em termos absolutistas. A necessidade prioritária do momento ainda era ganhar a guerra, e o presidente queria a União Soviética nela até o fim, em particular para a batalha derradeira contra o Japão.[8]

O embaixador Harriman estava apreensivo com o encontro que havia arranjado para o novo presidente com Molotov, por isso se apressou em viajar a Washington. Chegou em 20 de abril e foi diretamente à Casa Branca, onde não procurou disfarçar seus receios, dizendo que o Kremlin não se daria por satisfeito até que todos os países da Europa Oriental se transformassem em imagens do regime comunista soviético. Empregando linguajar nada diplomático, ofereceu ao presidente uma visão assustadora de alguma coisa parecida com uma nova "invasão bárbara da Europa" que já se processava.[9]

Em 23 de abril, o comissário Molotov foi à Casa Branca para dar início às conversações. Charles Bohlen, especialista em assuntos soviéticos por mérito próprio, serviu de intérprete, como o fizera para Roosevelt em Ialta. Bohlen e outros do Departamento de Estado estavam convencidos de que Roosevelt se esforçara demais para se dar bem com Stalin e não fora quase recompensado.

No segundo encontro, Molotov perguntou ao presidente Truman se tencionava respeitar os tratados acordados com Roosevelt, pelos quais a União Soviética receberia alguns territórios na Ásia em troca da entrada na guerra contra o Japão. O presidente respondeu que honraria essas promessas, mas ponderou se o Kremlin respeitaria os entendimentos para dar aos países do Leste Europeu a oportunidade de estabelecerem suas próprias democracias.

O empertigado Molotov, que normalmente se mostrava no controle de situações como aquela, equivocadamente objetou que os poloneses haviam trabalhado contra a União Soviética. Ao relembrar o evento anos mais tarde, ele disse que se aborrecera com o tom de Truman e respondera à altura. Na realidade, não fez isso.[10] Ao contrário, tentou desviar a conversa de volta à guerra com o Japão, quando então Truman, cuja voz vinha aumentando de nível consistentemente, interrompeu a conversa: "Isso é tudo, Sr. Molotov, eu ficaria muito grato se o senhor levasse minhas opiniões ao marechal Stalin." Bohlen recordou-se do prazer que teve ao traduzir a frase. "Aquelas palavras provavelmente foram as primeiras incisivas pronunciadas durante a guerra por um presidente americano para um alto funcionário soviético."[11]

O incidente, relativamente menor, não foi "causa" para a Guerra Fria, apesar de ser tomado por anos como "simbólico" de como os Estados Unidos, aparentemente, tinham se tornado um "valentão mundial" que não entendia a "obsessão soviética pela busca de segurança".[12]

O embaixador de Moscou em Washington, Andrei Gromiko, também estava presente naquele dia e embora a troca de palavras Truman-Molotov não tenha sido mencionada nos arquivos oficiais soviéticos, ele recordou-se mais tarde que o antes "amável" senador Truman vinha se tornando "rude" e "frio" desde que ascendera à Presidência.[13] Gromiko explicou a transformação ao dizer que o novo homem da Casa Branca já tinha a bomba atômica e se bravateava dela.[14] Contudo, não era o caso, pois Truman só recebeu os detalhes sobre a arma depois, e não antes, do encontro com Molotov. A equivocada observação de Gromiko é uma das que fomenta o mito sobre a precoce "diplomacia atômica". É verdade que no dia do juramento de Truman, e nas circunstâncias que prevaleciam, o secretário de Guerra Stimson afirmara que os Estados Unidos desenvolviam um aparato de "inimaginável poder de destruição", mas não disse nada além disso, e deixou o novo presidente "intrigado".[15]

STALIN E TRUMAN: FALSOS COMEÇOS

O memorando americano sobre as conversações Truman-Molotov chocou os diplomatas soviéticos em Washington quase como se fosse um ultimato. Moscou deveria ajudar a avançar o acordo com a Polônia e permitir a não comunistas um papel no governo de lá, ou então seria difícil a continuidade da cooperação dos Estados Unidos — isto é, garantir a ajuda de que a União Soviética tão desesperadamente necessitava.[16]

O encrespado Molotov deu ciência a Stalin, que enviou incisiva resposta à Casa Branca, chegada na noite de 25 de abril. O presidente lembrou-se da mensagem como extremamente "reveladora e inquietante". O líder soviético ratificava com veemência suas opiniões de longo tempo, asseverando que seu país "tinha direito de procurar para a Polônia um governo que seria amistoso com a URSS". Quanto às objeções de que tal regime poderia não ser representativo, o ditador destacou o que o Ocidente supostamente fazia na Bélgica e na Grécia. Ele, Stalin, não indagaria quão representativos aqueles governos eram.[17]

Também por acaso, em 25 de abril, o secretário Stimson e o general Leslie Groves, os dois homens responsáveis pelo Projeto Manhattan, foram à Casa Branca. Reportaram que "dentro de quatro meses" os Estados Unidos teriam "com a maior das probabilidades, completado a mais terrível das armas já conhecida na história humana".[18] Trouxeram com eles um relatório de 24 páginas. O presidente o leu e disse que a empreitada parecia imensa e técnica. Todos debateram as implicações internacionais da bomba, em particular para "a situação russa", o que presumivelmente significou seu emprego político relativo às iniciativas soviéticas na Europa Oriental. O general Groves, entretanto, alertou os presentes para "o perigo de se superestimar o poder de uma única bomba".[19]

Em 6 de maio, Churchill fez menção à conveniência de se ter uma conferência dos Três Grandes, e a primeira ideia de Truman foi promovê-la em território dos Estados Unidos, talvez no Alasca. Todavia, o especialista em assuntos soviéticos, "Chip" Bohlen, disse que talvez não fosse uma boa escolha. Afiançou ao presidente que parte do fracasso na consecução dos acordos de Ialta fora a "oposição" soviética que Stalin encontrara quando voltou para casa. Portanto, o ditador, supostamente, precisava estar mais perto de casa para ter melhor comunicação.[20] Fantasias como esta sobre a resistência a Stalin devem nos mostrar quão pouco o regime soviético era entendido à época no Ocidente, até mesmo por especialistas. Se Stalin dera mostras de estar bastante enfraquecido em 1941, o leme fora gradualmente de novo seguro e sua liderança restaurada pelas grandes vitórias.

Os três líderes Aliados optaram finalmente por Potsdam, nas cercanias de Berlim, mas quando seria o encontro? Uma questão importante, pois alguns historiadores revisionistas russos e americanos afirmam que Truman desejava adiar a conferência até que as experiências com a bomba atômica fossem bem-sucedidas, quando então ele ficaria de posse de mais trunfos políticos. Não obstante, a documentação disponível não dá suporte a essa hipótese.[21] Também é um exagero alegar que Truman já reconhecia a importância da bomba e iniciara uma política consistente com base nela. Para falar a verdade, ele reagira com hesitação às notícias sobre o trabalho no artefato. Somente em 1º de maio aceitou a sugestão de Stimson de convocar um comitê provisório para assessorá-lo sobre o assunto, se e quando a bomba fosse testada com sucesso. Mesmo então, o presidente nem nomeou de imediato seu próprio representante no comitê.[22]

Churchill, que foi igualmente informado sobre a pesquisa atômica, queria conversações mais cedo com Stalin — e não mais tarde —, preferencialmente em meados de junho. O líder do Kremlin já tinha fixado o Desfile da Vitória para 24 de junho e ficou satisfeito com a sugestão de Truman para o mês seguinte.

O fato é que nenhum dos Três Grandes percebeu que uma nova era nuclear chegava. Quanto ao establishment militar americano, o Estado-Maior Conjunto seguia seu curso sem levar em conta a bomba atômica. Em 25 de maio, e surpreendentemente sem informar ao presidente, os chefes militares expediram ordens aos comandos subordinados em campanha para que preparassem planos para a invasão do Japão. Em 28 de maio, o general Douglas MacArthur delineou a estratégia (Operação Downfall). Haveria o ataque em duas direções principais: a primeira de codinome Operação Olympic e a outra chamada Coronet. Tão desinformado se encontrava Truman que, em 27 de junho, ainda registrava em seu diário que se engalfinhava com "a mais difícil decisão até hoje", ou seja, a questão se "devemos invadir o Japão ou bombardeá-lo e bloqueá-lo". Esta última opção era a preferida e não contemplava bomba atômica. O primeiro teste bem-sucedido com a bomba atômica, chamado Trinity, ainda estava quase um mês distante.[23]

A inteligência sobre a pesquisa atômica ocidental havia chegado aos ouvidos do chefe do NKVD, Beria, em maio de 1945, mas ele reagira len-

STALIN E TRUMAN: FALSOS COMEÇOS

tamente. Quando os cientistas soviéticos escreveram ao Politburo (Stalin) solicitando a aceleração do trabalho sobre a bomba, receberam apenas uma resposta tranquilizadora.[24] É necessário cautela na interpretação do que se passava na cabeça do astuto Stalin, que sabia mais do que estava disposto a revelar. Seus espiões o haviam antes informado sobre o desenvolvimento da arma definitiva, a bomba atômica. Os ingleses vinham fazendo progressos nesse campo desde 1941, como fontes soviéticas logo reportaram. Por volta de março do ano seguinte, Beria recomendou a instalação de um comitê para avaliar as informações e envolver os cientistas soviéticos. No início de 1943, Molotov deu autorização de alto nível para o prosseguimento, porém os progressos foram modestos.[25]

Apesar de alguns cientistas ocidentais, como o físico dinamarquês Niels Bohr, que trabalhavam no projeto americano da bomba em Los Alamos, se preocuparem cada vez mais e desejarem partilhar os segredos da pesquisa com os soviéticos, Roosevelt e Churchill se opuseram decisivamente à iniciativa. Em setembro de 1944, os dois assinaram um acordo de continuada cooperação anglo-americana para desenvolver "ligas metálicas" (codinome da bomba atômica). Ambos quiseram que Bohr fosse o investigador "para torná-lo responsável por qualquer vazamento de informação, em particular para os russos".[26]

Mas o vazamento ocorreu o suficiente para que Stalin ficasse ressentido com seus aliados por não compartilharem segredos. Curiosa reação para alguém que, naquele exato momento, possuía um exército de espiões trabalhando no interior dos muros do poder em Washington e Londres. Na realidade, investigações internas posteriores nos EUA revelaram que, durante a guerra, mais de duzentos americanos espionaram para os soviéticos. Eles se infiltraram em todas as seções do governo Roosevelt, inclusive na Agência de Serviços Especiais (OSS), precursora da CIA. Tal informação somente veio à luz no fim da década de 1940 e nos primeiros anos da de 1950.[27]

Stalin tinha informantes até mesmo dentro do Projeto Manhattan — a tentativa em escala industrial de fabricar a bomba atômica —, entre os quais Klaus Fuchs, emigrado e ativista comunista da Alemanha. Na Grã-Bretanha, ele se envolveu com a pesquisa atômica e mudou-se para Nova York em 1943. Com a ajuda de outros cientistas, Fuchs possibilitou ao Kremlin, por volta de 1945, ter um "claro quadro geral" do projeto secreto.[28] Embora os líderes soviéticos estivessem muito longe de captar o potencial completo da pesquisa atômica, eles no fim produziram alguma coisa bem próxima de uma cópia da bomba dos EUA. Em função da escala e do objetivo da espionagem soviética, foi sem dúvida insincero da parte de Stalin expressar sentimentos magoados por seus aliados não confiarem nele, um homem famoso por não confiar em ninguém.[29]

Por causa de seu embate de palavras com Molotov, alguns revisionistas e historiadores russos têm rotulado Truman como antissoviético desde o início. É fato que, de volta a junho de 1941 (justamente após o ataque nazista contra a União Soviética), Truman foi mencionado por fazer a seguinte e impensada observação: "Se acharmos que a Alemanha está vencendo, devemos apoiar a Rússia, e se a Rússia estiver ganhando, devemos ajudar a Alemanha e, assim, deixemos que eles se matem, ao máximo possível, uns aos outros, se bem que eu não queira ver Hitler vitorioso em hipótese alguma."[30] Tal imprudente tirada era típica da arrogância isolacionista daquela época, e foi citada nos estudos soviéticos como indicativa da visão mundial e das políticas do presidente Truman.

No cômputo geral, em abril de 1945, Moscou via Truman como provavelmente menos inclinado a entender a posição soviética do que Roosevelt o fora. Foi isso que a embaixada soviética em Washington reportou.[31] Para deixar os soviéticos convencidos a respeito de sua boa vontade, o presidente recorreu ao aconselhamento não de um extremista, porém do mais conhecido moderado dos Estados Unidos — o ex-embaixador na União Soviética Joseph E. Davies. Em 30 de abril de 1945, Davies foi convidado à Casa Branca, onde ofereceu assessoramento. Truman contou-lhe o que tinha dito a Molotov e então, infantilmente, perguntou como tinha se saído, esperando receber tapinhas nas costas. O embaixador americano conteve-se para não expressar seu descontentamento, porém pacientemente explicou que era preciso adotar a antiga posição de Roosevelt de equilibrar as coisas entre Stalin e Churchill "com o propósito de manter a paz".[32]

Nas semanas que se seguiram, Truman inclinou-se claramente pela opinião de Davies, passando a desconsiderar as do Departamento de Estado e do embaixador Harriman. O presidente arrependeu-se da troca dura de palavras com Molotov e foi estimulado pelo conselho de Davies a ser mais afável com Stalin.

Evidentemente, Churchill teria preferido que Truman fosse mais rigoroso com os soviéticos. De sua perspectiva do cenário pós-guerra na Europa, o primeiro-ministro ficou desconcertado ao saber dos planos americanos de deslocar tropas para a guerra contra o Japão. Em 12 de maio, escreveu a Truman uma presciente carta sobre o futuro — a qual soou como o vindouro discurso de Churchill sobre a cortina de ferro:

> Qual será a posição em um ano ou dois, quando os exércitos americano e britânico se dissolverem e os franceses ainda não estiverem preparados em qualquer escala de expressão, quando tivermos apenas um punhado de divisões, em sua maioria francesas, e quando a Rússia optar por manter umas duas ou três centenas delas no serviço ativo?
>
> Uma cortina de ferro desceu à frente deles. Não sabemos o que se passa por trás. Parece certo que todas as regiões a leste [da] linha Lübeck-Trieste-Corfu logo estarão nas mãos dela. A isto se acrescente a enorme e adicional área conquistada pelos americanos entre Eisenach e o Elba, a qual, suponho, quando as tropas dos EUA se retirarem, em breve será ocupada pelo poder russo. Todos os tipos de acordos terão que ser feitos pelo general Eisenhower para evitar imensa fuga de populações alemãs na direção do oeste, enquanto esse enorme avanço moscovita no centro da Europa tem lugar. E então a cortina descerá novamente em grande medida, se não totalmente.[33]

Truman tendia a concordar. No entanto, a exemplo de Roosevelt, instintivamente procurou não passar a impressão para Moscou de que se alinhava demais com Churchill. Os dois presidentes gostavam do primeiro-ministro britânico, mas não queriam parecer "conspirando" contra Stalin, e presumiram (muito equivocadamente) que seria mais fácil se entenderem sozinhos com ele. Ambos os presidentes tiveram sorte porque Churchill persistiu e lhes deu expertise e suporte muito necessários.

Joseph Davies havia aconselhado Truman a ser mais tolerante com Moscou, todavia, nem duas semanas mais tarde a Casa Branca interrompeu sem qualquer cerimônia as entregas para a Europa do programa Lend-Lease em 12 de maio. Tal ajuda havia sido garantida para a Grã-Bretanha desde março de 1941 e, para a União Soviética, desde outubro do mesmo ano. Segundo a lei do Lend-Lease, o programa teria vigência até o fim da guerra. Com a aproximação de tal fato, autoridades americanas debateram o que poderia acontecer. O secretário Stettinius e o embaixador Harriman eram a favor de uma redução gradual da assistência para pressionar os soviéticos a concederem mais direitos democráticos às populações de países como Polônia, Romênia e Bulgária. Ao mesmo tempo, ambos alertavam contra "mudanças abruptas" que pudessem "enraivecer os russos".

Outros no governo (como o secretário interino de Estado Joseph C. Grew) opinavam que o auxílio deveria ser cortado de imediato, no dia em que a Alemanha fosse derrotada. Apesar de o presidente ter negado mais tarde, na ocasião ele concordou com aquilo que acabou sendo uma decisão extremamente impensada.[34] Não apenas foi logo interrompido o Lend-Lease, como também os navios com suprimentos essenciais, inclusive alimentos, mesmo os que já se aproximavam da costa da URSS, receberam ordem de retornar. O clamor provocado em Moscou deixou o governo dos EUA tentando explicar que tudo não passara de um grande "mal-entendido".[35]

Deve ser realçado que o Lend-Lease não foi descontinuado apenas na União Soviética; para horror da Casa Branca, os despachos vitalmente necessários de alimentos também pararam para Grã-Bretanha, França e Europa Ocidental.[36] A reação foi instantânea e Truman apressou-se em dar a contraordem, de modo que a ajuda foi retomada e prosseguiu durante semanas após o fim da guerra contra o Japão.

O combalido presidente ficou deliciado ao receber outra visita de Davies, em 13 de maio, de novo para conversas. Generosamente, o embaixador ofereceu-se para passar um cabograma a Stalin, a fim de contornar os problemas. Truman ficou bem impressionado e ponderou se seria possível mandar o ex-embaixador em visita a Moscou como seu enviado especial. Davies estivera hospitalizado havia pouco tempo e se viu obrigado a declinar da oferta por razões de saúde. Porém, não deixou de insistir que o caminho do progresso das relações com a União Soviética passava pelo retorno da conciliação e da cooperação, ou pelo que seria melhor chamado de apaziguamento.[37]

O embaixador não estava de todo fora de sintonia com o estado de espírito da América, onde espontaneamente cresciam os bons sentimentos em relação à União Soviética, em particular nos círculos de esquerda. Quando o embaixador Harriman, na viagem que fizera aos EUA, falou em off sobre os problemas que Moscou vinha causando na Europa, enfrentou

STALIN E TRUMAN: FALSOS COMEÇOS

hostilidade ostensiva de membros da imprensa. Ele lembrou-se de que "a fé que a imprensa depositava no futuro era grande e não podia acreditar na época que os russos, em função dos sofrimentos profundos experimentados na guerra, não quisessem viver amistosamente com seus vizinhos e conosco também".[38]

Foi nesse contexto que Truman se socorreu de Harry Hopkins, homem conhecido por se dar bem com Stalin, para solicitar-lhe que agisse como enviado a Moscou. Davies, a pedido do presidente, entrou então em contato com o Kremlin para indagar como seria encarada tal visita. Recebeu entusiasmada resposta e, ao mesmo tempo, a notícia de que o ex-embaixador havia sido agraciado com a prestigiosa Ordem de Lenin por seus irrestritos esforços para o fomento das relações soviético-americanas.[39]

Truman não conduzia de modo algum uma campanha antissoviética; tampouco estava disposto a seguir cegamente Churchill, o qual era, na época, favorável a uma atitude mais dura em relação a Stalin. Na verdade, o presidente tateava com cautela em seus primeiros dias na Casa Branca e ouvia homens como Davies, que julgava o combativo líder britânico capaz de incomodar Stalin de maneira errada e tornar a paz mais difícil de atingir. Quando o presidente pediu a Davies que fosse a Londres como seu representante, não percebeu que o envio de alguém sabidamente simpático a Moscou dispararia alarmes por lá. Churchill ficou furioso quando Davies pediu-lhe que entendesse o desejo do presidente de conversar a sós com Stalin antes da próxima conferência dos Três Grandes.[40]

A reação do secretário britânico de Relações Exteriores, Anthony Eden, à visita de Davies a Londres foi de que o homem era "um apaziguador nato e, de muito bom grado, daria toda a Europa à Rússia", exceto a Grã--Bretanha, de modo a evitar que os Estados Unidos entrassem no imbróglio. Eden registrou em seu diário que Davies demonstrou "todos os erros e ilusões" do próprio primeiro-ministro britânico de antes da guerra, Neville Chamberlain, só que Davies trabalhava em prol de Stalin, e não de Hitler.[41]

Com homens como Davies e Hopkins a assessorá-lo, Truman voltou à abordagem de Roosevelt com respeito à União Soviética. Ele só mudaria quando e se as provocações de Stalin se tornassem impossíveis de tolerar, como, de fato, logo aconteceria com uma combinação de eventos na Polônia e, ainda mais, no Irã e na Turquia.

A LINHA DURA DE STALIN NA POLÔNIA
(PRIMAVERA-VERÃO DE 1945)

Após o início de 1945, o líder soviético tornou-se um pouco mais arrojado nas providências que tomou para organizar o mapa político pós-guerra da Europa Oriental. Em fevereiro, determinou ao NKVD "eliminar a situação irregular" na Polônia pelo rastreamento dos líderes dos partidos de oposição.[42] Eles foram atraídos pelo Exército Vermelho com a justificativa de que era "absolutamente necessário e de crucial importância" que conversassem com as autoridades soviéticas. O comandante do exército da região próxima a Varsóvia garantiu pessoalmente a segurança dos políticos e prometeu levá-los de avião de volta a Londres para consultas com o governo polonês no exílio.

Era mentira. Em 26 e 27 de março, as dezesseis figuras de destaque da clandestinidade foram presas. O grupo incluía o general Leopold Okulicki (comandante em chefe do Armia Krajowa) e o vice-primeiro-ministro (do governo polonês no exílio), dr. Jan Stanisław Jankowski.[43] Os dois estavam entre os chefes do Levante de Varsóvia, de 1944, que resistira à ocupação soviética em alguns locais depois da retirada dos nazistas. Stalin desejava eliminar esses influentes defensores de uma Polônia democrática.[44]

Os Aliados e o governo polonês no exílio perguntaram a Moscou o que havia acontecido com os poloneses desaparecidos, mas o vice-comissário de Relações Exteriores ridicularizou os rumores como engodo. Então, em 21 de abril, a União Soviética deu prosseguimento aos seus planos e assinou um pacto de amizade com o governo provisório da Polônia, dominado pelos comunistas, pacto este que unia os dois países por vinte anos. Tal *fait accompli* foi apresentado ao mundo às vésperas da conferência em São Francisco da criação das Nações Unidas.

No grande evento da ONU, em 3 de maio, em São Francisco, indagado de novo pelos Aliados, o comissário Molotov informou casualmente ao secretário de Estado Stettinius e ao secretário britânico Eden que os líderes poloneses tinham sido, de fato, presos e que seriam julgados em Moscou. A chocante admissão demonstrou o que significava uma reconciliação promovida pelos soviéticos.

Dentro do Departamento de Estado a consternação foi grande, ainda mais porque os especialistas tinham certeza de que o governo soviético violava os acordos de Ialta com relação a Áustria, Bulgária, Hungria, Romênia, Iugoslávia e Tchecoslováquia. O que aconteceria na Alemanha ainda estava em suspenso, mas os prognósticos não eram bons.[45]

Em Moscou, o próprio Stalin supervisionou as medidas contra os líderes poloneses capturados. Ele era informado sobre os interrogatórios e trabalhava nos indiciamentos, exatamente como o fizera nos grandes julgamentos públicos nos anos 1930. Queria que os acusados passassem por semelhante evento encenado na Casa dos Sindicatos de Moscou. Os réus foram indiciados por envolvimento em atividades clandestinas nas regiões ocidentais da Ucrânia e da Bielorrússia, bem como na Polônia e na Lituânia. Teriam também organizado um "exército ilegal" e, seguindo ordens do governo emigrado em Londres, executaram atos subversivos e "terroristas" contra as forças soviéticas de ocupação.[46]

No exato momento em que os líderes poloneses eram interrogados, mais abaixo, na mesma rua, o enviado presidencial Harry Hopkins confidenciava para Stalin suas inquietações a respeito do desgaste nas relações soviético-americanas. O que ocorria na Polônia com os partidos políticos não comunistas, disse ele, era indício de como outras nações na área soviética de ocupação estavam sendo tratadas. "A opinião pública americana" reagia negativamente, e o presidente julgava necessárias algumas mudanças "a fim de que se achasse uma base comum para avançar".[47]

Ao invés de responder, Stalin tinha perguntas próprias, "algumas perturbadoras", sobre os Estados Unidos. Sublinhou que atitudes americanas com respeito ao seu país "tinham esfriado perceptivelmente desde que se tornara óbvio que a Alemanha estava derrotada", e quase parecia "que os Estados Unidos diziam que os russos não eram mais necessários". Difícil de engolir era o fim do Lend-Lease sem aviso prévio. Tampouco ele apreciava a intromissão dos EUA nas questões polonesas ou na entrada da França na comissão pós-guerra que determinaria as reparações de guerra e as alocaria. Isso "dava a impressão de tentativa de humilhar os russos", afirmou Stalin, e acusou Hopkins de usar a opinião pública americana para desviar o foco da fonte autêntica das objeções, isto é, o governo Truman.[48]

Ao longo dos dias seguintes, o exausto e adoentado Hopkins tentou ajeitar as coisas e remover alguns obstáculos, sobretudo a questão polonesa. Stalin não cedia nem um pouco e, no estilo de sempre, asseverava que se existiam violações ao direito de expressão na Polônia era por "questões de segurança". Se nem todos os partidos podiam concorrer nas eleições naquele país, por certo, disse Stalin, este também era o caso nos Estados Unidos e na Grã-Bretanha, onde os fascistas não podiam concorrer. Se a União Soviética agia por conta própria, e não em harmonia com os Aliados, era porque fora compelida pelas circunstâncias.

Stalin era o negociador-mestre, incansável, sagaz e com profundo conhecimento, que usava quando necessário. Nas oportunidades em que se reunia com pessoas do escalão inferior, como Hopkins, dominava-as por saber completamente o assunto, até pormenores. Quem lê tal troca de palavras percebe imediatamente que foi o auge da tolice dos presidentes Roosevelt e Truman sonharem em negociar sozinhos com Stalin.

Hopkins enfrentou as técnicas de Stalin numa sessão noturna de 30 de maio. Finalmente, o exaurido enviado confessou que "certa ou erradamente, havia um poderoso sentimento entre o povo americano de que a União Soviética queria dominar a Polônia". O presidente Truman, disse mais, estava disposto a aceitar que os "polacos de Lublin" (ou seja, os comunistas) tivessem a maioria em qualquer novo governo provisório polonês, porém desejava que pessoas adicionais estivessem presentes nos debates. Espantosamente, Hopkins admitiu que os Estados Unidos "não tinham interesse em ver qualquer pessoa ligada ao atual governo polonês em Londres envolvida no novo governo provisório da Polônia". Em termos pessoais, o enviado "acreditava que os ingleses também não concordavam com tal participação". Esta declaração não apenas significava o fim dos "polacos londrinos"; ela selava a sorte política de milhões que eles representavam. Em retrospecto, tal capitulação para a União Soviética mostra a debilidade da posição americana de então.[49]

Não surpreendeu que Stalin anuísse de imediato em ter uns poucos poloneses não comunistas na Comissão Tripartite que, desde fevereiro, vinha se reunindo em Moscou para moldar o novo governo polonês e tentando ampliar sua base democrática. Hopkins, animado, reportou para Washington que ao aceitar essas (insignificantes) alterações, Stalin entrara novamente na linha dos acordos de Ialta.[50]

Truman ficou positivamente jubiloso, ou pelo menos aliviado, por ter tido alguma coisa de posicionamento para mostrar aos soviéticos, e os conclamou a honrarem os acordos. Confidenciou no seu diário de 7

STALIN E TRUMAN: FALSOS COMEÇOS

de junho, após o retorno de Hopkins, que os russos tinham "sido nossos amigos e não vejo razão para que não sejam sempre".[51]

Stalin ganhou apoio americano ao permitir que três representantes dos "polacos londrinos" participassem das discussões, inclusive o líder do governo polonês no exílio, Stanisław Mikołajczyk, que viajou para Moscou. Lá, em 17 de junho, o primeiro dia em que os representantes poloneses falaram uns com os outros, Mikołajczyk logo granjeou antipatia ao clamar que o líder comunista Bolesław Bierut jamais seria aceito como presidente pelas forças democráticas em seu país. O que ele disse não fez a mínima diferença. Um desapontado Mikołajczyk e os outros membros do novo governo viajaram para Varsóvia em 27 de junho — muito apropriadamente, ele escreveu mais tarde —, em aviões russos de transporte. O Governo Provisório da Unidade Nacional foi empossado no dia seguinte e apesar de, formalmente, ser uma coalizão, era na verdade controlado pelos comunistas.[52]

Em 5 de julho, os Estados Unidos reconheceram oficialmente a nova Polônia e, por solicitação de Truman, os ingleses logo o fizeram a seguir. Não obstante, Stalin deixou o julgamento-show dos dezesseis líderes da oposição polonesa seguir seu curso naquele mês. Hopkins tentara dissuadi--lo da ideia, mas só conseguiu um frágil aceno de Stalin de que os acusados seriam tratados "com leniência". Mikołajczyk pleiteou novamente a soltura deles antes de deixar Varsóvia, porém Molotov replicou que somente se qualquer "juiz objetivo" considerasse "justo" todo o processo. Os juízes que julgaram o caso do general Okulicki o condenaram a dez anos de prisão e Jankowski, a oito; nenhum dos dois sobreviveu aos dias na penitenciária. Os outros receberam penas mais leves.[53]

Todo o episódio foi outra vitória para os comunistas. Stalin se encontrava de novo distribuindo espólios aos vitoriosos, prometendo ao marechal Rokossovski que ele logo seria ministro da Defesa da Polônia. O marechal era aquele mesmo chefe do Exército Vermelho que em 1944 — no que concerne aos poloneses não comunistas — parara, ocioso, na margem oposta do rio Vístula enquanto os nazistas esmagavam o Levante de Varsóvia. No fim, em 1949, Rokossovski não apenas tinha recebido a pasta como também foi feito vice-primeiro-ministro da Polônia.[54]

TURQUIA E IRÃ

No fim do conflito armado, graças às vitórias do Exército Vermelho, Stalin pôs-se a retraçar o mapa mundial.[55] Sua hipótese capital era que as rivalidades entre os imperialistas, especialmente Grã-Bretanha e Estados Unidos, teriam prosseguimento e degenerariam em disputas sobre os legados coloniais. No meio-tempo, a União Soviética iria, "através de uma mescla de diplomacia e força, tornar-se potência socialista de expressão mundial".[56]

Embora o que a URSS pudesse causar na Europa fosse então preocupação importante no Ocidente, as energias soviéticas também respingaram além de suas fronteiras na Turquia e no Irã, e logo depois na Ásia. As ambições de Moscou quanto à Turquia, que até 1923 era coração do Império Otomano, remontavam a gerações. Mais recentemente, na Guerra da Crimeia de meados do século XIX, Grã-Bretanha e França haviam intervindo para ajudar a Turquia a derrotar a Rússia Imperial. Em 1936, a Convenção de Montreux ajustara a questão sensível da neutralidade dos Dardanelos, o apertado estreito turco onde as águas do mar Negro adentram o Mediterrâneo. Ficou convencionado que aquela rota marítima ficaria aberta à passagem das belonaves soviéticas e que a Turquia, em tempos de guerra, poderia fechá-la caso se sentisse ameaçada. Transcaucasiano de nascimento, Stalin conhecia muito bem as rixas políticas e culturais naquela região e, na Conferência de Teerã (1943), ele pleiteara a revisão de tal tratado, o qual, com efeito, mantinha a URSS engarrafada no mar Negro. Em maio de 1944, parcialmente para colocar pressão na Turquia e também para clarear as relações étnicas pós-guerra na região fronteiriça entre os dois países, Moscou ordenou a deportação de 183.135 turcos da Crimeia e, em setembro, de outros 69.869 da Geórgia.[57]

Nos meses de verão que antecederam a Conferência de Potsdam (agendada para julho-agosto de 1945), Stalin tomou uma série de iniciativas na Turquia e, em 7 de junho, instruiu Molotov a forçar negociações com o embaixador turco visitante.[58] O combativo comissário demandou a renúncia da Convenção de Montreux. Além disso, queria um acordo para que a URSS pudesse construir bases militares no estreito com a finalidade de "defesa conjunta". Para compensar, propunha a devolução de territórios disputados como Kars, Ardahan e Armênia turca. O ob-

STALIN E TRUMAN: FALSOS COMEÇOS

jetivo era afastar a Turquia e torná-la "protagonista independente entre o Império Britânico e a União Soviética".[59]

Surpreendentemente, o governo turco conseguiu embaralhar tal tática ambiciosa e, apesar de não ter capacidade para derrotar o massivo Exército Vermelho, manteve a questão em suspenso com os soviéticos em 1945. Os armênios esperavam que Stalin fomentasse sua repatriação da Armênia turca para que pudessem se juntar aos irmãos e irmãs do outro lado da fronteira, na URSS. Todavia, as tensões étnicas que ele mesmo encorajou entre seus próprios armênios e georgianos criaram pleitos nacionalistas conflitantes para a mesma região da Turquia. Naquele dezembro, ambições e rumores de guerra serviram de combustível para manifestações nacionalistas na Turquia. Stalin não estava disposto a ir tão longe como alguns de seus paladinos locais desejavam e, em fevereiro de 1946, o Kremlin, em vez de invadir, tentou novamente convencer os turcos à submissão. Mas já era muito tarde porque àquela altura o clima da opinião mundial tendia decisivamente contra as aspirações soviéticas. Por isso houve a carta de Stalin para Molotov, de 20 de novembro, dizendo que "a ocasião ainda não está madura" para um confronto com a Turquia. Dali por diante, as desavenças naquelas áreas abrandaram um pouco.[60]

A situação no norte do Irã parecia mais promissora. A URSS e o Irã dividiam uma fronteira com quase 2 mil quilômetros de extensão. Além disso, o povo da República Socialista Soviética do Azerbaijão, cuja capital, Baku, é rica em petróleo, falava a mesma língua e compartia a religião islâmica de seus irmãos e irmãs do outro lado da fronteira. Ao menos alguns dos que viviam no norte iraniano tinham muita afinidade com os vizinhos fronteiriços e admiravam o estilo de vida que levavam na URSS, malgrado o terror que lá grassara ao longo dos anos.

Ademais, o Exército Vermelho estava fisicamente presente no Irã porque, desde o fim de agosto de 1941, e por acordo entre os Aliados e o governo iraniano, forças soviéticas ocupavam a parte norte daquele país enquanto os ingleses faziam o mesmo na região bem maior em torno da Teerã e no sul. Essas tropas estavam lá para evitar que o petróleo caísse nas mãos dos alemães e para garantir as linhas cruciais de suprimento que vinham do Ocidente, atravessavam o Irã e entravam pela União Soviética. Era consenso que as forças seriam retiradas seis meses após o fim da guerra. A Grã-Bretanha, não os Estados Unidos, exercia influência predominante

180 A MALDIÇÃO DE STALIN

no Irã e, como a União Soviética, procurava tirar proveito da situação de tempo de guerra para obter concessões de exploração do petróleo, numa rivalidade que recuava a bem antes de 1914. Os Estados Unidos não estavam menos interessados no petróleo e, especialmente depois de estenderem o Lend-Lease ao Irã em março de 1942, civis e militares americanos passaram também a lá residir.

Com a atenção dos Aliados ocidentais voltada para a França, onde suas tropas desembarcaram em junho de 1944 a fim de derrotar a Alemanha, em 25 de setembro daquele ano a União Soviética aumentou suas exigências contra o Irã para que o país separasse extensa área ao norte destinada à exploração conjunta soviético-iraniana de petróleo.[61] Quando os iranianos hesitaram e resistiram, o secretário do Partido Comunista do Azerbaijão Soviético, Mir Jafar Bagirov, consultou o Kremlin e propôs a organização de movimentos separatistas além-fronteiras no norte do Irã, bem como a criação de um novo partido democrático naquele país. Em 6 de julho de 1945, Stalin deu o seu "de acordo". O Politburo instruiu Bagirov a criar em Tabriz (capital do Azerbaijão iraniano) "um grupo responsável de trabalhadores para dirigir o movimento separatista" e preparar as eleições com os lemas do manual de instruções de Stalin. Aos camponeses deveriam ser prometidas terras tiradas das propriedades estatais e dos grandes latifundiários, e aos trabalhadores, que o novo governo acabaria com o desemprego e daria início ao desenvolvimento econômico.[62]

Aconteceu que Bagirov não era um servidor comum do partido. Apesar de conscientemente imitar o estilo de governo de Stalin, ele era pomposamente cruel, intemperante e despótico. No fim dos anos 1930, empregara o terror para eliminar uma longa lista de "inimigos", dos adversários pessoais, passando pelos do partido que questionassem qualquer coisa que tivesse feito, aos camponeses que duvidassem dos aspectos modernizantes do regime ou de sua impulsão coletivista. As mortes de dezenas de milhares foram responsabilidade sua quando conduziu terrível extermínio que varreu, entre outras coisas, a elite cultural do Azerbaijão Soviético.[63]

Em meados de 1945, este personagem espreitava através da fronteira no norte do Irã e, sem dúvida, saboreava a possibilidade de um regime como o seu poder lá ser estabelecido. O Irã já possuía seu próprio e pequeno movimento comunista, liderado pelo Partido Tudeh, ou do Povo, e, embora contasse com algum apoio, Stalin não reagia ao seu pleito por

STALIN E TRUMAN: FALSOS COMEÇOS

uma revolução nacional. Aliás, o ignorava, talvez porque pensasse ser demasiadamente ambicioso para os comunistas objetivar todo o Irã, uma aspiração que certamente enfrentaria objeções britânicas e americanas. Prudentemente, limitou a ação ao norte do país. O Kremlin ordenou ao novo Partido Democrático do Azerbaijão (DPA), por muito tempo sob a direção do ativista comunista Seyid Jafar Pishavari, que criasse "sociedades pela amizade", para espalhar a informação e organizar grupos de combate, todos generosamente financiados por Moscou.[64]

Apesar de alguns historiadores sugerirem que Stalin estava principalmente interessado em concessões de petróleo, as ordens de amplo espectro que expediu deram a impressão de ele estar pronto para explorar tudo o que a oportunidade lhe oferecesse.[65] Grã-Bretanha e Estados Unidos nem pressentiram o que Stalin aprontava, pois, em Potsdam, pediram-lhe a garantia de que o Exército Vermelho, como prometido, sairia do Irã em seis meses — em agosto de 1945. Ao contrário, o Kremlin de pronto tornou-se mais diretamente envolvido no fomento da insurreição armada na região. Além de fornecerem armas e dinheiro, no início de novembro os soviéticos estavam despachando agentes de operações especiais com o intuito de organizar insurgentes armados, e quando Teerã determinou que o exército restaurasse a ordem em Tabriz, o Exército Vermelho interveio. Distante de qualquer coisa que Moscou pudesse ter ordenado, Pishavari demonstrou grande iniciativa e, pelo meio do ano, já conseguia o controle do DPA. A URSS deu suporte ao seu movimento secessionista e igualmente ao menor levante dos curdos iranianos que resultou na República do Curdistão, de vida breve.

Para resolver a continuada crise no norte do Irã, um novo primeiro-ministro, Ahmad Qavam al-Salana, de 76 anos de idade, viajou à capital soviética para conversações em 19 de fevereiro de 1946. Stalin e Molotov reivindicaram apenas mais autogoverno para o Azerbaijão e concessões de petróleo, porém, em ambos os casos, Moscou ficaria com grande controle da área. As negociações com Qavam se arrastaram por tanto tempo que o prazo final chegou e passou em 2 de maio para a retirada do Exército Vermelho, como recentemente combinado em Potsdam.

Em vez de tirar os 60 mil soldados do Irã, ou quase isso, Stalin enviou outros 15 mil. O vice-cônsul dos Estados Unidos em Tabriz reportou no início de março que a movimentação de tropas soviéticas parecia "um posi-

182 A MALDIÇÃO DE STALIN

cionamento estratégico completo para o combate".[66] O secretário de Estado James F. Byrnes enviou um memorando de esclarecimentos a Moscou em 8 de março perguntando sobre as intenções soviéticas.[67] Simultaneamente, ocorreram manifestações antissoviéticas em Teerã. No prazo de uma semana, Bagirov, intermediário de Moscou no norte do Irã, disse a Pishavari e outros líderes que o Exército Vermelho provavelmente logo sairia, se bem que, em Teerã, o governo estivesse meio ressabiado de que os soviéticos marchassem na direção da capital.[68] Os americanos sugeriram que o Irã levasse o caso à ONU, onde audiências foram marcadas para 25 de março.

Naquele dia, a agência de notícias soviética TASS subitamente anunciou que o Exército Vermelho começara sua retirada em 2 de março, que seria completada em dois meses.[69] Por anos, houve menção a um "ultimato de Truman" à União Soviética para forçá-la, contudo pesquisa mais recente não revelou prova disso.[70] As razões por trás da meia-volta de Stalin ainda são discutidas e, sem dúvida, uma combinação de fatores entrou no jogo. No início de 1946, as tensões internacionais haviam aumentado drasticamente porque, em Londres e em Washington, alguns achavam que a União Soviética tencionava invadir o norte do Irã e faria isso a menos que enfrentasse oposição determinada. Em março, o encouraçado *Missouri* já navegava na direção do leste do Mediterrâneo para apoiar a resistência turca às exigências soviéticas. A "Crise de Março" no norte do Irã evaporou-se porque Stalin resolveu não forçar mais, em particular devido ao maior envolvimento dos Estados Unidos. Em 24 de março, Ivan Sadchikov, o novo embaixador soviético no Irã, conseguiu extrair um acordo de Qavam para a criação de uma companhia petroleira iraniano-soviética, cuja maioria das ações ficaria com Moscou. Esta concessão, pensava-se, tornaria possível exercer influência política sem incitar separatismo no Azerbaijão ou continuar confrontando o Ocidente.[71]

Evidentemente, Stalin pintou um quadro diferente para a saída do Exército Vermelho. Em 8 de maio, explicou seu raciocínio em uma longa carta para o desapontado camarada Pishavari. Nela, esclareceu que não existia clima revolucionário no país e que, se as forças soviéticas lá permanecessem, teriam "minado as bases de nossas políticas doutrinárias de libertação na Europa e na Ásia". Se o Exército Vermelho tivesse permissão para ficar, disse ele, por que o Ocidente não se manteria onde bem lhe aprouvesse em todo o globo? "Assim, decidimos retirar nossas tropas do Irã e da China,

STALIN E TRUMAN: FALSOS COMEÇOS

para arrancar tal arma das mãos de ingleses e americanos, e deslanchar um movimento de independência nas colônias que tornará nossa política de libertação mais justificada e eficiente." O conselho que deu a Pishavari foi para moderar seu posicionamento, apoiar Qavam e conseguir reconhecimento para aquilo que fora capaz de conquistar até então.[72]

Sucedeu que, por volta de dezembro, o governo central do Irã assegurou seu controle sobre o norte do país. Stalin ordenou expressamente a Pishavari e seus camaradas que cessassem a resistência armada, Tabriz foi a seguir capturada e os democratas, retirados violentamente do poder.[73] Até o acordo com os soviéticos para o petróleo caiu ao longo de 1947 porque, pelo final daquele ano, a assembleia iraniana (Majlis) em Teerã se encontrava suficientemente confiante para recusar sua ratificação. Qavam foi demitido e os comunistas (do Tudeh), expulsos da assembleia.

O Irã representou uma das ilustrações mais espetaculares daquilo que a União Soviética aparentemente tinha em mente em torno de suas fronteiras. A entrada no norte do Irã, assim seguia o raciocínio, permitia ao Kremlin utilizá-lo como trampolim para estender sua influência ao restante do país.[74] Todas as três grandes potências queriam acesso ao petróleo, porém o que resultou da crise foi a crescente determinação dos Estados Unidos em se contrapor às ambições de longo alcance de Stalin e seus discípulos.[75]

Apesar de todas as questões que pairavam à frente, no verão de 1945 o presidente Truman desejava muito a União Soviética na luta contra o Japão, e foi para alcançar tal decisão que ele e o primeiro-ministro Churchill se reuniram com Stalin em Potsdam. Também esperavam trabalhar nos termos de uma paz justa e duradoura. Por certo, havia muito tempo que Stalin alimentava dúvidas de ser possível a consecução de qualquer coisa desse tipo. Como já vimos, ao mesmo tempo em que Estados Unidos e Grã-Bretanha reconheciam a nova Polônia, ele criava problemas na Turquia e no Irã. Contudo, iria a Potsdam encontrar-se com os inveterados "inimigos imperialistas" para ver o que poderia ganhar.

9

Potsdam, a bomba e a Ásia

A Conferência de Potsdam se arrastou de 17 de julho a 2 de agosto de 1945 e foi a mais longa das reuniões dos Aliados em tempo de guerra. Embora os líderes tivessem todas as razões para celebrar a vitória, foi pequena a cordialidade pessoal entre eles. O pior foi que, a despeito das infindáveis trocas de palavras, o Ocidente concedeu muito domínio soviético sobre a Europa Oriental. Winston Churchill esteve presente, na maior parte do tempo tentando evitar o pior e, quando perdeu as elcições daquele ano, o líder do Partido Trabalhista, Clement Attlee, voltou de Londres e assumiu o seu lugar. Toda a situação era demais para o presidente Truman. Stalin, entretanto, estava em ambiente propício e perseguiu sua agenda política ao máximo possível. Por causa disso, concordou em entrar na guerra contra o Japão, e seu Exército Vermelho aproveitou para levar a missão à Ásia.[1]

EXPECTATIVAS E SURPRESAS EM POTSDAM

Potsdam colocou Truman e Stalin, pela primeira vez, cara a cara. O presidente, com seu estilo despretensioso, estava ansioso para conhecer o "Mr. Russia" e o "Mr. Great Britain". Norteava-se pela fé de que a maioria das pessoas enxergava a vida e a política quase da mesma maneira que ele, e que os problemas surgidos se deviam geralmente a mal-entendidos. Quando as pessoas se conheciam melhor, ponderava, entendiam que as questões mais complicadas podiam ser resolvidas. A crença de Truman na diplomacia pessoal talvez fosse tão firme e tão equivocada quanto a de Roosevelt.[2] Nenhum dos dois imaginava o intransponível fosso de experiências e expectativas que os separava de Stalin e da URSS comunista.

Churchill e Truman chegaram em 15 de julho prontos para começar no dia seguinte, mas Stalin se atrasou de propósito para realçar sua importância. Truman aproveitou o tempo para visitar Berlim. Tão grande fora a dimensão da derrota da Alemanha e tal era a devastação que ele não deu a mínima para a segurança, passando por diversos locais, na companhia do secretário de Estado Byrnes, em carro conversível com a capota arriada. Escreveu à esposa que "este é um lugar infernal — arruinado, sujo, fétido; gente miserável, desgrenhada, olhares deprimidos por todos os lados".[3] Testemunhou aquilo que disse ser uma grande tragédia mundial com "velhos, mulheres velhas e jovens, crianças, das de berço às adolescentes, todos carregando pacotes, empurrando carrinhos, puxando carrinhos, evidentemente expulsos pelos vitoriosos, e levando os pertences que puderam pegar para lugar algum em particular".[4]

Stalin ainda se julgava um revolucionário como o fora nos anos 1920 e 1930. Viajou para Berlim, todavia, ao estilo dos tsares. Em 2 de julho, o chefe do NKVD, Beria, informou-lhe que todas as medidas de segurança estavam completas. A viagem seria de trem a partir de Moscou e cruzaria uma distância aproximada de 1.800 quilômetros. Beria ficou orgulhoso ao dizer que "entre seis e quinze homens" estariam postados a cada quilômetro e meio. Listou em adoráveis detalhes todos os passos da segurança que tinham sido providenciados assim como as minudências da logística na ida e na volta para a conferência dos Três Grandes.[5]

A estação ferroviária de Potsdam foi totalmente esvaziada quando Stalin, o militar vencedor, chegou, muito parecido com um antigo conquistador, só que sem anúncios públicos ou multidões. Estava lá para fazer história e não precisava ser ovacionado por massas, muito menos ser lembrado do sofrimento humano que imperava ao redor. Ele não tinha o menor interesse em fazer turismo pela capital derrotada. Casava bem com seus gostos ascéticos a retirada dos ricos tapetes e luxuosa mobília de seus cômodos.[6]

Em 17 de julho, Stalin encontrou-se informalmente com Truman para breve conversa e pedido de desculpas pelo atraso. Justificou-se por ter sido retardado nas negociações com os chineses — o que era verdade. O que ele conseguira dos chineses foi o reconhecimento das concessões asseguradas à União Soviética em Ialta. Era essencial que os orientais concordassem com a entrada do Exército Vermelho em seu país e na Manchúria para a guerra que seria travada contra o Japão. Stalin imediatamente comprometeu-se com Truman de que a União Soviética combateria os japoneses em meados de agosto.[7]

Stalin expusera poucos indícios de seu modo de pensar durante a maior parte dessas reuniões importantes; não mantinha diário de anotações; jamais confiava muito nos integrantes de sua própria delegação ou extravasava suas emoções. De modo geral, entretanto, passou a impressão de que as potências ocidentais se dispunham a abocanhar a vitória da União Soviética. Nas palavras do marechal Jukov, os soviéticos foram ainda mais depreciativos. Ele escreveu em suas memórias (mais tarde liberadas pela censura) que os participantes sentiram que Churchill e Truman "mais do que nunca demonstraram desejo de capitalizar a derrota da Alemanha nazista para robustecer a posição deles e dominarem o mundo".[8]

A atitude de Truman foi amistosa e conciliadora, como se pode também deduzir do fato de que se fez acompanhar de ninguém menos do que Joseph Davies, o ex-embaixador que favorecia o apaziguamento da União Soviética. Em carta à esposa após o primeiro dia de reuniões em Potsdam, Truman se mostrou contente por presidir o encontro, ainda que tivesse achado escorregadia a função. "De qualquer forma, foi dada a partida e já consegui o que vim aqui fazer — Stalin entra na guerra em 15 de agosto sem quaisquer condicionantes." Isto vai significar, acrescentou, "que, agora, terminaremos a guerra um ano antes, e pense só nos rapazes que não serão mortos! Aí está a importância".[9] E registrou ainda mais no diário: "Posso lidar com Stalin. Ele é honesto — mas esperto como um capeta."[10]

Um novo fator estava prestes a se intrometer nas discussões e na história do mundo, porque o primeiro teste atômico bem-sucedido ocorreu em

Alamogordo, Novo México, às 5h29 de 16 de julho (13h29 em Potsdam). Uma breve mensagem codificada chegou às mãos do secretário de Guerra Stimson às 19h30 daquela noite, e ele correu para informar o presidente.[11] Foi assim que Truman tomou conhecimento do sucesso da bomba, se bem que sem detalhes, antes de se encontrar com Stalin no dia seguinte, mas não fez menção ao fato. O presidente, que queria muito assegurar o apoio da URSS na guerra contra o Japão, não queria causar preocupações aos soviéticos. Os dois líderes concordaram que o Japão logo se dobraria; o presidente confidenciou em seu diário que isso certamente aconteceria "quando Manhattan" — ou seja, a bomba atômica — "sobrevoasse a terra deles. Devo informar Stalin na oportunidade devida".[12] Churchill, que recebera as novas por meio de Stimson, era decididamente contra o compartilhamento da informação.[13]

A quinta sessão da conferência em 21 de julho tem sido analisada em minúcias porque às 11h35, Stimson recebeu um memorando importante. Ele descrevia, com exatidão aterradora, os efeitos mensuráveis do primeiro teste vitorioso, em escala total, da bomba. As palavras empregadas pintavam o poder destrutivo do artefato como algo inimaginável. O secretário leu o relatório em voz alta para Truman e Byrnes. "O presidente ficou muito animado" e disse "que aquilo lhe proporcionava um sentimento completamente novo de confiança."[14] Historiadores têm destacado esta reação e a ela atribuído uma diversidade de motivos adicionais para que o presidente desejasse empregar a bomba, inclusive mais recentemente sua "antipatia pessoal pelo imperador nipônico".[15] Supostamente, Truman encarou a bomba de maneira indiferente, e diversos escritores desde então se mostraram confusos com tal postura.

Enquanto isso, os eventos de 21 de julho em Potsdam prosseguiam como se nada de novo tivesse ocorrido. A conferência passou a apreciar o embaraçante assunto da fronteira ocidental da Polônia; milhares de poloneses já haviam entrado pelo (outrora) leste alemão. Truman observou que Ialta havia acordado a ocupação da Alemanha por quatro potências, mas agora "parece que a outro governo ocupante" foi concedida uma zona. Apesar de concordar com Stalin sobre o princípio de se compensar a Polônia no oeste com o que ela perdera no leste para a União Soviética, o presidente fazia objeção ao corte em fatias da Alemanha. Como poderia o país reduzido pagar as reparações exigidas por Stalin?

POTSDAM, A BOMBA E A ÁSIA 189

Truman afirmou que os poloneses estavam, com efeito, tomando terras antes germânicas. Perguntou a Stalin onde os 5 milhões de residentes alemães, ou quase isso (da nova Polônia e da nova Tchecoslováquia) estavam vivendo. Ele sabia que essas pessoas ou haviam fugido para salvar suas vidas, ou tinham sido forçadas a fazê-lo. De acordo com Churchill, a Polônia reivindicava "muito mais território do que havia perdido" no leste, e recusou-se a "conceder que tal extravagante deslocamento de populações devesse ocorrer". Durante todo o tempo, nos bastidores, Stalin vinha encorajando poloneses e tchecos a expulsar as odiadas minorias. Os ingleses se inquietavam com a possibilidade de encontrarem países em caos total.[16]

Truman julgava que a questão da fronteira entre Polônia e Alemanha deveria ser resolvida em outra conferência de paz. Stalin foi mais ágil e, audaciosamente, declarou que a questão já estava solucionada. Ele concordou que a terra "desocupada" no leste anteriormente fizera parte da Alemanha como existente em 1937 (antes da expansão), porém sustentou que, como a população nativa fora embora e novos habitantes entraram, a área era agora polonesa.[17]

Churchill disse que embora os Aliados tivessem aquiescido com a compensação para a Polônia, isso não dava o direito "de criar uma situação catastrófica de suprimento de alimentos para a Alemanha". A carrancuda refutação de Stalin foi que a Alemanha poderia comprar seus alimentos da Polônia. Tal observação deixou Truman ponderando sobre o que sobraria daquele país, porquanto perdia muito no leste e a França ainda desejava áreas no Ruhr e no Sarre. "Aos poloneses", disse ele, "não é justo ficarem com esse território agora e através do acordo de paz. Vamos manter zonas de ocupação até a paz ou iremos nos desfazer da Alemanha em pedaços."[18]

O presidente fechou a sessão com uma nota combativa que não mudou nada: "Devo declarar com sinceridade o que penso. Não posso consentir que o antes leste germânico deixe de contribuir para a economia de toda a Alemanha." As expulsões de alemães, retorquiu Stalin, já estavam em curso e, sobretudo, proporcionaram a vantagem de enfraquecer ainda mais o inimigo derrotado. Churchill replicou não querer ser confrontado com "uma massa de famintos".[19]

Na sessão seguinte, e destemido como sempre em face das críticas, Stalin retomou a questão da fronteira germano-polonesa. Ele queria que ela acompanhasse o curso do rio Oder e o do Neisse ocidental, no sul. O consenso em Teerã foi de que a fronteira deveria ser estendida até o rio Oder, que corre do norte da Tchecoslováquia e desemboca no mar Báltico. O rio Neisse havia sido mencionado, mas não ficara claro qual dos dois, o oriental (Glatzer) ou o ocidental (Lausitzer), ambos fluindo do norte para o sul e tributários do Oder. Stalin desejava empurrar a linha divisória o mais para o oeste possível, em detrimento da Alemanha, e foi o que, no fim, conseguiu. A diferença não tinha nada de trivial porque significava que a Alemanha perderia as grandes riquezas da região industrial da Silésia.

O presidente Roosevelt e o primeiro-ministro Churchill já haviam concordado, em princípio, em dar a cidade e o distrito de Königsberg, na Prússia Oriental, para a União Soviética, supostamente em compensação pelos sofrimentos experimentados. Os dois aceitaram a espúria demanda de Stalin de que precisava de um porto livre de gelo. Na realidade, os soviéticos já possuíam três desses portos, e a velha Königsberg, sendo bem no interior, tem propensão a congelar. Em Potsdam, nem Truman nem Churchill levantaram objeções, muito embora aquela cidade, berço natal do grande Immanuel Kant, fosse tão alemã quanto Berlim, como também sua cessão violava princípios enunciados na Carta do Atlântico. Nada foi dito sobre o que poderia acontecer aos antigos habitantes da cidade, ou à Prússia Oriental, que em breve seriam partes da Polônia.[20] Stalin não deu atenção às contestações de Churchill sobre a fronteira germano-polonesa, e Truman só acrescentou que a conferência de paz examinaria "os detalhes técnicos e étnicos" da área.[21]

BOMBA ATÔMICA E "CERCA DE FERRO"

A conferência passou a examinar outros problemas quando os Três Grandes voltaram à mesa de negociações em 24 de julho. Stalin argumentou que, se a Itália tinha sido reconhecida e estava para ser aceita nas Nações Unidas, então o mesmo deveria acontecer com Romênia, Bulgária Hungria e Finlândia. O presidente apoiou Churchill, cuja objeção foi a seguinte: enquanto a Itália estava no processo para se tornar uma democracia, isso não era verdade para os estados da Europa Oriental. "Uma cerca de ferro foi colocada ao redor deles", disse o primeiro-ministro, ao que Stalin interveio de pronto: "Tudo contos de fadas."[22]

No fim da sessão, ocorreu um daqueles raros momentos em que podemos ver a história numa encruzilhada. Truman aproximou-se de Stalin com as notícias sobre a bomba. O presidente lembrou-se mais tarde de ter mencionado *en passant* "que estávamos de posse de uma nova arma de força destrutiva incomum". Descreveu, então, a reação do interlocutor: "O premiê russo não demonstrou interesse especial. Tudo o que disse foi estar feliz em ouvir aquilo e esperar que fizéssemos 'bom emprego dela contra os japoneses'."[23] Churchill não estava a mais de cinco passos de distância, sabia que a troca de palavras poderia ser "momentosa" e, depois, esperando no lado de fora, perguntou o que acontecera. O presidente replicou: "ele não perguntou coisa alguma".[24]

Outra testemunha, o embaixador soviético Andrei Gromiko, recordou-se de Stalin ter dito apenas "muito obrigado pela informação". Já em suas memórias, o embaixador adicionou que o presidente "ficou de pé, provavelmente esperando outro tipo de resposta, mas não houve nenhuma". Tal declaração sugere que Truman deu a impressão de aguardar uma ou mais indagações.[25] O secretário Byrnes lembrou-se de ter ficado "surpreso" que, mesmo no dia seguinte, Stalin não pedisse informações adicionais.[26]

Não sabemos o quanto Truman tencionava revelar sobre a bomba, mas talvez até nem soubesse mais nada. O chefe do Kremlin poderia facilmente ter mudado o tom, ressaltando quantos milhões de soviéticos haviam morrido na guerra e exigindo discussões francas e ostensivas. Apesar de ele ter algumas informações sobre a bomba repassadas por seus espiões, mesmo assim, naquela ocasião crucial, não teve nada a dizer. Pode ser que Stalin fosse demasiadamente ideólogo para admitir que, com a nova arma, os capitalistas haviam reconquistado o ímpeto na guerra ideológica com a União Soviética.[27] Ou talvez fosse bastante astuto para ver a necessidade de neutralizar a vantagem que Truman procurava exercer. Até aquele momento, a história parecia estar ao seu lado e do Exército Vermelho: tinham crédito por acabar com Hitler, obter ganhos na Europa Oriental, fazer ainda progressos na Turquia e no Irã, e se encontravam posicionados para perseguir seus sonhos na Ásia.

Nem bem Truman falou-lhe sobre o artefato, Stalin, sem qualquer expressão estampada no rosto, deu-lhe as costas e saiu. O ditador soviético deve ter concluído que a bomba tinha tanto o intuito de intimidá-lo quanto o de derrotar o Japão.[28] Quando retornou aos seus aposentos, mencionou a conversa a Molotov, o qual, supostamente, teria dito: "Eles estão aumentando o preço." Stalin replicara: "Deixe estar. Falaremos com Kurchatov e faremos com que ele acelere as coisas."[29]

Igor Kurchatov era o chefe do projeto atômico soviético. Ele já fizera consideráveis avanços e, por volta de dezembro de 1944, Stalin o convencera a alocar mais recursos para o projeto e a colocá-lo sob a direção de Beria.[30] Teria Stalin reconhecido o significado político da bomba quando Truman falou-lhe sobre ela? Provavelmente ninguém, de fato, reconheceu, até que viram as imagens, mas ele sabia o suficiente para telefonar a Beria e chamar-lhe às falas, como se o NKVD fosse o culpado de a URSS não ter ainda sua própria bomba.[31]

Andrei Gromiko entrou então na sala e ouviu Stalin dizer que "provavelmente Washington e Londres esperam agora que tão cedo não sejamos capazes de projetar essa bomba. Nesse meio-tempo, Grã-Bretanha e Estados Unidos procurarão tirar vantagem do monopólio dos EUA para impor seus planos à Europa e ao mundo todo. Bem, isto não vai acontecer!"[32]

Quando a bomba foi lançada contra o Japão, Stalin acelerou drasticamente o programa. Em 20 de agosto, tendo bastante tempo para avaliar seu impacto, ele criou novo comitê encarregado de todos os aspectos pertinentes à energia atômica. Assim começou a inacreditavelmente custosa corrida nuclear, que persistiu até o colapso da União Soviética.[33]

Em janeiro de 1946, Stalin reuniu-se com Kurchatov para encorajá-lo a evitar qualquer interrupção e não se preocupar com gastos. Isso se passou quando o país estava em precaríssima situação, com a fome se espalhando e a inanição espreitando na esquina. Aos cientistas foram prometidas as mais ricas recompensas pessoais.[34] Em 29 de agosto de 1949, graças em parte às informações de espiões dentro do Projeto Manhattan, a União Soviética conseguiu detonar com sucesso sua primeira bomba atômica. Por volta de 1950, a CIA estimou que o projeto soviético empregava entre 330 e 460 mil pessoas, de cientistas talentosos a trabalhadores escravos do *gulag*.[35]

Outro resultado significativo da Conferência de Potsdam foi o acordo temporário sobre a fronteira germano-polonesa conquistado pelos ministros das Relações Exteriores. O secretário americano de Estado

POTSDAM, A BOMBA E A ÁSIA

James Byrnes concedeu a Molotov, em 29 de julho, que o território até o Oder e o Neisse ocidental "deveria ficar sob a administração do Estado polonês".[36] Clara vitória de Stalin. Depois de apoiar por tanto tempo o conceito de "transferências" populacionais, já era muito tarde para que o Ocidente começasse a expressar "escrúpulos morais" a respeito da movimentação de milhões de pessoas, e a fazer objeção à realidade de que a "integridade econômica" da nação derrotada estava sendo solapada. Stalin lutou veementemente em cada aspecto da negociação, mas seu argumento principal foi de que os alemães já tinham abandonado a parte oriental de seu antigo território. Isto era meia-verdade, porque milhões permaneceram, e os que tinham ido embora começavam a retornar. Para ajudar a aplainar a "justeza" da questão, representantes do novo governo polonês foram convidados pela conferência, e chegaram com argumentação afiada.

No seu diário, Truman sublinhou que aquilo que os poloneses conseguiram não passava de uma "apropriação de terras".[37] Embora o *communiqué* oficial da conferência declarasse que a "delimitação final" da fronteira "deveria esperar o acordo de paz", tratado algum jamais foi minutado ou assinado. Somente após a unificação em 1990 foi que a Alemanha reunificada aceitou aquelas fronteiras.

Se Stalin conseguisse o que queria, o resultado para a Alemanha teria sido ainda pior. Em 21 de julho, os soviéticos cogitaram a possibilidade de colocar o Ruhr, coração industrial da nação, sob o controle internacional das três potências de Potsdam mais a França. Dez dias mais tarde, o chefão do Kremlin voltou ao assunto e, embora afiançasse que todos tinham mudado a noção de desmembramento do país, pensou em voz alta se o Ruhr "deveria permanecer parte da Alemanha". Tratava-se de mais um fatiamento do derrotado, porém sutil. De qualquer modo, o novo secretário britânico das Relações Exteriores, Ernest Bevin, disse que não poderia haver decisão sobre a matéria sem a presença dos franceses — e eles nunca foram convidados. Truman declarou o mais definitivamente possível que "o Ruhr é parte da Alemanha e está sob a jurisdição do Conselho de Controle".[38]

Se a Alemanha Ocidental perdesse o comando daquela importante região industrial, o impacto econômico certamente seria incapacitante. Quanto ao impacto político, Stalin já havia sinalizado que os soviéticos não

194 A MALDIÇÃO DE STALIN

abririam mão de qualquer território que possuíssem. As consequências de existirem comunistas soviéticos no coração da Europa seriam a colocação de numerosos obstáculos para o desenvolvimento da democracia.

O EXÉRCITO VERMELHO CONTRA O JAPÃO

Quando Truman foi para Potsdam, levou consigo uma declaração alertando ao Japão o quão insustentável era sua situação e demandando o fim da guerra. Esse documento serviu de base para a Declaração de Potsdam, expedida em 26 de julho por Truman, juntamente com o primeiro-ministro Churchill e em nome do chefe de governo da China, Chiang Kai-shek. Dizia ela: "Conclamamos o governo do Japão a proclamar agora a rendição incondicional de todas as forças armadas japonesas e providenciar as adequadas e convenientes garantias de sua boa-fé em tal ação. A alternativa para o Japão é sua imediata e definitiva destruição."[39]

Os americanos não consultaram Stalin sobre a declaração. Não necessitavam fazê-lo, já que a URSS ainda não estava em guerra contra os nipônicos. Em 29 de julho o líder soviético fez saber que estava adoentado e não participaria dos eventos do dia. Molotov, em curta conversa com Truman, achava melhor que seus aliados convocassem a União Soviética para se juntar a eles no Extremo Oriente, e o presidente disse que pensaria no assunto.[40] A solicitação de Stalin com certeza era uma censura. Mesmo assim, Truman nem pareceu preocupado com a possibilidade de magoar o ditador idoso. Na ocasião em que escreveu para casa no fim daquele dia, o presidente brincou com a esposa que não via a hora de "acabar com aquelas rixas" e ir para casa, e admitiu ingenuamente: "Gosto de Stalin. Ele é direto. Sabe o que quer e chega a meio-termo quando não consegue."[41]

Por anos, os historiadores vêm dando muito valor à exigência de rendição incondicional do Japão. Alguns têm sustentado que Truman e Byrnes insistiram na condição sabendo muito bem que o Japão recusaria.[42] Sendo assim, os americanos, alegadamente, teriam um pretexto para empregar a bomba atômica; ao mesmo tempo que contariam com todos os meios para pôr fim à guerra, vingar-se de Pearl Harbor e intimidar a União Soviética.[43] Há muitos problemas numa interpretação como esta, e um deles refere-se

POTSDAM, A BOMBA E A ÁSIA   195

às interceptações das comunicações do governo japonês pela inteligência dos EUA, que revelavam não estar ele nem próximo de aceitar os termos da rendição, mesmo que os Aliados se dispusessem a desistir da questão do imperador.[44]

Mais importante, a demanda pela rendição incondicional vinha de 1943 e era pedra angular da aliança. O menor indício de relaxamento da exigência despertava furor em Stalin. E irado ele ficara na primavera de 1945, quando oficiais de altas patentes das SS entraram em contato com os Aliados ocidentais em Berna, na Suíça, tentando obter algum tipo de acordo de paz. A suspeita de abrandamento para com o inimigo levara Stalin a seu último surto de raiva com o finado Roosevelt.

O líder soviético também levou para Potsdam seu próprio documento estabelecendo a rendição incondicional do Japão. Embora ele deixasse de ser expedido porque os Aliados ocidentais já haviam enviado o seu, era bem mais rígido e nada dizia sobre o que poderia acontecer com os prisioneiros de guerra japoneses. Tampouco a posição americana da rendição incondicional fora fixada desde o início. Em vez disso, dentro do governo dos EUA em maio e em junho, houve debates a respeito de moderação nos termos de modo a permitir que o imperador permanecesse. Essas iniciativas não deram em nada, principalmente porque o governo japonês pouco fez para alimentar qualquer expectativa de sucesso.[45] O secretário Stimson tardiamente sugeriu a Byrnes (16 de julho) e a Truman (24 de julho) que a declaração podia mencionar a permanência do imperador e a iminente entrada dos soviéticos na guerra. Mesmo que essas concessões e ameaças fossem incluídas na proposta final — o que não foram —, os japoneses dificilmente se renderiam.

Aos olhos ocidentais, Stalin jamais se mostrou tão entusiasmado para entrar na guerra contra o Japão. Quando, em 1944, americanos e britânicos o informaram sobre seus planejamentos para o assalto final ao Japão, ele deu a impressão de que não havia problema se os Aliados ocidentais quisessem terminar a guerra no Extremo Oriente por conta própria. As missões americana e britânica em Moscou vinham tentando por um ano captar sessões de planejamento combinado, e o Exército Vermelho reagia com lentidão.[46] Na verdade, contudo, o planejamento soviético caminhava a todo o vapor, e Stalin não queria dar conhecimento dele ao Ocidente.

Em Potsdam, ele assegurou a cooperação do Exército Vermelho com os Aliados, enquanto solicitava todas as variedades de suprimentos ao Ocidente. Todavia, oferecia pouco em troca, como, por exemplo, quando os americanos buscaram autorização para construir novos aeroportos no Extremo Oriente da URSS para uso contra o Japão. A URSS remoeu o assunto por tanto tempo que a Estado-Maior Conjunto americano decidiu-se por alternativas.

Em abril de 1945, Stalin havia tornado o marechal Alexander Vassilevski responsável por todas as operações no Extremo Oriente. Na oportunidade em que as operações do Exército Vermelho contra Hitler chegaram ao fim, começou a árdua tarefa do deslocamento de grandes efetivos de combatentes. Os comandantes de tal esforço disseram mais tarde que ele concorreu não só para o aprestamento militar das tropas como também para o ensinamento sobre "o patriotismo soviético e o internacionalismo proletário".[47] Ao tempo em que a vasta operação foi deslanchada, 1,6 milhão de soldados do Exército Vermelho se encontravam posicionados.

Em 27 de junho, após uma reunião que durou a noite inteira, Stalin aceitou o plano final. Ele não o revelaria em Potsdam, um mês mais tarde. Os objetivos eram aterradoramente audaciosos, ainda mais porque haviam sido formulados após a guerra onerosa contra Hitler. O Exército Vermelho teria que combater e se deslocar através de vastas distâncias para libertar a Manchúria, conquistar o sul da ilha Sacalina, deslanchar operações anfíbias contra as ilhas Curilas e, com sorte, finalmente desembarcar na ilha de Hokkaido, no próprio Japão. Stalin adiantou a data para 11 de agosto. Além disso, enquanto estava em Potsdam, e mesmo antes de seu primeiro encontro com Truman, telefonou para Vassilevski na esperança de poder antecipar as operações por outros dez dias. Mas acabou convencido de que seria impossível porque nem todas as tropas e suprimentos estariam nos devidos locais; todavia, Stalin continuou tentando para ver se a ofensiva poderia começar mais cedo.

O comportamento do líder soviético quanto ao sigilo do ataque contra o Japão foi maior que o usual, pois ele nem mesmo informou ao comissário da Marinha Nikolai Kuznetsov, que o acompanhava em Potsdam quando as operações teriam início. Ali estava o chefe da força naval soviética e tudo o que sabia era indício de que uma guerra no Extremo Oriente seria travada em breve. Ele só tomou conhecimento da data quando anunciada pelo rádio.[48]

POTSDAM, A BOMBA E A ÁSIA   197

Uma vez de volta a Moscou, Stalin soube que, bem cedo, na manhã de 6 de agosto, a primeira bomba atômica fora lançada sobre Hiroshima. Até hoje não ficou claro como reagiu, mas ele não era homem de se sentir emocionalmente "arrasado" ou "subjugado".[49] Em vez disso, manteve a rotina, com o ataque contra os japoneses correndo mais ou menos como planejado. Telefonou para Vassilevski no leste, em 7 de agosto, determinando aceleração nas operações de pelo menos dois dias inteiros. Stalin não esclareceu os motivos para essa última ordem.[50] Quando Vassilevski telefonou de volta, diretamente de seu posto de comando, na véspera da invasão, para reportar que suas tropas estavam prontas, disseram-lhe que o líder não podia ser incomodado e que ligasse mais tarde. O generalíssimo assistia a um filme, o que provocou em Vassilevski uma boa gargalhada.[51]

Em 8 de agosto, às 17 horas quando o embaixador Naotake Sato visitou o Comissariado de Relações Exteriores em Moscou para explorar caminhos com a finalidade de encontrar a paz sem conceder a rendição incondicional, Molotov leu para ele a declaração de guerra. O ataque do Exército Vermelho estava previsto para começar em 9 de agosto, o que, na Manchúria, era apenas uma hora mais tarde. No mesmo dia, onze horas depois, os Estados Unidos lançaram a segunda bomba, esta sobre Nagasaki. No dia seguinte, o imperador Hirohito disse estar preparado para aceitar os termos da rendição, apenas com a reserva de sua missão ser preservada. Os Aliados ocidentais rapidamente concordaram entre eles que aquilo era menos do que a rendição incondicional, e esperaram a resposta soviética.[52]

A bomba atômica obrigou Stalin a tomar medidas mais cedo do que desejaria, de modo a conseguir extrair o máximo da guerra no Extremo Oriente. Às duas da madrugada de 11 de agosto, Molotov convidou os embaixadores americano e britânico ao Kremlin. Leu para eles uma declaração pela qual a União Soviética se associava à resposta negativa americana ao Japão. Então acrescentou que, se e quando os japoneses se rendessem, os Aliados deveriam concordar "sobre a candidatura ou candidaturas ao Alto-Comando Aliado ao qual o imperador japonês e o governo japonês deveriam ficar subordinados". Molotov julgava que dois comandantes supremos Aliados talvez fosse o ideal. Quem sabe MacArthur e Vassilevski?

Ao ouvir tal declaração, o embaixador Harriman ficou "possesso". Ressaltou que os Estados Unidos arcaram com o peso principal da Guerra no Pacífico por quatro anos e que a União Soviética nela entrara havia dois dias. Por conseguinte, era impensável e injusto que qualquer outra pessoa, salvo americana, assumisse o comando supremo no Japão. Molotov disse que teria que consultar Stalin e, de fato, logo telefonou para dizer que a palavra "candidaturas" deveria ser removida da resposta soviética.[53]

Esta aparentemente guerra menor de palavras tinha considerável importância uma vez que a União Soviética tentava garantir sua influência sobre o Japão pós-guerra. Naquela ocasião, o embaixador Harriman conseguiu evitar o que chamou de outra "apropriação de terras". Não fosse assim, os soviéticos poderiam muito bem tentar ocupar Hokkaido e, dessa forma, estender sua zona de ocupação até o território nacional nipônico.[54]

Durante todo o tempo, o governo japonês vinha sendo chocantemente postergador para pôr fim às hostilidades e, agindo desta maneira, permitia a continuação de insensatos combates. O governo sinalizara em 10 de agosto que estava disposto a se render, mas permanecera indeciso. Para piorar a situação, oito pilotos da força aérea americana que tinham sido capturados foram executados em 12 de agosto. Três dias mais tarde, outros oito foram fuzilados. Na noite de 14 de agosto, no auge dos ódios que já vinham fervendo havia anos, a Força Aérea do Exército dos Estados Unidos (USAAF) executou uma devastadora incursão com mil bombardeiros contra Tóquio.[55]

Naquela mesma noite, oficiais das forças armadas japonesas, com o intuito de continuarem o conflito armado, tentaram um *coup d'état*. Tinham apoio no governo e no Exército, porém figuras-chave dobraram-se à vontade do imperador e a revolta foi suprimida. A tentativa em si sugere que o moral militar não estava quebrado, como frequentemente se supõe. Mesmo depois de duas bombas atômicas, da continuação da guerra convencional americana, da entrada soviética na guerra e do atemorizador sucesso militar do Exército Vermelho, existiam ainda facções no Exército japonês que não aceitavam a rendição.[56]

A guerra soviética contra o Japão tem que estar entre as mais marcantes de toda a história. Começou em 9 de agosto e terminou com uma espécie de cessar-fogo após apenas dez dias, embora batalhas continuassem até 3 de setembro. Neste curto período de tempo, a ofensiva "Tempestade de Agosto" do Exército Vermelho invadiu celeremente a Manchúria, onde enfrentou o Exército de Kwantung, considerado "a mais prestigiosa e

POTSDAM, A BOMBA E A ÁSIA   199

poderosa formação do Exército japonês".[57] O assalto ocorreu numa frente de mais de 4.500 quilômetros, de sorte que foi primordialmente mecanizado e com fartura de apoio aéreo e naval. Atravessou desertos, rios importantes e montanhas. O Exército Vermelho colocou em prática uma decisiva *blitzkrieg*, com estratégia altamente bem-sucedida que incorporou tudo que aprendera na guerra contra a Alemanha.[58]

Revigorado com os eventos na Manchúria, o marechal Vassilevski despachou tropas em 10 de agosto para conquistar o sul da ilha de Sacalina, como planejado, com o objetivo de prosseguir de lá na direção sul até o Japão. Cinco dias mais tarde, Vassilevski lançou outro ataque através das ilhas Curilas, começando ao norte e deslocando-se para o sul. Estas ilhas tinham sido prometidas à União Soviética em Ialta. Havia, no entanto, certa dose de ambiguidade, uma vez que não fora especificado quanto da cadeia de ilhas era coberto pelo acordo. Tal cadeia era constituída no total por mais de cinquenta ilhas e as últimas delas iam se desmantelando perto da japonesa Hokkaido. Apesar de nem tudo ter funcionado bem para o Exército Vermelho, de maneira geral o sucesso foi extraordinário.[59]

Finalmente, em 15 de agosto, Hirohito, através da radiodifusão, aceitou os termos ditados pelos Aliados na Declaração de Potsdam. Inexplicavelmente, só em 18 de agosto o Quartel-General Imperial do Japão expediu ordem para "suspender todas as missões operacionais e cessar todas as hostilidades". Embora um cessar-fogo tivesse sido ordenado no dia seguinte, algumas tropas nipônicas continuaram combatendo. O Exército Vermelho tirou proveito da confusão e, quase sempre ignorando a trégua, atirou em emissários inimigos enviados para negociar.[60]

Stalin ficou ansioso quando o presidente Truman emitiu em 15 de agosto a Ordem Geral nº 1, que especificou como as forças japonesas deveriam se render — e a quem — no teatro de operações do Pacífico. O presidente enviou uma cópia ao Kremlin, com uma nota esclarecendo que a ordem era necessária, mesmo que não fosse "prejudicar o acordo final de paz".[61]

Stalin concordou e, espertamente, adicionou que em Ialta foram prometidas à União Soviética todas as ilhas Curilas e, a menos que o Exército Vermelho ocupasse parte do Japão, a opinião pública em seu país se sentiria ultrajada.[62] Truman aceitou a primeira reivindicação, que era falsa, mas teimou que a URSS não teria zona de ocupação no Japão. Além disso, Truman solicitou a instalação de base aérea em uma das ilhas Curilas por razões comerciais.[63] Stalin fingiu espernear e afirmou que não existiria base americana.[64] Mas o que estava realmente em jogo era quão longe ele desejava empurrar suas demandas. A despeito de seus Exército e Marinha terem tomado todas as medidas preparatórias necessárias para uma invasão de Hokkaido, em 22 de agosto Stalin decidiu sustar os desembarques. Ao mesmo tempo, ordenou a Vassilevski a tomada das cidades-chave de Port Arthur e Darien, na Manchúria.[65]

O Exército Vermelho também avançou sobre a Coreia, território que o Japão conquistara como colônia em 1910. Stalin ordenou que suas tropas parassem no Paralelo 38, como especificado na Ordem nº 1 de Truman. Evidentemente, ele só fez isso para evitar conflitos adicionais porque não existiam tropas americanas no terreno por lá. É também verdade que Moscou só deixou duas divisões na Coreia, embora outras fossem chegar em breve.[66]

As autoridades de ocupação no norte e no sul da Coreia geralmente criaram sistemas à sua própria imagem. Os Estados Unidos ajudaram Syngman Rhee, de 70 anos, a assumir o poder, um exilado educado na América e rematado anticomunista. O Exército Vermelho instalou Kim Il-sung que, por uma década, fora membro do Partido Comunista Chinês. Era figura de destaque na resistência contra os japoneses quando, em 1942, caiu sob influência soviética e foi alistado. Terminada a guerra, emergiu como oficial do Exército Vermelho e ferrenho stalinista. Apesar de ninguém perceber, estava armada a bomba para a Guerra da Coreia, que seria deflagrada cinco anos mais tarde.[67]

O Exército Vermelho carregou nos ombros as ambições de Stalin enquanto elas se alastravam sobre as ilhas Curilas. Malgrado as reclamações de Truman, as forças soviéticas "tomaram de volta" mais território do Japão do que este país jamais conquistou da Rússia Imperial. Se bem que tivesse cessado a maior parte dos combates, outras escaramuças do Exército Vermelho continuaram até 2 de setembro e a rendição formal do Japão a bordo do encouraçado *Missouri*.[68]

Debates ainda têm lugar se as bombas atômicas eram necessárias. Um estudo japonês sugere plausivelmente que Hiroshima e Nagasaki não seriam suficientes, porque "os militares nipônicos continuariam argumentando pelo prosseguimento da guerra mesmo depois do lançamento de uma terceira bomba, até mesmo de uma quarta".[69] Por outro lado, é

POTSDAM, A BOMBA E A ÁSIA 201

preciso separar o efeito dos dois artefatos e o ataque soviético.[70] Stalin deve ter comparado os prós e contras quando ordenou a operação do Exército Vermelho, destruindo assim as esperanças do "partido da paz" no Japão que tentava fazer dele um mediador de acordo quase de rendição incondicional. A decisão soviética igualmente minou o "partido da paz" porque então todo o mundo se voltou contra o Japão.

O que Stalin tentava ganhar na Ásia? As opiniões variam. Um relato recente dá a entender que ele "era motivado por interesses geopolíticos. Ideologia ou zelo revolucionário tiveram pequeno papel naquela campanha".[71] Apesar de ser verdade que Stalin desejava recuperar territórios perdidos em guerras contra o Japão, seria um erro subestimar os aspectos políticos e missionários da guerra no Extremo Oriente.

É claro que nunca foi só "tudo Stalin". Milhões partilhavam suas ideias, sobretudo no Partido Comunista e no Exército Vermelho. O marechal Vassilevski, por exemplo, que comandou as operações contra o Japão, espelhou o que muitos em seu país pensavam. Ele escreveu, orgulhoso, que "o resultado da derrota japonesa criou condições favoráveis para as revoluções populares na China, Coreia do Norte e Vietnã". Acrescentou que, em 1945, Mao Tsé-tung estava correto ao dizer que "o Exército Vermelho veio para ajudar o povo chinês a expulsar os agressores. Este inestimável evento não teve paralelo na história chinesa". Vassilevski afirmou que o Exército Vermelho soviético entregou gigantescos arsenais de armamentos japoneses às forças comunistas chinesas, contribuindo assim para a vindoura revolução.[72]

Também ilustrativas são as opiniões do general Kirill Meretskov, comandante da Primeira Frente do Extremo Oriente que invadiu através da Manchúria e chegou à Coreia. Suas observações são representativas dos que condenaram os Estados Unidos pelo início da Guerra Fria.[73] De acordo com Meretskov, a bomba teve como finalidade intimidar a União Soviética "e o mundo", e seu emprego mostrou que "a elite dos EUA já considerava o estabelecimento de sua dominação mundial".[74]

Como indica o testemunho de Meretskov, o Exército Vermelho incorporava a noção de Stalin sobre o mundo e a ideologia que ele propunha. Em setembro, o ditador soviético discursou na celebração da grande vitória. Enfatizou como eles haviam destruído o Japão, outra potência fascista-imperialista comparável à Alemanha nazista, realçou a correção dos erros passados cometidos pelo Japão e vislumbrou o futuro. Como em todos os pronunciamentos e mensagens no fim da guerra, não disse uma só palavra sobre quaisquer ambições políticas, muito menos sobre o desejo de fomentar a revolução e alastrar a fé comunista, pois tais revelações pareceriam totalmente fora de propósito. Até mesmo em momento de glória, ele se resguardava quanto à divulgação da maior parte de sua agenda mundial.[75]

Stalin pesou os riscos que suas políticas podiam despertar nos Estados Unidos e na Grã-Bretanha. Embora quisesse que o Exército Vermelho tomasse parte na ocupação do Japão, desistiu quando percebeu que a proposta parecia incomodar seus aliados. Pela mesma razão, assinou o Tratado Sino-Soviético de Amizade, Aliança e Assistência Mútua com o líder do Kuomintang (KMT) Chiang Kai-shek (Jiang Jieshi) em 14 de agosto, ato considerado traição por Mao Tsé-tung. O Partido Comunista Chinês fora fundado em 1921 sob os auspícios de Moscou e do Comintern. Ainda assim, Stalin preferiu ter o KMT como parceiro, considerando-o o poder maior capaz de derrotar os guerreiros militares, unificar o país e, portanto, "sem intenção alguma", preparar a China para o comunismo.[76] Não obstante convencido de que os comunistas chineses não estavam política e militarmente prontos para entrar numa disputa pelo poder, Stalin não abjurou de maneira alguma sua perspectiva da revolução final, o que, de fato, aconteceria mais cedo até do que ele antecipara.[77]

Enquanto isso, a URSS explorava o trabalho forçado de 1,6 a 1,7 milhão de prisioneiros de guerra japoneses. Eles foram empregados nas fábricas e em canteiros de obras até que adoeceram demais para continuarem trabalhando.[78] A repatriação arrastou-se por anos, e ainda não se sabe o destino de aproximadamente 300 mil deles. Os prisioneiros foram submetidos a anos de "reeducação" e obrigados a aprender a doutrina comunista.[79]

A cruzada vermelha na Ásia foi retomada por revolucionários endógenos, muitos de cujos líderes haviam passado temporadas em Moscou e experimentado em primeira mão a influência de Stalin. Tais movimentos políticos e as culturas nos quais floresceram foram tão diversificados que fugiram ao controle de um único centro. Seguiram os próprios caminhos sangrentos para a consecução do sonho do milênio, muitas vezes impulsionados por recursos financeiros e aconselhamentos de Moscou.

Mais perto de casa, a agenda do pós-guerra imediato de Stalin era acertar as contas com todos aqueles que haviam se alinhado com os invasores hitleristas ou vacilado em suas lealdades. A vingança não tinha apenas caráter de forra, mas era julgada necessária para garantir a segurança no front doméstico da mãe-pátria, quando as forças soviéticas transpuseram a fronteira ocidental, rumando para Berlim e levando com elas a causa vermelha para o mais longe possível.

10

Retaliação soviética e julgamentos pós-guerra

Os líderes comunistas soviéticos estavam convictos, mais do que nunca após sua grande vitória em Stalingrado no começo de 1943, de que logo seria possível ampliar o Império Vermelho além das fronteiras pré--guerra da URSS. Para falar a verdade, Stalin julgava desconcertante que grande número de seus combatentes não tivesse demonstrado poder de resistir nos primeiros estágios do conflito e acabara prisioneiro. Além disso, alguns civis e grupos étnicos inteiros haviam colaborado com a ocupação alemã. Enquanto as forças soviéticas davam início à caçada aos invasores e miravam Berlim, o ditador mostrava-se determinado a acertar contas com todos aqueles "inimigos internos" como pré-requisito para a campanha do Exército Vermelho que levaria o comunismo para o interior da Europa. A retaliação soviética tornou-se mais sanguinária do que qualquer outra coisa e, para milhões de pessoas, constituiu um capítulo negro da Guerra Fria que estava por chegar, normalmente negligenciado nos estudos do conflito Oriente-Ocidente.

Aconteceu que a decisão soviética de agir contra os colaboracionistas e vira-casacas se encaixou nas preocupações ocidentais, que remontavam a 1942, sobre as atrocidades cometidas por trás das linhas de frente pelos invasores alemães e seus aliados. Os governos exilados polonês e tcheco

206 A MALDIÇÃO DE STALIN

tinham pressionado os Estados Unidos e a Grã-Bretanha a alertarem os alemães a respeito de retaliações na esperança de evitar mais violência contra as populações civis. Quando as provas de crimes em massa dos nazistas começaram a vazar, no entanto, espalharam-se também rumores sobre malfeitos perpetrados pelos soviéticos. Mesmo pressionado por este fluxo de revelações, Stalin resolveu prosseguir no seu intento, ainda que os objetivos políticos da vingança soviética estivessem muito pouco alinhados com aquilo que Roosevelt e Churchill tinham em mente.

JULGAMENTOS SOVIÉTICOS E ALIADOS DOS CRIMES DE GUERRA

Em junho de 1942, numa visita a Washington, o primeiro-ministro Churchill mencionara sua vontade de criar uma comissão dos Aliados para lidar com as atrocidades. Dando prosseguimento a esta observação, Harry Hopkins, seguindo instruções de Roosevelt, compôs um memorando que se tornou fundamento da proposta de Churchill ao Ministério da Guerra britânico em 1º de julho para a constituição de comissão das Nações Unidas (isto é, dos Aliados) que coletaria material sobre os crimes de guerra e seus perpetradores. Os ingleses solicitaram dados de todos os governos exilados em Londres. Em 30 de julho, representantes destes governos também se apresentaram a Roosevelt com uma longa lista de crueldades nazistas. Em resposta de 21 de agosto, o presidente expediu um alerta, com palavreado um tanto vago, alertando as potências do Eixo que ele tencionava "fazer uso adequado" de todas as evidências de "crimes bárbaros dos invasores, na Europa e na Ásia", em "tribunais de justiça". A Grã-Bretanha, entretanto, não quis repetir os fracassados esforços feitos após a Primeira Guerra Mundial para julgar os acusados de crimes de guerra.

A Câmara dos Lordes sugeriu então que os Aliados continuassem a organização da comissão investigadora e solicitou ao secretário de Estado Eden que sondasse todos os governos relevantes. Em 3 de outubro, o secretário começou a fazer exatamente isto. A reação do presidente Roosevelt foi insistir, desta vez em tom mais duro e, em 7 de outubro, ingleses e americanos anunciaram que haviam criado uma Comissão das Nações Unidas sobre Crimes de Guerra. Apesar de os dois governos afirmarem numa declaração conjunta que a intenção era distribuir "punição justa e categórica" aos "líderes de grupos responsáveis pela matança organizada de milhares de pessoas inocentes", não ficou claro se a comissão ultrapassaria sua atribuição de investigar.[1]

Eden não recebeu resposta da União Soviética ou da China. Em vez disso, em 14 de outubro, o Kremlin soltou uma declaração detalhada sobre "monstruosas atrocidades" sendo cometidas pelos invasores e, em 2 de novembro, anunciou sua Comissão Estatal Extraordinária para Investigação de Atrocidades dos Alemães Fascistas e de Seus Cúmplices (*Chrezvychainaia gosudarstsvennaia komissiia*, ou ChGK). O novo órgão, cujas obrigações foram logo acuradamente sintonizadas pelo próprio Stalin, era liderado por destacadas pessoas públicas e por intelectuais de renome. Vale citar que seus relatórios tencionavam principalmente influenciar as políticas nos países Aliados e não tanto para emprego na União Soviética.[2]

Em 17 de dezembro, Estados Unidos, Grã-Bretanha e URSS, juntamente com outros nove governos europeus no exílio, condenaram as autoridades alemãs por "colocarem em prática a intenção de Hitler, frequentemente repetida, de exterminar o povo judeu na Europa". O anúncio ratificou a determinação Aliada "em assegurar que os responsáveis por esses crimes não escapariam das consequências".[3]

Como já vimos, em 1943, a realidade dos massacres de tempo de guerra caiu em domínio público em abril, quando os nazistas começaram a publicar as provas que encontraram sobre as covas coletivas de oficiais poloneses em Katyn. A comissão soviética de atrocidades (ChGK) ainda estava sendo organizada, mas as implicações políticas de Katyn e a necessidade de urgente resposta a energizaram.[4]

Quando as histórias foram publicadas em 13 de abril, o ministro da Propaganda Joseph Goebbels, em Berlim, ficou feliz com a ressonância que elas tiveram na Alemanha e no exterior.[5] Apenas seis dias depois, a pressão por contrabalançar as notícias sobre Katyn pôde ser constatada em novo édito soviético, igualmente verificado nos pormenores por Stalin, que prometia punições mais severas para "os criminosos nazistas e seus asseclas locais". Em maio, os alemães descobriram mais valas comuns, desta vez com perto de 10 mil corpos em Vinnitsa (Ucrânia) e, nos meses seguintes, divulgaram também o achado.[6] O Ocidente de modo geral aceitava que aqueles extermínios em massa eram, de fato, obra da polícia secreta soviética, embora nas circunstâncias de tempos de guerra as crueldades fossem quietamente negligenciadas ou postas de lado.

O decreto de abril de Moscou sobre crimes de guerra estipulava que os acusados enfrentariam cortes marciais públicas, com penas que poderiam variar do enforcamento público ao banimento e trabalhos forçados ao estilo tsarista (*katorga*) por quinze a vinte anos.[7] Estes julgamentos tiveram lugar em Krasnodar, Mariupol e Krasnodon. A maior parte dos acusados foi de cidadãos soviéticos, mas 46 alemães também foram indiciados, doze dos quais, no fim, executados.[8]

Em 14 de julho teve lugar o primeiro destes eventos em Krasnodar. Os onze acusados soviéticos passaram por julgamento públicos do tipo praticado nos anos 1930. Desta forma, a missão "legal" dos processos foi demonstrar culpas e distribuir penas. Oito dos onze foram condenados à morte, e uma multidão estimada em 30 mil pessoas se reuniu para assistir aos enforcamentos.[9] O édito de Stalin determinava que "os corpos deveriam ser deixados nos patíbulos por diversos dias".

Em dezembro de 1943, outro evento semelhante ocorreu em Carcóvia, na Ucrânia. O caso foi digno de nota porque incluía três alemães e um colaboracionista local. Os quatro acusados eram claramente "peixes pequenos" (dois oficiais subalternos e um cabo) selecionados para representar as forças de ocupação, junto com cúmplice russo. O roteiro seguido foi o mesmo, inclusive com veementes confissões dos réus. Segundo o veredicto, eles foram culpados de fuzilar, enforcar e envenenar nos furgões de gás não menos do que "30 mil cidadãos pacíficos e completamente inocentes".[10] Fez-se silêncio sobre o fato de que a maioria das vítimas das atrocidades era de judeus.

O julgamento de Carcóvia em si foi amplamente divulgado e até um documentário produzido, *O julgamento continua*, que revelava gritante evidência de assassinatos em massa. A execução pública dos acusados na praça da cidade foi acompanhada por uma multidão de cerca de 50 mil pessoas.[11] Washington e Londres ficaram sobressaltadas, mas não por causa de escrúpulos legais a respeito dos julgamentos, e sim pela maneira com que Hitler poderia retaliar com os prisioneiros de guerra que estavam em suas mãos. Os Estados Unidos e a Grã-Bretanha não pediram que os julgamentos cessassem, e Moscou declarou que eles teriam prosseguimento, todavia, na verdade, não houve mais daqueles shows tétricos até depois da guerra.[12]

Os soviéticos também provocaram críticas por recusarem a se associar à Comissão de Crimes de Guerra da ONU, oficialmente em atividade desde 20 de outubro de 1943. Apesar disso, os ministros das Relações Exteriores chegaram a certo grau de concordância na conferência tripartite ocorrida em Moscou mais ou menos na mesma época (19-30 de outubro). O resultado de tal encontro foi a Declaração de Moscou em nome de Grã-Bretanha, Estados Unidos e União Soviética, assim como de outras 32 nações. Os signatários alertaram veementemente a Alemanha de que, quando o armistício viesse, os transgressores acusados "seriam levados de volta às cenas de seus crimes e julgados no ato pelas pessoas que tinham ultrajado".[13]

Stalin, Roosevelt e Churchill demonstraram indecisão sobre o que fazer com os líderes do topo, embora o ditador soviético tivesse tocado de leve no assunto na Conferência de Teerã, no fim de 1943. Os Três Grandes se inclinavam pelas execuções sumárias. Stalin sugeriu, em jantar de 29 de novembro, que, a menos que meios eficazes fossem adotados, a Alemanha se reergueria no período de quinze a vinte anos. Então propôs que um fato desses poderia ser esvaziado se os Aliados "executassem fisicamente" 50 mil ou talvez 100 mil líderes das forças armadas germânicas. Também ponderou que as potências vitoriosas deveriam reter o controle sobre "pontos estratégicos no mundo, e se a Alemanha movimentasse um só músculo poderia ser rapidamente imobilizada". Roosevelt, algo surpreso pela escala das execuções propostas por Stalin, perguntou brincando se a quantidade não podia ser fixada em 49 mil ou mais". O filho de Roosevelt, Elliott, presente naquela noite, caçoou ainda mais, elevando o número para 49.500.[14]

Churchill fez vigorosa oposição "à execução a sangue-frio de soldados que haviam combatido por seus países". Ele achava que quem fosse acusado de "atos bárbaros" deveria ser julgado de acordo com a Declaração de Moscou que os três líderes tinham recém-assinado. Embora os registros não apontem, Churchill ficou tão irritado naquela noite que se levantou para ir embora, mas foi logo acalmado por um jovial Stalin, dizendo que só estava gracejando. O primeiro-ministro voltou à mesa, porém mais tarde lembrou-se de que o ditador pareceu estar testando reações.[15]

No início de 1945 em Ialta, Roosevelt, em conversa particular com Stalin, voltou ao tema dos criminosos de guerra e perguntou se o ditador "proporia de novo um brinde à execução de 50 mil oficiais do Exército alemão". O líder soviético esquivou-se da pergunta porque, na ocasião, já mudara de ideia sobre execuções e desejava um grande julgamento-show do tipo que seus seguidores haviam aperfeiçoado.[16]

De qualquer maneira, depois que a decisão sobre os importantes criminosos de guerra foi repassada à apreciação dos secretários das Relações Exteriores, debates mais aprofundados sobre as implicações jurídicas continuaram dentro e entre os três governos. Houve concordância a respeito de julgar os grandes responsáveis por crimes de guerra em tribunal militar internacional, mas a diferença principal foi que Moscou queria julgamentos-show para demonstrar a "culpa autoevidente" dos réus e distribuir as penas correspondentes. Não obstante, americanos e ingleses conseguiram impor um processo consentâneo com suas tradições jurídicas, nas quais os acusados eram considerados inocentes até prova em contrário. As longas negociações culminaram em 8 de agosto de 1945, quando os Aliados assinaram a resolução de um tribunal militar internacional. O julgamento de importantes criminosos de guerra teve início no Tribunal Militar de Nuremberg, mais tarde no mesmo ano, com mais eventos a seguir.[17]

A União Soviética julgou por conta própria um total aproximado de 55 mil alemães e austríacos menos conhecidos, acusados de crimes de guerra, e considerou culpados 25.921 deles. Prudência deve estar presente na apreciação destes números; não sabemos exatamente quantas pessoas suspeitas foram fuziladas no ato ou morreram nas prisões.[18] Apenas dezoito casos, envolvendo 224 acusados, foram julgados em público. A maioria dos réus era de prisioneiros de guerra. Além deles, dentro dos campos de concentração, milhares de inimigos "sabotadores" foram julgados e condenados à prisão, sendo que alguns destes últimos só deixaram a URSS em 1956.

REPRESÁLIA CONTRA COLABORACIONISTAS SOVIÉTICOS

Houve atos selvagens de represálias em toda a Europa à proporção que ela ia sendo libertada dos nazistas e fascistas. O que ocorreu na União Soviética foi muito mais sangrento e bem mais amplo do que em qualquer outro lugar. Desde o início da invasão alemã em 1941, o regime decretou lei marcial para impor ordem nas zonas de combate ou próximo delas. Tribunais militares e cortes marciais podiam julgar membros das forças armadas e civis comuns, individual ou coletivamente, e podiam banir qualquer um

RETALIAÇÃO SOVIÉTICA E JULGAMENTOS PÓS-GUERRA 211

julgado "socialmente perigoso" ou suspeito de qualquer transgressão. A maioria dos cidadãos soviéticos julgados foi enquadrada no Artigo 58-1a do Código Penal por "atividade contrarrevolucionária", sendo que a palavra "atividade" abarcava vasta acepção. Aos réus não era concedido mais de um dia para o preparo de suas defesas, nem existia direito a recursos. No ano seguinte, a situação na linha de frente se deteriorou, de modo que, em 24 de junho de 1942, um novo decreto endureceu mais as punições pela ameaça aos familiares de quem fosse culpado de colaborar com os alemães. Eles podiam ser sentenciados a cinco anos de trabalhos forçados. Na medida em que o Exército Vermelho empurrava para fora da URSS as forças ocupantes naquele ano, aproximadamente 16 mil cidadãos soviéticos iam se apresentando ante tribunais para responderem pela acusação de "traição contra a mãe-pátria".[19]

Entre 1941 e 1954, um total de 333.065 "colaboracionistas civis" foi julgado à luz do Artigo 58-1a do Código Penal, e outros 36.065 pelo decreto de abril de 1943. Estes réus incluíram principalmente os envolvidos na administração ou polícia, mas não o quase 1 milhão de homens que os estudiosos russos estimam terem usado o uniforme alemão, seja por se apresentarem voluntariamente para atacar o sistema soviético, seja porque, como prisioneiros de guerra, foram forçados a lutar pela Wehrmacht.

Em outras regiões da Europa, a natureza e extensão da represália pós-guerra variaram muito. Em alguns países, o expurgo inicialmente foi sangrento, mas depois amainou. Na Noruega, poucos foram mortos, porém grande proporção da população foi adversamente afetada de alguma forma.[20] Estranhamente, mesmo que as condenações fora da Europa sejam contabilizadas, bem mais colaboracionistas não alemães foram julgados do que germânicos e austríacos compareceram diante de cortes para responder a acusações relacionadas à guerra — um total de 329.159, sendo 96.798 considerados culpados.[21]

Os tribunais soviéticos julgaram relativamente "modestos" os 5% culpados e executados durante a guerra. Este número caiu para 1%, se tanto, quando veio a paz. Tais números da Procuradoria-Geral não refletem toda a história; alguns anos não foram incluídos e julgamentos adicionais aconteceram antes em outros órgãos judiciários. Provas demonstram que não apenas indivíduos, mas vilarejos inteiros foram exterminados por colaborarem com os invasores.[22]

Dentro da União Soviética, quando os alemães foram repelidos, o recente NKVD prendeu dezenas de milhares, enquadrados sem muito critério como espiões, sabotadores, aliados dos alemães ou "gangues". Embora nem todos eles tenham sido levados aos tribunais, a experiência da detenção pelo NKVD e os interrogatórios foram verdadeiras punições.[23] Beria reportou a Stalin no fim de 1943 que, enquanto o Exército Vermelho progredia, unidades especiais tinham "feito limpeza" por trás das linhas e, apenas naquele ano, 582.515 militares haviam sido detidos, fora os 349.034 civis. Eles variaram de desertores a "bandidos e saqueadores", ou que não possuíam os devidos documentos. Outros milhares pereceram em entreveros armados.[24]

Moscou enfureceu-se quando, em 1941, cidades importantes foram vencidas e ocupadas pelos alemães. Ainda pior, da perspectiva do Kremlin: alguns funcionários do Partido Comunista desobedeceram ordens e fugiram, e outros não só colaboraram com a ocupação como também queimaram suas carteiras de filiação. Apesar de ser impossível avaliar com exatidão quantos colaboraram, os números foram muito grandes. O regime fez questão de anunciar sua determinação de perseguir ao máximo possível tais pessoas.

Quantas comunidades reagiram à colaboração no período pós-guerra foi fator variável de região a região. Em Rostov, cidade-chave no rio Don, o partido ordenara que seus membros fugissem à aproximação dos alemães, porém muitos permaneceram. A cidade reportou para Moscou que, no período até setembro de 1945, 11.429 membros do partido recusaram a evacuação, e 7.124 foram expulsos por diversas razões. No que tange aos profissionais que ficaram, as autoridades foram evasivas. Por exemplo, perto de 90 % da administração do ensino superior e cerca de 50% dos professores permaneceram por trás das linhas alemãs, e foi tão ruim ou pior em outros ramos do serviço público. Embora os funcionários do partido recomendassem a expulsão, havia poucos candidatos qualificados para os substituir. Ademais, a despeito da retórica anticolaboracionista, um dos primeiros-secretários comunistas de Rostov asseverou em maio de 1946 que muitos líderes se inclinaram por manter os colaboradores que "estavam com medo e assim se tornavam bastante cordatos, reservados e sempre dispostos a agradar seus chefes".[25]

O quanto oscilou o tratamento dos colaboradores pode ser visto na região de Donbas (Ucrânia), onde uma mulher sentiu de imediato o ferroar da represália soviética quando foi libertada. Ela disse que o Exército Vermelho "não voltou com sentimento de culpa em relação à população" que abandonara na guerra, "mas como juízes". Moças e mulheres suspeitas de se deitarem com o inimigo tornaram-se logo alvos. Em Kramatorsk e outras cidades ucranianas, por exemplo, o NKVD não apenas matou mulheres por confraternizarem com alemães, como também liquidou as crianças nascidas desses relacionamentos. Houve todo o tipo de execuções sumárias e não foram encontrados registros detalhando quantidades.[26] Até as virtuosas foram castigadas, como uma mulher que convenceu os alemães a não levarem todas as provisões do vilarejo. Se eles o tivessem feito, as crianças e os debilitados passariam fome. O interrogador do NKVD foi muito duro com ela por não deixar que os invasores levassem tudo porque "então as pessoas teriam sido mais resistentes em suas atitudes".[27]

Em outro vilarejo, a história foi similar. Uma carta que conseguiu passar pela censura, de uma esposa para o marido no front, relatava como os locais haviam alimentado as famintas tropas do Exército Vermelho quando elas chegaram. Ela ficou chocada quando o ancião do vilarejo foi enforcado, "porque serviu aos alemães, disseram eles. Mas foi ao próprio povo do vilarejo que ele assistiu; ajudava os órfãos. Todavia, não lhe deram ouvidos. Chegaram com um caminhão, o agarraram e sumiram com ele. De nada valeu a defesa que toda cidade fez em seu favor: tudo em vão". Em volta de nossas casas, continuava a carta, foi uma história de horror. As pessoas eram perseguidas até dentro dos bosques. "Assim, como você vê, vivemos com grande medo. Ninguém sabe o que nos matará primeiro: nossas tropas ou a fome."[28]

A represália soviética puniu não só colaboracionistas suspeitos, mas também suas famílias, cuja única esperança era poder provar nos tribunais que haviam ajudado as forças soviéticas ou resistido de alguma maneira. Se não conseguissem, os que viviam na comunidade à época do suposto crime, ou ato colaborador, ficavam sujeitos à deportação por período de cinco anos.[29]

Já com idade avançada, Molotov foi questionado sobre por que, desde os anos 1930, o regime adotara a prática de "isolar" (o que quer dizer deportar) os membros da família dos que tinham sido "reprimidos". Ele achava que os motivos eram autoexplicativos. Se medidas não fossem tomadas, afirmou, aquelas pessoas "teriam estimulado reclamações e contribuído para uma desmoralização generalizada. Estes são fatos".[30]

214 A MALDIÇÃO DE STALIN

Condizente com tal abordagem, Beria escreveu a Stalin, em 18 de agosto de 1944, sobre as pequenas estâncias hidrominerais de cidades no Cáucaso como Piatigorsk, Kislovodsk, Jeleznovodsk e Essentuki, no distrito de Stavropol. Ainda vivendo lá, disse ele, existiam "famílias de ativos colaboracionistas alemães e traidores que tinham sido condenados ou voluntariamente partiram com os ocupantes nazistas". Solicitava permissão para que o NKVD "purificasse essas cidades pela realocação de 850 membros de famílias". Todos foram mandados para Novosibirsk no início de setembro. Em função desses modos de pensar e agir, pode-se concluir que o número de pessoas que se viram atingidas pela represália soviética provavelmente foi muito maior do que o divulgado.[31]

REPATRIAÇÃO DE PRISIONEIROS DE GUERRA E CIVIS SOVIÉTICOS

A dureza da represália soviética em todos os aspectos da vida ficou evidente na atitude de Stalin em relação aos oficiais do Exército Vermelho que "se permitiram" ser prisioneiros. Ele os rotulou de traidores, e, segundo a notória Ordem 00270, generais e oficiais de outros postos, inclusive do NKVD, ficaram sujeitos à pena de morte. Até seus parentes podiam ser presos, e Stalin não poupou nem a própria família. Quando o filho Yakov se tornou prisioneiro, a esposa dele foi detida; só seria solta dois anos depois, quando Stalin se convenceu de que o filho não traíra a mãe-pátria.[32]

Os alemães tratavam prisioneiros soviéticos de guerra pior que animais, e uma estarrecedora quantidade de 3,3 milhões deles "morreram no cativeiro", enquanto outros foram explorados até o fim da guerra.[33] E mais, quando os invasores chegaram, forçaram ou recrutaram milhões de civis soviéticos para trabalhar no Terceiro Reich. Por volta de agosto de 1944, existiam cerca de 2,1 milhões de tais *Ostarbeiter*, ou trabalhadores do leste (de um total de 5,7 milhões de toda a Europa), vivendo dentro da Alemanha.[34] Para Stalin, esta mão de obra era tão traidora quanto os soldados que "tinham se deixado" cercar e capturar.

De simbólica importância foi a figura mítica do general Andrei A. Vlasov, um dos muito condecorados comandantes do Exército Vermelho: oficial veterano que serviu na guerra civil, agraciado com a prestigiosa

Ordem de Lenin e membro do Partido Comunista. Feito prisioneiro pela Wehrmacht em julho de 1942, logo revelou seus sentimentos antissemitas e alguns alemães esperaram utilizá-lo para liderar um movimento russo de libertação. As altas patentes nazistas tinham suas dúvidas, embora no início de 1945 tenham consentido que Vlasov constituísse duas divisões, na maioria formadas por prisioneiros soviéticos de guerra. O Exército Vermelho o capturou próximo a Praga em 12 de maio junto com parte de sua tropa e enviou todos para Moscou. Em 2 de agosto de 1946, os jornais publicaram que ele e outros onze tinham sido considerados culpados de espionagem e atividade terrorista, e executados. No jargão soviético, chamar alguém de *vlasovista* era pior do que classificá-lo de fascista.[35]

Civis soviéticos que lutaram por Hitler, contudo, representaram problema maior do que apenas as duas divisões de vlasovistas, fato que ficou evidente para os Aliados ocidentais depois dos desembarques na Normandia de meados de 1944. À medida que estes faziam mais prisioneiros, alguns eram identificados como "russos" que serviam na Wehrmacht, na Waffen-SS e em outras forças. Na realidade, muitos "estrangeiros" (*Ausländer*) combateram, de uma maneira ou de outra, no lado alemão, mas é impossível determinar com precisão sua quantidade, pois números inflados normalmente são fornecidos. Como regra, todavia, Hitler e Himmler não gostavam de eslavos em suas fileiras. A maior parte dos não germânicos da Wehrmacht provinha da Europa Ocidental — como da Holanda e Bélgica, Alsácia e Lorena, ou dos Estados Bálticos.[36]

De acordo com a Convenção de Genebra, os uniformes que os militares vestissem na ocasião da captura determinavam os países para os quais deveriam ser repatriados. A Grã-Bretanha pensava diferente, e já em 17 de julho de 1944 o Ministério da Guerra decidia, a pedido de Moscou, que para lá enviaria todos os cidadãos soviéticos aprisionados como soldados alemães, mesmo que eles viessem a enfrentar, no futuro, tratamento rigoroso ou execução.[37] O secretário das Relações Exteriores Eden reforçou a decisão com um memorando de agosto a Churchill, no qual observou que os homens tinham sido capturados atirando em tropas Aliadas, por conseguinte não havia espaço para sentimentalismos. Quando Churchill e Eden viajaram a Moscou em outubro para debater a situação do pós-guerra, também trabalharam no famoso "acordo das porcentagens" quanto às esferas de influência. Depois do jantar na embaixada britânica, Stalin de repente mencionou os prisioneiros soviéticos (em uniformes alemães) que estavam nos campos de concentração britânicos. Ele os queria de volta, e Eden, ao mesmo tempo em que concordava, aproveitou o momento para solicitar ajuda na facilitação do retorno dos prisioneiros ingleses que se achavam em campos alemães. O chefe do Kremlin ficou satisfeito em fazê-lo e para aplacar qualquer peso na consciência dos britânicos disse--lhes que, apesar de alguns daqueles soviéticos serem "patifes", não seriam maltratados.[38] Na realidade, a sorte deles já estava selada.

Na Grã-Bretanha, quando os prisioneiros soviéticos de guerra souberam que seriam repatriados, entraram em desespero e alguns se suicidaram. Nos meses que se seguiram, o suicídio seria uma reação comum. Todas as resistências e protestos foram ignorados e, em 31 de outubro, apenas semanas após o retorno de Churchill e Eden de Moscou, o primeiro navio de transporte deixou a Grã-Bretanha rumo a Murmansk. No cômputo final, durante a guerra, cerca de 10 mil daqueles soldados viajaram em navios ingleses para um destino incerto na URSS.[39]

Nos Estados Unidos, parcialmente por quererem respeitar a Convenção de Genebra, a sorte dos cidadãos soviéticos que lutaram por Hitler foi mais complexa. Prisioneiros alemães feitos no Norte da África, e mais tarde nos desembarques na França, foram enviados para os EUA. Pelo fim do ano, os campos americanos já continham aproximadamente 400 mil prisioneiros de guerra, em torno de 1% dos quais era qualificado como "russos".[40]

As missões militares americana e britânica em Moscou entraram em contato com o Estado-Maior do Exército Vermelho em 11 de junho de 1944, para debater sobre o destino daqueles prisioneiros, mas receberam pouca cooperação. Os americanos prosseguiram com as providências e rotula-ram seus prisioneiros "russos" com o desajeitado título de "Prisioneiros alemães de origem soviética".[41] Passaram a perguntar aos cativos qual sua origem e o fizeram sem informá-los sobre as possíveis consequências. Por volta de dezembro, o secretário de Estado Hull formalizou a medida como "política do requerente".[42]

No início do outono, Andrei Gromiko, embaixador soviético em Washington, começou a levantar questões sobre aqueles prisioneiros "russos", já que histórias sobre eles apareciam na imprensa. O embaixador afirmou ao Departamento de Estado que tais prisioneiros não haviam, realmente, combatido pela Wehrmacht; garantiu que eles trabalharam

RETALIAÇÃO SOVIÉTICA E JULGAMENTOS PÓS-GUERRA 217

por trás das linhas como motoristas ou médicos, ou tinham sido coagidos a assim proceder. A suposição que embasava esta posição oficial era que ninguém criado na União Soviética possivelmente podia ser opor a Stalin ou ao comunismo. Os americanos julgaram conveniente aceitar tal ficção.

Ainda que o general Eisenhower preferisse que aqueles prisioneiros de guerra se apresentassem como voluntários para a repatriação, ele se dispôs a seguir o exemplo inglês. O Estado-Maior Conjunto anuiu e o presidente Roosevelt também foi persuadido. Em dezembro de 1944, os americanos começaram a mandar prisioneiros de volta para a União Soviética. Havia inclusive pessoas descritas como tendo "nomes eslavos que recusavam a nacionalidade soviética". Por exemplo, no começo de 1945, um grupo de 1.100 deles foi entregue às autoridades soviéticas na costa oeste para a via-gem de retorno à mãe-pátria, que eles não desejavam.[43] Desta forma, bem antes da Conferência de Ialta (fevereiro de 1945), os Aliados ocidentais já encaminhava prisioneiros soviéticos em uniformes alemães para a URSS.

Em Ialta, o general John R. Deane, chefe da missão dos EUA em Moscou, foi incumbido de trabalhar com militares soviéticos uma proposta para a troca de prisioneiros de guerra e civis libertados. O general não ficou nada otimista com a cooperação soviética, pois esperara seis meses inteiros por resposta à sua solicitação de reunião. O Exército Vermelho, nesse meio--tempo, preparara um acordo e o apresentara a Deane para assinatura em Ialta. Tal acordo formalizava ações já em curso segundo as quais "os países contratantes deveriam, quando necessário, empregar todos os meios práticos para garantir" a evacuação de cada natural de um país e enviá-lo para casa.[44]

Embora o acordo não fizesse menção específica à repatriação compul-sória, ela estava implícita. Na prática, tanto Grã-Bretanha quanto Estados Unidos já agiam como se fossem obrigados a retornar todos os cidadãos uniformizados ou civis da União Soviética — com a exceção de desertores importantes. Ninguém pensava em assegurar asilo político. Os ingleses chegavam a exagerar entregando emigrados "russos Brancos" — ou seja, antibolcheviques que lutaram contra Lenin e companhia e jamais foram cidadãos soviéticos.[45]

O embaixador Averell Harriman lembrou-se de que, na ocasião, a preocupação era com os calculados 75 mil prisioneiros de guerra america-nos e britânicos que os soviéticos deveriam em breve libertar dos campos alemães: "Não tínhamos ideia de que centenas de milhares de cidadãos soviéticos recusariam a volta porque tinham razões de sobra para suspeitar de que seriam enviados para a morte ou para os campos de concentração de Beria. Soubemos disso depois."[46] Na realidade, americanos e britânicos tinham conhecimento do que provavelmente ocorreria, mas os prisioneiros soviéticos decerto desconfiavam do pior. Os jornais americanos publicaram seus protestos e relataram os suicídios e as perspectivas para quem era mandado de regresso à URSS.[47]

A despeito de toda a cooperação que Moscou recebeu na repatriação de milhões de prisioneiros de guerra e civis soviéticos, foi lenta e desorganizada a libertação dos prisioneiros americanos. Alguns deles esperaram vagando pela Polônia, onde pessoas comuns lhes proporcionaram "o mais gentil tratamento" e dividiam os poucos alimentos que possuíam. Alguns, milagrosamente, pegaram caronas até Moscou e conseguiram chegar à embaixada americana.[48] Cada vez mais consciente do caos enfrentado pelos prisioneiros libertados, o general Deane e o embaixador Harriman solicitaram a intervenção do presidente. Em 3 de março, Roosevelt passou um cabograma para Stalin pedindo permissão para que aviões dos EUA levassem suprimentos médicos para os compatriotas abandonados a leste das linhas soviéticas e evacuassem os adoentados. Recebeu um polido, mas firme "não". Tais voos, alegadamente, não eram necessários; os homens estavam sendo bem-cuidados.[49]

O presidente recebia informações contrárias e tentou novamente em 17 de março. Desta vez, o chefão do Kremlin retorquiu dizendo que, enquanto os americanos aos cuidados do Exército Vermelho eram bem tratados, o mesmo não se podia dizer dos prisioneiros soviéticos nos campos americanos — eles "eram sujeitados a tratamento injusto e inconveniências ilegais que chegavam ao espancamento, como fora mais de uma vez reportado ao governo americano". A conclusão era que não seria permitido aos Estados Unidos pegar seus prisioneiros libertados, alguns dos quais foram despachados em vagões de carga para centenas de quilômetros ao sul de Odessa e, em geral, negligenciados. O general Deane pediu permissão para visitar a Polônia e ver *in loco* o problema, mas ela lhe foi negada.[50]

O general observou que, quando os dois lados operaram como aliados, os soviéticos, invariavelmente, foram inconfiáveis, burocráticos e pouco cooperativos. "Durante todo o curso do programa recíproco de repatriação", escreve Deanes, "as autoridades soviéticas, inclusive Stalin, Molotov e outros, verteram uma torrente persistente de acusações referentes ao tratamento recebido pelos cidadãos soviéticos nas mãos das forças dos Estados Unidos que os haviam libertado. Em quase todos os casos, tais acusações foram provadas falsas e reconhecidas como infundadas pelos representantes soviéticos."[51]

As acusações de Stalin desnortearam e entristeceram Roosevelt. Harriman percebeu que os soviéticos faziam jogo político com a questão dos prisioneiros e, em 24 de março, aconselhou firmeza no trato com eles. Stalin e Molotov, disse o embaixador, claramente mentiam sobre o tratamento dispensado aos militares americanos, e alguma coisa precisava ser feita a respeito. Harriman instou o presidente e o secretário de Estado a reclamarem imediatamente da situação.[52] Desta vez, o presidente não fez nada, mas se deve levar em conta que ele já estava fisicamente muito enfraquecido e só teria pouco mais de uma semana de vida.

Entre 1944 e 1949, um total de 5,45 milhões de cidadãos soviéticos em todos os países — contabilizados civis e prisioneiros de guerra — foi repatriado para a União Soviética, quisessem eles ou não. Alguns tentaram viajar para casa por conta própria, mas o objetivo do governo soviético era filtrar todos por meio de "campos de triagem", onde elementos especialmente treinados do NKVD os interrogavam.[53] O processo inteiro era tenebroso e triste, e o resultado, uma interrogação.

Vários números são citados na literatura sobre o destino de todos aqueles homens e mulheres, todavia sem referências aos arquivos ou outras fontes confiáveis.[54] No entanto, uma recente e mais completa pesquisa conclui que 3 milhões, ou 57% de todos os repatriados sofreram alguma forma de "repressão" adicional, inclusive envio ao *gulag*, sujeição ao trabalho forçado, reingresso nas forças armadas, ou execução.[55] Sabemos que mais de 1,8 milhão de prisioneiros de guerra enfrentaram a horrorosa experiência dos campos de triagem e que um total aproximado de 300 mil (16,7%) foi mandado "para casa" e, supostamente, escapou de punições extras. Outros 300 mil, mais ou menos, "foram entregues ao NKVD", enquanto quase a mesma quantidade teve que servir nos batalhões de trabalhos forçados. Os remanescentes 900 mil foram obrigados a ingressar novamente no exército e embora o alistamento compulsório possa não soar como "repressão", a eles foram dadas as tarefas mais perigosas e imundas. Os prisioneiros e outros repatriados ficaram estigmatizados e sujeitos a ações da polícia especial no fim da década de 1940 e novamente em 1951.[56] Além do mais, "mesmo os que não foram mobilizados ou penalizados criminalmente sofreram discriminação a partir de então, em muitos casos até o fim de suas vidas".[57]

TRANSFORMANDO JUDEUS ASSASSINADOS EM VÍTIMAS COMUNS DO NAZISMO

No curso dos julgamentos pós-guerra soviéticos, menção ao que os nazistas tinham infligido aos judeus por vezes foi feita. O caso de Krasnodar envolveu membros do Sonderkommando SS 10a. As acusações abrangeram "execução de prisões, participação em buscas militares e expedições contra *partisans* e pacíficos cidadãos soviéticos, exterminação por enforcamento de cidadãos soviéticos, fuzilamentos em massa e emprego de gases venenosos". A acusação levantou a natureza sistemática desses assassinatos, mas negligenciou em citar o fato capital de que a avassaladora maioria das vítimas era de judeus.[58]

Teria Stalin coibido notícias sobre o Holocausto? O latente antissemitismo do ditador pareceu emergir gradualmente com o decorrer da guerra. Desde o início da invasão alemã, ele tinha consciência de que os judeus vinham sendo selecionados para a morte, mas não disse nada a respeito. Na sua longa mensagem de 6 de novembro de 1941, sobre o 24º aniversário da Revolução Russa, citou Hitler ao dizer que, para o estabelecimento do novo Reich alemão eles, "acima de todas as coisas, expulsariam e exterminariam as nações eslavas — russos, poloneses, tchecos, eslovacos, búlgaros, ucranianos, bielorrussos". Stalin não assinalou as muitas ameaças que Hitler fez aos judeus. O líder soviético denunciou o "partido hitlerista" como "um partido reacionário medieval, incitador de progroms xenófobos e antissemitas". Porém, nada mais no pronunciamento foi dito sobre o que sofriam os judeus. Digno de nota foi que a casual menção aos "pogroms" foi a última vez que Stalin chegou perto de dizer alguma coisa publicamente sobre a sorte dos judeus durante todo o conflito armado, malgrado quão bem informadas estivessem as autoridades soviéticas sobre o que os nazistas perpetravam.[59]

O comissário Molotov enviou quatro notas a países estrangeiros entre 1941 e 1943 reportando os terríveis crimes e atrocidades cometidos pelas

RETALIAÇÃO SOVIÉTICA E JULGAMENTOS PÓS-GUERRA

forças de ocupação na União Soviética. Em apenas uma delas aludiu a como os alemães matavam "judeus trabalhadores, desarmados e indefesos".[60] A ênfase nas quatro notas, também publicadas pela imprensa soviética, foi invariavelmente para realçar que as vítimas dos alemães eram "cidadãos soviéticos", prisioneiros de guerra do Exército Vermelho, e que eles deportavam pessoas soviéticas para campos de trabalhos forçados na Alemanha. Era muito comum que o Kremlin jogasse os holofotes sobre as políticas de erradicação nazistas sem qualquer menção a judeus ou outras nacionalidades.[61]

Em 17 de dezembro de 1942, o Congresso Judaico Mundial finalmente conseguiu que os Estados Unidos, a Grã-Bretanha e os governos exilados na Europa manifestassem uma denúncia sobre o "extermínio da população judia da Europa".[62] Moscou também assinou o documento, porém fez questão de ressalvar no dia seguinte que existiam planos assassinos semelhantes para "uma considerável parte de populações civis em territórios ocupados pelos alemães, pessoas inocentes de diversificadas nacionalidades, de classes sociais distintas, de várias convicções e crenças, e de todas as idades".[63] Os soviéticos não estavam sozinhos em recuarem na especificidade e amplitude dos crimes contra judeus. Uma matéria de primeira página do *New York Times*, no início de 1943, falava sobre o possível destino futuro de "alguns povos". Na verdade, o genocídio já estava bem avançado.[64]

Stalin estabeleceu a linha do partido em 1º de maio, quando disse que cidadãos soviéticos estavam sendo deportados para Alemanha com a finalidade de escravidão e eram vítimas de "extermínio pelas bestas hitleristas". Em 6 de novembro fez referência ao assassinato de "centenas de milhares de nosso pacífico povo".[65] Marcante foi aquela ter sido uma das últimas vezes que ele disse alguma coisa sobre as vítimas do nazismo. Uma exceção ocorreu durante a entrevista de março de 1946, ocasião em que estimou o número total de mortes soviéticas na guerra; calculou em 7 milhões, quando elas foram mais do que o triplo disto.[66]

Durante as hostilidades, os jornais soviéticos publicaram informações suficientes para que qualquer pessoa conhecesse mais da verdade sobre os judeus.[67] Mesmo que não fosse política oficial enterrar as histórias, elas tendiam a desvanecer de vista.

Utilizando-se as fronteiras pré-1939 da URSS, calcula-se que 1 milhão de judeus perderam a vida durante a guerra. Eles foram contados entre o total das vítimas civis e integrantes das forças armadas que pereceram no conflito. Um número adicional de judeus soviéticos morreu nas prisões e nos campos de trabalhos forçados de Stalin; milhões de outros cidadãos da URSS também foram mortos ou padeceram nas mãos de autoridades soviéticas.[68]

Notável exemplo da supressão soviética de informações sobre o sofrimento específico de judeus foi dado pelo assassinato de 33 mil dos judeus de Kiev, em setembro de 1941, em Babi Yar.[69] A comissão soviética de investigação de atrocidades (ChGK) reportou (corretamente) que a investigação mostrara que, em represália à sabotagem em Kiev, os alemães haviam "reunido os judeus e os levado para Babi Yar a fim de executá-los". Stalin mudou a história para "milhares de pacíficos cidadãos soviéticos" tinham sido assassinados. No julgamento em janeiro de 1946, de quinze acusados de serem os matadores em Babi Yar, ouviu-se o testemunho sobre a ordem de Himmler para o extermínio de todos os judeus, mas, na intervenção final do promotor, a frase foi alterada para: ordem de extermínio de "cidadãos soviéticos, ucranianos".[70] Milhares de pessoas apinharam a praça para assistirem ao enforcamento público dos doze réus alemães condenados.

O governo soviético procurou rastrear crimes nazistas durante a guerra e usou o Comitê Antifascista Judaico (JAFC), como um dos cinco criados em fevereiro de 1942 com o objetivo de coletar material para publicação no Ocidente de modo a estimular apoio à União Soviética. Cerradamente observado pelo Kremlin, o comitê incluiu notáveis figuras judias como os escritores Ilya Ehrenburg e Vassili Grossman. Eles escreveram artigos ocasionais sobre a sorte dos judeus, mas queriam fazer mais, à medida que o Exército Vermelho descobria a extensão dos assassinatos em massa. O JAFC decidiu, com forte apoio de proeminentes judeus americanos, coligir testemunhos oculares e publicá-los em inglês como *The Black Book* [O livro negro]. Ehrenburg, Grossman e outros se envolveram bastante e optaram também por uma edição em russo. Então, em 1947, quando o livro completo já estava em produção, autoridades soviéticas interromperam o serviço das prensas e ordenaram a destruição dos clichês de impressão.

Gregori Alexandrov, chefe do Departamento de Agitação e Propaganda, reportou a Andrei Jdanov, em 3 de fevereiro de 1947, que qualquer pessoa que lesse o livro seria "erroneamente levada" a pensar "que os alemães saquearam e destruíram apenas os judeus". O estudo passava a falsa

RETALIAÇÃO SOVIÉTICA E JULGAMENTOS PÓS-GUERRA   223

impressão "de que os alemães lutaram contra a União Soviética apenas para destruir os judeus". Era uma vergonha, achava ele, divulgar que os judeus dos casamentos mistos eram mortos enquanto os cônjuges não judeus eram muitas vezes poupados, ou que os judeus que escondessem suas identidades como russos ou ucranianos não eram executados. Alexandrov ficou particularmente irritado com o fato de a introdução de Grossman ressaltar que a morte de judeus foi uma prioridade nazista, alegação provada mais tarde por historiadores como verdadeira. As autoridades soviéticas concluíram que o *Black Book* continha "sérios equívocos políticos" e não deveria ser publicado. Editores influentes apelaram para que o muito respeitado Solomon Mikhoels intercedesse, mas debalde.[71] De qualquer maneira, um manuscrito do livro sobreviveu, foi contrabandeado para fora e entregue à filha de Ehrenburg em janeiro de 1992. A primeira edição não censurada finalmente surgiu em 1993.[72]

Na batalha sobre a memória e significado da guerra, Stalin e seus especialistas fizeram a escolha de apagar qualquer noção de uma "distinta catástrofe judia" e de enfatizar, em vez disso, o sofrimento do povo soviético. Não houve espaço para comentários sobre o que ocorreu a qualquer nacionalidade específica, muito menos a judeus.[73] Até 1948, ainda era possível mencionar seus assassinos, ao menos nos indiciamentos dos criminosos de guerra na União Soviética, porém, dali por diante, as ordens de Stalin impuseram apenas silêncio a respeito.[74] Naquele ano, o JAFC foi dissolvido. Stalin providenciou o assassinato de Mikhoels, e destacados membros do comitê foram presos, enquanto o antissemitismo era acelerado.[75]

Os que serviam na comissão soviética de investigação de atrocidades (ChGK) não precisaram de muitas ferroadas para saber que tipo de crimes deveria ser revelado e publicado. Judeus são citados em apenas alguns de seus documentos, mas quase sempre as vítimas são referidas como cidadãos soviéticos. A historiadora russa Marina Sorokina mostra que os membros da comissão "entenderam perfeitamente bem o que as autoridades esperavam". Por exemplo, o escritor Alexei Tolstoi, um dos membros importantes, disse que, de junho a agosto de 1943, "conscientemente se convenceu" do que acontecera em Stavropol sob os nazistas. De fato, o NKVD investigou e escreveu o relatório, que ainda está nos arquivos, relatando que toda a população judia fora abatida. Na versão de Tolstoi, todavia, as vítimas são classificadas como "povo soviético", "crianças soviéticas" e "cidadãos soviéticos".

A postura da comissão foi que os documentos e sua exatidão podiam ser deixados para o futuro. No "aqui e agora" daqueles tempos, seus líderes em Moscou precisavam de "material detalhado mais adequado para conclusões gerais", de modo a promover os pleitos soviéticos na arena internacional.[76]

O silêncio sobre a perseguição dos judeus é particularmente inquietante porque muito do Holocausto teve lugar dentro da União Soviética e envolveu diretamente seus cidadãos. Existe abundância de provas a respeito de cidadãos soviéticos que colaboraram especificamente com o extermínio em massa de judeus. Em 25 de julho de 1941, Heinrich Himmler ordenou a criação de "unidades adicionais de proteção formadas por grupos étnicos adequados para nós", unidades estas que se transformaram em forças auxiliares de polícia, ou *Schutzmannschaften*. Pelo fim de 1941, cerca de 33 mil haviam se voluntariado, muitos da União Soviética. Pelo emprego também da conscrição, os alemães conseguiram dez vezes esta quantidade em um ano.[77]

O antissemitismo persistiu na União Soviética depois de os alemães serem repelidos, mesmo nas áreas que haviam presenciado pogroms maciços e que, como Kiev, tinham testemunhado assassinatos coletivos. Na verdade, para a Ucrânia como um todo, as autoridades soviéticas reportaram em setembro de 1944 que, em seguida à sua libertação, houve "severas manifestações antissemitas em quase todas as cidades". Tais manifestações consistiram de ataques físicos e insultos verbais isolados. O governo soviético estava bem informado sobre a persistência do antissemitismo, porém fazer com que os cidadãos enfrentassem o que tinha acontecido com os judeus estava bem longe da cabeça de Stalin.[78]

Qual a razão para essa atitude de Stalin, chefe de uma potência importante que outrora não se comportara como particularmente antijudeu? Numa primeira aproximação, pode-se supor que os motivos de Stalin para suprimir notícias sobre a "solução final" se encontravam provavelmente ligados às preocupações políticas e militares. As autoridades soviéticas estavam cientes de que a cruzada nazista contra o "bolchevismo judeu" sensibilizava muitos cidadãos que já faziam oposição aos judeus e ao comunismo. Para mobilizar o país em apoio a Stalin na defesa da mãe--pátria, o regime deu ênfase à mensagem de que os nazistas perseguiam o extermínio ou escravização de todos os ucranianos, russos e outros povos eslavos.

RETALIAÇÃO SOVIÉTICA E JULGAMENTOS PÓS-GUERRA

Não obstante, essa explicação não justifica a aceleração do antissemitismo soviético no período pós-guerra. Minha hipótese é que Stalin, o comandante supremo e destruidor de nazistas, se viu em competição com os judeus perseguidos. Passar-se-iam décadas para que a comunidade mundial aceitasse as catastróficas dimensões do Holocausto, mas Stalin já pressentia que o infortúnio judeu ganharia crescente atenção e poderia alcançar significação bem além de qualquer coisa que ele havia visualizado. A perseguição do povo judeu não tinha potencial para se tornar *a* causa no cenário mundial. E Stalin, sempre sagazmente sensível ao mais insignificante indício de desvio de padrão, dentro ou fora da União Soviética, sentiu que precisava suprimir qualquer lembrança do povo judeu imolado. Mais do que qualquer outro grupo, os judeus eram ameaça à identidade de seus idealizados "cidadãos soviéticos".[79]

11

Retaliação soviética e grupos étnicos

Durante a guerra civil que se seguiu à Revolução Russa, Stalin percebeu por si só que alguns dos grupos étnicos no sul soviético detestavam tudo do comunismo. Quando as forças invasoras de Hitler chegaram em 1941, alguns dos mesmos grupos colaboraram com elas. Stalin resolveu que, tão logo os alemães fossem expulsos, ele os puniria. Não foi lição que tivesse aprendido com Hitler; ao contrário, ela remetia às tradições russas e ao padrão que ele mesmo estabelecera nos anos 1930, deportando povos "suspeitos" inteiros. Depois da Segunda Guerra Mundial, a escala dessas operações cresceu exponencialmente e logo respingou nos "territórios recuperados" dos Estados Bálticos e da Ucrânia ocidental.

Historiadores da Guerra Fria normalmente passam por cima do que aconteceu nos Estados Bálticos, no Cáucaso e na Crimeia. É uma infelicidade tal tendência da literatura, uma vez que foi precisamente naquelas regiões que a stalinização mostrou sua verdadeira cara no fim da guerra. As operações de represália fizeram parte de um processo mais amplo de reinstalação da ditadura soviética e de firme controle sobre o povo, antecipando as lutas que seriam travadas fora das fronteiras soviéticas.

A MINORIA ALEMÃ NA URSS

Quando a guerra chegou para a URSS em 1941, existiam poucas pessoas com passaporte alemão por lá, e elas todas foram presas. No entanto, havia grande minoria germânica de 1,4 milhão de homens e mulheres que eram cidadãos soviéticos e viviam na Rússia há décadas, mesmo por séculos. Stalin não foi o único líder a ter certa medida de dúvida sobre a lealdade deles, porém, em 3 de agosto, sua raiva foi incitada quando militares o informaram de que "residentes de um vilarejo alemão" no front sul saudaram os invasores com pão e sal, e que alguns atiraram no Exército Vermelho em retirada. Os militares soviéticos queriam providências porque existiam outros vilarejos alemães próximos das zonas de combate. Como os relatórios chegaram a tempo das primeiras vitórias do invasor, Stalin muito os menosprezou e disse a Beria, chefe da NKVD, "para se livrar daquela gente".[1]

A começar em 27 de agosto, uma série de ordens foi expedida para equacionar os problemas "de dezenas de milhares de espiões e sabotadores" entre os *Povoljskie Nemtsi*, os alemães residentes por muito tempo no Volga. O raciocínio era simples: se atos subversivos viessem a ter lugar entre aquela gente, o governo teria que tomar medidas que poderiam muito bem resultar em um "maciço derramamento de sangue".[2] Em vez de assumir este risco, o Soviete Supremo (na verdade, Stalin) decidiu que seria melhor "reassentar sem exceção" todos os germânicos da região do Volga, estimados em 479.841 pessoas, assim como todas as que viviam nas áreas de Saratov e Stalingrado.[3]

A NKVD despachou cerca de 14 mil soldados, e os tribunais soltaram listas dos que seriam deslocados de seus lares; aos de origem alemã foi passada a impressão de que seriam compensados nos destinos. Mulheres alemãs casadas com não germânicos receberam status privilegiado e isenção. Após revista nas residências, cada família foi levada para a estação ferroviária, onde os homens foram separados. A operação correu sem confusão. Os desafortunados suportaram uma viagem na direção leste que durou duas semanas e, como sempre, as áreas de recepção estavam superlotadas. Ninguém sabe quantos morreram no processo, embora a cultura e o estilo de vida singulares dos alemães do Volga, assim como sua República Socialista Autônoma, tenham sido destruídos.[4]

Não tardou para que qualquer um que tivesse o mais tênue vínculo com a etnia germânica, sem importar onde vivesse, fosse enviado para a Sibéria ou o Cazaquistão. Lá eles eram empregados nos novos exércitos de trabalhos obrigatórios, onde as taxas de mortalidade eram ainda maiores do que as dos assentamentos especiais do *gulag*. O total final de deportados de etnia alemã foi de 1.209.430, quantidade bastante acurada.[5]

Quanto aos prisioneiros alemães de guerra, Stalin decidiu já em setembro de 1939 que sua mão de obra seria explorada. Mais de 4 milhões deles foram enviados para cerca de quinhentos campos ou canteiros de obras, e embora alguns tivessem sido soltos logo após o fim da guerra, muitos foram retidos e forçados ao trabalho escravo até se tornarem "inúteis". A taxa de mortalidade no cativeiro foi estimada por estudiosos em 15%, enganosamente baixa, uma vez que pode ser traduzida em aproximadamente 600 mil mortes.[6]

Stalin não mandou os prisioneiros apenas para o trabalho forçado. Providenciou também que fossem reeducados ideologicamente em "antifascismo". Os asseclas do líder orgulhosamente a ele reportaram que milhões de prisioneiros tinham sido doutrinados de maneira que, quando voltassem para casa, fariam proselitismo da fé comunista.[7]

À medida que o Exército Vermelho empurrava de volta os invasores para o Leste Europeu, a NKVD também aprisionava *Volksdeutsche*, isto é, pessoas que tinham preenchido formulários alegando "etnia alemã" a fim de receberem tratamento privilegiado.[8] Os novos regimes cedo criados no Leste Europeu depois que os nazistas foram expulsos não precisaram de qualquer encorajamento especial do Kremlin para perseguir tais pessoas.

LIMPEZA ÉTNICA AO ESTILO SOVIÉTICO

Ainda que estejamos acostumados a pensar sobre limpeza étnica como invenção do século XX, ela foi "descoberta" antes. Na Rússia, por exemplo, no rescaldo de sua derrota na Guerra da Crimeia de 1856, as forças tsaristas deportaram dezenas de milhares de muçulmanos tártaros, supostamente por terem se aliado à Turquia. Ao mesmo tempo, a Rússia tentou subjugar o montanhoso Cáucaso e os muçulmanos de lá. Em 1856, Dimitri Alexeievitch Miliutin foi despachado para a região como chefe de estado-maior e, após dois anos, propôs ao tsar Alexandre II a remoção de todas as tribos das montanhas e o assentamento de russos no lugar delas. O tsar concordou e a "guerra demográfica" teve início. Um dos generais russos disse que o objetivo era conseguir "um resultado final jamais visto anteriormente". Quando Miliutin tornou-se ministro da Guerra, preferiu o "reassentamento voluntário" e até ajudou muçulmanos a partirem para o Império Otomano.

Os militares da região, todavia, acharam que "era necessário exterminar uma parcela significativa" para fazer com que os outros se rendessem. Nas duas décadas seguintes, o Cáucaso perdeu cerca de 2 milhões de pessoas; algumas foram deportadas, enquanto outras fugiram para o Império Otomano. Muitas dezenas de milhares pereceram no processo.[9]

Nos anos 1930, Stalin incorporou esse raciocínio e, com o fim da Segunda Guerra Mundial, tratou de aplicá-lo em algumas das mesmas áreas que haviam sido ocupadas pelo exército de Hitler. Quando os invasores chegaram, muitas pessoas quiseram se ver livres do sistema soviético e esperaram ganhar certa dose de independência.[10] Alexander Nekritch, mais tarde conhecido escritor, estava na Crimeia quando os tártaros foram deportados em 1944; ele se lembrou de como a mente e os rumores oficiais soviéticos se combinaram para "concluir" que todos haviam colaborado com os nazistas.[11] A justificativa oficial para expulsar certos grupos étnicos foi "traição à mãe-pátria", exatamente a mesma terminologia usada para acusar colaboracionistas individuais.[12]

A diversidade da limpeza étnica soviética foi uma alavanca ideológica para igualar o nível cultural e as identidades étnicas onde as autoridades percebiam real ou potencial ameaça à pátria-mãe.[13] O plano estabelecia que grupos étnicos menores fossem desenraizados de suas comunidades tradicionais e "dispersados entre fazendas coletivas com populações russas, cazaques, uzbeques e quirguizes".[14] A expectativa era que as pessoas deslocadas fossem assimiladas quando as mais dominantes línguas e culturas seguissem seus cursos e apagassem as identidades dos de fora.

Um dos primeiros grupos-alvo foi o dos karachais, povo islâmico turco que vivia entre os mares Negro e Cáspio. A acusação foi de que os karachais tinham se "juntado traiçoeiramente" aos alemães contra o regime soviético. Um sobrevivente mais tarde admitiu que "nosso povo" era "100% pela libertação dos bolcheviques e dos russos".[15] Em vez de conquistar a

RETALIAÇÃO SOVIÉTICA E GRUPOS ÉTNICOS

libertação, a maioria deles desapareceu — o mesmo acontecendo com os nomes de vilarejos, estradas, rios e montanhas, que foram alterados para eliminar todos os vestígios de sua existência. A deportação ocorreu num só dia, 2 de novembro de 1943. Ismail Baichorov, oficial condecorado do Exército Vermelho, estava em casa por ter sido ferido. O NKVD lhe disse que ele e toda a sua família seriam "removidos" e que tinham meia hora para preparar tudo.[16]

Com muita pressa, um total de 69.267 homens, mulheres e crianças foi embarcado. Sua região autônoma já estava dissolvida desde 12 de outubro, e num procedimento copiado do destino dos alemães do Volga, o território foi redistribuído pelos vizinhos.[17]

Os kalmiks, povo mongol budista da região do Baixo Volga, haviam resistido aos bolcheviques e alguns até se juntaram aos exércitos contrarrevolucionários do exército Branco depois da Revolução Russa. Esses criadores nômades de gado eram totalmente inadequados às fazendas coletivas que o sistema soviético tentava impor. Alguns kalmiks saudaram a chegada dos invasores germânicos, que permitiram a desativação das fazendas coletivas, porém, após a Batalha de Stalingrado, terminada no início de 1943, os invasores foram expulsos.[18]

Inicialmente, a represália soviética limitou-se ao expurgo dos membros do partido e dos responsáveis pela administração, como os que estavam por trás da República Socialista Soviética Autônoma (ASSR) da Kalmíkia durante a ocupação. Cedo, contudo, Moscou resolveu deportar todos os kalmiks por colaborarem com os alemães, inclusive os milhares que combatiam no Exército Vermelho.[19] Praticamente todos foram obrigados a deixar o serviço ativo e também deportados. Ivan Serov, vice-chefe do NKVD, supervisionou a operação principal, que durou quatro dias (27 a 30 de dezembro) durante a qual a polícia prendeu 26.359 famílias de 93.139 pessoas. Beria disse a Stalin que a ação principal fora conduzida sem "excessos" ou "incidentes". Na realidade, o inverno cobrou seu preço e centenas morreram durante a mudança nos trens infestados de doenças.[20]

Apreciando-se o caso dos kalmiks como um exemplo entre muitos, pode-se perceber as dificuldades que eles enfrentaram para a adaptação ao frio inclemente do leste. Após um ano, as autoridades reportaram que um terço deles estava incapacitado para o trabalho por não possuir calçados e vestuário adequado. Poucos falavam russo, o que piorava a situação. Os

232 A MALDIÇÃO DE STALIN

enviados para fazendas coletivas, que mal davam para alimentar os locais, não receberam compensação alguma por seu trabalho. Os designados para fábricas, além de não familiarizados com as máquinas modernas, eram inadequadamente pagos e alimentados. Oficialmente "esperava-se" que, na Sibéria, milhares morressem depois de alguns meses de sua chegada. Os sobreviventes viviam em choupanas de barro ou buracos no chão. Em 1946, a polícia reportou da província de Novosibirsk que kalmiks ainda viviam em instalações impróprias como "celeiros, banheiros e alguns até em cabanas feitas com galhos de árvores".[21]

CHECHEVITSA

A região Checheno-Inguchétia no norte do Cáucaso jamais teve chance de colaborar porque os invasores alemães não chegaram até lá. Não obstante, seus habitantes foram acusados de traição por trás das linhas.[22] Eles tinham sido convertidos ao islamismo nos meados de 1827 e alguns deles declararam um jihad contra o governo russo. A imagem popular feita deles era de um grupo impossível de ser controlado e corria o rumor preconceituoso que, se fossem alistados, não serviriam, e se lhes fossem dadas armas, correriam para as montanhas. Na verdade, a exemplo de outros muçulmanos soviéticos, seu histórico em serviço não era uniformemente negativo. Mas também não eram os únicos entre as nacionalidades da URSS contrárias ao comunismo e desprovidas de vontade para lutar por ele. Com a aproximação dos alemães, alguns deles decididamente começaram insurgência antissoviética, juntos com outras minorias caucasianas.[23]

Entre 1940 e 1944, de acordo com relatório preparado pelo seu ramo especial contrabanditismo, a NKVD rastreou 197 "bandos organizados" com 4.532 "guerrilhas" entre as nacionalidades chechênia e inguche. Delas, 657 foram mortos, 2.762 capturados e 1.113 persuadidos a se render.[24]

Pelo fim de 1943, as autoridades soviéticas começaram a preparar a *Chechevitsa*, o completo arrebanhar e deportar de todos os povos do norte do Cáucaso. Seria punição pela colaboração e solução para o problema étnico "de uma vez por todas". Depois de passar pelo aparato de Beria, a pavorosa decisão foi aprovada em 31 de janeiro de 1944. A acusação, como de hábito, foi "traição contra a mãe-pátria durante a Guerra Patriótica", com um adendo: que ao longo de anos eles tinham participado de "incursões armadas" e banditismo contra o Estado soviético e seus cidadãos. As autoridades deram início ao processo recenseando a população e arquitetando detalhada estratégia militar.

Beria viajou para Grozni a fim de supervisionar a operação, dada sua "importância". As forças de segurança reuniram cerca de 100 mil soldados para ataque inicialmente dirigido a capturar não menos do que meio milhão de pessoas. Como Beria explicou em sua nota a Stalin de 17 de fevereiro, a escala era tal que "ficou decidido conduzir operações por oito dias, com os três primeiros dedicados a pegar aproximadamente 300 mil pessoas de todas as terras baixas, sopés e alguns assentamentos nas montanhas. Nos quatro dias seguintes, as ações se concentrariam no terreno montanhoso para a captura dos cerca de 150 mil restantes". Ele esperava resistência, de sorte que os russos, os ossetianos e outros residentes foram mobilizados para ajudar na vigilância dos campos e tomar conta do gado depois que a deportação tivesse lugar.[25]

A "limpeza" começou na noite de 23 para 24 de fevereiro e durou semanas. Ultrapassando o previsto, o NKVD capturou e enviou para o leste o assustador número de 478.479 pessoas, e outras ainda seriam transferidas.[26] As forças de segurança tiveram permissão para liquidar as que não pudessem se deslocar. Em Khaibakh, centenas foram atraídas para descansar em um celeiro que em seguida foi incendiado; as que tentaram escapar foram fuziladas. Magomed Gayev (nascido em 1931) lembrou-se de que os "velhos, doentes e incapacitados, bem como os que deles cuidavam, foram mandados para o estábulo. Eu vi o estábulo pegar fogo. Uma fumaça espessa elevou-se no ar. Mesmo a grande distância, podíamos perceber que algo terrível ocorrera no vilarejo". Em outras áreas, as pessoas foram alvejadas dentro de mesquitas, e as construções, em seguida, queimadas. Pacientes de hospitais que não podiam se erguer foram mortos de passagem, como o foram crianças e outros sem condições de enfrentar a jornada à frente.[27]

Stalin escreveu para parabenizar o NKVD pelo "cumprimento bem--sucedido das tarefas estatais no norte do Cáucaso".[28] Admitiu que "abusos" podiam ter sido cometidos, porém, como sempre, preferiu exceder as cotas do que não atingi-las. Em nota para Stalin de 9 de julho de 1944, Beria computou o total de chechenos-inguches em cerca de meio milhão de pessoas, apesar de tal quantidade pecar pela mentirosa e típica inexatidão.[29]

Seguindo procedimento-padrão, foram apagados os nomes de locais e alterados para o russo e outras línguas, com a finalidade de tornar total o desaparecimento.[30]

Um sobrevivente da penosa experiência da viagem para o leste recordou-se: "Em vagões 'para gado' atulhados de gente, sem luz e sem água, viajamos durante um mês para nosso destino. O tifo grassou impiedosamente. Não havia remédios. Durante as curtas paradas em estações solitárias e despovoadas, enterrávamos nossos mortos perto dos trilhos." Murad Nachkoiev, jornalista checheno, teve experiência semelhante. Recentemente, relatou sua viagem e disse que, quando chegaram ao Cazaquistão, "o chão estava congelado e pensamos que todos íamos morrer. Foram os exilados alemães que nos ajudaram a sobreviver — já estavam lá por alguns anos".[31]

Uns se adaptaram melhor que outros, embora as condições fossem invariavelmente sombrias e a recepção das populações locais, muito pouco amistosa. Os grupos com reputações impalatáveis enfrentaram maiores dificuldades — como os chechenos. Uma de suas mulheres lembrou-se de que famílias inteiras vagaram por meses "com barrigas inchadas à procura de carcaças de animais na estepe". Um trabalhador checheno de fazenda no Cazaquistão declarou que "cuidara de gado durante 25 anos. Em todo este tempo, jamais humilhei meus animais como eles nos humilharam. Os *komendanti* [autoridades locais] e capatazes de fazendas coletivas diziam na nossa cara que éramos refugo da escória, sem quaisquer direitos".[32]

E o que dizer das terras vazias que restaram? Quase tanta miséria e mortes foram causadas pelo reassentamento forçado nas áreas "limpas". O que os de fora conheciam sobre o cuidado com fazendas, cobertura de animais ou plantação de videiras que lá ocorriam? Segundo testemunhos orais, as pessoas nas terras dos reassentamentos foram reduzidas pela mortalidade a quase um quarto nos primeiros dois anos, quando enfermidades e epidemias infernizaram entre elas.[33]

Uma operação relacionada, mas separada, objetivou os balcares (povo muçulmano de língua turca) que também viviam no norte do Cáucaso. Em 24 de fevereiro de 1944, Beria propôs a Stalin o banimento de todos eles. Suas terras tinham sido ocupadas por breve período pelos alemães, que inicialmente os confundiram com judeus e mataram muitos.[34] Tão logo a Wehrmacht foi expulsa, os balcares foram acusados de se juntarem a "bandos germânicos organizados para combater o povo soviético". Poucas informações existem sobre suas sortes, salvo que um total de 37.044 pessoas foi contabilizado no leste, menos 562 que faleceram no trajeto. Como de hábito, tudo foi feito para obliterar a existência dos balcares em sua terra natal.[35]

CRIMEIA E GEÓRGIA

Quando os soviéticos libertaram a Crimeia dos invasores, Stalin aparentemente decidiu remover todos os "estrangeiros" ofensores ou potencialmente hostis. No lugar deles, queria russos e ucranianos — não muito diferente do tsar anos antes. A região não era ameaçada pela Turquia, como Stalin e Beria alegavam, e, de fato, eles sonhavam com possíveis operações ofensivas contra aquele país. Se houvesse tal guerra, ruminavam os dois, "seus" muçulmanos poderiam provocar problemas. Na realidade, como vimos, os soviéticos estiveram à beira da guerra com a Turquia em 1946 e foram agressivos no Irã.[36]

O maior grupo turcomano na mira de Stalin era o dos tártaros da Crimeia, muçulmanos sunitas. Stalin alegou que "muitos" deles haviam "traído a pátria-mãe". Desertaram do Exército Vermelho, afiançou; juntaram-se ao inimigo, atacaram *partisans* soviéticos e "participaram ativamente dos 'Comitês Nacionais Tártaros' organizados pelos órgãos da inteligência alemã". Também os acusou de tentar separar a Crimeia da URSS. Em carta de 10 de maio de 1944, Beria apresentou ao chefe um plano para lidar com de 140 a 160 mil pessoas e, no dia seguinte, ordens foram expedidas para o banimento, a ser completado por volta de 1º de junho. A operação teve início dois dias mais cedo, quando soldados do Exército Vermelho e integrantes do NKVD cercaram vilarejos e passaram a mão em tudo. Às pessoas foram entregues recibos pelo que havia sido levado e dinheiro para viagem ao Uzbequistão, onde, supostamente, viveriam como "assentados especiais".[37]

A sensação de como tais operações se abateram sobre as vítimas é contada por Isaak Kobilianski, oficial judeu da ativa do Exército Vermelho que estava na Crimeia em meados de maio de 1944. Às 9 horas, ele e outros quatro tomavam café da manhã no quintal da residência de um tártaro chamado Rakhim. Um caminhão encostou com um sargento do NKVD bem uniformizado. Ele leu os nomes da família e declarou: "Segundo decreto governamental, você e sua família serão reassentados. Vocês têm quinze minutos para se preparar." A esposa de Rakhim começou a chorar incontrolavelmente. É claro que a resistência não fazia sentido e, passados os minutos, todos tinham ido embora. O fogão a querosene onde o café da manhã era preparado ainda sibilava.[38]

No dia seguinte, quando Kobilianski e o Exército Vermelho deram início à longa marcha de saída da Crimeia, passaram por outro vilarejo tártaro. Era um deserto total — as pessoas tinham sido, aparentemente, removidas na manhã anterior. As casas se encontravam com as portas abertas e as mesas estavam postas, intocadas, para as refeições. Em alguns casos, a comida tinha saltado das panelas ferventes e caído no chão. "Todo o vilarejo", lembrou ele, "ressoava com mugidos desesperados das vacas abandonadas e sofrendo com leite não ordenhado durante dois dias."[39]

Tenzila Ibraimova recordou-se de que foi capturada no vilarejo de Adjiatman, distrito de Freidorfski, em 18 de maio:

> A deportação foi realizada com grande brutalidade. Às 3h, quando as crianças dormiam sono profundo, os soldados entraram e exigiram que nos reuníssemos e saíssemos em cinco minutos. Não nos permitiram levar alimento algum ou qualquer outro artigo. Fomos tratados com tal aspereza que pensamos estar sendo levados para fuzilamento. Conduzidos para fora do vilarejo, ficamos 24 horas sem alimento; morríamos de fome, mas não nos deixaram ir em casa pegar alguma coisa para comer. O choro das crianças sem comida tornou-se contínuo. Meu marido combatia no front e eu ficara com os três filhos.
>
> Por fim, subimos nos caminhões e nos levaram para Eupatória. Lá existiam vagões de carga já superlotados. Amontoados como gado, viajamos por 24 dias até que chegamos à estação de Zerabulak, na região de Samarcanda, de onde fomos despachados para a fazenda coletiva de Pravda, no distrito de Khatirchinski.[40]

As operações não transcorreram sem problemas. Pessoas destinadas ao Uzbequistão foram parar na Sibéria ou na região de Altai. Beria reportava diariamente afirmando que, por volta de 20 de maio, um total de 180.014 (quantidade, mais tarde, revista para cima) tinha sido capturado, todos sem "incidentes" da perspectiva do Kremlin. Na verdade, cerca de 20 mil dessas pessoas morreram durante o deslocamento.[41] Para agravar a miséria, a reputação enodoada dos deportados como "culpados" de serem inimigos do povo os precedia, de modo que eram recebidos nos destinos com hostilidade e ódio. Nunca recebiam trabalhos condizentes com suas capacitações e, em vez disso, eram postos em barracas perto das fábricas com ordens sobre o que fazer. O intuito verdadeiro era acabar com suas identidades sociais e modificar por completo seus estilos de vida.[42]

O chefe do NKVD, que supervisionava o processo bem de perto, lembrou a Stalin, em maio de 1944, que existiam mais "elementos antissoviéticos" na Crimeia, a saber, búlgaros, gregos e armênios, que haviam colaborado com os alemães ou tinham ligações familiares em países estrangeiros. A vez deles chegou em 1º de julho, quando as autoridades relataram ter deportado durante o mês de junho 15.040 gregos, 12.422 búlgaros, 9.620 armênios, um grupo diversificado com 1.119 alemães, italianos e outros, e, finalmente, 3.642 "estrangeiros". A quantidade total atingiu 66 mil. Todos foram culpados de atividade antissoviética durante a ocupação alemã ou de laços de família com países do estrangeiros.[43]

Muçulmanos na fronteira turco-soviética da Geórgia também foram sujeitados à deportação. Suspeitava-se de que turcos, curdos e khemshins (muçulmanos de língua armênia) que lá viviam poderiam dar ajuda à Turquia, "potencial agressor", de sorte que Stalin e Beria resolveram que eles tinham também que ir embora. Com início em 17 de novembro de 1944, todos os homens, mulheres e crianças foram agrupados, um total de 92.307 indivíduos. Nem foram considerados os que possuíam carteira de filiação ao Partido Comunista ou haviam demonstrado lealdade de outra forma. O que contava é que eles eram muçulmanos com vínculos reais ou potenciais com "estrangeiros". Foram onze dias de rude operação de coleta e embarque para terras remotas no leste.[44]

As taxas de mortalidade entre os grupos étnicos deportados do Cáucaso e da Crimeia entre 1944 e 1950 foram um pouco acima de 25%. A quantidade de mortes entre os kalmiks ficou nesta média, porém a dos chechenos foi pior — 32,2%. Os primeiros anos foram os mais difíceis, todavia estas taxas equivaleram mais ou menos às ocorridas com os prisioneiros do *gulag*.[45]

A correspondência de e para Moscou sobre os desafortunados demonstra certo ar de racionalidade em sintonia com soberbos ideais de experimento social no país. Contudo, a represália e a vingança foram emocionais e cruéis atingindo da mesma forma inocentes e culpados.

REPRESÁLIAS NOS ESTADOS BÁLTICOS "RECONQUISTADOS"

Ivan Serov e Bogdan Kobulov, principais assistentes no NKVD de Beria, que trabalhavam juntos na solução dos problemas étnicos no Cáucaso e na Crimeia, entraram em ação atrás das linhas do Exército Vermelho enquanto ele progredia para o oeste.

A ofensiva soviética para expulsar os alemães dos Estados Bálticos começou em 14 de setembro de 1944. A escala gigantesca da ação apequena os famosos desembarques na Normandia de junho do mesmo ano. O Exército Vermelho empregou aproximadamente dez vezes mais (900 mil no total) contra o Grupo de Exércitos do Norte de Hitler na Estônia, Letônia e Lituânia. Mesmo com a vantagem de 2:1, foi um avanço lento e penoso. Stalin insistiu que seu exército abrisse caminho à força através de posições defensivas muito bem organizadas, em vez de tentar desbordá-las para, assim, poupar pesadas e desnecessárias baixas. Ele conquistou a capital letã, Riga, em 13 de outubro, e empurrou trinta divisões alemãs até a extremidade norte da Letônia (a península da Curlândia), onde elas ficaram isoladas. A batalha pelos Estados Bálticos estava ganha.[46]

Nos meados de 1939, quando o Exército Vermelho lá chegou, Stalin tencionava a incorporação permanente daqueles "territórios reconquistados" à URSS. Hitler tinha outras ideias e, em 1941, expeliu os comunistas. Mas, em 1944, quando retornou, o Kremlin desenvolveu estratégias para transformar todos os três em repúblicas soviéticas dirigidas diretamente pelo Politburo em Moscou.[47]

Os povos bálticos não saudaram o Exército Vermelho como libertador. Os novos ocupantes promoveram execuções de suspeitos colaboracionistas, "espiões", políticos, funcionários civis, líderes partidários e diversos outros, inclusive proprietários de terras tachados como kulaks. Não sabemos exatamente quantos morreram. A chegada soviética na Letônia foi

RETALIAÇÃO SOVIÉTICA E GRUPOS ÉTNICOS 239

chamada de "tempo de caos", quando prisões e mortes eram a regra. O NKVD construiu "campos de triagem" e dezenas de milhares passaram por eles para a verificação de seus passados político e social.[48]

Para o Exército Vermelho, os nativos eram inimigos ou colaboradores dos nazistas que mereciam punição. Um piloto ferido da força aérea soviética viajando para casa através da Letônia em 1944 disse que teria adorado "bombardear cada casa" porque "todos eram traidores". Esta atitude também se refletia no comportamento das forças de ocupação. Dessa forma, o NKVD reportou da Lituânia em 1945 que "muitos oficiais, sargentos e soldados bebem costumeiramente, saqueiam e matam cidadãos". O Partido Comunista da Estônia disse a mesma coisa e se viu incapacitado para tomar qualquer providência, ainda mais porque precisava da presença do Exército Vermelho para continuar no poder.[49]

Moscou criou instituições especiais para controlar cada uma das novas repúblicas, com Stalin diretamente envolvido até o outono de 1944.[50] A influência soviética foi confirmada fisicamente com russos dominando a polícia e as administrações centrais. No começo de 1945, eles constituíam um terço ou mais dos comitês centrais e dos filiados dos partidos comunistas dos Estados Bálticos. Pessoas confiáveis, que eram comunistas e haviam vivido por anos na União Soviética, se mudaram para lá e ocuparam cargos de destaque, da mesma forma que militares desmobilizados do Exército Vermelho.[51]

O NKVD aquilatava sucessos em termos de "liquidações" — os mortos ou presos, ou os que haviam se rendido. Em 1944, os números chegaram a 7.504 na Lituânia, 1.075 na Letônia e 1.394 na Estônia. O ano seguinte foi, de longe, o pior e os números saltaram, respectivamente, para 40.541, 7.016 e 5.671.[52]

Houve tentativas de resistência aos invasores nos Estados Bálticos com movimentos que remontavam a anos, normalmente chamados de "Irmãos da Floresta". Sua última esperança era que o Ocidente mudasse de ideia quanto à União Soviética e chegasse mesmo a entrar em guerra contra ela, esperança logo partilhada por outros povos quando obrigados a viver sob governo comunista. Pelo verão de 1945, essas expectativas caíam por terra, mas jovens como Edgar Ranniste, um membro dos Irmãos da Floresta na região de Virumaa, na Estônia, prosseguiu assim mesmo com suas atividades. Ele lembrou-se de dizer aos seus homens que a situação pioraria naquele outono: "Acho que os que desejam continuar na clandestinidade devem ficar sozinhos ou participar de pequenos grupos. Os que quiserem sair da floresta têm permissão para isso, mas não deem qualquer informação sobre nós que ficarmos. Não traiam nossas posições como preço da liberdade de vocês. Eu, pessoalmente, decidi permanecer leal à República da Estônia e não me subordinar ao governo terrorista de Stalin, que ocupou nossa terra natal." Não tardaria para que ele fosse descoberto e deportado para a Sibéria, embora tenha sobrevivido à penosa experiência.[53]

Sinal claro de que a resistência enfraquecia foi o número de pessoas apanhado pela rede soviética. Na Lituânia, os "liquidados" em 1946 declinaram em relação ao ano anterior em quase 75 por cento para 8.228. Na Letônia, caíram para 4.218 e na Estônia diminuíram quase pela metade para 2.085. Assim, a luta foi gradualmente se exaurindo, apesar de continuar em alguns lugares até os anos 1950, quando pequenos grupos persistiam resistindo.[54]

A interpretação soviética para a oposição à ocupação era que os kulaks estavam por trás de tudo. Eram eles que, supostamente, lideravam a luta e incitavam os *bedniaks* (camponeses mais pobres) e *seredniaks* (camponeses médios, segundos na lista de mais pobres) a se juntarem aos entreveros. Para gerenciar a situação, as autoridades determinaram que um caminho tinha que ser encontrado para solapar a solidariedade entre camponeses. Daí a adoção da política de redistribuição das terras daqueles que haviam fugido com os alemães. Os soviéticos favoreceram os camponeses da faixa mediana a expensas dos kulaks, que passaram a ser ameaçados e gradualmente espremidos para fora. A URSS perseguiu tal abordagem entre 1944 e 1948, ainda que as pequenas e fragmentadas fazendas resultantes levassem a um decréscimo generalizado da produtividade agrícola. Uma vez suprimida a resistência e o povo sem ninguém para lutar por ele, os soviéticos se reapossaram das terras. De fato, em 21 de maio de 1947, o Politburo — em outras palavras, Stalin — expediu ordens secretas para o início da preparação da coletivização nas três repúblicas, sem importar os que os comunistas locais pudessem pensar.[55]

Em consonância com esse processo, o Conselho Soviético de Ministros decidiu, em 18 de maio de 1948, que chegara o momento da deportação dos opositores. A Operação *Vesna* (Primavera) tinha como objetivo um súbito assalto à Lituânia para deter os chamados "bandidos, kulaks e suas famílias." O "total a ser expulso" foi fixado em 12.134 famílias, ou cerca

RETALIAÇÃO SOVIÉTICA E GRUPOS ÉTNICOS   241

de 48 mil pessoas O cerco começou em maio e ultrapassou a cota. Os primeiros relatórios oficiais dos campos para os quais os deportados foram enviados mencionaram habitações precárias e condições não higiênicas, e os decorrentes casos de tifo e disenteria. Os que conseguiam aguentar os primeiros anos sobreviviam, porém os mais idosos não duravam muito.[56]

Uma varredura ainda maior nos três estados teve início em 29 de maio de 1949, quando Stalin assinou a Ordem n° 390-138ss do governo soviético, de codinome *Priboy* (arrebentação). Os designados para "assentamento eterno" (*vechnoe poseleniye*) no leste incluíam "todos os kulaks, bandidos e seus cúmplices, nacionalistas ilegais", com suas famílias inteiras. Foram estabelecidas cotas: 8.500 famílias ou 25.500 indivíduos na Lituânia; 13 mil famílias ou 39 mil pessoas na Letônia; e 7.500 famílias ou 22 mil indivíduos na Estônia. A ação brutal teve início, simultaneamente, em 25 de março e abrangeu quem não estivesse nas boas graças da polícia. Entre o total de 94.779 da mescla final de indivíduos estavam 2.850 "velhos e enfermos", 146 "inválidos" e 185 crianças sem quaisquer familiares.[57] Nos anos posteriores seriam processadas mais deportações, mas nada nessa escala.

Stalin foi implacável. Não aceitaria oposição, não toleraria desculpas. Independentemente do que dissessem quaisquer pessoas, na ocasião de sua morte em 1953, as fazendas nos três estados estavam quase totalmente coletivizadas.

O Kremlin impôs sua vontade de todas as maneiras imagináveis, até decidindo sobre quais comunistas fariam parte da *nomenklatura*, lista especial da elite mandante que conferia grandes privilégios a uns poucos. Com o passar do tempo, os povos bálticos se ajustaram da melhor maneira possível; sua libertação teria que esperar até que a União Soviética entrasse em colapso.

UCRÂNIA E POLÔNIA ORIENTAL

A represália soviética na região que alguns chamam de Ucrânia ocidental e outros de Polônia oriental se misturou com a guerra civil que lá grassava. Apesar de os clandestinos poloneses e ucranianos partilharem inimigo comum — o comunismo soviético —, os poucos esforços que despenderam para unificar suas lutas não deram em nada e eles entraram em colisão.

Houve também disputas sangrentas dentro do movimento ucraniano de resistência, tudo trabalhando em prol de Moscou.

Quando os nazistas assaltaram o leste em 1941, a Ucrânia inicialmente os recebeu cordialmente, demonstrando débil suporte ao comunismo. Mas o que aconteceria quando os alemães fossem expulsos? Teria sido impossível para Moscou enviar aos tribunais cada um dos colaboracionistas porque as elites do serviço público, o judiciário e os dirigentes da economia — em suma, "a maioria esmagadora de toda a ordem existente" — haviam se acomodado à vida sob mando do nazismo. Uma avaliação interna para Vinnitsa (no oeste da Ucrânia) mostrou que "quase 99% da população odeiam os bolcheviques e os veem com hostilidade". Os soviéticos optaram por pseudojulgamentos de umas "poucas" maçãs podres, negligenciando o restante, e então conduziram uma operação contrainsurgência resoluta.[58]

A principal oponente era a clandestina Organização dos Nacionalistas Ucranianos (OUN) que fora criada após a Primeira Guerra Mundial, quando a região fazia parte da Polônia. Com a invasão dos alemães em 1941, a OUN viu uma oportunidade para independência da Ucrânia, mas embarcou no caminho da colaboração e da participação no Holocausto. Em 1943, a resistência criou seu próprio braço armado (o UPA) que executou entre 40 e 60 mil poloneses em Volhinia, na Ucrânia Ocidental.[59] O Armia Krajowa polonês revidou.

Stalin estava determinado a dar um fim àquela luta com base na recém-adquirida crença de que estados homogêneos dentro e fora da URSS seriam mais fáceis de administrar. Assim, em 9 de setembro de 1944, ele conseguiu um "acordo" com o governo polonês (o PKNW) à espera para que aceitasse a transferência de todos os poloneses retirados da Ucrânia, Bielorrússia e Lituânia. Em troca, os ucranianos que viviam na "nova Polônia" seriam deslocados para dentro da URSS, no leste. O que lhes seria permitido carregar foi estabelecido em pormenores, e bem mais generoso do que o autorizado para os deportados do Cáucaso.[60]

Nominalmente tratava-se de "transferências voluntárias", quando na verdade eram deportações forçadas. Os soviéticos entraram em imediata oposição ao UPA e não demorou para que enfrentassem genuína insurgência. Em 1944, o UPA matou 3.202 ocupantes soviéticos, em sua maioria membros do NKVD, da polícia e da milícia, bem como outros 904 "ativistas soviéticos", presumivelmente assessores e administradores. Os insurgentes

RETALIAÇÃO SOVIÉTICA E GRUPOS ÉTNICOS

ainda liquidaram 2.539 dos primeiros e mais 823 "ativistas" em 1945. Em 1946, como indício do enfraquecimento da guerrilha, os números caíram para, respectivamente, 1.441 e 347.[61] O UPA liquidou duas e três vezes mais civis, inclusive ucranianos, como normalmente ocorre numa guerra civil. O conflito tornou-se cruel — o UPA não poupava ninguém, inclusive crianças, que às vezes eram executadas em público pelos "malfeitos" de seus pais ausentes, sob suspeita de terem aceito o alistamento soviético compulsório.

Mais tarde, quando os membros sobreviventes do UPA lembraram-se dos tempos passados, julgaram o período de 1944-45, como ocasião em que a "Vassoura Vermelha" passou por vilarejos e lares, aterrorizou seus habitantes e criou rede de informantes.[62] Em 1944, o NKVD "liquidou" (isto é, matou), prendeu ou forçou a rendição de 123.782 pessoas. No ano seguinte foi pior e o número subiu para 129.016, mas em 1946 declinou para 29.480, oportunidade em que a resistência estava quase totalmente eliminada tanto lá quanto nos Estados Bálticos. A NKVD também deportou para o leste um fluxo ininterrupto de pessoas suspeitas, seus parentes e seguidores, rotulados como "cúmplices de bandidos" ou kulaks. A maioria saiu em 1944 e 1946, e seu total chegou a 203.662 em 1955.[63]

Os ucranianos do oeste, tendo vivido fora da União Soviética, com vida religiosa e costumes próprios, não experimentaram a coletivização. Não obstante, sabiam tudo sobre ela e a temiam; por causa disso, Moscou esperara até que o movimento guerrilheiro fosse derrotado para dar início ao processo. Em 1947-48, os soviéticos impuseram pesado impostos aos kulaks ou deles exigiram tantas requisições que eram impossíveis de satisfazer. Maria Pyskir, uma jovem com filho recém-nascido que vivia em Hranky, na Ucrânia, quando começou a coletivização, relembrou que as pessoas eram intimidadas para participar das fazendas coletivas e que, por vezes, "as autoridades apareciam inopinadamente em um vilarejo e levavam os chefes de famílias para interrogatórios e conversas".[64]

No meio-tempo, Stalin se livrava dos poloneses que viviam na região, ainda que lá residissem havia gerações. Por volta de outubro de 1946, os soviéticos já tinham desenraizado da Ucrânia e enviado para a Polônia um total de 272.544 famílias polacas, ou 789.982 pessoas de todas as idades.[65] Da Bielorrússia, haviam forçado a saída de 72.511 famílias, ou 231.152 indivíduos. O novo governo na Polônia, dominado por comunistas, enviou muitos deles para a faixa de território recém-ganha na fronteira ocidental do país. Para completar a troca, os poloneses arrancaram pela raiz e enviaram para a Ucrânia soviética 122.454 famílias ou 482.109 pessoas. Estas foram as deportações importantes, embora outras tivessem sido processadas de um lado para o outro.[66]

Os deslocados começaram as viagens para o desconhecido, plenos de maus presságios e já traumatizados pelo que haviam passado. A jornada foi pesadelo prolongado e os sistemas de comunicações saturados entraram em colapso. Milhares de poloneses esperaram por semanas nas estações ferroviárias para viajar ao oeste, em condições tenebrosas, enquanto igual número de ucranianos se viu em inferno semelhante no seu caminho para o leste. O UPA ou a polícia soviética ameaçavam os poloneses para que fossem embora e vilarejos inteiros acabaram reduzidos a cinzas. As composições que os transportavam recebiam destinos específicos, porém, com frequência, os vagões eram descarregados em quaisquer lugares por toda a "nova Polônia". Foi pior nas áreas ocupadas por alemães étnicos ainda não expulsos. Na memória coletiva da Polônia, as "transferências" de poloneses são encaradas até hoje como "expulsões". O tecido social foi esgarçado quando tantos perderam seus portos seguros e foram deixados ao sabor da ansiedade e do ódio étnico.[67]

Fatos semelhantes e às vezes piores ocorreram na Polônia com a saída obrigatória de ucranianos para o leste. Muitos prefeririam viver em qualquer outro lugar, menos na União Soviética. Em 1947, os remanescentes ucranianos que tentaram ficar se viram sujeitados a generalizada campanha militar. Não admirou que eles apoiassem ou colaborassem com o UPA naquela luta. Não obstante, por volta de janeiro de 1947, a insurgência tinha quase desaparecido, com milhares daqueles que ousaram resistir dispersos quer na Polônia, quer na Ucrânia.[68]

A vasta escala da represália soviética foi dirigida à punição de alegadas transgressões, passadas ou presentes, de indivíduos de nações inteiras e à limpeza de todos os inimigos das novas terras ao oeste, preparando-as para "reunificação" à União Soviética. Operações de contrainsurgência "foram acompanhadas por completas medidas socioeconômicas e ideológicas".[69] Da perspectiva de Stalin, além do mais, o país como um todo precisava se preparar para a vindoura luta contra o Ocidente, e já passara a hora de consertar quaisquer desvios ideológicos e "conscientizações falsas" que haviam se infiltrado na cabeça das pessoas durante a guerra.

12

Reafirmação da ideologia comunista

Os efeitos cataclísmicos da guerra desestabilizaram a ditadura soviética e abriram mais espaço para que as pessoas pensassem por si mesmas. Em outubro de 1944, a polícia escutou e gravou clandestinamente o romancista Serguei Golubov refletindo sobre a recém-descoberta liberdade que acompanhara os primeiros fracassos na guerra: "Quando fomos derrotados militarmente, as autoridades perderam um pouco a cabeça, as pessoas flanaram ideologicamente por onde quiseram e ninguém prestou atenção em nós."[1] Ademais, as tentações de desvios do caminho soviético foram abundantes para os milhões de soldados e outros que experimentaram eles próprios as seduções do Ocidente.[2] Um oficial do Exército Vermelho, com boa posição no partido, mais tarde relataria seus sentimentos ao cruzar a fronteira a caminho do oeste. Aprendeu que tudo o que lhe havia sido ensinado "sobre condições de vida fora da Rússia e também sobre a história do Partido Comunista" era falso.[3]

Já em 1944, contudo, as pessoas sentiam que o punho se fecharia de novo com força. "Agora que estamos vencendo", disse Golubov naquele ano, os poderes "estão se recuperando, e a antiga ideologia ressurgiu".[4] Mesmo antes da cessação das hostilidades, Stalin começou a restaurar seu mando com aberta e total campanha no front ideológico.

CONSERTANDO O FRONT IDEOLÓGICO

Stalin designou Andrei Jdanov para trazer de volta ao curso adequado o pensamento comunista.[5] Convidou Jdanov de Leningrado em dezembro de 1945, trazendo-o imediatamente para o grupo dirigente, que se expandiu para um "sexteto". Os anos de 1946 a 1948 são frequentemente denominados *Jdanovschina* (era Jdanov), a sugerir que ele liderava o ataque às artes e às ciências. Sabemos agora, no entanto, que a palavra é inapropriada porque Stalin estava por trás de tudo, iniciando e dando as cartas. Ainda assim, por um período de pouco mais de dois anos, seu *protegé* foi espantosamente atuante tanto dentro da União Soviética quanto no movimento internacional comunista.[6]

Em 18 de abril de 1946, Jdanov observou numa reunião do Comitê Central que seu líder havia levantado questões sobre literatura, cinema, teatro e artes plásticas, e acreditava que a seção de *agitprop* (propaganda) necessitava de renovada crítica "das melhores pessoas em matéria de ideologia".[7] Ele se encontrava alarmado com a publicação de poemas sobre como era visitar "cidades-heroínas" devastadas como Sebastopol, mas sem mencionar seus defensores e sem trazer à tona implicações políticas populares.[8]

O ministro explicou a missão para um jovem que procurava recrutar. A estratégia de Stalin, disse ele, era recuperar a economia e levantar os patamares de produção. Para conseguir isto, o partido precisava realizar mais e melhor trabalho ideológico junto ao povo. Os "planos dos imperialistas" haviam fracassado nos campos de batalha, de modo que eles agora buscavam efetuar ofensiva ideológica e pegar despreparada a União Soviética. Um "sentimento apolítico, não ideológico" supostamente permeava a intelectualidade e ela se tornara servil ao Ocidente. Para estas almas mal orientadas, acrescentou, tudo era "Ah, o Ocidente!" "Ah, a democracia!" "Agora existe verdadeira literatura para vocês!"[9]

Em outra ocasião, Jdanov destacou o papel ideológico e político que as artes tinham que desempenhar na União Soviética. Disse que o leninismo "parte da premissa" de que a literatura não deve ser apolítica. Não havia lugar para "a arte pela arte" e os romances, poemas, peças teatrais e todo o restante precisavam assumir papel de liderança na formação da nova sociedade. Como ilustração, citou um famoso ditado de Stalin de que "os escritores são os engenheiros da alma humana". Para Jdanov, estava

REAFIRMAÇÃO DA IDEOLOGIA COMUNISTA

implícito que todos eles tinham "a enorme responsabilidade educacional" de orientar os jovens e de elevar a conscientização do povo.

Numa época em que o país enfrentava tantos desafios nacionais e internacionais, por que iriam Stalin e o Comitê Central se incomodarem com temas mais refinados como a poesia, a crítica literária, os romances, peças de teatro, música e cinema? Foi esta a questão proposta por Jdanov. Sua própria resposta foi ser essencial "trazer o front ideológico ao alinhamento com todos os outros setores de nosso trabalho". Para sua decepção, notava sérios defeitos nos que apreciavam "escritores modernos e burgueses da América e da Europa Ocidental", os quais tentavam atrair "a atenção dos estratos progressistas" da URSS. O Ocidente desejava seduzir os escritores soviéticos "para uma arte e literatura baratas e sem sentido, que se preocupava com gângsteres e dançarinas de cabaré, glorificando adúlteros e aventuras de trapaceiros e viciados em jogos de azar". Totalmente sintonizado com o líder, Jdanov pregava um retorno à arte do realismo socialista que ensinava sólidos valores "morais e políticos".[10]

Quanto a Stalin, muito embora ele se encontrasse erigindo um novo império e se deparando com crescente resistência dos Estados Unidos, ainda encontrava mais do que tempo suficiente para se envolver com minúcias das artes. Nada era pequeno demais para ser ignorado. Por exemplo, ele via as revistas literárias difíceis de entender como de singular importância e, em 9 de agosto de 1946, encontrou-se com editores de várias delas. Ele e Jdanov queriam explicações para a decisão de publicar esta ou aquela obra de autor não soviético ou de escritor não recomendado pelo regime. Stalin questionou Boris Likharev, editor da revista *Leningrad*: "É digno de um homem soviético andar na ponta dos pés para não incomodar países estrangeiros? É assim que se cultiva sentimentos servis, o que é grande pecado." A submissa resposta de Likharev foi que, de fato, eles tinham publicado alguns trabalhos traduzidos. Stalin replicou asperamente: "Ao fazer isso, você está instilando um gosto de excessivo respeito por estrangeiros. Instilando um sentimento de que somos um povo de segunda categoria, e eles, de primeira, o que está errado. Nós somos os alunos, e eles, os professores. Na sua essência, é errado."[11]

Tais revistas precisavam de mudanças nas equipes e de políticas editoriais mais apropriadas. Elas haviam aberto suas páginas para escritores como o humorista e satírico Mikhail Zoschenko, que gostava de fazer piadas com falhas corriqueiras. Também criticada foi a poeta Anna Akhamatova. Nem ela nem Zoschenko eram oposicionistas, mas foram considerados autores de mensagens dúbias, e era então considerado erro político conceder-lhes fórum, que só poderia resultar em "confusão e desordem ideológicas". Uma resolução de 14 de agosto do Orgburo (secretariado organizacional) afirmou que os supervisores e editores tinham "esquecido a tese do leninismo de que nossas revistas, sejam acadêmicas ou artísticas, não podem ser apolíticas". O Estado e o partido simplesmente não podiam permitir que a juventude fosse educada "com espírito de indiferença em relação à política soviética".[12] Outras ações do Comitê Central que se seguiram focaram na imprensa, como o relatório de 26 de agosto sobre uma resolução dirigida ao teatro e outra de 4 de setembro relativa ao cinema. Toda a gama de artistas criativos foi atacada por seu "servilismo e vileza ante a cultura ocidental". Não foram esquecidas nem as revistas infantis.[13]

Um livro de poemas de Akhmatova, que esperava distribuição, foi de imediato destruído (apesar de alguns exemplares sobreviverem) e, em setembro, ela e Zoschenko foram expulsos da União dos Escritores Soviéticos. Isto significou o fim de seus cartões de racionamento para escritores e a quase impossibilidade de ter alguma coisa publicada. Ela fora antes atacada por Stalin e presa em 1937, como também seu filho, que foi engolido pelos campos de trabalhos forçados durante anos. Akhmatova se vingou através da poesia, em especial "Réquiem", poema escrito entre 1935 e 1961 em reação à prisão e desaparecimento do filho. Trata-se de ato testemunhal e uma das condenações mais emotivas da intromissão da ditadura em toda a literatura. O poema descreve a agonia daqueles deixados a especular sobre os destinos dos entes queridos — sumidos "sem direito a correspondência". Algumas vezes tal expressão queria dizer execução, mas ninguém tinha certeza. Este aspecto do terror normalmente não é descrito, mas atormentou pessoas por anos.[14]

O chefe do Kremlin encarregou-se ele mesmo das audiências — ou interrogatórios — da elite cultural do país. No início de 1947, lançou-se sobre Serguei Eisenstein, famoso por dirigir o filme *Ivan, o Terrível*. No decorrer da guerra, Stalin pensara ter encontrado uma alma gêmea naquele tsar, o mais brutal de toda a história da Rússia. Até durante os anos difíceis do conflito armado, ele decidiu que queria uma grande película produzida sobre o histórico "ancestral" e nomeou Eisenstein para dirigi-la.[15] O ditador aprovou pessoalmente a produção do épico em três partes. Comissionou sua feitura, editou o roteiro, exigiu música do renomado Serguei Prokofiev e não se preocupou com os altos custos da empreitada para um ano difícil como 1943. Quando a primeira parte da trilogia foi apresentada, em 1944, o ditador não mostrou muita animação. E seu desapontamento, contudo, tornou-se ainda maior depois da guerra, quando houve a pré-estreia da segunda parte, ocasião em que declarou que o filme era "uma espécie de pesadelo!"[16]

Tarde da noite de 26 de fevereiro de 1947, Eisenstein e o ator principal Nikolai Cherkassov foram convocados ao Kremlin, onde Stalin, Molotov e Jdanov, em rodízio, dispararam críticas ácidas sobre os dois. Ambos haviam de antemão decidido que a única esperança seria não argumentar de volta. A primeira crítica de Stalin foi que o filme mostrava Ivan sendo "indeciso como Hamlet. Qualquer um sugeria a ele o que fazer, mas o tsar não conseguia decidir". O chefão revelou-se surpreendentemente antiquado, dizendo que a película "não descreve corretamente figuras históricas em suas respectivas épocas. Assim, por exemplo, na primeira parte, é errado Ivan, o Terrível, passar tanto tempo beijando a esposa. Isso não era tolerado naquele tempo".[17]

A se julgar por extratos daquela conversa, Stalin vira no tsar alguma coisa que se aproximava de seu alter ego. Para ilustrar isso, admitiu para Eisenstein: "Ivan foi muito cruel. Você pode mostrar esta característica dele, mas também tem que mostrar que era necessário ser cruel." Um dos erros de Ivan, como exibido no filme, foi sua incapacidade de liquidar os inimigos. Ele "executava alguém e depois passava longo tempo se arrependendo e orando. Deus interferia então em suas ações. Ele deveria ser muito mais decidido". Seria assim que Stalin se via e queria ser caracterizado, um governante cruel, porém justo? Um autêntico reformador mais determinado que o "melhor" dos tsares? Como aquele que era decidido porque sabia que distribuía justiça?

O envelhecido ditador perguntou diversas vezes a Eisenstein como o filme iria terminar. Sabendo muito bem que lhe restava pouco tempo de vida, desesperava-se com isso e disse ao diretor para não ter pressa. Sutilmente sinalizou que outro cineasta levara onze anos para completar um projeto. Uma das dificuldades era que a segunda parte do reinado de Ivan degenerara e acabara em derrotas e debilidades militares. Sendo assim, a terceira parte da trilogia tinha tudo para ser desanimadora, a menos que o diretor pudesse ser convencido a fazer adaptações no roteiro.[18]

No fim, Eisenstein adotou a tática da postergação. Disse, mas não ao ditador: "Não tenho o direito de distorcer a verdade histórica ou de me afastar de meus ideais criativos." Eisenstein faleceu de causas naturais um ano depois, aos 50 anos de idade, e seu filme sem cortes milagrosamente apareceu nos cinemas soviéticos uma década mais tarde.[19]

Um dos últimos comentários de Stalin para Eisenstein indica que seu espírito antiocidental estava totalmente desabrochado. Ivan, disse ele, "foi mais um tsar nacional, mais prudente, nunca permitiu influência estrangeira na Rússia, ao passo que Pedro [o Grande] abriu as portas para a Europa e deixou estrangeiros demais entrarem".[20] Tinha antipatia por Pedro por dar início à tradição russa de se comparar com o Ocidente e descobrir que eram "inferiores, inadequados, imperfeitos".[21] No manual de Stalin, a Europa estava fadada ao fracassado caminho do capitalismo e da ganância burguesa, enquanto o nacionalismo da Rússia significava simplesmente o triunfo do proletariado e a força para o bem do mundo.[22]

Correndo simultaneamente com a campanha stalinista para cinema e literatura existiam outras, inclusive a que começou em abril de 1947 contra a publicação de material pornográfico e fascista. Isto foi usado como pretexto para a extirpação de bibliotecas e para o emprego mais extensivo da censura. Posteriores conselhos, instruções e reprimendas logo foram estendidos a filósofos, historiadores, poetas, romancistas e músicos.[23]

Em janeiro de 1948, os principais compositores do país, inclusive Prokofiev e Dimitri Shostakovich, se viram sujeitos a três dias de depoimentos ante o Comitê Central. Foram no final condenados através de uma resolução publicada no *Pravda*, que denunciou a transgressão deles: haviam perdido seus vínculos orgânicos com o povo e, equivocadamente, escreveram músicas e óperas tendentes a atrair o gosto burguês moderno na Europa e na América.[24]

A nova sociedade não podia ter música "moderna", com suas dissonâncias e atonalidades, apenas obras que "sensibilizassem o espírito humano". Jdanov insistiu que os compositores soviéticos tinham que espelhar a sociedade deles e protegê-la "contra a penetração de elementos decadentes da burguesia". Num memorável pronunciamento, afirmou, sem um só piscar de olhos, que a URSS havia se tornado "a autêntica guardiã da cultura

REAFIRMAÇÃO DA IDEOLOGIA COMUNISTA

musical da humanidade, exatamente como o fizera em outras esferas". Os compositores deveriam permanecer alertas porque "influências burguesas estranhas vindas do exterior" procurariam congregar "o que restasse de pensamento capitalista nas mentes de alguns intelectuais soviéticos em tentativas frívolas e enlouquecidas de substituir os tesouros da cultura musical soviética por patéticos trapos da arte moderna burguesa".[25]

ERGUENDO UM MURO CONTRA INFLUÊNCIAS OCIDENTAIS

O camarada "cientista" Stalin também se aprofundou em mais abstrusas questões acadêmicas. Estabeleceu a "linha" ideológica ou decidiu sobre a "abordagem adequada" para aprendizados tão diversificados como os da física, genética, fisiologia, economia, filosofia e linguística. Os acadêmicos não poderiam atacar nenhuma das grandes controvérsias em tais disciplinas, algumas altamente técnicas, sem referência às declarações dele ou suas demandas. Estava convicto de que sabia mais, mesmo quando confrontado por questionadores sérios que humildemente sugeriam que ele podia estar errado.[26]

Um exemplo de como o tom estridente antiocidental insidiosamente se infiltrou na ciência se refere à pesquisa do câncer procedida por Nina Kliueva e Grigori Roskin, marido e mulher. Eles atraíram a atenção de pacientes americanos de câncer os quais, no início de 1946, escreveram solicitando mais informações para o embaixador dos EUA em Moscou, Walter Bedell Smith. O embaixador entrou em contato com o ministro soviético da Saúde Pública, Gueorgui Miterev, que providenciou uma visita ao casal Kliueva-Roskin para final de junho. Bedell ficou muito impressionado, ofereceu apoio e ficou ainda mais feliz por saber que o dr. Vassili Parin, chefe da Academia Soviética de Ciências Médicas, viajaria aos Estados Unidos e lá falaria sobre o projeto do câncer. A visita de Smith, por seu turno, encorajou as autoridades soviéticas a financiarem mais generosamente o projeto K-R.

Parin viajou para Nova York em outubro. Levou com ele uma amostra do soro K-R e o manuscrito do livro do casal, desejoso de traduzi-lo e publicá-lo. Parin começou a se preocupar com a segurança e relutou em oferecer o material aos americanos sem permissão clara do Kremlin.

Solicitou a opinião de Molotov em 7 de novembro, quando seus caminhos se cruzaram em missões separadas na América. O ministro das Relações Exteriores, que não assumia riscos, pediu que funcionários em Moscou consultassem Stalin. As mensagens não chegaram ao ditador porque ele estava de férias no sul; um funcionário subalterno, finalmente, aprovou a troca de experiências. O dr. Parin retornou a Nova York mais tarde ainda, soube das notícias e entregou, em 24 de novembro, o soro e o manuscrito do livro aos americanos. Santo Deus! Dois dias mais tarde, chegou outro telegrama, desta vez do "Septeto" — ou seja, do Politburo —, dizendo-lhe para não entregar coisa alguma.[27]

O caso K-R enveredou por duas trilhas, uma de recompensa e outra de punição. Jdanov ficou apreensivo com a disposição dos pesquisadores da doença em partilhar suas ideias com estrangeiros. Na realidade, as autoridades de saúde haviam dado autorização. Não obstante, no final de novembro, ele consultara outros do Politburo e organizara uma comissão de investigação. Se Jdanov forçasse a barra, os médicos quase certamente seriam punidos.

Porém, àquela altura, a burocracia soviética seguira palmilhando a direção já sacramentada pelo próprio Stalin, e os funcionários continuaram dando suporte aos dois pesquisadores, oferecendo-lhes financiamentos ainda mais magnânimos. Como coroamento desses esforços, em 26 de dezembro, o ditador, pessoalmente, assinou a resolução "de apoio" ao trabalho. De fato, com sua bênção, Nina Kliueva foi "indicada" para eleição ao Soviete Supremo e lá ganhou assento. Quis o destino que, em 17 de fevereiro de 1947, as duas trilhas do sistema de patrocínio (recompensa/punição) pareceram se cruzar quando o feliz casal de médicos foi convidado ao Kremlin para um encontro com o chefão. Houve animada conversa e Stalin fez algumas indagações. Não deu qualquer indício de ameaça. Na realidade, elogiou o livro dos dois. Eles foram então indicados para o Prêmio Stalin, algo que só poderia acontecer com a aquiescência do líder soviético. Em 1º de maio, as honrarias tiveram prosseguimento e os dois cientistas se viram na tribuna do Mausoléu de Lenin assistindo ao desfile cerimonial.

Enquanto isso, Jdanov dava continuidade à sua investigação. Em 28 de janeiro, um dia após seu retorno de férias, ele chamou Kliueva à sua presença e teve com ela conversa nada amistosa. Ele e outros também questionaram os funcionários envolvidos e enviaram todo o material resultante a Stalin. Por volta de 17 de fevereiro, o líder estava suficientemente inquieto para convocar reunião do Politburo, ocasião única em todo aquele ano, para discutir o caso K-R. Ventos de maus presságios sopravam porque no mesmo dia a Voz da América transmitiu seu primeiro programa anticomunista para a URSS.

Kliueva e Roskin foram convocados para uma reunião do Politburo. Lá chegaram, sem dúvida aguardando mais elogios por suas pesquisas, o que, de fato, aconteceu em certa medida. No entanto, o problema se complicou, de vez que, imediatamente após a reunião, os funcionários do Ministério de Saúde Pública foram demitidos, e o desafortunado dr. Parin, preso por repassar material em Nova York. Stalin permaneceu estranhamente ambivalente se deveria punir ou recompensar o casal de médicos. Marido e mulher gozavam ainda das boas graças da trilha do patrocínio e, menos de uma semana depois, chegavam às soberbas alturas do Mausoléu de Lenin. Mas aquele foi o ápice da curva, uma vez que Jdanov por fim recolheu provas bastantes para acusá-los de "atos antiestado e antipatrióticos abusivos de suas honra e integridade como cientistas e cidadãos soviéticos".[28]

Jdanov contou com o suporte de Stalin para levar Kliueva e Roskin diante de um Tribunal de Honra. Estas instituições remontavam a tempos idos, contudo, em 28 de março de 1947, elas foram criadas nos ministérios da Saúde, da Fazenda e do Comércio por ordem do Politburo. Com a finalidade de "educar funcionários", as cortes, compostas de cinco a sete pessoas, deveriam julgar pessoas acusadas de comportamento "antipatriótico, antigovernamental e antissocial".[29] Em junho, o casal de réus K-R foi julgado por oitocentos colegas e, como esperado, confessou. A maneira como a provação de três dias transcorreu, seguindo roteiro de Jdanov e com vestígios de assentimento por parte do Kremlin, fez lembrar os julgamentos de fachada dos anos 1930.[30] Desta vez o ditador se satisfez com a "reprimenda" e a vergonha do casal sem exigir execução ou banimento. Talvez pensasse que alguma coisa pudesse ainda originar-se da pesquisa dos dois. Um novo e interessante toque foi que o Partido Comunista produziu pequena brochura de 25 páginas detalhando o "Caso K-R". Ela foi enviada a todos os comitês partidários do país a fim de chamar a atenção para a lastimável "escravidão e servilismo ao Ocidente" que existia entre a *intelligentsia* em geral e os cientistas em particular.[31]

O embaixador Smith lembrou-se do caso K-R como exemplo "dos ciúmes com que a União Soviética guarda suas conquistas e seus cientistas, e dos extremos a que chega para evitar colaboração com o Ocidente, mesmo em campos que não implicam assuntos militares ou industriais, mas, ao contrário, podem apenas ser benéficos para a humanidade".[32]

Não obstante, havia mais do que ciúmes no caso K-R porque Stalin se encontrava atarefado com a construção de uma muralha de proteção contra o mundo exterior. Ele se esforçava tanto pela atitude antiestrangeiros que chegou ao ponto de fazer com que, em 15 de fevereiro de 1947, o Soviete Supremo considerasse ilegal o casamento com pessoas de fora do país, mesmo que o cônjuge em questão fosse de outra nação socialista.[33] Esta medida foi meramente anunciada pela imprensa, sem qualquer explicação. Aos poucos russos casados com estrangeiros foram autorizados vistos extras, de tempos em tempos, mas a prática foi agora totalmente sustada. Robert Tucker, historiador americano que vivia em Moscou, não conseguiu sair do país com sua esposa russa até a morte de Stalin, quando a lei deixou de vigorar. O professor Tucker escreveu então uma biografia do líder que ressaltou os problemas psicológicos do ditador. Segundo Tucker, ele aceitou o conhecimento de que existiam "sentimentos anti-Stalin", inclusive no partido, ao suspeitar de que, mesmo quando os críticos professavam lealdade, eram, a seu ver, "inimigos da causa *do partido*". Porém, era ele quem usava uma máscara que tinha "duas caras". Ainda que "sempre dissesse às pessoas que fossem modestas" e se pintasse "em público como simples e despretensioso", o ditador soviético "disfarçava sua arrogância interior como se fosse o modelo do estadista revolucionário".[34]

De qualquer maneira, a campanha antiestrangeiros de Stalin continuou em 9 de junho de 1947, quando o Soviete Supremo decretou que, no futuro, quem revelasse segredos de Estado seria enviado aos campos de concentração do *gulag* por dez a quinze anos. Tal medida abarcava informação passada por um ato falho ou negligência e cobria praticamente todos os campos da atividade humana. Ela não substituiu leis contra o vazamento intencional de informações ao inimigo, ainda tratado como traição ou espionagem e punido convenientemente.[35] Depois que se tornou lei, o *Glavlit*, conselho oficial de censura literária, escreveu repetidas vezes aos editores para que apertassem a vigilância sobre questões científicas, técnicas e econômicas.[36]

REAFIRMAÇÃO DA IDEOLOGIA COMUNISTA

Denúncias provindas de todo o país choveram sobre as autoridades a respeito de "cosmopolitismo" desatinado e comportamento antissoviético em todas as artes e ciências, inclusive acusações de que "muitos matemáticos" veneravam "ídolos" estrangeiros. No fim de 1947, relatórios do ministro da Segurança de Estado, Viktor Abakumov, afirmavam que "materiais antiestrangeiros" tinham sido encontrados em revistas internacionais científicas e técnicas, em particular americanas. Eles não haviam passado pela censura e, por conseguinte, tais exceções foram de pronto suspensas por ordem do Politburo.[37]

Em maio, Stalin comissionou o conhecido escritor Konstantin Simonov para compor uma peça, que acabou se tornando *Sombra estrangeira*, sobre o caso dos dois cientistas K-R cujos feitos expuseram a submissão da intelectualidade ao Ocidente. Na realidade, foi Simonov quem sugeriu, num encontro com Stalin, que o caso daria uma peça interessante. A própria história de Simonov revelou que o sistema soviético de patrocínio era uma faca de dois gumes. Ele enfrentou problemas quando o novo livro que submeteu à aprovação ficou retido porque o ditador manifestou reservas a seu respeito. Simonov afiançou em suas memórias que foi "admirador ávido" de Stalin, sempre desejou desesperadamente agradá-lo e concordou em fazer o roteiro sobre os dois cientistas. O ditador fez "sugestões", Simonov gostou e as acatou, inclusive sobre como o drama deveria findar.

A lição política da peça era mostrar o egoísmo dos cientistas e enfatizar a benevolência do governo ao permitir que eles continuassem seu trabalho. Foi um sucesso de propaganda e ganhou o Prêmio Stalin. Anos mais tarde, o autor não sentiria qualquer orgulho de ter se alinhado tão facilmente à campanha, que às vezes era ignominiosa. Não obstante, Simonov não se opôs por inteiro à repressão do espírito de cosmopolitismo e de autodepreciação na União Soviética.[38]

"Cosmopolitismo" transformou-se em termo ofensivo. Embora em tempos passados fosse elogioso ser chamado de "cidadão do mundo", naquela ocasião e na URSS passou a significar identidade com o "servilismo ao Ocidente", isto é, encorajar o imperialismo americano e seu objetivo de longo prazo de impor a cultura anglo-americana ao mundo.

A campanha anticosmopolitismo foi intensificada durante 1948 e atingiu seu clímax depois da publicação no *Pravda* de um notório artigo "sobre um grupo antipatriótico de críticos teatrais" em 28 de janeiro de 1949. Tal artigo ridicularizava os judeus por não apreciarem suficientemente (ou oficialmente sancionarem) peças tendentes a educar e elevar a conscientização do povo. "Numa ocasião em que nos debatemos com problemas agudos", reclamava o artigo, "e nos posicionamos contra o cosmopolitismo sem raízes [bezrodnii], e contra manifestações de influências burguesas alheias ao povo, estes críticos não encontram coisa melhor do que desacreditar os eventos mais progressivos de nossa literatura."[39] Todos eles foram, no fim, expulsos do partido e da União dos Escritores, assim como numerosos outros críticos pelo fato de serem judeus.

Apesar da campanha anticosmopolita não redundar em execuções em massa, pessoas foram presas, torturadas e fuziladas. Na maior parte das vezes, entretanto, o regime tomou medidas "administrativas" e indivíduos selecionados perderam os empregos. Toda a campanha foi parte de uma luta mais ampla para fazer o establishment intelectual voltar aos trilhos e apoiar firmemente o comunismo soviético. Vedou também quaisquer influências e contatos estrangeiros, quando os stalinistas criaram sua própria versão da cortina de ferro.

Como veremos no capítulo 20, o antissemitismo soviético se tornou mais pronunciado nos últimos anos de vida de Stalin: embora ele fosse o primeiro a reconhecer o novo Estado de Israel em 1948, logo mudaria de ideia e seria mais atuante do que nunca no fomento ao antissemitismo oficial.

STALIN COMO IDEÓLOGO-CHEFE DO COMUNISMO INTERNACIONAL

A campanha pós-guerra de Stalin no front ideológico lhe rendeu grandes dividendos. Milhões, inclusive a maioria dos intelectuais, passaram a admirar suas conquistas e conhecimentos, até mesmo a associá-lo com o cada vez mais arraigado amor pelo país. Foi assim que emergiu notável e mais profunda veneração de Stalin.

Muitos pensaram que, com a dura vitória da URSS na guerra, o país havia, finalmente, alcançado o Ocidente. O orgulho foi grande quando o Exército Vermelho entrou em Berlim em maio de 1945, antes de americanos e britânicos. Porém, em agosto, eles se desesperançaram quando as bombas atômicas lançadas em Hiroshima e Nagasaki mostraram que, afinal, a URSS continuava atrasada. Sentindo-se vulnerável de novo, o povo soviético se consolou com a tranquilidade de Stalin e com seus longos silêncios nos quais projetava destemor diante dos americanos.

Historiadores russos chegaram mesmo a sugerir que, no período pós--guerra, a liderança soviética firmou novo pacto com o país. O povo se congregou em torno do Kremlin, arregaçou as mangas e se sacrificou para que o país conseguisse a paridade atômica. De acordo com tal sugestão, aos olhos do povo, o primeiro teste bem-sucedido da bomba atômica soviética, em 29 de agosto de 1949, justificou a calma de Stalin e representou vitória moral sobre o Ocidente.[40]

Embora o marxismo minimizasse o valor do "grande homem" na história em prol das forças econômicas e sociais impessoais, Stalin sabia ser politicamente útil para encorajar o povo a vê-lo como "grande homem", "pai do povo" e coisas assim. Como bom marxista, sua atitude foi dúbia a respeito do culto à sua pessoa, mas o considerou necessário. No seu modo de pensar, se alguma coisa fosse necessária, também era justa.

O ditador editou uma *Pequena biografia*, publicada em 1947, que cantava seus próprios feitos. Preparou-a com esmero para identificar onde a admiração precisava ser enfatizada. Por exemplo, inseriu a frase: "Embora cumprisse sua tarefa como líder do partido e do povo com consumada capacidade e desfrutasse de apoio irrestrito de todo o povo soviético, Stalin jamais permitiu que seu trabalho fosse turvado pelo menor sinal de vaidade, presunção ou autoadulação." Em outro trecho adicionou: "A genialidade do camarada Stalin permitiu que ele intuísse os planos do inimigo e os derrotasse. Nas batalhas que o camarada Stalin dirigiu, os exércitos soviéticos foram brilhantes exemplos de capacitação operacional militar."

Stalin foi também transformado em mito no filme popular *O inesquecível ano de 1919*. Perfeito exemplo do realismo soviético, ele mostra um nobre Stalin lado a lado com o reverenciado Lenin na Guerra Civil Russa. Contudo, o suprassumo da reverência despejada sobre Stalin ocorreu no dia oficial de seu aniversário em 1949. Peças foram encenadas sobre episódios de sua vida e chegaram tantos presentes de admiradores em casa e no estrangeiro que um museu especial foi organizado para exibi-los.

Durante o ano todo, o *Pravda*, mais importante jornal do país, publicou longas listas de indivíduos e organizações que parabenizaram o grande homem sob a manchete "O Fluxo de Cumprimentos".[41]

Stalin não foi apenas chefe de governo — gabava-se de ser o primeiro e mais importante teórico, um ideólogo. Já em 1924, preparara e publicara uma série de palestras, *Questões do leninismo*. O fino volume, no qual destilou as lições ensinadas por Lenin, se tornou livro didático para frequentadores de cursos superiores. Vendeu mais de 17 milhões de exemplares. Nele, o conceito de vanguarda foi empregado mais de trinta vezes, acompanhado de citações e aforismos, para destacar sua mensagem de que um grupo relativamente pequeno de bolcheviques conquistou e exerceu o poder. Outros países deveriam seguir seu exemplo![42]

As ambições literárias do ditador ficaram ainda mais evidenciadas durante o Grande Terror de 1937, quando concluiu que havia necessidade de um manual de bolso sobre a história e as "lições" da ascensão do partido.[43] O volume, que serviria no pós-guerra como manual para futuros ditadores em várias partes do mundo, busca "pôr em evidência a construção do Estado — em especial a construção do Estado russo" — e reabilitar alguns dos tsares, sobretudo Pedro, o Grande.[44] O produto final tinha que provocar grande atração, por isso acabou publicado como *A história do Partido Comunista da União Soviética (Bolcheviques): Curso resumido*. Entre 1938 e 1953, não menos do que 42,8 milhões de exemplares foram impressos.[45] Apesar de Stalin ter sido o editor-chefe e relido inúmeras vezes o texto, não reivindicou sua autoria. Em vez disso, foi mencionado à exaustão e suas palavras frequentemente citadas — mais de uma dúzia de vezes só para o período anterior a 1914.[46]

O *Curso resumido* tencionava ser o manual político para a União Soviética, e todas as pessoas instruídas precisavam passar em testes baseados nele. Sem dúvida, o manual ajudou a socializar gerações com as lições de stalinismo. Foi traduzido para 67 idiomas e transformou comunistas de todo o mundo em stalinistas.[47] Neles instilou ódio pelos "impostores" (*dvurushnik*) e para eles realçou como deveria ser constante a vigilância. Esta mensagem passou a ser credo nos países em desenvolvimento como China, Vietnã e Camboja, onde foi usada como parte integrante da stalinização política e ideológica.[48]

Documentação recém-liberada mostra que Stalin desempenhou papel capital e usou diversos chapéus. Ele foi o homem das decisões, o ideólogo-chefe, o patrono e "oráculo", a figura paterna e o "amigo do povo", mas também distribuidor de tarefas, juiz e jurado. Como passaremos a ver, no fim Stalin se tornou uma espécie de imperador — um imperador que expedia decretos em nome dos ideais comunistas.[49]

PARTE III

A GUERRA FRIA DE STALIN

13

Novos regimes comunistas na Polônia e Tchecoslováquia

As ditaduras comunistas foram estabelecidas em dois estágios na Europa Oriental. No primeiro, que foi dos últimos anos da guerra até 1946-47, Stalin e seus assessores trabalharam com políticos endógenos que criaram governos de "frente nacional". Numa segunda fase, "repúblicas populares" evidenciaram que, apesar dos rótulos, eram ditaduras comunistas de um só partido sob o mando de Moscou.[1]

Para Stalin, problema antigo, complexo e especialmente muito estratégico era a Polônia. Lá ele enfrentou ódios persistentes contra tudo que era russo e hostilidade popular ao comunismo. Em contraste, mais pessoas na Tchecoslováquia aceitavam sem desconforto a União Soviética e ainda sentiam o gosto amargo da traição de 1938 da parte do Ocidente, quando este entregou o país a Hitler. Permanecia ainda algum apoio do Partido Comunista Tcheco que remetia aos anos 1930. Os dois países tinham em comum sua libertação pelo Exército Vermelho e a fúria popular, inflamada pelos comunistas, contra suas ainda grandes minorias germânicas. Apesar de as duas nações percorrerem caminhos algo diferentes, ambos convergiram, como outros na Europa Oriental, para destino mais ou menos parecido com aquele que Stalin desejava.

ASCENSÃO DO COMUNISMO NA POLÔNIA

O Comitê Polonês de Libertação Nacional (PKWN) foi oficialmente proclamado em 22 de julho de 1944, em Chełm, província de Lublin, logo depois da chegada do Exército Vermelho. Como vimos no capítulo 5, a mal disfarçada organização comunista era o instrumento de Stalin para a criação do regime que almejava.[2] Embora a Polônia nem estivesse na lista do notório "acordo das porcentagens", com o qual Churchill concordara em outubro, já estava um tanto implícito para o primeiro-ministro que a Polônia se encontrava dentro da esfera soviética de influência. Stalin dissera alegremente ao primeiro-ministro Stanisław Mikołajczyk, dos "polacos londrinos", para que não se preocupasse: "Os poloneses não se ajustam ao comunismo. Eles são por demais individualistas, muito nacionalistas. A economia futura da Polônia deve ser baseada na iniciativa privada. A Polônia será um estado capitalista."[3]

Já em novembro, intelectuais eram motivados a ingressar nas novas sociedades da Amizade Soviético-Polonesa, cujo objetivo era cultivar vínculos entre "fraternais povos eslavos" e fazer destes laços fonte de "prosperidade cultural e material".[4] As organizações tinham a difícil tarefa de criar uma tradição de amizade russo-polonesa.[5] No interior do país, o PKWN e as forças soviéticas já caçavam membros da oposição.[6]

Na noite de 31 de dezembro de 1944, o PKWN se autoproclamou Governo Provisório Polonês e começou a funcionar no dia seguinte. O presidente, Bolesław Bierut, era antigo funcionário comunista que vivera em Moscou por anos; o primeiro-ministro, Edvard Osóbka-Morawski, era líder do Partido Socialista Polonês (PPS). A figura-chave, no entanto, era o vice-primeiro-ministro Władysław Gomułka, primeiro-secretário do Partido Operário Polonês (PPR ou Partido Comunista).[7] A União Soviética reconheceu formalmente o novo governo quase de imediato.

Em 21 de abril de 1945, Stalin arranjou tempo em meio à batalha por Berlim para assinar "tratado de amizade" com o governo provisório. No dia seguinte, aniversário de Lenin, a publicidade em torno do tratado foi grande e, de certa maneira, ele concretizou o antigo sonho bolchevique, por pouco não materializado em 1920, às portas de Varsóvia.[8]

Como gesto para aplacar as preocupações ocidentais, Stalin convidou membros do governo polonês no exílio, chefiados por Mikołajczyk, para conversações iniciadas em 16 de junho. A eles foram inclusive dados quatro dos 21 ministérios no "unificado" Governo Provisório da Unidade Nacional, anunciado em 28 de junho — Mikołajczyk foi feito segundo-vice-primeiro-ministro. A tênue cortina foi suficiente para que Estados Unidos e Grã-Bretanha estendessem reconhecimento formal ao novo governo em 5 de julho.

No início de 1945, com apenas cerca de 30 mil filiados no PPR, Stalin se mostrava temeroso com o fato de o novo regime desencadear resistência local. Disse a líderes comunistas, em termos claros, para que evitassem ser ostensivamente ambiciosos. Em resposta, o governo polonês, com o suporte do Exército Vermelho no terreno, confiscou as propriedades de "apenas" 10 mil donos de terras e cerca de 13 mil propriedades maiores, e as dividiu e distribuiu entre os camponeses para angariar a simpatia da população. Naquele tempo, este tipo de restrição aparentemente foi aceito como moderação.[9]

O Exército Vermelho era incontrolável, fato reprovado pelos funcionários políticos soviéticos na Polônia, que pareceram incapazes de impedir os estupros, roubos e pilhagens, em particular nos novos territórios a oeste.[10] A despeito disso, no cômputo final, a maioria dos poloneses concluiu que os vermelhos não eram tão maus quanto o Terceiro Reich tinha sido.[11] Ademais, engenheiros do exército foram muito bem-sucedidos em ajudar a reconstruir cidades, represas, pontes e estradas.[12] Mais ainda, ocorreu um fluxo constante de assessores soviéticos e, em março de 1945, o Kremlin havia enviado missão econômica de quarenta especialistas, ou quase isso, para auxiliar na recuperação da infraestrutura e colocar a economia funcionando de novo.[13]

Stalin convidava líderes poloneses a Moscou a fim de mantê-los no caminho correto, às vezes uma ocasião por mês, e os brindava com recepções portentosas. O líder do Partido Operário Polonês, Gomułka, era uma pessoa difícil de lidar que fora preso nos anos 1930. Escapou e foi alvo de disparos, mas ficou na Polônia para combater os nazistas. Para Gomułka, o grande destaque na sua reunião de novembro de 1945 no Kremlin foi o controle soberano de Stalin e seu conhecimento pormenorizado da política, sociedade e economia polonesas. Embora o chefe ainda aguardasse o empréstimo de US$ 6 bilhões dos Estados Unidos, não estava em absoluto apreensivo com um possível aborrecimento americano quanto ao confisco de terras e nacionalização da indústria que ocorriam na Polônia. Encorajou os poloneses a prosseguir, dizendo-lhes que o presidente tcheco Beneš já promovia coisas assim.[14]

Enquanto os poloneses organizavam sua administração, Moscou foi pródiga em assessoramento. Praticamente a primeira coisa que os poloneses fizeram foi criar uma polícia secreta ao modelo soviético. Um novo Ministério da Segurança Pública passou a funcionar em 1º de janeiro de 1945, primeiro dia do novo regime. Ele foi chefiado pelo antigo comunista Stanisław Radkiewicz. O departamento de segurança, Bezpieka (oficialmente, Bezpieczeństwo), foi composto por oficiais poloneses treinados na escola do NKVD em Kuibyshev, com a continuada ajuda de mais de mil assessores soviéticos. Em 1945, a polícia secreta já possuía 23.718 funcionários nacionais e locais detentores de poderes quase irrestritos.[15]

Os primeiros campos de concentração poloneses tomaram posse das instalações já existentes em Auschwitz e Majdanek, assim como as de Sikawa (antigo Dachsgrube, um subcampo de Auschwitz) e de Jaworzno. Em pouquíssimo tempo já existiam mais de cem deles.[16] Os campos tinham três funções: reter homens, mulheres e crianças alemães antes da deportação; servir como locais de punição (por crimes cometidos durante a ocupação); e funcionar como fontes de mão de obra forçada, "alugando" prisioneiros para a indústria e a agricultura. Muitos campos tinham mais de mil detentos, e alguns, como Jaworzno, perto de 50 mil no pico da ocupação em maio de 1945. Estudos poloneses descrevem o que ocorria nos campos como "inversão de papéis", com os vencedores tentando superar o que os alemães haviam feito. Seguindo modelo soviético, os prisioneiros alemães eram explorados até ficarem inutilizados, sendo então mandados para casa.[17]

Stalin achava que os comunistas poloneses deveriam logo promover eleições, mas eles conheciam seus limites e optaram por sondar a opinião pública por intermédio de um plebiscito em 30 de junho de 1946. Aos cidadãos foram feitas três perguntas: se os "princípios" da nacionalização industrial e reforma agrária deveriam ser adotados; se as novas fronteiras ocidentais deveriam ser aceitas; e se o Senado deveria ser abolido. Já então, os serviços de segurança, juntamente com o exército e milícias populares, tinham congregado uma força de aproximadamente 250 mil homens para influenciar no resultado em favor dos comunistas. Quando

NOVOS REGIMES COMUNISTAS NA POLÔNIA E TCHECOSLOVÁQUIA   267

tudo o mais falhava, eles destruíam as cédulas da oposição.[18] Apesar de ostensiva fraude eleitoral, os líderes do PPS visitaram Stalin em agosto e lhe disseram que apenas 28% dos eleitores apoiavam o governo.[19] O PPS desejava que ele atuasse como "árbitro" e criasse uma aliança socialista--comunista.[20]

Após muita preparação, as primeiras eleições foram marcadas para 19 de janeiro de 1947. Stalin perdera o interesse em manter Mikołajczyk na chapa porque este vice-primeiro-ministro, imperdoavelmente, exigira uma comissão internacional para garantir a lisura da votação.[21] Gomułka, do chamado "Bloco Democrático" — uma coalizão de partidos liderada por comunistas —, acusou Mikołajczyk de ser um "testa de ferro" enviado por Winston Churchill para "se tornar o Führer polonês".[22]

O Bloco Democrático ganhou uma pré-arranjada maciça maioria, obtendo pouco acima de 80% dos votos e 327 assentos do total de 372. Os resultados, sem dúvida, foram fraudulentos, mas as pessoas já faziam piadas com as iniciais PPR (os comunistas), interpretando-as não como Polska Partia Robotnicza (Partido Operário Polonês), e sim como Płatne Pachołki Rosji (Servidores Pagos da Rússia).[23] O Partido Camponês de Mikołajczyk chegou num distante segundo lugar, obtendo apenas 24 assentos, enquanto "outros" ganharam 21. O regime encenou a eleição para que ela propagasse o mito de que ele fora estabelecido com o apoio do povo.[24] O PPR manteve a presidência enquanto procurou dar a aparência de "pluralidade" ao abrir mão do cargo de primeiro-ministro, que foi dado a Józef Cyrankiewicz, do Partido Socialista (PPS).

Aqueles foram tempos de desesperança para toda a Europa Oriental, e Stalin, ávido por garantir o sucesso da missão política que havia se imposto, tinha que arrumar um jeito de proporcionar ajuda de alimentos para a Polônia. E fez isso, se bem que só pudesse cumprir o prometido tirando dos já tremendamente necessitados cidadãos da URSS, que sofriam com extraordinária escassez alimentar.[25]

Por enquanto o PPR se contentou com cinco cargos no gabinete de 24 membros, mas os cinco incluíam os mais importantes: segurança, economia e educação. A política então mudou e se tornou parecida com uma série de rituais levados à cena. A oposição política era tão débil sem uma liderança como Mikołajczyk que, em outubro, sentiu que sua única chance de sobrevivência era a fuga.[26] A história do comunismo na Polônia

268 A MALDIÇÃO DE STALIN

não estava, de modo algum, predeterminada, e aconteceu que Władysław Gomułka tinha ideias próprias para o "rumo polonês ao socialismo".[27] Contudo, que o stalinismo, no fim, emergiria, não era mais dúvida.

PASSAGEM DA TCHECOSLOVÁQUIA
DE UM IMPÉRIO A OUTRO

Durante a guerra, o dr. Edvard Beneš fora presidente do governo da Tchecoslováquia no exílio em Londres. Filósofo por formação e, mais tarde, professor na renomada Universidade Carolina de Praga, era nacionalista e ferrenho anticomunista. Desde 1940, Beneš trabalhava em um programa político para o renascimento de seu país, ponto central do qual era a expulsão da maior parte de sua vasta minoria alemã.[28] Convencido de que a chave para a paz no pós-guerra na Europa era a solução dos problemas das minorias "desagregadoras", ele advogava transferências populacionais "em ampla escala".[29] Tais argumentos ajudaram a persuadir o Ministério da Guerra britânico, em julho de 1942, a adotar o "princípio geral da transferência de minorias germânicas do centro e sudeste da Europa de volta à Alemanha depois da guerra".[30] Beneš viajou para Washington em maio de 1943 e, com a anuência de Roosevelt, regozijou-se com os aplausos num giro de palestras pela América.[31]

O presidente tcheco sabia perfeitamente que necessitaria do apoio soviético e, muito provavelmente, o Exército Vermelho envolver-se-ia diretamente na libertação de seu país. Além disso, a União Soviética também quase certamente daria suporte à expulsão da minoria germânica para o oeste. Sendo assim, viajou para Moscou e reuniu-se com Stalin e Molotov entre 13 e 20 de dezembro, assinando um tratado de amizade. Falou com Molotov a respeito das reservas do Ocidente quanto à "extensão da punição" a ser aplicada aos alemães nos antigos Sudetos tchecos. Em 18 de dezembro, Stalin aprovou a expulsão, bem como o envio de centenas de milhares de magiares tchecos à Hungria. Desejando a Beneš boa sorte em sua empreitada, o líder soviético instou a Tchecoslováquia a se aproximar mais da URSS. Chegou a propor que os tchecos fizessem pequenas demandas territoriais à Polônia para que a resultante fronteira tcheco-soviética se tornasse "a mais extensa possível".[32]

NOVOS REGIMES COMUNISTAS NA POLÔNIA E TCHECOSLOVÁQUIA   269

Registros tchecos dessas conversas atestam que foi Beneš quem ofereceu a Moscou os serviços de seu novo governo. Disse que o novo regime tcheco "falaria e agiria de maneira agradável" ao governo soviético em todas as decisões importantes da política internacional e desejou que "as políticas das duas nações fossem coordenadas dali por diante".[33] Sem levantar um dedo, Stalin recebeu um "tratado de amizade" que quase entregava de mão beijada a Tchecoslováquia à esfera soviética de influência e abria as portas para que os comunistas assumissem papel de liderança. Não surpreendeu que Stalin usasse tal tratado como exemplo da maneira de regularizar as relações pós-guerra entre a União Soviética e outros países europeus.

Em Moscou, o líder comunista tcheco Klement Gottwald ficou encantado ao tomar conhecimento do fato. No entanto, o chefe do oficialmente abolido, mas na verdade atuante, Comintern, Gueorgui Dimitrov, acreditou que Beneš armava uma cilada para eles ao encorajar o radicalismo na esperança de que o povo tcheco ficasse escandalizado e repelisse o comunismo. Pensando desta forma, Dimitrov alertou Gottwald e os comunistas tchecos a seguirem com cautela e, mais ainda, a insistirem para que o novo governo tcheco fosse formado por coalizão de todos os partidos.[34] Gottwald era figura ímpar, nascido em 1896 de mãe solteira muito pobre. Militante por anos, fugira para Moscou durante a guerra e, em conluio com os soviéticos, formulara planos para a Tchecoslováquia do pós-guerra.

Durante outra estada em Moscou, em março de 1945, Beneš e o ministro das Relações Exteriores Jan Masaryk conversaram com Molotov e receberam "confirmação de atitude positiva do governo soviético" a respeito de seus planos para expulsar a população germânica. O presidente julgava poder superar seus oponentes políticos tchecos liderando a campanha de represália e renovação do país, mas não tardaria a descobrir o contrário.[35] Antes de a delegação tcheca, inclusive Beneš e Gottwald, deixar seu quartel-general na libertada Košice, Stalin promoveu um banquete e, ao brindar os convivas, jogou seu trunfo mais importante. Ofereceu sólido compromisso "para a resistência ao perigo alemão" no futuro e deu a garantia de que "a União Soviética jamais se intrometeria nas questões internas" de seus aliados. Esta declaração foi tomada ao pé da letra pelos tchecos, em particular por Beneš, o qual, talvez um tanto ingenuamente, pôs de lado antigas preocupações sobre objetivos revolucionários de Stalin na Europa.[36]

270 A MALDIÇÃO DE STALIN

Quando Beneš retornou a Praga em maio de 1945, foi com governo de coalizão aprovado por Moscou e liderado pelo primeiro-ministro Zdeněk Fierlinger, social-democrata com fortes simpatias pelo comunismo. O Kremlin via Fierlinger como escolha perfeita para liderar a "Frente Nacional"; ele era politicamente alinhado com Moscou em cada aspecto crucial e suas credenciais social-democratas serviriam para abrandar as desconfianças de eleitores apreensivos com a extensão da penetração comunista em sua terra natal. As deliberações tcheco-moscovitas também produziram um gabinete que incluía sete comunistas, alguns em postos-chave como os de ministros do Interior e da Informação. Segundo observador bem posicionado na ocasião, o "verdadeiro chefe de governo era Klement Gottwald", vice-primeiro-ministro e líder do Partido Comunista.[37]

Em certa medida, as manifestações nas ruas sobrepujaram o processo político: em 5 de maio de 1945, facções que tencionavam assumir o poder antes da chegada dos soviéticos organizaram um levante em Praga. Esta tentativa foi semelhante à ação empreendida em agosto de 1944 pelos poloneses de Varsóvia, mas definhou quando o Exército Vermelho adentrou a capital tcheca cinco dias mais tarde.[38] Multidões empolgadas saudaram os libertadores — até que os soldados soviéticos começaram a se aproveitar. Ninguém estava seguro, muito menos as mulheres alemãs nos campos de concentração. Entre as histórias de horror corria uma de infeliz mulher que foi "estuprada até a morte e abandonada no local".[39]

Ao mesmo tempo, alguns cidadãos de Praga, também dominados pelo ódio, arrastavam mulheres alemãs pelas ruas, espancavam-nas, forçavam-nas a exercícios punitivos e, com selvageria, raspavam suas cabeças. Chicoteavam as mulheres até que suas roupas se tornassem farrapos ou ficassem completamente nuas e descalças. Para realçar a abjeta humilhação, despejavam tinta vermelha ou óleo sobre o corpo delas, tudo para o desumano divertimento do amontoado de espectadores.[40]

Parte da chamada "represália violenta" foi deliberadamente fomentada por líderes tchecos que, como Beneš, acreditavam que a revolução e a justiça vigilante consumiriam seus inimigos germânicos. Num discurso de 12 de maio, ele declarou que não poderia correr o risco de outra guerra em dez ou vinte anos, e julgava todos os alemães coletivamente culpados pelos crimes do nazismo: "Dissemos a nós mesmos que tínhamos que jogar o problema germânico para fora da República." Por decreto de Beneš de 19 de maio, o governo apossou-se de todas as propriedades dos indivíduos e organizações considerados "inconfiáveis".[41]

Todos os partidos políticos exigiram as expulsões, embora, de início, os comunistas tentassem proteger os alemães oponentes ao nazismo. Este esforço não durou muito tempo. Eles então tomaram providências para canalizar as massas ensandecidas, com sucessos diversificados, expedindo várias conclamações, tais como a criação de campos de trabalhos forçados onde os alemães seriam obrigados a expiar pelos estragos que haviam causado.[42]

Violência sexual se transformou em padrão no estádio de futebol de Praga, onde cerca de 10 mil alemães ficaram detidos por dias. Um homem e sua família lá entraram em 16 de maio e só saíram em 3 de junho; ele testemunhou que as mulheres (inclusive, provavelmente, a sua) pagaram o preço mais alto. Eram levadas todas as noites ou apenas estupradas entre os prisioneiros, quer por guardas tchecos quer por soldados do Exército Vermelho.[43]

Enquanto esses crimes eram perpetrados, o ministro comunista da Educação, em 29 de maio, jactava-se de ter conseguido "purificar" Praga e suas cercanias de alemães. Dizia que o povo podia encontrar forte apoio no Exército Vermelho e que as alternativas estavam claras: "Temos que decidir pelo Leste ou pelo Oeste."[44]

A libertação da Tchecoslováquia foi seguida por tantas prisões de nazistas, colaboracionistas, prisioneiros de guerra e pessoas de etnia alemã que, a exemplo da Polônia, ela também teve que recorrer aos antigos campos nazistas de concentração como Theresienstadt, por exemplo. A partir de maio de 1945, a parte ocidental do país (Boêmia e Morávia) passou a contar com aproximadamente quinhentos "campos" — com diversas denominações — e a Eslováquia quase com a mesma quantidade. Naquela ocasião, cerca de 25 mil pessoas foram detidas na Grande Praga em mais ou menos quarenta locais distintos, de escolas e prisões ao estádio de futebol. Em meados de junho, eles estavam centralizados, com três dos campos tchecos mantendo 20 mil cada, e o de Tábor, 40 mil pessoas.[45]

Os primeiros campos de concentração perpetraram horrores e maus--tratos que resultavam em mortes. Os presos eram executados mediante espancamentos, enforcamentos e injeções letais. Pelo começo de setembro, existiam pelo menos 10 mil crianças com menos de 14 anos nos campos. As pesquisas resultaram incapazes de determinar o número total de mortes naqueles campos, mas todas as estimativas foram consideráveis.[46]

Entrementes, quando Stalin reuniu-se com o primeiro-ministro Fierlinger, em 28 de junho, para consolidar a amizade tcheco-soviética, eles repassaram outras questões populacionais. Assinaram um acordo sobre a região dos Cárpatos ucranianos, pequeno território que a Tchecoslováquia havia obtido como parte do acordo de paz de 1919. Ele foi então cedido à República Socialista Soviética da Ucrânia. Trocas de populações seriam permitidas, com os habitantes livres para optarem pela cidadania tcheca ou soviética. Foi nesse contexto que Stalin disse aos convidados tchecos que eles deveriam deportar seus alemães. "Não vamos perturbar vocês", disse ele, "ponham-lhes para fora."[47] O exército tcheco começou a descarregar caminhões lotados de mulheres, velhos e crianças famintas na zona de ocupação soviética da Alemanha, sem qualquer aviso prévio, deixando-as à própria sorte. As autoridades soviéticas de ocupação queixaram-se a Moscou, mas em vão.[48]

Stalin e seus camaradas tchecos e poloneses queriam expulsar o máximo de alemães antes da iminente Conferência de Potsdam. Por conseguinte, redobraram os esforços, visto que no primeiro ou "violento" período de expulsões estimam-se que 400 mil foram retirados da Polônia e 450 mil da Tchecoslováquia.[49] Aos radicais que participaram das expulsões foram prometidas terras e propriedades dos deslocados.[50]

COMUNISTAS TCHECOS CONSOLIDAM-SE NO PODER

Nas primeiras eleições de 26 de maio de 1946, os comunistas foram os grandes vencedores, com 40,2% dos votos em terras tchecas e pouco acima de 31% em todo o país. Os não comunistas ficaram abalados com os resultados, porém reconheceram que as eleições haviam sido relativamente limpas e não fraudadas, como, de resto, em todo o Leste Europeu. Prevalecia um estado de espírito bem favorável aos soviéticos na nação, que se sentia traída pelo Ocidente quanto ao acordo de 1938, por abandoná-la nas mãos de Hitler na famosa Conferência de Munique. Agora os comunistas eram, de longe, o maior e melhor organizado dos partidos, com uma afiliação que crescera dos 28.485 do fim da guerra para mais de 1 milhão na oportu-

NOVOS REGIMES COMUNISTAS NA POLÔNIA E TCHECOSLOVÁQUIA   273

nidade das primeiras eleições.[51] Os idealistas entre os membros achavam que as coisas poderiam ser diferentes e melhores do que na Rússia. A mais avançada Tchecoslováquia, pensavam eles, "com população inteligente e mais instruída", poderia evitar os erros cometidos na União Soviética e "daríamos um salto sobre toda uma época". Ainda mais, considerações materiais levavam alguns a buscar carteiras de filiação ao partido como credencial necessária na concorrência pela administração de propriedades nacionalizadas dos alemães expulsos ou dos tchecos que haviam fugido.[52]

O novo líder, Klement Gottwald, que se tornou primeiro-ministro, foi muito ativo na manutenção do poder e se mostrava satisfeito por seguir regras fixadas por Moscou. A revolução alastrou-se pelo país, abastecida por um desejo de conquistar o passado e transpor "os portais escancarados do milênio".[53] Políticos tchecos, operando até sem pressão do Kremlin, lideraram o surto por um futuro mais coletivista, motivado por ideias partilhadas por comunistas, social-democratas e membros de outros partidos. Uma reforma agrária em maio confiscara grandes tratos de terras e, em julho, o Estado nacionalizara os bancos e grandes indústrias. Os comunistas, surpresos com o amigável apoio, informaram a Moscou que haviam conseguido sucesso com os trabalhadores e até mesmo no interior.[54]

Independentemente de tal apoio, os comunistas tchecos e seus assessores soviéticos supuseram que o controle do aparato de segurança seria crucial para a manutenção do poder. O ministro comunista do Interior, Václav Nosek, tomou medidas para centralizar e controlar a máquina de segurança e sua polícia secreta — a Segurança de Estado StB (*Státní bezpečnost*).[55] Apesar de, após as eleições de 1946, os partidos minoritários persistirem na tentativa de limitar o comando dos comunistas sobre a StB e outros ramos do sistema de segurança, tanto Gottwald quanto Rudolf Slánský, secretário-geral do Partido Comunista Tcheco, fizeram ouvidos moucos para a questão. Com velocidade impressionante, conseguiram nomear camaradas do partido para posições-chave da segurança em todo o país. Usaram materiais coletados em todas as fontes, inclusive entre a encarcerada polícia nazista, para macular nomes de opositores políticos.[56]

O novo regime amealhou considerável apoio popular com a expulsão das minorias germânicas. Nas eleições de 1946, as pessoas que se deslocaram para regiões da Tchecoslováquia outrora dominadas por alemães votaram em peso nos comunistas, em especial nas áreas que anteriormente constituíam os Sudetos. Lá, o partido conseguiu três quartos dos votos.[57] Ademais, o novo regime conquistou tanto a legitimidade como a gratidão por parte dos novos residentes, pois estes passaram a ter ligações mais profundas e dependentes com o Estado. Padrão semelhante de confiança e solidariedade para com o governo também pôde ser percebido entre os poloneses que se mudaram para partes do novo país que antes pertenciam à Alemanha.[58]

Os tchecoslovacos desejavam uma limpeza étnica ainda maior e ansiavam por se verem livres das suas minorias húngaras, que passavam de 400 mil pessoas. Em função de tal quantidade na parte sul da Eslováquia, a operação se deu também com brutalidade. Stalin inicialmente dissera aos líderes tchecos que daria apoio a "transferências", mas a ideia gradualmente arrefeceu por causa das objeções do governo húngaro, como também dos funcionários soviéticos *in loco*.[59]

Fato novo no cenário nacional da Tchecoslováquia, em 1946, foi que o país desejou palmilhar "caminho especial" para o socialismo sem seguir o modelo soviético. O primeiro-ministro Gottwald fez tal anúncio após encontrar-se com Stalin em setembro. O governo de coalizão logo se reuniu e aprovou por unanimidade um plano de dois anos. A medida não perdurou por tempo suficientemente longo para os comunistas e, em janeiro de 1947, eles proclamaram sua intenção de ganhar maioria absoluta nas próximas eleições. Mesmo então, seus oponentes não conseguiram formar uma frente unificada para barrar ameaça tão clara à sua existência.[60]

GANHANDO APOIO POR MEIO DA LIMPEZA ÉTNICA NA POLÔNIA

Quando Władysław Sikorski, presidente do governo polonês no exílio, foi a Moscou no fim de 1941, Stalin aproximou-se dele e ofereceu-lhe terras alemãs no oeste como compensação pelo que a Polônia perderia no leste. De volta a Londres, Sikorski prometeu em um discurso proteger seu povo contras as "hordas alemãs que, por séculos, pressionavam pelo leste". Seu governo garantiria fronteiras seguras e igualdade formal para todos — com exceção dos de etnia alemã.[61]

NOVOS REGIMES COMUNISTAS NA POLÔNIA E TCHECOSLOVÁQUIA   275

Churchill partilhava algumas das ideias de Stalin quanto às "transferências" populacionais. Já em dezembro de 1940, o primeiro-ministro ponderava em particular sobre certas "trocas de populações que teriam que ocorrer".[62] Fascinava-se com a sedução do Tratado de Lausanne, de 1923, que provocara conflito amargo entre Grécia e Turquia ao estipular trocas de populações entre regiões contestadas. O processo resultara em dezenas de milhares de mortes e em duradoura miséria entre os reassentados dos dois lados. Mesmo assim, Churchill e outros da coalizão anti-Hitler desprezaram os custos e realçaram os benefícios. Como afirmou em pronunciamento na Câmara dos Comuns, de 15 de dezembro de 1944, a expulsão das minorias implicava "não existência de populações mescladas que causariam intermináveis problemas".[63]

Em vista de tais atitudes no Ocidente, apoiadas e até sobrepujadas em Moscou, o governo polonês conseguiu sinal verde para prosseguir com a expulsão daqueles alemães que, teimosamente, recusavam-se a sair por iniciativa própria. Numa reunião de fevereiro de 1945 do Comitê Central do Partido Comunista Polonês, o primeiro-secretário Władysław Gomułka declarou que todas as forças da sociedade tinham que se concentrar na "remoção completa de alemães de terras historicamente polonesas". Em maio, asseverou ao Comitê Central do partido que "se não polonizarmos as áreas antes alemãs, ficaremos então sem base para pleitear aquilo que eles [os Aliados] não desejam nos dar. Precisamos trabalhar todos os detalhes de um plano para a ação de reassentamento. Teremos que prover os meios. A extensão do país para o oeste acompanhada de reforma agrária vincula a nação ao sistema". Disse mais que, a menos que eles providenciassem o deslocamento dos poloneses para os novos territórios no oeste, a administração cairia nas mãos do Exército Vermelho, e os alemães que saíram talvez recebessem permissão para retornar. Gomułka afirmou que eles tinham que expulsar todos os alemães para que fosse criado um país com base nacional, e não multinacional. Stalin por certo aprovou, posto que os soviéticos já expulsavam seus próprios "polacos e judeus" de áreas outrora pertencentes à Polônia oriental. Muitas destas pessoas eram incitadas a se deslocarem para o novo oeste polonês.[64]

Funcionários poloneses em cooperação com a União Soviética tomaram posse dessas áreas liberadas no leste da Alemanha. Na primavera de 1945, americanos e ingleses fizeram objeção a passos tão largos antes da conferência de paz. Molotov replicou que apenas delegavam a administração das áreas aos poloneses "como questão de conveniência", e já que quase todos os alemães haviam se retirado, os poloneses haviam se tornado "população básica".[65]

Para Gomułka, a ligação entre a expulsão dos alemães e a conquista de apoio ao comunismo era autoevidente. Ele disse ao Comitê Central ser necessário posicionar guardas nas novas fronteiras para "expulsar os alemães, e se qualquer destes desejasse ficar, deveriam ser criadas condições tais que impedissem o intento".[66]

Em junho, as autoridades polonesas se alarmaram porque alguns alemães excluídos começavam a voltar sem serem importunados pelo Exército Vermelho, já muito atarefado com o influxo de refugiados para sua zona de ocupação na Alemanha. Varsóvia desejava que parassem os retornos e ordenou expulsões, inicialmente ao longo da nova fronteira, numa profundidade de aproximadamente 30 quilômetros. As ordens, a exemplo das expedidas para a 5ª Divisão de Infantaria polonesa, eram antecedidas pela declaração de que "chegou o grande dia para a história da Polônia: o da expulsão dos vermes germânicos".[67] Um relatório do exército expressou branda "surpresa" com o "cada vez maior" número de estupros cometidos pelos soldados. O documento mencionou o "desenvolvimento de uma psicose quanto à legitimidade do estupro como ato de retaliação" contra mulheres alemãs.[68]

A intensidade do ódio daqueles dias pode ser constatada em uma ordem polonesa de junho: afirmava ela que aos germânicos "deveria ser permitido levar comida apenas suficiente para que, quando cruzassem o rio Oder, *nada mais restasse*".[69] O regime comunista colhia os ganhos políticos, mesmo que significassem afetar adversamente a economia das áreas e exigir muito tempo para a recuperação.[70] Por exemplo, no começo de junho, a população de Breslau (Wrocław) estava inchada para cerca de 200 mil habitantes, contando só com 15 mil poloneses. Se todos os alemães fossem expulsos, o que aconteceria com a cidade? Pelas vastas pradarias da Silésia não existiam poloneses em canto algum.[71]

Para substituir os alemães foram trazidos poloneses de todos os lugares. Uma destas pessoas foi Teresa Postrzewska, que antes vivia no leste da Polônia. Os soviéticos forçaram-na para fora de sua terra natal e ela esperava ir viver em Varsóvia, porém, com a total desolação na capital, prosseguiu para o oeste, recebendo ajuda do governo, além de uma fazenda nova, um

NOVOS REGIMES COMUNISTAS NA POLÔNIA E TCHECOSLOVÁQUIA   277

pouco maior. Para ela, a limpeza étnica valeu uma nova casa, mas como não era familiarizada com a terra, permaneceu dependente do Estado.[72]

Os excessos do Exército Vermelho pioraram as coisas para a Polônia e também, em parte, solaparam o projeto de Stalin de conquistar apoio do povo para o comunismo. Os soldados foram assaltados por fúria assassina e destruíram propriedades de maneira insensata. Um relatório polonês, dos primeiros dias de maio, acerca da rica região da Silésia, observou que a guerra havia deixado intocadas muitas regiões urbanas e que a destruição verdadeira ocorrera após as hostilidades quando o Exército Vermelho incendiou de 60 a 70% das cidades durante farras regadas com bebidas. Fábricas não atingidas foram desmontadas e enviadas para a União Soviética em tais quantidades que os poloneses temiam o pior. Vislumbrando o futuro, diziam: "Provavelmente, assumiremos o controle apenas de espaços vazios."[73] Os poloneses ficaram revoltados com a campanha de estupros do Exército Vermelho, que deixou para trás doenças venéreas de proporções epidêmicas.[74]

Em Potsdam, em meados de 1945, os Aliados ocidentais demonstram alguma — mas não muita — preocupação com o que ocorria. Na realidade, sua declaração oficial reconheceu que "a transferência para a Alemanha de populações germânicas" vindas da Polônia, Tchecoslováquia e Hungria "terá que ser procedida". Estas "transferências" supostamente teriam lugar "de maneira ordenada e humana", mas nada foi feito para que elas assim acontecessem.[75]

A "fase sancionada" das expulsões após Potsdam não foi mais humana que a primeira. As condições dos alemães que sobreviveram à jornada da Polônia e da Tchecoslováquia — muitos morrendo nos vagões de transporte de gado — resultaram em tal escândalo que, em 27 de agosto, logo depois que voltou de Potsdam às suas funções na Câmara dos Comuns, Churchill expressou sua inquietação com a "tragédia" que se passava. Até poucas semanas antes, ele era a favor dessas transferências. Só em 20 de novembro o Conselho de Controle Aliado na Alemanha divulgou um plano sistemático para o reassentamento de alemães vindos do leste, e começaram as negociações com as potências de ocupação.[76]

Gomułka visitou Moscou naquele novembro e levou a Stalin a notícia de que o marechal Jukov, chefe da zona soviética de ocupação na Alemanha, não aceitaria mais deportados. Stalin desconsiderou a informação, assim como a tardia objeção de Churchill, e disse simplesmente: "Você deve criar tais condições para os alemães que eles mesmos queiram ir embora. Mantenha apenas os que você precisar."[77]

Se algumas reservas foram verbalizadas no Ocidente, a maioria simpatizava como a "necessidade" das expulsões. A principal reclamação dos Aliados ocidentais foi que pessoas famintas e desprovidas de bens eram transportadas para uma Alemanha ocupada já carente de todos os artigos absolutamente necessários.[78]

O governo polonês foi tomado por fanatismo em seus esforços para acabar com o menor indício de que alemães outrora viveram nos "territórios ocupados". Para ilustrar, no fim de 1946 e início de 1947, novos decretos foram lavrados para apagar qualquer sinal do idioma alemão. Multas foram aplicadas aos que fossem ouvidos se expressando nesta língua, até em particular, ou mesmo a usando em cartas para conhecidos e parentes. Em outubro de 1947, novos comitês foram criados para acabar com os últimos vestígios do odiado idioma em cemitérios, cruzamentos de estradas, pratos das residências e inclusive cinzeiros.[79]

Malgrado todos esses extremos, as pessoas encontraram maneiras de driblá-los, como pode ser visto na Silésia. Instruções governamentais para "desgermanizar" (*odniemczenie*) exigiam o apagamento da cultura e história de tudo que fosse germânico o mais rápida e completamente possível.[80] O último trem de "reassentamento", transportando 32 pessoas, deixou a Silésia em 18 de janeiro de 1951. A limpeza étnica, que começara seis anos antes, finalmente terminava e cerca de 211 mil pessoas daquela região haviam partido. De acordo com fontes polonesas, "pelo menos 22 mil" famílias foram separadas. O que horrorizou as autoridades foi saberem que, em 1952, aproximadamente 80 mil cidadãos ainda levavam escrito "alemão" no espaço para nacionalidade de seus passaportes, de modo que o governo deu prosseguimento aos seus esforços.

NÓDOAS SOBRE A VITÓRIA

Historiadores poloneses e tchecos insistiram por muitos anos que o "reassentamento" de alemães foi "necessário" e um "justificado ato de defesa" para evitar serem de novo engolfados pelo vizinho. Os historiadores

NOVOS REGIMES COMUNISTAS NA POLÔNIA E TCHECOSLOVÁQUIA 279

ocidentais em geral fizeram eco para a exaltação excessiva, pleiteando que a limpeza étnica foi exigência para a "estabilidade" do pós-guerra. Os discordantes eram logo tachados de apologistas do processo racista que os alemães desencadearam durante a guerra.

Czesław Miłosz, um dos escritores mais talentosos da Polônia e patriota frustrado, lembrou-se de como foi depois da guerra:

> Todo o país ficou cativo de um único sentimento: ódio. Camponeses, recebendo terras, odiavam; operários e funcionários de escritórios, afiliando-se ao partido, odiavam; socialistas, participando nominalmente do governo, odiavam; escritores, esforçando-se por terem seus manuscritos publicados, odiavam. Aquele não era o governo deles, este devia sua existência a um exército estrangeiro. O leito nupcial preparado para o casamento do governo com a nação foi forrado com símbolos e bandeiras nacionais, porém por baixo daquela cama apareciam espichadas as botas de um agente do NKVD.[81]

Esta descrição se aplica a praticamente todos os países da Europa Oriental naquela ocasião. Ilya Ehrenburg, que viajou pela área, ficou abismado com a quantidade da bílis do racismo respingada no período pós-guerra. Viu brigas entre húngaros e romenos, e italianos xingando eslovenos. Em Bucareste, ouviu judeus reclamarem de ofensas: "Pena que Hitler não pegou vocês!" Nos Sudetos, testemunhou tchecos obrigando alemães a usarem braçadeiras brancas como sinal de humilhação, e ficou extremamente chocado ao perceber que a Tchecoslováquia empregava métodos fascistas supostamente para combater o fascismo.[82]

Em todo o Leste Europeu, alemães foram deslocados. Por volta de 1950, de 12 a 15 milhões tinham fugido ou sido expulsos, com a maioria reassentada na dividida Alemanha.[83] Nenhum consenso existe sobre a quantidade de mortos, mas estimativas ficam entre 1,71 e 2,8 milhões.[84] Todavia, um historiador da Wehrmacht sustenta que, enquanto acadêmicos tendem a subestimar quantos alemães fardados foram mortos, eles superestimam as quantidades que pereceram pelas expulsões, um número que ele coloca entre 500 e 600 mil.[85]

O antissemitismo, que floresceu virulentamente na Alemanha e que pairou sobre todo o centro e leste da Europa durante os anos de guerra, não se dissolveu da noite para o dia, e às vezes até explodia em violência. O grito de "Abaixo o *Żydokomuna!*" ou o "comunismo judeu" ainda era ouvido em partes da Polônia. Ele foi reforçado por antigos mitos religiosos que culminaram em pogroms na Cracóvia, em agosto de 1945, nos quais diversos judeus foram mortos. Em Kielce, quase exatamente um ano depois, mais 42 pessoas foram assassinadas, e outras, feridas.[86] A NKVD reportou para Beria que, no período de janeiro a meados de setembro de 1945, 291 judeus foram mortos em território polonês. A literatura indica que houve mais baixas.[87]

Jan Gross sugere que o governo polonês arregimentou simpatias por nunca ter demandado qualquer coisa como a restituição de propriedade confiscada dos judeus durante o Holocausto.[88] Para muitos judeus, a violência e o ódio tornaram-se insuportáveis e eles emigraram.

Apenas para registrar, 90% da comunidade judaica na Polônia foi assassinada na Segunda Guerra Mundial. A maioria dos que sobreviveram ou buscou refúgio ou foi deportada para o leste pelos soviéticos. Entre 1944 e 1946, um total de cerca de 780 mil pessoas foram repatriadas para a Polônia e neste total estavam inclusos aproximadamente 137 mil judeus. Mais ou menos no mesmo período, cerca de 140 mil judeus foram para a Palestina e a comunidade judia na Polônia desapareceu quase por completo.[89]

Oficialmente, os comunistas poloneses se opunham a todas as formas de preconceito e antissemitismo. Entretanto, Władysław Gomułka enviou uma correspondência para Stalin em dezembro de 1948, oferecendo uma opinião negativa sobre os judeus em seu movimento, alguns dos quais "não se sentiam ligados por qualquer vínculo à nação polonesa ou, em decorrência, à classe trabalhadora". Havia provas, disse ele, de que os judeus em cargos de destaque no partido provocavam "amargor e descontentamento" entre a população. Ele mesmo se culpava pela situação e chegou a dizer que, no futuro, o partido deveria barrar ou pelo menos "limitar o crescimento da quantidade de camaradas judeus" nos altos escalões, assim como na burocracia estatal.[90] Gomułka recentemente havia sido removido do cargo de secretário-geral e estava ameaçado de expurgo e prisão. Talvez esperasse apelar aos preconceitos de Stalin, que cresciam bastante naquele período. Nada disso adiantou, e Gomułka foi expulso.

Enfrentar tudo o que aconteceu na Europa Oriental durante a guerra foi difícil. Somente após as revoluções de 1989 questionarem a grande narrativa

NOVOS REGIMES COMUNISTAS NA POLÔNIA E TCHECOSLOVÁQUIA   281

sobre a "necessidade" de limpeza étnica é que esta visão começou realmente a ser revisitada. O recém-eleito presidente tcheco Václav Havel lançou dúvidas sobre a moralidade daquelas ações, sobretudo pela generalização das acusações a todos os alemães. Johann Wolfgang Brügel, a exemplo de Havel, um dos dissidentes tchecos nos anos 1970, disse que "a distância entre a negação de direitos civis básicos a quase um quarto da população ao o confisco completo dos direitos de toda a população é um passo curto". Outro escritor afirmou que as experiências da ocupação nazista "levaram ao poder forças que se ajustaram aos métodos, símbolos, falas, pensamentos, códigos e lemas autoritários" e que estes "pavimentaram o caminho para a validação dos comunistas na sociedade tchecoslovaca".[91]

A historiadora polonesa Krystyna Kersten diz que, de uma maneira ou de outra, a deportação dos alemães "encorajou muitos poloneses" que, "não fosse assim, poderiam ter sido avessos" ao progresso do comunismo. Assentados poloneses no oeste, desprovidos de suas raízes, perderam pontos culturais de referência e passaram a se ver, em termos de uma identidade cultural polonesa, ao longo das linhas fixadas pela Guerra Fria.[92] Além disso, como a Tchecoslováquia, a Polônia fez-se refém da União Soviética porque apenas o Exército Vermelho tinha capacidade suficiente para a consecução das mudanças étnicas e territoriais, que só foram juridicamente ratificadas pelo Ocidente em 1989-90.[93]

No mínimo, os meios utilizados pelos comunistas tchecos e poloneses para abocanhar o poder deixaram os dois países distantes da criação de uma sociedade civil que fomentasse valores como tolerância, pluralismo, civilidade, transparência, autodeterminação, responsabilidade e solidariedade.[94]

14

O padrão das ditaduras: Bulgária, Romênia e Hungria

Bulgária, Romênia e Hungria, apesar de muito diferentes em suas tradições e histórias, tinham muitos valores anticomunistas nos anos 1930, mesmo com a Segunda Guerra Mundial bem avançada. Ainda assim, com a tutela soviética, todas as três criaram ditaduras ao estilo stalinista e estados policiais. Isso ocorreu de maneira extraordinariamente rápida. Por volta de 1946, os comunistas já haviam consolidado o poder em governos de coalizão e conquistado supremacia. Embora ainda restassem colisões e ajustes por vir, as essencialidades foram plantadas em alguns meses e se mantiveram pelos cinquenta anos seguintes.[1]

Em cada um dos três países, os comunistas se defrontaram com diferentes doses de oposição por parte do povo e, em conformidade com as políticas stalinistas, modificaram a estratégia para se adaptarem às condições encontradas. Moscou achou, por exemplo, que a Bulgária possuía alguns cabeças-duras entre seus comunistas locais e os instruiu a moderar o fanatismo destas pessoas para não inflamar os partidos opositores. Por sua vez, Romênia e Hungria eram nações decididamente anticomunistas. Nelas, por conseguinte, Stalin recomendou mais prudência ainda. Alguns húngaros com inclinações democráticas e inicialmente não abertos aos comunistas chegaram até a julgar possível um trabalho conjunto com eles em alguma espécie de governo de coalizão.

Porém, pelas regras de Moscou, relaxamento dessa natureza na pressão sobre a população local era sempre considerado medida tática e, portanto, temporária. Mais cedo ou mais tarde— e em cada um dos países —, os comunistas locais, sob a direção do chefão soviético ou por sua própria conta, julgariam o exato momento para o emprego de métodos ditatoriais e do terror. Ao esmagar as liberdades políticas, eles iriam algemar suas nações com sistemas econômicos que provariam ineficiência e exigiriam autoritarismo rígido para se sustentarem.

BULGÁRIA

Churchill e Stalin tinham concordado, no acordo das porcentagens, que a União Soviética ficaria com 90% da influência sobre a Romênia, 75% sobre a Bulgária e meio a meio sobre a Hungria. Depois que Molotov regateou com o secretário das Relações Exteriores Eden, os soviéticos conseguiram aumentar suas parcelas em relação a Hungria e Bulgária para 80%. Mesmo que tais porcentagens não pudessem ser vistas como favas contadas, elas sinalizavam inequívocas mensagens que Stalin considerou definitivas.

O destino da Bulgária foi principalmente decidido em Moscou em discussões entre Stalin e Gueorgui Dimitrov, revolucionário veterano que conseguira certa reputação na Alemanha nazista quando foi preso e julgado por suposta participação no incêndio do Reichstag, ocorrido em fevereiro de 1933. Os soviéticos providenciaram trocas de prisioneiros e ele retornou a Moscou, onde continuou como chefe do Comintern. Seu objetivo, nos anos de guerra e posteriormente, era colocar o comunismo no poder por todo o globo, em particular na sua Bulgária natal.

Assim, quando o marechal Jukov viajou de volta a Moscou em 23 de agosto de 1944 para trabalhar no planejamento da campanha militar seguinte, Dimitrov jurou para ele que seus compatriotas receberiam o Exército Vermelho com a tradição eslava do pão e sal. Em Sófia, a 2 de setembro, contudo, um grupo pró-ocidental assumiu o poder e buscou armistício com Grã-Bretanha e Estados Unidos. Para Stalin, tal iniciativa foi uma aberração e, três dias mais tarde, a União Soviética declarou guerra à Bulgária. Pelo meio da manhã de 8 de setembro, o Exército Vermelho

O PADRÃO DAS DITADURAS: BULGÁRIA, ROMÊNIA E HUNGRIA

transpôs a fronteira, e o tiroteio, que não foi lá essas coisas, terminou pelas 21h do dia seguinte.[2]

Os primeiros representantes soviéticos em Sófia foram os da SMERSH, encarregada de rastrear atividades, espionagem e traidores antissoviéticos. Eles queriam os arquivos da polícia secreta búlgara com as listas dos oposicionistas. Agentes soviéticos ajudaram a reorganizar e reforçar o Serviço de Segurança (*Darjhavna Sigurnost*), que remontava aos meados de 1920. Ele foi transformado no temível DS, que apavorou o país por mais de meio século. Além disso, os *partisans* comunistas e ex-prisioneiros políticos criaram a Milícia Popular (*Narodna Militsiya*). Um de seus líderes foi Todor Jivkov, um linha-dura de família muito pobre que acabou se tornando ditador a partir de meados dos anos 1950 até ser forçado a sair pelas reformas que varreram o Leste Europeu em 1989.[3]

Com o apoio de figuras como Jivkov e de assessores soviéticos, a Frente da Pátria búlgara deu um golpe na manhã de 9 de setembro. A conselho de Stalin, o governo tinha apenas três ou quatro comunistas — para falar a verdade, a eles foram conferidos os ministérios-chaves do Interior e da Justiça. O sistema administrativo, a polícia, o exército, as prefeituras, e assim por diante, foram "varridos de elementos antinacionais". Comunistas locais começaram a tirar a forra e um estudo estima que assassinaram de 3 a 4 mil pessoas.[4] Recentemente, todavia, dois historiadores contabilizaram mais mortes. Marietta Stankova sugere "não menos do que 20 mil", enquanto Ekaterina Nikova sustenta que entre 25 e 30 mil "foram mortos ou desapareceram" durante os primeiros dez dias do golpe.[5]

A escala do banho de sangue foi assustadora e algo incompatível com as características da Bulgária, com sua cultura política geralmente calma. Quando o escritor soviético Ilya Ehrenburg visitou o país depois da guerra, ficou impressionado com a civilidade, reserva e educação do povo. Não havia leite e bastou um breve olhar nas crianças para constatar que elas estavam em más condições.[6] A Bulgária tinha a tradição de tolerância religiosa de modo que, ao lado dos cristãos ortodoxos orientais conviviam significativas minorias muçulmanas, católicas e judias na população pré--guerra de 6,6 milhões de habitantes. Com a Segunda Guerra Mundial bem avançada, o chefe de Estado era o em geral benevolente rei Boris, ainda que o governo fosse fascista e se tivesse tornado um dos aliados de

Hitler. Entretanto, ele não declarara guerra à União Soviética e, assim, foi posteriormente poupado dos estragos infligidos a seus vizinhos.

A última coisa que Stalin desejava era uma revolução em grande escala que pudesse desencadear guerra civil. A preferência era por um país estável, desejoso e capaz de orientar seu exército na guerra que ainda grassava no oeste. Em 11 e 24 de setembro, Dimitrov enviou longos telegramas ao Comitê Central do Partido Comunista em Sófia dizendo-lhe em termos categóricos para trabalharem com seus parceiros da Frente da Pátria. Foram também orientados a evitar qualquer aparência de introdução do comunismo, pois por menor que fosse o indício de algo parecido, ele seria explorado pelos inimigos. Ademais, deveriam existir "tribunais populares comuns, e não a justiça do linchamento". E detalhou: "Temos que falar e agir não como reles e irresponsáveis agitadores provincianos, mas como sóbrios, adequados e autênticos políticos e estadistas bolcheviques."[7]

Em outubro, funcionários soviéticos reforçaram esse aspecto adotando "meios legais", e começou a funcionar um novo tribunal popular. Entre novembro de 1944 e abril de 1945, não menos do que 11.122 réus foram julgados e 2.730 condenados à morte, dos quais 1.516 foram mais tarde executados. Os veredictos relativos aos personagens importantes só foram anunciados depois que checados por Dimitrov.[8] Entre 1944 e 1962, dezenas de milhares foram enviados para um dos 88 campos de concentração do país.[9]

Essas ações deterioraram a reputação do comunismo. Mesmo assim, o partido cresceu rapidamente e, já em janeiro de 1945, tinha cerca de 250 mil filiados, com uma ala da juventude de aproximadamente 400 mil. Todo o país foi mobilizado e a Bulgária teve mais ativistas como percentagem da população do que a Polônia e até a Tchecoslováquia.[10]

Líderes comunistas foram convocados a Moscou para consultas com Stalin no início de 1945 e, na companhia dos iugoslavos visitantes, se reuniram na dacha de campo. O ditador lhes disse, prolixamente, que a aliança da União Soviética com os capitalistas era expediente temporário. Naquela ocasião, era necessário ser cauteloso e adotar alguma "flexibilidade ideológica".[11]

Os radicais locais não concordaram com a abordagem "moderada" advogada pelos *émigrés* em Moscou. A Agência de Serviços Estratégicos (OSS) dos EUA reportou que os fanáticos estavam impacientes e tentariam

O PADRÃO DAS DITADURAS: BULGÁRIA, ROMÊNIA E HUNGRIA   287

transformar seu país seja em república socialista independente seja reintegrando-o à União Soviética.[12] Convocaram eleições para mostrar sua força e uma foi agendada para agosto.

Marcar eleições em uma época daquelas podia ser imprevisível, em particular quando pessoas de consciência e coragem, como Nikola Petkov, um dos líderes da oposição, levavam a votação a sério. Ele chegou mesmo a propor supervisão internacional para garantir a imparcialidade do processo. Durante a guerra, Petkov tentara barrar a deportação de judeus da (então búlgaras) Macedônia e Trácia. Em maio de 1943, ele estava entre o grupo de notáveis que escreveram ao rei Boris, suplicando para que intercedesse. Afirmaram que "a deportação em massa de cidadãos búlgaros, que desfrutavam dos mesmos direitos como todos os outros e não eram culpados de nenhum crime, fora condenada pela maioria dos búlgaros e despertara sua piedade". Embora este e outros apelos tivessem fracassado, quase todos os cerca de 50 mil judeus nascidos búlgaros sobreviveram à guerra, e isto tem que ser creditado a seus compatriotas.[13]

No verão de 1945, na Conferência de Potsdam, Stalin tentou persuadir com paciência os Aliados a reconhecerem os novos regimes na Bulgária e Romênia. Truman só o faria se houvesse eleições adequadas. No mínimo, partidos da oposição deveriam concorrer e, com tal objetivo, americanos e ingleses usaram o não reconhecimento para fazer pressão. Enquanto corria o tempo para as eleições marcadas em 26 de agosto, os Aliados ressaltavam os flagrantes abusos e o terror empregados contra candidatos não comunistas. Faltando apenas 36 horas para o pleito, os representantes soviéticos no Conselho de Controle Aliado, em Sófia, adiaram a votação, obviamente com a permissão de Stalin, mas sem consultar o governo búlgaro.[14]

Em agosto de 1945, Stalin estava por demais envolvido na última e febril fase da guerra da União Soviética contra o Japão, mas achou tempo para a Bulgária. Recebeu uma das delegações comunistas e instruiu seus membros a assegurarem que o novo governo tivesse a aparência de legitimidade. Disse-lhes para não temerem uma pequena oposição. "Vocês devem permitir que outros partidos existam além da Frente da Pátria", repreendeu-os, e acrescentou, "vocês podem realizar as eleições em meados de outubro".[15]

Petkov ficou animado com as notícias da Conferência de Potsdam naquele verão sobre até mesmo o moderado apoio ocidental. Sua oposição ao governo fascista durante a guerra fizera com que ele formasse passageira aliança com os comunistas, mas agora queria genuína democracia — não a que os soviéticos tinham em mente. Os Aliados insistiram finalmente por eleições apropriadas, remarcadas para 18 de novembro, e então Petkov criou coragem. Infelizmente, ele e outros superestimaram o compromisso do Ocidente porque continuaram sendo empregados métodos estatais e policiais para intimidar a oposição. A secretária de Petkov, por exemplo, foi detida e morreu na prisão. Em tais circunstâncias, a oposição decidiu boicotar as eleições.

Stalin, insatisfeito com os eventos, entrou em ação e, em 4 de novembro, despachou Gueorgui Dimitrov para Sófia. A lendária figura não voltou com um senso de prazer ou justificativa, e sim equipado com antigos descontentamentos, agindo mais como enviado imperial mandado por Moscou do que como filho da terra. Foi protegido por guarda soviética pessoal própria e isolou-se numa grande casa com os muros externos com arame farpado no topo e iluminados por holofotes. Havia uma linha direta com o Kremlin para que Stalin pudesse fazer as coisas acontecerem. Ninguém ficou surpreso com a "vitória" dos comunistas nas eleições, que conseguiram (como parte da Frente da Pátria) não menos do que 88% dos votos.[16]

Os resultados foram tão estapafúrdios que os ministros das Relações Exteriores britânico e americano levantaram o assunto na reunião deles de dezembro, em Moscou, com Molotov. Solicitaram aos soviéticos a garantia de que o governo búlgaro fosse ampliado para incluir membros de partidos da oposição.[17] Stalin, desconsiderando os apelos, disse que seria não democrático interferir nos resultados de eleições de outro país. Mais tarde do mesmo dia, telefonou para Dimitrov e pediu "a inclusão de dois ou três ministros da oposição. Dê-lhes alguma espécie de cargos sem valor. Obviamente, não estamos aqui falando de Petkov. Alguns outros não tão populares podem ser achados".[18]

Em 7 de janeiro de 1946, o primeiro-ministro búlgaro e alguns membros de seu gabinete (e também um único membro da oposição, mas não Petkov) foram a Moscou para consultas. Naquela noite, seguiram diretamente para o Kremlin a fim de ouvirem o ditador dizer que "permitiria" a constituição do novo governo desde que incluísse dois membros da oposição. Repreendeu-os severamente, mas depois lhes ofereceu pequena dose de piedade ao dizer que estava disposto a reduzir os custos que exigia pela manutenção do Exército Vermelho na ocupação do país deles. Os búlgaros

O PADRÃO DAS DITADURAS: BULGÁRIA, ROMÊNIA E HUNGRIA   289

ficaram chocados com todo o evento.[19] Mesmo assim, os comunistas renovaram a campanha na Bulgária contra os partidos de oposição, quase que certamente com permissão soviética. Eles já controlavam a polícia e os tribunais, e novas leis expandiram seus poderes para prender ou deter praticamente qualquer pessoa.

Dimitrov foi a Moscou em junho de 1946 com o objetivo de obter a aprovação do ditador para um referendo sobre a monarquia e a convocação de eleições para uma Grande Assembleia Nacional, que formularia nova Constituição. Stalin desejava que ele mantivesse a Frente da Pátria unida e disse-lhe exatamente a porcentagem dos votos que os comunistas e todos os outros partidos deveriam alcançar. A eleição seria "trabalhada" para que essa predição se tornasse realidade.[20]

Em meados de agosto, Dimitrov estava de novo em Moscou, mas então para cuidar da saúde abalada. Encontrou-se com Stalin e seus auxiliares em 2 de setembro e, entre outras matérias, conversaram sobre a nova Constituição búlgara, ainda a ser minutada. O líder estava convencido de que o país precisava de uma república popular com sistema parlamentarista. Disse que assim "evitariam atemorizar" os estratos sociais que "não pertenciam à classe trabalhadora" e fariam a Constituição soar menos radical do que a iugoslava. Como autonomeado especialista constitucional, Stalin ofereceu-se generosamente para ler a primeira minuta quando ficasse pronta.

O ditador do Kremlin foi bastante franco quanto ao futuro do Partido Comunista Búlgaro e revelou, de passagem, o que deveriam ser todas as revoluções da Europa Oriental. Afirmou que os búlgaros deveriam encontrar algo parecido com o Partido Trabalhista britânico, "um partido do povo", e dar uma casa para cada trabalhador e camponês. Não deveriam simplesmente copiar o modelo soviético de revolução, não buscar de imediato a ditadura do proletariado e a eliminação de toda a oposição política. Em vez disso, era mister que adotassem métodos diferentes e "mascarassem" por enquanto a característica do Partido Comunista.[21]

O referendo teve lugar mais tarde naquele mês e 96% votaram a favor da abolição da monarquia. A eleição da Grande Assembleia Nacional em outubro de 1946 se deu exatamente como Stalin ordenou. A Frente da Pátria garantiu 366 deputados, dos quais 265 eram comunistas, enquanto os do Partido Agrário liderados por Petkov saíram apenas com 28%

dos votos e 99 deputados. Muito convenientemente, Dimitrov tornou-se primeiro-ministro.[22]

Americanos e britânicos tentaram fazer com que os soviéticos assegurassem liberdade de imprensa, não interferência no voto e soltura dos prisioneiros políticos, porém em vão.[23] Finalmente, os Aliados ratificaram o tratado de paz com a Bulgária em meados de 1947, ato que significou o reconhecimento do novo governo. O tratado não moderou o regime. Em agosto, a polícia prendeu o desafiador Nikola Petkov na própria Assembleia Nacional. Colegas que tentaram impedir a ação foram brutalmente espancados, e o partido dele, logo dissolvido.

Em setembro, Petkov foi submetido a julgamento e sentenciado à morte. Os anglo-americanos demandaram que o veredicto fosse suspenso, mas essa reação teve efeito contrário, uma vez que Dimitrov julgou ser importante agir com a maior rapidez. No seu modo de pensar, um retardo só encorajaria mais interferência externa. Petkov foi enforcado em 23 de setembro de 1947, e com isso a oposição perdeu todo o ânimo.[24]

ROMÊNIA

O Partido Comunista Romeno era insignificante, com apenas oitenta membros na capital Bucareste no fim da guerra, e não mais do que mil em todo o país, que tinha população (em 1947) de 15,9 milhões de habitantes. Na impressão de Ilya Ehrenburg, a Romênia era país de fortes contrastes. Na moderna capital, ele viu carros de boi conduzidos por camponeses prejudicando o trânsito de luxuosas limusines. Intelectuais sentados em mesas de cafés nas calçadas debatiam sobre romances de James Joyce ou poemas do Conde de Lautréamont, mas fora da capital as pessoas viviam em condições bastante primitivas.[25]

Se a nação tivesse livre escolha, em 1940 e 1941, entre a Alemanha nazista e a União Soviética, teria optado por Hitler. Por certo, o povo apoiava o líder fascista marechal Ion Antonescu, cujo sonho era a homogeneização étnica do país através da deportação. Para os judeus, tal operação significava execuções em massa. Mas, em meados de 1944, com o Exército Vermelho se aproximando, o *Conducător* (líder), como Antonescu era chamado, podia ver que seu tempo no palco mundial chegava ao fim.[26]

O PADRÃO DAS DITADURAS: BULGÁRIA, ROMÊNIA E HUNGRIA   291

Stalin começou a antecipar o que ocorreria. Em Moscou, em 20 de junho de 1944, criou o Bloco Nacional Democrático com a intenção de usá-lo para colocar os comunistas romenos no poder. O esquema foi interrompido em 23 de agosto, quando líderes militares, em nome do rei Miguel, derrubaram os fascistas do poder. O novo governo resolveu se alinhar com os Aliados, romper a aliança e declarar guerra à Alemanha. Estas decisões surpreenderam Stalin e Molotov, de modo que, quando tropas soviéticas entraram em Bucareste em 31 de agosto, não puderam simplesmente ejetar o governo, tampouco começar de imediato a engendrar a formação de um novo.

Naquele outubro, todavia, sob intensa vigilância do olho de Moscou, um mais estável governo da Frente Nacional Democrática foi formado pelo Partido Comunista, pelos social-democratas e por mais dois grupos. Os comunistas romenos decidiram que a liderança do partido não deveria ir para Ana Pauker, a candidata "óbvia", brilhante política e estrategista, e entre os melhores dos líderes exilados em Moscou durante a guerra. No lugar dela, escolheram Gheorghe Gheorghiu-Dej, "romeno étnico" que, como ex-funcionário ferroviário, também tinha impecáveis raízes proletárias. Pauker, afiançavam eles, poderia agir por algum tempo, como o verdadeiro poder nos bastidores. Contudo, em parte ou talvez principalmente, Pauker era judia e entrou em rota de colisão com Stalin.[27]

Em 4 de janeiro de 1945, ou antes, o ditador do Kremlin convocou os líderes comunistas romenos a Moscou para duas semanas de consultas. Isso foi logo antes da crucial Conferência de Ialta. Trazer romenos naquela ocasião indica que, não obstante as amabilidades que trocava com Roosevelt, Stalin trabalhava intensamente pela causa comunista. Estimulou então os convidados romenos a evitarem o disparo de alarmes entre os burgueses daquele país; eles não deveriam "fomentar a nacionalização no presente". As reformas precisavam ser modestas, mesmo no campo, onde terras como as deixadas para trás pelos emigrados poderiam ser redistribuídas. Uma providência assim angariaria apoio e possibilitaria aos comunistas "trabalhar por uma frente nacional democrática".[28] Stalin confirmou que Gheorghiu-Dej seria o secretário-geral do partido, e não Pauker, que era judia e tinha origens "burguesas". Por sua vez, ela ficou terrivelmente preocupada com a convocação a Moscou, suspeitando, algo receosa, que jamais emergiria do encontro no tenebroso edifício do Comitê Central.[29]

De volta a Bucareste, lá ocorreram tumultos e manifestações sociais em 24 de fevereiro. Resultaram em mortes políticas: se os assassinos foram os comunistas ou fascistas radicais, permaneceu obscuro.[30] Três dias mais tarde chegou o braço direito de Stalin, Andrei Vishinski. Tirando proveito da confusão, o Exército Vermelho ocupou as instalações da administração governamental e pressionou o rei Miguel a exonerar o governo liderado pelo general Nicolae Rădescu. Por fim, em 6 de março, o monarca concordou em entregar o poder a Petru Groza, uma figura estranha que de roupa esporte e cartola não dava a aparência de ser líder de um partido político autodenominado Frente dos Lavradores. Vishinski insistiu em Groza, que todos sabiam não ser membro do Partido Comunista, apenas simpático à causa. O novo governo da Frente Nacional Democrática que vingou teve os comunistas ocupando os ministérios do Interior, da Justiça e das Comunicações, todos essenciais para a tomada do poder. Um "companheiro de viagem" ficou encarregado da propaganda.[31]

Numa jogada para obter apoio, na véspera da nomeação de Groza, o governo confiscou as terras dos criminosos de guerra e dos que haviam combatido contra os Aliados ou fugido por razões políticas. Também tomadas foram as propriedades dos latifundiários ausentes e dos que possuíam mais que 50 hectares — estes últimos foram indenizados. A maior parte das pilhagens foi distribuída pelos camponeses mais pobres. A produção caiu quase imediatamente e logo se instalaram escassez desesperada e fome em um lugar visto pelos soviéticos como de "prosperidade e abundância", onde sempre podiam encontrar artigos alimentícios altamente necessitados.[32]

Em 7 de março, uma delegação de especialistas soviéticos reuniu-se com Pauker e quatro de seus camaradas. Segundo relatório da inexperiente OSS, a equipe chegou com um plano político de dez pontos que o governo deveria seguir pelos três anos seguintes para transformá-lo na ditadura de um só partido. Empregando a reorganizada polícia secreta, eles eliminariam a oposição política de uma maneira ou de outra.[33]

Naquela noite, os quinze membros do Comitê Central do Partido Comunista Romeno realizaram encontro para mapear as especificidades. Pauker expressou confiança que a estratégia da frente nacional conseguiria apoio, se bem que achasse que eles precisavam de maior visibilidade e do recrutamento de membros, como de fato cedo ocorreria. Ela também afirmou que os comunistas tinham que reprimir os segmentos "reacionários" da sociedade e não permitir "pessoas nas ruas, que logo se tornariam inimigos ativos", talvez os enviando para campos. O partido teria que fazer esforços vigorosos para ganhar a população, organizar os trabalhadores e chegar ao campo através da reforma agrária.[34]

No mesmo dia, Groza anunciou que haveria um expurgo dos fascistas da vida pública e que isso significava se ver livre de quem ficasse no caminho. Em abril, dois tribunais populares foram instalados, e o ministro comunista da Justiça Lucrețiu Pătrășcanu, recém-retornado da União Soviética, nomeou os promotores públicos, a maioria membros do partido, para examinar cerca de 2.700 casos pessoais. Aproximadamente a metade foi indiciada e 668 considerados culpados, a maioria *in absentia*, porque havia fugido. No total, 48 pessoas foram condenadas à morte, mas só quatro executadas. Groza mencionou casualmente em maio de 1945 que em torno de 90 mil pessoas estavam presas. Cerca de mil magistrados foram exonerados e substituídos por candidatos mais politicamente confiáveis. No fim de 1945, estimados entre 50 e 60 mil funcionários públicos tinham sido demitidos e, além disso, ameaças foram usadas com a finalidade de ganhar apoio popular para o regime.[35]

Em 28 de junho de 1946, os tribunais foram desativados. Seus veredictos haviam sido brandos, em especial se comparados com a extensão dos crimes do regime anterior — que incluíram assassinatos em massa de judeus durante a guerra. De acordo com relatório recente de comissão, entre 280 e 380 mil judeus romenos e ucranianos de "territórios sob administração romena" foram mortos durante o Holocausto.[36] Metade, ou ainda menos, da comunidade judaica sobreviveu.

O Kremlin já havia de muito decidido que a única maneira de os comunistas romenos chegarem discretamente ao poder seria mediante eleições que pudessem ser consideradas acima de suspeitas pelo Ocidente. Não obstante, a maior parte do povo ainda odiava a União Soviética e não gostava do comunismo. Além disso, a ocupação do país pelo Exército Vermelho levara a inevitáveis crimes contra a população, o que, parcialmente, minara a missão política stalinista. Ademais, as facções no Partido Comunista Romeno por vezes trabalhavam contra a causa. Apesar de tudo, quando Gheorghiu-Dej visitou a capital soviética em abril de 1946, foi suficientemente ousado para garantir a Molotov que, nas eleições vindouras, ele e seus aliados certamente alcançariam de 70 a 75% dos votos. No entanto, o partido necessitava urgentemente de fundos e, para garantir os resultados, Molotov ofereceu $ 200 mil.[37]

Os comunistas romenos formaram então o Bloco dos Partidos Democráticos (BPD), outra grande aliança da esquerda. As primeiras eleições ocorreram por fim em 19 de novembro. Àquela altura, todos os obstáculos possíveis haviam sido colocados no caminho da livre expressão de opinião. Embora corressem boatos de que a votação seria contra os comunistas, o resultado final (publicado após verificação de Moscou) deu ao Bloco 349 assentos, ou 70% dos votos. Gheorghiu-Dej prometera a Stalin números parecidos. Os partidos de oposição combinados acabaram com apenas 65 assentos, uma apuração em que ninguém acreditou. Pesquisa recente sugere que os partidos não comunistas provavelmente obtiveram 70% da votação.[38]

Tal ausência de apoio popular tornou os comunistas locais ainda mais dependentes da União Soviética. Na Romênia, ao longo de 1947, autoridades governamentais foram eliminando um partido atrás do outro até que, em 30 de dezembro, quando o rei foi forçado a abdicar, os comunistas proclamaram a República Popular da Romênia.[39]

Pairando sobre tudo estava a onipresente Securitate, ou polícia de segurança, que prendeu centenas de pessoas. A organização fora criada nos anos 1930 e, durante a guerra, fora empregada contra os judeus. Com o surgimento do governo Groza, os comunistas se apossaram dela. Agentes soviéticos ou treinados na União Soviética conduziam suas operações, organizando a estrutura romena da maneira que melhor conheciam. Em agosto de 1948, Gheorghe Pintilie saiu de uma posição no Comitê Central do Partido Comunista para reorganizar a Securitate. Ele formulou a missão mais ampla, de acordo com a definição no seu estatuto, como "defender as conquistas democráticas e proteger a segurança da República Popular da Romênia contra inimigos internos e externos".[40]

Em termos reais, a missão demandava manter o regime comunista no poder e esmagar a oposição. Pintilie nasceu, em 1902, na região romena do Império Russo. Lutou no Exército Vermelho durante a guerra civil, foi mais tarde recrutado pela polícia secreta soviética e trabalhou pela revolução romena em prol de Moscou. Na companhia de dois assistentes, também agentes soviéticos, modelou o serviço à imagem da NKVD, e as práticas da Securitate foram tão brutais quanto as do modelo.[41]

O PADRÃO DAS DITADURAS: BULGÁRIA, ROMÊNIA E HUNGRIA   295

Desde o início, o regime criou um sistema próprio de campos de concentração, que se espalhou pelo país como um câncer. Relatórios romenos recentes apontam para dezenas de milhares arrastados para as tenebrosas masmorras e contabilizam mais de 230 diferentes campos. Milhares foram presos às vésperas das eleições de 1946 e a ondas de detenções persistiram por anos. Os comunistas romenos esforçaram-se para ser "mais ortodoxos que o Kremlin", era o ditado; mantiveram seus campos de concentração operando mesmo após a morte de Stalin e de os soviéticos desmantelarem seu *gulag*.[42]

O governo não mediu esforços para que os romenos abraçassem o comunismo. Um dos métodos benignos foi orquestrar um culto à liderança de Stalin. Apesar de alguns cidadãos acharem a coletivização da agricultura e a nacionalização da indústria difíceis de engolir e sentissem, melancolicamente, a perda da liberdade, o governo considerava fácil reconhecer Stalin como figura paternal que propugnava pelo progresso, paz e humanidade. A administração deu muita atenção ao fomento desta imagem na Romênia, que culminou nas festividades oficiais de seu septuagésimo aniversário, em 1949, com conferências, celebrações em praças públicas e adulações em todos os jornais.[43]

HUNGRIA

Os húngaros podem ter sido mais amargamente refratários ao comunismo e à União Soviética do que os romenos, porém foram igualmente libertados pelo Exército Vermelho e viram o país por ele ocupado. Segundo o acordo das porcentagens, Churchill ofereceu a Stalin dividir meio a meio a influência sobre a Hungria. Depois da arenga de Molotov com o secretário Eden no dia seguinte, os britânicos capitularam para 80%/20%. Este estranho modo de negociar o destino de nações era sinal dos tempos, e apesar de Stalin ter sorrido e Churchill se sentido desconfortável, o Kremlin jamais esmoreceu no cumprimento do combinado. Ele era "prova" de que os britânicos aceitavam a retidão do domínio soviético.[44]

O mais bem conhecido dos comunistas húngaros era Mátyás Rákosi, um dos líderes militantes dos anos 1920, que os fascistas mantiveram preso até que a União Soviética barganhou sua troca em 1940. Quando retornou a Moscou, Stalin pessoalmente o selecionou para liderar o minúsculo quadro restante no partido. O antissemitismo do líder soviético ainda não havia desabrochado; cinco das seis figuras de destaque entre os comunistas húngaros — inclusive Rákosi — eram judeus.

A penosa transição para a paz começou em 5 de outubro de 1944, em Moscou, quando uma delegação militar húngara chegou à capital representando o almirante Miklós Horthy, o qual, em meados de 1941, se deliciara ao se alinhar com a cruzada de Hitler contra o "bolchevismo judeu". Pelo outono de 1944, contudo, o Exército Vermelho já estava às portas de Budapeste. Em 15 de outubro, Hitler tirara Horthy do poder em favor de Ferenc Szálasi, líder do movimento fascista Cruz Flechada, cujos fanáticos combatiam então na capital ao lado das tropas húngaras e da Wehrmacht.[45]

Enquanto isso, em Moscou, Rákosi e outros emigrados juntavam-se à delegação húngara nas reuniões entre 1º e 5 de dezembro com Molotov e, ocasionalmente, Stalin. Eles optaram por criar uma Frente Nacional de Independência, grande coalizão de socialistas, pequenos proprietários, comunistas e camponeses nacionais. A maioria deles receberia dois ministérios no Governo Provisório que tomou posse, em Debrecen, em 22 de dezembro. Stalin gostou do programa e, da mesma forma que aconselhara romenos e búlgaros, disse aos húngaros "para enfatizarem com mais veemência a defesa da propriedade particular e a preservação e desenvolvimento da iniciativa privada". Desejava "fórmulas mais flexíveis", com "nada amedrontador" nelas. Este seria o primeiro estágio, como nos demais casos no leste. "Uma vez fortalecidos", afirmou ele, "vocês poderão avançar" com a agenda comunista.[46]

Em 27 de dezembro, a nova assembleia se reuniu e "elegeu" um novo governo, dando-lhe um verniz de legitimidade. O gabinete só tinha dois comunistas, mas existiam outros que escondiam sua filiação, notadamente Ferenc Erdei, primeiro ministro do Interior.[47] Os problemas imediatos eram alimentar a população e recuperar a economia. Tarefas difíceis, porque o Exército Vermelho pilhava tudo o que encontrava e, além do mais, a URSS empregava esquadras especialmente organizadas para realizar roubos sistemáticos de "troféus", bens valiosos de qualquer tipo, e não se detiveram nem em invadir bancos para saquear tudo, diante de estupefatos observadores. Tudo isso concorria para a desesperada situação do povo, que vivia à base de minguadas rações.[48]

O PADRÃO DAS DITADURAS: BULGÁRIA, ROMÊNIA E HUNGRIA   297

Batalhas acirradas continuaram infernizando Budapeste e Stalin ordenou que mais soldados participassem da refrega. O Exército Vermelho sofreu espantosas baixas — por vezes tão tolas que os defensores ficavam espantados com os ataques sem sentido, um atrás do outro, que eram lançados e repelidos. No cômputo final, os soviéticos tiveram 80.026 mortos e 204.056 feridos no cerco de Budapeste e em operações associadas, o que fez daquela batalha uma das mais custosas da guerra.[49] Quando a vitória chegou em 13 de fevereiro de 1945, o general Rodion Malinovski, comandante da Segunda Frente Ucraniana, liberou a capital para seus homens, deixando um rastro de estupros, pilhagens e roubos em escala capaz de desafiar a imaginação.

Os comunistas húngaros se queixaram amargamente. Por exemplo, o partido em Kőbánya, subúrbio de Budapeste, escreveu às autoridades soviéticas que "a tão esperada libertação" havia, em vez disso, desaguado na destruição insensata da cidade. Os soldados "explodiram de ódio desenfreado e insano. Mães foram violentadas por militares bêbados na frente dos filhos e maridos. Meninas de apenas 12 anos foram arrancadas dos pais para serem estupradas por dez a quinze soldados e frequentemente infectadas com doenças venéreas. Depois do primeiro grupo, vinham outros". Até as vítimas óbvias do regime anterior, os judeus, não ficaram imunes aos maus-tratos e roubos.[50]

Stalin deu de ombros para todas as reclamações sobre o Exército Vermelho, e a ocupação deu prosseguimento às missões por ele determinadas. Um de seus projetos preferidos para toda a Europa Oriental era a introdução da reforma agrária, no início, normalmente em escala modesta. Molotov disse a Kliment Voroshilov, chefe soviético da Comissão de Controle Aliado em Budapeste, que a redistribuição de terras se "concentraria no estrato social-democrata, em particular nos camponeses". Voroshilov convocou membros do governo e disse que essas medidas deveriam conquistar as tropas húngaras que ainda lutavam contra o Exército Vermelho.

Em 17 de março, terminado o mapeamento de todo o processo pelo Partido Camponês e pelos comunistas, abrangentes decretos foram exarados.[51] Pequenos, médios e grandes proprietários perderam suas terras. Independentemente das promessas, nenhuma indenização foi paga. As terras foram repassadas para cerca de 642 mil famílias, mas os confiscos não angariaram muitas simpatias e, como na Romênia, fracassaram na produção de mais alimentos.

Naquele junho em Moscou, Rákosi parecia otimista em suas conversas com Dimitrov. Os comunistas já haviam mobilizado aproximadamente 200 mil filiados e, em sua opinião, eles teriam se saído ainda melhor não fossem os continuados "excessos" do Exército Vermelho. Se eles pudessem ser barrados, o abastecimento alimentar melhorado e os prisioneiros húngaros de guerra trazidos de volta, então o futuro seria brilhante.[52] Duraria algum tempo para que isso tudo fosse feito. Por trás das cortinas, autoridades soviéticas de ocupação trabalhavam para expulsar da administração os "reacionários e extremistas de direita".[53]

As represálias na Hungria criaram asas próprias e tomaram diferentes formas. Evidentemente, não houve linchamentos. A polícia internou cerca de 40 mil pessoas e comissões de desnazificação expurgaram em torno de 62 mil funcionários públicos.[54] Uma característica especial foi a instituição de tribunais do povo; as primeiras das 24 de tais novidades começaram a funcionar em janeiro de 1945. Eles julgaram e executaram, no outono, as figuras de destaque do regime anterior. No total, as cortes apreciaram os casos de 58.629 pessoas e sentenciaram 477 à morte, embora apenas 189 foram executadas.[55]

Além disso, comunistas assumiram o controle da polícia secreta em Budapeste que Gábor Péter chefiou a partir de janeiro de 1945. Apesar de ele ter um rival em András Tőmpe, líder *partisan* recém-retornado da União Soviética com ambições próprias, os dois trabalharam, um seguindo o outro, na rua Andrássy nº 60, antigo quartel-general do fascista Cruz Flechada, e espalharam o terror tradicional.

No verão, os comunistas e socialistas se convenceram de que o apoio a eles crescia e desejaram eleições para provar o fato. Voroshilov, o servidor--chave soviético em Budapeste, não tinha certeza do sucesso, mas aquiesceu. Em 7 de outubro haveria um turno de eleições municipais porque a esquerda sentia-se mais forte nas cidades e esperava lá robustecer sucessos na votação nacional subsequente. Os comunistas e social-democratas concorreram pela Frente Unida de Trabalhadores. Entretanto, os pequenos proprietários de terra saíram vitoriosos no pleito municipal conseguindo 50,4% dos votos. Os camaradas húngaros sustentaram que os soviéticos deveriam ter aprovado reformas sociais mais radicais. Por seu turno,

O PADRÃO DAS DITADURAS: BULGÁRIA, ROMÊNIA E HUNGRIA

Voroshilov explicou a Moscou que Rákosi & cia. exageraram no otimismo e não apresentaram propostas positivas ao eleitorado.[56]

Da perspectiva dos comunistas, os resultados das eleições nacionais, ocorridas um mês depois, foram ainda piores. Em vez de se juntarem num grande bloco, os pequenos proprietários insistiram em concorrer separadamente. Voroshilov pressionou-os a expedirem um manifesto pré-eleição que afirmasse a instalação de um governo de coalizão, qualquer que fosse o resultado. O Kremlin ficou aborrecido por ele não ter conseguido uma campanha conjunta ao estilo búlgaro.[57]

A eleição de 7 de novembro foi a mais livre das que viriam por muitas décadas e, provavelmente, refletiu a opinião pública. Mais uma vez os pequenos proprietários venceram, com 57%, os social-democratas obtiveram 17,4% e os comunistas, um último lugar com miseráveis 16,9%; partidos nanicos ficaram com o resto.[58]

A apuração demonstrou inquestionável rejeição ao comunismo. O Kremlin entrou em fase de "controle dos danos". Negou a reivindicação dos pequenos proprietários pelo Ministério do Interior, que controlava a polícia. Molotov fez com que Voroshilov colocasse o comunista László Rajk no cargo e nomeasse dois vices: um deles social-democrata leal a Moscou e o outro pequeno proprietário que era, secretamente, membro do partido comunista. Rajk indicou o comunista Gábor Péter para a chefia da polícia secreta, de modo que, no frigir dos ovos, eles estavam perfeitamente situados para esmagar oposição. As manipulações pós-eleição de um modo geral neutralizaram o resultado. Nada obstante, o líder dos pequenos proprietários, Zóltan Tildy, se tornou presidente, e Ferenc Nagy, do mesmo partido, primeiro-ministro, com maioria no parlamento e, supostamente, apoiados pela maior parte da população do país.[59]

Os comunistas consideraram a votação contra eles emaranhada por "pensamento equivocado" e "falsa consciência" que precisavam ser desfeitos; com início no ano seguinte, eles orquestraram manifestações em todo o país para "limpar" as repartições públicas. Por vezes, as concentrações saíram do controle, redundaram em linchamentos e viraram tiros no pé por incitarem levantes anticomunistas, como em fevereiro de 1946 na cidade mineira de Ozd. A violência foi detonada pelo misterioso assassinato de um líder comunista conhecido por ser antissemita. Multidões de trabalhadores fizeram demonstrações, mas contra os comunistas e judeus.

Em maio e junho, em outras cidades, circularam boatos sobre supostas práticas religiosas judias e, em Ozd, propriedades de judeus foram atacadas. A efervescência culminou em pogroms que mataram dois e feriram mais em Karcag.

Parte do antissemitismo foi atiçado por ninguém menos que Rákosi, curiosa atitude para alguém que era judeu. Aparentemente, ele desejava ligar os operadores do mercado negro, fontes de descontentamento popular, aos judeus, e ganhar adesões para a causa. Ele foi para Miskolc em julho e lá uma multidão invadiu o distrito policial e linchou o tenente comunista da polícia, que era judeu — mais um sinal do antissemitismo que ainda espreitava logo abaixo da superfície de toda a Europa Oriental.[60]

Quando Rákosi se reuniu com Stalin em 1º de abril de 1946, buscando melhores termos nas vindouras negociações de paz, não obteve muita coisa. Fosse por reação ao discurso da "cortina de ferro" pronunciado por Winston Churchill em Fulton, Missouri, em 5 de março, fosse para usá-lo como pretexto para fazer o que já tencionava, Stalin começou a pensar em voz alta que todos os satélites comunistas deveriam eliminar os partidos de oposição. Não foram encontrados registros dessa reunião com o líder húngaro e só sabemos dela porque Rákosi, quando retornou para a Hungria, a mencionou para alguns íntimos. Stalin supostamente também teria falado sobre a criação de algum tipo de organização para substituir o defunto Comintern.[61]

No momento conveniente daquele verão, o ministro comunista do Interior Rajk desfechou um golpe contra a sociedade pluralista, banindo centenas de organizações. Em outubro, o regime criou um novo Departamento Húngaro de Segurança de Estado, ou ÁVO (*Államvédelmi Osztálya*), saído da já existente polícia política que operava em Budapeste.[62] A nova organização seguiu o modelo soviético e foi chefiada por Péter. A mera menção de seu nome era suficiente para despertar medo nos corações das pessoas. Embora o órgão tivesse alterado ligeiramente sua denominação, em dezembro de 1948, para ÁVH (*Államvédelmi Hatóság*), ou Polícia de Segurança de Estado, era comum os falantes de língua inglesa se referirem a ele como "Avoh".[63]

Nem vale a pena repetir que Stalin tinha muito interesse no sucesso comunista na Hungria e na criação final no país de uma "democracia popular". Em função das circunstâncias, a tomada comunista da Hungria

O PADRÃO DAS DITADURAS: BULGÁRIA, ROMÊNIA E HUNGRIA   301

sempre foi uma questão de oportunidade: ocorreria ela logo, junto com Bulgária e Romênia, ou depois, quando a situação fosse mais adequada para a ação soviética? A última opção tinha também a vantagem de afastar as inquietações dos anglo-americanos que ficavam sempre farejando alguma coisa para se preocuparem, do ponto de vista de Stalin.

Existe prova de que o ditador soviético ruminava, com 1946 bem adiantado, que talvez fosse conveniente deixar a Hungria permanecer uma democracia do tipo burguês por um pouco mais de tempo, considerando tudo.[64] O país todo alimentava fortes sentimentos anticomunistas, e ingleses e americanos andavam em seu encalço; dessa forma, retardar a conquista comunista na Hungria poderia acalmar temores ao redor. Um retardo, de acordo com seu raciocínio, deixaria os soviéticos menos atribulados com os Aliados e com mais tempo para devotar suas energias à Bulgária e à Romênia.

Estas considerações explicam por que Stalin não se mostrou abertamente ansioso por gastar muito tempo recebendo Rákosi no Kremlin. Entre 1944 e 1948, ao passo que comunistas de outros países do leste europeu fizeram visitas a Moscou dezenas de vezes, Rákosi só esteve lá em quatro ocasiões.[65] É claro que, quando a situação na Hungria começou a esquentar e quando seu líder local entrou em ação, as perspectivas comunistas para aquele país melhoraram.

Rákosi pôs-se a eliminar a oposição por etapas, o que mais tarde chamou de a célebre "tática do salame": cortar uma fatia de cada vez. Os comunistas fabricaram acusações contra 22 deputados pequenos proprietários e fizeram com que fossem expulsos do parlamento. Mais conspirações anticomunistas foram descobertas, centenas de indivíduos foram julgados pelas cortes populares e alguns, executados. O pináculo do ataque contra os pequenos proprietários ocorreu em 25 de fevereiro de 1947, quando os soviéticos — não os húngaros — prenderam Béla Kovács, secretário-geral do partido e membro do parlamento. Ele não foi executado, mas foi removido da cena e neutralizado. Esses eventos foram citados no discurso do presidente americano diante do Congresso, em 12 de março, no qual, como veremos no capítulo 15, ele anunciou o que viria a ser denominado Doutrina Truman.

Segundo as memórias de Rákosi, foi em maio que veio o impulso decisivo de Moscou para a criação de uma "democracia popular". O representante soviético em Budapeste revelou aparente "material incriminador" sobre o primeiro-ministro Ferenc Nagy, que estava fora do país na ocasião, e decidiu não retornar. Novas eleições foram convocadas para 31 de agosto e, desta vez, os comunistas concorreram como parceiros em grande bloco que conseguiu 60,9% dos votos.[66] No entanto, mesmo com intimidação e manipulação dos resultados, os comunistas não conseguiram manufaturar apoio majoritário. Seriam necessárias mais algumas torções e apertar mais parafusos para imobilizar o país e quase compeli-lo a aceitar a ditadura de um só partido.

Stalin tinha ideias a respeito do futuro do comunismo nos Bálcãs ao longo da costa mediterrânea. Todavia, a geografia é muito dura por lá, como também o são os povos, e eles cedo mostrariam os limites para as ambições do ditador.

15

Comunismo na Iugoslávia, Albânia e Grécia

Bem mais ao sul e oeste de Moscou, movimentos de resistência comunista endógena lutaram contra os invasores nazistas. A Iugoslávia e a Albânia não deveram suas libertações ao Exército Vermelho, porém tal era a atração de Stalin como líder, e tão valorizadas as "conquistas" que ele representava, que os dois novos regimes enveredaram para a "stalinização". A Grécia não se encaixava nesse padrão. Os comunistas de lá, havia muito tempo, tinham se tornado uma força que não podia ser ignorada; e estavam engajados em acirrados, persistentes e, quase sempre, violentos embates com as forças políticas oponentes. Tanto eles se destacaram que conseguiram provocar Churchill a efetuar uma série de esforços para salvar a Grécia de cair em mãos soviéticas. Os comunistas gregos, é preciso que se diga, sentiam grande afinidade com o grande homem do Kremlin. Ao mesmo tempo, possuíam identidade singular forjada em seus próprios sangrentos conflitos e não cediam facilmente ao tipo de direção que Stalin oferecia. No estágio em que os revolucionários gregos se encontravam, o lema dele, "vão devagar e não se preocupem com os Aliados", deve ter parecido fora de propósito.

304 A MALDIÇÃO DE STALIN

VITÓRIA COMUNISTA NA IUGOSLÁVIA

As tropas de Hitler atacaram a Iugoslávia em 1941 e causaram a desmoralização do exército do país. O Führer pegou parte do território para a Alemanha, deu o restante a seus aliados — Bulgária, Hungria e Itália — e permitiu que um novo Estado-cliente surgisse na Croácia. Fora fácil para os invasores declararem a vitória, mas outra coisa seria lidar com a resistência que se seguiria. Moscou supunha que Josip Broz Tito, o líder comunista, assumiria a direção e, de fato, em 26 e 27 de novembro de 1942, ele e seus subordinados criaram o Conselho Antifascista de Libertação Popular da Iugoslávia (ou AVNOJ), em Bihać, na libertada Bósnia.

Tito era figura carismática que combinava a determinação do aguerrido combatente guerrilheiro com certo gosto pela boa vida. Lutara na Primeira Guerra Mundial ao lado da Áustria-Hungria, fora capturado e enviado à Rússia, onde aprendeu sobre o bolchevismo e fez parte da Guarda Vermelha. Em 1920, retornara à Iugoslávia e militara ativamente no movimento comunista até que foi aprisionado. Quando solto no início de 1930, emigrou e, depois, passou a representar seu país no Comintern (1935-36) em Moscou. Conhecia bem as intrigas no Kremlin, foi suficientemente esperto para escapar do Grande Terror e conseguiu, com as bênçãos de Stalin, se tornar secretário-geral do partido iugoslavo. Ainda assim, como seus camaradas, Tito possuía acentuado viés independente e era mais difícil de controlar do que qualquer dos discípulos estrangeiros de Stalin.

O principal problema na Iugoslávia, com uma população de 16,4 milhões de habitantes em 1939, era sua múltipla divisão segundo linhas étnico-religiosas: os sérvios constituíam 38,8%, os croatas, 23,8% e outros seis grupos completavam o total.[1] Os *partisans* de Tito provinham principalmente, mas não exclusivamente, da Sérvia. Entre os rivais estavam os chetniks, chefiados por Dragoljub (ou Draža) Mihailović, cujo objetivo era criar uma Sérvia maior com base em princípios tradicionalistas, e o também importante Ante Pavelić, líder fascista da temível Ustaša, que odiava o comunismo e se esforçava por criar uma Croácia maior. Irrompeu guerra civil entre essas facções que resultou em terríveis atrocidades e fomentou duradouras rivalidades.

Desde o início, Tito buscou instintivamente o apoio de Moscou e ficou desapontado quando lhe disseram para se arranjar com o que conseguisse

COMUNISMO NA IUGOSLÁVIA, ALBÂNIA E GRÉCIA

subtrair dos invasores. No fim de janeiro de 1943, ele pareceu desesperado quando escreveu ao Kremlin outro pedido de ajuda ao seu povo, que, à beira da inanição, destinava as últimas migalhas de pão aos seus combatentes.[2] No fim do ano a situação melhorou, ainda que em novembro os chetniks, com vínculos formalizados com os nazistas, conseguissem melhores suprimentos. Tal fato fez com que os Aliados ocidentais pusessem de lado seus escrúpulos políticos e começassem a suprir os *partisans* de Tito, a quem já viam como prováveis governantes futuros.

Na segunda reunião do AVNOJ, encontro que durou de 21 a 29 de novembro de 1943 em Jajce, na Bósnia, os *partisans* declararam uma espécie de governo provisório, sem informar a Stalin por que já anteciparam que ele iria dizer-lhes para esperar. O que desejavam mesmo era uma ação ousada. Quando o chefe tomou conhecimento, reagiu, como disseram os iugoslavos, "com exagerado cuidado pela reação dos Aliados ocidentais".[3] Decidiram também promover Tito a marechal para dar às massas um símbolo de identidade, e o fizeram com espontâneo derramar de lágrimas e empolgação. Tito ainda era modesto o suficiente para se ruborizar, mas logo se acostumou, pois era homem "chegado ao poder pessoal", e dizer que o sucesso lhe subiu à cabeça é eufemismo.[4] Quando os ingleses perguntaram a Stalin que papel vinha desempenhando naquele caso, ele deu respostas evasivas e disse que se tratava estritamente de uma questão interna. Na verdade, os soviéticos estavam envolvidos até o pescoço, proporcionando ajuda, e a URSS dava seguimento à propaganda pela "Rádio Iugoslávia Livre".[5]

Os *partisans* empregavam o modelo soviético em tudo o que era possível e, no aniversário de Stalin, criaram a Primeira Brigada Proletária como braço armado do Partido Comunista Iugoslavo. Orgulhosamente adornaram seus uniformes com estrelas, como as usadas pelo Exército Vermelho, e até mesmo celebraram as mesmas datas festivas soviéticas. Tito viajou a Moscou para um encontro cara a cara com Stalin na semana de 21 a 28 de setembro de 1944. Eles concordaram que o Exército Vermelho ajudaria na libertação de Belgrado, o que finalmente ocorreria em 20 de outubro.[6]

Durante sua estada em Moscou, Tito não se comportou submissamente, mas Stalin achou que era o momento certo para lhe dar instruções sobre o futuro, como vinha fazendo com os comunistas de toda a Europa. Segundo o líder soviético, a Iugoslávia faria bem se seguisse o padrão das "frentes nacionais" — isto é, os comunistas deveriam começar partilhando o poder com políticos "burgueses". Tito não gostou do conselho e nem lhe passava pela cabeça trazer o rei Pedro de volta ao cargo de chefe de Estado. Tal postura fez com que o ditador expressasse a famosa resposta: "O senhor não precisa recolocá-lo no trono para sempre. Leve-o temporariamente de volta e, no momento oportuno, dê-lhe uma facada pelas costas."[7]

Tito achou as conversas com Dimitrov mais agradáveis. Os dois rapidamente engendraram o que poderia ser uma federação de eslavos do sul para incluir Bulgária, Macedônia, Sérvia, Croácia, Montenegro e Eslovênia. Stalin continuou inquieto com possíveis objeções britânicas e se aborreceu quando Tito não agiu como instruído a fazer.[8] Pouco depois, no mesmo outubro, Churchill visitou Moscou e "ofereceu" a Stalin a manifesta proposta de 50/50 de influência, logo aumentada para 60/40 na Iugoslávia em favor dos soviéticos. Naquele exato momento, Tito já caminhava celeremente para a vitória e não permitiria de modo algum que britânicos ou quaisquer outros desembarcassem tropas lá para reivindicar uma fatia do bolo.

Os iugoslavos que se encontraram com Stalin em meses posteriores continuaram resistindo às suas exigências de reinstalar a monarquia. Isto confundiria o povo sobre quem mandava. Stalin considerava o rei Pedro da Iugoslávia e o rei Miguel da Romênia figuras de fachada para serem utilizadas só inicialmente e depois descartadas. Os iugoslavos não concordavam. Julgavam seu monarca totalmente inaceitável, comprometido que estava pelo envolvimento com os chetniks, com as atrocidades da guerra e com a dominação sérvia.[9]

A guerra contra a Alemanha e a guerra civil entraram em suas fases finais na primavera de 1945. Mas, por maior que fosse a premência da situação, Tito encontrou tempo para uma longa visita a Moscou, lá ficando de 5 a 20 de abril. Não existem atas de suas reuniões com Stalin, mas sabemos que eles debateram detalhes do novo governo e quão persistentemente os *partisans* deveriam perseguir os inimigos em retirada. Stalin estava genuinamente satisfeito com o triunfo comunista na Iugoslávia porque aquela vitória aumentaria drasticamente as chances de sucesso similar na Grécia. Além do mais, o Kremlin aparentemente nutria a esperança de uma grande federação socialista balcânica a qual, por sua vez, daria continuidade ao processo de concretização da "revolução mundial".[10] Dessa forma, pareceu disposto a aceitar que a Iugoslávia criasse alguma espécie de federação com outros novos regimes comunistas na região, como a Bulgária e, talvez, a Albânia. No entanto, agiu de forma bastante estratégica, sem apressar as providências, de modo a não provocar suspeitas em seus Aliados ocidentais. Um pequeno, porém emblemático incidente ocorreu em uma das recepções em abril, quando Stalin, taça de champanhe na mão, virou-se abruptamente para o homem que o servia e disse-lhe que os acompanhasse no brinde. Um dos iugoslavos observou: "O garçom ficou visivelmente embaraçado, mas quando Stalin completou, 'Como assim? Você não vai beber em homenagem à amizade soviético-iugoslava?', o homem obedientemente pegou uma taça e tomou tudo de um gole só. Toda a cena teve algo de demagógico e até grotesco, mas os circunstantes a apreciaram com sorrisos beatíficos, como expressão da consideração de Stalin pelos homens do povo e sua proximidade com eles."[11]

As ambições territorialistas de Tito naquela ocasião também incomodaram alguns em Moscou, da mesma forma que o fizeram na última vez que ele lá estivera. Até Dimitrov, normalmente seu aliado, rabiscou no diário como Tito "subestimava a complexidade da situação", era "arrogante e preconceituoso demais" e apresentava sintomas de "vertigem com o sucesso". Stalin usara esta última expressão para descrever aqueles que fugiram ao controle e não seguiram a linha do partido na campanha contra os kulaks no início dos anos 1930.[12]

De volta à Iugoslávia, Tito deu prosseguimento às ações à sua maneira, e os *partisans* tomaram duas direções. Primeiro rumaram para oeste, na reta para Trieste, cidade italiana que, se eles a conquistassem e mantivessem, proporcionaria à Iugoslávia um porto importante no Adriático. Lá entraram triunfalmente em 1º de maio. Logo então Tito fez repetidos pleitos para que o Ocidente reconhecesse a conquista, inclusive do interior, como sétima república da Iugoslávia. Em 15 de maio, os Aliados ocidentais mandaram--lhe um ultimato para que se retirasse. E ele foi saindo aos poucos, mas suas reivindicações pela região e por partes da Áustria permaneceram por longo tempo. Quando os iugoslavos se lembraram daqueles eventos mais tarde, veio-lhes à cabeça que Stalin não moveu uma palha em apoio a eles.[13]

A segunda incursão dos *partisans* foi ainda maior. Em 8 de maio de 1945, um formidável exército (estimados em 800 mil) tomou Zagreb e se dirigiu, através da Eslovênia, para Klagenfurt, na Áustria. Seus integrantes perseguiram acirradamente entre 100 e 200 mil soldados, policiais e dependentes inimigos que tentavam escapar. A maioria deles era de croatas ou eslovenos, mas havia também alguns sérvios e muçulmanos. Tito expediu ordens para que fossem "aniquilados" todos os capturados, e a perseguição seguiu o rumo noroeste. Os *partisans* continuaram a ação até 21 de maio, quando uma exasperada Junta Aliada de Chefes de Estado-Maior autorizou o marechal de campo, Alexander, com a ajuda de Eisenhower, se necessário, a aprestar tropas dos Aliados com a finalidade de intervir. A guerra na Europa, aliás, estava oficialmente terminada.

As forças dos *partisans* ainda enfrentavam cerca de 18,5 mil guardas territoriais chetniks, ustašas e eslovenos encurralados com as costas para a Áustria, que decidiram só se render aos britânicos, pensando ou esperando que fossem enviados de trem para a Itália.[14] Em vez disso, os ingleses os entregaram aos *partisans,* que os executaram assim como o fizeram com aqueles que eles mesmos tinham capturado.[15] Quantos foram fuzilados naquele período após a guerra é uma questão que permanece em aberto. Croatas e outros escritores estimam a quantidade em 60 mil ou até mesmo 90 mil mortos em questão de dias.[16] De acordo com integrante de uma das "companhias de extermínio" especiais, os executores foram tratados como heróis e receberam recompensas que como relógios de ouro.[17]

A Iugoslávia seguiu o paradigma estabelecido na Polônia e na Tchecoslováquia de usar propriedades expropriadas de alemães para amealhar simpatia para o novo regime comunista. Já em 21 de novembro de 1944, a presidência do Conselho Antifascista de Libertação Popular da Iugoslávia — ou seja, o governo provisório *de facto* de Tito — ordenava a apreensão de todos os ativos dos alemães e de todas as pessoas de "etnia germânica". As únicas exceções foram os que lutaram pelos *partisans.* Os demais foram julgados "coletivamente culpados" pelos crimes do nazismo e em torno de 250 mil pessoas foram presas; os mais afortunados já haviam fugido.[18] Os comunistas utilizaram "a rica e fértil terra da Voivodina" para atrair novas famílias montenegrinas e bósnias, com o objetivo de compensar "pessoas pobres das regiões montanhosas devastadas pela guerra".[19]

A limpeza étnica que se seguiu teve todas as características das demais na Europa daquele tempo: maus-tratos, sevícias, assassinatos, trabalho forçado, campos de concentração e deportações. Alguns desses vilarejos ficavam situados na região chamada pelos locais de Danúbio-Suábia, onde alemães étnicos viviam por séculos. Em toda a Iugoslávia, não menos de

COMUNISMO NA IUGOSLÁVIA, ALBÂNIA E GRÉCIA   309

50 mil dessas pessoas devem ter morrido nos campos e mais cerca de 15 mil foram mortas pelos *partisans*.[20]

Mesmo antes de a guerra terminar, os comunistas iugoslavos voluntariamente se subordinavam a Moscou. Pediam que lhes fosse mostrado o que os soviéticos esperavam e perguntavam como formar seu novo Estado, a economia, a cultura e as artes. Buscaram assessores soviéticos para organizar a polícia e, por iniciativa própria, enviaram professores, advogados, agrônomos e outros para treinamento na União Soviética.[21] Como asseverou um dos líderes, o regime se tornou "o mais militante, o mais doutrinário, o mais pró-soviético" de todos, tanto que, àquela ocasião, a imprensa ocidental o alcunhou de "Satélite Número Um".[22]

A Iugoslávia também promulgou medidas que pareceram inspiradas no terror de Stalin dos anos 1930. Por exemplo, em setembro de 1945, uma nova lei "sobre crimes contra o povo e o Estado" condenava qualquer desvio da linha do partido como "traição nacional". Questões étnicas complexas e explosivas foram declaradas "resolvidas". No fim de 1945, o partido começou a expurgar sua própria "oposição interna".[23]

As eleições de 11 de novembro de 1945 foram precedidas pelo terror policial contra a oposição, barrando sua candidatura. Na tentativa de seguir instruções stalinistas, foram apresentados candidatos da Frente Popular que eram, na verdade, normalmente comunistas ou simpatizantes. Juntos, eles conseguiram 81,5% dos votos. Tito teria vencido mesmo que as eleições fossem livres, mas ele "desejou maioria avassaladora", porque — era o raciocínio dentro do partido, se a oposição ganhasse muito apoio, poderia "ser institucionalizada e se tornar permanente e desagradável fator na vida política".[24] Em conversas com representantes soviéticos no começo de 1946, Tito e seu camarada mais próximo, Edvard Kardelj, afirmaram controlar todas as organizações significativas e planejar extinguir os últimos partidos não comunistas.[25] Pouco tempo depois, Kardelj reportou orgulhosamente a Moscou que a Iugoslávia havia nacionalizado 90% de sua indústria.[26]

Admitiu com franqueza diante da nova Assembleia Popular, em dezembro de 1945, que "direitos democráticos não se aplicam a todos os tempos".[27] A dominação ao estilo soviético estava estabelecida e já em maio de 1944 eles haviam criado sua própria polícia secreta, o Departamento para a Proteção do Povo (*Odeljenje za zaštitu naroda*, ou OZNa). Ele era chefiado por Alexander Ranković, com a cooperação de assessores soviéticos. A começar em setembro e a exemplo de todos os europeus do leste, funcionários da polícia iugoslava e outros foram despachados para a União Soviética a fim de serem "instruídos".[28]

A guerra civil deixara um legado de violência e as numerosas atrocidades prosseguiriam. Execuções se tornaram tão comuns que Tito teria comentado em meados de 1945 que "ninguém mais tem medo da morte". Naquele junho, disse numa reunião que o OZNa "é um órgão de segurança que saiu do povo. Se ele provoca calafrios na espinha de algumas pessoas do exterior, não é culpa nossa. Porém, considero uma vantagem o OZNa causar medo naqueles que não gostam da nova Iugoslávia".[29]

Ranković criou uma rede de informantes, como era comum nas outras "repúblicas populares". Os "inimigos" podiam ser quaisquer pessoas, e as prisões em massa se tornaram rotineiras. O OZNa mantinha a população permanentemente sob vigilância, rastreando todos os movimentos e preenchendo detalhados formulários com dados sobre a confiabilidade das pessoas.[30] As represálias continuaram em 1946 com inúmeros pequenos e diversos grandes julgamentos. Historiadores estimaram que, em 1945-46, entre 100 e 250 mil iugoslavos foram mortos por meio de execuções em massa ou no novo sistema de campos de concentração.[31] Não há dúvida sobre a extensão do mortal acerto de contas, pois existem todos os tipos de evidências.[32]

Alguns historiadores iugoslavos negam a escala dos assassinatos e, no mesmo fôlego, chamam os oponentes croatas e sérvios de Tito de "colaboracionistas" ou traidores que matariam todos os comunistas se tivessem oportunidade. Um de tais relatos admite que "a aniquilação da maioria dos soldados colaboracionistas capturados no fim da guerra — o que é fato — foi um ato de terror em massa e de brutal operação política".[33]

O capitão Frank Waddams, oficial britânico de ligação com os *partisans* de Tito durante a guerra, presenciou os abusos. Quando retornou à Inglaterra em 1946, falou sobre "o todo-poderoso OZNa", que foi, pensava ele, "responsável pelo assassinato de milhares de iugoslavos, por maus-tratos nos campos de concentração infligidos a outros milhares e pelo permanente terror sob o qual grande parcela da população vive".[34] Não mudou muita coisa quando a polícia secreta ganhou nova denominação, UDNa (Administração da Segurança de Estado). Continuou chefiada por Ranković e os campos de concentração se tornaram característica do regime.[35] As

COMUNISMO NA IUGOSLÁVIA, ALBÂNIA E GRÉCIA   311

histórias tenebrosas contadas sobre o notório campo de Goli Otok, em uma das ilhas do Adriático, criado em 1949 para "stalinistas" que se opunham a Tito, parecem saídas do Terceiro Reich ou do *gulag* de Stalin.[36] Ranković reconheceu algumas coisas sobre a repressão nos campos, e elas foram publicadas na imprensa.[37] A despeito da muitas informações conhecidas sobre o terror, o Ocidente não parou de se encantar com Tito e de fingir que não via aquele regime esmagar cruelmente direitos civis e legais.[38]

Os representantes britânicos em Belgrado no fim da guerra reportaram equivocadamente para Londres que Tito "colocava a Iugoslávia em primeiro lugar e, enquanto seus subordinados faziam o mesmo com o comunismo", e que eram estes últimos que incitavam o terror. O embaixador dos EUA Richard Patterson apresentou ao presidente Truman esta meia-verdade num breve retorno a Washington em agosto de 1945. Asseverou que "era amigo" do líder, e que os dois já tinham planejado caçar juntos. O embaixador achava que Tito, por certo, era "comunista assumido", mas inteligente, e sugeriu ingenuamente que o presidente poderia "convidá-lo à América para um mês de doutrinação".[39]

A Iugoslávia se transformou no mais stalinizado país do Leste Europeu. Mais tarde, quando Stalin tentou exercer ainda mais controle, ela foi a primeira a soltar as algemas. Parte da motivação para o racha foi a ambição de Tito sobre vizinhos como a Albânia.

OS STALINISTAS DA ALBÂNIA

A Albânia é um pequeno país que, em 1944, tinha apenas 1,1 milhão de habitantes, a maioria de muçulmanos. Seu território fica espremido entre a combativa Iugoslávia ao norte e a vaidosa Grécia ao sul. A "classe trabalhadora" da Albânia, em termos de empregos industriais, era estimada em torno de 15 mil pessoas nos anos 1930. O analfabetismo era a norma, e a expectativa de vida dos homens, 42 anos.[40] O país era tão pobre que, quando Ilya Ehrenburg o visitou em 1945, ficou chocado ao ver o exército desfilar descalço.[41]

Vizinhos mais ricos e poderosos cobiçavam a Albânia e já nos anos 1920 ela era dominada pela Itália fascista. Os sucessos de Hitler na década de 1930 atiçaram Mussolini a crer que a vitória era dos audaciosos e, em 25 de março de 1939, ele expediu um ultimato à Albânia: ou ela aceitava o protetorado da Itália ou enfrentaria a invasão que, em qualquer dos casos, seria iminente. O exército albanês foi rapidamente vencido e o rei escapou para Londres. Depois disso, Mussolini se tornou mais ganancioso e ordenou a invasão da Grécia em 28 de outubro de 1940. Mas lá os italianos se depararam com feroz resistência e logo o combate chegou a impasse. A situação fez com que Hitler sentisse que não tinha escolha a não ser invadir Albânia e Grécia no começo de 1941, ainda que tais operações militares consumissem tempo e recursos valiosos para o planejado assalto à União Soviética. Contudo, nesse meio-tempo, a Itália se mostrara capaz de consolidar sua posse da Albânia.

Em novembro de 1941, Tito enviou assessores para ajudar a criar um novo Partido Comunista Albanês. Na ocasião, o partido possuía cerca de setenta filiados e algumas centenas de simpatizantes. Enver Hoxha, pessoa razoavelmente bem preparada que estudara na Universidade de Montpellier, na França, emergiu como líder. Corriam rumores de que, enquanto estivera lá, ele escrevera para o prestigioso jornal do Partido Comunista, *L'Humanité*, porém todos os esforços para achar qualquer desses artigos foram em vão. De qualquer maneira, foi na França que ele começou a acreditar que o stalinismo era o caminho do futuro.[42]

As primeiras diretrizes para o pequeno partido albanês chegaram de Moscou em dezembro de 1942, com ordens para ser criada uma ampla frente de todos os patriotas a fim de atacar as ocupações alemã e italiana. Os *partisans* de Tito ajudaram, mas a resistência só ficou pronta para operar em meados de 1943. Eles logo criaram o Comitê Antifascista Albanês de Libertação Nacional, semelhante ao da Iugoslávia.

Fricções também surgiram, ao menos segundo as memórias de Hoxha, porque os autoritários iugoslavos procuraram dirigir não apenas o esforço militar como também o movimento comunista; no fim, quiseram até incorporar a Albânia, tornando-a a sétima república iugoslava. Hoxha impregnou-se bastante da inspiração de Moscou e se transformou em um dos mais ardorosos stalinistas.[43] Percebeu que ter amigos no Kremlin ajudava muito um pequeno país com vizinho tão poderoso e ambicioso.

O Comitê Antifascista Albanês de Libertação Nacional elegeu Hoxha como presidente de um governo provisório em maio de 1944, e em outubro

COMUNISMO NA IUGOSLÁVIA, ALBÂNIA E GRÉCIA   313

ele seria confirmado com presidente do país. Os comunistas podiam reivindicar naquele caso que haviam libertado o país por méritos próprios,
pois em acirrado combate no mês seguinte expulsaram os alemães da
capital, Tirana. Nas eleições de 2 de dezembro de 1945, a Frente Democrática Albanesa — um Partido Comunista disfarçado — obteve 93%
dos votos. A nova assembleia transformou o país em república popular
no início do ano seguinte.[44] Eles já possuíam polícia secreta, o Diretório
de Segurança (*Sigurimi*), criado em 20 de março de 1943, que se tornou
um dos mais temidos nos Bálcãs.[45] Invadiu a esfera privada com espiões
e informantes e usou campos de trabalhos forçados para "reeducar" os
politicamente rebeldes.

Tito já deixara saber em janeiro de 1945 que queria incorporar não só a
Albânia e a Macedônia grega, como também partes da Hungria, Áustria
Romênia e Bulgária. Para o Kremlin, tais desejos pareciam ambiciosos
demais e "irracionais".[46] Quando representantes iugoslavos pressionaram
pela aquiescência de Stalin, tudo o que conseguiram foi a sábia observação de que, se continuassem, ver-se-iam "em desavenças com a Romênia,
Hungria e Grécia" e teriam que "enfrentar todo o mundo; tal situação
seria absurda".[47]

Naquela oportunidade, pelo menos, o Kremlin contentou-se em controlar a Albânia mediante ordens e diretrizes via Iugoslávia.[48] Quando um dos
políticos iugoslavos de renome, Milovan Djilas, visitou a capital albanesa
em maio de 1945, ficou impressionado com o que os italianos construíram
durante a ocupação. Ele estava lá para formalizar relações diplomáticas e
achou Hoxha, o líder de 35 anos de idade, ávido por aprender.

Djilas ficou incomodado com o hábito de Hoxha de, vez por outra,
"exibir sorriso súbito e estranhamente cruel". Por trás da fachada euro-
peizada do homem "se escondia uma personalidade decidida a seguir
caminho próprio, voltada para dentro e inacessível". Os líderes iugoslavos
o consideravam vítima de intelectualismo e também pequeno-burguês —
ele abrira uma tabacaria quando os tempos se tornaram difíceis durante
a ocupação italiana. Djilas lembrou-se de ouvir mais tarde que Hoxha,
no fim, ficara mais modesto, "salvo em assuntos envolvendo poder e
ideologia. Mas aqueles eram tempos diferentes. Imitávamos os russos
na administração; os albaneses nos imitavam na administração e no
luxo autocrático".[49]

Tito deixou suas ambições aparentes em 27 de maio de 1945, apenas um mês após sua longa visita a Moscou. Em reunião, ele expressou insatisfação por não ser permitido ao país expandir suas fronteiras. Não gostava do fato de Stalin dar as cartas nesse particular, tampouco se mostrava feliz por Dimitrov começar a mudar de ideia quanto à Iugoslávia absorver a Bulgária como sétima república. Tito não recebera apoio de Moscou para sua reivindicação pela Caríntia (na Áustria) e pela Veneza Júlia (na Itália). Houvera uma guerra justa, disse Tito, "mas agora buscamos uma justa conclusão. Nosso objetivo é que cada um seja dono de sua própria casa". Ele chegou perto de classificar a União Soviética na mesma categoria dos Aliados ocidentais por negar aos iugoslavos aquilo que era, de direito, deles, e jurou que os iugoslavos "nunca mais dependeriam novamente de ninguém, independentemente do que estivesse escrito ou do que tivesse sido dito a respeito".[50]

Stalin ficou irado com o descomedimento de Tito e com seu desejo de arriscar a guerra com o Ocidente, quando importantes hostilidades nem bem haviam chegado ao fim. O chefe do Kremlin queria abrandar as coisas, de modo que orientou seu representante em Belgrado para dizer a Tito, em termos irrefutáveis, que se ele se atrevesse a outro ataque verbal contra a União Soviética, "seríamos obrigados a reagir ostensivamente pela imprensa e a desautorizá-lo".[51]

Em maio de 1946, Albânia e Iugoslávia assinaram um tratado de apoio econômico recíproco que poderia levar à "integração socialista", não fossem os conflitos políticos que cedo espocariam entre as duas. Os albaneses começaram a reclamar a Moscou que o abraço de Tito os estava sufocando. Hoxha pretendia havia muito tempo visitar o lar do comunismo e apresentar pessoalmente seu caso ao líder do Kremlin, mas só em julho de 1947 recebeu permissão para fazê-lo. Stalin foi de antemão minuciosamente informado sobre os problemas que o comunismo albanês enfrentava.[52] O partido de lá havia crescido para 12.361 filiados naquele março e Hoxha e seu vice, Koçi Xoxe, estavam em Moscou para tomar a bênção e buscar apoio de Stalin.[53] Hoxha era um convertido total, autêntico adepto e completamente fiel ao stalinismo.[54] Enquanto na capital soviética, reuniu-se com Jdanov para finalizar a estrutura e organização do partido. Também solicitou assessores para ajudar a levar de volta ao país elementos versados em questões ideológicas.[55]

COMUNISMO NA IUGOSLÁVIA, ALBÂNIA E GRÉCIA   315

Os albaneses se transformaram em sôfregos e perfeitos estudantes para aquilo que a União Soviética tinha a ensinar. Acreditavam que, por se aferrarem a Stalin, não só haviam encontrado a fonte da sabedoria e da verdade, como também uma figura patronal e paternal que os protegeria de Tito.

A GRÉCIA ENTRE O LESTE E O OESTE

O entusiasmo de Tito pela sovietização, que ia além do julgado prudente por Moscou, incluía assistência ao Partido Comunista Grego (KKE), cujas raízes remontavam a 1918. A fé comunista florescera nos anos 1920 e 1930 entre os refugiados gregos forçadamente "transferidos" para a Turquia. Milhares tinham sido deixados em ancoradouros e portos e terminaram amontoados em edifícios públicos e igrejas, ou no interior, suscetíveis a doenças. Aquela foi a "transferência populacional" que Churchill e, em menor escala, Roosevelt apontaram como exemplo a ser seguido após 1945. Na realidade foi um desastre que gerou ressentimentos e muitos do Comitê Central do KKE estavam entre aqueles refugiados.

Nikos Zachariadis, secretário-geral do KKE entre 1934 e 1956, nasceu na Ásia Menor, sentiu-se atraído pelo bolchevismo, foi para a Rússia e combateu na guerra civil. Depois de treinado na União Soviética, retornou à Grécia onde, em 1936, por ordem de Moscou, se tornou chefe do partido. Rapidamente "stalinizou" e unificou a organização para concorrer às eleições daquele ano, alcançou meros 5% da votação. Foi o suficiente para o governo trancafiar Zachariadis na cadeia, onde os nazistas o encontraram quando invadiram o país em 1941. Ele foi despachado para o campo de concentração de Dachau, onde passou anos e, milagrosamente, sobreviveu.

Entrementes, George Siantos assumira seu lugar no KKE. Em outubro de 1941, o partido anunciou a criação da Frente de Libertação Nacional (EAM), através da qual o partido alcançava as pessoas que sofriam sob as ocupações alemã e italiana. A EAM também criou o Exército de Libertação Popular da Grécia (ELAS), que cresceu lentamente. O movimento de resistência era politicamente fragmentado, com a EAM como componente mais importante e o ELAS como maior grupo armado. Juntos, eles conquistaram muitos seguidores entre a população radicalizada pela guerra. No entanto, o povo estava dividido sobre o que fazer, e os insurgentes espelhavam esses sentimentos. Os comunistas não tinham certeza se deveriam procurar poder diretamente ou seguir as ordens de Stalin, no verão de 1944, para formar uma "frente nacional" com outros partidos. O Kremlin insistia em "moderação" e enviou assessores para garantir que o KKE obedecesse ao roteiro.[56]

A invasão alemã de 1941 abalou o frágil mercado de alimentos e trouxe a fome com ela. Alertadas sobre a terrível situação, as potências do Eixo enviaram alguma ajuda, mas não o suficiente. A taxa de mortalidade teria sido pior se não fossem os esforços da Associação Greco-Americana de Auxílio de Guerra e de outros. Naquelas circunstâncias, de 250 a 450 mil mortes resultaram no período de maio de 1941 a abril de 1943, perdas significativas para uma população de 7,3 milhões de habitantes em 1940.[57]

Quando a ocupação terminou em 1944, ela só deixou para trás um rastro de desolação, amargura e caos político. Em 18 de outubro, um regime da situação pré-guerra, pronunciadamente anticomunista, liderado por George Papandreou e apoiado por forças britânicas, assumiu o poder em Atenas. Embora seu gabinete incluísse membros da EAM, a frente logo enfrentou problemas com a determinação de Papandreou de desmobilizar o ELAS, seu braço armado, o que deixaria a EAM vulnerável a ataques da extrema direita. Para pressionar o governo, os membros da EAM renunciaram ao gabinete em 2 de dezembro e, de imediato, convocaram uma greve geral. Ocorreu então, no primeiro domingo do mês, uma grande marcha de protesto em Atenas, com pessoas empunhando bandeiras internacionais e ocasionalmente bradando "Vida longa a Roosevelt!" ou "Vida longa a Stalin!" As emoções se inflamaram e a multidão tornou-se ameaçadora, A polícia entrou em pânico, fez disparos e logo perdeu o controle das ruas. Durante alguns dias seguintes, os policiais pegos foram torturados até a morte ou tiveram os membros arrancados um a um.

Assim começou o *Dekemvriana*, o Levante de Dezembro. No meio do mês, o ELAS atacou as forças britânicas empregando a guerra suja que por vezes foi tão medonha que ultrapassou qualquer limite imaginável. Basta dizer que o instrumento preferido dos executores era o machado. A brutalidade atingiu tamanho patamar que só pôde ser classificada como loucura histérica.[58]

Churchill estava decidido a não deixar a Grécia cair em mãos comunistas e, na companhia do secretário de Estado Eden, viajou para Atenas

COMUNISMO NA IUGOSLÁVIA, ALBÂNIA E GRÉCIA 317

no Natal de 1944. Eles desejavam um acordo e não tardaram em enviar estimados 75 mil soldados. Foi exatamente o que o KKE precisava para pedir ajuda a Stalin.[59] O líder soviético a recusou e, em janeiro de 1945, resmungou para Dimitrov que eles deveriam ter ficado no governo e não começado um combate.[60] Para Stalin, aquele levante era muito inoportuno, já que surgia às vésperas da Conferência de Ialta, onde esperava aplacar preocupações sobre a revolução comunista. Se o KKE fosse bem-sucedido, a Grã-Bretanha por certo consideraria o fato violação do "acordo das porcentagens" que Churchill, obviamente, levava a sério.[61] O embaixador dos EUA Lincoln MacVeagh manteve o presidente informado e ficou satisfeito ao não perceber sinais da União Soviética por trás dos comunistas.[62]

Em 12 de fevereiro, o governo grego e o KKE negociaram um acordo para cessar fogo e convocar um referendo no prazo de um ano para resolver questões constitucionais. Em vez da paz social, seguiu-se um retrocesso provocado pela direita. Parte dele foi executado por cerca de 12 mil integrantes dos Batalhões de Segurança, recém-saídos das prisões, onde cumpriam pena por terem colaborado com os nazistas. Então, quem tivesse ligação com os comunistas se tornou vítima de violência semioficial. Dezenas de milhares foram enviados para as prisões.[63]

Em janeiro de 1946, quando uma delegação grega em Moscou discorreu sobre os continuados ataques e sobre a possibilidade de conflito armado, seus membros ainda foram aconselhados a agir com cautela. Os comunistas gregos vinham durante todo o tempo sendo tomados por um dilema: ou adotavam a violência e conquistavam com ela o poder, ou participavam do governo como Moscou desejava. O KKE decidiu boicotar as eleições ocorridas em março. Seus membros talvez pensassem estar sendo atraídos para uma surra, já que tinham sido acusados das atrocidades anteriores. A vitória monarquista-conservadora na votação conduziu a ainda mais repressão patrocinada pelo Estado. Stalin demonstrou seu desprazer com o KKE ao não responder a seus pedidos de ajuda. Contudo, quando Nikos Zachariadis visitou Belgrado em março-abril, Tito o recebeu calorosamente e prometeu assistência. Zachariadis então partiu para a Bulgária, onde esperava atitude semelhante, mas, como era de se esperar, Dimitrov seguiu a linha do Kremlin e tentou abafar o entusiasmo dele por insurreição.[64] Ao longo de 1946, a violência imperou na Grécia e, naquele outubro, Tito começou a mandar para Zachariadis unidades do exército e material bélico.

Apesar de as forças comunistas gregas não serem grandes e o apoio para seus esforços, limitado, a assistência causou estragos e começou a ficar custoso para a Grã-Bretanha sustentar o governo.

Os Estados Unidos não pretendiam se envolver com a Grécia. Na sexta-feira, 21 de fevereiro de 1947, todavia, o embaixador britânico em Washington soltou uma nota importante. O subsecretário de Estado Dean Acheson foi o primeiro a lê-la e ficou assustado ao saber que, a partir de 31 de março, a Grã-Bretanha não teria mais capacidade para continuar ajudando Grécia e Turquia.[65] A economia britânica estava em crise e a população ainda sofria com o racionamento da guerra. O inverno fora um dos mais inclementes já registrados, neve e gelo haviam paralisado indústrias e interditado rodovias, e cerca de 6 milhões de pessoas não conseguiam chegar aos locais de trabalho, fosse por questões meteorológicas ou outras. Nestas circunstâncias, a Grã-Bretanha tinha que se preparar para a iminente saída da Grécia e da Turquia, cujas necessidades eram enormes.

Acheson determinou que especialistas em Europa e Oriente Próximo começassem imediatamente a trabalhar sobre as implicações militares da retirada inglesa, inclusive sobre a importância das independentes Grécia e Turquia para a Europa Ocidental. Recomendações específicas deveriam estar prontas bem cedo na segunda-feira, quando o recém--nomeado secretário de Estado George C. Marshall deveria estar de volta a Washington.

O governo Truman não estava em forte posição política para administrar aquela emergência. A lua de mel com o presidente já acabara havia bastante tempo e seu índice de aprovação caíra a 32%. Os democratas haviam se saído muito mal nas eleições de 1946, perdendo o controle da Câmara dos Deputados e do Senado pela primeira vez em quatorze anos.

Marshall reuniu-se com Acheson em 24 de fevereiro e quis saber o que aconteceria se os Estados Unidos não fizessem nada. Se forças militares americanas fossem necessárias, por quanto tempo e quanto custaria? Supunha-se que o Congresso teria que garantir recursos financeiros e autorização, e isto significava que os novos líderes do Congresso teriam que ser persuadidos.

O presidente Truman estava longe de ser o guerreiro frio como normalmente é descrito. Quase exatamente um ano antes, em 5 de março de

1946, o ex-primeiro-ministro Churchill fizera um pronunciamento na Faculdade de Westminster a convite do presidente, em Fulton, no Missouri. A imprensa detestara o discurso e tachara Churchill de fomentador de guerras. O lendário colunista Walter Lippmann disse que o discurso da "cortina de ferro" foi uma "gafe quase catastrófica". Truman repudiou as observações tão logo possível. Longe de ter decidido combater Stalin, o presidente escreveu ao ditador para dizer que "ainda tinha esperança em melhores relações" e chegou a convidá-lo aos Estados Unidos para rebater as afirmações de Churchill.[66]

O ex-embaixador dos EUA na União Soviética, Joseph Davies, correu à Casa Branca para botar panos quentes. Na oportunidade em que Truman fez seu discurso do Dia do Exército, em 6 de abril, pronunciado em Chicago e radiotransmitido nacionalmente, ele soou conciliador. Apesar de realçar áreas de preocupação no globo, nenhuma delas era ligada à União Soviética. Uma das poucas ocasiões em que a União Soviética foi mencionada relacionou-se à Coreia. O presidente declarou que os Estados Unidos estavam "mesmo agora trabalhando com nossos aliados soviéticos e com a liderança coreana para criar um governo provisório democrático".[67]

Decorrera então um ano: era março de 1947. Quando a Grã-Bretanha notificou os Estados Unidos de que teriam em breve que sair da Grécia, Truman ainda agiu cautelosamente. O Departamento de Estado preparou um estudo sobre assistência e uma delegação de congressistas foi convidada à Casa Branca para ouvi-lo. Os parlamentares não ficaram impressionados com Truman e Marshall, porém a conjectura do pior cenário de Acheson foi persuasiva. Não apenas a Grécia se encontrava sob ameaça comunista, observou o secretário, como também o estava a Europa Ocidental. Mais tarde o secretário lembrou-se de ter dito que "a União Soviética fazia as maiores apostas da história a pequeno custo. Ela não precisava ganhar todas as possibilidades" porque "mesmo uma ou duas ofereciam ganhos imensos".[68]

Em 12 de março, o presidente pronunciou um discurso moderado para sessão conjunta do Congresso. Sem citar a União Soviética, muito menos Stalin, disse que os acordos de Ialta haviam sido violados na Europa Oriental e que "os povos de alguns países" tinham sido "recentemente obrigados a receber regimes totalitários". Truman não disse que os Estados

Unidos precisavam conter o comunismo, se bem que tivesse expressado a questão de maneira diferente:

No momento presente da história mundial, cada nação tem de optar entre estilos de vida alternativos. A escolha quase sempre não é livre. Um dos estilos se baseia na vontade da maioria e se distingue pelas instituições livres, governo representativo, eleições livres, garantia das liberdades individuais, da liberdade de expressão e de credo religioso, e ausência de opressão política. O segundo estilo de vida se fundamenta na vontade de minoria imposta à força sobre a maioria. Conta com o terror e a opressão, imprensa escrita e rádio controlados, eleições manipuladas e supressão das liberdades individuais. Creio que deve ser política dos Estados Unidos apoiar os povos livres que resistem às tentativas de subjugação pelas minorias armadas ou por pressões externas. Acredito que tenhamos que auxiliar povos livres a trabalhar por seus próprios destinos à sua maneira. Creio que nossa ajuda deva ser primordialmente econômica e financeira, essencial para a estabilidade econômica e processos políticos ordenados.

A substância dessas observações logo recebeu a denominação de Doutrina Truman, embora ele não tivesse usado tal conceito, e o governo jamais cansou de dizer que a intenção não era dar apoio a quaisquer movimentos ou governos que tentassem resistir ao comunismo. A tese do presidente era de que "miséria e necessidade" davam origem a "regimes totalitários", que "crescem e se espalham no solo perverso da pobreza e do conflito. Atingem desenvolvimento total quando perece a esperança do povo por uma vida melhor. Devemos manter viva esta esperança". Com tal objetivo, o presidente solicitou fundos para auxiliar a Grécia e a Turquia. As duas correntes do Congresso aplaudiram calorosamente o pronunciamento, embora alguns tivessem sérias dúvidas sobre aquela política.[69]

Em abril de 1947 o líder comunista grego Zachariadis traçou planos para uma luta armada. No mês seguinte, reuniu-se com Stalin que, relutantemente, concordou em proporcionar ajuda porque a Grécia não era ainda prioridade soviética.[70] O ditador mudou um pouco sua ideia no decurso dos meses seguintes, ainda que não por qualquer coisa que o presidente Truman tivesse dito. Documentos russos recém-liberados mostram que, em setembro, Stalin determinou a Jdanov e Molotov que satisfizessem as solicitações gregas por armas, mas se assegurassem de

COMUNISMO NA IUGOSLÁVIA, ALBÂNIA E GRÉCIA 321

que a aquisição delas fosse feita fora da União Soviética para disfarçar qualquer vínculo.[71] Em 23-24 de dezembro, os comunistas gregos proclamaram um Governo Provisório Democrático e logo desfecharam importante ofensiva. O objetivo era conquistar o norte do país, fazer de Salônica a capital e esperar pelo rápido reconhecimento de Moscou e dos regimes comunistas regionais.

Em 10 de fevereiro de 1948, como vimos, Stalin teve um acalorado debate com delegações visitantes de iugoslavos e búlgaros se deveriam ou não os dois vizinhos constituírem uma federação. Foi então que a questão da ajuda aos comunistas gregos veio à baila e Stalin mostrou-se inusitadamente revelador quanto à sua estratégia revolucionária para o pós-guerra. Disse que obviamente desejava apoiar os *partisans* na Grécia. Todavia, caso a chance de fracasso da insurgência fosse grande, então, como em qualquer outro país, o conflito armado deveria ser postergado. O necessário em todo o tempo era "uma análise sóbria das forças envolvidas". Afirmou aos convidados balcânicos: "Os senhores não são obrigados por quaisquer 'imperativos categóricos'" a ajudar revolucionários a todo o custo. "Ataquem quando puderem vencer e evitem a batalha quando não. Nos juntaremos à refrega quando as condições nos favorecerem e não quando elas forem favoráveis ao inimigo."[72]

Assim, carente das necessárias forças ou de uma Marinha no Mediterrâneo, a União Soviética inclinou-se pela circunspecção com respeito aos revolucionários gregos e convenceu os camaradas iugoslavos e búlgaros a seguirem a mesma linha. Stalin reconheceu em alguma medida o novo engajamento dos EUA em março de 1948, quando aconselhou a liderança do KKE a ceder. Zachariadis anuiu, mas o governo grego queria liquidar com os comunistas e a guerra civil se arrastou até 1949. Após anos de instabilidade política e tumultos, um *coup d'état* de coronéis em 1967 impôs uma ditadura de direita. Só quando os militares foram derrubados do poder, em 1974, a autêntica democracia finalmente voltou ao seu lar de origem.

16

A morte do comunismo
na Europa Ocidental

A moderação de Stalin na Grécia deveu-se ao fato de ele estar operando simultaneamente em demasiadas frentes. Com muito cuidado, pressionava bem no coração da Europa Ocidental onde, nos primeiros anos do pós-guerra, as perspectivas comunistas de tomadas do poder pareciam melhores do que em qualquer outra ocasião desde o fim da Primeira Guerra Mundial. Não apenas os partidos comunistas haviam fixado raízes profundas no oeste da Europa como também os comunistas tinham desempenhado importantes papéis na resistência e podiam surfar nas ondas da fúria popular contra o nazismo, fascismo e colaboracionismo. A esquerda ressurgia, a direita estava desacreditada ou silenciosa, e as pessoas inundavam as fileiras dos partidos comunistas. As novas expectativas por influência soviética pareciam até mais fortes, tendo em vista que os novos governos enfrentavam problemas de monta, até mesmo para alimentar e suprir combustíveis a fim de satisfazer necessidades imediatas.

Stalin julgara que a guerra abriria oportunidades políticas sem precedentes, e o planejamento começara bem cedo. Os vice-comissários do Povo Maxim Litvinov e Ivan Maiski formularam propostas específicas. Com base nas sinalizações do Kremlin, entretanto, eles não viam a expansão da URSS mediante a incorporação de novos territórios.

PLANOS SOVIÉTICOS PARA A EUROPA OCIDENTAL

Em 11 de janeiro de 1944, Maiski enviou a Molotov um esboço detalhado para a "ordem do pós-guerra". Embora normalmente visto como "moderado", Maiski era um stalinista, e apesar de ter passado muito tempo no Ocidente, não tinha muita consideração pela democracia. Visualizava "revoluções proletárias" na Europa Oriental após o conflito armado e antecipava inevitáveis tensões com os Estados Unidos, que julgava quererem construir um império pós-guerra de "novo tipo". Em vez de conquistar diretamente países, como os antigos impérios haviam feito, os Estados Unidos buscariam sua "anexação financeiro-econômica". Maiski aparentemente não percebia o fato de que, com sua própria bênção, a União Soviética também se tornava império de novo estilo. Ela seria um pouco mais correta, com base em ideias comunistas fraternalmente partilhadas, e promoveria acordos mútuos de segurança, mas tudo sob o firme controle político e ideológico de Moscou.[1]

Maiski aconselhou negociações de empréstimos via Lend-Lease tão logo possíveis, enquanto "americanos e ingleses estivessem ainda hipnotizados pela guerra". Moscou conseguiria melhores condições naquela oportunidade, raciocinava, porque, com a volta da paz, a "psicologia mercantil básica" dos anglo-americanos emergiria novamente. Não lhe ocorria que, com tais maquinações, ele seguia a mesma espécie de psicologia mercantil. Prosseguiu sugerindo que o não envolvimento na guerra japonesa "nos pouparia perdas de homens e equipamentos". A União Soviética deveria deixar que os Estados Unidos e a Grã-Bretanha experimentassem pesadas baixas, o que "também abrandaria um pouco o entusiasmo imperialista dos EUA para o período do pós-guerra. Ao mesmo tempo, essa seria a revanche soviética pela demora dos anglo-americanos" em abrir uma Segunda Frente na Europa, como Stalin pedira com tanta frequência.[2]

O diplomata Maiski chefiou igualmente uma "comissão especial para as reparações dos danos infligidos à URSS pela Alemanha hitlerista e seus aliados". Em julho, seu relatório preliminar contabilizou entre 70 e 75 bilhões de dólares a serem pagos em reparações pela Alemanha e seus aliados — quantia muito elevada naquela época. Para arcar com tal despesa, os padrões de vida daquele país teriam que decair pela metade em comparação com os dos anos 1930. As implicações seriam dramáticas: "Tudo o que a Alemanha possui, 'acima do mínimo necessário para sobreviver,' tem que contribuir para o fundo de reparações a fim de compensar as nações aliadas, com prioridade para a URSS, por suas perdas." A Alemanha poderia bancar parte desses custos com mão de obra recrutada. Se cerca de 5 milhões de alemães fossem conscritos a cada ano, então em dez anos eles teriam pago entre 35 e 40 bilhões. Assim, as "reparações através do trabalho" (*reparatsii trudom*) cobririam a metade do devido. Tal abordagem tinha a vantagem adicional de paralisar a economia da Alemanha, já que, evidentemente, milhões de homens e mulheres estariam condenados a anos de trabalho escravo.[3]

Em 1944, Estados Unidos e Grã-Bretanha flertaram com a ideia de imposição de paz similarmente rigorosa. O plano, de presumível autoria do secretário do Tesouro Henry Morgenthau Jr., teria transformado a Alemanha numa nação "primordialmente agrícola e pastoril em suas características".[4] O embaixador soviético nos Estados Unidos conseguiu todos os seus detalhes num jantar com o próprio Morgenthau e repassou a informação para Moscou.[5]

Entre outros do gabinete de Roosevelt, o secretário da Guerra Henry Stimson ficou irritado com o plano de Morgenthau e, naquele setembro, encaminhou ao presidente uma crítica seca. Uma nação como a Alemanha, disse ele, não "podia ser reduzida ao nível do campesinato", sem a geração de motivos para outra guerra. Ressaltou que o "raciocínio seguro" sugeria que a prosperidade em uma parte do mundo ajudava a fomentá-la em outras, e que o mesmo era verdade para a pobreza. Entretanto, "a pobreza forçada é ainda pior porque não só destrói o espírito da vítima como humilha o vitorioso. Seria um crime semelhante ao que os próprios alemães esperaram perpetrar contra suas vítimas seria um crime contra a civilização em si". Para Stimson, as drásticas medidas propostas eram "aberta confissão da falência de esperança por um reajuste econômico e político razoável das causas da guerra".[6]

Ainda que Roosevelt, Churchill e seus sucessores, no fim, rejeitassem uma paz punitiva, Stalin não o fez, e os soviéticos mais tarde publicaram a ideia de Morgenthau para depreciar os anglo-americanos perante os olhos germânicos.

O embaixador Maiski julgava que a União Soviética não tinha interesses diretos em jogo na Europa Ocidental. Stalin, no entanto, tinha ideias grandiosas, assim também como Maurice Thorez, líder do Partido Comunista Francês (PCF), em Moscou para conversações em 19 de novembro de 1944. Apoiado por Molotov e Beria, o "conselho" de Stalin para Thorez foi que o PCF adotasse posição discreta e forjasse vínculos com outros partidos em um "Bloco de Esquerda". O ditador soviético acreditava que o comunismo francês não era suficientemente forte para abocanhar sozinho o poder e precisava de aliados em uma frente nacional. De outra maneira, arriscaria ser destruído.[7]

Thorez fora um dos líderes-chave do PCF desde o fim dos anos 1920 e se associara ao governo da Frente Popular formado em 1936. Naquela oportunidade existia uma genuína preocupação de todos os partidos em barrar Hitler, ainda assim fora Stalin quem "sugerira" a criação de governos de coalizão com ampla base.[8] Como vimos, com início em 1944, quando a Wehrmacht começou a ser empurrada para fora da Europa Oriental, ele recomendou "frentes" similares naquela região, como se fossem Cavalos de Troia, para esconder a posição dominante dos comunistas.[9]

O COMUNISMO NA FRANÇA CHEGA A UM IMPASSE

Maurice Thorez retornou incógnito à França em novembro de 1944, uma semana após o encontro com Stalin, e recomendou imediatamente moderação, adoção de uma rota parlamentar para o poder e criação de um partido de massa. Em um importante relatório para as reuniões do Comitê Central francês, de 21 a 23 de janeiro de 1945, Thorez instou para que fossem dissolvidos os "grupos de irregulares armados" e aconselhou os comitês locais de libertação a trabalharem com a administração estatal existente, apoiá-la e a não tentarem substituí-la. Stalin subestimara o estado de ânimo da ocasião. O PCF havia desempenhado papel relevante na resistência, era bem organizado e tinha o *momentum* ao seu lado. Em 1944-45, o partido crescera tanto que se supunha ser constituído por 1 milhão de filiados ao fim daquele período, o que o tornava um dos maiores partidos comunistas na Europa fora da União Soviética.[10]

Muitos na França tinham aversão à colaboração com a ocupação germânica e saudaram a libertação com um misto de júbilo e vingança sangrenta, a mais brutal de toda a Europa Ocidental. O expurgo, ou *épuration*,

A MORTE DO COMUNISMO NA EUROPA OCIDENTAL   327

executou cerca de 10.800 mil pessoas sem julgamento, 5.234 delas durante a libertação. Rumores estimavam quantias muito maiores. Os tribunais oficiais sentenciaram mais tarde aproximadamente 7 mil pessoas à morte; menos de oitocentas sentenças foram consumadas. Mulheres que dormiram com o inimigo foram desonradas publicamente em repugnantes rituais que se espalharam por toda a Europa. Tribunais condenaram cerca de 32 mil pessoas, porém, já nos anos 1950, a maioria tinha sido solta ou anistiada. Aproximadamente 11.343 funcionários públicos foram demitidos.[11] Quem se dispuser a saber o que ocorreu por trás desses frios números deve assistir ao impressionante documentário de Marcel Ophüls, *Le Chagrin et la Pitié* [A dor e a piedade], que se concentra principalmente em uma localidade e mostra como a França estava dividida contra ela mesma após a libertação.

Maurice Thorez tentou repetidas vezes, mas fracassou na formação de uma frente popular com os socialistas (SFIO). Os que temiam tal "Bloco de Esquerda" criaram um Partido Republicano Popular (MRP), de tendência democrático-cristã. Em outubro de 1945, em eleição para uma assembleia constituinte, o PCF obteve 26,1% dos votos, e a SFIO, 25,6. Os socialistas seriam o parceiro mais fraco em qualquer das duas facções e não desejavam isso. Ademais, receavam que a França pudesse escorregar e se transformar em uma "democracia popular" semelhante às da Europa Oriental. O resultado seria uma esquerda dividida, governos de coalizão e instabilidade.[12]

Após oito dias de debates, a nova assembleia elegeu o general Charles de Gaulle como primeiro-ministro. De acordo com relato do próprio general, os partidos não desejavam trabalhar com ele e, em 20 de janeiro de 1946, de súbito, De Gaulle renunciou. Equivocadamente, o general julgou que o choque fizesse os políticos enxergarem a luz, mas esperaria mais de uma década para se tornar presidente. Por volta de abril de 1947, ele fundou o partido Reagrupamento do Povo Francês (*Rassemblement du Peuple Français* — RPF), com o objetivo de mobilizar a nação para a unidade e a reforma. Evitou aproximação com Moscou e Washington.[13]

Nas eleições de junho de 1946 para nova assembleia constituinte, os dois partidos de esquerda perderam o apoio da maioria. A nação voltou às suas tradições "normais" de votação. O MRP chegou em primeiro lugar com 28,2% dos votos, o PCF estabilizou seu eleitorado em 26,4%, enquanto a SFIO caiu para 21,3. Nas eleições de novembro para a Assembleia Nacional, o PCF foi o vencedor com 28,8% da votação, o MRP ficou com 26,3% das preferências e a SFIO despencou para 18,1%.

O resultado surpreendeu o Kremlin bem como os comunistas franceses, cujo líder Maurice Thorez havia feito breve viagem a Moscou em setembro. Naquela oportunidade foi-lhe dito que, embora a situação internacional do momento favorecesse a União Soviética, o Kremlin não estava preparado para a guerra, precisava ganhar tempo e, por conseguinte, desencorajava os camaradas franceses de tentarem conquistar o poder — ainda que o PCF tivesse condições de fazê-lo. O Kremlin considerava que tal atitude talvez precipitasse um conflito que a URSS não poderia vencer, portanto o conselho era ir mais devagar. Contudo, com os resultados eleitorais positivos para o PCF em novembro, Moscou julgava então que Thorez deveria se esforçar pela formação do governo, uma vez que tinha direito a isso por ser o líder do partido mais forte. Dessa maneira, ele seria considerado vitorioso por ter seguido o conselho de Stalin e alcançado o poder pela via eleitoral. Maior foi então a decepção de Thorez por não conseguir compor uma coalizão. Ocorreu que os comunistas foram simbolicamente impedidos de concretizar tal coalizão pelo socialista Léon Blum, de 74 anos de idade, que resolveu voltar à ativa após aposentar-se.

Em 16 de novembro, Thorez formou um governo com a coalizão de cinco partidos e, seis semanas depois, em 1º de janeiro, na tentativa de frear a inflação, ele introduziu um corte compulsório de 5% nos preços. O esforço não deu em nada: o povo passou cada vez mais a acreditar que o governo se comportava de maneira hesitante e incompetente.[14]

O especialista em economia Jean Monnet desenvolveu um plano para recuperação e modernização que foi aceito pela assembleia em 14 de janeiro de 1947. Mas o problema era como financiá-lo, como equacionar a dívida do governo, como pagar as importações. Funcionários franceses passaram a viajar para Washington em busca de assistência e o embaixador dos EUA Jefferson Caffery mostrou-se firmemente favorável ao suprimento de alimentos e carvão para minorar a crise. O mercado negro floresceu e o povo começou a enfrentar provações. Em maio foi fixada a ração diária de pão em 250 gramas e, em agosto, ela foi reduzida a níveis inferiores aos exercitados no tempo da ocupação alemã. Naquele setembro estouraram rebeliões em cidades em função da escassez de pão e açúcar.[15]

A MORTE DO COMUNISMO NA EUROPA OCIDENTAL   **329**

Os comunistas adotaram uma estratégia com duas frentes principais. Em primeiro lugar, participariam do governo para ganhar respeitabilidade enquanto, ao mesmo tempo, seriam obstrucionistas. Em segundo, apoiariam a oposição extraparlamentar e as greves, o que dificultaria a recuperação econômica. Sabiam que a França necessitava desesperadamente dos empréstimos dos EUA, ainda que atacassem o governo por tentar captá-los. Thorez não poderia ser obstáculo para um plano por mais empregos, de modo que deu suporte ao de Monnet, mas também apoiou os grevistas.

O ponto de inflexão ocorreu em 4 de maio, quando o primeiro-ministro Paul Ramadier resolveu pagar para ver o blefe dos comunistas solicitando um voto de confiança para a política social e econômica do governo. O PCF teve que votar contra o governo, apesar de Thorez e quatro outros comunistas dele participarem. No dia seguinte, Ramadier livrou-se de todos os comunistas de seu gabinete. A partir de então, nenhum membro daquele partido participou como ministro de governo francês, salvo por breves períodos no início dos anos 1980.

Alguns historiadores sugerem que o embaixador americano Caffery providenciaria o auxílio dos EUA à França, desde que o PCF ficasse fora do governo. Os documentos, todavia, não confirmam a suspeita, ainda que Caffery pudesse muito bem ter sinalizado o que Washington desejava.[16]

As comunicações do embaixador com o Departamento de Estado revelam que ele apreciava o novo governo de coalizão e admirava a coragem de Ramadier ao navegar entre os radicais de direita e de esquerda. "Se uma França democraticamente forte tiver de ser, de fato, criada", reportou ele em 12 de maio, "tal coalizão não é apenas desejável como, sem dúvida, oferece as melhores chances de sucesso. Além do mais, seus elementos componentes estão orientados para nós por meio da crença mútua no novo conceito básico de liberdade e decência humana, e mediante os profundos receio e desconfiança do cruel imperialismo soviético."[17]

Em 5 de junho, quando o secretário de Estado George C. Marshall anunciou a intenção de os Estados Unidos financiarem um plano de recuperação para a Europa, suas observações foram muito gerais.[18] O governo Truman estava dividido quanto aos detalhes e enfrentava um Congresso com recém-eleitas e mais conservadoras, em termos fiscais, maiorias republicanas nas duas Casas. Desde a guerra, os Estados Unidos já haviam concedido 3 bilhões de dólares em ajuda e emprestado outros

3,25 bilhões à Grã-Bretanha. As negociações para o oneroso Plano Marshall poderiam ser difíceis.

O que aconteceria com a França naquele meio-tempo, onde os indícios da crise já pairavam no ar? Naquele verão, quando a União Soviética cutucava os comunistas da Europa Oriental para que consolidassem sua manutenção do poder, muitos não comunistas na França recorreram ao general De Gaulle, que se opunha ao PCF por motivos nacionalistas. O novo e gaullista RPF saiu-se muito bem nas eleições municipais daquele outubro.[19] Então, em dezembro, o Congresso dos EUA, reagindo ao que o presidente denominou "crise na Europa Ocidental", aprovou um pacote provisório de ajuda no valor de 522 milhões de dólares.[20] Tal alocação de recursos objetivava o financiamento da compra de alimentos e combustíveis americanos para a Europa, em particular França, Itália e Áustria, mas ainda existiriam muitos obstáculos no caminho do mais ambicioso e custoso Plano Marshall para que fosse aceito pelo povo americano e passasse pelo Congresso.

O COMUNISMO ITALIANO EM PERMANENTE OPOSIÇÃO

Palmiro Togliatti, o exilado secretário-geral do Partido Comunista Italiano (PCI), que vinha vivendo a maior parte do tempo na URSS desde o final dos anos 1920, preparava-se para voltar ao seu país em março de 1944 quando foi convocado ao Kremlin. As instruções de Stalin foram para que cooperasse com todos os antifascistas e buscasse o apoio do povo italiano para a guerra que ainda era travada contra a Alemanha. A preferência do ditador soviético era por uma Itália forte. Os ingleses não tinham o mesmo ponto de vista, disse ele, porque isso interferia em seus planos mediterrâneos.[21]

Pouco tempo após a chegada à Itália, Togliatti reportou que havia um crescimento rápido e espontâneo no apoio aos comunistas e que a imagem de Moscou era bem mais positiva que a de Washington ou Londres. O PCI, com uma afiliação que incharia para mais de 1,7 milhão pelo fim de 1945, tomava parte ativa nos horrendos atos de vingança contra os fascistas. Só no início de 1945, entre 5 e 8 mil haviam sido mortos nas represálias "selvagens". Tribunais especiais julgaram aproximadamente 30 mil pessoas; talvez mil tenham sido sentenciadas à morte, apesar de poucas terem sido executadas.[22]

A MORTE DO COMUNISMO NA EUROPA OCIDENTAL 331

Os Aliados não haviam formulado planos para o pós-guerra porque o "foco fora sempre forçar a Itália a sair da guerra e, depois, expulsar os alemães da Itália — só então preocupar-se-iam com a paz".[23] A península havia sido parcialmente libertada nos meados de 1943, quando trocou de lado e derrubou Mussolini. Ao término do conflito armado, o país estava em frangalhos e o povo tentava sobreviver de qualquer maneira possível. A carência de alimentos tornou-se pior do que ao tempo dos germânicos, negócios escusos proliferavam e o mercado negro era generalizado. Segundo uma pesquisa de 1945-46, a subnutrição imperava, levando ao alastramento de doenças como tuberculose e malária.[24] Mesmo após a intervenção da Agência das Nações Unidas para Assistência e Reabilitação (UNRRA, criada em 1943), frequentes sublevações por alimentos persistiam.

A Itália era predominantemente católica e o fator religioso representou o maior obstáculo que os comunistas jamais conseguiram sobrepujar. Em novembro de 1945, o líder democrata-cristão Alcide De Gasperi formou um governo e, em eleições para uma assembleia constituinte em junho de 1946, obteve 35% dos votos. Da mesma forma que a esquerda francesa, a italiana apresentou-se dividida. O PCI saiu-se relativamente bem alcançando 18,9%, enquanto os rivais socialistas (PSI) tiveram um pouco mais de votação. Em plebiscito realizado na mesma ocasião, a nação votou a favor da república. A política do PCI resultou prejudicada por governos de coalizão que por vezes se formavam e se dissolviam em questão de meses. De Gasperi ofereceu diversas funções de realce aos comunistas, inclusive o Ministério da Justiça (que foi dado a Togliatti) e o Ministério da Fazenda.

Situações desesperadoras favoreceram os comunistas em diversas eleições locais, sempre em detrimento dos democratas-cristãos de De Gasperi. Em janeiro de 1947, o primeiro-ministro viajou a Washington onde foi recebido numa atmosfera de apreensão concernente aos comunistas italianos.[25]

O PCI, com mais de 2 milhões de membros por volta de 1947, adotou a mesma estratégia dos comunistas franceses. Participava do governo para dar a impressão de ser uma alternativa viável para os democratas-cristãos, mas empregava a tática da obstrução a fim de desestabilizar os líderes do país. De fato, o apoio dos comunistas a grevistas emperrava a recuperação econômica e solapava a legitimidade do governo. De Gasperi hesitou em convocar novas eleições nacionais porque temia não poder vencer sem sólidas promessas de substancial ajuda americana. Recebeu essa garantia, renunciou, formou novo gabinete sem comunistas e demandou eleições, a serem procedidas no outono.

Apesar de alguns historiadores italianos e americanos por muito tempo clamarem que o presidente Truman e o secretário Marshall tivessem pressionado De Gasperi a eliminar os comunistas de seu novo gabinete, as provas são muito débeis. Em carta de 14 de maio de 1947, o embaixador italiano em Washington Alberto Tarchiani informou seu primeiro-ministro sobre um debate franco que tivera com Truman. O presidente americano lhe dissera que os italianos deveriam tomar as decisões que viessem ao encontro de seus melhores interesses e ainda afirmara que, embora sua opção preferida fosse por um governo sem comunistas, entendia "as dificuldades" para a consecução de tal objetivo. Não haveria problemas desde que "a presença comunista fosse suficientemente diluída".[26]

Em 16 de maio, o embaixador Tarchiani encontrou-se com o secretário Marshall e pintou um quadro sombrio sobre a pobreza em seu país, os fundos generosos que recebia o PCI e as perspectivas desfavoráveis que cercavam as eleições vindouras. Foi Tarchiani quem observou que era "altamente importante que a Itália não ficasse sob governo comunista". Ele também sugeriu que, se os comunistas não vencessem as eleições, poderiam tentar um golpe. Se isto ocorresse, disse o embaixador, o governo italiano teria dificuldade para reprimir a tentativa e talvez solicitasse a ajuda de tropas dos EUA. O problema era que essas forças estavam previstas para deixar o país. Marshall concordou em examinar o assunto e prometeu ver o que poderia ser feito.[27] Àquela altura, um Grupo de Procedimentos Especiais na CIA já "tinha distribuído dinheiro entre diversos partidos de centro" para compensar algum desequilíbrio nesse sentido, e operações deste tipo foram sem dúvida empregadas também em outras regiões.[28]

Jogando lenha na fogueira, o ex-subsecretário de Estado americano Sumner Welles, que visitava a Itália, sugeriu (corretamente) numa entrevista radiofônica que o PCI era ajudado financeiramente pela União Soviética e (também corretamente) que possuía considerável estoque de armas. A implicação era que os comunistas tencionavam uma revolução. O chefe comunista Togliatti, ao reagir com um ataque mordaz, pareceu confirmar as suspeitas. De qualquer modo, De Gasperi decidiu que empregaria as "exigências americanas" como pretexto para excluir os comunistas do novo governo anunciado em 31 de maio. Stalin ficou furioso, ainda mais

A MORTE DO COMUNISMO NA EUROPA OCIDENTAL   333

porque apenas semanas antes os comunistas na França também haviam sido expulsos do gabinete.[29]

Para as eleições de 1948, os comunistas italianos conseguiram unir a esquerda e obtiveram 31% dos votos; os democratas-cristãos saíram-se bem melhor e arrebanharam 48,5. Na geração seguinte, o PCI jamais passou de 20% e permaneceu mais ou menos excluído dos governos.[30] Quando o Plano Marshall finalmente chegou, Togliatti o denunciou com veemência, mas foi o apoio americano que ajudou a dar uma virada na situação da Itália.

A União Soviética não podia competir no front da ajuda econômica, embora financiasse generosamente o PCI. No fim de 1947, quando visitantes comunistas italianos solicitaram a Stalin 600 mil dólares para cobrir custos de propaganda, o chefe de pronto aquiesceu e entregou o dinheiro no ato em dois grandes sacos. Pedidos posteriores foram atendidos de maneira mais adequada.[31] A partir de 1948, Moscou organizou contribuições mais sistêmicas, pressionando os comunistas que estavam no poder na Europa, e no fim também na China, a cooperarem. Em 17 de janeiro de 1950, o Politburo soviético criou um fundo especial para o qual a URSS entrou com de 40% a 50% e os outros países comunistas com de 8% a 10% por cento cada. Em 1950, pouco mais de 2 milhões de dólares foram destinados aos comunistas da Áustria, França, Finlândia e Itália. Quando as quantias aumentaram, os contribuintes reclamaram, de forma que a URSS foi assumindo cada vez maior cota. O fluxo de dinheiro continuou até a década de 1970 bem avançado, parte do legado de Stalin que raramente é reconhecida.[32]

O padrão na Itália e na França pôde também ser percebido na vizinha Bélgica. O partido comunista daquele país recebeu algum suporte no fim da guerra e aliou-se aos primeiros governos de coalizão, que subiam e caíam com extrema rapidez. Pelo início de 1947, o partido reivindicou possuir cerca de 100 mil filiados, conseguiu 23 assentos na votação mais recente, que elegeu 202 deputados, e colocou quatro membros no gabinete. Contudo, a fim de granjear maior estabilidade para o governo, os partidos majoritários desejaram expulsar os quatro. O premiê Camille Huysmans insistiu em aumentar o preço do carvão, elevando assim o custo de vida e manobrando os comunistas para que rejeitassem a proposta. Eles renunciaram em protesto em 12 de março. Como ocorreu com os camaradas italianos e franceses, aquela seria sua última oportunidade no governo.[33]

COMUNISMO NA ALEMANHA OCUPADA

A política de ocupação soviética era sobrecarregada por uma importante contradição na Alemanha e na Áustria, assim como, na realidade, em toda a Europa Oriental. De um lado, o Kremlin desejava a vitória do comunismo com a adesão do povo. Ao mesmo tempo, dispunha-se a arrancar reparações, o que por seu turno alienava possíveis seguidores. Já em meados de 1945, para citar apenas um exemplo, a URSS introduzia na sua zona de ocupação na Alemanha uma modesta reforma agrária para agradar os sem-terra e os camponeses pobres, exatamente como fizera em outras regiões.[34] Todavia, simultaneamente, as autoridades soviéticas pressionavam pelo desmantelamento de fábricas — inclusive algumas necessárias localmente para o processamento de fertilizantes que tornariam as novas fazendas mais produtivas. Os comunistas alemães que ousavam solicitar a seus líderes que intercedessem nesse caso "excepcional" eram calados aos berros.[35]

Em 5 de junho de 1945, os quatro comandantes das potências militares vitoriosas — Estados Unidos, Grã-Bretanha, União Soviética e França — assinaram uma "declaração concernente à derrota da Alemanha e à assunção da autoridade governamental suprema".[36] Cada um dos quatro comandantes em chefe das potências de ocupação exerceria "autoridade suprema" em sua zona e "também, em conjunto, em assuntos referentes à Alemanha como um todo", como membros do Conselho de Controle Aliado (ACC). Este último era igualmente responsável pelo governo da dividida "Grande Berlim". As decisões do ACC precisavam ser unânimes para assegurar "uniformidade de ação" em cada uma das zonas. Com efeito, esta cláusula significava que cada um dos quatro tinha poder de veto e podia emperrar tudo.[37]

No dia seguinte, em Moscou, o Conselho dos Comissários do Povo — na verdade, Stalin — decidiu instalar a Administração Militar Soviética na Alemanha (SMAD). A Ordem nº 1, de 9 de junho, designou o marechal Gueorgui Jukov para a função. O comandante militar e herói de guerra declarou que a missão do novo órgão incluía a supervisão da rendição, a administração da zona soviética e a implementação das decisões dos Aliados.[38]

Os soviéticos foram os primeiros a largar da linha de partida do front político porque tinham agenda bem sintonizada e, quase de imediato, permitiram a organização de partidos políticos. Os americanos consentiram alguma atividades em nível distrital em agosto, os ingleses os acompanharam em setembro, e os franceses, em dezembro.[39]

O general Eisenhower permaneceu comandante supremo das Forças Expedicionárias Aliadas a partir de seu quartel-general. Em abril, ele delegou a função de vice-governador militar ao general Lucius D. Clay. O marechal de campo Montgomery inicialmente administrou a zona britânica, e o general Jean de Lattre de Tasssigny, a francesa.[40]

Em outubro de 1945, os Estados Unidos finalmente criaram o gabinete do Governo Militar dos EUA, ou OMGUS, equivalente à SMAD. Linhas orientadoras para a ocupação foram explicitadas na Diretriz JCS 1067, que tinham sido formuladas pelo Estado-Maior Conjunto e assinadas pelo presidente Roosevelt em 23 de março de 1945. As ordens especificavam claramente que a "Alemanha não será ocupada com o propósito de libertação, mas como nação inimiga derrotada. Seu objetivo não é opressão", acautelava a diretriz, mas a consecução de "certas e importantes metas. Na conduta de nossa ocupação, deve-se ser justo, porém firme e distante. Deverá ser firmemente desencorajada a confraternização com funcionários e indivíduos alemães".[41] O Departamento de Guerra e o da Marinha chegaram até a determinar a existência de sanitários separados para funcionários alemães e americanos nas repartições do Governo Militar.[42]

A declaração expedida ao término da Conferência de Potsdam, em agosto de 1945, ratificou o acordo dos Três Grandes quanto "aos princípios econômicos e políticos de uma ação coordenada dos Aliados em relação à derrotada Alemanha durante o período de controle aliado". A intenção declarada não era "destruir ou escravizar" o povo, e sim proporcionar-lhe "a oportunidade de se preparar para uma reconstrução final de suas vidas, em bases democráticas e pacíficas".

Embora objetivos específicos incluíssem desarmamento, desmilitarização e desnazificação, cada potência ocupante buscou-os de maneira diferente. Lidar com o nazismo e todas as suas expressões era tarefa complexa, já que muitos milhões de alemães estavam envolvidos. Os esforços americanos assumiram dimensões de uma cruzada moral, os franceses não foram tão rigorosos, e os ingleses, menos ainda. A política soviética de ocupação iria ser empregada, como na Europa Oriental, para extrair reparações quando e onde possível, fortalecer o controle político de Moscou e ajudar os comunistas locais.[43]

Os três líderes em Potsdam anotaram com aprovação suas decisões distintas quanto ao julgamento de todos os criminosos de guerra nazistas. Os próprios sistemas jurídico, educacional e político da Alemanha precisavam ser modificados; a economia, descentralizada e controlada; e suas capacidade e produção industriais, estritamente limitadas. A nação derrotada perdeu muito território e, com seus aliados, esperava-se que pagasse reparações. A maior parte deveria ir para a União Soviética, à qual seriam permitidos o desmonte e a posse de bens de capital industrial (como fábricas inteiras de fertilizantes) não apenas da própria zona, como também das outras três dos ocidentais, após negociações. O presidente Truman afirmou que os Estados Unidos não desejavam quaisquer reparações.[44]

Desde 1919 o comunismo tinha sido fator importante na política alemã. Alguns bons cidadãos o consideravam ameaçador e ficaram satisfeitos quando Hitler dissolveu o Partido Comunista e enviou muitos de seus líderes para campos de concentração. Certos comunistas buscaram refúgio em Moscou a fim de prepararem seu retorno e, em 30 de abril de 1945, três "grupos de iniciativas" foram mandados para casa. O primeiro deles, liderado por Walter Ulbricht, se dirigiu a Berlim; os outros dois seguiram para diferentes partes da zona soviética de ocupação. A missão dos três grupos era reorganizar o partido e assessorar os chefes do Exército Vermelho sobre quem nomear para posições "antifascistas" nas administrações locais e regionais. Em 26 de maio, Moscou deu sinal verde para os sindicatos e uns poucos partidos políticos antinazistas começarem a funcionar.[45]

Stalin chamou de volta a Moscou os líderes dos três "grupos de iniciativas" e, em 4 de junho, o chefe, Molotov e Jdanov se reuniram com eles. Também presente estava Wilhelm Pieck o qual, como Ulbricht, era comunista veterano. Para escapar da perseguição de Hitler, ele havia passado mais de uma década em Moscou, onde sua lealdade a Stalin sempre foi inabalável.

A agenda do Kremlin mostra que eles se reuniram no total de sete horas e, embora registros não tenham sobrevivido, tivemos acesso às anotações de Pieck sobre os encontros. O "conselho" de Stalin foi muito semelhante ao que deu a todos os outros que retornaram aos seus países, com a notável diferença neste caso para que dissessem ao seu povo que o

Ocidente desejara o desmembramento da Alemanha. Àquela altura, ele começava a pensar que possivelmente o resultado seria uma Alemanha dividida e, portanto, disse aos alemães para que combatessem a ideia. O partido deveria congregar não só os trabalhadores, mas também os que tivessem empregos bem remunerados, inclusive camponeses e intelectuais.

Como o chefão do Kremlin visualizava a batalha que seria travada? O primeiro dever dos comunistas alemães seria lutar contra o fascismo e consumar a revolução burguesa que finalmente quebraria o "poder da nobreza latifundiária e eliminaria os restos do feudalismo". Estas palavras se transformaram em temas que permearam a história da Alemanha Oriental durante décadas. Stalin aprovou então a lista de nomeações para os órgãos de liderança no partido alemão, inclusive para suas importantes publicações.[46]

Durante os dias seguintes, os germânicos se reuniram com Gueorgui Dimitrov para trabalharem sobre um manifesto a ser divulgado quando eles chegassem ao país. Em 7 de junho, visitaram o Kremlin por quatro horas. Desejavam impor um regime ao estilo soviético, porém Stalin preferiu que formassem bloco de coalizão com outros partidos antifascistas. Em um de seus refrãos preferidos, o líder alertou-os "para que não falassem com muito entusiasmo sobre a União Soviética".[47] Nas conversas complementares, Dimitrov advertiu contra a nacionalização de propriedades. Tais medidas deveriam ser cuidadosamente preparadas para não alarmar os fazendeiros. Seria mais prudente sublinhar a intenção de confisco de apenas propriedades da classe feudal "Junker".[48]

Stalin esperava unificar comunistas e socialistas num só partido, mas logo mudou de ideia e instruiu Pieck a ressuscitar o velho Partido Comunista (KPD). Os soviéticos encorajaram então antigos rivais dos comunistas, como o Partido Social-Democrata (SPD) e mesmo alguns velhos partidos burgueses, a se reorganizarem, numa tentativa de recriar pelo menos a ilusão de pluralidade política. O plano de Stalin era o familiar: quando todo o espectro político de partidos estivesse funcionando a pleno vapor, emergiria então um bloco antifascista ou uma frente nacional, e exatamente como em outros países, ele seria dominado pelos comunistas.[49]

O "programa de ação" anunciado pelo KPD em 11 de junho incorporava todas as ideias de Stalin. O objetivo principal era estabelecer "um regime democrático antifascista" — uma república parlamentarista que garantisse os direitos de todos, inclusive à propriedade privada. Em particular, os comunistas admitiam que tudo aquilo era pura exibição e envidavam esforços para a colocação de camaradas em cargos das forças policiais e das administrações locais.[50]

Em dezembro, o líder do KPD, Anton Ackermann, jactou-se de já contar com cerca de 300 mil filiados na zona soviética.[51] Recebeu autorização para escrever sobre "o caminho alemão para o socialismo", à maneira que tal conceito era entendido na Europa Oriental.[52] Uma expressão com tal efeito repercutiu muito bem porque implicava nem tudo ser ditado por Moscou.

Em 6 de fevereiro de 1946, quando Ulbricht foi a Moscou, Stalin disse-lhe que, apesar das dificuldades nas zonas ocidentais, ele ainda era a favor de uma Alemanha unificada. Queria que o KPD jogasse o trunfo nacionalista e usasse a questão da unificação em seu proveito. Naquele mesmo momento, Stalin se preocupava porque os partidos comunistas na Hungria e Áustria, ambos os países ainda sob ocupação soviética, haviam experimentado recentes e surpreendentes fracassos eleitorais.[53] Para evitar isso — e mudando novamente de ideia —, instruiu Ulbricht a procurar a fusão do KPD com o SPD. Ademais, ordenou que todos os símbolos do comunismo fossem retirados das bandeiras. Deveria surgir um Partido Socialista Unificado (SED). Stalin desejava que todas as negociações fossem finalizadas a tempo de um anúncio em 1º de maio, feriado tradicional do Dia do Trabalho.[54]

Em 21 de abril, os líderes fundaram o novo SED e, no início de maio, conclamaram todos os "social-democratas e comunistas alemães" a darem as mãos em toda a Alemanha.[55] No entanto, por volta de agosto, eles tiveram que reconhecer que a tentativa de atrair outros membros não estava dando certo.[56] Até na zona soviética, estimados 10% dos comunistas recusaram afiliação ao SED, e a maioria do SPD, muitos deles suspeitando dos objetivos de Moscou, não queria nem ouvir falar em unificação.[57]

A intenção de Stalin era evitar o ressurgimento do capitalismo e, ao mesmo tempo, se apossar das propriedades dos grandes latifundiários. Um esforço assim, lembrou ele a Ulbricht, no final culminaria no comunismo. Isso não aconteceria da noite para o dia e não poderia ser deixado a cargo de "confiscos espontâneos", através dos quais comitês de trabalhadores locais assumiam fábricas cujos donos tinham sido nazistas ou haviam escapado para o Ocidente. Em outubro, a SMAD confiscou oficialmente

A MORTE DO COMUNISMO NA EUROPA OCIDENTAL

as propriedades do Estado alemão de ex-"fascistas" e de membros do Partido Nazista.[58]

Para conferir a aparência de legitimidade da "vontade popular", o SED, em consultas com autoridades soviéticas, promoveu um referendo. Foram suficientemente prudentes para restringirem o voto à Saxônia, conhecida por ser "vermelha", e, pouco antes da votação, os soviéticos deram um jeito de devolver 1.900 dos menores negócios aos seus donos por direito.[59]

No referendo ocorrido no último dia de junho de 1946, as pessoas eram perguntadas se as empresas de "nazistas e criminosos de guerra" já confiscadas pelas autoridades soviéticas deveriam ser transferidas para a administração alemã. Não menos do que 77,7% responderam "Sim!" Mas nem todos os incluídos nesta quantidade votaram pelo comunismo. Os próprios soviéticos admitiram que algumas pessoas concordaram por temer que, se o referendo fracassasse, "haveria aperto no regime de ocupação, diminuição das rações de alimentos, e assim por diante". O relatório da SMAD realçou com consternação a prova de que "substancial parte" da classe trabalhadora continuava a exibir "subdesenvolvida consciência de classe".[60] Esta declaração era típica da "novilíngua" comunista, pois significava dizer que os trabalhadores estavam confusos porque ousavam ter ideias próprias.[61]

Nas outras zonas de ocupação, entre janeiro e junho de 1946, os Aliados ocidentais permitiram eleições por partes, começando pelas locais, depois as provinciais e finalmente as zonais. Os comunistas participaram e foram muito mal, não chegando a atingir dois dígitos de porcentagem em alguns locais. Os soviéticos deixaram que ocorressem eleições em sua zona em 20 de outubro de 1946, porém, a despeito dos esforços para manipular os resultados, a apuração não os agradou. Nas cinco eleições para as assembleias provinciais (*Landtagswahlen*), o SED conseguiu a média de 47,6% dos votos e não atingiu a maioria em qualquer delas.[62]

Os resultados das eleições ocorridas no mesmo dia em outros cantos do país foram piores. A União Democrática Cristã (CDU) teve em média 34,5% da votação, seguida pelo SPD, com 23%. O SED amealhou meros 16,8%, e o KPD, enquanto ainda concorria independentemente, obteve apenas 4,8%.[63] O vice-governador militar dos EUA Clay julgou que aqueles resultados "obrigatoriamente assustaram as autoridades soviéticas e as fizeram entender que sua esperança de conquistar a Alemanha através de métodos políticos normais era inútil". Inquestionavelmente, acrescentou, aquelas eleições as forçaram a mudar as táticas.[64]

No que tange à vizinha Áustria, as apostas não eram tão altas. Aquele país fora anexado à Alemanha em 1938 e, de um modo geral, recebera muito bem a entrada "no lar do Reich". Contudo, durante a guerra, os Aliados declararam que a Áustria na realidade havia sido a primeira vítima da agressão de Hitler e que a independência do país seria restaurada quando a paz chegasse. Suas fronteiras voltariam a ser as anteriores à "conquista".

Em 13 de abril de 1945, Viena foi libertada pelo Exército Vermelho e as autoridades soviéticas de ocupação recrutaram o veterano social-democrata Karl Renner para liderar um governo provisório e proclamar uma nova república em 27 de abril. Moscou logo despachou membros do Partido Comunista Austríaco (KPÖ), como os antigos ativistas Johann Koplenig, Friedl Fürnberg e Ernst Fischer. Comunistas ocuparam os ministérios do Interior e da Educação no novo governo e esperaram criar uma "autêntica democracia popular". Não obstante, nas eleições promovidas em novembro, eles foram decisivamente rejeitados e só obtiveram 5,4% dos votos.[65]

As forças soviéticas de ocupação, mediante deplorável comportamento, não ajudaram a causa vermelha, e sua insistência em arrancar reparações imediatas causou ainda mais sofrimento. Os Estados Unidos, por outro lado, tentaram com crescente determinação mitigar o desespero enfrentado pela população. Em abril de 1946, a UNRRA assumiu a responsabilidade pela alimentação do país e, a partir do Ano-Novo, os Estados Unidos começaram a proporcionar substancial assistência e, logo depois, através daquilo que seria o Plano Marshall.[66]

Stalin foi flexível, mas continuou esperançoso por um futuro vermelho para a Áustria, talvez mais do que tem sido sugerido por aqueles que alegam ter ele jamais desejado ou tencionado transformar aquele país numa "democracia popular".[67] A União Soviética continuou assessorando e financiando os comunistas austríacos — em 1953, enviaram 530 mil dólares, quantia vultosa para a época, e só pouco menos do que dava ao partido francês. Se o KPÖ tivesse demonstrado maior capacidade de mobilizar o país, talvez o Kremlin arriscasse mais. Depois das eleições de 1949, em que o partido mal conseguiu 5% dos votos, o único comunista foi expulso do governo.[68] Já então, quaisquer esperanças remotas que os soviéticos pudessem alimentar em relação à Áustria e à Europa Ocidental haviam desvanecido.

A MORTE DO COMUNISMO NA EUROPA OCIDENTAL 341

A JOGADA DE STALIN POR GANHO DE TEMPO SE ESGOTA

O ditador do Kremlin almejava tirar a maior vantagem possível das negociações de paz, mas os vitoriosos discutiram entre eles o que os perdedores deveriam pagar. Stalin era decididamente contra o reerguimento do capitalismo na Alemanha e advogava os termos mais rigorosos, inclusive a divisão pelas quatro potências do coração industrial germânico no Ruhr, uma área rica em recursos naturais também importante para França, Bélgica e Holanda. Com o pé soviético no Ruhr, era o raciocínio, a Alemanha ficaria permanentemente incapacitada.

Os Estados Unidos e a Grã-Bretanha se opuseram às intenções soviéticas na Alemanha. A maior parte do emperramento foi realizado pelo secretário de Estado americano James Byrnes, homem com pequena experiência internacional, mas notório por trabalhar à sua maneira. Em determinado sentido, ele "sobrepujou" o mais bem preparado Molotov porque na Europa Ocidental, por meio de eleições livres, as pessoas decidiam por si mesmas que desejavam democracia liberal, e não comunismo.

Os tratados de paz deveriam ser negociados pelo Conselho de Ministros das Relações Exteriores que foi criado na Conferência de Potsdam. Ele se reunia a cada três meses em sessões que duravam dias, até semanas. O secretário Byrnes estava otimista quando partiu para a primeira rodada em Londres, em setembro de 1945, mas as discussões se arrastaram graças principalmente a Molotov, um pesadelo na mesa de negociações. Os encontros se assemelharam à guerra de atrito e muito desgastaram o secretário Byrnes e seu correspondente britânico, Ernest Bevin, e resultaram em problemas de saúde para os dois.[69] Molotov questionou tudo, desde princípios políticos de monta até os mais insignificantes pormenores, e repetiu o comportamento quando os ministros das Relações Exteriores se encontraram de novo em Moscou, de 16 a 26 de dezembro. Um observador perspicaz notou que Molotov estava em seu elemento, "olhos cintilando de satisfação e confiança", enquanto girava o olhar em torno da mesa. Implacável e incisivo, ele "assumia a atitude de um apaixonado jogador de pôquer que tem um *royal flush* nas mãos e está prestes a dobrar a aposta do último dos seus contendores. Era o único que parecia adorar cada minuto dos enfadonhos procedimentos".[70]

Byrnes conversou com Stalin durante o jantar da véspera do Natal e procurou assegurar-lhe de que os Estados Unidos não voltariam ao isola

342 A MALDIÇÃO DE STALIN

cionismo, ficariam na Europa e se juntariam às três outras potências para manterem a Alemanha desmilitarizada. O secretário pretendeu desanuviar os temores soviéticos quanto a uma nova invasão; Stalin disse que aquela fora a melhor proposta que ouvira e esperava que Byrnes lutasse por ela.[71]

Em 1946 houve duas sessões de encontros em Paris, a primeira de 25 de abril a 16 de maio. O ministro francês das Relações Exteriores, Georges Bidault, estava ansioso por discutir a Alemanha porque seu país tencionava conseguir reparações, talvez parte do Ruhr e acesso ao Sarre. O objetivo de Molotov era fazer a ocupação da Alemanha durar o máximo possível, garantir a divisão do Ruhr pelas quatro potências e receber os muito mencionados 10 bilhões de dólares de reparações.[72]

No entanto, o problema do bem-estar das pessoas na Alemanha ocupada piorava, e Estados Unidos e Grã-Bretanha sentiam-se cada vez mais compelidos a fazer alguma coisa. Desde novembro de 1945, milhões dos mais necessitados alemães étnicos refugiados fluíam do leste e, para complicar as coisas ainda mais, a URSS insistia em imediatas reparações em sua zona de ocupação e demandava tudo o que podia das zonas ocidentais. Em 3 de maio de 1946, após outros debates infrutíferos no Conselho de Controle Aliado sediado na Alemanha, o vice-governador militar dos EUA anunciou um alto nas entregas de reparações da zona americana.[73]

Na sessão seguinte do Conselho de Ministros das Relações Exteriores em Paris (15 de junho a 12 de julho), Molotov, em discurso preparado em colaboração cerrada com Stalin, rejeitou as propostas dos EUA para que a Alemanha fosse mantida desarmada e desmilitarizada. Apesar de os soviéticos, como também a França, desejarem a administração das quatro potências no Ruhr, Molotov sugeriu que o Ocidente pretendia separar o Ruhr — rico em recursos — da Alemanha. Sua principal afirmação em 10 de julho, contudo, foi de que decorreriam anos antes que um governo alemão pudesse existir e só então poderia ser trabalhado um tratado de paz.[74]

Em assunto correlato, o secretário das Relações Exteriores Bevin disse que a Grã-Bretanha não tinha condições de continuar financiando sua zona e propôs mais cooperação interzonal, ao que Molotov negou firmemente.[75] Byrnes ficou incomodado com o fato de Molotov continuar se apresentado como defensor da Alemanha contra os vingativos americanos. Evidentemente, Byrnes percebia que o soviético fazia inteligente apelo político aos germânicos, ainda tementes do punitivo Plano Morgenthau. Disse então

A MORTE DO COMUNISMO NA EUROPA OCIDENTAL   343

que os Estados Unidos estavam longe de querer a divisão da Alemanha e dispostos "a se aliar a qualquer outro governo ou governos de ocupação para a administração de nossas respectivas zonas como uma unidade econômica". Era impraticável continuar gerenciando a Alemanha "em quatro compartimentos totalmente estanques".[76]

Em 11 de julho, Byrnes convidou "todos os seus colegas", inclusive os soviéticos, a juntar esforços para fundir as zonas; alguma coisa precisava ser feita para equacionar o crescente caos econômico do país. A Grã--Bretanha concordou no dia seguinte, enquanto União Soviética e França hesitaram. Em 2 de dezembro, os ingleses e americanos anunciaram a estranhamente denominada "Bizônia" alemã, que se tornou operacional no dia do Ano-Novo.[77]

A reunião do Conselho de Ministros das Relações Exteriores em Nova York (4 de novembro a 12 de dezembro de 1946) finalizou tratados de paz com a maioria da ex-potências do Eixo, embora nenhum progresso tivesse sido feito quanto à Alemanha. Quando Byrnes renunciou pouco depois por questões de saúde, o presidente o substituiu pelo general George C. Marshall. O novo secretário de Estado viajou para Moscou a fim de dar continuidade às negociações, no ponto em que Byrnes as havia deixado, na reunião agendada dos ministros das Relações Exteriores para 10 de março a 24 de abril.

Os soviéticos continuaram demandando reparações imediatas também das zonas ocidentais. O nível da produção e o da subsistência, todavia, estavam tão baixos que a única maneira de elas serem pagas, como reconheceu o ministro francês das Relações Exteriores Bidault, era com os Estados Unidos "aumentando sua assistência e subsídios à Alemanha Ocidental". Com efeito, os EUA descarregariam recursos ou bens na porta da frente e os soviéticos os jogariam a pás cheias para os fundos, deixando os alemães na mesma situação precária e afundados em sua dependência crônica.[78]

Bidault lembrou-se de que Stalin só se dispunha a cooperar com a França se houvesse a divisão do Ruhr em quatro zonas, quando então o que acontecia em Berlim se repetiria. Os soviéticos "saqueariam sua seção", fomentariam sublevações entre todos os trabalhadores e a produção decairia drasticamente. Era assim que Bidault via as coisas, e ele sabia perfeitamente bem que a França ainda não estaria tendo acesso ao carvão que desejava;

os EUA precisariam persistir subsidiando a área enquanto, no meio-tempo, o alcance da União Soviética se estenderia ao oeste até o Reno.

Marshall percebeu que esse arranjo era uma proposta derrotada e não fazia sentido concordar com ela. Ele achou Molotov tão obstrucionista quanto Byrnes julgara. O que deveriam fazer os Estados Unidos? Por meio de consenso, a chamada Doutrina Truman não seria levada a sério, e os ministros das Relações Exteriores não chegariam a lugar algum. Marshall resolveu que nova abordagem era necessária, mas não tinha segurança sobre qual adotar. Não só a Alemanha, mas toda a Europa era uma grande confusão, sem solução à vista.[79]

17

Alternativas de Stalin e
o futuro da Europa

Em seus momentos de maior otimismo, Stalin visualizava a sovietização "estendida" com o tempo sobre todos os estados europeus, mesmo aqueles bem distantes a Oeste.[1] Ele vinha se interessando, particularmente, em fazer progresso na França e Itália, que tinham consideráveis eleitorados comunistas. Contudo, a falta de jeito de seus partidos orientados por Moscou para conquistar avanços só fazia prever impasses políticos. As maiorias votantes nas democracias europeias se faziam ouvir e não desejavam suas nações dirigidas por comunistas. O Ocidente, gradualmente, ia encontrando motivos para intervir e ajudar. De fato, o presidente Truman se mostrava disposto a assumir a liderança; entretanto, ao fazer repetidas tentativas para se identificar como amigo da Europa, não conseguia chegar ao tom certo. Tudo mudou quando o presidente, numa jogada de mestre, nomeou o general George C. Marshall como seu secretário de Estado.

AS OFENSIVAS DE STALIN E AS REAÇÕES DE TRUMAN

Como vimos antes, Truman reuniu-se pela primeira vez com Molotov em 1945. Querendo evitar demonstração de fraqueza, ele perguntou ao comissário exatamente quando a União Soviética começaria a honrar seus acordos. Sua pergunta, formulada em tom áspero, repercutiu exageradamente e resultou em incidente internacional, fazendo com o que o presidente batesse rapidamente em retirada. A abordagem se repetiu em 1946. Truman, na surdina, encorajou a difusão do discurso da "cortina de ferro" de Churchill, mas depois o desaprovou quando jornalistas acusaram Churchill de fomentador de guerras. Em março de 1947, o presidente se mostrou pronto para desafiar os soviéticos com a Doutrina Truman, mas ninguém o levou muito a sério, menos ainda o Kremlin.

Em 1945, quando liderou o país para a vitória, Truman era popular; um ano depois, seus índices de aprovação caíram para 32%. Ele tentava jogar duro com Moscou, mas a atitude não funcionava. Nas eleições para o Congresso de 1946, acatou o conselho dos democratas e não subiu nos palanques de campanha. Os republicanos ganharam para as duas Casas com a argumentação de que o presidente, longe de ser duro com o comunismo, era por demais leniente. Assustado com os resultados eleitorais, Truman submergiu e saiu de férias na Flórida. No retorno, quase se resignou a ser presidente de um só mandato e a fazer o melhor possível no tempo que lhe restava.

No seu Discurso sobre o Estado da União de janeiro de 1947, no entanto, o presidente tinha trunfos positivos para reportar. A nação estava em paz, mais rica que nunca e podia se gabar de desemprego zero. Ele prometeu políticas para melhorar a qualidade de vida, manter o orçamento equilibrado e estabelecer cooperação econômica internacional.[2] Não muitos presidentes anteriores ou desde então puderam anunciar mensagem tão auspiciosa.

Truman também introduziu no governo uma ou duas caras novas. Entre elas estava o general Marshall, que se tornara chefe do estado-maior do Exército no dia em que a guerra estourou, em 1939, e ficou na função até a vitória.[3] Marshall era tão reverenciado em Washington que, quando Truman o nomeou secretário de Estado, o líder republicano no Senado, Arthur Vandenberg, abriu mão das regras para nomeações. No caso do general, não houve sabatina e ele foi confirmado por unanimidade no mesmo dia. Tal expressão de confiança reforçou a estatura moral de Marshall e passou a impressão de que o governo Truman, afinal, podia fazer grandes escolhas.[4]

ALTERNATIVAS DE STALIN E O FUTURO DA EUROPA

A primeira experiência direta de Marshall como secretário de Estado no trato com a União Soviética foi na reunião do Conselho de Ministros das Relações Exteriores, em Moscou, agendada para começar em 10 de março de 1947. O general esperou prudentemente para ver como as coisas se encaminhavam antes de solicitar uma visita de cortesia ao Kremlin. Em 18 de abril, Stalin, parecendo muito relaxado, o recebeu. Ninguém poderia adivinhar que o país do ditador se debatia desesperadamente para enfrentar os estragos da guerra em meio às tragédias de uma fome. Stalin aconselhou Marshall a não se desencorajar com a falta de progresso nas negociações e pensar nelas como uma longa batalha na qual os combatentes lutam até que, exaustos, se apresentam prontos para o acerto.[5]

O "acerto", era preciso que fosse dito, seria favorável ao combatente mais determinado, aquele que pudesse manter a posição por mais tempo. Stalin claramente se via possuidor do necessário para suplantar qualquer oponente. Não era exatamente isso que ele fazia naquele momento? Como Marshall podia ver por si mesmo, o Ocidente se mantinha mais ou menos inerte enquanto o ditador soviético espalhava comunistas pelo poder em todo o Leste Europeu. Também em Moscou, o ministro britânico Ernest Bevin, político trabalhista de longa data, estava com Marshall. O general pressentiu, corretamente, que os "russos" esperavam que os americanos perdessem o interesse, e desistissem ou voltassem para casa. Também sabia que toda a Europa experimentava condições desesperadoras, sem fim à vista.[6]

Na realidade, a fome se espalhava pelo continente. A Grã-Bretanha ainda vivia à base de rações de tempo de guerra e, em junho de 1947, pela primeira vez na história, teve o pão racionado. Itália e França não se saíam muito melhor e a Alemanha estava pior ainda. A Europa Oriental só se mantinha de pé porque o Kremlin enviava alimentos, mas a URSS encarava sua própria seca e péssimas colheitas em 1946; dessa forma, a fome cobrou a vida de mais de 1 milhão de pessoas.[7]

O ministro francês das Relações Exteriores, Georges Bidault, notou sinais de desassossego social no seu caminho para Moscou a fim de participar das conversações. Bidault fora professor católico que desempenhara papel de destaque na resistência e ajudara a fundar o MRP. Estivera antes em Moscou, mas desta vez viajou de trem. Duas coisas o impressionaram a respeito da jornada:

A primeira foi que, indo do Oeste para o Leste, o trem foi ficando gradualmente mais lento a cada país que cruzávamos, e a segunda foi que as fisionomias se tornavam progressivamente mais tristes e sem emoção à medida que adentrávamos o Oriente. A Alemanha ainda estava em ruínas e especulei como as cidades, em particular Berlim, um dia seriam reconstruídas. Tudo o que restava das fábricas alemãs eram algumas torres de chaminés de pé aqui e acolá. A Alemanha Oriental ainda parecia mais entristecida do que a Ocidental. A Polônia, onde Varsóvia ainda não tinha sido reconstruída, se mostrava mais melancólica do que a Alemanha Oriental. E a Rússia era a mais abatida de todas.[8]

Em 4 de março de 1947, pouco antes de partir para Moscou, Bidault assinara o Tratado de Dunquerque com a Grã-Bretanha. Embora não tencionasse introduzir uma cunha entre o Leste e o Oeste, o ministro francês lembrou-se de que "cada conferência exaustiva e infrutífera com a União Soviética tornava-me menos certo do sucesso".[9] A aliança anglo-francesa era simbólica; ela demonstrava que as preocupações sobre a União Soviética não eram mera fantasia da imaginação de Washington. Stalin já havia abocanhado metade do continente e a outra metade se sentia profundamente ameaçada. A Europa já estava dividida bem antes que houvesse qualquer menção ao Plano Marshall.[10]

Charles Bohlen, veterano especialista do Departamento de Estado que servira de intérprete para o presidente Roosevelt nas conferências de tempo de guerra, acompanhou o novo secretário de Estado a Moscou. Bohlen recordou-se de Marshall ter sido pego de surpresa quando Stalin, aparentando indiferença para o que se passava na Alemanha, pareceu pensar que "a melhor maneira de atingir os objetivos soviéticos era deixar as coisas à deriva". Bohlen ficou particularmente impressionado com o fato de que "durante todo o tempo da viagem de volta a Washington Marshall falou da importância de se tomar alguma iniciativa para evitar o colapso completo da Europa Ocidental".[11]

Em 28 de abril, o secretário de Estado fez um relatório via rádio de sua visita, mencionou as garantias de Stalin sobre cooperação futura e afirmou que alguma coisa deveria ser feita — e com urgência. "Não podemos ignorar o fator tempo aqui envolvido. A recuperação europeia tem sido mais lenta que o esperado. Forças desintegradoras se tornam evidentes. O paciente piora enquanto os médicos deliberam. Isso faz-me

ALTERNATIVAS DE STALIN E O FUTURO DA EUROPA

acreditar que a ação não pode esperar compromissos que impliquem exaustão. Novos problemas surgem diariamente. Qualquer providência que possa vir ao encontro da solução de tais problemas prementes tem que ser tomada sem delongas."[12]

No dia seguinte ele convocou George Kennan, um dos especialistas em Rússia do Departamento de Estado, e solicitou-lhe que criasse uma Equipe de Planejamento Político. Sua missão seria sugerir o que os Estados Unidos poderiam fazer para provocar uma virada na Europa, e Marshall queria um plano conciso dentro de duas semanas.[13]

Kennan apresentou um relatório sucinto em 23 de maio, no qual dizia que a origem da crise não era a atividade comunista, mas a desorganização da economia causada pela guerra. Apesar de Kennan reconhecer que o comunismo estava ganhando terreno, também asseverou que um programa de recuperação tinha que ser orientado de modo a desmanchar "os desajustes econômicos que tornavam a Europa vulnerável à exploração de qualquer e de todos movimentos totalitários". No final das contas, a crise só poderia ser enfrentada por um plano desenvolvido pelos europeus. Os Estados Unidos deveriam apenas proporcionar "apoio amigável". Embora Kennan acreditasse que os soviéticos pudessem tentar emperrar as coisas, eles ainda deveriam ser incluídos em qualquer programa.[14]

Outros membros do Departamento de Estado, como Dean Acheson e Will Clayton, sugeriram propostas, em linhas gerais, semelhantes, à consideração de Marshall.[15] O general então colocou Kennan e Bohlen trabalhando em um pronunciamento, não mais longo do que dez minutos, que ele deveria fazer na Universidade de Harvard sobre o programa de recuperação.

O discurso de Marshall em Harvard, em 5 de junho, começou declarando que, enquanto a maioria da audiência possivelmente sabia da visível destruição na Europa, talvez não entendesse que toda a estrutura econômica do velho continente estava seriamente abalada. O ponto mais importante da dificuldade era que a Europa necessitava de mais alimentos e combustíveis do que podia pagar. Se o problema não fosse resolvido, disse ele, o desespero se instalaria e perturbações da ordem cresceriam. Com muita calma, Marshall apresentou a proposta de que se os europeus pudessem sugerir um plano de recuperação cooperativo e internacional, então os Estados Unidos se disporiam a oferecer "amigável assessoramento" na formulação de tal plano e proporcionar "apoio posterior".[16]

Não houve "Plano Marshall" no sentido de que os Estados Unidos tivessem apresentado um espesso documento semelhante aos planos quinquenais de Stalin, fixando metas de produção, cotas e coisas do gênero. No seu pronunciamento em Harvard, Marshall afirmou em termos inequívocos que "nossa política não é dirigida contra qualquer país ou doutrina, e sim contra a fome, a pobreza, o desespero e o caos". Era necessária nova abordagem, e "não era adequado nem eficaz para este governo envolver-se, unilateralmente, com a formulação de um programa projetado para colocar a Europa economicamente de pé. Este é um problema dos europeus".

Marshall foi sério sobre a inclusão da Europa Oriental. Os que o conheciam disseram que "ele deplorava a atitude emocional antissoviética no país e vivia enfatizando a necessidade de se falar e escrever sobre a Europa em termos econômicos em vez de ideológicos".[17] É claro que ele reconhecia que se "os russos" concordassem em participar de um programa de recuperação, então seria mais difícil que o Congresso aprovasse os recursos para financiá-lo. Apesar disso, para Marshall e Kennan, era evidente que qualquer oferta de ajuda tinha que incluir a União Soviética e toda a Europa Oriental.[18]

Stalin via a situação de outra maneira. De sua perspectiva, Estados Unidos e Grã-Bretanha, as duas potências capitalistas importantes que haviam sobrevivido à guerra, tinham ficado muito satisfeitas em derrotar seus principais concorrentes na Itália, Alemanha e Japão, e tencionavam mantê-los por baixo a fim de controlar preços e dominar o globo. Foi esta a mensagem que passou em janeiro de 1947, ao visitar líderes comunistas alemães. Também previu que os Estados Unidos fracassariam: "Os americanos acreditam que só eles são capazes de gerenciar o mercado mundial. Isto é ilusão. Eles não terão capacidade para tanto."[19]

Stalin estava muito equivocado ao supor que os Estados Unidos se colocariam contra a recuperação da Europa e não anteviu aquela generosa assistência. A oferta americana à União Soviética provocou em Stalin momentosas alternativas.

ALTERNATIVAS DE STALIN E O FUTURO DA EUROPA   351

UMA CHANCE DE SALVAR O MUNDO
ATRAVÉS DA GUERRA FRIA?

O ministro britânico das Relações Exteriores Bevin ouviu pela primeira vez relatos sobre o discurso de Marshall em Harvard pelo seu rádio de cabeceira no início de junho e percebeu de imediato seu potencial. Quando ele e o ministro francês Bidault conversaram mais tarde pelo telefone, a conclusão foi "como uma corda jogada para homem se afogando. Parecia trazer esperança onde ela havia desaparecido. A generosidade do plano era inacreditável".[20]

Bevin prometeu a Washington uma resposta rápida e entrou em contato com Bidault; os dois concordaram em convocar uma reunião para 27 de junho a fim de discutir o próximo passo. No meio-tempo, Marshall reiterou que a recuperação "europeia" definitivamente incluía a União Soviética. De acordo com relatório do embaixador Jefferson Caffery, os britânicos achavam que a participação soviética "complicaria as coisas", raciocínio igual ao dos franceses. Contudo, em 19 de junho, e devido a Marshall ser bastante enfático, eles estenderam o convite à União Soviética.[21]

Até hoje alguns historiadores russos sustentam que Estados Unidos, Grã-Bretanha e França fizeram "jogo duplo", convidando a participação soviética enquanto esperavam que ela não aceitasse. Supostamente, o Ocidente havia "arquitetado tudo de antemão".[22] De fato, o plano precisava ainda passar para o papel. Além do mais, mesmo que ele já estivesse formulado, e mesmo que se, como os espiões soviéticos reportaram, um punhado de burocratas em Washington, Londres ou Paris "esperassem" que os russos declinassem do convite, a decisão seria tomada por Stalin.[23]

Por que o líder soviético não admitia que a guerra tinha sido bem mais sofrida do que ele inicialmente divulgara? Por que não lembrar ao Ocidente a amarga verdade que os soviéticos pagaram com bem mais sangue do que qualquer outra nação para a vitória contra Hitler? Milhões e milhões de seus cidadãos tinham morrido e o país estava devastado. Por que não pedir ajuda?

Vejam só, Stalin estava preso na armadilha de suas próprias teorias. Ele e seus seguidores haviam criado um sistema que considerava dados econômicos como segredos de Estado. Nada ajudava o fato de diplomatas e espiões soviéticos concorrerem para as dúvidas de seu líder. Foi assim que o embaixador Nikolai Novikov escreveu de Washington para sublinhar que o objetivo do plano de recuperação era atrapalhar a "democratização" da Europa — palavra-código para barrar o comunismo.[24]

A liderança soviética encarava as relações internacionais como um jogo de soma zero. Se os Estados Unidos ganhassem de alguma forma na Europa, então a URSS teria de perder. Tal lógica tornou-se parte integrante da psicologia da Guerra Fria e foi incrivelmente difícil de sobrepujar.[25] Com o Plano Marshall, o jogo mudou. O secretário americano abrira caminho para que os necessitados cidadãos soviéticos também fossem vencedores junto com os ocidentais.

É óbvio que também é verdade que o Plano Marshall, ao encarar as causas econômicas dos problemas europeus, teria o efeito de reduzir potenciais fontes de apoio comunista. Embora Bevin e Bidault sinalizassem, ao menos privadamente, que não queriam nem esperavam participação soviética no programa, os dois não estavam completamente fora de sintonia com o ânimo do governo dos EUA. Alguns historiadores exageram a situação ao concluírem que a insistência dos Estados Unidos em tratar a Europa como "uma área econômica comum" e em conseguir uma reação coordenada à proposta americana era equivalente à exclusão da URSS.[26]

Stalin possuía muitas ressalvas quanto às conversações agendadas para Paris, mas despachou Molotov, que seguiu acompanhado de uma delegação de quase cem integrantes. A inusitada e grande quantidade de integrantes era uma demonstração de força, exibição visual da solidariedade comunista. Dificilmente ela demonstrava, como tem sido alegado, que os soviéticos foram "ainda moderados". Estavam lá como uma equipe que iria participar, fazer anotações e oferecer sugestões.[27]

Na primeira sessão de 27 de junho, sexta-feira, os anfitriões Bevin e Bidault a abriram, afirmando que um encontro de maior dimensão seria organizado para que comitês especializados apreciassem as solicitações de cada país e as coordenassem. O objetivo era desenvolver um programa de amplitude europeia que seria apresentado aos Estados Unidos para suporte financeiro.

A orientação para Molotov foi descobrir quanto dinheiro os americanos estavam dispostos a dar e garantir que não haveria interferência nas questões internas dos países que o recebessem.[28] Na primeira sessão, ele especulou em voz alta sobre o que havia no plano americano —

ALTERNATIVAS DE STALIN E O FUTURO DA EUROPA   353

supondo que este estivesse em grande parte concluído. Bevin e Bidault confessaram que tudo o que sabiam estava no discurso de Marshall. O pronunciamento não era específico e solicitava apenas que os europeus apresentassem um plano conjunto. Bevin e Bidault provavelmente haviam conversado com funcionários americanos e todos talvez esperassem barrar o comunismo, mas isso não interessava àquela altura. O "plano" ainda nem era um trabalho em andamento e os soviéticos poderiam ter garantido um acordo.

Stalin tinha poder para interromper, ali e então, o deslizamento para a Guerra Fria. Contrariamente ao que alguns historiadores afirmam, ele dispunha de alternativas. Tudo o que precisava fazer era se preparar para dizer como o dinheiro seria empregado. O todo-poderoso Stalin não necessitava se preocupar com objeções políticas internas. Os obstáculos que o impediram de fazê-lo foram totalmente criações suas. Ele se mostrou incapaz de até imaginar a revelação de "segredos" econômicos que, diga-se de passagem, as democracias publicavam rotineiramente.

No curso do segundo dia, Molotov teve tempo para consultas com o Kremlin e retornou à sala de negociações veementemente contra qualquer plano coordenado. Sugeriu de novo que fosse compilada uma lista com as necessidades de cada país, que se descobrisse quanto os Estados Unidos desembolsariam e se o Congresso aprovaria. Bevin e Bidault repetiram que o plano precisava ser coordenado. Logo se tornou evidente para todos os presentes que Molotov "fazia corpo mole".[29]

No encontro seguinte, segunda-feira, 30 de junho, o soviético condenou de novo o conceito de um plano conjunto e acrescentou que ingleses e franceses contemplavam uma nova organização para intervirem em "estados subordinados". Os debates não progrediram e, por volta de 2 de julho, Molotov fez pouco mais do que advertir que, se eles continuassem, "iriam dividir a Europa em dois grupos de estados". E, ao dizer isso, retirou-se do local.[30]

A divisão Leste-Oeste que Molotov descreveu desenvolveu-se desde a guerra, em grande parte por causa das atitudes da União Soviética. Após o conflito armado, a Europa Ocidental não tinha condições de fazer coisa alguma e nos Estados Unidos uma avassaladora maioria urgia para que o país retornasse ao isolacionismo. Ao rejeitarem o Plano Marshall, os soviéticos, com efeito, escancararam a porta para a Guerra Fria.

Os historiadores relutam, com razão, em apontar "culpa de guerra". Não deveríamos concluir, entretanto, que os dois lados foram igualmente responsáveis pela Guerra Fria.[31] Marshall lidava com um problema econômico na Europa devastada pela guerra e pela fome. A ajuda que os Estados Unidos ofereceram estava disponível para todas as nações, independentemente de seus compromissos políticos. Ao assegurá-la, os planejadores americanos esperavam atrair satélites soviéticos e afrouxar o domínio de Moscou sobre eles, ao passo que Stalin se mostrava irremediavelmente determinado a resistir. Desejava uma transformação comunista da Europa que no final se estendesse por outras terras.[32]

Marshall combatia a pobreza enquanto Stalin fazia face a uma escolha entre o empobrecimento de seu próprio povo, a busca de sua agenda política e, sem dúvida, também os interesses de segurança soviéticos por ele definidos. Os europeus ocidentais não comungavam a visão de futuro de Stalin, como ficou patente no período logo após a guerra quando França e Itália, a despeito da espraiada miséria, já diziam "não" à pressão comunista. Stalin podia constatar que, para onde olhasse na Europa Ocidental, suas expectativas por um futuro vermelho não podiam se contrapor à vontade do povo, como demonstrado em eleições justas, e elas seriam estraçalhadas caso chegasse a recuperação econômica. Ele então optou por sua missão política e deu as costas à ajuda americana.

Foram em sua maior parte as ações de Stalin que desaguaram na Guerra Fria. O ditador de Moscou queria esperar por uma boa oportunidade enquanto deixava a Europa Ocidental estagnar e apodrecer. Se os Estados Unidos abandonassem a causa, os que os condenam por oferecer o Plano Marshall iriam acusá-los — corretamente — por não fazerem nada para terminar com o sofrimento e a inanição na Europa despedaçada pela guerra.[33]

Anos mais tarde, quando Molotov apreciou aqueles eventos, não demonstrou o menor arrependimento. Seu único argumento foi a enganosa afirmação de que, se alguns escritores ocidentais o culpavam de erro ao rejeitar a ajuda americana, então ele tinha que estar fazendo a coisa certa. Ainda cego pela ideologia, Molotov insistia que "os imperialistas" se preparavam para transformar toda a Europa em alguma coisa parecida com colônias dependentes.[34]

Ingleses e franceses deram prosseguimento ao programa com a Conferência sobre a Reconstrução Europeia, que começou em Paris em 12 de julho de 1947. Convidaram 22 países, inclusive todos da Europa Oriental e Turquia, mas não a URSS. A Espanha foi excluída por conta de seu governo fascista. A Alemanha foi representada pelas potências de ocupação. Quatorze países ocidentais aceitaram o convite e juntos criaram uma nova Conferência para a Cooperação Econômica Europeia, dando também os primeiros passos para uma comunidade europeia. Não obstante as numerosas complicações e sinceras inquietações, no fim eles chegaram a um acordo. O *Relatório Geral* em dois volumes foi publicado em 22 de setembro. O governo Truman enfrentou então a aterradora tarefa de fazer passar o muito oneroso pacote denominado Programa de Recuperação Europeia (ERP) por um Congresso dominado pelos republicanos. No seu depoimento perante o Parlamento, em janeiro de 1948, Marshall estimou o gasto total entre 15,1 e 17,8 bilhões de dólares, dos quais 6,8 bilhões seriam necessários nos primeiros quinze meses. Os Estados Unidos proporcionariam garantias diretas aos países europeus para a compra dos meios essenciais com a finalidade de reerguer suas fábricas e fazendas e torná-las operativas.

O secretário de Estado pôs o pé na estrada para vender o ERP. Por certo sua causa foi ajudada pelo fato de os comunistas, naquele tempo, se encontrarem firmando posição na Europa Oriental e por ter ocorrido, em fevereiro de 1948, um golpe na Tchecoslováquia. Tudo isso conferiu tal urgência à aprovação do pacote que muitos republicanos se posicionaram favoravelmente a ele, muito notavelmente o senador Arthur Vandenberg. Este disse aos que desejavam cortar o custo da ajuda: "Não faz sentido atirar-se uma corda de 5 metros para um homem que se afoga a 8 metros da praia." O presidente Truman sancionou a lei em 1º de abril de 1948 e, no primeiro ano de vigência, ela absorveria mais de 10% do orçamento federal.[35]

O secretário Marshall esperava evitar que o ERP parecesse apenas uma medida para barrar o comunismo. Esta impressão, de qualquer maneira, emergiu durante o longo processo legislativo, que foi pontuado por emoções e acossado por temores sobre os comunistas de casa e os acontecimentos na Europa.

Desde aquele tempo, debates acirrados espocaram sobre o impacto do ERP e alguns historiadores insistem que seus efeitos milagrosos foram superestimados.[36] Uma avaliação mais sóbria sugere que o ERP tornou possível para a Europa resolver o aparentemente insolúvel problema que fazia face: ela precisava exportar para pagar pelas importações, mas não podia exportar coisa alguma enquanto não obtivesse os materiais importados e a maquinaria.[37] O objetivo do ERP de colocar a Europa de pé em quatro anos foi alcançado, uma vez quebrado o círculo vicioso, porque ela detinha os pré-requisitos para o crescimento econômico autossustentável.

Sem dúvida havia altruísmo americano no plano, bem como interesse econômico. No entanto, é o caso de se insistir: onde e quando o altruísmo jamais se mistura com interesses próprios? Nunca é bom a ninguém ter parceiros comerciais desesperados e famintos. Devemos todos lembrar que a economia americana no pós-guerra estava no pleno emprego e a economia doméstica poderia ser ainda mais estimulada sem investimentos ligados à ajuda ao estrangeiro. Nem interessava ao governo americano que a miséria se tornasse condição permanente na Europa ou em qualquer outra região. Stalin só poderia explicar seu comportamento com a espúria teoria de que os americanos estavam dispostos a "escravizar" todos eles.

Em parte porque Stalin isolou a União Soviética do Plano Marshall, sua economia atrasou-se em relação à da Europa Ocidental e nunca mais a alcançou. Os povos da União Soviética e de seus satélites pagaram o preço. Seus padrões e expectativas de vida eram — e permaneceram — persistentemente inferiores aos de seus vizinhos, com contrastes entre o Ocidente e o Oriente crescendo mais obviamente com o passar dos anos. Os comunistas da Europa Ocidental jamais seriam de novo sérios concorrentes para a conquista do poder.

PROTEGENDO A FORTALEZA COMUNISTA

Por anos, Stalin aconselhou os comunistas de outros países a evitar ostensiva cópia da União Soviética. Não obstante, enquanto cada país era orientado a seguir "caminho próprio" para o socialismo, ele nunca duvidou seriamente de que todas as rotas ficariam sob controle e direção do Kremlin, e de que todas elas tinham apenas um destino: o comunismo. Até 1946 ou 1947, a questão de quão cerrados seriam os vínculos dos satélites aos imperativos soviéticos raramente foi levantada. Camaradas fiéis por todos os cantos por certo eram leais a Moscou, e alguns supunham que, enquanto partilhavam o sonho comunista, teriam certo grau de independência.

Talvez nem mesmo Stalin tivesse pensado completamente sobre o lugar da União Soviética no Império Vermelho além das fronteiras da URSS. O primeiro sinal de que ele percebeu a necessidade de controle mais vigoroso de Moscou foi na Alemanha, onde a zona soviética já era diretamente controlada pela capital soviética. Wolfgang Leonhard, um ex-exilado em Moscou e adepto ferrenho por décadas, observou que um mês depois do desastre eleitoral do verão de 1946, a noção de seguir um "caminho alemão para o socialismo" começou a ser sutilmente desencorajada. Membro ativo do SED, ele lembrou-se de que, em contraste com o ano anterior, os discursos dos líderes de Moscou pronunciados no Dia Nacional Soviético (7 de novembro) foram publicados literalmente, sem qualquer adaptação para os locais. O nativo alemão Leonhard, tendo vivido em Moscou como estudante desde os anos 1930, havia retornado para casa com o grupo de Walter Ulbricht. Mischa Wolf, amigo próximo, disse-lhe em agosto de 1947 que "autoridades dos altos escalões" haviam decidido que era hora de esquecer o caminho especial para o socialismo. Wolf acrescentou que o programa do partido logo seria reescrito, como de fato o foi. As imposições soviéticas, assim como a completa falta de preocupação com as esperanças e sonhos locais, no final provocaram a desilusão de Leonhard com a variedade de comunismo de Moscou e ele se mudou para a Iugoslávia.[38]

A concordância com os desejos de Stalin entre os europeus orientais variou conforme as circunstâncias, como na Romênia, onde o "falso pluralismo" persistiu durante o governo de Petru Groza (março de 1945 a dezembro de 1947). Na verdade, os comunistas estavam em posição dominante e, à medida que se sentiam seguros em relação aos olhos ocidentais, procuravam estabelecer o regime stalinista. Em agosto de 1947, os partidos mais importantes de oposição foram dissolvidos. Iuliu Maniu, líder do histórico Partido Nacional Camponês, foi preso em outubro. Depois de um julgamento de fachada por conspirar com americanos e britânicos, foi sentenciado à prisão perpétua e morreu no cárcere. Em 30 de dezembro, o rei Miguel foi derrubado do trono, e a Romênia tornou-se república popular.[39] Dali por diante, as ameaças internas foram reprimidas pela polícia secreta e os romenos ficaram sob jugo comunista por gerações.

Os comunistas da Bulgária progrediram de uma pequena minoria à vitória como integrantes da Frente da Pátria, aparentemente em eleições fraudadas para a Grande Assembleia Nacional, em outubro de 1946.[40] Como vimos no capítulo 14, o prego no caixão da liberdade política foi martelado quando Nikola Petkov, líder do Partido Agrário e símbolo da continuada resistência, foi arrastado sem cerimônia para fora da Assembleia Nacional em agosto de 1947 e levado a julgamento. Stalin rapidamente concordou com a sentença de morte e Petkov foi executado em 23 de setembro. Isto aconteceu depois de os europeus ocidentais terminarem seu plano de recuperação, a ser submetido aos Estados Unidos para o financiamento do Plano Marshall. Os dois eventos simbolizaram os gritantes contrastes dos futuros das Europas Ocidental e Oriental.[41]

Na Hungria, os comunistas se encontravam inteiramente dependentes de Moscou, mas ainda alimentavam esperança de participação nas negociações do Plano Marshall. Seu líder, Mátyás Rákosi, teve muita dificuldade para obter apoio popular e, nas eleições de 7 de novembro de 1945, os comunistas foram severamente derrotados pelo Partido dos Pequenos Proprietários, que alcançou, com folga, a maioria. No início de 1947, seguindo instruções de Moscou, a polícia secreta arquitetou alegada conspiração antigovernamental dirigida contra o líder dos Pequenos Proprietários, Béla Kovács, que foi preso pela polícia militar soviética em 25 de fevereiro. Em maio, a polícia secreta soviética (MGB) revelou que havia arrancado de Kovács e outros informações incriminadoras contra o primeiro-ministro Ferenc Nagy. Este se encontrava em férias no exterior e decidiu não retornar. Em 21 de maio, Molotov aconselhou Rákosi "a dar mais ênfase à luta de classes" e a abandonar o "governo da unidade nacional".[42]

Com novas eleições marcadas para agosto, os comunistas húngaros quase certamente teriam preferido estar entre os que iriam receber financiamento americano para a recuperação, mas tiveram que rejeitá-lo. Józef Révai, um dos stalinistas linhas-duras que fora "socializado" durante a guerra em Moscou, respondeu ao convite para participar do evento em Paris dizendo que seria impossível estar presente em tal empreitada "antissoviética".[43] Nas eleições húngaras, os comunistas obtiveram 22% dos votos, em parte, sem dúvida, por terem sido culpados de perder a oportunidade do apoio americano.[44] Por volta de dezembro, enquanto convalescia em um hospital próximo a Moscou, Rákosi desenvolveu um plano, em consulta com Stalin, para a completa transformação da Hungria ao longo de linhas soviéticas, e ele foi seguido em 1948 sem muita resistência.[45]

ALTERNATIVAS DE STALIN E O FUTURO DA EUROPA   359

Na Tchecoslováquia, a situação foi mais complicada. Quando o líder do Partido Comunista Klement Gottwald reuniu-se com Stalin no outono de 1946, foi-lhe dito que seria perfeitamente aceitável perseguir o "caminho tchecoslovaco para o socialismo".[46] O partido tcheco tinha mais de 1 milhão de filiados e ganhou suficiente apoio nas urnas para formar um governo com os socialistas.

Em 4 de julho de 1947, quando americanos e ingleses visitaram o ministro tcheco das Relações Exteriores Jan Masaryk a fim e convidá-lo a Paris para as reuniões do Plano Marshall, ele aceitou imediatamente, uma decisão que o governo debateu e endossou por unanimidade. No dia seguinte, o Comitê Central soviético escreveu ao primeiro-ministro Gottwald para informar-lhe que a URSS não estaria em Paris, mas que os tchecos e outros países como a Polônia tinham sinal verde. Eles deveriam perturbar os encontros e depois se retirarem para demonstrar desdém pelos americanos. O Kremlin, de início, queria praticar o jogo duplo, mas expediu em 6 de julho novas instruções aos representantes soviéticos em Varsóvia, Praga, Bucareste, Sófia, Belgrado, Budapeste, Tirana e Helsinque. Informou aos líderes dos partidos comunistas que deveriam deixar sem resposta por vários dias o convite para Paris e, como a URSS não estaria lá, seus países também não deveriam ir.[47] Finalmente, em 7 de julho, o Kremlin ordenou a todos que recusassem diretamente o convite e declarassem seus próprios motivos para não comparecerem.[48]

O Partido Comunista Tcheco enfrentou um dilema, como também o polonês, porque os dois faziam parte de governos de coalizão. Gottwald disse ao representante soviético que não poderia seguir a ordem de Stalin porque o restante do governo não lhe daria apoio. Quando Stalin soube disso, ficou irado e os convocou imediatamente a Moscou. Uma delegação consistindo, entre outros, de Gottwald, do ministro das Relações Exteriores Masaryk e do ministro da Justiça Prokop Drtina, chegou à capital soviética em 9 de julho e se reuniu duas vezes com Stalin e Molotov.

As extraordinárias conversas, gravadas pelos tchecos e pelos soviéticos, mostram como Stalin esmagou as esperanças tchecas. Masaryk e Drtina explicaram que as exportações e importações de seu país eram 60% dependentes do Ocidente, e fora por causa disso que eles concordaram em ir às reuniões de Paris. Drtina afirmou que se eles não participassem do Plano Marshall, o padrão de vida dos tchecos seria adversamente afetado. Era óbvio que eles não pretendiam ofender o aliado soviético.

Stalin julgou que, subjetivamente, eles poderiam se sentir amistosos em relação ao seu país, porém, objetivamente, seus atos revelavam o contrário. O "objetivo real" do Plano Marshall, asseverou, era "criar um bloco ocidental e isolar a União Soviética". Por conseguinte, ele consideraria a ida a Paris "um rompimento da frente de estados eslavos e um ato especificamente contra a URSS". Tudo o que ele ofereceu como compensação foi mais trocas comerciais com a União Soviética. A delegação, obedientemente, pediu sua ajuda para formular uma rejeição aos franceses e britânicos, que não o ofendesse de maneira alguma. Já dispensando os membros da comitiva tcheca, Stalin lhes disse para que procurassem contato com os búlgaros, os quais já haviam recusado o convite. No fim da conversa, Stalin insistiu para que eles enviassem a recusa a Paris "imediatamente".[49]

Quando os exaustos viajantes retornaram a Praga, fecharam-se com o governo durante todo o dia de 11 de julho e conseguiram revogar a aceitação do convite. Jan Masaryk relatou aos amigos a desgastante experiência: "Fui para Moscou como ministro das Relações Exteriores de um Estado soberano. Retornei como lacaio de governo soviético."[50]

Após esses fatos, até os comunistas tchecos, que talvez tivessem alimentado a esperança de fazer nascer um socialismo ao seu jeito, sabiam muito bem o que podiam esperar. Era possível que pensassem estar ligados ao comunismo soviético pela camaradagem e comunhão de ideias, mas depois de se mostrarem como suplicantes na corte de Stalin, não poderiam duvidar de que a relação seria a de senhor-escravo.[51]

Em 11 de julho, o embaixador dos EUA em Moscou, Walter Bedell Smith, escreveu ao secretário Marshall para expressar alarme quanto às ações soviéticas. Smith, general do Exército que havia servido sob as ordens de Marshall e de Dwight Eisenhower, disse que considerava o ato do Kremlin de forçar a negativa dos tchecos "nada menos do que uma declaração de guerra da União Soviética quanto à questão imediata do controle da Europa". O Kremlin acreditava que poderia ganhar tal contenda com a alimentação e recursos sob seu comando, ou pelo menos era assim que Smith pensava. Ele disse que jamais antes Moscou fora "tão firme na condução de seus satélites".[52]

O chefe comunista na Polônia, Władisław Gomułka, estava convencido de que um "caminho polonês para o socialismo" era possível, e Stalin inicialmente o encorajou a percorrê-lo. Quando os poloneses o desbordaram

ALTERNATIVAS DE STALIN E O FUTURO DA EUROPA 361

para promover eleições em janeiro de 1947, o ditador soviético já não estava tão interessado em manter as aparências.[53]

A questão da ajuda americana tornou-se um teste para a Polônia. Depois que Molotov abandonou de mau humor as reuniões de Paris, escreveu aos líderes do partido em Varsóvia em 5 de julho para dizer que a União Soviética não participaria dos encontros do Plano Marshall, mas seria "conveniente" que "países amigos" fossem, se mostrassem obstrutivos e depois também os abandonassem. Já em 7 de julho, líderes poloneses afirmavam para autoridades dos EUA que estavam interessados e desejavam ouvir mais "sobre o escopo do plano".[54] Às duas da tarde de 9 de julho, o presidente da Polônia informou ao novo embaixador dos EUA, Stanton Griffis, que por certo os poloneses estariam em Paris. Sete horas mais tarde, o ministro das Relações Exteriores telefonou de volta ao embaixador para afirmar que a Polônia havia reconsiderado o convite. Griffis reportou que os poloneses desejavam participar, mas foram "sobrepujados por autoridade superior".[55]

E foi assim que o império soviético assumiu aparências mais formais, muito para a consternação de pelo menos alguns dos fiéis discípulos de Stalin.

18

Fracassos stalinistas: Iugoslávia e Alemanha

No ápice do poder soviético dos anos pós-guerra, o processo de governo era altamente personalizado, com característica quase feudal. Stalin conhecia e se encontrava com figuras-chave tanto da URSS quanto dos países enquadrados na esfera soviética de influência. Os comunistas do exterior procuravam, e por vezes quase imploravam, permissão do chefão para viajarem a Moscou ou para visitá-lo em seus locais de férias. Entre 1944 e 1952, seu livro de visitas no Kremlin registrou não menos que 140 reuniões com líderes europeus orientais. Além disso, ele teve quase tantos ou mais encontros semioficiais em uma de suas dachas nas cercanias de Moscou, ou no sul. Os convites eram seletivos e muito apreciados. Os visitantes mais frequentes ao Kremlin foram os poloneses (59 vezes), mas os alemães orientais estiveram lá em onze ocasiões. Nesses eventos, bem como durante suas conferências internacionais, Stalin podia ser grosseiro ou intimidador, como também calmo e encantador, moldando sua personalidade de acordo com o contexto.[1]

Naquele período, seu pensamento sobre como comandar os partidos comunistas da Europa tomava forma gradualmente. A imagem que emergiu foi a de um único partido transnacional que abarcasse o mundo. Os diversos ramos, todos sensíveis às condições do terreno, culminariam com um só quartel-general sediado em Moscou e controlado pelo Kremlin.[2] No entanto, ficou provado que não era tão simples dirigir os comunistas que tinham se tornado líderes em seus próprios países, e apesar de o autoproclamado senhor poder ditar dogmas político-ideológicos a partir de Moscou, impingi-los era uma questão delicada.

VISITAS E PRIVILÉGIOS

Discípulos externos que iam a Moscou tendiam a ver Stalin como um oráculo distribuindo sabedoria. Interlocutores se espantavam com seu conhecimento, deslumbravam-se com a simplicidade do seu estilo de vida e ficavam impressionados com os modos brandos daquele "amigo do povo".[3]

O chefão tinha como certo que os comunistas de outros países o consultariam pessoalmente nas questões de importância. O papel que preferia desempenhar era o de benfeitor que tentava seus clientes estrangeiros com demonstrações de opulência e férias suntuosas. Os comunistas que chegavam esperavam o melhor e adoravam ser mimados. Os altos escalões do partido polonês, por exemplo, arranjaram tempo entre suas obrigações de governo, em setembro de 1946, para férias faustosas com a família em Livadia, perto de Ialta, no mar Negro. Os soviéticos os levaram para lá de avião e os receberam com canapés frios, frutas e refrigerantes. Uma guarda de honra os escoltou até seus amplos e luxuosos aposentos. O local era o mesmo em que os Três Grandes anteriormente haviam se reunido. Nada foi economizado, em especial no tocante às provisões; "produtos perecíveis, iguarias e bebidas" vinham diariamente de avião da distante Moscou.[4]

A argumentação dos líderes comunistas era que os privilégios se mostravam necessários para assegurar seu bem-estar, para ajudá-los a fazer o melhor trabalho possível na condução das respectivas nações. Foi esta precisamente a explicação oferecida pelos porcos dirigentes na famosa parábola de George Orwell, *A revolução dos bichos*, escrita em 1943, antes que qualquer desses eventos ocorresse. A história foi inspirada naquilo que o escritor inglês viu enquanto combatia ao lado dos vermelhos na Guerra Civil Espanhola em 1936-37 e no que leu sobre a União Soviética.[5]

Como os porcos de Orwell, os clientes de Stalin eram egocêntricos e exigentes. Na verdade, Stalin não podia continuar administrando-os individualmente e concluiu que algum tipo de organização internacional poderia prover melhores maneiras de exercer o controle. Já nos meados de abril de 1945, ele mencionara a Tito a ideia de criação de um novo órgão internacional e dera a pista para outros visitantes, de tempos em tempos, que Tito desejava alguma coisa parecida com a antiga Internacional Comunista, mas invariavelmente acrescentava que tal organização não passava de remota possibilidade. Em março de 1946, falou a respeito do assunto com o líder do partido húngaro Mátyás Rákosi, e a ele voltou em diversas oportunidades em maio e junho, quando iugoslavos e búlgaros, em busca de ajuda soviética, foram visitá-lo.[6] Certa noite — e aparentemente do nada — ele começou a menosprezar o velho Comintern, deixando constrangido seu ex-presidente Gueorgui Dimitrov, que estava presente, então tentou persuadir este último a dizer que seria útil a criação de uma nova Internacional, e mais, que ela deveria ser presidida por Tito. Ninguém ousou morder a isca.

Os eventos que tinham abalado o mundo comunista, como os insucessos na França e Itália, assim como a existência de forças nacionalistas centrífugas que podiam esfrangalhar o movimento, tornavam ainda mais urgente a necessidade de uma "mensagem ideológica unificadora".[7] No fim da primavera de 1947, Stalin instilou a noção de um órgão internacional em Władysław Gomułka, líder polonês de pensamento bastante independente, dizendo que os objetivos de um Bureau Comunista de Informação (ou Cominform) seria publicar uma revista informativa, e que os camaradas poloneses e outros a editariam. Nos últimos dias de julho, ele ajudou Gomułka a preparar a lista de convidados para uma conferência que incluiria os partidos comunistas da Iugoslávia, Tchecoslováquia, Bulgária, Hungria, Romênia, França e Itália. Stalin se mostrava disposto a criar um centro para coordenar as atividades dos partidos comunistas. Os convidados não receberam agenda, embora ele os tivesse deixado com a impressão de que trocariam informações e estabeleceriam uma espécie de boletim. Oficialmente, os poloneses eram os anfitriões da reunião ultrassecreta que teria lugar na pequena cidade de Szklarska Poręba, um resort de inverno.[8]

A abertura do evento ocorreu em 22 de setembro. Os discursos dos representantes soviéticos Gueorgui Malenkov e Andrei Jdanov demonstraram que, da perspectiva soviética, a Guerra Fria havia chegado. Malenkov repetiu a teoria de Stalin, afirmando que a "crise geral" do capitalismo havia levado à guerra e que, com a eliminação dos seus concorrentes, os Estados Unidos partiram para um expansionismo que "objetivava estabelecer a dominação do mundo."

Segundo Malenkov, a União Soviética e a Europa Oriental assumiram a tarefa de "minar o imperialismo" e "garantir uma paz democrática". O período de rivalidade com os Estados Unidos seria longo, e a União Soviética estaria sempre pronta a apoiar "seus aliados verdadeiramente reais". Desde o fim do Comintern em 1943, contudo, os laços entre o Partido Comunista Soviético e os outros não vinham sendo "adequados ou satisfatórios". Com palavras que podiam ter saído da boca de Stalin, Malenkov observou que, enquanto os Estados Unidos usavam a ajuda como disfarce para escravizar a Europa, "temos que dar passos definitivos" a fim de cooperarmos com mais proximidade.[9]

Andrei Jdanov, o ponta de lança na batalha ideológica de Stalin contra todos os desvios da linha do partido dentro de casa, pronunciou o discurso principal no segundo dia. Sua mensagem militante foi que os imperialistas Estados Unidos, Grã-Bretanha e França "esperaram" que a Alemanha e o Japão enfraquecessem ou mesmo derrotassem a União Soviética na última guerra. Isso não aconteceu, afirmou, e na esteira do conflito tinham surgido "dois campos"; um deles era "o imperialista e antidemocrático" — a saber, os americanos e seus aliados — e o outro era o dos comunistas, ou o campo "anti-imperialista e democrático". Os suportes principais deste último eram "a URSS e os países da nova democracia". Jdanov afiançou que, enquanto a Doutrina Truman tinha tentado aterrorizar os comunistas até a submissão, o Plano Marshall vinha agora "seduzir" e cegar com promessas de assistência. A União Soviética recusara participação porque, se concordasse, teria dado ao programa um verniz de legitimidade e, por conseguinte, tornado mais fácil para os Estados Unidos atrair os europeus orientais para a cilada denominada "restauração econômica da Europa com ajuda americana".

Jdanov admitiu que os dias do antigo Comintern haviam acabado. Fora providência certa dissolvê-lo em 1943, embora alguns camaradas concluíssem, equivocadamente, que todos os vínculos entre os partidos estivessem rompidos. Agora, mais do que nunca, eram "necessárias consultas e coordenação voluntária de ações entre os diversos partidos". A ausência de conexões poderia conduzir aos mais "graves erros".[10]

FRACASSOS STALINISTAS: IUGOSLÁVIA E ALEMANHA 367

Os soviéticos então instaram os iugoslavos presentes a atacar os equívocos dos partidos francês e italiano, ambos afastados do governo apenas meses antes. Milovan Djilas e Edvard Kardelj foram pródigos em críticas. O principal argumento dos dois foi que "ilusões parlamentaristas" haviam levado ambos partidos a acreditar que poderiam chegar ao poder por meio do voto.[11] Na realidade, fora isso que Stalin os instruíra a fazer, mas ele e os iugoslavos agora pensavam de maneira diferente. Franceses e italianos foram praticamente ordenados a se engajar em táticas mais revolucionárias. De fato, ambos tentaram em seu retorno para casa, porém debalde, porque a grande maioria já tinha dado as costas ao comunismo.

A reunião também abordou o tema das variações nacionais no "caminho para o socialismo". Aconteceu que quase todos fora da União Soviética acreditavam que suas nações eram especiais e poderiam encontrar caminho próprio. Para Stalin, tal ideia não era mais aceitável, mas ele pinçou um curioso convidado para aquele tipo de encontro na figura de Władisław Gomułka, cujas primeiras observações chocaram quando ele realçou com orgulho "o caminho pacífico dos poloneses para as mudanças sociais e a revolução na Polônia".[12] Disfarçando o terror e a intimidação que os comunistas haviam empregado na Polônia, concluiu que a revolução lá fora legítima e sem sangue. Além da inexatidão, Gomułka se mostrou então totalmente fora de sintonia com o Kremlin. A teoria dos caminhos nacionais para o socialismo já havia sido modificada.

Os dias de Gomułka estavam contados por ser contra a "excessiva padronização" imposta pela União Soviética. O ataque contra o oposicionista Partido Camponês Polonês (*Polskie Stronnictwo Ludowe*, PSL) já vinha acontecendo mesmo enquanto ele discursava na reunião de fundação do Cominform, em setembro de 1947. Apenas um mês depois, começou para valer a eliminação da oposição na Polônia quando o vice-primeiro-ministro e líder do PSL Stanisław Mikołajczyk fora alertado sobre iminente prisão e fugira do país. Apesar de, formalmente, Stalin tolerar variações nacionais e governos de coalizão, precocemente deu apoio a seguidores radicais na Polônia que derrubariam Gomułka, em meados de 1948, por estar no "lado errado" da linha do partido. Pelo fim do ano, tinha sumido o último partido de oposição, e os comunistas conseguiam monopólio completo.[13] O mesmo foi mais ou menos verdade em toda a Europa Oriental.

FRACASSO DE STALIN COM A IUGOSLÁVIA

A Iugoslávia estava se transformando num problema na percepção do líder soviético e foi em parte por causa dela que Stalin forçou a criação do Cominform. Embora a Iugoslávia apoiasse a nova organização, Tito não compareceu à grande cerimônia de fundação; enviou Milovan Djilas e Edvard Kardelj como representantes. Por trás da aparente personalidade gregária de Tito, de sua tolerância, e até mesmo de suas demonstrações de ostentosa riqueza, pelo menos para os líderes do partido ele representava os comunistas e os objetivos revolucionários. Também tinha ambições territoriais de criar uma federação mais ampla do que aquela que governava. Em janeiro de 1945, iugoslavos em visita a Moscou mencionaram os interesses de sua nação na Albânia, partes da Grécia, Hungria, Áustria, Romênia e Bulgária. Apesar de, na ocasião, o Ocidente tender a culpar Stalin pelas aspirações de Tito, o líder soviético se inclinava fortemente por manter os iugoslavos em rédea curta. Considerava absurdas suas visões de ligação com vizinhos balcânicos e achava perigoso para suas delicadas relações pós-guerra com o Ocidente tão vastas demandas territoriais.[14]

Tito visitou Moscou em maio de 1946 para buscar ajuda. Seu partido iugoslavo era radical, pois em apenas seis meses nacionalizara 90% da indústria do país. Não obstante, a nação era pobre e a economia, subdesenvolvida.[15] Ele julgava que a ajuda dos EUA, caso a conseguisse, viria com exigências de "concessões políticas" — presumivelmente iniciativas na direção da democracia liberal. Tito chegou a falar na criação de uma federação iugoslava com a Albânia, algo que, afirmou, o líder albanês Enver Hoxha também apoiava. Stalin não respondeu diretamente, embora ficasse especulando por que Hoxha insistia em visitar Moscou para discussões, se não existiam assuntos prementes.[16]

Quando outro grupo de dignitários iugoslavos liderado por Milovan Djilas visitou a URSS em dezembro de 1947, o assunto Albânia veio à baila de novo e Stalin disse que alguns camaradas daquele país eram aparentemente contrários à unificação com a Iugoslávia. Djilas quis esclarecer um particular, mas Stalin o cortou, dizendo: "Não temos interesse especial na Albânia. Concordamos que a Iugoslávia engula a Albânia."[17]

Djilas ficou espantado com a grosseria, que soou como se a Iugoslávia fosse imperialista. Afirmou que não desejavam "engolir" a Albânia, e

FRACASSOS STALINISTAS: IUGOSLÁVIA E ALEMANHA 369

sim procurar relações amistosas. Molotov interveio: "Mas isso é engolir." O que assustou Djilas foi que Stalin, enquanto falava, colocou os dedos nos lábios e imitou o gesto de abocanhar um naco de alimento. E então repetiu: "Sim, sim, engolir. Mas concordamos que vocês devam engolir a Albânia — quanto mais cedo, melhor." E fez novamente o gesto com seus dedos como se mastigasse um pequeno país.[18] Ele praticava jogos imperiais e o que o incomodava mais era que Iugoslávia e Albânia formassem uma federação sem consultá-lo.

Quando os iugoslavos procuraram ajuda econômica de Moscou, descobriram que não conseguiriam coisa alguma de graça — nem mesmo a entrega de propriedade roubada durante a guerra que acabara na URSS. Anastas Mikoyan, um dos principais negociadores soviéticos, disse abruptamente a uma delegação iugoslava: "Negócio é negócio. Não estou aqui para distribuir presentes e sim para conduzir uma negociação comercial."[19] Dessa forma, quando os soviéticos criaram empresas de estoque compartilhado com seus aliados, ao menos foi isso que disseram os iugoslavos, invariavelmente eles barganharam duramente, tentando conquistar monopólios e maiores lucros. Negociações subsequentes revelaram que Moscou desejava importar matérias-primas da Iugoslávia e vender produtos manufaturados de volta para aquela nação, transformando-a em uma colônia dependente, exatamente como o Kremlin tentaria fazer mais tarde com a China comunista.[20]

No início de 1948, Tito propôs o envio de uma divisão de suas tropas para a Albânia, supostamente para protegê-la de um ataque da Grécia. Stalin ficou furioso, quase apoplético, quando o líder búlgaro, o outrora camarada íntimo Dimitrov, sugeriu por iniciativa própria a criação de uma federação balcânica que, no final, poderia incluir Bulgária, Iugoslávia, Hungria, Tchecoslováquia, Romênia, Polônia e talvez até a Grécia. Na ocasião, Dimitrov se encontrava em Bucareste fazendo visita de cortesia e respondeu especulativamente a uma pergunta de jornalista. Ele agira não só sem a bênção do Kremlin como também a vasta federação que propunha não fazia menção à URSS.

Em Moscou, o *Pravda* imediatamente publicou objeções oficiais e Stalin convocou líderes iugoslavos e búlgaros à sede do poder. Reuniu-se com eles em 10 de fevereiro de 1948. Outra vez esperava-se que Tito comparecesse, porém, temendo pela vida, ele enviou camaradas em seu lugar.[21] Molotov abriu com calma as discussões dizendo que era inaceitável Dimitrov ter apresentado e assinado um tratado de unificação entre Bulgária e Iugoslávia — e outros, como a Grécia — sem informar à União Soviética. Então, Stalin, incapaz de ficar sentado por mais tempo, começou o ataque. Ele não iria tolerar as "democracias populares" desenvolvendo relações entre si ao seu bel-prazer. O idoso e adoentado Dimitrov tentou se defender, afirmando que a Bulgária enfrentava dificuldades econômicas e precisava aprender a colaborar mais estreitamente com os vizinhos. Apesar de ter sido antes chefe do Comintern, ele era agora líder de seu próprio país e tinha responsabilidades.

Stalin fez a pior interpretação possível dos motivos de Dimitrov: "Você está querendo brilhar de originalidade. Isto é completamente equivocado porque tal federação é inconcebível. Que vínculo histórico existe entre Bulgária e Romênia? Nenhum!" E continuou atacando, ao passo que Dimitrov se submetia humildemente, dizendo "Estamos aprendendo a lidar com política externa". O chefe zombou da maneira com que o líder búlgaro "jogava com as palavras como uma mulher das ruas!" "Aprendendo?", vociferou "Você está na política há cinquenta anos e ainda fala em aprender!" Não se tratava de corrigir este ou aquele erro. Só existia um caminho certo, uma concepção correta do que tinha que ser feito, e este era o de Stalin. Quem tivesse opinião diferente estava errado.

O lado brutal do mestre aparecia enquanto a majestade desvanecia. Destacava-se agora o regente imperial ameaçando seus vassalos, afirmando que a união proposta era estúpida, incorreta e, pior que tudo, até "antimarxista". Repreendeu Dimitrov como se ele fosse um colegial desviado do bom caminho, dizendo-lhe: "Você se precipita tentando maravilhar o mundo, como se ainda fosse chefe do Comintern. Você e os iugoslavos não deixam ninguém saber o que estão fazendo, e temos que tomar conhecimento perguntando pelas ruas!"[22]

Então ele propôs diversas outras federações, insistindo que uma delas poderia ser feita no dia seguinte entre Iugoslávia e Bulgária, e talvez ambas com a Albânia. Aquela foi pelo menos a terceira vez que mudou de ideia sobre a matéria. Os iugoslavos se convenceram de que o líder desejava enfraquecê--los ao ligar seu país à Bulgária. Não disseram nada e permaneceram em Moscou por diversos dias, até que Edvard Kardelj foi acordado às três da madrugada e conduzido ao Kremlin. Molotov empurrou um documento à sua frente e só lhe disse, "Assine isto!" Era uma dos tratados de amizade que Moscou havia trabalhado com os satélites como Polônia e Tchecoslováquia.[23]

O que perturbava Stalin era que aqueles discípulos não seguiam o que considerava o "procedimento normal" de consultar-lhe. No entanto, seus surtos emocionais mostravam que percebia a fragilidade do Império Vermelho no qual havia investido tanta energia para erigir. Na realidade, o império desmoronava antes que o cimento secasse.[24]

Nem se passou um mês antes que Tito e seus camaradas rejeitassem a federação com a Bulgária porque julgaram que o Kremlin desejava usá-la para solapar o caminho da Iugoslávia para o socialismo. Eles então cometeram mais pecados ao pressionarem a Albânia a aceitar a fusão e a permitir a entrada de tropas. Tito também proporcionou ajuda aos comunistas na Grécia, enquanto a URSS recomendava mais cautela naquele país.

A partir de então, Stalin começou uma guerra de papel contra Tito em Belgrado. Lançou o primeiro míssil em 18 de março sob a forma de uma carta do Comitê Central soviético — entregue em mãos a Tito por um oficial do NKVD para intimidá-lo. A missiva continha longo catálogo de alegadas ações inamistosas da Iugoslávia em relação à URSS. Para firmar posição, Moscou ordenou o retorno de todos os assessores civis e militares soviéticos. O Comitê Central iugoslavo solicitou uma explanação mais clara sobre o que estava errado e, em 27 de março, recebeu como resposta uma autêntica bomba. O partido soviético (Stalin) duvidava da legalidade do regime de Tito, rotulava seu marxismo como oportunista e revisionista e arrematava comparando Tito ao desacreditado Nikolai Bukharin e até mesmo a Leon Trotski. Foi mais longe ao acusar os iugoslavos de considerarem a URSS uma potência imperialista, como se ela fosse os Estados Unidos.[25]

Stalin então aumentou as apostas, se bem que não chegou a ameaçar com boicote ou invasão. Em vez disso, decidiu combater na arena da ideologia comunista valendo-se de sua posição no topo do movimento marxista.

O RACHA COM A IUGOSLÁVIA E SUAS DECORRÊNCIAS

Com a finalidade de proferir um julgamento sobre Tito, o Kremlin mobilizou os partidos no Cominform para outra sessão em 1948 e tentou atrair os iugoslavos para que comparecessem. Seus dois estadistas de renome,

Milovan Djilas e Edvard Kardelj, haviam brilhado no encontro anterior, mas nos anos seguintes a atitude de Stalin em relação a eles mudou. Por conseguinte, os dois declinaram educadamente o convite. Uma ordem de Stalin-Molotov de 22 de maio determinou a presença de ambos. Seus termos observavam categoricamente que "cada partido tem a obrigação moral de prestar contas" ao Cominform. A recusa em fazê-lo seria considerada "afastamento da frente socialista unificada de democracias populares com a União Soviética" e "traição à causa da solidariedade internacional do povo trabalhador".[26]

A segunda conferência do Cominform, de 19 a 23 de junho de 1948, centrou-se nessa acusação de "traição". Andrei Jdanov, novamente o orador principal, repassou todas as alegações, grandes e pequenas, teóricas e práticas. Os líderes comunistas iugoslavos — assim foi definida uma das mais sérias acusações — identificaram a política externa da União Soviética com a das potências imperialistas "e se comportaram em relação à URSS da mesma maneira com que o fazem com os estados burgueses". Jdanov acusou-os de deixarem a estrada marxista-leninista e enveredarem para algum tipo de "partido nacionalista-kulak", com base na opinião de que os camponeses proporcionavam "as sólidas fundações do Estado iugoslavo". É claro que Lenin havia afiançado que apenas a classe trabalhadora poderia desempenhar tal papel de liderança. Além disso, Jdanov ridicularizou os iugoslavos por negarem que a luta de classes ficara mais aguda no período de transição do capitalismo para o socialismo, como Stalin vinha dizendo desde os anos 1920. Em vez de seguirem a doutrina, afirmou, Tito e seus camaradas alegavam que o capitalismo podia crescer pacificamente dentro do socialismo.

Jdanov condenou especificamente os líderes iugoslavos Tito, Kardelj, Djilas e Alexander Rancović, chefe da polícia secreta. O porta-voz de Stalin e, portanto, o próprio chefe, acreditava que dentro do partido iugoslavo existiam muitos que permaneceram fiéis ao marxismo-leninismo e à ideia da frente socialista unificada. A estratégia soviética era se ligar com esses "elementos sadios" e com eles trabalhar para a organização de um levante contra os líderes iugoslavos que não mudassem seus conceitos.[27]

Quase nada foi dito sobre o Plano Marshall, que estava nas primeiras páginas dos jornais naqueles dias. No seu lugar, os stalinistas se concentraram primordialmente nos erros ideológicos da Iugoslávia e em seus "desvios nacionalistas". Jdanov reivindicou o fato de proteger e fomentar a "solidariedade internacional da classe trabalhadora", quando, na realidade, se dispunha a impor rígida uniformidade ideológica e subordinação à URSS.

Contrariando os desejos de Stalin, o partido iugoslavo não se voltou contra Tito e os outros acusados. Então Stalin expulsou todo o partido do Cominform, uma medida plena de significação. Com aquele golpe, ele destruiu a sólida frente comunista que existia desde 1917. Irônico foi ser a Iugoslávia o alvo do castigo: Tito e seus camaradas haviam adotado a stalinização bem antes e com mais presteza do que todos os outros, tentando copiar o modelo soviético. Mesmo depois de lançados ao ostracismo, eles se tornaram mais stalinistas, já que aumentaram o terror e os expurgos contra os que então passaram a tachá-los de "cominformistas", isto é, os que acreditavam nos ditames de Stalin através do Cominform. Tito não demorou a prender milhares deles e enviá-los para campos especiais de concentração, o mais notório dos quais era Goli Otok, desolada ilha no Adriático.

Svetozar Stojanović, uma vez perseguido por Tito, estava correto ao dizer que a essência do Partido Comunista Iugoslavo "era a mesma tanto ao seguir obedientemente Stalin quanto ao se livrar de suas amarras!"[28] As repressões de Tito foram conhecidas no Ocidente e histórias ocasionais apareceram na imprensa de Nova York. Por exemplo, Ranković reportou nos anos 1950 que 11.130 "cominformistas" tinham sido presos em 1948 e que 4.089 deles ainda se encontravam sob custódia.[29]

Depois que Moscou baniu a Iugoslávia e a poeira assentou, Tito conduziu o país gradualmente para longe da economia do stalinismo. O sistema das fazendas coletivas não funcionava e, em outubro de 1950, ele foi compelido a solicitar ajuda dos Estados Unidos a fim de enfrentar o desastroso fracasso da safra. O presidente Truman concordou em ajudar e obteve aprovação do Congresso para proporcionar 50 milhões de dólares como auxílio de emergência para alimentação. Os contatos e transações comerciais com o Ocidente jamais transformaram a Iugoslávia numa democracia, porém, no alvorecer da Guerra Fria, ela parecia uma alternativa ligeiramente mais humana do que o stalinismo a pleno vapor.

Após a cisão com a Iugoslávia, Stalin inspirou ou ordenou expurgos por toda a Europa Oriental, como veremos no capítulo 20. A situação política na Alemanha era mais complexa e precária porque lá a confrontação Leste-Oeste era imediata, perigosa e repleta de implicações para a emergente Guerra Fria.

A BATALHA POLÍTICA PELA ALEMANHA

Em 1947-48, o curso da história alemã alcançou ponto de inflexão. Aquele país fora outrora a usina econômica da Europa e autoridades americanas argumentavam que suas três zonas ocidentais de ocupação deveriam então ser incluídas no Plano Marshall. Recursos financeiros eventuais eram emprestados, enquanto países como França e Grã-Bretanha recebiam mais dinheiro e créditos quase instantâneos.[30]

Os alemães estavam vivendo à base dos mercados de escambo e negro, e a ausência de uma moeda adequada era o maior obstáculo a ser sobrepujado para que o país pudesse ao menos dar o primeiro passo na estrada da recuperação. As quatro potências de ocupação não chegavam a acordo sobre o problema, muito menos para encontrar a solução. Mais uma vez, o Conselho de Ministros das Relações Exteriores, reunido em Londres em 23 de novembro de 1947, não conseguiu qualquer espécie de plano econômico para a Alemanha. A proposta do secretário Marshall para que eles ficassem reunidos "indefinidamente" foi uma surpresa para Molotov, que teria que ficar preparado para falar indefinidamente. A União Soviética não conseguia entender que os Estados Unidos e a Grã-Bretanha muito se inquietavam com a falta de cooperação soviética para alimentar o povo alemão, um fator que o Ocidente cada vez mais encarava como desastre humanitário próximo. Em face da constante obstrução da URSS, Marshall e o ministro britânico das Relações Exteriores Bevin instruíram os auxiliares na Alemanha a tentarem novamente convencer seus correspondentes soviéticos a aceitarem a possibilidade de, na eventualidade de fracasso nas conversações, Estados Unidos e Grã-Bretanha introduzirem nova moeda nas duas zonas.[31]

Stalin permaneceu convicto de que era possível ganhar a batalha política pela Alemanha e factível pressionar os Aliados ocidentais a deixarem a ocupada Berlim. No fim de 1947, os soviéticos, na surdina, começaram os preparativos para uma nova moeda alemã. Enquanto isso, em 15 de

FRACASSOS STALINISTAS: IUGOSLÁVIA E ALEMANHA

375

março de 1948, o ditador reuniu-se com seus especialistas em Alemanha, junto com Molotov, Jdanov, Beria e outros. Eles decidiram apertar lentamente as artérias de trânsito do Oeste para Berlim, cidade localizadada bem no interior da zona soviética de ocupação e necessitada de um fluxo permanente de alimentos para sobreviver. Segundo acordos previamente acertados entre os vitoriosos, os Aliados ocidentais tinham permissão para utilizar apenas determinadas rodovias, ferrovias e canais para chegar à capital. Em meados de março, oficiais do Exército Vermelho começaram a realizar inspeções aleatórias e retardaram consideravelmente o tráfego nas duas direções.[32]

Quando Stalin se reuniu com uma delegação alemã chefiada por Wilhelm Pieck, do SED, em 26 de março, ele ainda não havia decidido forçar a questão. Pieck gabou-se dos sucessos políticos domésticos do SED, mas observou que em Berlim ele enfrentava contrapropaganda particularmente poderosa. Quando disse que ficaria feliz no dia em que os Aliados fossem expulsos, Stalin o interrompeu: "Vamos juntar forças e talvez sejamos bem-sucedidos". Sem dizer mais coisa alguma sobre o tópico, passaram ao assunto seguinte.[33]

Em função de tudo isso, a confrontação Leste-Oeste logo se manifestaria em torno da delicada questão da nova moeda para a Alemanha. Em meados de maio de 1948, uma comissão especial liderada por Molotov trabalhou sobre medidas de implementação da troca do antigo marco por um novo. Entretanto, nem em julho nem em agosto ficou pronta a impressão das novas notas bancárias.[34] Ao mesmo tempo, Estados Unidos e Grã-Bretanha, tendo esgotado todas as tentativas de trabalharem com os soviéticos em março, decidiram ir em frente e aprontaram a nova moeda em 1º de junho. Depois de curto retardo, a França finalmente concordou em se aliar às duas outras zonas e, juntas, em 17 de junho, as três nações informaram às autoridades soviéticas sua decisão de introduzir a nova moeda três dias depois.[35]

Tal providência relativamente simples deflagrou a história do "milagre econômico" alemão, pois, da noite para o dia, os alimentos e outros artigos apareceram "milagrosamente" nas prateleiras. Na realidade, a recuperação econômica da Alemanha necessitou de mais tempo e esforço, mas a adoção da nova moeda trouxe a restauração da esperança.

O aparente "choque" dos soviéticos teve a intenção de reforçar a sensação de que eles reagiam defensivamente. Seus jornais publicaram histórias sobre a hipocrisia das potências ocidentais e asseveraram que elas e seus cúmplices alemães jamais quiseram, de fato, uma moeda comum, que apenas a URSS era favorável à "Alemanha inteira".[36] Na verdade, os soviéticos preferiram não lançar a nova moeda principalmente por relutarem em assumir o risco de serem acusados pela divisão do país. Moscou desejava parecer o advogado único da unidade, linha na qual vinha trabalhando havia anos.

Os soviéticos ameaçaram medidas adicionais contra o uso da nova moeda em Berlim. Já em abril, interromperam o fluxo regular de trens de passageiros que entravam e saíam da cidade e, em 24 de junho, todo o tráfego ferroviário foi barrado "por razões técnicas". Por volta de 4 de agosto, entrou em vigor o bloqueio de todas as rotas terrestres e marítimas.[37] Para Stalin, nada disso deveria ter acontecido. Ele previra mais discussões até que as potências ocidentais cedessem. Em vez disso, os "capitalistas" deram início ao que se transformou na heroica ponte aérea de Berlim (*Berlin Airlift*), normalmente registrada como ocorrida de 24 de junho de 1948 a 12 de maio de 1949. Aviões da RAF e da USAF, com pilotos também do Canadá, Austrália, Nova Zelândia e África do Sul transportaram tudo que uma cidade com 2 milhões de habitantes, ou perto disso, precisava.

O bloqueio de Berlim foi um dos piores pesadelos de Stalin. De acordo com o embaixador dos EUA, Robert Murphy, que estava lá, o efeito realmente surpreendente da ponte aérea foi que "o povo americano, pela primeira vez em sua história, constituiu uma aliança virtual com o povo alemão". Poucos anos antes, tal resultado teria sido impensável.[38]

Em 9 de março de 1949, Molotov tornou-se o bode expiatório daquele fracasso e de outros, sendo exonerado de suas funções de ministro das Relações Exteriores.[39] Foi substituído por seu vice Andrei Vishinski, diplomata competente, notório por seu papel como promotor-geral nos grandes julgamentos-show dos anos 1930. Molotov foi mantido por perto e também culpado quando as três zonas ocidentais formaram a República Federal Alemã (RFA) em 23 de maio de 1949. Moscou ordinariamente reagiu criando a República Democrática Alemã (RDA) em 7 de outubro. Os dois novos países permaneceriam na linha de frente da Guerra Fria até que o Muro de Berlim (construído em 1961) finalmente foi derrubado em 1989. A maioria dos alemães dos dois lados se adaptou com resignação e compostura à divisão de seu país.

Foi a ponte aérea de Berlim de 1948-49 que escancarou a Guerra Fria. A União Soviética havia dado ao mundo um horrendo sinal e, de uma hora para outra, o regime stalinista mais do que nunca passou a ser visto como importante ameaça à liberdade. Ao mesmo tempo, os Estados Unidos emergiram como os cavaleiros nobres — ao menos ante os olhos dos não comunistas. Um observador que viveu esse período escreve que, até o bloqueio de Berlim, as potências ocidentais vinham raciocinando que sua missão na Alemanha era evitar que ela se tornasse um perigo de novo. Isso mudou quando a determinação dos berlinenses em lutar por sua liberdade as impressionou.[40]

As ações soviéticas sobre Berlim abalaram o senso de segurança da maioria dos europeus ocidentais. Pouco depois, os países do Benelux, bem como Dinamarca, Noruega e Itália, optaram por se filiar à aliança do Atlântico Norte, que foi negociada precisamente durante a ponte aérea de Berlim. O tratado, assinado em 4 de abril de 1949, na realidade chegou ao compromisso de os Estados Unidos defenderem a Europa Ocidental. Em junho de 1950, quando os comunistas invadiram a Coreia do Sul, fixou-se a imagem da União Soviética como a grande inimiga da liberdade. Todos esses acontecimentos foram precisamente aqueles que os líderes soviéticos esperaram evitar.

Para se recuperarem e jogar o Ocidente na defensiva, Stalin e seus camaradas redobraram os esforços para apresentarem a União Soviética como a líder de uma grande luta pela paz. Sempre alertas para as possibilidades de ampliarem a base do mundo comunista, julgaram especialmente oportuno a atração dos alemães da nova RDA e recebê-los como aliados e camaradas. Stalin proclamou que, em conjunto, eles impossibilitariam que os "imperialistas mundiais" escravizassem a Europa ou lá provocassem outra guerra.[41]

Uma extensão desta tática envolveu um jogo duplo complexo pelo qual os soviéticos fariam parecer que as medidas na Alemanha eram reações à agressão ocidental. A trama aparentemente começou em fevereiro de 1951, quando Walter Ulbricht, secretário-geral do SED, mencionou a autoridades soviéticas que talvez fosse politicamente útil a Moscou propor a reunificação da Alemanha e sua conversão numa zona neutra. Os anglo-americanos e franceses rejeitariam a sugestão, acreditavam eles, porque ela representaria deslocar as defesas ocidentais para fora da Alemanha.

O Kremlin achou promissora a proposta de Ulbricht e a refinou bastante. O cenário começou a se desdobrar quando, em 15 de setembro, Otto Grotewohl, o primeiro-ministro da RDA, enviou proposta ao chanceler da RFA, Konrad Adenauer, para que fossem realizadas "eleições livres" em toda a Alemanha com o objetivo de criar nova instituição com poderes para negociar um acordo de paz com as quatro potências de ocupação. Embora Adenauer solicitasse, repetidamente, esclarecimentos sobre os procedimentos eleitorais, Grotewohl se mostrou evasivo e rejeitou ter as Nações Unidas como supervisora das eleições.

Então, em 13 de fevereiro de 1952, após extensas consultas a Stalin, os líderes da Alemanha Oriental escreveram às quatro potências de ocupação solicitando que acelerassem a conclusão de um tratado de paz e a retirada de todas as tropas. Como esperado, só Moscou respondeu. Em 10 de março, uma nota em nome de Stalin foi enviada às três outras potências com o pedido de que elas organizassem uma conferência de paz. Ademais, os países que haviam participado da guerra contra a Alemanha seriam convidados. Para orientar os debates, Stalin incluiu seus próprios "Princípios para um Tratado de Paz Alemão". Como agora sabemos, estes princípios tinham sido formulados como uma série de movimentos do xadrez para garantir que o Ocidente inevitavelmente os rejeitasse.[42]

Por trás da aparente simplicidade da nota se escondia uma montanha de complicações — não a menor delas, a história das frustrações ocidentais desde 1945 na tentativa de negociar a paz com a URSS. Apesar de Stalin dizer que, no final, uma Alemanha unificada seria criada, ele não deu qualquer indício de como isso ocorreria. Por certo, a já existente República Federal Alemã teria que ser dissolvida. O então reunificado país, contudo, não participaria da conferência de paz e teria que aceitar o que os vitoriosos decidissem. A nota declarava também que a nova Alemanha teria que renunciar a todas as coalizões ou alianças militares que pudessem ser dirigidas a qualquer de seus ex-estados inimigos. Em decorrência desta cláusula, a Alemanha não poderia se juntar à Otan. Era tal possibilidade de participação na aliança que mais incomodava Stalin.

Sua nota foi publicada para aumentar a pressão política sobre o Ocidente e tornar irracional a esperada resposta negativa dos três outros países ocupantes. A rejeição seria ainda mais atraente porque a proposta fora arquitetada para atingir vasta audiência, em especial dentro da Alemanha.

Os Aliados ocidentais consultaram-se reciprocamente e decidiram por uma contraproposta. O britânico Anthony Eden sugeriu que os ministros das Relações Exteriores tentassem descobrir se o Kremlin falava sério e eles concordaram em focar na eleição de um Parlamento para toda a Alemanha. A resposta, minutada pelo secretário de Estado dos EUA, Dean Acheson, dizia que os Aliados ocidentais aceitavam a necessidade de um tratado de paz e que sua conclusão exigiria a criação de um governo que expressasse a vontade do povo. Para a garantia de que a eleição de um Parlamento para toda a Alemanha fosse justa, uma comissão da ONU seria solicitada a investigar toda a Alemanha a fim de verificar a existência de instalações adequadas. Permitiria a URSS que a ONU executasse essa missão em sua zona? Havia outras questões, porém a mais importante era que a nota soviética não indicara o status internacional da nova Alemanha. Os Aliados ocidentais sustentavam que o país deveria determinar sua própria política externa, inclusive entrando em associações "compatíveis com os princípios e propósitos da ONU".

Em 25 de março de 1952, essa resposta com palavras cuidadosamente escolhidas foi entregue ao ministro das Relações Exteriores, Andrei Vishinski, em Moscou. Acordado de antemão, americanos, britânicos e franceses decidiram que suas notas seriam idênticas, para evitar complicações desnecessárias.[43]

Qualquer eleição em toda a Alemanha, monitorada pela ONU para garantir imparcialidade, evidenciaria por certo a avassaladora maioria anticomunista no país. Stalin nunca aceitaria tal processo. Embora ele enviasse mais notas, a iniciativa não chegou a lugar algum. Não obstante, Stalin amealhou considerável "crédito" político em alguns setores, e então seguiu o caminho antes pretendido. A RDA seria rearmada e integrada ao sistema soviético de defesa, e Stalin fez bastante estardalhaço sobre a paz e a Alemanha unificada com a finalidade de aparentar que os aliados da Alemanha Oriental agiam defensivamente.[44]

Em 1º de abril, quando Stalin se reuniu com os líderes do SED, Pieck, Ulbricht e Otto Grotewohl, para conversações, na maior parte do tempo ele ouviu os problemas e respondeu de forma obscura. Entretanto, quando eles se encontraram de novo em 7 de abril, Stalin não deu chance aos outros e falou o tempo todo sobre o futuro. Para surpresa dos alemães, ele lhes informou que as chances de uma Alemanha reunificada eram zero porque, sem importar o que fosse proposto para um tratado de paz, as potências ocidentais jamais sairiam do país. Os Estados Unidos, afirmou, reivindicavam a necessidade de um exército na Europa para defesa contra a URSS, ainda que o real motivo deles fosse o estabelecimento de uma base militar "a fim de manter a Europa sob seu controle". A Alemanha Ocidental seria atraída para a Otan e as linhas demarcatórias das zonas na Alemanha se tornariam fronteiras. Por conseguinte, o SED precisaria organizar um novo Estado, construir uma forte barreira contra o Ocidente e fortalecer as forças armadas. Aconselhou-os também a darem pequenos passos no caminho para o socialismo. O SED teria que "mascarar" suas intenções. Por enquanto, deveriam "deixar seus kulaks sozinhos" e não "bradarem pelo socialismo", políticas que, assegurou Stalin, já os tinham ajudado nos seus esforços para "não assustar a classe média da Alemanha Ocidental".[45]

O assunto final apresentado a Stalin pelos visitantes veio de Otto Grotewohl, que ponderou se o SED deveria mudar sua política de clamar pela unificação da Alemanha, uma vez que o país se encontrava claramente mais dividido do que nunca. Stalin respondeu: "A propaganda pela unificação da Alemanha deve continuar. Ela tem grande importância na influência sobre o povo da Alemanha Ocidental. É agora uma arma em nossas mãos que, em circunstância alguma, vocês devem abrir mão. Também continuaremos fazendo propostas quanto à unificação do país para expor [as políticas] dos americanos."[46]

Stalin estava em seu último ano de vida e, como veremos, tendia a se tornar mais irracional e imprevisível no front doméstico. Em política externa, todavia, ele ainda podia parecer como oráculo e intermediador de poder. O conselho sagaz que ofereceu, em pormenores que adorava, aos visitantes alemães sobre como construir o socialismo foi imediatamente traduzido em políticas quando eles voltaram para casa. No entanto, o tom altissonante e a posição privilegiada de Stalin não puderam esconder a dura realidade de que seus esforços para alastrar o Império Vermelho tinham chegado ao limite. O ímpeto que outrora impulsionara o comunismo e que fizera seu avanço parecer inevitável estava perdido e nunca mais seria retomado. Além do mais, o fracasso em manter a Iugoslávia no campo oriental mostrou que o Kremlin era incapaz de controlar até os regimes autoproclamados comunistas.

Na Ásia, movimentos de certa forma similares se desenrolaram ao mesmo tempo em que essas derrotas na Europa tiveram lugar. A União Soviética havia se tornado potência asiática importante ao fim da Segunda Guerra Mundial, e existiam excelentes perspectivas para espalhar seu credo por aquele continente, bem melhores do que Stalin poderia imaginar. Mas ele de novo meteria os pés pelas mãos, calcularia mal as opções e criaria situações como a que culminou na Guerra da Coreia. É para tal história que nos voltaremos agora.

19

O olhar para a Ásia a partir do Kremlin

Em 1945, os Aliados dividiram a península coreana ao longo do paralelo 38. Autoridades soviéticas no norte adotaram, por breve período, a estratégia de governar através de uma "frente nacional" de partidos de coalizão. Todavia, em fevereiro de 1946, eles fomentaram um novo Comitê Provisório Popular, núcleo do futuro Estado da Coreia do Norte. Kim Il-sung, ex-oficial do Exército Vermelho, foi feito presidente do comitê e, a despeito da ausência de apoio popular, junto de seu pequeno grupo de seguidores, suplantou seus camaradas europeus na introdução do comunismo e criou a primeira "democracia popular" na Ásia.[1]

Ao sul do paralelo 38, os Estados Unidos instalaram no poder Syngman Rhee, que, depois das eleições de 1948, formou a nova República da Coreia (ROK). No norte, Kim reagiu prontamente com a fundação da República Democrática Popular da Coreia. Apesar da partida dos soviéticos por volta de dezembro, eles deixaram para trás milhares de assessores. As forças dos EUA deveriam também sair, mas retardaram a ação até junho de 1949 devido às preocupações com um possível ataque contra a vulnerável ROK.

Stalin se achava bastante envolvido e preocupado com a Ásia em geral e a China em particular. Instruiu os assessores e diplomatas soviéticos a mandarem as correspondências diretamente para sua mesa no Kremlin. Ivan Kovalev, enviado-chefe da URSS à China, lembrou-se de que o chefe

384 A MALDIÇÃO DE STALIN

desejava lidar até com os assuntos mais corriqueiros. Já em maio de 1948, os dois conversavam sobre ajuda à revolução chinesa.

Stalin falou a Kovalev sobre a imensa importância que conferia à oferta "à nova China de toda possível assistência. Se o socialismo é vitorioso na China e nossos países seguem um único caminho, então a vitória do socialismo no mundo estará praticamente garantida. Nada nos ameaçará". Em função dessa perspectiva ideológica, a questão tornou-se como desenvolver cooperação mútua. Em julho de 1949, Kovalev estava presente à reunião do Politburo soviético em companhia de importante visitante chinês, Liu Shaoqi. Stalin, embevecido com seu papel de figura paternal, exaltou o crescente sucesso dos chineses enquanto os alertava para os riscos de se tornarem arrogantes demais. O "movimento revolucionário mudou-se do Oeste para o Leste", disse ele, e "os comunistas chineses tinham que assumir posição de liderança entre os povos do leste asiático".[2]

Em outubro de 1949, Mao Tsé-tung liderou os comunistas para a vitória na China e conduziu um quarto da população do globo para a irmandade vermelha. A Coreia do Norte, que partilhava fronteira com a URSS, estava bem posicionada para acompanhar a China; ela fora libertada pelo Exército Vermelho em 1945 e ocupada pelos soviéticos desde então. Com o crescente apoio ao comunismo em toda a Ásia, o que aconteceria na Coreia era questão que deveria ser engendrada no Kremlin. De fato, Stalin foi tentado pela perspectiva de uma fácil vitória.

STALIN E OS COMUNISTAS DA ÁSIA

Embora Stalin estivesse satisfeito com a infiltração comunista na Ásia, ele se inquietava com a indesejável atenção que isso pudesse despertar no Ocidente. Aconselhou Mao a desacelerar os eventos na China e a disfarçar a tomada do poder pelos comunistas. Os chineses desconsideraram o alerta, assumiram o poder e, em 1º de outubro de 1949, proclamaram a fundação da República Popular da China. Depois disso, continuaram buscando a liderança de Moscou, e Stalin pessoalmente lhes assegurou que a URSS fosse a primeira entre as nações comunistas a reconhecer oficialmente o novo governo. Mas não considerou necessário enviar uma nota pessoal de congratulações a Mao, que tomou a negligência como

O OLHAR PARA A ÁSIA A PARTIR DO KREMLIN 385

"ofensa".[3] O que a nova China precisava então desesperadamente era de financiamentos e especialistas para ajudarem a transformar o país numa potência industrial e militar.

Durante meses, Mao vinha solicitando um convite para visita a Moscou e finalmente o conseguiu para as comemorações oficiais do septuagésimo aniversário de Stalin, em 21 de dezembro de 1949. O chefe o recebeu cinco dias antes da grande data e se mostrou reservado, ao passo que Mao estava disposto a se curvar e catar qualquer migalha do líder no Kremlin, determinado a fazer o que "fosse melhor para a causa comum" do comunismo.[4] O chinês expressou também seu agudo interesse em conhecer outros "heróis" que estavam em Moscou. Stalin, portando sua máscara imperial, tinha outras ideias e colocou Mao na geladeira, instalando-o numa remota dacha fora de Moscou.[5] Em 22 de janeiro, eles debateram um novo tratado entre os dois países e, numa demonstração de respeito pela autoridade de Stalin, Mao sugeriu que o acordo estipulasse a obrigação da China de "consultar" a União Soviética a respeito de questões internacionais.[6]

Mao pediu ao *glavnyi khozyain*, o "grande mestre", como frequentemente chamava Stalin, que recomendasse um editor bem versado em marxismo a fim de ajudá-lo a preparar artigos e discursos para publicação e evitar "que quaisquer enganos teóricos se infiltrassem nas ideias". No intoxicante mundo da ideologia comunista, tal pequeno gesto representava submissão tácita ao domínio de Stalin.[7]

Em 14 de fevereiro de 1950, os dois assinaram o Tratado Sino-Soviético de Amizade, Aliança e Assistência Mútua. A URSS garantiu um empréstimo de 300 milhões de dólares e, em troca, ganhou acesso exclusivo nas atividades "industriais, financeiras e comerciais" das grandes províncias da Manchúria e Xinjiang. O Kremlin insistiu, ainda mais, para que os cidadãos soviéticos na China ficassem isentos da aplicação das leis locais. Tais cláusulas aborreceram Mao, que por anos afirmava serem exigências assim prerrogativas do imperialismo.[8]

Também naquela ocasião outros líderes asiáticos procuraram o apoio de Stalin. Kim Il-sung escreveu-lhe propondo esforço militar para unificar as Coreias do Norte e do Sul e, em março de 1949, viajou a Moscou.[9] No entanto, naquela exata oportunidade a União Soviética achava-se envolvida no cada vez mais desconfortável problema do Bloqueio de Berlim, de modo que Stalin esquivou-se em dar suporte a uma aventura na Coreia.

Quando Kim propôs uma invasão, o chefe se opôs a ela, dizendo que seria uma violação do acordo entre URSS e EUA sobre a questão do paralelo 38. Apesar de as conversas serem principalmente sobre ajuda econômica, Stalin se mostrou também curioso quanto às forças militares no terreno das duas Coreias, com a iminente partida das últimas tropas americanas. Em maio, Kim visitou Mao, que também disse que o ataque ao sul poderia causar má impressão política. A China não teria condições de ajudar porque àquela altura ela ainda tentava ganhar sua própria guerra contra os nacionalistas.[10]

Kim Il-sung era o perfeito exemplo das relações centro-periféricas no império soviético através das quais a periferia, em certa medida, executava as decisões tomadas no centro. Em 17 de janeiro de 1950, e de volta a Pyongyang, Kim encontrou-se com o embaixador T.F. Shtykov e representantes chineses. Mencionou questões que, por certo, seriam reportadas a Moscou e mexeriam com a maior fraqueza de Stalin: ele precisava ser visto como líder sem rival no mundo comunista. O coreano disse a Shtykov que a revolução na China acabara de ser bem-sucedida e que a da Coreia seria a próxima. É evidente que ele não tomaria tal iniciativa se o líder soviético se opusesse a ela. Kim se denominava "um comunista e pessoa disciplinada", para quem uma ordem de Stalin era lei.[11]

No Vietnã, Ho Chi Minh havia se saído tão bem que, em 30 de janeiro de 1950, a URSS reconheceu formalmente o novo governo em Hanói.[12] Ho conhecia Moscou desde os anos 1920 e foi então levado para lá de avião a fim de conhecer o vitorioso Mao, que estava na capital soviética na ocasião, e os dois voltaram juntos para casa. Embora Stalin estivesse disposto a fazer gestos de respeito em relação ao Vietnã e se inclinasse por realizar mais ainda, relutou em proporcionar a ajuda militar e de outros tipos requeridas por Ho. Como já dissera aos camaradas chineses que o visitaram no verão de 1949, queria deixar sob responsabilidade deles "o papel de liderança nos movimentos revolucionários da Ásia". Não obstante, "achava-se no direito de determinar a forma das relações da República Popular da China com os Estados Unidos e com o Ocidente".[13]

O movimento comunista internacional deu mostras de progresso, malgrado o impasse na Alemanha, e Stalin então julgou que chegara a oportunidade de acelerar a cadência na Coreia. No mesmo dia de janeiro de 1950 em que a URSS reconheceu o Vietnã, o chefe do Kremlin enviou mais palavras encorajadoras a Kim Il-sung na Coreia. O líder soviético afirmou "que uma questão tão importante referente à Coreia do Sul" — isto é, sua invasão — requeria "grande preparação". Apesar disso, ele "estava pronto para ajudá-lo no problema" e teria o maior prazer em recebê-lo para discussões ulteriores. O convite era, na realidade, uma concordância em dar suporte para os ambiciosos planos da Coreia do Norte.[14] Embora Mao estivesse em Moscou, Stalin nada lhe disse sobre a crucial decisão, evidentemente ainda não confiando que o líder chinês seguiria sua liderança. Stalin já recusara duas vezes o apelo de Mao, repetido recentemente em sua visita a Moscou no fim de 1949, de ajuda soviética para a invasão de Formosa (Taiwan), com a finalidade de reunificar a China. Depois disso, o chefão do Kremlin supôs que Mao não concordaria com a decisão soviética de dar apoio aos planos da Coreia do Norte, a menos que tomasse ciência de certos fatos concretos.[15]

Kim ficou em Moscou de 30 de março até 25 de abril de 1950. Parecia cada vez mais seguro de que os Estados Unidos não interviriam porque, acreditava então, as duas grandes potências comunistas estariam por trás de suas ações. Jactava-se de que dezenas de milhares de simpatizantes se levantariam no Sul e se colocariam ao lado dos invasores. Stalin permitiu-se convencer por argumentos tão débeis.[16] A principal razão pela qual reconsiderou sua posição e deu luz verde a Kim na Coreia foi, disse ele, o recente sucesso da revolução chinesa e sua nova aliança com a URSS. Tal desenvolvimento também tinha importante efeito psicológico, porque "provava a força dos revolucionários asiáticos e mostrava a fraqueza dos reacionários daquele continente e de seus mentores no Ocidente — a América".

Asseverou para Kim, entretanto, que a URSS "não estava pronta para se envolver diretamente nas questões coreanas, em particular se os Estados Unidos se aventurassem a enviar tropas". Os dois puseram-se então a esmiuçar os detalhes da estratégia do assalto, com Stalin enfatizando a necessidade de velocidade. A atrevida previsão de Kim era de que "a guerra seria vencida em três dias". Os "americanos não teriam tempo de se preparar", e quando entendessem o que se passava, afiançou solenemente, "todo o povo coreano estaria dando entusiasmado apoio ao novo governo".[17]

Kim voou então diretamente para Beijing e se reuniu com Mao em 15 de maio. O líder chinês manifestou mais uma vez apreensão quanto à intervenção dos Estados Unidos, mas concordou, em parte porque Stalin havia embarcado na empreitada. De volta para casa, Kim manteve encontros com o embaixador soviético Shtykov. Em 29 de maio, eles concordaram que o ataque deveria ser efetuado em 8-10 de junho. Shtykov, como de hábito, notificou ao Kremlin para saber se podia ir em frente, e Stalin deu-lhe imediata aprovação. A Coreia do Norte, após uma retardo de duas semanas, deslanchou a invasão.[18]

STALIN E A GUERRA DA COREIA

No domingo, 25 de junho de 1950, John Muccio, embaixador dos EUA em Seul, reportou que, às seis da manhã daquele dia, a infantaria, tanques e unidades anfíbias norte-coreanos haviam cruzado o paralelo 38 numa "ofensiva geral". A mensagem, recebida em Washington no sábado, 24 de junho, às 21h26, desencadeou confusas atividades.[19] O secretário de Estado, Dean Acheson, em consulta com o presidente Truman, resolveu, com base em tal mensagem, apresentar uma resolução ao Conselho de Segurança da ONU. Uma nota do embaixador dos EUA em Moscou, Alan Kirk, chegou às 9h59 de 25 de junho declarando claramente que a invasão era "nítido desafio soviético", representava uma ameaça "à nossa liderança no mundo livre contra a agressão comunista soviética", e merecia "firme resposta".[20]

O Conselho de Segurança da ONU condenou a violação da paz e conclamou os norte-coreanos a se retirarem. A resolução foi aprovada por nove votos a favor e uma abstenção (Iugoslávia). Surpreendentemente ausente foi a URSS, cujo veto poderia barrar de imediato o caminho da resolução. Todavia, desde janeiro os soviéticos vinham boicotando a ONU em protesto pelo não reconhecimento da China.

Antes que o Conselho de Segurança se reunisse naquele domingo, Yakov Malik, embaixador da URSS nas Nações Unidas, passou cabograma a Moscou para pedir orientações. Stalin então telefonou para Andrei Gromiko, veterano diplomata e vice-ministro das Relações Exteriores. Gromiko declarou que o ministério preparara uma declaração sobre a Coreia e que Malik deveria estar na ONU para vetar qualquer ação proposta.[21]

Mais tarde, Gromiko recordou-se de que Stalin jamais deixou que as emoções determinassem seu comportamento — salvo naquele caso. Tal

O OLHAR PARA A ÁSIA A PARTIR DO KREMLIN

389

declaração é contrariada pela determinação de Stalin para que Malik não estivesse presente quando o Conselho de Segurança se reunisse novamente na terça-feira, 27 de junho. O embaixador soviético não estava lá para barrar a resolução da ONU que convocou membros "a proporcionarem assistência à República da Coreia que fosse necessária para repelir o ataque armado e restabelecer a paz internacional e a segurança na região". O governo Truman decidiu enviar tropas. Elas lutariam sob comando americano, mas desfraldariam a bandeira da ONU. Gromiko havia alertado para tal possibilidade, porém, mesmo assim, Malik ainda não se encontrava no Conselho de Segurança nos dias 7 e 31 de julho para vetar as resoluções que deram suporte à intervenção armada.[22]

Por anos os historiadores julgaram que Stalin cometeu um "erro", foi "inepto", "estúpido" ou "teimoso" ao manter seu embaixador longe da ONU. Na verdade, o líder soviético agiu com fria racionalidade, pois, como acabamos de ver, ele planejara a guerra na Coreia e explicitamente deu sua aprovação para o ataque.

Stalin queria a guerra, porém, decerto, não uma que envolvesse a URSS diretamente. O conflito armado seria oficialmente travado pelos norte-coreanos contra as Nações Unidas e, se houvesse complicações, também pelos chineses. Mais de duas dúzias de nações contribuíram para as forças da ONU, mas mais da metade era dos Estados Unidos. O objetivo dos soviéticos era colocar os americanos num "emaranhado" de hostilidades que "abalaria" seus "prestígio militar e autoridade moral". Foi isso que Stalin disse em nota de 27 de agosto para seus camaradas do Leste Europeu, e admitiu que a URSS havia deliberadamente se abstido de comparecer às reuniões do Conselho de Segurança. Quanto mais prolongada fosse a luta na Coreia, melhor, pensava ele, porque "desviaria a atenção dos Estados Unidos da Europa" e haveria "tempo para consolidar o socialismo".[23] Sem dúvida, a URSS tinha alguns interesses econômicos e de segurança na Coreia e na China, porém para Stalin, como quase sempre, os fatores decisivos eram políticos e ideológicos.[24]

Os invasores do norte empurraram para trás, sem cessar, os defensores do sul até que, em agosto, estes últimos se agarraram a posições defensivas em frente à cidade portuária de Pusan, bem ao sul da península. A impressão foi de que eles não tardariam a ser jogados no mar. Todavia, a ONU ainda possuía domínio completo do ar e, a cada dia, descarregava mais suprimentos e tropas descansadas. Não haveria vitória rápida para o norte nem sublevações revolucionárias no sul.

O general MacArthur optou por um contra-ataque ao estilo de Hollywood, um audacioso assalto anfíbio bem ao norte na costa ocidental da península, a 300 quilômetros de Pusan. Em 15 de setembro, a despeito de não ter uma praia adequada para fáceis desembarques, 70 mil soldados começaram a chegar ao litoral em Inchon e tomaram a cidade num só dia. Em duas semanas, as forças norte-coreanas estavam isoladas no sul. MacArthur era favorável a uma "perseguição incessante" das tropas inimigas que conseguiram escapar cruzando o paralelo 38 e todos em Washington concordaram. A nova missão era destruir as forças armadas da Coreia do Norte, mas não segui-las de modo algum caso elas atravessassem a fronteira de qualquer das vizinhas, URSS ou China.[25]

Em 29 de setembro, Kim e o líder comunista sul-coreano Pak Hon-yong escreveram a Stalin pedindo apoio soviético para conter o avanço de "forças hostis" prestes a cruzar o paralelo 38 e entrar na Coreia do Norte. "Caro camarada Stalin", dizia a nota, "estamos determinados a sobrepujar todas as dificuldades que enfrentamos, de modo que a Coreia não se torne uma colônia e um trampolim militar dos EUA imperialistas. Lutaremos pela independência, democracia e felicidade de nosso povo até a última gota de sangue."[26] Já em julho, o líder do Kremlin citara a probabilidade do envio de tropas chinesas para ajudar os norte-coreanos, e agora, em outubro, solicitava a Mao que enviasse imediatamente de cinco a seis divisões para cobrir a retirada.[27] O líder chinês decidiu que era a sua vez de participar do jogo político e deu uma resposta surpreendente: "Tendo estudado a questão em pormenores, consideramos agora que tais ações podem ter consequências extremamente graves", inclusive guerra contra os Estados Unidos.[28]

Stalin admitiu, numa resposta de arrepiar os cabelos, que mesmo que os americanos não estivessem ainda prontos para uma "grande guerra", eles podiam ser arrastados para uma. Isso faria com que a URSS entrasse também por causa do pacto de assistência mútua com a China. Em outras palavras, a Terceira Guerra Mundial era uma possibilidade. "Deveríamos temer isto?", perguntou Stalin e ele mesmo respondeu: "Em minha opinião, não, porque juntos seremos mais fortes do que EUA e Inglaterra, enquanto as outras potências capitalistas, sem a Alemanha, que está agora incapaci-

O OLHAR PARA A ÁSIA A PARTIR DO KREMLIN

tada de prover qualquer assistência aos Estados Unidos, não representam séria força militar."[29]

Mao anuiu em despachar até nove divisões, apesar de dizer que carecia de suficiente cobertura aérea e de artilharia, e solicitou, portanto, assistência soviética. Sua preferência era contar com a vantagem de 4:1 em recursos humanos e com a superioridade de 3:1 em equipamento técnico. As tropas chinesas seriam aprestadas e enviadas "dentro de algum tempo". Sua estratégia era "dar aos americanos uma chance de avançar mais profundamente no norte".[30]

Isso não soava como um compromisso particularmente forte e, em 12 de outubro, Stalin ordenou a Kim que começasse o recuo. No dia seguinte, entretanto, Mao escreveu para dizer que "apesar do insuficiente armamento das tropas chinesas", elas iriam "prestar assistência militar aos camaradas coreanos".[31] Em 18 de outubro, quando o Politburo chinês conferenciou sobre a decisão, Mao apresentou uma cabograma de Stalin: "O Velho" (*starik*) — isto é, Stalin — disse "temos que agir", e ninguém ousou se opor.[32]

Stalin e, em particular, Mao disfarçaram tão bem seus papéis decisivos que gerações de historiadores alegaram que a China foi meramente reativa e participou do combate apenas para defender sua segurança física após as forças da ONU cruzarem o paralelo 38.[33] A culpa pela guerra foi jogada sobre os Estados Unidos e a Coreia do Sul. Na realidade, a URSS havia dado luz verde para Kim Il-sung invadir o sul já em janeiro de 1950.[34] A URSS proporcionaria material bélico essencial por baixo dos panos. Mao e os chineses começaram os preparativos para o envolvimento em agosto, mais de um mês antes do desembarque em Inchon e do contra-ataque da ONU. O objetivo era claramente ir além de simples defesa da fronteira da Coreia do Norte e conseguir gloriosa vitória pela expulsão das forças da ONU da península coreana. Sem a ajuda soviética, as tropas chinesas e norte-coreanas teriam ficado incapacitadas de prosseguir no combate. O que incomodou Mao e o primeiro-ministro Chu En-lai foi que a URSS insistiu no pagamento dos suprimentos. Aos olhos chineses, a "mesquinharia" dos soviéticos os revelou como não "genuínos comunistas internacionalistas", e aquele comportamento serviu para aguçar o senso de superioridade de Mao.[35]

Depois do ataque ousado e bem-sucedido de MacArthur em Inchon, em setembro de 1950, as tropas da ONU foram concentradas no paralelo 38 e se prepararam para o avanço. Embora os Estados Unidos não desejassem escalar a guerra, Washington objetivava negociar a partir de posição de superioridade. O general MacArthur se mostrava impaciente para fazer alguma coisa e queria conduzir uma ofensiva para "dar fim à guerra".

O que ele não sabia era que a China decidira capitalizar sobre a crise na Coreia. Mao usava lemas antiamericanos para mobilizar apoio ao seu novo regime e, embora se queixasse da falta de cobertura aérea e de armamento antes do engajamento, jamais duvidou de que as tropas vermelhas chinesas estariam na Coreia do Norte. Esperava que o sucesso na guerra energizasse seu impulso para consolidar o comunismo na China e, de fato, durante o conflito armado, campanhas de propaganda de âmbito nacional penetraram "em quase todos os extratos da sociedade chinesa". Elas também tiveram o objetivo de tentar fazer o modelo chinês de revolução como padrão a ser adotado por outros líderes asiáticos como Ho Chi Minh e Pol Pot, no Camboja.[36]

As forças da ONU atravessaram o paralelo 38 em 1º de outubro, mas, nesse meio-tempo, um exército de "voluntários" chineses havia entrado sigilosamente na Coreia do Norte e, em 25 de outubro, executou vitorioso contra-ataque. Em 24 de novembro, quando a ONU reagiu, suas tropas se viram emboscadas por 300 mil soldados chineses que operavam segundo a teoria de que a determinação na primeira batalha era capital para a destruição do inimigo.[37]

Stalin ficou radiante com o progresso da batalha. Durante a primeira semana de dezembro, escreveu ao premiê Chu En-lai para dizer que o "sucesso chinês agrada não só a mim e a meus camaradas da liderança, como também a todo o povo soviético. Permita-me cumprimentar de coração o senhor e seus homens, o Exército Popular de Libertação da China e todo o povo chinês por esse enorme sucesso contra as tropas americanas".[38] Ele os encorajou a continuar combatendo: "Achamos que ainda não chegou a hora de a China mostrar todos os seus trunfos, enquanto Seul não for libertada."

As notícias sobre o novo sucesso comunista no campo de batalha golpearam Washington fortemente porque foram inesperadas. O estado de espírito do povo não melhorou com as impensadas declarações de Truman, numa entrevista coletiva, que a opção de emprego da bomba atômica

O OLHAR PARA A ÁSIA A PARTIR DO KREMLIN 393

estava sobre a mesa. Finalmente, em 15 de dezembro, por instância de George Marshall, o novo secretário de Defesa, o presidente declarou estado de emergência nacional, algo que não acontecera nos Estados Unidos durante duas guerras mundiais. O país parecia caminhar para a Terceira Guerra Mundial, em particular com MacArthur disposto a empregar as forças nacionalistas chinesas e a lançar quarenta bombas atômicas sobre a China. O general fez outras declarações que iam de encontro às políticas do governo e ele, naquela oportunidade, conseguiu sair ileso de tais desafios ao poder presidencial. Seus efeitos foram fazer Truman parecer fraco e, para dizer o mínimo, não concorreram para melhorar as relações dos EUA com a China.

Teria sido possível abrir negociações no fim de 1950. Entretanto, com as forças chinesas vencendo, ou pelo menos mantendo apenas as posições, Mao parecia forte. Em 31 de dezembro, com total apoio de Stalin, ele ordenou outra ofensiva, a despeito dos alertas de seus militares de que mais tropas seriam necessárias. O ataque começou em 3 de janeiro, sobrepujou Seul em uma semana e proporcionou aos comunistas a celebração de outro triunfo. Mao demonstrou ganância por mais conquistas e descartou um cessar-fogo consideravelmente generoso oferecido por representantes da ONU em 11 de janeiro, segundo o qual todas as tropas estrangeiras seriam retiradas da península coreana; uma reunião das quatro potências, Estados Unidos, Grã-Bretanha, União Soviética e China negociariam então a crise coreana e, além disso, todas as grandes questões asiáticas, inclusive Taiwan. Mao rejeitou a proposta e invocou o nacionalismo chinês, esperando usar uma vitória ainda maior a fim de conquistar mais parcelas do povo chinês para o comunismo.[39]

Os líderes comunistas ficaram satisfeitos com o êxito inicial de sua renovada ofensiva. Pelo fim de janeiro de 1951, contudo, as forças da ONU barraram o assalto do norte e começaram a empurrar os oponentes para trás. Foi pouca coisa para aliviar a administração de Truman e, em 29 de março, desanimado com a guerra e incomodado com a demonstração de apoio popular a MacArthur, ele anunciou que não concorreria à reeleição. Em 11 de abril, finalmente exonerou o general, ato que provocou manifestações de protesto por parte do povo americano. Quando MacArthur retornou para casa, foi tratado como herói e fez de tudo para confirmar a impressão. Pronunciou um discurso de despedida em sessão conjunta do Congresso e desfilou em carro aberto pelas ruas de Nova York, com chuva de papel picado lançada das janelas, recepção mais calorosa do que a dada a Dwight Eisenhower em 1945. A maré tinha realmente virado contra Truman e os democratas, mas a política americana não influiu muito na Coreia, onde a guerra continuava se propagando. Eisenhower e os republicanos iriam vencer facilmente as eleições de 1952.

Durante a guerra, Stalin ficou em frequente contato telegráfico com Mao, até diversas vezes por dia, e chegou mesmo a assessorar ao nível tático. Teve inclusive que responder a numerosas questões políticas feitas por Beijing, por exemplo, sobre as exigências que deveriam ser feitas nas negociações sobre o cessar-fogo e sobre delicados problemas de prisioneiros de guerra. Além disso, os chineses lhe enviaram infindáveis solicitações de armas. Quando a guerra caminhou para outro impasse em maio de 1951, Mao desejou continuá-la de todas as formas.

A brutalidade da lógica de Stalin veio à tona em 5 de junho, numa carta de apoio à decisão de Mao. "A guerra na Coreia não deve ser acelerada", disse ele, "já que um conflito prolongado, em primeiro lugar, possibilita às tropas chinesas o estudo da guerra contemporânea no próprio campo de batalha, e em segundo lugar balança o regime de Truman na América, afetando o prestígio militar das tropas anglo-americanas." O chefão do Kremlin recomendou outro curto e potente golpe no inimigo para reanimar o abatido moral das tropas chinesas e coreanas.[40]

Em agosto e setembro de 1952, Mao despachou Chu En-lai para Moscou, com a finalidade de conversações mais profundas. Ele foi lá para perseguir seu objetivo de tornar a China independente em questões de defesa e de transformá-la numa superpotência militar. Stalin preferia enviar peças e componentes a fim de serem montados na China. Tal relação manteria a China em posição de dependência, mas, de qualquer forma, os chineses queriam mais do que a União Soviética podia dar. Chu disse que o plano quinquenal da China devotaria mais de um terço do orçamento às forças armadas. Stalin ficou surpreso com o que considerou uma porcentagem "muito desequilibrada" entre gastos militares e civis. Ela era, achava Stalin, bem mais inclinada para o estamento militar do que o orçamento da União Soviética durante a Segunda Guerra Mundial.[41]

Na estada em Moscou, Chu declarou que, desde maio de 1951, a situação militar no terreno se mostrava estabilizada. O conflito mudara de uma guerra de movimento para uma de posições, com os dois lados bem entrincheirados. Os chineses julgavam que a luta deveria continuar. Se Stalin concordasse, o que exatamente recomendaria? "Mao Tsé-tung está certo", foi sua resposta, "essa guerra está mexendo com os nervos da América." E acrescentou, em uma de suas declarações deliberadamente gélidas, que "os norte-coreanos perderam pouca coisa, salvo as baixas de guerra". O conflito desvendara a "fraqueza americana" e mesmo com a ajuda de mais de vinte países na ONU, ela estava fadada ao fracasso. A União Soviética proporcionaria aos coreanos os suprimentos para continuarem lutando. Chu En-lai realçou que a China desempenhava "papel de vanguarda nessa guerra" e que, se fosse bem-sucedida, "então os Estados Unidos não seriam capazes em absoluto de desencadear uma Terceira Guerra Mundial".

Tal observação provocou uma longa reflexão de Stalin que bem mostra seu raciocínio naquela ocasião. Os americanos não deviam ser temidos e não eram capazes "de travar de modo algum uma guerra em grande escala, em particular depois da Guerra da Coreia". Os alemães, disse, "conquistaram a França em 20 dias. Já se passaram dois anos e os EUA ainda não subjugaram a pequena Coreia. Que tipo de força é essa? As principais armas da América são meias femininas, cigarros e outras mercadorias", brincou Stalin. "Eles querem dominar o mundo, mas não conseguem dobrar nem a pequena Coreia. Não, os americanos não sabem combater." Em vez disso, "subordinam suas esperanças à bomba atômica e ao poder aéreo. Mas não se ganha guerras só com isso. É necessária infantaria, e eles não têm muita infantaria: a infantaria que possuem é fraca. Estão lutando contra a pequena Coreia e já há gente chorando nos EUA. O que acontecerá se eles provocarem uma guerra em grande escala? Então o povo todo irá chorar".[42]

Não obstante, Stalin aconselhou aos chineses que, se tivessem que realizar um bombardeio aéreo à Coreia do Sul, não deveriam fazê-lo em aeronaves com distintivos que as identificassem. Ou seja, eles deveriam se aferrar à ilusão de que apenas voluntários da China lutavam na Coreia e que o país em si não estava envolvido na guerra. Chu disse que as negociações em Panmunjom continuariam buscando armistício em termos favoráveis enquanto, ao mesmo tempo, o governo chinês se preparava para um conflito que perdurasse por dois anos ou mais.

Mao objetivava a vitória na Coreia e, em decorrência, queria elevar o status da China no movimento comunista internacional. Em uma última reunião com Stalin, em 19 de setembro de 1952, Chu En-lai tentou, em vão, abordar essa questão. Aconteceu que Stalin convocara o XIX Congresso do Partido Comunista Soviético para 5-14 de outubro em Moscou, e representantes de todos os partidos estrangeiros tinham sido convidados. Chu perguntou se seria conveniente para os chineses falarem sobre questões partidárias com os indonésios que chegavam. A opinião de Stalin foi de que "era muito cedo para falar". Isto queria dizer que ele ponderava sobre o assunto e não decidira ainda se seria favorável à China. Não se esqueceu de dizer que os camaradas indianos haviam chegado e solicitado "ajuda na determinação da linha do partido". Stalin achava que tinha que fazê-lo, apesar de estar muito ocupado. Então Chu começou a especular sobre os japoneses e, em resposta, obteve a resposta obtusa de que "velhos irmãos não podem rechaçar irmãos mais novos". Mas será que Stalin discutiria questões partidárias com os chineses? O chefão respondeu que isso dependeria se eles as apresentassem, mas, àquela altura, ele começou a soar mais como um cauteloso príncipe medieval do que um moderno líder comunista. Qualquer que fosse a razão, não se dispunha a conceder a Mao a projeção aspirada pelo chinês.[43]

Mesmo que Stalin estivesse preparado para delegar alguns problemas para centros regionais, ele não tinha a intenção de abrir mão para ninguém de sua liderança do movimento internacional.[44] Nem desejava outro independente livre-pensador como Tito. Foi talvez para dar um ou dois alertas a Mao que ele decidiu tratar o visitante Liu Shaoqi, um dos potenciais rivais de Mao, com exagerado respeito.[45] Era estratégia típica de Stalin: lembrar até aos seus mais poderosos emissários qual o seu devido lugar no mundo comunista.

A CORRIDA ARMAMENTISTA

A Guerra da Coreia não foi resolvida durante o tempo de vida de Stalin e suas reverberações duraram bem mais. Um armistício assinado em 27 de julho de 1953, em Panmunjom, deixou a Coreia dividida exatamente como antes.

O OLHAR PARA A ÁSIA A PARTIR DO KREMLIN 397

É difícil superestimar o impacto psicológico da Guerra da Coreia nos Estados Unidos, amplificado pelo primeiro teste soviético nuclear bem--sucedido (de codinome "Primeiro Relâmpago"), em 29 de agosto de 1949, no campo de provas Semipalatinski 21, no Cazaquistão. Os Estados Unidos tomaram conhecimento do fato (apelidando-o "Joe-I") pelo rastreamento dos ventos e testes de radioatividade. O presidente Truman anunciou em 23 de setembro que houve "uma explosão atômica", mas não falou nada sobre uma bomba. Molotov deu uma declaração confusa dizendo que havia acontecido uma "atividade explosiva" e, de passagem, que a existência da bomba atômica de há muito deixara de ser segredo.[46] Até onde o embaixador Kirk em Moscou pôde sondar a opinião pública soviética, ele reportou em outubro que, após o teste, as pessoas se sentiam um pouco menos ameaçadas, demonstravam maior senso de segurança e se orgulhavam do feito.[47]

O historiador russo V.L. Malkov observou que a URSS estava ainda bem atrasada em relação aos Estados Unidos e não possuía sistema de lançamento para a nova arma. Ao permanecer silencioso a respeito da bomba na ocasião, escreve ele, Stalin pretendeu demonstrar que "nada de inusitado acontecera" e que no jogo de "alcançar e ultrapassar", a ciência e a economia soviéticas estavam à altura da tarefa. Moscou queria acabar com a presunção de Washington de que detinha absoluta superioridade tecnológica.[48]

As novas sobre a bomba soviética chegaram não muito depois do embate sobre Berlim e pouco antes da vitória dos comunistas na China em outubro. Em conjunto, todos esses acontecimentos fizeram o governo americano se sentir vulnerável e ameaçado. Os democratas, que se esforçavam por cortes no orçamento da defesa, de repente mudaram de posição. Numa reunião do gabinete, em 14 de julho de 1950, e não muito depois do deflagrar da Guerra da Coreia, Truman tomou conhecimento de que a URSS tinha capacidade para realizar ações militares em diversas regiões do planeta e de que o poderio militar dos Estados Unidos era insuficiente para fazer alguma coisa a respeito. O presidente e o Congresso logo concordaram em dobrar o tamanho das forças armadas. Os gastos com a defesa e a segurança internacional dispararam de 17,7 bilhões de dólares no ano fiscal de 1950 para o total de 140 bilhões nos anos de 1951 e 1952. A nova e importante prioridade era criar uma base industrial para a fabricação de tanques, aviões e material bélico necessários para "travar uma guerra global".[49]

No início de 1951, o presidente autorizou um programa especial para a fabricação de uma superarma. Os Estados Unidos detonaram um artefato termonuclear no Pacífico Sul em 1º de novembro de 1952. Embora a URSS se beneficiasse de informações colhidas através de espiões para a cópia da bomba atômica, os soviéticos desenvolveram abordagem própria para a superbomba. Beria foi, de novo, o político encarregado do programa e, por volta de 12 de agosto de 1953, os soviéticos reproduziram com sucesso o experimento americano. Os Estados Unidos se capacitaram a fabricar um sistema completo para lançamento da bomba de hidrogênio por volta de 1º de março de 1954 e, menos de um ano mais tarde, em 22 de novembro de 1955, a URSS desenvolveu sua primeira bomba de hidrogênio.[50]

Alguns historiadores sugeriram que Truman perdeu uma oportunidade de parar a corrida armamentista quando aceitou recomendações de prosseguimento na pesquisa sobre a superbomba. A suposição deles é de que Stalin poderia ter ficado impressionado e se refreasse também. Andrei Sakharov, que ajudou no desenvolvimento da bomba soviética e depois se tornou dissidente, não concordou com tais conjecturas. Ele acreditava que Stalin provavelmente consideraria um truque a restrição unilateral americana ou sinal de fraqueza.[51] Uma vez instalada a infernal "lógica" da corrida armamentista, era difícil detê-la.

Os americanos não eram os únicos a se inquietar com as intenções soviéticas. Em março de 1948, Grã-Bretanha, França, Bélgica, Luxemburgo e Holanda estabeleceram uma aliança defensiva. Em 4 de abril de 1949, no fim da batalha de Berlim, a eles se aliaram Canadá, Portugal, Itália, Noruega, Dinamarca e Islândia, juntos com os Estados Unidos, e assinaram o Tratado do Atlântico Norte. A Otan foi criada como uma aliança defensiva para prover proteção contra a União Soviética.

Historiadores russos ressaltam, raivosamente, que mesmo antes de seu país se recuperar da Segunda Guerra Mundial, Stalin o arrastara para a Guerra Fria por Berlim e pela Coreia. Além desses conflitos, ele decidira emparelhar ao máximo possível com as despesas americanas na defesa. Os gastos soviéticos com tal objetivo dobraram entre 1948 e 1953.

Stalin convocou uma reunião de cúpula com os líderes partidários comunistas da Europa Oriental e seus ministros da Defesa para 9-12 de

O OLHAR PARA A ÁSIA A PARTIR DO KREMLIN

janeiro de 1951. Embora os registros russos sobre o que foi debatido permaneçam confidenciais, com o passar dos anos pelo menos meia dúzia dos participantes publicaram seus relatos. Stalin disse-lhes que a Guerra da Coreia proporcionava "condições favoráveis" para ocupar as forças dos EUA, concedendo assim aos países comunistas de três a quatro anos para modernizarem e aumentarem suas forças armadas. Sublinhando "a urgente necessidade de coordenação das atividades militares e organizacionais", afirmou que as democracias populares precisavam expandir suas forças armadas para um efetivo de 3 milhões de homens "prontos para o combate" e reforçados por substanciais reservas. Cada nação recebeu metas quantitativas que todos os participantes confessaram ser muito grandes para suas abaladas economias. A Polônia, por exemplo, tinha que dobrar suas despesas militares. O ex-marechal do Exército Vermelho Konstantin Rokossovski, um dos favoritos de Stalin durante a guerra e então ministro polonês da Defesa, ficou chocado com a escala da expansão exigida.[52]

A União Soviética não arcaria com as despesas do crescimento militar. Cada país deveria manobrar os recursos financeiros dos bens de consumo e da agricultura para defesa e a indústria pesada. Stalinistas ferrenhos como Mátyás Rákosi concordaram com Stalin e o chefe húngaro fez o possível para exceder a cota prevista para seu país. Isso significava que o povo húngaro teria que sofrer considerável declínio em seu já baixo padrão de vida.[53] O mesmo se aplicava a todos os outros países, como de resto para a URSS. Nos dois últimos anos de vida de Stalin, as forças armadas soviéticas quase dobraram, indo de 2,9 milhões, ou quase isso, para 5,6 milhões.[54]

Dando prosseguimento à agenda política e internacional do Kremlin no início dos anos 1950, assessores militares soviéticos "executaram ações preparatórias para a unificação dos exércitos da Europa Oriental num único bloco político-militar". Foi assim que pavimentaram o caminho para a criação da Organização do Pacto de Varsóvia em 1955.

Na China, após a Coreia, Mao proclamou uma grande vitória porque seu exército havia combatido o Ocidente capitalista e conseguira um impasse. A Guerra da Coreia permitiu que ele consolidasse o controle comunista e que também projetasse uma nova imagem da China para o mundo.[55] Durante a guerra, mais de um terço do orçamento chinês foi alocado para as necessidades da defesa. Em dezembro de 1952, Mao solicitou mais entregas de artigos militares russos para que se preparasse contra um esperado ataque da ONU. Seus pedidos foram de tal dimensão que Stalin achou que estavam acima das possibilidades de a União Soviética supri-los na totalidade.[56]

Os chineses persistiram em suas demandas. Estavam particularmente interessados na bomba atômica e continuaram fazendo pressão sobre Stalin para que abrisse os segredos, porém sem resultado. Em 1956, no entanto, Nikita Khruschev, o novo homem forte no Kremlin, concordou com a cooperação soviética no desenvolvimento chinês de seu programa de energia nuclear para fins pacíficos. O soviético procurou ganhar as simpatias de Mao e conseguir apoio para sua luta pelo poder na era pós--stalinista. A despeito da ruptura nas relações sino-soviéticas e depois de longa batalha, em 16 de outubro de 1964 os chineses fizeram seu primeiro teste com a bomba atômica.[57]

Os resultados da Guerra da Coreia no terreno, em termos de população deslocada e mortes, foram catastróficos. O preço total jamais será conhecido. Algumas estimativas quanto à quantidade de mortes coreanas — a maioria, civis — chegam à casa dos milhões. Apesar de os chineses terem empregado 3 milhões de homens no conflito armado, confirmaram apenas cerca de 152 mil baixas, mas fontes soviéticas contabilizaram aproximadamente 1 milhão.[58] A União Soviética mal se engajou no combate e registrou um total de 315 perdas, a maior parte relacionada à força aérea.[59] O secretário de Estado Acheson reportou que os Estados Unidos sofreram cerca de 33.600 baixas em ação e um total de perdas de aproximadamente 142 mil.[60] Outras nações lutaram na Coreia pela ONU, de cujas forças 3.063 homens foram mortos, inclusive 1.263 da Commonwealth britânica: Austrália, Grã-Bretanha, Canadá e Nova Zelândia.[61] Os Estados Unidos poderiam ter aprendido a lição da guerra para evitar outro engajamento que pairava no horizonte: o Vietnã.[62]

Kim Il-sung emergiu do conflito fortificado no poder. Criou um culto à personalidade que, em sua idolatria extremada, sobrepujou o de Stalin e Mao, e combinou o comunismo com diversas tradições religiosas coreanas. A versão do stalinismo que adotou foi mais rígida que a original e, com o tempo, Kim iria suspeitar de que tanto a União Soviética pós--Stalin quanto a China não estavam sendo suficientemente comunistas.

Antes de falecer em 1994, ele sacramentou o filho Kim Jong-il como seu sucessor. As privações e a pobreza da população, em particular quando comparadas com a prosperidade da Coreia do Sul, foram resultado, em não pequena medida, do fato de pai e filho devotarem vastas quantias aos gastos com a defesa.[63]

20

Novas ondas de stalinização

Stalin outrora favorecera a abordagem "nacional" para o comunismo, ainda que sob a direção do Kremlin. Tal maneira de ver as coisas, entretanto, dava margem a um grau de flexibilidade que poderia solapar a autoridade de Moscou. À medida que o império soviético firmava posição no Leste Europeu, abriam-se oportunidades para que discípulos na periferia acertassem contas com oponentes e, por exemplo, sem instruções específicas de Moscou, expulsassem as igrejas das escolas e nacionalizassem a educação. Em consequência, no cambiante ambiente internacional, em particular na esteira do rompimento com Tito e com a Iugoslávia em 1948, a possibilidade de que outros seguidores europeus embarcassem também num "caminho especial" para o socialismo fez soar sinal de alarme nos ouvidos de Stalin.

No exato momento em que o ditador soviético apertava os parafusos do Império Vermelho, ele também dava largas às suas próprias fobias, mais notavelmente seu antissemitismo que fervia em fogo brando sob a superfície desde a guerra, tanto na URSS quanto por todos os lados da Europa Oriental. Agora ele se tornava mais evidente e, em vários graus, se entranhou no processo de stalinização que marcou os últimos anos do mando do ditador.

FLERTE DOS STALINISTAS COM O ANTISSEMITISMO

A URSS, em maio de 1948, fora o primeiro país a reconhecer *de jure* o novo Estado de Israel. O Kremlin alimentava a expectativa de fazer incursões políticas no Oriente Médio e Stalin encorajou os europeus do Leste a fazerem o mesmo. Da perspectiva soviética, entretanto, não foi bom que Israel se voltasse quase imediatamente para os Estados Unidos em busca de solidariedade e apoio. Ainda mais ameaçador foi o poderoso significado simbólico da terra judia. A própria existência do novo Israel desencadeou sentimentos nacionalistas nos judeus soviéticos.[1]

A posição declarada de Stalin — assim como a política oficial soviética de longo tempo — sobre o antissemitismo já fora indicada nos idos de 1931, quando a Agência Judaica de Notícias dos Estados Unidos procurou sua opinião sobre o assunto. Ele disse que aquele preconceito era totalmente inadequado para o movimento comunista porque sua versão atualizada "agiu como para-raios para os exploradores, absorvendo os golpes desferidos contra o capitalismo pelos trabalhadores. O antissemitismo é perigoso para a classe trabalhadora, caminho equivocado que a coloca à deriva e dentro de uma floresta". Insistiu que culpar os judeus era "extrema forma de chauvinismo" e "o mais perigoso vestígio do canibalismo".[2]

Não obstante, a nítida condenação do antissemitismo começou a mudar e, como registramos no capítulo 10, as autoridades soviéticas minimizaram os sofrimentos dos judeus pelas mãos dos nazistas e não toleraram organizações ou indivíduos que quiseram santificar a memória do Holocausto. Stalin e seus asseclas se preocuparam então com o fato de sua própria população judia estar se tornando por demais "nacionalista". Mikhail Suslov, do departamento de relações exteriores do Comitê Central, escreveu a Molotov, em 7 de janeiro de 1947, para explicar os passos a serem dados contra o Comitê Judaico Antifascista (JAFC): "Com o fim da guerra, as atividades do comitê estão ficando mais nacionalistas, sionistas, o que objetivamente contribui para o fortalecimento do movimento reacionário burguês-nacionalista judeu no exterior e dispara sentimento nacionalista--sionista entre a população judia da URSS."[3]

O JAFC, contudo, tinha passado heroico e não podia ser simplesmente apagado como se nunca houvesse existido. Fundado em abril de 1942, sua afiliação era uma verdadeira lista do *Quem é Quem* dos judeus no país. Sua

NOVAS ONDAS DE STALINIZAÇÃO

finalidade explícita e louvável era "mobilizar as massas judias de todos os países para a luta ativa contra o fascismo e obter o maior suporte possível para a União Soviética e o Exército Vermelho, que arcam com o mais pesado fardo do conflito armado".[4] O presidente do comitê era o diretor do teatro iídiche, Solomon Mikhoels, famoso por ser detentor do prêmio Lenin. Entre outros serviços, ele e outros viajaram aos Estados Unidos, Inglaterra e Canadá em 1943, visitando dezenas de cidades a fim de recolher fundos e apoio para a causa soviética.

A recepção simpática ao voltarem levou Mikhoels e o JAFC a sonharem que uma terra para os judeus poderia ser encontrada na Crimeia soviética. No verão de 1946, Mikhoels entrou em contato com a esposa judia de Molotov, Polina Jemchujina, e solicitou que ela intercedesse junto às altas autoridades. Ao perceber que Jemchujina tinha poucas chances, ele pensou em apelar para a filha de Stalin, pois ela era casada com Grigori Morozov, um judeu. Todavia, antes mesmo que qualquer encontro tivesse lugar com Svetlana, o casamento fracassou, em grande parte por causa do desgosto de seu pai com a identidade judia do genro. Conta-se que a ameaça foi: se ela não abandonasse Morozov, Stalin mandaria prendê-lo.[5]

Àquela altura, Mikhoels e o JAFC estavam em rota de colisão com o ministro da Segurança de Estado Viktor Abakumov, que lançou sobre o infeliz homem uma penca de acusações, a pior das quais era o envolvimento com uma conspiração americano-sionista. O ministro alegou que Mikhoels, em sua viagem aos Estados Unidos durante a guerra, conversou com "fontes da inteligência". Por tal razão e talvez também por Mikhoels ter tentado contato com sua filha, Stalin decidiu executá-lo e ordenou a funcionários da segurança que forjassem um acidente que aconteceu em Minsk, em 12 de janeiro de 1948.[6]

Mikhoels foi enterrado com todas as honras, uma cortina de fumaça. Quando a poeira finalmente assentou, o Politburo decidiu, em 20 de novembro, dissolver o JAFC, alegando que "os fatos mostram que esse comitê é centro de propaganda antissoviética e fornece regularmente informações a agências estrangeiras antissoviéticas de inteligência". Seu jornal foi fechado, e todos os seus arquivos, confiscados.[7]

Também "reprimido" foi Solomon Lozovski, membro judeu do Comitê Central do Partido Comunista. Sua longa e distinta carreira remontava à conferência bolchevique de 1905 em Tammerfors, Finlândia, onde ele

406   A MALDIÇÃO DE STALIN

conheceu Lenin e Stalin. Lozovski estava envolvido com o JAFC, foi preso em janeiro de 1949 por ordem de Stalin, expulso do partido e acusado de conspiração com aquele comitê, que "recentemente se tornou uma organização espiã de nacionalistas judeus". Seu objetivo era criar "um Estado judeu na Crimeia", supostamente como parte de um plano de "interesses de capitalistas americanos". O inocente Lozovski, com 70 anos de idade, foi pressionado para confessar, mas não cedeu.

Outro lado da campanha anticosmopolitismo soviética foi a adoção do antissionismo. Os judeus soviéticos abraçaram a ideia de um novo Israel e, muito satisfeitos, expressaram seus sentimentos em 3 de setembro de 1948, quando Golda Myerson (mais tarde Meir e primeiro-ministro de Israel) foi a Moscou como enviada. Ela foi ovacionada por multidões e, quando visitou uma sinagoga, as ruas transbordaram de gente. Tal demonstração de "nacionalismo burguês" inflamaria nos judeus soviéticos, pela visão que Stalin tinha do mundo, as mesmas forças centrífugas que ele tentava controlar no império soviético.[8]

Quem se mostrasse ostensivamente favorável a Israel ou aplaudisse as conquistas dos intelectuais judeus virava suspeito. Até Konstantin Simonov, homem bem posicionado no regime de Stalin, foi acusado de andar em más companhias. Ele reagiu com pungente e submisso discurso em reunião de autores teatrais e críticos em Moscou, parte do qual foi publicada no *Pravda* de 28 de fevereiro de 1949:

> A nociva atividade do cosmopolitismo não pode ficar limitada apenas à esfera das artes e da ciência, mas tem também implicações políticas. A propaganda do cosmopolitismo burguês ajuda agora os reacionários do mundo e aqueles que desejam uma nova guerra. O cosmopolitismo é política dos imperialistas e, ao mesmo tempo, procura enfraquecer o patriotismo, entregando depois os povos aos monopólios americanos. O cosmopolitismo nas artes objetiva privar as pessoas do orgulho por suas raízes nacionais e afogar o patriotismo, a fim de que possam ser vendidas como escravos ao imperialismo americano.[9]

A campanha contra o cosmopolitismo se concentrava, de um modo geral, na elite intelectual, e como os judeus eram bastante representados nesse círculo, os expurgos ganharam fortes nuances antissemíticas. Apesar de

Simonov dizer que não era antissemita, como editor do influente jornal *Novi Mir* [Novo Mundo], ele logo demitiu todos os escritores judeus, alguns deles amigos próximos. De início, até o famoso escritor Ilya Ehrenburg foi silenciado. Ele era judeu e, em fevereiro de 1949, suas obras de súbito deixaram de ser publicadas. Em vez de esperar a guilhotina cair, ele escreveu a Stalin para perguntar o que o destino lhe reservava. O ditador gostara muito dos artigos de Ehrenburg durante a guerra, que não pouparam os nazistas e fomentaram ódio contra eles, e também ficara impressionado quando, no alvorecer da Guerra Fria, Ehrenburg voltara seus canhões contra os Estados Unidos. Por volta de abril, o escritor recebeu autorização para ir à Conferência Mundial da Paz, em Paris, prova de que estava de novo nas boas graças do ditador.[10]

A campanha anticosmopolitismo provocou uma inundação de notas de todos os tipos de pessoas dirigidas às autoridades, com sugestões para tornar o sistema mais eficiente, como a carta manuscrita enviada ao Kremlin que sugeria até um lema: "A vigilância tem que estar em todos os lugares!" Tais cartas exageravam as deficiências desse escritor ou daquele professor. No seu conjunto, a atmosfera criada isolou mais que nunca a União Soviética das novas ideias, da crítica e do mundo exterior. Embora os arquivos de todos os atacados por serem adeptos do "nacionalismo judeu burguês" permaneçam confidenciais, estima-se que cinquenta pessoas foram executadas entre cerca de cem presas, mais do que o suficiente para causar arrepios no país.[11]

POLÔNIA, ALBÂNIA, HUNGRIA, ROMÊNIA

Ao mesmo tempo que demolia o "nacionalismo judeu", Stalin começou a repensar sua teoria relativamente flexível de deixar que cada um dos países da Europa Oriental seguisse caminho próprio para o socialismo. O afastamento da Iugoslávia e a criação de Israel em 1948 foram vistos por ele como exemplos gritantes da necessidade de centralizar o poder e insistir por mais controle a partir de Moscou. As reações dos líderes comunistas da periferia variaram; enquanto uns fincaram pé antes de seguirem obedientemente as ordens, outros tiraram proveito das demandas soviéticas e canalizaram seu terror contra inimigos internos.

408   A MALDIÇÃO DE STALIN

Durante as conversas de Stalin com o chefe de governo polonês Bolesław Bierut em agosto de 1948, eles concordaram em remover da liderança do partido Władisław Gomułka, o maior advogado do "caminho polonês para o socialismo". Aos olhos de Stalin, Gomułka era, ou poderia ser, um Tito polonês. Apesar de ele e mais de uma centena de funcionários do partido terem sido subsequentemente presos, não se seguiram expurgos em grande escala nem julgamentos-espetáculo. Outras áreas de potencial oposição, em especial a Igreja Católica, foram esquadrinhadas e as prisões resultaram numerosas, embora as autoridades tivessem recuado no início dos anos 1950.[12]

No fim de 1948, um Partido Operário Unificado da Polônia (PZPR) emergiu da unificação forçada dos partidos comunista (PPR) e socialista (PPS), o qual, de um modo geral, governou o país até 1989. Vigilância diária, polícia secreta com arquivos sobre milhões de pessoas e terror levemente velado tornaram-se normas. O porquê de Stalin não ter insistido por julgamentos-espetáculo permanece inexplicado. Ocorreu, no entanto, que os anos entre 1944 e 1956 foram repletos de outra rodada de terror; não menos que 243.066 pessoas foram detidas, embora existam estimativas que colocam este número entre 350 e 400 mil.[13]

Ao mesmo tempo, o chefe da Segurança de Estado, Stanisław Radkiewicz, "recrutava" 200 mil ou mais informantes. Ele admitiu que a finalidade não era apenas coletar informação, mas degradar as pessoas, quebrar o seu moral. Ademais, o exército polonês possuía sua própria rede de informantes em cada distrito do país. O Exército tornou-se um dos principais esteios do governo e, anualmente, recrutava, treinava e doutrinava dezenas de milhares de alistados, durante seu período de dois anos de serviço militar.[14]

Quando Stalin faleceu, em 1953, o regime comunista na Polônia tinha o país sob muito bom controle. Embora os sucessores do ditador tivessem feito o possível para que o resistente Gomułka, que sobrevivera à prisão, retornasse ao poder em 1956, ele trouxe pouco alívio para o povo polonês, que iria padecer mais décadas de mando comunista.

Na Albânia, Enver Hoxha consolidara sua posição mesmo antes do desenlace com Tito. Em 1946, e sob nova constituição do país, Hoxha acumulou as funções de primeiro-ministro, ministro da Defesa e das Relações Exteriores, e comandante das Forças Armadas, além do cargo de secretário-geral do Partido Comunista. Ele visitara Stalin em julho de 1947

NOVAS ONDAS DE STALINIZAÇÃO

e, totalmente deslumbrado por estar diante do Grande Homem, deixou a bajulação correr solta. Desejava nada mais do que ser instruído sobre como criar o sistema stalinista na Albânia. De volta à casa, o partido tinha consolidado seu poder mediante uma série de ataques contra a religião organizada, a pequena oposição intelectual e o que restou dos pilares da velha sociedade. Logo adotou o culto a Stalin que transformou o ditador soviético em garantidor da independência do país.[15]

O único rival de Hoxha para o poder total era uma facção dentro do Partido Comunista liderada por Koçi Xoxe, homem com tendências notavelmente pró-Iugoslávia. Stalin não havia ainda decidido o que deveria acontecer com a Albânia e não convidara seus líderes para a reunião de criação da Cominform em setembro. Xoxe ganhava projeção dentro do partido e estava prestes a desbancar Hoxha até junho de 1948, quando Moscou teve a divergência com a Iugoslávia. Então, a situação mudou. Nem é preciso dizer que Hoxha se alinhou com Stalin, de modo que a facção de Xoxe ficou arriscada de expurgo. De fato, depois que o líder albanês voltou da visita ao Kremlin, em março-abril de 1949, Xoxe foi preso, julgado em sigilo e executado em junho. O expurgo continuou por 1950-51, e quem tivesse remotas simpatias pró-Iugoslávia — quantidade considerável, como constatado depois — se viu expulso.

Os albaneses tomaram todas as medidas para seguir o modelo stalinista, inclusive o emprego difundido do terror, tanto que o pequeno país se notabilizou por suas práticas repressivas. Entre 1945 e 1946, em um país com apenas cerca de 2 milhões de habitantes, foram procedidas aproximadamente 80 mil prisões políticas.[16]

Quando Hoxha visitou o Kremlin pela última vez, em abril de 1951, Stalin estava satisfeito. "Você fez bem", disse ele. A cautela ainda se fazia muito necessária porque o inimigo "tentará até se esgueirar para dentro do partido, mesmo no Comitê Central, mas suas tentativas são reveladas e derrotadas através da constante vigilância e da posição determinada". Hoxha sabia o que fazer — já havia expurgado o partido e eliminado as liberdades básicas. Permaneceu stalinista até muito depois da morte do ditador e, de fato, no fim combateu Nikita Khruschev, frustrando o novo líder soviético, que rompeu relações com a Albânia em 1961.[17]

A Hungria foi um caso um pouco mais complicado, e também foi mais difícil impor o comunismo lá. O chefe do partido, Mátyás Rákosi, queria acabar com as igrejas, em particular com a católica do cardeal József Mindszenty, que importunava o regime por ser tanto apaixonadamente anticomunista quanto acirrado defensor da educação dirigida pela religião. Por volta de 10 de janeiro de 1948, Rákosi anunciou um genuíno ataque geral. "Não podemos permitir que essa situação insustentável continue", disse ele, "na qual a maioria dos inimigos do povo se esconde por trás das batinas dos padres, em especial na Igreja Católica." Apesar disso, o regime agiu com prudência até junho, quando nacionalizou as escolas. Houve reação, e o protesto popular aumentou ainda mais quando o Estado coletivizou a terra. A prisão de Mindszenty em dezembro foi inevitável, como também seu julgamento, após o qual o cardeal ficou encarcerado até ser liberto durante a Revolução Húngara de 1956. Ele se tornou um ícone mundial daquilo que havia de errado no comunismo e partiu para o exílio.[18]

A luta da igreja na Hungria revela uma vez mais que a stalinização daqueles anos tinha raízes nativas. Moscou jamais expediu qualquer ordem de combate às igrejas, de sorte que os eventos húngaros sugerem que no debate centro *versus* periferia sobre a criação do sistema stalinista, este caso tem que ser creditado à periferia. É óbvio ser também verdade que os sinais de Moscou para a eliminação da liberdade foram impossíveis de não serem ouvidos.

Os comunistas húngaros não foram menos determinados na demonstração de solidariedade com os desejos do Kremlin para que fosse feito um expurgo nas fileiras do partido, e logo centraram o foco no ministro do Interior László Rajk. Sem dúvida, da perspectiva do Kremlin, isso ajudou Rákosi a expor o judeu Rajk, que foi fiel comunista desde os anos 1930, combateu na Guerra Civil Espanhola e, mais tarde, na resistência; e não buscou exílio em Moscou durante a guerra. Rajk foi preso em maio de 1949 e finalmente acusado depois que Rákosi retornou de conversas com Stalin, o qual ajudou a formular o indiciamento.[19] O fato de Rákosi, que também era judeu, permanecer prestigiado pelo chefão sugere que o antissemitismo de Stalin não era tão baseado em raça, porém mais político e tático.

Rajk e diversos outros funcionários, na maioria do escalão intermediário, foram julgados em setembro. O objetivo era ligá-los a Tito e aos "imperialistas" do Ocidente. Eles foram acusados de traição, rotulados como trotskistas e "nacionalistas", e deles se disse que trabalhavam para a inteligência americana. Não tinha a menor importância que Rajk nada

NOVAS ONDAS DE STALINIZAÇÃO

tivesse feito de parecido. Embora Rákosi fosse inclemente, julgou demasiadamente duras as sete sentenças de morte e propôs a Stalin que, juntamente com Rajk, talvez fosse suficiente executar só mais dois. O chefe, com magnanimidade, assentiu.[20] Centenas de outros "rajkistas" foram presos, em grupos de até uma dúzia, e julgados em sigilo. Outros foram enviados para campos, mesmo sem sombra de julgamento.[21] A stalinização seguiu então a pleno vapor, com o nome do ditador dado a vários locais públicos e ruas, e seu aniversário virando feriado nacional. Um dos propagandistas disse, "Temos que manter acesos e fortes" nosso amor e lealdade "para com nosso mestre, camarada Stalin". Quem vacilasse "um décimo de milímetro" no apoio ao líder e à URSS deixaria de ser verdadeiro comunista.[22]

O terror afetou drasticamente o pequeno país com população de cerca de 10 milhões de habitantes. Só entre 1945 e 1950, 59.429 pessoas enfrentaram julgamentos ante tribunais populares, e, no mesmo período, entre 20 e 40 mil foram encarceradas sem julgamento. Para o período entre 1948 e 1953, aproximadamente 1,3 milhão de pessoas se viram diante de tribunais. Destas, a impressionante quantidade de 695.623 foram julgadas culpadas e receberam penas que variaram da perda dos empregos à perda das vidas. Quando uma delegação húngara foi chamada ao Kremlin, em junho de 1953, e se reuniu com líderes soviéticos, seus membros foram censurados por ninguém menos do que Beria, o chefe da polícia secreta, por causa dos exageros. Ele quis saber como era possível que tão pequeno país tivesse submetido tantas pessoas a procedimentos legais nos últimos dois ou três anos. Disse haver na Hungria uma "quase onda de opressão" que transformava "pessoas honestas em traidores".[23]

Para George Konrád, de 16 anos, o ano de 1949 na Hungria marcou o fim "do breve período de vida civil normal que se seguiu ao colapso alemão". Relembrando o passado, ele disse, com certa dose de humor que, depois que Rajk e seus seguidores foram julgados e executados, "as únicas pessoas ainda não aprisionadas eram aquelas cujos julgamentos as autoridades não tiveram tempo para providenciar. Eles foram agendados para o ano seguinte".[24] Mesmo assim, outros judeus húngaros, como o jovem János Kornai, ficaram completamente cegos àquelas duras realidades, escudados — ou assim ele se lembrou — por sua inquebrantável fé no marxismo-leninismo e pela convicção de que o Partido Comunista "incorporava ideias autênticas, moral pura e serviço à humanidade". Àquele tempo, jamais passou por

412 A MALDIÇÃO DE STALIN

sua cabeça que "a admiração e o respeito" que sentia por Stalin e Rákosi poderiam ser denominados "culto à personalidade".[25]

Charles Gati, que também estava lá, afirma corretamente que os números contam apenas parte do terror. Dois pontos se sobressaíam para ele: "Mais do que qualquer coisa, a era totalitária na história húngara foi marcada por um imenso fosso entre o ódio popular ao regime comunista e a solidariedade professada com ele, e entre as condições de ansiedade e a euforia oficialmente proclamada sobre a nova ordem mundial."[26]

Os documentos russos mostram a persistência de Rákosi em tentar convencer os líderes soviéticos a dispararem procedimentos mesmo além de suas próprias fronteiras e contra comunistas de toda a Europa Oriental. Ele voltava repetidas vezes ao tema dos "inimigos" que haviam se entrincheirado nas lideranças de diversos países e ficava desconcertado quando camaradas estrangeiros não seguiam suas ideias.[27] No fim, Rákosi supriu o Kremlin com uma lista de 526 "pessoas de interesse" que emergiram de investigações na Hungria e se manteve informando as autoridades soviéticas em muitas outras correspondências.[28]

Uma versão búlgara do "evento Rajk" supostamente aconteceu mais cedo, se bem que modesta em comparação, principalmente porque o líder comunista Gueorgui Dimitrov e seu amigo chegado Traicho Kostov já tinham executado dezenas de milhares de supostos opositores. Stalin conhecia Kostov, secretário-geral do Partido Comunista Búlgaro (1944-45) e vice-primeiro-ministro (1946-49). Ele era homem tão comprometido com a causa que, quando foi ferozmente interrogado pela polícia búlgara, em 1924, saltou de uma janela do quarto andar, desejando a morte a trair os camaradas. Se suas pernas quebraram e a coluna entortou, seu espírito não. Com efeito, depois de 1945, quando as autoridades soviéticas de ocupação quiseram coletar informação sobre a economia búlgara, Kostov resistiu. Em 6 de dezembro de 1948, na oportunidade em que visitou Moscou, Stalin passou-lhe uma descompostura e ameaçou: "Foi exatamente assim que nosso conflito com Tito começou!"[29]

Bem no início do ano novo, funcionários soviéticos em Sófia enviaram a Stalin um relatório tão extenso quanto condenatório sobre a atmosfera política na Bulgária. Embora o povo amasse a URSS, muitos achavam que ela poderia seguir seu "caminho especial" para o socialismo e não queria nem precisava de Moscou. Foi dito que Kostov era o pior dos líderes

NOVAS ONDAS DE STALINIZAÇÃO   413

comunistas e "inconfiável". O relatório afirmava que, sob o pretexto de cuidar da saúde de Dimitrov, Kostov tentava mandá-lo para fora do país por períodos extensos a fim de inserir "pessoas suas" em postos-chave. Os soviéticos exaltavam Dimitrov por ser cooperativo, mas não Kostov; em suma, a informação confirmava o julgamento de Stalin que havia um Tito em gestação.[30]

Em março de 1949, o Comitê Central búlgaro tirou Kostov do governo por razões que poderiam ter sido ditadas por Stalin. Centraram o motivo em seu "nacionalismo" e acusaram-no de semear desconfiança entre os governos da URSS e Bulgária. No verão, ele foi expulso do partido e começaram os preparativos para um julgamento. Nesse meio-tempo, o adoentado Dimitrov foi levado de avião para Moscou a fim de ser tratado. Caso estivesse mais saudável, provavelmente teria liderado o ataque, pois enquanto estivera doente, tomara conhecimento de documentos relevantes e, em 10 de maio, recomendara medidas contra o homem que odiosamente chamava de "um intelectual individualista e implacável carreirista".[31] Porém, Dimitrov faleceu em Moscou em 2 de julho, e, por anos, correram boatos de que fora assassinado, mas, na verdade, sua inabalável e servil lealdade a Stalin era tanta que o mais provável é que tenha morrido mesmo de causas naturais.[32]

Junto com a de Kostov, mais duzentas prisões foram ordenadas, das quais dez pessoas foram selecionadas para um grande julgamento-espetáculo, ocorrido entre 7 e 14 de dezembro de 1949. Todo o processo foi transmitido pelo rádio e diretamente dirigido de Moscou. Durante os procedimentos, manifestações e encontros foram organizados nacionalmente. Multidões apupavam, expressavam seu ódio e bradavam pela morte de Kostov. Quando o veredito foi lavrado e o réu enforcado, algumas pessoas dançaram de alegria pelas ruas, ou ao menos fizeram demonstrações públicas de sua aversão pelo homem, para provar que formavam um time, estavam à disposição e deveriam ser recompensadas.

Entre 1948 e 1953, 100 mil membros do Partido Comunista passaram por um detalhado escrutínio por parte das autoridades. Além disso, todos os anos, 2 a 6 mil pessoas foram presas "por razões políticas", e, de um modo geral, entre sessenta e oitenta foram executadas. No mesmo período houve campanhas contra representantes das diversas religiões. A louvada tolerância do povo búlgaro foi ignorada em prol de um regime ao estilo stalinista.[33]

Um rapaz que vivia na casa ao lado da de Kostov lembrou-se do "surto de inimigos" daqueles tempos. Gueorgui Markov testemunhou como as pessoas se deixavam levar pela tentação de amaldiçoar, acusar e odiar. Mesmo nos anos 1970, ele tentava instilar a verdade em seu povo: "Não vamos mentir hoje para nós mesmos, convenientemente acusando Stalin por tudo. A trágica verdade é que Stalin não estava sozinho, que Stalin nem mesmo existiria se não fossem os pequenos stalins, milhares e milhares de seus seguidores, criminosos anônimos."[34] O próprio Markov foi forçado ao exílio e assassinado em 1978.

Na Romênia, o expurgo no partido, talvez deflagrado pelo rompimento da Iugoslávia com Moscou, começou em novembro de 1948 e foi até maio de 1950. Foram expulsos cerca de 192 mil filiados como "exploradores e elementos hostis". Um expurgo separado de líderes "nacionalistas" e suspeitos de apoiarem Tito concentrou-se especialmente em Lucrețiu Pătrășcanu, que queria palmilhar um romeno "caminho para o socialismo". Ele fora ativista desde os anos 1930, preso durante a guerra e, mais tarde, ministro da Justiça. Segundo todos os relatos, tratava-se de um intelectual talentoso, que não contava com as boas graças do secretário-geral do partido, Gheorghe Gheorghiu-Dej. Pior ainda, levantara suspeitas em relação a Stalin.

Nas reuniões do Cominform de 1949, Gheorghiu-Dej disse que seu país também tinha "agentes imperialistas" exatamente como o Rajk da Hungria, e mencionou o já aprisionado Pătrășcanu. De dezembro de 1949 a janeiro de 1950, outras 51 pessoas foram também selecionadas e interrogadas, mas delas pouco foi arrancado. Da mesma forma que nos casos similares em outros países satélites, os romenos pediram a Moscou que enviasse especialistas em torturas. O regime desejava extrair à força material para um sensacional julgamento-espetáculos, previsto para 6 a 13 de abril de 1954. Pătrășcanu e uma outra pessoa foram executados, enquanto os outros receberam sentenças de longos anos de carceragem.[35]

Gheorghiu-Dej tirou vantagem das ordens de Moscou para expulsar "inimigos".[36] Usou o antissionismo para eliminar um de seus principais adversários: Ana Pauker, que foi presa em 18 de fevereiro de 1953. Ela fora dedicada membro do partido por anos e se destacara pelas firmes atitudes e posições. Apesar de ela e seus aliados não judeus serem acusados de conexões com o "complô judeu internacional", as autoridades romenas a expurgaram não simplesmente em nome da "purificação" étnica, porque quem a sucedeu no ministério das Relações Exteriores foi Simion Bughici, também judeu.[37]

Após a morte de Stalin, Pauker foi solta e, apesar de sua carreira resultar destruída, isso não aconteceu com seu amor pelo comunismo. Em meados de 1956, uma comissão do partido a sabatinou, e o que ela disse em certo momento deve nos trazer à mente o poder e o significado do modelo de Stalin para os verdadeiros adeptos: "Se um funcionário soviético dissesse alguma coisa a mim, aquilo passava a ser credo. Foi assim que cresci. Digo aos senhores que cheguei a um ponto que qualquer coisa soviética para mim era maravilhosa. Se me dissessem que a URSS precisava de algo, eu o faria. Um erro, sem dúvida, mas eu teria feito. Caso dissessem para que eu me lançasse no fogo, eu teria me jogado."[38]

Na Romênia, como em todos os países dominados pelos comunistas, é difícil contabilizar o total exato de vítimas da stalinização. Um documento dos anos 1950 do Ministério do Interior revela que, para o período de 1948-1953, a polícia prendeu 60.428 pessoas por diversos motivos políticos que foram da difamação do regime, passaram pela distribuição de panfletos proibidos, até "atividade religiosa inimiga". Destas, 24.826 foram detidas em 1952, no ápice da repressão deslanchada desde 1948. Pelo restante dos anos 1950, a segurança de Estado prendia entre 2 e 6 mil "inimigos" por ano. Bem separada desta perseguição política, o regime deu apoio à coletivização forçada da agricultura durante os três anos que se seguiram à reforma agrária de março de 1949, com a prisão de mais de 80 mil camponeses.[39]

Gheorghiu-Dej ficou com o completo controle do partido e continuou a stalinização do país até sua morte, em 19 de março de 1965. Foi sucedido por Nicolae Ceauşescu, que governou com um dos mais cruéis ditadores da Europa Oriental, até que o regime entrou em colapso em 1989.

MAIS STALINIZAÇÃO NA TCHECOSLOVÁQUIA E ALEMANHA

O chefão da Hungria, Rákosi, foi particularmente informado sobre a suposta e pervasiva infiltração de "espiões" na vizinha Tchecoslováquia e queixou-se aos seus assessores soviéticos que o primeiro-ministro tcheco, que logo seria o presidente Klement Gottwald, não o levava suficientemente a sério.[40] De fato, o golpe de Praga de 25 de fevereiro de 1948 expulsou todos os não comunistas do governo, e cedo seguiu-se a prisão da maioria dos líderes oposicionistas. Julgamentos-espetáculo de notáveis socialistas e democratas foram promovidos na Eslováquia e na Morávia em 1948 e culminaram, em maio-junho de 1950, com um grande evento em Praga que incluiu treze líderes até mesmo a socialista e membro do Parlamento, dra. Milada Horáková, uma mulher que lutara na resistência, fora presa pela Gestapo e passara anos em um campo de concentração nazista. Ela foi ré do primeiro autêntico julgamento-espetáculo no país, minuciosamente preparado por especialistas soviéticos, alvo de vasta publicidade. No fim, foi executada em 27 de junho de 1950. Três acusados do mesmo crime experimentaram idêntico destino; os demais foram sentenciados a longos anos de cárcere. Em dezembro, o regime encenou um julgamento de "agentes do Vaticano" para debilitar os dignitários da Igreja. Centenas de julgamentos vieram em seguida e milhares foram sentenciados. Já em meados de 1950, mais de um terço dos 32.638 prisioneiros na Tchecoslováquia estavam naquela situação por crimes "políticos".[41]

De volta a setembro de 1948, Stalin informara a Gottwald, em Moscou, que seu partido estava infestado de espiões ocidentais e que suas fileiras precisavam ser imunizadas.[42] Em 3 de setembro do ano seguinte, o sempre vigilante Mátyás Rákosi escreveu a Gottwald para relatar que sua polícia descobrira espiões na Hungria e que existiam ainda mais na Tchecoslováquia, fornecendo-lhe os nomes. Gottwald julgou que a informação era pura fantasia, mas logo ele e Rudolf Slánský, secretário-geral do Partido Comunista, escreveram a Moscou solicitando uma polícia especialista familiarizada com o caso Rajk na Hungria.[43]

Prisões importantes tiveram início em novembro e algumas evidências apontaram para Slánský, que, convenientemente, também era judeu. Em novembro de 1949, ainda imaculado, ele conversou com o representante tcheco no encontro do Cominform em Bucareste e mencionou o quão "útil" fora o julgamento de Rajk para o desmascaramento dos espiões anglo-americanos. "Vigilância sofisticada" era necessária, disse ele, como também o era "a eliminação oportuna de elementos que são inconfiáveis, alienados e hostis ao partido".[44] Ele não poderia imaginar que sua própria cabeça logo estaria a prêmio.

Apesar de inicialmente a polícia secreta tcheca (StB) e seus auxiliares soviéticos acharem que existia uma conspiração contra Slánský, pelo final

NOVAS ONDAS DE STALINIZAÇÃO

do verão de 1951 começaram a desconfiar que ele fazia parte do complô. Com efeito, a cada mês, de outubro de 1950 a agosto de 1951, uma ou duas figuras de realce foram presas, inclusive ministros do gabinete, pessoas do topo da StB e outros funcionários.[45]

Em 24 de julho de 1951, Stalin sutilmente deixou Gottwald saber que tinha visto os materiais coletados por seus especialistas a respeito de Slánský e que, depois de alguma ponderação, concluíra que o homem não poderia continuar como secretário-geral do partido.[46] Para Stalin, os tchecos se movimentavam com extrema lentidão e, em 14 de novembro, ele despachou Anastas Mikoyan para Praga com ordens para que Gottwald prendesse Slánský. Gottwald resistiu por nove dias, até que chegou outra mensagem de Moscou e ele cedeu. Slánský foi apanhado com outros 220, entre eles alguns dos políticos mais proeminentes do país, inclusive o ministro das Relações Exteriores Vladimir Clementis.[47] Não foi por acaso que muitos deles eram judeus que podiam ser rotulados de "nacionalistas sionistas burgueses", uma acusação que se encaixava nos imaginados "outros" do próprio Stalin, naquele tempo.[48]

O que Stalin tinha em mente para a Tchecoslováquia era um grande julgamento-espetáculo que seria orquestrado por seus especialistas *in loco*. Sob interrogatório, Slánský admitiu ter cometido enganos, mas obstinadamente rejeitou a acusação de ser sionista. Quando os carcereiros berraram que ele mobiliara o partido com judeus, a resposta foi: "Não se tratava do fato de serem judeus, e sim de terem lutado na resistência."[49] Os que não conseguiam ver isto, arrematou, eram racistas. Ele era resistente, mas, submetido a constante tortura, desabou e deu aos interrogadores suficientes razões para o indiciamento. Na companhia de treze outros réus, Slánský foi a figura principal de um evento que perdurou uma semana, tendo início em 20 de novembro de 1952.

O "julgamento monstro" foi ensaiado e transmitido pelo rádio com propósitos de propaganda. A equipe de acusação esmerou-se na linguagem e no palavreado. Deveriam os acusados ser tachados de "grupo conspirador sionista de espionagem" ou pior? Por fim, os promotores optaram pela prosaica expressão "centro de conspiradores antiestado liderado por R. Slánský." Onze dos quatorze réus eram judeus, mas como se referir a eles? Na União Soviética os réus seriam rotulados com "nacionalidade judia", mas em Praga os funcionários decidiram pela mistura absurda de "nacionalidade tcheca, origem judia". Que os acusados eram judeus, contudo, foi com frequência mencionado, e nem é preciso ressaltar que todos foram julgados culpados. Onze foram executados, e os outros, condenados à prisão perpétua.[50]

Os julgamentos-show foram apenas parte de mais amplas repressões de diversos tipos entre 1948 e 1954. Só naquele período, estimados 90 mil cidadãos foram processados por "crimes políticos"; mais de 22 mil acabaram enviados a campos de trabalhos forçados; e mais de 10 mil soldados ou conscritos se viram forçados a servir em batalhões especiais de construção. De 1950 a 1953, várias "ações especiais" de funcionários da polícia e da segurança arrebanharam milhares de "elementos antiestatais", "kulaks", além de como bispos, padres, monges e freiras das igrejas católicas romana e grega. As 247.404 empresas privadas foram, por uma lei exarada em 1950, impedidas de funcionar e, uma década depois, todas tinham desaparecido, de modo que nada da antiga sociedade ficasse intocado, inclusive o senso nacional de independência. Foi este o terror stalinista ao modo tcheco. Ele deixou um legado de desconfiança e medo que minou a fé pública na política e amedrontou o país até bem depois de março de 1953, quando Stalin e Gottwald deixaram este mundo.[51]

Na vizinha Alemanha, pelo menos em sua parte leste, líderes da recém-criada República Democrática Alemã (RDA) não deixaram passar a mania de "inimigos". Na ocasião em que os líderes Wilhelm Pieck e Otto Grotewohl se encontraram com Stalin em 1º de abril de 1952, eles já haviam expurgado o Partido Socialista Unificado (SED) de cerca de 317 mil membros, aproximadamente um terço da filiação total.[52] Pieck desejava promover "julgamentos abertos" dos sabotadores e espiões ocidentais, e Stalin anuiu.[53]

Cinco nomes de líderes proeminentes do SED vieram à luz em agosto de 1950 graças a informações decorrentes do caso Rajk na Hungria. O politicamente mais antigo era Paul Merker, veterano e membro do Politburo desde 1926. Se bem que, não fosse judeu, os outros eram, e o SED engendrou um julgamento estilo "Slánský alemão" com viés nitidamente antissionista. Apesar de Merker só ter sido preso em 3 de dezembro de 1952, os planos para um grande acontecimento jamais se materializaram. Em vez disso, alguns julgamentos foram realizados em sigilo depois da morte de Stalin, mas não resultaram em execuções.

NOVAS ONDAS DE STALINIZAÇÃO   **419**

Como disse George Hodos, ele mesmo um dos que sofreram as privações relacionadas com o julgamento de Rjak na Hungria, os julgamentos-espetáculo eram o "braço propagandístico do terror político". Seu objetivo era "personalizar um inimigo político abstrato e colocá-lo em carne e osso no banco dos réus com a ajuda de um sistema perverso de justiça, para transformar diferenças abstratas político-ideológicas em facilmente inteligíveis crimes comuns".[54]

Se a Alemanha Oriental não teve que passar por uma série de julgamentos-espetáculo, outras características do terror atingiram cada vizinhança, lar e família. O Ministério da Segurança de Estado foi criado em 8 de fevereiro de 1950 com seus funcionários normalmente denominados de Stasi, abreviação de *Staatssicherheit* (Segurança de Estado). As autoridades soviéticas de ocupação tinham estabelecido uma polícia secreta nem bem chegaram, e como todas as outras na Europa Oriental, seu modelo era a Cheka. Ela cresceu como um câncer até um mês antes de o Muro de Berlim ser derrubado em 9 de novembro de 1989, quando a Stasi possuía 91.015 funcionários em tempo integral e cerca de 174 mil informantes. Traduzido para a vida cotidiana, este número significava que, entre cinquenta cidadãos, um trabalhava para a Stasi. A organização ficou famosa tanto por seu tamanho quanto pelo escopo de suas atividades.[55]

Parte do motivo pelo qual o SED não efetuou julgamentos-espetáculo foi que o processo se viu sobrepujado pelo tumulto social. De volta a abril de 1952, quando os líderes da Alemanha Oriental visitaram Stalin, este os alertou para irem devagar com seus "kulaks", e procederem modestamente na organização de fazendas coletivas. Concordou que eles precisavam consolidar a fronteira e recrutar mais guardas; sendo assim, depois que os chefes do SED retornaram para casa, em 26 de maio, praticamente isolaram o país do mundo exterior. Entretanto, ainda queriam fazer mais e conseguiram permissão de Stalin para embarcar no que chamavam de "construção das bases do socialismo". A escatológica visão que tinham de um novo e melhor mundo esteve assustadoramente presente em todas as medidas que tomaram: da coletivização forçada de pequenas fazendas ao confisco de propriedades e empresas privadas. Seguindo o modelo stalinista, seu plano quinquenal priorizava a indústria pesada em detrimento dos bens de consumo. No começo de 1953, e em resposta ao que chamavam de "lassidão ideológica", o regime do SED impôs novas e maiores cotas ao povo e uma "economia estrita".[56]

Autoridades soviéticas, assim como alemãs, ficaram alarmadas com a enorme quantidade de prisões que logo resultaram. Em maio de 1953, Beria expressou desapontamento com os ineptos métodos da Alemanha Oriental e com o grande número de pessoas que fugiam do país por causa de suas políticas sociais.[57] Em 2 de junho, o Conselho Soviético de Ministros convocou os líderes do SED a Moscou e lhes disse firmemente para cuidarem da "grave insatisfação" e da "fuga em massa dos residentes", ou seja, para que revertessem aquele curso. Eles foram orientados a pôr fim ao caminho radical para o socialismo e a restabelecer uma aparência de direitos legais.[58]

Todas as providências espasmódicas tomadas na Alemanha Oriental pelo SED fracassaram em barrar a imediata onda de inquietação que começou a se mostrar na segunda semana de junho de 1953. Sinais semelhantes de descontentamento foram também percebidos na Tchecoslováquia, Romênia, Hungria e Bulgária, embora fossem logo contidos.[59] No leste de Berlim e na RDA, todavia, o desafio popular desaguou num levante de massa em 17 de junho. Servidores soviéticos e alemães orientais ficaram chocados com a escala dos eventos, os quais (relatam documentos soviéticos) atingiram cerca de 270 cidades, com mais de 157 mil grevistas e 335 mil manifestantes.[60] Apesar de um repórter do *Pravda* ter afiançado numa nota ao seu editor que as sublevações não eram significativas e provavelmente incitadas pelo Ocidente, o levante foi o maior protesto contra a stalinização desde a guerra e só foi suprimido com a ameaça de imposição da lei marcial.[61]

O Conselho Soviético de Ministros levou para Moscou a maioria dos líderes dos partidos comunistas durante junho e julho. A mensagem foi parecida com a dada aos húngaros em 13 de junho: eles tinham feito julgamentos incorretos — supostamente, e algumas vezes, seguindo ordens mal-entendidas de Moscou, na verdade de Stalin, e todos precisavam adotar "novo curso" que tivesse menor probabilidade de desencadear inquietações populares. O chefão húngaro Rákosi, no entanto, foi responsabilizado pela maioria dos erros em seu país, onde a situação estava saindo de controle. Como Beria observou, "se mesmo o grande Stalin cometeu erros, o camarada Rákosi precisa admitir que ele também os cometeu". Em outra reunião, em 16 de junho, os húngaros receberam orientações específicas e, apesar de Rákosi obter permissão para continuar controlando o partido, ele foi substituído como primeiro-ministro por Imre Nagy, comunista antigo e

NOVAS ONDAS DE STALINIZAÇÃO

conhecido pela moderação.[62] Moscou esperava que Nagy exercitasse sua proverbial cautela, mas o que ele fez, através de relativamente pequenas concessões, foi "destapar a panela" e deixar que a pressão se esvaísse um pouco.[63] O esforço funcionou por algum tempo, mas não foi capaz de sustar e erupção da revolução húngara de outubro de 1956, selvagemente sufocada por direta intervenção do Exército Vermelho, com a finalidade de realçar a condição de vassalo do país.

Ocorreu que Moscou não estava realmente interessada em apoiar reformadores e, num país atrás do outro, o "novo curso" estabelecido após a morte de Stalin logo descarrilhou.[64] Com a Guerra Fria já bem avançada e o prosseguimento da Guerra da Coreia, a política dos EUA na linha de frente da Alemanha e de Berlim durante os eventos de junho de 1953 foi cautelosa ao ponto de parecer "impotente".[65] Em vista da rápida intervenção das tropas soviéticas, qualquer ação do Ocidente para apoiar os insurgentes alemães em 1953 teria sido irrealista. O regime do SED enfrentava descontentamento em massa e, independentemente do que concedesse, não tinha como "acompanhar a variante complexidade dos protestos, o que exigia cada vez mais adulação e coerção personalizadas".[66] Na esteira das insatisfações, autoridades alemãs começaram a erigir de novo um Estado ao estilo soviético e recorreram ao fortalecimento da Stasi. Em 13 de agosto de 1961, para barrar a fuga em massa do país, eles construíram o Muro de Berlim.

Foi então que a sensação de impotência realmente atingiu famílias como a de Joachim Gauck. O Muro as forçou e a todos os alemães orientais a se ajustarem e continuar vivendo: como não podiam mais viajar à vizinha Dinamarca para tomar um sorvete, convenceram-se de que, fosse como fosse, o deles era melhor. Recordando aqueles tempos em suas recém-publicadas memórias, Gauck disse: "Foi assim que, com frequência, declaramos o anormal como normal, para que não fôssemos tomados pela piedade, fúria e raiva."[67]

Mas qual tipo de sistema era capaz de enclausurar todos os cidadãos? Durante a existência do Muro, até 9 de novembro de 1989, meros 16.348 conseguiram escapar, enquanto dezenas de milhares foram presos e centenas fuzilados por tentarem fazê-lo.[68] Podemos perceber de alguma forma o processo arquitetado na RDA pela maciça documentação relacionada à Stasi ou por ela coletada. Tal material está na nova instituição, criada quando o Muro veio abaixo, em 1989, e ela foi subsequentemente chefiada por Joachim Gauck.

Gauck, pastor protestante, teve sua primeira experiência com a polícia secreta quando tinha apenas 6 anos. Seu pai, Joachim Gauck, foi visitar a mãe no aniversário dela, em 27 de junho de 1951, quando completou 71 anos. Gauck, o filho, lembrou-se da data porque naquele dia seu pai desapareceu, ou, na expressão da época, foi "apanhado" (*abgeholt*). Ninguém sabia onde ele se encontrava, o que tinha feito, ou mesmo se ainda estava vivo. Gauck pai era inspetor de obras no estaleiro de Rostock e um ex-chefe escrevera-lhe de Berlim Ocidental com um convite para visitá-lo. O pai jamais respondeu, mesmo assim a polícia ouviu alguma coisa sobre a carta e o submeteu a tribunal militar que o condenou a 25 anos por "espionagem". Ainda recebeu mais 25 anos por "atividades antissoviéticas", porque houve revista na residência e foi encontrada uma revista técnica publicada no Ocidente.

"As acusações foram arbitrárias", disse Gauck filho, "e seguiram o princípio: se já temos a pessoa, logo encontraremos um crime." Sem que fosse permitida uma notícia à família, as autoridades despacharam o pai para os confins da Sibéria. Ele teve sorte por sobreviver e foi solto em 19 de outubro de 1955, como parte do "degelo" que se seguiu à morte de Stalin.[69] Se o Gauck pai pudesse antever o futuro, não acreditaria que seu filho um dia se tornaria presidente de uma Alemanha livre e unificada, como de fato ocorreu quando Joachim Gauck prestou juramento para a função, em 23 de março de 2012.

21

O último desejo e o testamento de Stalin

Stalin sempre se viu ocupando lugar especial na linhagem de Marx e Lenin e acreditava possuir algo de valioso a contribuir para a humanidade. De sua privilegiada posição no movimento da história mundial, assim se desenvolvia seu raciocínio: ele poderia abrir caminho para futuros Stalins que continuariam o trabalho de eliminação do capitalismo. O ascético ditador e ex-estudante de teologia, desinteressado pelos prazeres da carne, salvo pelas grandes bebedeiras na companhia de seus convidados, mostrava-se fascinado com a grande questão da prestação de contas nesta vida terrena. Refletindo sobre sua missão na vida, seus pensamentos a respeito do último desejo e do testamento necessariamente foram políticos.

Este lado racional de Stalin, sua inteligência analítica tão sintonizada com estratégias e cálculos, impressionou bastante os intelectuais e professores encarregados da revisão dos detalhes de um grande livro que o ditador desejava deixar para aqueles que seguiriam seus passos. Ao mesmo tempo, a personalidade de Stalin possuía um lado implacável e irracional obcecado por conspirações, boatos, especulações insanas e fixação em espiões. Entre suas fobias estava o antissemitismo, que até certo ponto não conseguia refrear enquanto solidificava seu controle sobre os satélites europeus orientais.

Não apenas Stalin jamais conseguiu conciliar as duas vertentes contraditórias de sua natureza, como também, no fim da vida, surgiram sinais perturbadores de que fortes surtos irracionais começavam a dominá-lo.

O TESTAMENTO POLÍTICO

Stalin deu início ao projeto de deixar um testamento político décadas antes, em meados dos anos 1930. Àquela época, providenciou a produção do *A história do Partido Comunista da União Soviética (bolchevique): Curso resumido.* Sua finalidade foi ministrar lições e exaltar a grande conquista da chegada ao poder, da criação da ditadura do proletariado e da fundação da União Soviética. Em 1937, em meio ao Grande Terror, Stalin encomendou dois volumes complementares sobre economia, sendo um deles um livro didático introdutório, e outro, uma versão avançada. Uma equipe de redatores se pôs a trabalhar e enviou-lhe algo em torno de quatorze ou quinze rascunhos com o passar dos anos. Ele leu escrupulosamente e editou ambos, porém, no fim, os considerou inadequados.

Em alguma parte do caminho, Stalin passou a considerar um livro sobre economia como seu *magnum opus*, um tratado que suplantaria tanto Marx, que tendia a ser abstrato e filosófico, e mesmo Lenin, que soube como tomar o poder, mas faleceu poucos anos depois. Stalin governou por um período bem maior, introduziu o novo sistema e, de uma maneira ou de outra, fez com que ele seguisse seu curso. O livro que desejava detalharia seus feitos e serviria como catecismo, livro didático e fonte de sabedoria para futuras gerações sobre como estabelecer e administrar uma economia stalinista. Tal obra revelaria o "socialismo científico" em ação, bem como sua superioridade em relação ao capitalismo como sistema econômico.

Embora esse livro representasse seu testamento político, os economistas que nele trabalharam como mouros enfrentaram exigente tarefa. Em 1950, Stalin finalmente aprovou um texto inicial[1] que serviria de ponto de partida para mais um intenso trabalho por parte de altos funcionários do partido e de especialistas. Em 22 de fevereiro, criou uma comissão especial chefiada pelo secretário do Comitê Central Gueorgui Malenkov e lhe concedeu um mês para terminar as revisões. O resultado o desapontou, de modo que o ditador acrescentou pessoas novas à comissão e a instalou em

O ÚLTIMO DESEJO E O TESTAMENTO DE STALIN   425

grande estilo na casa de Máximo Gorki. A equipe, inspirada pelo ambiente e com a confiança de Stalin, laborou incansavelmente. O chefão se colocou à disposição sempre que necessário, participou de algumas reuniões, e os membros da comissão se mostraram estupefatos com a profundidade de seus conhecimentos. Os debates continuaram.

Em novembro de 1951, o texto revisado foi levado à apreciação de uma conferência com 247 especialistas, cujos comentários preencheram três grossos volumes. O "grande mestre" examinou cuidadosamente todo o material e, no início de 1952, escreveu longas "observações" sobre ele. Então, em 15 de fevereiro, convocou a equipe de redatores, o Politburo e mais de uma dezena de especialistas para que discutissem o livro e suas observações. Em toda a história soviética, nenhum livro ou estudo experimentou qualquer coisa parecida com a atenção acadêmica e política de que foi alvo, antes de ser publicado.[2]

Stalin devotou tanto tempo e energia ao projeto porque o livro acabado conteria as lições da economia stalinista, codificadas em um livro didático acessível a todos e com menos de seiscentas páginas. Ele seria a bíblia stalinista. Marx estabelecera os princípios do socialismo, Lenin proporcionara uma teoria da revolução, e o novo livro didático mostraria ao mundo que Stalin fora o gênio que fizera tudo isso funcionar. O volume revelaria, declarou ele, "como cortamos as amarras do capitalismo; como transformamos a economia segundo linhas socialistas; como conquistamos a amizade do campesinato; e como convertemos o que era até recentemente um país pobre e fraco num rico e poderoso".[3]

Ainda que fosse enfático — como Marx e Lenin —, no sentido de querer um livro "científico" e "objetivo", Stalin distribuiu aos redatores instruções politicamente carregadas e reuniu-se diversas vezes com eles para garantir que se mantivessem na linha política "correta".

A única forma de eles poderem produzir um relato "lógico", e não político, da economia stalinista era ignorando uma série de fatos monumentais. Todos sabiam que a medida e o motivo do sucesso econômico obtido pela União Soviética se deviam ao avassalador emprego da violência e da força, até mesmo os iniciantes. Para se libertarem da "escravidão capitalista", os soviéticos haviam eliminado ou intimidado os industriais e a burguesia. Para conquistar a "amizade" do campesinato, Stalin conduzira uma guerra sustentada contra ele; o regime fuzilara ou exilara os kulaks, camponeses mais abastados, preparados e economicamente eficientes. Aquela guerra no campo levara a desastrosas fomes no início dos anos 1930 e, de novo, durante a Segunda Guerra Mundial. Para explicar o que as fazendas coletivas eram e por que os camponeses "as adoravam", como afirmava Stalin, os redatores teriam de fingir não ver a compulsão que fora necessária para que elas operassem. Até sua produtividade empalidecia em comparação com a dos fazendeiros americanos ou canadenses. Stalin pouco sabia sobre o campo, muito menos como a agricultura funcionava — ele visitou fazendas apenas uma vez (em 1928) e, na melhor das hipóteses, tinha só ideias gerais sobre o sistema agrícola.[4]

Para transformar a debilidade em força militar do país, o regime despejara vastas quantias em planos quinquenais e indústrias pesadas a custo dos consumidores e da sociedade de modo geral, resultando que, em termos de espaço habitacional e salários reais, a maioria das pessoas se viu em situação pior em 1952 do que estava no magro 1928, antes de começarem os planos quinquenais. Mesmo em fatores básicos, como o salário por horas trabalhadas, medido em termos de alimentos, os trabalhadores americanos estavam três vezes à frente de seus correspondentes soviéticos em 1928, e bem acima de cinco vezes em 1951-52.[5]

Quando os redatores do livro didático de economia de Stalin se reuniram à volta dele em fevereiro de 1952, o estado de espírito do ditador estava ótimo, pois gostara de como as coisas haviam caminhado e lhes concedeu mais um ano para a conclusão do trabalho. Eles usariam suas observações e sugestões como guias. O produto final estava previsto para março de 1953, mas Stalin faleceu antes de lê-lo. O texto, por fim publicado em 1954, se perdeu na obscuridade.

Ao mesmo tempo em que se dedicava a este esforço racional, ainda que exagerado, para codificar suas "lições", Stalin perseguia pistas visivelmente absurdas, como indícios de que médicos judeus já tinham matado destacados líderes soviéticos e haviam tentado inclusive a morte do próprio ditador.

O COMPLÔ DOS MÉDICOS

A predisposição para o pensamento conspiratório, presente entre a elite socialista quase desde o nascimento do marxismo no século XIX e compartilhada por Stalin durante sua longa carreira, tornou-se mais pronun-

O ÚLTIMO DESEJO E O TESTAMENTO DE STALIN

ciada nos seus últimos anos de vida. A polícia secreta, na oportunidade da investigação contra o Comitê Judaico Antifascista (JAFC) no fim dos anos 1940, desenterrou informações que levaram à prisão de um certo dr. Yakov Etinger, em 18 de novembro de 1950. Viktor Abakumov, chefe da Segurança de Estado (MGB, antes NKVD), suspendeu o interrogatório de Etinger porque o suspeito estava mal de saúde. No entanto, Mikhail Riumin, membro entusiasta de um ramo de investigações especiais, continuou apertando Etinger, cardíaco e com 64 anos, que acabou morrendo subitamente em 2 de março de 1951. Passados diversos meses, Riumin começou a se sentir ameaçado por seus superiores imediatos e decidiu escrever a Stalin. O dr. Etinger, afirmou ele, havia confessado que, em meados de 1945, enquanto tratava do destacado líder soviético Alexander Scherbakov, tinha "encurtado" a vida do paciente. Riumin afirmou que, a despeito da possibilidade de solucionar aquele crime, seu chefe Abakumov ordenara o arquivamento do caso e transferira Etinger para a notória prisão de Lefortovo, onde ele morreu de causas naturais numa masmorra úmida.[6]

Stalin já estava aborrecido com Abakumov por não ter completado o caso contra o JAFC e, em 4 de julho de 1951, o chefe da Segurança de Estado foi exonerado. Um comitê presidido por Malenkov e Beria checou as alegações de Riumin e, pressentindo o que Stalin esperava deles, chegou a conclusões muito abrangentes. Alegou-se que, de fato, "entre os médicos havia um grupo de conspiradores", que "tencionava, através de tratamento especial, abreviar a vida de líderes do partido e do governo". Os membros do comitê também afiançaram que Abakumov havia obstruído a investigação, de modo que ele e outros do MGB deveriam ser demitidos, e o caso Etinger, reaberto.[7] Foi assim que, em 11 de julho, Stalin ordenou a instauração de inquérito policial especial sobre antigos pacientes de todos os médicos que haviam trabalhado no centro médico do Kremlin. Entre os investigadores da polícia estava Mikhail Riumin, que logo foi encarregado do caso JAFC. Em 10 de agosto, Stalin começou a gozar suas últimas férias e permaneceu fora de Moscou por quatro meses e meio.

Enquanto isso, Riumin extraía pela tortura mais informações de suspeitos para alimentar o apetite de Stalin por conspirações, e saiu-se tão bem a ponto de se ver promovido a vice-ministro da Segurança de Estado em 19 de outubro. O chefe do Kremlin terminou suas férias em 22 de dezembro e, de volta, reuniu-se com funcionários do MGB, ameçando-os com terríveis consequências se não conseguissem resultados. Em janeiro de 1952, a acareação entre envolvidos no caso JAFC foi retomada e o processo, finalizado em 31 de março. Um relatório foi enviado a Stalin na semana seguinte contendo a recomendação de Riumin por punições — execução de todos menos um dos principais réus.[8]

Um julgamento fechado, diante de três juízes militares — surpreendentemente não um julgamento-espetáculo para o público —, teve lugar entre 8 de maio e 18 de julho, com resultado decidido de antemão. O tópico principal da acusação era que "nacionalistas judeus" haviam espionado para os Estados Unidos. Quereriam criar um território para os judeus na Crimeia e, em consequência, abririam uma porta dentro da URSS para os americanos. Os membros do JAFC foram acusados de promover status especial para os judeus, e o *Livro negro do Holocausto na União Soviética* foi mencionado como evidência dessa acusação. O réu mais importante, Solomon Lozovski, veterano membro de realce do Comitê Central do Partido Comunista, foi sentenciado e por fim executado em 12 de agosto, na companhia de doze outros. Mais 110 pessoas receberam sentenças diversas por "crimes" que foram do apoio ao sionismo à espionagem e ao nacionalismo.[9]

No curso da revelação e da conclusão da conspiração JAFC, a polícia encontrou e inventou mais esquemas secretos. Para Stalin, o mais atraente se relacionava aos médicos. Pelo fim de 1952, sua equipe especial, investigando os "médicos sabotadores", confirmou que, com efeito, o finado dr. Etinger fora o responsável pela morte de Alexander Scherbakov. Além do mais, continuava o relatório, a condição cardíaca de Andrei Jdanov podia ter sido mal diagnosticada. Prisões de mais de 25 médicos culminaram em 4 de novembro quando até mesmo o dr. Vladimir Vinogradov, médico pessoal de Stalin, foi levado sob custódia.

O ditador envolveu-se emocionalmente e lembrou aos investigadores a tradição de tortura policial que remontava aos dias de Lenin e Dzerjinsky. Disse-lhes para que não fossem tão tímidos: "Vocês parecem garçons trabalhando. Se quiserem ser chekistas, tirem as luvas brancas."[10] De uma maneira ou de outra, ele conseguiu provas para apresentar perante reunião especial do Comitê Central, de 1º a 4 de dezembro. Após deliberações, seus membros chegaram à conclusão que, de fato, houve um complô envolvendo dois ex-administradores do hospital do Kremlin, quatro

O ÚLTIMO DESEJO E O TESTAMENTO DE STALIN

médicos, entre eles Vinogradov, assim como dois "cidadãos judeus" e o dr. Etinger. Todos, supostamente, trabalhavam para os serviços de inteligência anglo-americana e estavam implicados nas mortes de Jdanov e Scherbakov, incidentes, foi ressaltado, que a liderança do MGB deveria ter tomado conhecimento e evitado.[11]

Ressaltando que não deveria ser registrado na ata da reunião, Stalin fez questão de observar, lembrando o Grande Terror: "Quanto mais progredimos, mais inimigos tentam nos fazer mal. Sob a influência de grandes sucessos surgem a complacência, a credulidade e a arrogância." Ele empregara quase idênticas palavras em 1937. Agora, entretanto, mostrava-se particularmente irritado com os judeus soviéticos, que não desejavam a assimilação ao país. "Todo nacionalista judeu", asseverou, "é um agente da inteligência americana. Nacionalistas judeus pensam que os EUA (onde se pode enriquecer, ser burguês e coisas assim) salvaram a nação deles. Sentem-se agradecidos aos americanos. Entre os médicos existem muitos nacionalistas judeus."[12]

Stalin estava triunfante, porém, por mais forte que fosse esse sentimento, evitou fazer acusações públicas. Em vista do alastrado sentimento antissemita em partes da União Soviética, se ele o fizesse, não teria sido difícil mobilizar pogroms. O malicioso ditador, contudo, gostava de manter seus seguidores conjecturando. Mas, de qualquer maneira, instintivamente não se inclinava por incitar a violência popular, que poderia facilmente adquirir ímpeto próprio. Assim, ocorreu que Stalin introduziu o antissemitismo oficial na União Soviética, país que outrora se orgulhava da sua ideologia da emancipação.

A história do "complô dos médicos" finalmente foi revelada na imprensa em meados de janeiro de 1953, quando o *Pravda* publicou detalhes sob a manchete: "Prisão de Grupo de Médicos Sabotadores" (*vrachei-vreditelli*). O jornal mencionou todos os seus nomes e ressaltou que a "maioria do grupo terrorista" tinha ligações com uma organização "internacional judaica de nacionalistas burgueses" e que era "orientada por serviços americanos de inteligência". Seu objetivo era liquidar políticos da liderança soviética. Esses "monstros com face humana" não estavam apenas implicados com as mortes de Jdanov e Scherbakov, contava a matéria; eles também ameaçavam oficiais da liderança militar. Mais acusações foram citadas. Os judeus e sionistas, alegava-se, "se revelaram agentes do imperialismo americano e inimigos do Estado soviético". A TASS e outros jornais publicaram artigos similares, amplificaram suspeitas sobre os judeus e conclamaram a expulsão deles de várias instituições, jornais e fábricas.[13]

O antissemitismo oficialmente consentido, e não a violência ostensiva, se alastrou, e Lev Kopelev, prisioneiro num campo especial perto de Moscou, ouviu funcionários cochichando entre si: "Espancado na escola... Arrancado de um ônibus... Espancado quase até a morte... Dizem que eles aplicaram injeções no hospital que infectaram pessoas com sífilis... Enforcou-se... Expulso do instituto". Alguns presos ficaram horrorizados e um deles disse, "Parece coisa de Hitler". Uns poucos se rejubilaram com o fato de judeus terem sido "flagrados" e presos.[14]

Apesar de o caso dos médicos jamais ter ido a julgamento, alguns historiadores afirmaram que a intenção fora de criar um prelúdio para a deportação em massa dos judeus.[15] Ao mesmo tempo, correram boatos de que todos seriam deportados, como os chechenos, os tártaros da Crimeia, os balcares e outros. Sussurrava-se que o regime construiria uma cidade de campos em algum lugar da Sibéria e que os médicos poderiam ser publicamente executados na Praça Vermelha.[16] Todavia, a despeito da exaustiva procura de documentos esclarecedores nos arquivos dos anos 1950 e, de novo, desde os anos 1990, nenhuma evidência surgiu de que uma deportação maciça tivesse sido cogitada.[17]

Não obstante, as histórias negativas e a propensão a se acreditar em tudo o que o Estado dizia causavam calafrios sociais. Irina Dubrovina, que viveu em São Petersburgo em janeiro de 1953, lembrou-se de que aguardava uma colocação em um laboratório com destacados estudantes de química quando o rádio anunciou com estridência o Complô dos Médicos: "Ficamos sem ar. Entre nós, os judeus eram os melhores alunos. Os melhores, que nós tratávamos como iguais." De uma hora para outra, eles eram todos sabotadores e assassinos — ao menos foi isso que ouviram. Então os estudantes foram embora "sem pronunciarem palavra uns aos outros. Ali estava a prova de como éramos bem treinados, doutrinados — não era necessário dizer nada sobre coisa alguma. Entendíamos tudo". Como poderia aquilo ser verdade? "Crescemos acreditando que todas as nacionalidades eram iguais, que éramos internacionalistas, que todos eram bem-vindos." Irina e alguns outros tentaram um débil protesto, que deu em nada, e, por esse ato de desobediência, ela acabou com um cargo de professora nas montanhas remotas da Chechênia.[18]

O ÚLTIMO DESEJO E O TESTAMENTO DE STALIN 431

Esta história ilustra um dos modos mais insidiosos pelos quais se alastrou o antissemitismo oficial. Alexander Yakovlev também se recordou daqueles tempos. Ele tinha apenas 18 anos, era membro do partido e trabalhador em Yaroslavl, uma cidade a uns 250 quilômetros a nordeste de Moscou. No início de 1953, era superintendente de escolas e instituições de ensino superior. Foi convocado pelo camarada Shkiriatov, presidente da Comissão de Controle do Partido, seu órgão mais repressivo, e foi--lhe dito para levar consigo a lista do pessoal. Shkiriatov tinha uma carta de denúncia acusando Yakovlev de não entender a política do Kremlin sobre cosmopolitismo e, por conseguinte, falhar em não promovê-la. Por sua incompetência, ele "teria que ser punido". Yakovlev, então, saiu do escritório mancando, e Shkiriatov perguntou o motivo; quando tomou conhecimento de que se tratava de sequela da guerra, o presidente mudou de ideia. Yakovlev sabia que teve sorte por escapar, mas entendia que outra vítima teria que ser encontrada para ocupar seu lugar.[19]

Yakovlev, mais tarde, tornou-se chefe da Comissão Presidencial da Rússia para a Reabilitação de Vítimas da Repressão Política. Sua fundação publicou numerosos volumes de documentos sobre a ditadura de Stalin. Em sua confiável e esmerada opinião, de fato, em fevereiro de 1953, "preparativos para deportação em massa de judeus de Moscou e de outros importantes centros industriais para regiões do norte e do leste" tinham começado. Com a morte de Stalin, "um novo banho de sangue foi abortado".[20]

Stalin permitiu que a mania antissemita se infiltrasse em sua própria família. Durante a guerra, Svetlana, então com 17 anos, flertou com o fascinante Alexei Kapler, com o dobro da idade dela, mulherengo notório, casado e também judeu. Stalin ficou muito aborrecido e Kapler teve sorte de escapar com vida. Depois Svetlana apaixonou-se perdidamente pelo filho de Beria, Sergo, mas o relacionamento não durou. Em 1944, ela conheceu Grigori Morozov, igualmente judeu. Embora o pai não aprovasse, não colocou obstáculos ao casamento. No entanto, jamais deu sua bênção ao matrimônio e se recusou a receber o novo genro, muito menos concordou com a permanência do casal no Kremlin, e forçou a separação em 1947. O casamento tornou-se intolerável para Stalin quando soube que o líder do JAFC Mikhoels e outros esperavam ganhar acesso político pelo uso da ligação de família com o ditador. As autoridades sumiram rapidamente com Morosov, como também com outros parentes de Stalin. No fim de

1948, o ditador disse a Svetlana que todos trabalhavam para um "centro sionista". Os sionistas haviam "jogado aquele primeiro marido em nosso caminho", disse ele, e a geração mais velha de judeus ensinava sionismo para os jovens.[21]

Como parte da investigação sobre o JAFC, a polícia coletou provas sobre a esposa judia de Molotov, Polina Jemchujina. Stalin lera o dossiê a respeito dela numa reunião do Politburo do fim de 1948. O relatório estava repleto de mentiras, inclusive quanto às suas preferências sexuais, mentiras que tinham sido arrancadas de outros já presos. Jemchujina era pessoa notável com carreira bem-sucedida, e Stalin a fizera comissária para a Pesca em 1939. Outrora ela fora exaltada como a mulher mais bem-vestida da URSS, e agora era execrada.[22] O chefão exigiu que fosse expulsa do partido e que o casal se divorciasse. A interpretação mais nobre que se pode dar à obediência do casal às ordens de Stalin foi que Molotov pretendeu salvar a vida da esposa e que ela concordou na esperança de poupar a família.[23]

O comissário Molotov, em suas memórias, proporciona uma alternativa pintando os dois como absolutamente dedicados à causa. Quando Jemchujina soube o que Stalin dissera, supostamente virou-se para o marido e, sem queixas, observou: "Se é necessário para o partido, então vamos nos divorciar". Ela foi presa, ficou no cárcere por um ano e foi mandada para um campo de concentração por mais três. Molotov, no início, absteve-se de votar por sua expulsão do partido, porém, logo, num bilhete a Stalin, admitiu os erros políticos dela, foi a favor de seu exílio e expressou remorso por não ter evitado que ela forjasse laços "com nacionalistas judeus antissoviéticos".[24] Quando Polina foi enviada para o campo, aparentemente Molotov fez pouco esforço, ou nenhum, para saber de seu paradeiro. Este episódio espelha bem a covardia de um homem que se tornou sinônimo de subserviência e brutalidade. Com respeito à ex-esposa, sua consciência era aplacada pelo amistoso gesto de Beria, que costumava sussurrar ao seu ouvido nas reuniões: "Ela está viva, viva!".

As reminiscências de Molotov têm o ranço da autoilusão e oferecem vislumbres de uma mentalidade servil tentando justificar o regime cruel e sua cumplicidade com ele. É difícil aceitar o relato que faz do retorno de Polina dos campos de concentração. A primeira coisa que passou pela cabeça dela, afirma, foi o bem-estar do líder. Sem saber que Stalin havia falecido, ela perguntou como ele estava passando. Molotov escreve como se quisesse limpar o bom nome da esposa e dificilmente lhe ocorre que ela foi uma vítima inocente. Mas talvez sentisse isso, e pensar sobre sua inocência fazia com que ele tentasse, esforçadamente, convencer os outros e a si mesmo de que tudo ocorrera por um bem maior. Ele se lembrou, depois da morte de Polina, que ela jamais praguejou contra Stalin e brigava com quem falasse mal dele: tinha sido uma "genuína bolchevique, uma verdadeira cidadã soviética".[25]

Mesmo "pessoas sensatas" como Konstantin Simonov acabaram enredadas no derradeiro surto de conspiração. Ele prontamente assumiu uma postura anticosmopolita que agradou a Stalin e, em 1950, como recompensa, o ditador colocou o escritor como encarregado de uma das revistas literárias de maior renome do país, a *Literaturnaia Gazeta*. Dele "esperava-se" que persistisse em sua vigilância e, de fato, Simonov descartou de imediato todos os judeus por seus "medíocres trabalhos e equívocos políticos". Foi então promovido para o Comitê Central, onde ouviu os últimos discursos de Stalin e ponderou sobre as observações quanto aos judeus. Contudo, continuou inflexível em sua própria vida e, em 24 de março de 1953, saiu-se com uma lista dos escritores judeus que deveriam ser expurgados da União dos Escritores Soviéticos, na verdade, dando um fim à carreira deles. Sua carta, escrita duas semanas após o falecimento do ditador, teria recebido o carimbo de aprovação de Stalin.[26]

Yuri Slezkine, cuja própria família experimentou essa sublevação, observa que, para os judeus, com suas expulsões do partido e a perda dos empregos, as caluniadoras acusações significaram que os sonhos e esperanças, que muitos deles associavam ao sistema soviético de crenças, estavam acabados. "A grande aliança entre a revolução judaica e o comunismo chegava ao fim. O que Hitler não conseguira fazer, Stalin fez, e como Stalin fez, assim o fizeram seus representantes em outras regiões."[27]

ÚLTIMO CONGRESSO DO PARTIDO

Por trás do esforço para revelar a "verdade" sobre os judeus e da esperança de terminar seu livro, Stalin pareceu sentir a iminência da morte. Foi também por conta disso que ele convocou o XIX Congresso do Partido, aberto em 5 de outubro de 1952, o primeiro encontro depois de treze anos.

Mais de 1.300 delegados e líderes comunistas de todo o mundo se reuniram no Grande Palácio do Kremlin. Apenas dias antes, no *Pravda*, Stalin publicara seu breve relato dos "Problemas Econômicos do Socialismo na URSS". Foram "observações" sobre o livro de economia e ele fez saber que representavam seu relatório político para o congresso.

Embora durante o encontro ele tivesse permanecido em local de destaque por algum tempo, não disse nada até 14 de outubro, o último dia. Quando se aproximou do microfone, foi ovacionado demoradamente e com entusiasmo: mais Deus que homem. Não fez o menor esforço por sofisticar a oratória, mas não fez diferença: ele era o senhor, o chefe, o mestre, o líder temido, o terrorista e o imperador, tudo numa só pessoa. A plateia, firmemente sintonizada com o orador, parecia hipnotizada antes mesmo de ele dizer alguma coisa, e depois saboreou cada sílaba pronunciada. A sensação foi de que, lembrou-se um dos participantes, cada palavra era "elevada revelação, grande verdade marxista, pérola de sabedoria sobre o presente e de presciência sobre o futuro".[28]

A plateia era grupo privilegiado, também mestres, poderosos, identificados com o Kremlin na grande batalha pelo futuro. Em poucos minutos, Stalin lembrou a todos que os bolcheviques — a "brigada de choque" da revolução mundial — triunfaram apesar de todas as dificuldades. Sua vitória tornara mais fácil para as próximas "brigadas de choque" vencerem no Leste Europeu e China, e assim seria até o dia do juízo final. A luta de classes estava ficando "mais simples" contra a burguesia capitalista, que perdera seu último vestígio de liberalismo. Ela agora defendia os direitos das "minorias exploradas", não os das "maiorias exploradas". Em função de tais tendências, concluiu Stalin, existiam "todos os motivos para contarmos com o sucesso e a vitória" do comunismo em todo o mundo.[29]

Em suas "observações", publicadas na véspera do congresso, ele aprofundou a questão. Sustentou que os países capitalistas seguiam tentando "estrangular" os que não concordavam com o Plano Marshall. A União Soviética e as "democracias populares" na Europa e China, afirmou, tinham condições de sucesso por si mesmas e, de fato, estavam eliminando mercados globais e garantindo recursos escassos. No seu modo de ver, rivais capitalistas competiriam mais acirradamente entre si por aquilo que restasse e acabariam fazendo a guerra uns com os outros. A luta de classes se inflamaria nesses países como prenúncio do confronto final com

O ÚLTIMO DESEJO E O TESTAMENTO DE STALIN 435

o comunismo, justamente como ele vinha dizendo havia muito tempo. Era verdade que existia um movimento pela paz, mas ele nunca seria suficientemente forte para barrar a maré da grande batalha que viria.

Segundo sua perspectiva, os Estados Unidos e seus lacaios capitalistas haviam tentado seduzir os comunistas para que participassem do Plano Marshall num esforço para reforçar suas debilitadas economias. Mas a batalha final só poderia ser retardada por algum tempo. No final, ele estava convicto de que só havia uma forma de evitar a guerra: eliminando sua causa — o capitalismo. A fé de Stalin no inevitável conflito ideológico e na guerra com os capitalistas permanecia inabalável.[30]

Ele trouxe à baila sua teoria favorita da crise geral do capitalismo, que era tanto econômica quanto política. O primeiro estágio da crise levara à Primeira Guerra Mundial e tornara possível a Revolução Russa, o segundo conduzira à última guerra, e a batalha final estava às portas. De um lado, existiria "o cada vez maior declínio do sistema capitalista mundial" e do outro, "o fortalecimento do poder econômico dos países que conseguiram se distanciar do capitalismo — a URSS, a China e as democracias populares". Para sua grande satisfação, a teoria e as predições que fez no fim dos anos 1920 pareciam agora mais válidas que nunca.[31]

Quem achasse que a energia de Stalin se esvaía pôde ver o contrário dois dias mais tarde, no Salão Sverdlov. Em 16 de outubro, em um discurso exaltado para o Comitê Central, ele falou, com anotações, por uma hora ou mais. Exigiu a expansão da executiva do partido, precisamente como Lenin fizera no fim da vida.[32] Um novo Comitê Central teria 125 membros, crescimento de dois terços em relação ao anterior. Dissolveu o Orgburo e ampliou o Politburo com nove membros e dois candidatos, fazendo-o constituir um "Presidium" de 25 membros e onze candidatos.[33]

A parte do discurso para o Comitê Central da qual Konstantin Simonov se lembrou foi a solene declaração de Stalin de que "se aproximava a hora de outros continuarem o trabalho que ele havia feito". A "difícil luta contra o capitalismo estava logo à frente e o mais importante nessa batalha era não se acovardar, não ter medo, não recuar e não capitular". Como de hábito, Stalin não falou sobre si mesmo, em vez disso relembrou a todos o destemor de Lenin.[34]

A plateia se assustou quando ele voltou a ameaçar os veteranos comunistas. Apontando para Molotov, Kaganovich, Voroshilov e Mikoyan — todos, em maior ou menor medida, já em desfavor —, afirmou que eles deveriam ser exonerados de suas obrigações. Aqui, ele seguia as pegadas de Lenin. Com efeito, quando Stalin pensou em voz alta sobre possíveis sucessores, excluiu todos os veteranos e, na presença deles, humilhava ou insultava cada um, para demonstrar quão desmerecedores eram.[35] Naquele dia, no Salão Sverdlov, o mestre resolveu escolher Molotov para uma sova feroz, culpando-o por diversos erros e — com a esposa Polina, então cumprindo pena em campo — por conspirar para criar um território judeu na Crimeia. Stalin disse que era só o Politburo tomar uma decisão para Molotov logo informar sua esposa e seus amigos, e eles não eram confiáveis. Essas revelações surpreenderam muitas pessoas e demonstraram que Stalin afundava cada vez mais numa maníaca preocupação com conspirações.[36]

Surgiam também sinais de que ele se preparava para outra guerra. Essa foi a impressão que teve o tenente-general N. N. Ostroumov, um dos subchefes do estado-maior da força aérea. Na primavera de 1952, Stalin ordenou a fabricação de não menos do que cem novas divisões de bombardeiros táticos, um maciço fortalecimento cuja finalidade os especialistas não podiam atinar.[37]

Antes que tivesse a chance de agir impulsionado pelas crescentes fobias contra o Ocidente, os judeus ou seus próprios camaradas, Stalin faleceu em circunstâncias que ainda hoje estão sujeitas a controvérsias. Novos documentos foram recentemente liberados, mas nunca existirá informação suficiente para aplacar os descrentes que insistem ter Beria ou alguém envolvido em um complô, envenenado Stalin. No sábado, 28 de fevereiro, ele ofereceu um jantar em sua dacha em Kuntsevo, e os convidados Beria, Malenkov, Khruschev e Bulganin permaneceram até cerca das 4h de domingo. Os seguranças começaram a ficar ansiosos com a ausência do chefe durante o dia, esperando a chegada do malote especial por volta das 22h, quando, então, poderiam bater na porta do seu quarto; como ele não respondeu, os guardas entraram e o encontraram prostrado e semiconsciente. Em vez de chamarem a equipe médica, telefonaram para políticos, que foram se apresentando no início da manhã de 2 de março. Todos hesitaram em convocar os médicos, talvez com certo receio de que Stalin, que parecia em sono profundo, acordasse e os encontrasse a sua volta. O Complô dos Médicos ainda seguia em livre curso na ocasião, e ele poderia suspeitar que implicados quisessem matá-lo. Ajuda emergencial foi

O ÚLTIMO DESEJO E O TESTAMENTO DE STALIN

finalmente requisitada, e uma equipe médica chegou às 7h, quando já era tarde demais. Stalin sofrera hemorragia cerebral com perda de consciência, fala e paralisia de todo o lado direito.

REAÇÕES À MORTE DE STALIN

Um documento recém-descoberto nos arquivos russos fornece alguns detalhes sobre os últimos dias de Stalin. Com exceção de "poucos momentos" em 3 de março, ele jamais recuperou a consciência e morreu às 21h50 de 5 de março de 1953.[38]

De acordo com o dr. Alexander Miasnikov, um dos convocados para tratar de Stalin e dos especialistas que realizaram a autópsia em 6 de março, havia evidência de hemorragia estomacal "causada por hipertensão". Também descobriram que o ditador sofria de "severa esclerose das artérias cerebrais", que se desenvolvera ao longo dos últimos anos. Entre os sintomas do espessamento e endurecimento das artérias do cérebro, Miasnikov mencionou, havia disfunções do sistema nervoso que podiam ajudar a explicar em parte o comportamento do ditador nos últimos anos de vida, quando se tornou mais desconfiado que nunca.[39] Por outro lado, ainda no outubro anterior, Stalin fora perfeitamente capaz de proferir longo discurso, sem anotações, para o Comitê Central. Quando o embaixador da Índia K.P. Menon e o dr. Saiffudin Kitchlu encontraram-se com o líder soviético em 16 de fevereiro, naquele que seria o último encontro com estrangeiros, eles o consideraram em ótima forma. A longa conversa que mantiveram cobriu toda a gama de problemas internacionais, e Stalin demonstrou ter todos os fatos na ponta da língua.[40]

A filha, Svetlana, estava ao seu lado no fim, "quando ele subitamente levantou a mão esquerda como se quisesse apontar alguma coisa e praguejar contra todos nós". Ela se lembrou de que os últimos anos da vida do pai foram difíceis e não apenas para ela: "Todo o país ofegava por ar. Era insuportável para todos."[41] Apesar de ser geralmente aceito que o país ficou de luto com a morte de Stalin, a imagem que nos chegou foi multidimensional.

Nos campos do *gulag*, a reação foi mista. Algumas mulheres "entraram em diligente pranto pelo falecido", alguns homens quiseram doar dinheiro para uma coroa de flores e ainda outros ouviram a notícia "em

438 A MALDIÇÃO DE STALIN

silêncio sepulcral". Prisioneiros e guardas ficaram desnorteados e ninguém sabia o que esperar.[42]

Funcionários da embaixada americana em Moscou observaram atentamente os eventos e mantiveram Washington informada minuto a minuto. Jacob Beam, que monitorava a situação, realçou que apenas às 2h de 4 de março foi expedido o primeiro boletim médico oficial. De manhã, os cidadãos agiram como habitualmente, embora filas mais longas que as normais se postassem nas bancas de jornais.[43] A morte só foi anunciada em 6 de março e, enquanto Beam observava "alguns" chorarem, a ele pareceu que as pessoas se mostravam "abatidas" e que menos gente do que se poderia esperar reuniu-se na Praça Vermelha: "A impressão geral em Moscou nesta altura é uma surpreendente falta de reação às notícias desta manhã sobre a morte de Stalin, em contraste com as de americanos e ingleses por ocasião das mortes do presidente Roosevelt e do rei George."[44] Dois dias mais tarde, Beam reportou que havia uma longa fila para ver o caixão no Salão das Colunas, com "pouca evidência de pesar extremo". Ademais, "um americano que estava [em Moscou] ao tempo do falecimento do presidente Roosevelt" era de opinião que houve bem mais "pesar autêntico" na capital soviética naquela ocasião.[45]

O que impressionou Harrison Salisbury do *New York Times* foi o comedimento emocional das reações das pessoas. Quando as autoridades abriram as portas à visitação pública do corpo na manhã de 6 de março, escreveu ele, dezenas de milhares de pessoas avançaram para vê-lo como se estivessem surpresas ou em choque. Determinado a controlar quaisquer sinais de "desordem ou pânico", o governo cercou o centro da cidade com filas de caminhões e tanques, desacelerando assim o interminável fluxo de carros que para lá se dirigia.[46]

Apesar disso, pessoas de todas as classes sociais inundaram o centro de Moscou, apinhando por quilômetros as ruas enquanto caminhavam a pé para um rápido passar de olhos sobre o falecido mestre. Algumas vinham de trem de muito longe e, com as massas convergindo, ocorreu uma colisão confusa de pessoas, que acabou resultando em centenas de mortes em Moscou e na própria Geórgia natal de Stalin. Essas mortes não foram reportadas pela imprensa, talvez porque o regime não desejasse revelar caos tão evidente.[47]

Segundo a maioria das lembranças daqueles tempos, houve um intenso tumulto emocional — pessoas comparando o ocorrido com a morte de

O ÚLTIMO DESEJO E O TESTAMENTO DE STALIN 439

Deus. Sem dúvida, motivos para tais reações eram mistos, pois quando Eugenia Semionovna Ginzburg ouviu os relatos, caiu no choro "não apenas pela monumental tragédia histórica, mas, sobretudo, por causa de mim mesma. O que aquele homem fizera a mim, ao meu espírito, aos meus filhos, à minha mãe".[48] Lev Kopelev e a esposa, Raíssa Orlova, a despeito de serem perseguidos por suas crenças e estarem presos em campo de trabalhos forçados na oportunidade, ficaram consternados quando souberam da notícia.[49]

As demonstrações de pesar público, fossem só isso ou mais alguma coisa, constituíram atos políticos ritualizados. Eles eram esperados e em certa dose comandados, o que evidentemente não significa que não houve compunção sincera.[50] Reuniões pelo funeral ocorreram em todas as fábricas e fazendas coletivas do país, e houve expressões autênticas de sofrimento. Alguns vilarejos não deixaram nada ao acaso e, em determinados locais, as autoridades arrebanharam todos os habitantes e ordenaram com firmeza: "Nosso caro e amado líder faleceu. Vocês devem chorar." Dentro de casa e atrás de portas fechadas, era outra coisa: "Deus seja louvado! O Diabo bateu as botas!"[51] Evidências de casos isolados julgados na ocasião indicam que uma minoria da população comemorou a morte de Stalin, xingando o ditador, queimando seus retratos e destruindo suas estátuas. Muitos foram denunciados por "agitação antissoviética", e alguns, condenados a penas rigorosas.[52]

Aconteceu que, na mesma época, Alexander Soljenitsin terminava seu tempo de prisioneiro político no *gulag*. Em 2 de março, embora estivesse tecnicamente "livre", ele se viu conduzido por escolta armada para o Cazaquistão, a cerca de 2 mil quilômetros a sudeste de Moscou. Ele fora sentenciado por causa de uma impensada observação transgressora e leve crítica política. Agora, diziam-lhe que teria que viver em "exílio perpétuo" e nunca mais teria permissão para voltar à Rússia. A penalidade por deixar o local para aonde era conduzido seria de vinte anos de prisão e trabalhos forçados. Por volta de 3 de março, Soljenitsin chegou à pequena cidade cazaque de Kok-Terek. Comparada ao norte que deixara para trás, a região era quente, e ele ficou satisfeito por permitirem que dormisse ao ar livre, não na cadeia, sobre um monte de feno. Três dias depois, as notícias do falecimento de Stalin foram difundidas pelo rádio.

As professoras escolares russas e outras mulheres soluçavam incontrolavelmente, dizendo: "O que será de nós agora?" Soljenitsin desejou berrar: "Nada acontecerá com vocês agora! Seus pais não serão fuzilados! Seus futuros maridos não irão para a cadeia! E vocês jamais serão estigmatizadas por serem parentes de prisioneiros!" Ele desejou saltitar de alegria, mas não ousou.[53]

Que mudanças podiam-se esperar agora que Stalin se fora? De acordo com Charles Bohlen, futuro embaixador dos EUA na URSS, a mística do nome do homem, sua associação com Lenin e suas ligações com a Revolução Russa original haviam ajudado a impor o regime soviético na Europa Oriental e, em menor medida, na China. Passada uma semana da morte de Stalin, Bohlen julgou profícuo abrir diálogo com Mao Tsé-tung no esforço para dar fim à Guerra da Coreia porque, mesmo que Mao "pudesse querer desempenhar o papel de irmão mais novo de Stalin", era então improvável que o fizesse com os que estavam agora no Kremlin.[54]

Infindáveis negociações tiveram lugar até que, em julho, um acordo de cessar-fogo foi firmado. Mais de meio século depois, a fronteira entre as duas Coreias permanece como Stalin a deixou.

Na Europa Oriental, as reações à morte do líder foram variadas. Na Bulgária, o autor teatral Gueorgui Markov lembrou-se, "Foi-nos inculcado por anos a fio e de todos os lados que Stalin era o mais sábio, o mais corajoso e o maior homem da terra". No fim, "nós, como a propaganda, aceitávamos inquestionavelmente que ele não podia ficar doente, muito menos falecer". Um dos colegas de Markov na oficina de carpintaria disse: "Stalin não pode morrer, você entende? Mesmo que morra, nós o ressuscitaremos, e, embora tenha 73 agora, ele poderá começar de novo, talvez dos 30, o que você acha?!"[55]

As elites governantes em toda a Europa Oriental viram a morte de Stalin como calamidade. Ele fora o protetor de seus partidos e o maior apoiador, "a própria personificação dos sonhos mais elevados, o herói que eles aprenderam a reverenciar, o símbolo do vigor, paixão e ilimitado entusiasmo deles".[56] Todos endossavam o modelo soviético, um futuro coletivista, não capitalista e, a exemplo de Stalin, empregavam esse grande "objetivo final" do socialismo como justificativa para o sacrifício dos direitos individuais e para o cometimento dos mais terríveis crimes. Apesar de Stalin ter, ao tempo de sua morte, esta parte do Império Vermelho firmemente sob controle, ele não se atreveu a fazer qualquer tentativa real de concretizar a antiga visão bolchevique de transformar os estados da Europa Central e Oriental em repúblicas dentro da URSS.[57] Tal iniciativa teria provocado insucesso e criado mais tensões na expandida União Soviética do que o próprio Stalin poderia administrar. Ele se contentou em ligá-los firmemente a Moscou com tratados de amizade e cooperação mútua. O abraço perduraria por quase mais cinquenta anos.

Epílogo

A URSS, nos imediatos anos do pós-guerra, exibiu enorme energia, tendo ganhado confiança e território por vencer a Segunda Guerra Mundial. Não apenas o Império Vermelho reivindicou "territórios perdidos" como os dos Estados Bálticos e o oeste da Ucrânia, como Stalin providenciou para que regimes baseados no comunismo e que recebessem ordens de Moscou fossem criados até Berlim. Não foram perdidas oportunidades para fincar bandeiras vermelhas em partes do Irã e Turquia, talvez também da Grécia, Itália e França. A porta para a Alemanha estava aberta e para a Ásia também. Se o Ocidente tivesse deixado Stalin e seus seguidores à vontade, não há como saber quão longe a causa comunista teria avançado.

Ao mesmo tempo, os erros fundamentais na criação do Império Vermelho já se apresentavam. Os métodos duros de Stalin afastavam os verdadeiros adeptos na Iugoslávia e lançavam as sementes da discórdia na China. Embora a União Soviética fosse, sem dúvida, uma superpotência, tinha indiscutíveis debilidades econômicas que ficaram mais evidentes com o tempo. Pior ainda, o stalinismo era incapaz de tolerar liberdade de pensamento e expressão, de sorte que não conseguia extrair toda a energia e o envolvimento dos povos.

Os herdeiros de Stalin, carentes de sua vontade férrea e militância revolucionária, disfarçaram suas deficiências básicas. Se o sistema soviético tornou-se menos totalitário do que fora nos seus anos mais sangrentos, não deixou de ser uma ditadura comunista. Os que governaram do Kremlin continuaram acreditando que o comunismo era a onda do futuro. Apesar de enfrentarem um mundo diferentemente estruturado na Guerra Fria, que haviam herdado de Stalin, nenhum deles mostrou a mais leve intenção de afrouxar as rédeas do Império Vermelho.

Com efeito, os novos líderes soviéticos deram prosseguimento à política de Stalin, rejeitaram a pecha de "frouxos" com o Ocidente e inovaram, até onde puderam, um mais organizado esforço para alcançar o terceiro mundo do que Stalin o fizera. O rígido marxismo do chefe decretava que cada sociedade tinha que passar pelo estágio moderno, ou burguês, do desenvolvimento econômico antes que a situação social ficasse madura para uma revolução ao estilo soviético. Ele havia aconselhado Mao e os comunistas chineses a irem mais devagar com o andor, mesmo depois de a revolução deles ter sido bem-sucedida em 1949. Por todas as partes do globo, Stalin se dispunha a dar encorajamento moderado a movimentos revolucionários, embora visse na associação com a União Soviética durante a Guerra Fria o papel crucial desses estados.

Dois meses após a morte de Stalin, Moscou concordou em aumentar e sustentar substancial ajuda à China. "Foi uma maciça tentativa de carimbar o socialismo soviético naquele país — em cada departamento de todos os ministérios, em cada grande fábrica, em cada cidade, no Exército ou nas universidades havia assessores ou especialistas soviéticos" para ajudar na modernização da China.[1] Assim, mesmo sem Stalin, a Guerra Fria continuava, mais ou menos no mesmo rumo. Com o passar do tempo, a URSS começou a comprometer mais recursos na defesa do que poderia aguentar, o Império Vermelho na Europa Oriental jamais se pagou, e estados clientes adicionais como Vietnã e Cuba drenaram bilhões a cada ano.[2]

A necessidade imediata do país depois da súbita partida de Stalin era tocar as questões do governo e, em 8 de março de 1953, uma nova liderança coletiva foi formada, com Gueorgui Malenkov encarregado do governo e do partido; Molotov, das relações exteriores; Beria, da segurança; e Bulganin, do controle do Exército. Por estranha ironia, foi Beria, o mais sanguinário dos auxiliares de Stalin, quem deu os primeiros passos para que o regime parecesse menos brutal. Já em 6 de março, ele modificava o aparato da segurança e começava o processo de passagem do vasto sistema *gulag* para o Ministério da Justiça.[3]

Em 26 de março, Beria enviou ao Presidium uma proposta de anistia que era, sem pretender ser, uma surpreendente condenação do stalinismo. Disse que existiam 2.526.402 prisioneiros em campos de trabalhos forçados e em colônias. Destes, 221.435 eram considerados os "mais perigosos criminosos do Estado" (espiões, terroristas, trotskistas, nacionalistas etc.), e não iriam para lugar algum. Queria libertar alguns dos outros, a saber, os sentenciados a menos de cinco anos, os transgressores menores de 18 anos, mulheres grávidas e mulheres com filhos de menos de 10 anos. No total, cerca de 1 milhão de prisioneiros seriam soltos.[4]

As primeiras notícias sobre as mudanças em estudo foram publicadas no *Pravda* de 4 de abril. Sob a ainda enganosa manchete "Lei Socialista Soviética é Inviolável", o jornal reportou uma revisão do Complô dos Médicos. Resultou que as prisões foram consideradas "sem fundamento legal"; e os depoimentos, obtidos "por meios não permitidos pelas leis soviéticas". Os médicos foram libertados, e os maus policiais, culpados por tudo aquilo.[5]

Os adversários de Beria pelo poder não aplaudiram seus esforços para moderar o sistema stalinista. Um grupo liderado por Khruschev prendeu-o em 26 de junho e ele foi mais tarde julgado e executado. A soltura dos prisioneiros do *gulag* continuou porque, como todos no Kremlin sabiam, os campos tornavam-se muito onerosos e uma mancha política para o regime. Contudo, a URSS continuava quase tão repressiva quanto sempre fora.

Os que permaneceram nos campos, esquecidos pela anistia ou dela excluídos, como os prisioneiros políticos, julgaram as condições mais intoleráveis do que nunca e, durante a primavera de 1953, protestos, greves e até rebeliões envolveram dezenas de milhares de prisioneiros. As autoridades reagiram com tropas armadas e tanques; em determinados locais, centenas de rebeldes foram mortos.[6] Essa resistência, aliada ao prejuízo causado pelos campos, induziu à liberdade de ainda mais prisioneiros. Estes esperavam com grande expectativa durante meses, até que, abruptamente, era-lhes dito que iriam embora dentro de algumas horas, sendo então deixados ao seu próprio destino à procura do caminho de casa. Muitos morreram durante a jornada, outros cometeram suicídio ou se envolveram em atividades criminosas para serem presos de novo. A maioria estava física e psicologicamente arrasada e foi-lhe difícil a adaptação à vida fora dos campos e prisões.[7]

O famoso discurso de Nikita Khruschev no XX Congresso do Partido, em 24 de fevereiro de 1956, provocou ondas sísmicas em todo o movimento comunista por abordar o "culto à personalidade" e alguns dos crimes da era stalinista. Sobretudo, Khruschev queria resgatar o comunismo, acabar com os "excessos" e retornar aos mitológicos "princípios leninistas". Notável foi que, longe de se distanciar ele mesmo e o próprio regime das ideias, políticas e práticas de Stalin, Khruschev defendeu o emprego da coletivização forçada do líder morto, assim como a guerra aos kulaks e até o elogiou pela destruição de Trotski. Khruschev, na realidade, ridicularizou o que rotulou de "industrialização de vestidos de algodão" de Nikolai Bukharin, com sua promessa de mais bens de consumo. Em contraste, entoou loas aos planos quinquenais de Stalin, sem os quais, segundo Khruschev, "não teríamos hoje uma poderosa indústria pesada, nem fazendas coletivas, e estaríamos desarmados, fracos e sob cerco capitalista".[8]

No discurso, Khruschev mencionou de passagem que, depois de rever as evidências de alguns casos particularmente relevantes de abuso da lei, o Colégio Militar da Suprema Corte havia concedido *reabilitatsiya*, ou "reabilitação", para 7.679 pessoas.[9] Esta "absolvição" foi inicialmente definida como "revisão de todas as consequências legais de um julgamento a pessoa que foi ilegalmente sentenciada". A condição estipulada foi que indivíduos considerados inocentes de alguma ou todas as acusações deveriam receber total ou parcial absolvição, bem como a reabilitação de suas reputações e retomada de seus direitos civis. Alguns conseguiram indenizações, como o retorno de propriedades perdidas ou pensões, enquanto outros retornaram às suas funções na burocracia. Para muitos, no entanto, a reabilitação chegou postumamente.[10]

Para pôr o pequeno número dos "reabilitados" em alguma perspectiva, é preciso ter em mente a escala da quantidade de vítimas, para as quais a maldição de Stalin teve consequências pessoais imediatas: entre 1929 e 1953, calcula-se que 18 milhões de pessoas foram enviadas ao *gulag* dos campos e colônias.[11]

Para os que sobreviveram à horrenda experiência, a obtenção do oficial "certificado de reabilitação" foi frustrante e complicada.[12] Alguns precisavam do certificado para reaver sua carteira de filiação ao partido, de sorte a continuarem contando com os benefícios decorrentes. Outros tinham razões pessoais ou agiam em nome de parentes mortos. Um total de cerca de 612 mil reabilitações foi concedido entre 1953 e 1957, porém depois este número diminuiu drasticamente, chegando a quase à nulidade depois de 1962. Sinais da constante dor sofrida por aqueles que passaram pelo terror puderam ser vistos na União Soviética no fim de seus dias. Entre 1987 e

1989, sob Mikhail Gorbachev, aproximadamente 840 mil indivíduos foram reabilitados. A Rússia, desde 1991, passou a contar com uma lei federal aprimorada e, entre 1992 e 1997, o governo recebeu cerca de 4 milhões de pedidos de reabilitação e aprovou em torno de 1,5 milhão deles.[13]

O que particularmente gerou tantos milhões de prisões e condenações? A mola propulsora foi a ideologia de Stalin, parte da qual asseverava que "o país estava repleto de inimigos disfarçados de cidadãos leais — assassinos, sabotadores e traidores — que conspiravam para destruir o sistema soviético e trair a nação para potências estrangeiras".[14] Supunha-se que quem fosse preso por razões remotamente políticas tinha que estar envolvido com outros de igual pensamento, e a informação sobre tais alegados cúmplices conspiradores era arrancada à base da tortura dos desafortunados cativos. No processo, aos cidadãos soviéticos era negada a presunção de inocência.

O regime stalinista também baniu "pela eternidade" nações inteiras entre 1929 e 1953, um total de mais de 6 milhões de pessoas. A reabilitação das que sobreviveram precisou de longa série de decretos, que começaram em 1954 pela suspensão das restrições. Apesar de suas propriedades não terem sido devolvidas, grupos como os karachais, kalmiks, chechenos, ingushes e balcares no fim retornaram às suas antigas terras natais, num processo que durou mais de três décadas. Os tártaros da Crimeia, os ale- mães do Volga e outros travaram lutas mais longas ainda por seus direitos. O reassentamento dessas pessoas deslocadas resultou em desarmonia, uma situação que persiste até hoje.[15]

De maneira mais geral, a União Soviética pós-Stalin julgou impossível viver com a liberdade de expressão. Mesmo depois de Khruschev denun- ciar os abusos de Stalin em fevereiro de 1956, naquele setembro foi dito a Boris Pasternak que ele não poderia publicar *Doutor Jivago*, romance classificado como um dos melhores da literatura. Pasternak tentou con- vencer a si mesmo de que o regime não poderia adiar indefinidamente a liberdade de expressão. No entanto, Konstantin Simonov e um grupo de editores lhe escreveram para dizer que a publicação era "impossível" porque o autor acreditava que "a Revolução de Outubro, a Guerra Civil, e as subsequentes mudanças sociais decorrentes" não tinham levado ao povo "coisa alguma que não fosse miséria". Os editores detalharam suas objeções numa carta de 35 páginas que apontava todos os "erros políticos" de Pasternak.[16]

Apesar de tudo, o manuscrito do *Doutor Jivago* conseguiu chegar à Itália em 1957. Os comunistas de lá tentaram barrar a publicação do livro, mas, de qualquer maneira, ele apareceu e, logo depois, também na França. Tornou-se um sucesso de vendas e, em 1958, o autor foi indicado para o prêmio Nobel de Literatura. Entrementes, na URSS, a União dos Escritores organizava audiências para atacar Pasternak. Um escritor de Moscou disse: "Dê o fora do país, sr. Pasternak. Não queremos respirar o mesmo ar que o senhor respira." Outros o tacharam de "traidor", "fomentador de guerras", "agente do imperialismo" e coisas piores. O caso Pasternak foi um entre muitos que indicaram quão pouco o país havia mudado depois de Stalin.

Khruschev ficou sob ataque dos linhas-duras, que o julgavam muito brando de uma forma geral e não o perdoavam pelo que viam como condução equivocada da Crise dos Mísseis Cubanos de 1962. Ele também seguia duvidosas políticas econômicas e esquemas imprudentes. Finalmente, em outubro do ano seguinte, Khruschev foi derrubado por um grupo liderado pelo insosso Leonid Brejnev, que ficou no poder por dezoito anos e faleceu em 1982. A única pessoa que ele tentou reabilitar foi Stalin, e, de fato, o líder caído voltou oficialmente à moda por algum tempo.

Em suma, depois que Stalin faleceu, o curso que a União Soviética seguiria durante quase quarenta anos estava firmemente estabelecido. Líderes soviéticos e elites governantes continuavam a articular suas posições em grande parte na linha que ele havia estabelecido, até que todo o edifício do outrora poderoso Império Vermelho ruiu por completo.[17]

OS CUSTOS SOCIAIS DO STALINISMO

O futuro brilhante prometido pelo comunismo, pelo qual gerações lutaram e se sacrificaram, não conseguiu aparecer no horizonte. Quão alto foi o preço que o povo soviético e os dos satélites pagaram pelo experimento social com eles conduzido e a suas expensas? Em termos de perdas de vidas através da repressão e execução, números questionáveis foram apresentados. Todavia, Alexander Yakovlev, presidente da Comissão Presidencial da Rússia, encarregada de investigar a matéria, fez uma abordagem mais sóbria. No seu relatório emitido em fevereiro de 2000, a conclusão foi de que as mortes que resultaram dentro da URSS foram "comparáveis às sofridas

EPÍLOGO 449

durante a Grande Guerra Patriótica". Isto as colocaria no patamar dos 25 milhões, quantidade assustadora.[18]

Segundo Yakovlev, Lenin e Stalin conduziram, com efeito, uma guerra contra seu próprio povo, que foi tão destrutiva para a vida humana quanto a Segunda Guerra Mundial. Deve ser realçado que pessoas como Yakovlev, que estimaram ou calcularam quantidades, desempenharam seus deveres na guerra e outrora acreditaram na fé. Ele foi membro do partido desde 1943, tornou-se chefe do departamento de propaganda em 1969 e foi secretário do Comitê Central em 1986. No ano seguinte, juntou-se ao Politburo e, como seguidor de Gorbachev, ajudou a liderar o movimento de reforma até que a União Soviética desabou em 1991. Hoje em dia, uma organização que ele fundou coloca à disposição dos acadêmicos ampla gama de documentos antes secretos, muitos deles utilizados neste estudo.

É impossível calcular-se o que 20 ou 25 milhões de pessoas poderiam ter conquistado, mas podemos proporcionar pelo menos alguma medida do impacto da experiência do socialismo sobre a economia. Uma das maneiras é usando as estatísticas da Organização para a Cooperação e Desenvolvimento Econômico (OCDE) de Paris. Angus N. Maddison, um de seus economistas, calculou o Produto Interno Bruto (PIB), ou o valor de tudo o que um país produz em um ano, e depois dividiu este número pelo total da população obtendo assim o PIB *per capita*, medida razoável da "prosperidade econômica". O próprio Stalin insistia que o PIB era o teste definitivo para qualquer economia.

Encontrar todas as quantidades do passado não é tarefa tão fácil quanto parece porque muitos governos manipulavam demais as quantidades. Com toda e devida atenção, contudo, usando-se os números de Maddison, pode-se investigar crescimentos e declínios na prosperidade com o passar do tempo, assim como comparar e contrastar nações.

Dessa forma, a Rússia tsarista, nas vésperas da Primeira Guerra Mundial, era o mais pobre dos países avançados da Europa, comparada em termos de PIB *per capita*. No entanto, era rico em comparação com o resto do mundo. A tragédia da história soviética é que, sem importar o que o Kremlin fez, independentemente da grandeza de seus planos e de quantas pessoas foram sacrificadas para a consecução deles, a URSS se mostrou incapaz de alcançar os níveis de prosperidade dos europeus ocidentais durante todo o período da Revolução Russa até 1989. O abismo entre a URSS e as chamadas

450 A MALDIÇÃO DE STALIN

"ramificações" dos europeus — Estados Unidos, Canadá, Austrália e Nova Zelândia — ampliou-se consideravelmente a cada ano, desde 1917 até 1940 e, a partir de então, o abismo cresceu ainda mais rapidamente.[19]

Apesar de a União Soviética, depois da Segunda Guerra Mundial, ter obtido razoáveis índices de crescimento, os países que perderam a guerra se saíram melhor. Por exemplo, o Japão era menos próspero do que a Rússia em 1913, porém, por volta de 1970, o gigante asiático havia se recuperado e passara a URSS, e lá por 1989 seu PIB *per capita* era 2,5 vezes maior. A Europa Ocidental pós-guerra, incluindo a Alemanha devastada pelo conflito, ultrapassou facilmente a URSS e, à altura de 1989, estava mais à frente dela que o próprio Japão.

Os discípulos de Stalin em outros países — fosse por ordens dele ou por iniciativa própria — lideraram cruzadas que foram quase tão prejudiciais quanto a sua. Cada um deles vem tentando consertar seu passado e reconciliar-se com suas vítimas, assim como procurando construir um melhor futuro.[20] As economias do Leste Europeu têm apresentado lentidão para se recuperar desde 1990, e com as notáveis exceções de Polônia e Hungria, o PIB *per capita* em todos eles na realidade caiu durante os primeiros anos de liberdade.[21]

Mais recentemente, tentativas foram feitas para que fossem avaliadas as ilusórias "qualidades de vida" nas nações do mundo. Um destes esforços, publicado em 2005, incluiu nove variáveis no cálculo, tais como a saúde mensurável do país (calculada pela expectativa de vida em anos), e assim por diante, a fim de quantificar a vida comunitária, clima, segurança no trabalho, liberdade política, estabilidade e segurança políticas e igualdade entre os gêneros. Os números foram então tabelados.

A classificação resultante variou quando comparada ao PIB *per capita*. Os Estados Unidos, por exemplo, ficaram em segundo lugar por causa de seu PIB *per capita*, mas caíram para 13º na escala de qualidade de vida; o Reino Unido ficou em 13º em "prosperidade", porém despencou para 29º devido à sua qualidade de vida. Quase todos os trinta primeiros colocados foram países europeus ocidentais ou "ramificações" europeias como Austrália, Nova Zelândia, Estados Unidos e Canadá. O único país ex-comunista a entrar entre os trinta foi a Eslovênia (em 27º lugar). Embora em 2005 o PIB *per capita* da Rússia estivesse em 55º lugar, sua qualidade de vida caiu para 105º; a Bielorrússia terminou em 100º; e a Ucrânia, em 98º.

EPÍLOGO

Tais resultados foram ligeiramente melhores do que os piores colocados do terceiro mundo. De todos os ex-satélites soviéticos, os únicos entre os cinquenta com melhor qualidade de vida foram República Tcheca (34º); Hungria (37º); Eslováquia (45º) e Polônia (48º). Isto não significa que tudo vai bem nos Estados Unidos, no Reino Unido ou na Europa Ocidental porque podemos encontrar muitos dados que mostram a existência de bastante gente nestes países que não goza de qualidade de vida decente.[22]

Do início ao fim, todos os países comunistas enfrentaram um déficit de realidade porque a grande maioria de suas populações se deparou com escassez e limitação de oportunidades. Tentativas oficiais de compensar através dos rituais da propaganda ou por reforço da ideologia oficial "foram de encontro à dissonância cognitiva: a diferença entre promessa e realidade".[23] A troca entre aceitar restrições às liberdades básicas e direitos políticos, para receber de retorno provisões estatais de benefícios materiais, começou a ir tão mal que a maioria das pessoas desanimou e outras embarcaram na desobediência. As economias de todos os países comunistas não fracassaram completamente, todavia, no fim, jamais criaram um moderno mercado orientado para o consumidor.[24]

Quando os sistemas comunistas finalmente entraram em colapso, grandes expectativas surgiram de que os autolibertados países introduzissem a democracia liberal. Ocorreu que as culturas políticas, as tradições autoritárias e as economias comandadas não mudaram tão rapidamente quanto os regimes. Em diversas das ex-repúblicas soviéticas, bem como na Rússia, muitos ansiaram por outro Stalin e, periodicamente, sua imagem é invocada. Vladimir Putin, antigo e atual presidente da Federação Russa, personifica os sentimentos ambivalentes de seu país em relação ao passado stalinista. Por um lado, ele tem sido duro com a oposição política e promove dissimulada liberdade de imprensa, mas por outro, em 2007 visitou um ex-campo de extermínio do NKVD, perto de Moscou, e depois teve um encontro com Alexander Soljenitsin, encarado por muitos como símbolo das vítimas soviéticas. Quando o renomado autor faleceu no ano seguinte, o governo Putin, de maneira notável, fez do *Arquipélago Gulag* "leitura obrigatória" nas escolas. Além disso, em 2010, o primeiro-ministro Putin convidou seu correspondente polonês a homenagearem os oficiais poloneses executados em Katyn, ato emblemático dos crimes stalinistas contra países estrangeiros.[25]

A briga entre antistalinistas e stalinistas ainda existe na Rússia e, em menor ou maior medida, também na ex-União Soviética e em seus países satélites. Em vista das tendências mundiais, os antistalinistas provavelmente prevalecerão. Precisamos ter em mente que a União Soviética cavou um buraco para si mesma durante três quartos de século e, com diversificadas doses de coerção e encorajamento de Moscou, outras nações seguiram o estandarte vermelho para o abismo. Levará tempo para que saiam de lá. Já agora existem indícios de que o pior passou para elas, assim como motivos de esperança de que, no fim, triunfarão sobre a causa stalinista.

Agradecimentos

Comecei a pesquisa para este livro com o generoso apoio da Fundação Alexander von Humboldt. Na ocasião, eu era professor do Programa Strassler de História do Holocausto na Clark University. Meu endereço acadêmico atual na Universidade Estadual da Flórida tem proporcionado um ambiente agradável e eu sou grato pelo encorajamento oferecido por Joe Travis e Joe McElrath, meus colegas no departamento de História. Tirei imenso proveito das opiniões que troquei com muitos estudantes que conheci aqui e em outros lugares.

Norman Naimark e Paul Gregory convidaram-me para suas oficinas de pesquisas de verão na Instituição Hoover de Stanford, no presente momento trabalhando com documentos recém-liberados pelos arquivos russos. A experiência, inclusive seminários e debates com colegas internacionais, foi especialmente proveitosa. Jonathan Brent respondeu a perguntas e guiou-me pelo Arquivo Digital sobre Stalin da Yale University Press. Também valioso foi o arquivo virtual do Cold War International History Project, em Washington. Na Rússia, o arquivo de Alexander Yakovlev torna dezenas de milhares de documentos disponíveis on-line. Muitos sites russos oferecem obras completas on-line de quase todas as figuras de proa como Lenin em: http://politazbuka.info/biblioteka/marksizm/562-lenin-vladimir-polnoe-sobranie-sochineniy-5-izdanie.html e dezesseis volumes sobre obras coligidas de Stalin em: http://grachev62.narod.ru/stalin/ti/cont_1.htm.

Devo um agradecimento especial a meus editores Andrew Miller e Matthew Cotton e, sobretudo, a quatro anônimos árbitros que leram o manuscrito e fizeram excelentes sugestões para seu aperfeiçoamento. Sou profundamente grato a Erik van Ree e Mark Harrison, que nunca faltaram com sua generosidade na resposta a indagações e proporcionaram documentos específicos. Muitos outros me aconselharam, aclararam questões ou ajudaram-me de outras maneiras nos diversos estágios do projeto. Eles incluem Jörg Baberowski, Amir Weiner, Robert Service, Lynne Viola, Paul Hagenloh, David Shearer, Jeffrey Burds, Michael Ellman, Peter Krafft, Timothy Colton, Steven Wheatcroft, Tanja Penter, Simon Sebag Montefiore, Vladimir Tismăneanu, Jan Behrends, Yuri Slezkine, Donald Rayfield, Chen Jian, Simon Ertz, Orlando Figes, Robert Argenbright, Yoram Gorlizki, Ingo Haar e Dieter Pohl.

Palavras não podem expressar minha profunda gratidão a Marie Fleming, a quem dedico este livro. Sem seu encorajamento e seu apoio moral e intelectual constantes, este livro jamais seria concluído.

Abreviaturas nas notas

APRF	*Arkhive Presidenta Rossiiskoi Federatsii* (Arquivo do Presidente da Federação Russa)
AVPRF	*Arkhiv Vneshnei Politiki Rossiiskoi Federatsii* (Arquivo de Política Externa da Federação Russa), Moscou
BAB	*Bundesarchiv Berlin* (Arquivos da Alemanha Federal)
CWIHP	*Cold War International History Project* (Projeto de História Internacional da Guerra Fria), Washington, D.C.
DGFP	*Documents on German Foreign Policy, 1918-1945* (Documentos sobre a Política Externa Alemã, 1918–1945), Série D, Washington, D.C.
DRZW	*Das Deutsche Reich und der Zweite Weltkrieg* (O Reich Alemão e a Segunda Guerra Mundial), Stuttgart, 1979ff.
FRUS	*Foreign Relations of the United States* (Relações Exteriores dos Estados Unidos), Washington, DC.
GARF	*Gosudarstvennyi Arkhiv Rossiiskoi Federatsii* (Arquivos Estatais da Federação Russa), Moscou
HIA	*Hoover Institution Archives* (Arquivos da Instituição Hoover), Stanford, Califórnia
HP	*Harvard Project on the Soviet Social System* (Projeto de Harvard sobre o Sistema Social Soviético), Russian Research Center, Cambridge, Mass.
Lenin, *Polnoe sobranie Sochinenni*	V.I. Lenin, *Polnoe Sobranie Sochinenii* (Obras completas coligidas em russo), Moscou, 1959ss.
NA	*U.S. National Archives* (Arquivos Nacionais dos EUA), Washington, D.C.

PRO	*Public Record Office* (Agência de Arquivos Públicos), Londres
RGASPI	*Rossiiskii gosudarvstvennyi arkhiv sotsialno- -politicheskoi istorii* (Arquivo de História Política e Social do Estado Russo), Moscou
SDFP	*Soviet Documents on Foreign Policy* (Documentos Soviéticos sobre Política Externa), org. Jane Degras (Nova York, 1978)
Correspondência de Stalin	Correspondência entre o presidente do Conselho de Ministros da URSS, o presidente dos EUA e o primeiro-ministro da Grã-Bretanha durante a Grande Guerra Patriótica (Moscou, 1957)
Stalin, *Sochineniia*	J. V. Stalin, *Sochineniia* (Obras completas coligidas em russo), Moscou, 1952ff.

Notas

Observação sobre datas russas usadas neste texto: Antes de fevereiro de 1918, a Rússia empregava o calendário juliano (ou "Estilo Antigo"), que era doze dias atrasado em relação ao calendário ocidental no século XIX e treze dias atrasado no século XX. O dia 31 de janeiro de 1918 foi o último do calendário juliano na Rússia, com o dia seguinte passando a ser 14 de fevereiro.

INTRODUÇÃO

1. Discurso, 28 de janeiro de 1924, em Stalin, *Sochineniia*, 6:53. Foi editado ilegalmente na Sibéria em junho de 1903 e publicado em 1904. Lenin, *Polnoe sobranie Sochinenii*, 7:5-25.
2. O estudo clássico, examinando todas as provas, está em Simon Sebag Montefiore, *Young Stalin* (Nova York, 2007), 90-91, 113, 151, 163, 210-11.
3. Ver Erik van Ree, "Reluctant Terrorists? Transcaucasian Social-Democracy, 1901–1908", *Europe-Asia Studies* (2008), 127-54.
4. Donald Rayfield, *Stalin and His Hangmen: The Tyrant and Those Who Killed for Him* (Nova York, 2004), 44.
5. K.E. Voroshilov, *Stalin i krasnaya armiya* (Moscou, 1939), 11-12, cita o relato de um "inimigo," coronel Nosovitch, *Donskaia volna* (3 de fevereiro de 1919); V.L. Gontcharov, *Vozvyshenie Stalina: oborona Tsaritsyna* (Moscou, 2010).
6. Jörg Baberowski, *Verbrannte Erde: Stalins Herrschaft der Gewalt* (Munique, 2012), 15-16, 29, 109, 131, 307.
7. Maurice Meisner, *Mao's China and After: A History of the People's Republic*, 3ª ed. (Nova York, 1999), 103; mais geral, ver Vladimir Tismăneanu, *The Devil in History: Communism, Fascism, and Some Lessons of the Twentieth Century* (Berkeley, Calif., 2012).

8. Para este discurso à Terceira Internacional, 6 de março de 1919, ver Lenin, *Polnoe sobranie Sochinenii*, 37:515-20; para as revoluções nacionais, ver Geoffrey Hosking, *The Russians in the Soviet Union* (Cambridge, Mass., 2006), 70-89; Robert Service, *Russia: Experiment with a People* (Cambridge, Mass., 2003), 30-44.

9. Citado em Erik van Ree, *The Political Thought of Joseph Stalin: A Study in Twentieth-Century Revolutionary Patriotism* (Nova York, 2002), 209.

10. Kennan para secretário de Estado, 22 de fevereiro de 1946, em *FRUS, 1946, Eastern Europe; the Soviet Union*, 6:696-709; reimpresso como X, "As Fontes da Conduta Soviética," *Foreign Affairs* (julho de 1947), 566-82. Para uma recente reiteração de Stalin como herdeiro dos tsares, ver Marc Trachtenberg, *A Constructed Peace: The Making of the European Settlement* (Princeton, N.J., 1999), 19.

11. Peter Novick, *That Noble Dream: The "Objectivity Question" and the American Historical Association* (Chicago, 1988), 445-57.

12. Ver o instrutivo Louis Menand, "Getting Real: George F. Kennan's Cold War," *New Yorker* (14 de novembro de 2011), 76-83.

13. HIA, Coleção de Assuntos Russos, Caixa 13, Pasta 11.

14. Ver Jan Plamper, *The Stalin Cult: A Study in the Alchemy of Power* (New Haven, Conn., 2012), 29-74.

15. Ver William A. Williams, *The Tragedy of American Diplomacy* (Nova York, 1959), 206-7. Para variante mais recente, ver Walter LaFeber, *America, Russia, and the Cold War, 1945-2002*, 9ª ed. (Boston, 2002), 22; e Campbell Craig e Sergey Radchenko, *The Atomic Bomb and the Origins of the Cold War* (New Haven, Conn., 2008), xv.

16. Wilfred Loth, *The Division of the World, 1941—1955* (Nova York, 1988), 306-7.

17. Ver Geoffrey Roberts, *Stalin's Wars: From World War to Cold War, 1939-1953* (New Haven, Conn., 2006), 253. Para a mesma argumentação, ver Loth, *Division of the World*, 171, 308.

18. Ver Vladislav Zubok e Constantine Pleshakov, *Inside the Kremlin's Cold War: From Stalin to Khrushchev* (Cambridge, Mass., 1996); e Vladislav M. Zubok, *A Failed Empire: The Soviet Union in the Cold War from Stalin to Gorbachev* (Chapel Hill, N.C., 2007).

19. Charles E. Bohlen, *Witness to History, 1929-1969* (Nova York, 1973), 210.

20. Marechal de campo sir Alan Brooke, citado em David Dilks, org., *The Diaries of Sir Alexander Cadogan, 1938-1945* (Nova York, 1972), 582.

21. Robert A. Nisbet, *Roosevelt and Stalin: The Failed Courtship* (Washington, D.C, 1988). Para uma pesquisa mais completa, ver Jonathan Haslam, *Russia's Cold War: From the October Revolution to the Fall of the Wall* (New Haven, Conn., 2011).

22. David Reynolds, *In Command of History: Churchill Fighting and Writing the Second World War* (Londres, 2004), 486.

23. Odd Arne Westad, *The Global Cold War: Third World Interventions and the Making of Our Times* (Nova York, 2005), 48.

NOTAS 459

24. Jörg Baberowski e Anselm Doering-Manteuffel, "The Quest for Order and the Pursuit of Terror: National Socialist Germany and the Stalinist Soviet Union as Multiethnic Empires," em Michael Geyer e Sheila Fitzpatrick, orgs., *Beyond Totalitarianism: Stalinism and Nazism Compared* (Nova York, 2009), 204.

25. Ronald Grigor Suny e Terry Martin, orgs., *A State of Nations: Empire and Nation-Making in the Age of Lenin and Stalin* (Nova York, 2001), 8; e Terry Martin, *The Affirmative Action Empire: Nations and Nationalism in the Soviet Union, 1923-1939* (Ithaca, N.Y., 2001). Também útil é Yuri Slezkine, "The USSR as a Communal Apartment, or How a Socialist State Promoted Ethnic Particularism," *Slavic Review* (1994), 414-52.

26. Máximo Gorki, *Untimely Thoughts: Essays on Revolution, Culture, and the Bolsheviks, 1917-1918* (New Haven, Conn., 1995).

27. Jan Gross, *Revolution from Abroad: The Soviet Conquest of Poland's Western Ukraine and Western Belorussia* (Princeton, N.J., 2002).

28. Para uma perspectiva russa, ver T.V. Volokitina et al., *Moskva i Vostochnaia Evropa: stanovlenie politicheskikh rezhimov sovetskogo tipa, 1949-1953: ocherki istorii* (Moscou, 2002), 1-30, e L.Y. Gibiansky, "Problemii Vostochnoi Evropii i nachalo formiprovania miprovania sovetskogo bloka", em N.I. Egorova e A.O. Chubarian, orgs., *Kholodnaia voina, 1945-1963gg.: Istoricheskaia retrospektiva. Sbornik statei* (Moscou, 2003), 104-31.

29. V.K. Volkov e L.Ia. Gibianskii, "Na poroge pervogo raskola v sotsialisticheskom lagere: Peregovori rykovodiashikh deiatelei SSSR, Bolgarii i Iogoslavii 1948r"., *Istoricheskii arkhiv* (1997), 92-123.

30. Balázs Apor, Péter Apor e E.A. Rees, eds., *The Sovietization of Eastern Europe: New Perspectives on the Postwar Period* (Washington, D.C., 2008).

31. John Lewis Gaddis, *We Now Know: Rethinking Cold War History* (Nova York, 1997), 33.

32. Ver, por exemplo, reunião em Moscou, 9-12 de janeiro de 1951, em N.I. Egorova, "Voenno- politicheskaya integrasia stran Zapada i reaktsiya SSSR (1947-1953)", em N.I. Egorova e Chubarian, *Kholodnaia voina*, 200-2.

33. Gaddis, *We Now Know*, 281-95.

34. Para visão geral, ver Caroline Kennedy-Pope, *The Origins of the Cold War* (Londres, 2007).

35. Roberts, *Stalin's Wars*, xii.

36. V.F. Zima, *Golod v SSSR 1946-1947 godov: Proiskhozdenie i posledstviia* (Moscou, 1996), 179.

37. Ver a evidência citada em Tony Judt, *Postwar: A History of Europe Since 1945* (Nova York, 2005), 89.

38. Timothy Snyder, *Bloodlands: Europe Between Hitler and Stalin* (Nova York, 2010), e Norman M. Naimark, *Stalin's Genocides* (Princeton, N.J., 2010).

39. As melhores biografias recentes são Simon Sebag Montefiore, *Stalin: The Court of the Red Tsar* (Nova York, 2004); Robert Service, *Stalin: A Biography* (Londres, 2004); e

Hiroaki Kuromiya, *Stalin* (Nova York, 2005). O relato clássico russo é Dimitri Volko-gonov, *Triumf i tragediya. Politichesky portret J. V. Stalina*, 2 vols. (Moscou, 1989).

40. Valentin M. Berejkov, *Kak ya stal perevodchikom Stalin* (Moscou, 1993), 312.

41. Anthony Eden, *The Reckoning: The Memoirs of Anthony Eden, Earl of Avon* (Boston, 1965), 595. Para uma visão semelhante, ver W. Averell Harriman e Elie Abel, *Special Envoy to Churchill and Stalin, 1941-1946* (Nova York, 1975), 536.

42. Vladimir Tismăneanu, "Diabolical Pedagogy and the (Il)logic of Stalinism in Eastern Europe," e Vladimir Tismăneanu, org., *Stalinism Revisited: The Establishment of Communist Regimes in East-Central Europe* (Nova York, 2009), 46.

43. Alexander Yakovlev, *The Fate of Marxism in Russia* (New Haven, Conn., 1993), 191-92.

44. Para uma perspectiva interessante, ver Stephen Kotkin, *Uncivil Society: 1989 and the Implosion of the Communist Establishment* (Nova York, 2009).

1. FAZENDO A REVOLUÇÃO STALINISTA

1. Lenin, *Polnoe sobranie Sochinenii*, 45:343-48.

2. Para um relato interno, ver Boris Bajanov, *Vospominaniia byvshevgo sekretaria Stalina* (Paris, 1980), caps. 2 e 3.

3. Robert Service, *Trotsky: A Biography* (Cambridge, Mass., 2009), 307-12.

4. *Ibid.*, 326-27.

5. Stephen F. Cohen, *Bukharin and the Bolshevik Revolution: A Political Biography, 1888-1938* (Nova York, 1974), 228.

6. Mark Harrison, "Why Did NEP Fail?," *Economics of Planning* (1980), 57-67; Paul R. Gregory, *The Political Economy of Stalinism: Evidence from the Soviet Secret Archives* (Nova York, 2004), 29.

7. Erik van Ree, "Socialism in One Country Before Stalin: German Origins," *Journal of Political Ideologies* (2010), 143-59.

8. Carta, 25 de janeiro de 1925, em Stalin, *Sochineniia*, 7:15-18.

9. *XIV sezd vsesoiuznoi kommunisticheskoi partii (b). 18-31dekabria 1925g.: stenografi cheskii otchet* (Moscou, 1926), 55.

10. Discursos de Stalin, janeiro de 1928, em Stalin, *Sochineniia*, 11:1-9.

11. Para os relatos, ver Lynne Viola et al., orgs., *The War Against the Peasantry, 1927-1930: The Tragedy of the Soviet Countryside* (New Haven, Conn., 2005), 69-75.

12. Discurso, Plenária do PCUS, 9 de julho de 1928, em Stalin, *Sochineniia*, 11:158-59.

13. Robert V. Daniels, org., *A Documentary History of Communism in Russia: From Lenin to Gorbachev* (Hanover, N.H., 1993), 139-41.

14. Plenário do CC, 16-23 de abril de 1929, em Stalin, *Sochineniia*, 12:31-38.

15. Bukharin na Plenária de abril de 1929, citado em Anna Larina, *This I Cannot Forget: The Memoirs of Nikolai Bukharin's Widow* (Nova York, 1994), 290.

16. Alec Nove, *An Economic History of the USSR*, ed. revista. (Londres, 1990), 137.

NOTAS 461

17. Stalin para Molotov, 10 de agosto de 1929, em *Pisma I.V. Stalina V.M. Molotovu, 1925-1936gg.: Sbornik dokumentov* (Moscou, 1995), 141-43.
18. Jörg Baberowski, *Der Rote Terror: Die Geschichte des Stalinismus* (Munique, 2003), 58-61.
19. Stalin, *Sochineniia*, 12:118-35.
20. Moshe Lewin, *Russian Peasants and Soviet Power: A Study of Collectivization* (Nova York, 1968), 241.
21. Viola et al., *War Against the Peasantry*, 367-69.
22. Stalin, *Sochineniia*, 12:166-67.
23. Decreto do Politburo, 30 de janeiro de 1930, em Viola et al., *War Against the Peasantry*, 228-34.
24. Memorando de Yagoda, 24 de janeiro de 1930, *ibid.*, 237-38.
25. Orlando Figes, *The Whisperers: Private Life in Stalin's Russia* (Londres, 2007), 86-87.
26. Nicolas Werth, *Cannibal Island: Death in a Siberian Gulag* (Princeton, N.J., 2007).
27. Lynne Viola, *The Unknown Gulag: The Lost World of Stalin's Special Settlements* (Nova York, 2007), 196, tabela 2.
28. Oleg W. Chlewnjuk (também conhecido como Oleg V. Khlevnyuk), *Das Politbüro: Mechanismen der Macht in der Sowjetunion der dreissiger Jahre* (Hamburgo, 1998), 84-90.
29. Stalin para Kaganovitch, 18 de junho de 1932, em O.V. Khlevniuk et al., orgs., *Stalin i Kaganovich perepiska 1931—1936gg.* (Moscou, 2001), 179-80.
30. Stalin para Kaganovitch, 25 de julho de 1932, *ibid.*, 244-45.
31. GARF, f. 9474, op. 1, d. 76, l, 118; d. 83, l, 5; Lei (7 de agosto de 1932).
32. Stalin para Kaganovitch e Molotov, antes de 24 de julho de 1932, em Khlevniuk et al., *Stalin i Kaganovich perepiska*, 240-41.
33. Stalin para Kaganovitch, *ibid.*, 273-74.
34. Lev Kopelev, *The Education of a True Believer* (Nova York, 1980), 235.
35. Nicolas Werth, "The Great Ukrainian Famine of 1932-33," *Online Encyclopedia of Mass Violence*, http://www.massviolence.org/The-1932-1933-Great-Famine-in--Ukraine.
36. Terry Martin, *The Affirmative Action Empire: Nations and Nationalism in the Soviet Union, 1923-1939* (Ithaca, N.Y., 2001), 9-10; Jörg Baberowski, *Der Feind ist überall: Stalinismus im Kaukasus* (Munique, 2003), 184-214.
37. Martin, *Affirmative Action Empire*, 302-8.
38. Jörg Baberowski e Anselm Doering-Manteuffel, "The Quest for Order and the Pursuit of Terror: National Socialist Germany and the Stalinist Soviet Union as Multiethnic Empires," em Michael Geyer e Sheila Fitzpatrick, orgs., *Beyond Totalitarianism: Stalinism and Nazism Compared* (Nova York, 2009), 209-12.
39. Stalin, *Sochineniia*, 13:161-215.
40. Sheila Fitzpatrick, *Stalin's Peasants: Resistance and Survival in the Russian Village After Collectivization* (Nova York, 1994), 82.

462 A MALDIÇÃO DE STALIN

41. Paul Hagenloh, *Stalin's Police: Public Order and Mass Repression in the USSR, 1926-1941* (Baltimore, 2009), 131; David R. Shearer, *Policing Stalin's Socialism: Repression and Social Order in the Soviet Union, 1924-1953* (New Haven, Conn., 2009), 21, 192—200, 256; e Gijs Kessler, "The Passport System and State Control over Population Flows in the Soviet Union, 1932-1940," em *Cahiers du Monde russe* (abril-dezembro de 2001), 483–84.

42. Carta do secretário regional do partido em Stalingrado, 16 de fevereiro de 1933, APRF, f. 3, op. 30, d. 189, l. 34.

43. R.W. Davies e Stephen G. Wheatcroft, *The Years of Hunger: Soviet Agriculture, 1931-1933* (Nova York, 2004), 411.

44. R.W. Davies, "Making Economic Policy," em Paul R. Gregory, org., *Behind the Façade of Stalin's Command Economy: Evidence from the Soviet State and Party Archives* (Stanford, Calif., 2001), 70–71.

45. Em 1929, a URSS exportou 178 milhões de toneladas; em 1930, o número saltou para 4.764 milhões; e em 1931, para 5.056 milhões. Ver R.W. Davies, Mark Harrison, e S.G. Wheatcroft, orgs., *The Economic Transformation of the Soviet Union, 1913—1945* (Cambridge, Mass., 1994), 316, tabela 48.

46. Os números são de Stephen Wheatcroft, "More Light on the Scale of Repression and Excess Mortality in the Soviet Union in the 1903s," em J. Arch Getty e Roberta T. Manning, orgs., *Stalinist Terror: New Perspectives* (Nova York, 1993), 283, tabela 14.2. Robert Conquest, *Harvest of Sorrow: Soviet Collectivization and the Terror-Famine* (Nova York, 1986), sugere que 5 milhões morreram na Ucrânia, não 4 milhões (306). Ver também Nicolas Werth, "A State Against Its People: Violence, Repression, and Terror in the Soviet Union," em Stéphane Courtois et al., *The Black Book of Communism* (Cambridge, Mass., 1999), 167.

47. Stalin para Kaganovitch, 27 de agosto de 1933, *em Stalin i Kaganovich perepiska*, 315–16; também K.E. Voroshilov para A.S. Yenukidze, 27 de agosto de 1933, em A.V. Kvashonkin, et al., orgs., *Sovetskoe rukovodstvo: Perepiska 1928-1941g.* (Moscou, 1999), 249–52.

48. Norman M. Naimark, *Stalin's Genocides* (Princeton, N.J., 2010), 70–79; e Timothy Snyder, *Bloodlands: Europe Between Hitler and Stalin* (Nova York, 2010), 42–46. Ver também Halyna Hryn, org., *Hunger by Design: The Great Ukrainian Famine and Its Soviet Context* (Cambridge, Mass., 2008). Para uma crítica, ver Yana Pitner, "Mass Murder or Massive Incompetence," *H-Russia* (outubro de 2010), http://www.h-net.org/reviews/showrev.php?id=30622.

49. Carta para Stalin, 28 de janeiro de 1931, e sua resposta, 1º de fevereiro de 1931, APRF, f. 3, op. 40, d. 77, l. 24–26. Ver o registro-documentário proporcionado por V.V. Kondrashin, org., *Golod v SSSR: 1929-1934* (Moscou, 2011-12), 2 vols.

50. Carta de Stalin-Molotov para o primeiro-secretário do Médio Volga, 28 de novembro de 1931, APRF, f. 3, op. 40, d. 79, l. 150.

51. Stalin, *Sochineniia*, 13:177–88.

NOTAS   463

52. O estudo clássico é Stephen Kotkin, *Magnetic Mountain: Stalinism as a Civilization* (Berkeley, Calif., 1995).

53. Hiroaki Kuromiya, *Freedom and Terror in the Donbas: A Ukrainian- Russian Borderland, 1870s-1990s* (Cambridge, RU, 1998), 119-50; e Arkady Vaksberg, *Stalin's Prosecutor: The Life of Andrei Vichinski* (Nova York, 1990), 42-45.

54. Doc. 3 em N.V. Petrov, org., *Istoriia stalinskogo Gulaga* (Moscou, 2004), 2:58-59; Oleg V. Khlevniuk, *The History of the Gulag: From Collectivization to the Great Terror* (New Haven, Conn., 2004), 9-12.

55. Doc. 32 em A.B. Bezborodov e V.M. Khrustalev, orgs., *Istoria stalinskogo Gulaga* (Moscou, 2004), 4:110; V.N. Zemskov, "GULAG (Istoriko-sotsiologicheskii aspekt)," *Sotsiologicheskii issledovaniya* (1991), n° 6, 10-27; n° 7, 3-16.

56. Doc. 211 em T.V. Tsarevskaia-Diakina, org., *Istoria stalinskogo Gulaga* (Moscou, 2004), 5:707-8.

57. Larina, *This I Cannot Forget*, 133-47; Robert Service, *Stalin: A Biography* (Londres, 2004), 288-98; Simon Sebag Montefiore, *Stalin: The Court of the Red Tsar* (Nova York, 2004), 5-22.

58. Svetlana Alliluyeva, *Dvadtsat pisem k drugu* (Nova York, 1967), 116-34.

59. Ver exaustiva pesquisa de arquivos feita por Matthew E. Lenoe, *The Kirov Murder and Soviet History* (New Haven, Conn., 2010), 128, 141, 611.

60. J. Arch Getty e Oleg V. Naumov, *Yezhov: The Rise of Stalin's "Iron Fist"* (New Haven, Conn., 2008), 139.

61. J. Arch Getty e Oleg V. Naumov, orgs., *The Road to Terror: Stalin and the Self-Destruction of the Bolsheviks, 1932-1939* (New Haven, Conn., 1999), 198, também n° 3.

62. Marc Jansen e Nikita Petrov, *Stalin's Loyal Executioner: People's Commissar Nikolai Ezhov* (Stanford, Calif., 2002), 46; Stalin para Kaganovitch, 23 de agosto de 1936, em Khlevniuk et al., orgs., *Stalin i Kaganovich perepiska*, 642-43.

63. Larina, *This I Cannot Forget*, 283.

64. Stalin e Jdanov para Kaganovitch, Molotov e Politburo, 25 de setembro de 1936, em Khlevniuk et al., orgs., *Stalin i Kaganovich perepiska*, 682-83; Getty e Naumov, *Stalin's Iron Fist*, 204; Jansen e Petrov, *Stalin's Loyal Executioner*, 57.

65. Indiciamento, 5 de janeiro de 1937, APRF, f. 3, op. 24, d. 269, l. 38-58.

66. Instruções, 22 de janeiro de 1937, APRF, f. 3, op. 24, d. 274, l. 72-74. Ver também Donald Rayfield, *Stalin and His Hangmen: The Tyrant and Those Who Killed for Him* (Nova York, 2004), 279, 315-20; e William Chase, "Stalin as Producer: The Moscow Show Trials and the Production of Mortal Threats," em Sarah Davies e James Harris, orgs., *Stalin: A New History* (Cambridge, Mass., 2005), 226-48.

67. Karl Schlögel, *Terror und Traum: Moskau 1937*(Frankfurt am Main, 2010), 239-66.

68. Larina, *This I Cannot Forget*, 127.

69. *Ibid.*, 313-16.

70. Schlögel, *Terror und Traum*, 258-59; transcrições em Getty e Naumov, *Road to Terror*, 364-419.

464   A MALDIÇÃO DE STALIN

2. ELIMINAÇÃO DE AMEAÇAS INTERNAS
À UNIDADE SOCIALISTA

1. Observações de Stalin, 7 de novembro de 1937, em Gueorgui Dimitrov, *Dnevnik: mart 1933-fevruari 1949: izbrano* (Sofia, 2003), 60-62.
2. Ver Oleg W. Chlewnjuk (também conhecido como Oleg V. Khlevnyuk), *Das Politbüro: Mechanismen der Macht in der Sowjetunion der dreissiger Jahre* (Hamburgo, 1998), 246-69. Para a ênfase em Stalin como "psicótico degenerativo," ver Donald Rayfield, *Stalin and His Hangmen: The Tyrant and Those Who Killed for Him* (Nova York, 2004), 293-339.
3. Lev Kopelev, *To Be Preserved Forever* (Nova York, 1977), 92.
4. Victor A. Kravchenko, *I Chose Freedom* (1946; New Brunswick, N.J., 2002), 282.
5. Joseph Davies, *Mission to Moscow* (Nova York, 1941), 269-70; Stephen F. Cohen, *Bukharin and the Bolshevik Revolution: A Political Biography, 1888-1938* (Nova York, 1974), 374-81.
6. Discurso, 7 de janeiro de 1933, em Stalin, *Sochineniia*, 13:210-11; discurso, 3 de março de 1937, *ibid.*, 14:161.
7. APRF, f. 3, op. 58, d. 6, l. 30-31.
8. Para a ordem de começo de Stalin, ver doc. 163 em J. Arch Getty e Oleg V. Naumov, orgs., *The Road to Terror: Stalin and the Self-Destruction of the Bolsheviks, 1932-1939* (New Haven, Conn., 1999), 457. Os relatórios, inclusive o de Vishinski, são analisados em Nicolas Werth, "Les 'petits procès exemplaires' en URSS durant la Grande Terreur (1937-1938)," *Vingtième Siècle. Revue d'histoire*, N⁰. 86 (abril-junho de 2005), 5-23.
9. William Taubman, *Khrushchev, the Man and His Era* (Nova York, 2003), 99-122. Robert C. Tucker, *Stalin in Power: The Revolution from Above, 1928-1941* (Nova York, 1990), 528.
10. Ordem, 13 de setembro de 1937, APRF, f. 3, op. 24, d. 321, l. 68-69, Ver Jörg Baberowski, *Der Rote Terror: Die Geschichte des Stalinismus* (Munique, 2003), 135-208.
11. Evan Mawdsley e Stephen White, *The Soviet Elite from Lenin to Gorbachev: The Central Committee and Its Members, 1917-1991* (Oxford, RU, 2000), 74-76.
12. Beria para Stalin, 30 de outubro de 1937, APRF, f. 3, op. 58, d. 212, l. 137-39.
13. Anna Larina, *This I Cannot Forget: The Memoirs of Nikolai Bukharin's Widow* (Nova York, 1994), 198.
14. Stalin para Molotov, 23 de outubro de 1930, em L. Kosheleva, et al., orgs., *Pisma J.V. Stalina V.M. Molotovu, 1925-1936gg. Sbornik dokumentov* (Moscou, 1995), 231.
15. Esta foi a conclusão dos conhecedores da KGB, Pavel Sudoplatov e Anatoli Sudoplatov em *Special Tasks: The Memoirs of an Unwanted Witness — A Soviet Spymaster* (Nova York, 1994), cap. 5.
16. Vladimir Z. Rogovin, *1937* (Moscou, 1996), 344-51.
17. Discurso, RGASPI, f. 558, op. 11, d. 1120, l. 28-57; Simon Sebag Montefiore, *Stalin: The Court of the Red Tsar* (Nova York, 2004), 222-25.

NOTAS

18. Dimitri Volkogonov, *Triumf i tragediya. Politichesky portret J.V. Stalina* (Moscou, 1989), 1:2:276-77.

19. Marc Jansen e Nikita Petrov, *Stalin's Loyal Executioner: People's Commissar Nikolai Ezhov* (Stanford, Calif., 2002), 70; Sebag Montefiore, *Stalin*, 225-27; David M. Glantz, *Stumbling Colossus: The Red Army on the Eve of World War* (Lawrence, Kansas, 1998), 30-31.

20. Nota, 19 de junho de 1937, APRF, f. 3, op. 24, d. 309, l. 131-31.

21. Relatório especial de Beria e Iejov, 14 de outubro de 14, 1938, APRF, f. 3, op. 24, d. 366, l. 78-79.

22. RGASPI, f. 17, op. 2, d. 514, l. 14-17; Stalin, *Sochineniia*, 13:207, 210 (7 de janeiro de 1933).

23. 7 de janeiro de 1933, em Stalin, *Sochineniia*, 13:207, 210.

24. Para um estudo quantitativo que rastreia os efeitos, ver Evgenii V. Kodin, *Repressirovannaia rossiiskaia provintsiia: Smolenshchina, 1917-1955gg.* (Moscou, 2011), 8-31.

25. APRF, f. 3, op. 58, d. 212, l. 55-78; também V. P. Danilov, R.T. Manning e L. Viola, orgs., *Tragediia Sovetskoi derevni: Kollektivizatsiia i raskulachivanie: Dokumeny i materialy* (Moscou, 1999-2006), 5:1:319.

26. Doc. 58 em S. V. Mironenko e N. Werth, orgs., *Istoriia stalinskogo Gulaga* (Moscou, 2004), 1:268-75.

27. Doc. 24 em Richard Pipes, org., *The Unknown Lenin: From the Secret Archive* (New Haven, Conn., 1996), 50.

28. Rolf Binner e Marc Junge, "Wie der Terror 'Gross' wurde: Massenmord und Lagerhaft nach Befehl 00447," em *Cahiers du Monde Russe* (2001), 557-614; e dos mesmos autores, *Kak Terror stal bolshim: Sekretnyi prikaz Nr. 00447i tekhnologiia ego ispolneniia* (Moscou, 2003).

29. Doc. 7, 23 de abril de 1932, e doc. 9, 7 de maio, em Andrei Artizov e Oleg Naumov, orgs., *Vlast i khudozhestvennaia intelligentsia: Dokumenty TsK RKP(b)-VKP(b),VChK-OGPU- NKVD o kulturnoi politike, 1917-1953* (Moscou, 1953), 172-76.

30. Golfo Alexopoulos, *Stalin's Outcasts: Aliens, Citizens, and the Soviet State, 1926-1936* (Ithaca, N.Y., 2003).

31. Chlewnjuk (também conhecido como Khlevnyuk), *Das Politbüro*, 246-302.

32. Doc. 59 em Mironenko e Werth, orgs., *Istoriia stalinskogo Gulaga*, 1:275-77.

33. Doc. 60, *ibid.*, 277-81; Jansen e Petrov, *Stalin's Loyal Executioner*, 96-97.

34. Nikita Petrov e Arseni Roginski, "The 'Polish Operation' of the NKVD, 1937-8," em Barry McLoughlin e Kevin McDermott, orgs., *Stalin's Terror: High Politics and Mass Repression in the Soviet Union* (Nova York, 2003), 168-69; Nicolas Werth, "The Mechanism of a Mass Crime: The Great Terror in the Soviet Union, 1937-1938," em Robert Gellately e Ben Kiernan, orgs., *The Specter of Genocide: Mass Murder in Historical Perspective* (Cambridge, RU, 2003), 237.

35. O vínculo russo às "listas" de Stalin está disponível em: <http://stalin.memo.ru/spiski/index.htm>.

36. Jansen e Petrov, *Stalin's Loyal Executioner*, 99.
37. *Ibid.*; ver também Terry Martin, *The Affirmative Action Empire: Nations and Nationalism in the Soviet Union, 1923–1939* (Ithaca, N.Y., 2001), 338.
38. Martin, *Affirmative Action Empire*, 333–34.
39. Para indivíduos apanhados na cilada (doc. 47–66), ver William J. Chase, org., *Enemies Within the Gates: The Comintern and the Stalinist Repression, 1934–1939* (New Haven, Conn., 2001), 328–403.
40. Doc. 223 em Mironenko e Werth, *Istoriia stalinskogo Gulaga*, 1:609. Ver também Oleg V. Khlevniuk, *The History of the Gulag: From Collectivization to the Great Terror* (New Haven, Conn., 2004), 165–66. Nicolas Werth, "Les 'Opérations de Masse' de la 'Grande Terreur' en URSS (1937–1938)," *Bulletin de l'Institut d'histoire du temps présent* (2006), 6–167.
41. Dimitrov, *Dnevnik*, 60–61.
42. Reunião, 11 de novembro de 1937, *ibid.*, 165–66; grifo no original.
43. APRF, f. 3, op. 58, d. 6, l. 92–96.
44. Baberowski, *Der Rote Terror*, 174.
45. Felix Ivanovitch Chuiev e Viatcheslav Molotov, *Sto sorok besed s Molotovym: iz dnevnika F. Chueva* (Moscou, 1991), 321, 416, 428.
46. Entrevista de Kaganovitch, 6 de maio de 1991, em Gueorgui A. Kumanev, *Govoriat stalinskie narkomy: Vstrechi, besedy, interviu, dokumenty* (Smolensk, 2005), 103–4; e Lazar M. Kaganovitch, *Pamiatnye zapiski: Rabochego, kommunista- bolshevika, profsoiuznogo, partinogo i sovetsko-gosudarstvennogo rabotnika* (Moscou, 1996), 482–86.
47. Doc. 57 em Mironenko e Werth, *Istoriia stalinskogo Gulaga*, 1:267–68.
48. Werth, "Mechanism of a Mass Crime," 232, 235.
49. Ver a estatística em Vadim Z. Rogovin, *Partiia rasstreliannykh* (Moscou, 1997), 243–47.
50. Stephen G. Wheatcroft, "From Team-Stalin to Degenerate Tyranny," em E.A. Rees, org., *The Nature of Stalin's Dictatorship: The Politburo, 1924–1953* (Nova York, 2004), 79–106.
51. Mãe e filho reunidos em 1956 após separação de 19 anos. Larina, *This I Cannot Forget*, 334.
52. Bukharin para Stalin, 10 de dezembro de 1937, em J. Arch Getty e Oleg V. Naumov, orgs., *The Road to Terror: Stalin and the Self-Destruction of the Bolsheviks, 1932–1939* (New Haven, Conn., 1999), 556–60.

3. GUERRA E ILUSÕES

1. Discurso para a plenária do Comitê Central, 19 de janeiro de 1925, em Stalin, *Sochineniia*, 7:14. Ver também Andreas Hillgruber, *Deutschlands Rolle in der Vorgeschichte der beiden Weltkriege*, 2ª ed. (Göttingen, 1979), 97.

NOTAS 467

2. Discurso, 1º de outubro de 1938, em N.N. Maslov, "I.V. Stalin o 'Kratkom kurse istorii VKP (b),'" *Istoricheskii arkhiv*, nº 5 (1995), 13.
3. Discurso, 10 de março de 1939, em Stalin, *Sochineniia*, vol. 14, 296-97.
4. *Izvestia*, 1º de junho de 1939.
5. *Pravda*, 29 de junho de 1939, em SDFP, 3:352-54.
6. Derek Watson, *Molotov: A Biography* (Nova York, 2005), 166-69.
7. Recebido em Moscou, 15 de agosto, ver SDFP, 3:356-57; DGFP, Série D, 5:62-64.
8. RGASPI, f. 558, op. 11, d. 296, doc. 1ff. Acordo assinado em 19 de agosto, em DGFP, Série D, vol. 5.
9. Um discurso de Stalin, supostamente pronunciado para o Politburo em 19 de agosto e revelando intenções ofensivas, foi publicado na França no fim de novembro e apareceu mais tarde em um arquivo especial de Moscou. A maioria dos historiadores ocidentais insiste que é uma falsificação. Arquivo Osoby URSS, f. 7, op. 1, d. 1223. Ver T. Bushueva, "Proklinaya–Poprobuite ponyat," *Novy Mir* 12 (1994), 232-33. Uma tradução foi publicada em Albert L. Weeks, *Stalin's Other War: Soviet Grand Strategy, 1939-1941* (Nova York, 2002), 171-74. Uma vigorosa refutação está em S.Z. Sluch, "'Rech' Stalina, kotoroi ne bylo," *Otchestvennaya Istoriya* (2004).
10. F.I. Firsov, "Arkhivy Kominterna i vneshniaia politika SSSR v 1939-1941gg.," em *Novaia i noveishaiia istoriaiia*(6), 12-35; também registro em diário para 21 de janeiro de 1940, em Gueorgui Dimitrov, *Dnevnik: mart 1933-fevruari 1949: izbrano* (Sófia, 2003), 84.
11. A.A. Kungurov, *Sekretnye protokoly ili kto poddelal pakt Molotova-Ribbentropa* (Moscou, 2009). AVPRF, f. 06, op. 1, l. 8, d. 77, l. 4, 28 de setembro de 1939.
12. Mikhail I. Meltiukhov, *Upushchennyi shans Stalina: skhvatka za Evropu, 1939-1941gg.: dokumenty, fakty, suzhdeniia* (Moscou, 2000), 79-82; Joachim von Ribbentrop, *Zwischen London und Moskau: Erinnerungen und letzte Aufzeichnungen* (Leoni am Starnberger See, 1953), 178-85; DGFP, Série D, 5:427-29.
13. Nikita S. Khruschev, *Memoirs*, vol. 1, *Commissar* (University Park, Pa., 2004), 226.
14. Geoffrey Roberts, *The Soviet Union and the Origins of the Second World War: Russo-German Relations and the Road to War, 1933-1941* (Londres, 1995), 100.
15. Observação de Stalin em Dimitrov, *Dnevnik*, 79.
16. Citado em Erik van Ree, *The Political Thought of Joseph Stalin: A Study in Twentieth-Century Revolutionary Patriotism* (Nova York, 2002), 227.
17. Doc. 228 e 229 em DGFP, 7:245-47.
18. Dimitrov, *Dnevnik*, 79-80
19. Doc. 103 a 107 em S.V. Mironenko e N. Werth, orgs., *Istoriia stalinskogo Gulaga* (Moscou, 2004), 1:389-95; Norman Davies, *God's Playground: A History of Poland, 1795 to the Present* (Oxford, RU, 1981), 2:448; David R. Marples, *Stalinism in Ukraine in the 1940s* (Nova York, 1992), 24-41.
20. Ver relatos pessoais em Tadeuz Piotrowski, org., *The Polish Deportees of World War II: Recollections of Removal to the Soviet Union and Dispersal Throughout the World* (Londres, 2004).

21. Jan Gross, *Revolution from Abroad: The Soviet Conquest of Poland's Western Ukraine and Western Belorussia* (Princeton, N.J., 2002), 194. Timothy Snyder, *Bloodlands: Europe between Hitler and Stalin* (Nova York, 2010), 151.

22. Pavel Polian, *Ne po svoyey vole. Istoriya i geografi ya prinuditel'nykh migratsii v SSSR* (Moscou, 2001), 98.

23. Gross, *Revolution from Abroad*, 229; Andrzej Paczkowski, "Poland, the 'Enemy Nation,'" em Stéphane Courtois et al., *The Black Book of Communism* (Cambridge, Mass., 1999), 372.

24. Para o pano de fundo, ver George Sanford, *Katyn and the Soviet Massacre of 1940: Truth, Justice and Memory* (Nova York, 2005), 35–62.

25. A.A. Tchernobaiev, org., *Na prieme u Stalina: Tetradi (zhurnaly) zapisei lits, priniatykh I.V. Stalinym, 1924–1953* (Moscou, 2008), 292.

26. Doc. 216 em Natalia S. Lebedeva e Wojciech Materski et al., orgs., *Katyn: Plenniki neobiavlennoi voiny* (Moscou, 1999), 384–90.

27. Menção alguma ao papel de Khruschev é feita em suas memórias ou na biografia do filho de Serguei. O recente estudo de William Taubman, *Khrushchev, the Man and His Era* (Nova York, 2003), cita que um colega (Ivan Serov) esteve envolvido com Katyn (133–46, 370).

28. Doc. 208 em Lebedeva e Materski et al., *Katyn*, 375–78.

29. Doc. 227, 3 de março de 1959, *ibid.*, 563–64.

30. A.I. Romanov, *Nights Are Longest There: A Memoir of the Soviet Secret Service* (Boston, 1972), 136–37; Michael Parrish, *The Lesser Terror: Soviet State Security, 1939–1953* (Westport, Conn., 1996), 54–57.

31. Doc. 10 em A.N. Yakovlev et al., orgs., *1941 god: Dokumenty* (Moscou, 1998), 1:29–30; *Pravda*, 16 e 17 de junho de 1940; Watson, *Molotov*, 181.

32. Doc. 76 em Yakovlev et al., *1941 god: Dokumenty*, 1:150–52.

33. Citado em Alexander M. Nekritch, *Pariahs, Partners, Predators: German-Soviet Relations, 1922–1941* (Nova York, 1997), 230.

34. Discurso para o Comitê Central, setembro de 1940, em I. P. Senokosov, org., *Surovaia drama naroda: uchenie i publitsisty o priode stalinizma* (Moscou, 1989), 503. Alexander V. Prusin, *The Lands Between: Conflict in the East European Borderlands, 1870–1992* (Oxford, RU, 2010), 147.

35. Essas quantidades elevadas estão em Elena Zubkova, *Pribaltika i Kreml, 1940–1953* (Moscou, 2008), 127.

36. Doc. 107 e 108, 16 de maio de 1941, e doc. 112, 17 de junho, em Mironenko e Werth, *Istoriia stalinskogo Gulaga*, 1:394–400; 404–5.

37. Alexandras Shtromas, "The Baltic States as Soviet Republics: Tensions and Contradictions," em *Totalitarianism and the Prospects for World Order: Closing the Door on the Twentieth Century*, ed. Robert Faulkner e Daniel J. Mahoney (Oxford, RU, 2003), 207. Essas estatísticas são aceitas por Valdis O. Lumans, *Latvia in World War II* (Nova York, 2006), 138. I. Joseph Vizulis, *Nations Under Duress: The Baltic States* (Nova York, 1985), 102–4, para números diferentes.

NOTAS 469

38. Registro para 21 de janeiro de 1940, em Dimitrov, *Dnevnik*, 84.

39. Números, 27 de março de 1940, *ibid.*, 85.

40. As observações de Stalin estão citadas em Khruschev, *Memoirs*, 1:251-52.

41. Doc. 6, 17 de abril de 1940, em K.M. Anderson et al., orgs., *"Zimniaia voina": rabota nad oshibkami (aprel-mai 1940g.): Materiali kommissii Glavnogo voennogo soveta Krasnoi Armii* (Moscou, 2004), 31-42; William R. Trotter, *Frozen Hell: The Russo--Finnish War of 1939-40* (Chapel Hill, N.C., 1991), 16-22.

42. Khruschev, *Memoirs*, 1:266.

43. Citado em John Lukacs, *Five Days in London: May 1940* (New Haven, Conn., 2001), 151.

44. David Reynolds, *In Command of History: Churchill Fighting and Writing the Second World War* (Londres, 2004), 169-70.

45. Klaus Hildebrand, *Das vergangene Reich: Deutsche Aussenpolitik von Bismarck bis Hitler* (Berlim, 1999), 836-48; John Lukacs, *The Last European War: September 1939-December 1941* (New Haven, Conn., 2001), 98-99.

46. Doc. 6.28, 29 de setembro de 1940; doc. 6.50, 29 de dezembro de 1940; e doc. 7.1, 4 de janeiro de 1941, em Viktor Gavrilov, org., *Voennaya razvedka informiruet*, Disponível em: <http://www.alexanderyakovlev.org/fond/issues-doc/1001634>.

47. Gueorgui K. Jukov, *Vospominaniya i razmyshleniya* (Moscou, 2002), 1:255-56; doc. 289 em Yakovlev et al., *1941 god: Dokumenty*, 1:683.

48. Doc. 368 e 369, em Yakovlev et al., *1941 god: Dokumenty*, 2:47-48.

49. SDFP, 3:484-85. Stalin é citado em Gabriel Gorodetsky, *Grand Delusion: Stalin and the German Invasion of Russia* (New Haven, Conn., 1999), 151.

50. Debate confidencial do embaixador L. A. Steinhardt com o vice-comissário de Relações Exteriores Lozovski, 15 de abril de 1941, doc. 388 em Yakovlev et al., *1941 god: Dokumenty*, 2:81-82; Andrei I. Yeremenko, *V nachale voiny* (Moscou, 1965), 46; Lew Besymenski, *Stalin und Hitler: Das Pokerspiel der Diktatoren* (Berlim, 2002), 416.

51. Vladimir Lota, *Sekretnyi front generalnogo shtaba. Kniga o voennoi razvedke 1940-1942* (Moscou, 2005), 220-34.

52. Doc. 377, 11 de abril de 1941, em Yakovlev et al., *1941 god: Dokumenty*, 2:60-61.

53. Ver, por exemplo, doc. 7.4, 12 de fevereiro de 1941, e seguintes, em Gavrilov, *Voennaya razvedka informiruet*. Disponível em: <http://www.alexanderyakovlev.org/fond/issues-doc/1001644>.

54. Doc. 575 em Yakovlev et al., *1941 god: Dokumenty*, 2:387—88; Stalin citado em Gorodetsky, *Grand Delusion*, 225.

55. Felix I. Chuiev, *Molotov: Poluderzhavnyii vlastelin* (Moscou, 2000), 28-38.

56. Ver, por exemplo, Jukov, *Vospominaniya i razmyshleniya*, 1:229-30.

57. *Ibid.*, 1:246-55.

58. V.K. Volkov, *Uzlovye problemy noveishei istorii stran Tsentralnoi i Iugo-Vostocknoi Evropy*, revisto e expandido, Harald Neubert, org., *Stalin wollte ein anderes Europa: Moskaus Aussenpolitik 1940 bis 1968 und die Folgen, eine Dokumentation* (Berlim, 2003), 79-80; Besymenski, *Stalin und Hitler*, 417-18.

470 A MALDIÇÃO DE STALIN

59. Ribbentrop para Schulenburg, 21 de junho, doc. 600 em Yakovlev et al., *1941 god: Dokumenty*, 2:418–20.

60. O caso clássico foi colocado por Viktor Suvorov, *Der Eisbrecher: Hitler in Stalins Kalkül* (Stuttgart, 1989). Para uma leitura de documentação (militar) recente e seletiva, ver Bogdan Musial, *Kampfplatz Deutschland: Stalins Kriegspläne gegen den Westen* (Berlim, 2008).

61. Discurso, doc. 437 em Yakovlev et al., *1941 god: Dokumenty*, 2:158–62.

62. Diretriz, doc. 468, *ibid.*, 2:201-9; também Alexander M. Vassilevski, *Delo vsei zhizni* (Moscou, 1978), 105; e Dimitri Volkogonov, *Sem voshdei* (Moscou, 1999), 1:212—13.

63. Ver, por exemplo, diretrizes do Departamento Principal de Política do Exército Vermelho (começando em junho), doc. 512, em Yakovlev et al., *1941 god: Dokumenty*, 2:301-3.

64. Heinrich Schwendemann, "German-Soviet Economic Relations at the Time of the Hitler-Stalin Pact 1939-1941," *Cahiers du Monde russe* (1995), 165.

65. Memorando de Schnurre, 26 de fevereiro de 1940, doc. 636 em DGFP, 8:814–17.

66. *DRZW*, 4:166.

67. S. Z. Sluch, "Sovetsko-germanskii otnossyeniya v sentyabre-dekabre 1939 goda i vopros o vstuplenii SSSR vo Vtoryio mirovyio voiny," *Otechestvennaya Istoriya* 5(2000), 10-27.

68. Mikoyan para Stalin e Molotov, 11 de março de 1941, doc. 317 em Yakovlev et al., *1941 god: Dokumenty*, 1:760-64.

69. *DRZW*, 4:166-67.

70. Memorando de Karl Schnurre, doc. 471 em Yakovlev et al., *1941 god: Dokumenty*, 2:212-13.

71. Rolf-Dieter Müller, "Von der Wirtschaftsallianz zum kolonialen Ausbeutungskrieg," em *DRZW*, 4:98-189.

72. Adam Tooze, *Wages of Destruction: The Making and Breaking of the Nazi Economy* (Nova York, 2006), 422-25.

73. Müller, "Wirtschaftsallianz," 109-11.

74. Gorodetsky, *Grand Delusion*, 184-94.

75. Jukov, *Vospominaniya i razmyshleniya*, 1:239-40; Vassilevski, *Delo vsei zhizni*, 107-8; também observações citadas em Gorodetsky, *Grand Delusion*, 299.

76. Doc. 74 e 75 em V.K. Vinogradov et al., *Sekrety Gitlera na stole u Stalina: razvedka i konstrrazvedka o podgotovke gemanskoi agressii protive SSSR, mart-jiun 1941g.: Dokumenty iz Tsentralnogo arkhiva FSB Rossii* (Moscou 1995), 166–69.

77. Doc. 605 em Yakovlev et al., orgs., *1941 god: Dokumenty*, 2:423. Ver também entrevista de Mikoyan em Gueorgui A. Kumanev, *Govoriat stalinskie narkomy: Vstrechi, besedy, interviu, dokumenty* (Smolensk, 2005), 58–59; e Anastas I. Mikoyan, *Tak bylo: Razmyshleniya o minushem* (Moscou, 1999), caps. 30-31.

78. Tchernobaiev, *Na prieme u Stalina*, 337; Jukov, *Vospominaniya i razmyshleniya*, 1:265-66.

NOTAS 471

79. Nikolai N. Voronov, *Na sluzhbe voennoi* (Moscou, 1963), 171-74.
80. David M. Glantz e Jonathan M. House, *When Titans Clashed: How the Red Army Stopped Hitler* (Lawrence, Kansas, 1995), 51.
81. Volkogonov, *Triumf i tragediya*, 2:1:192-93.
82. Tchernobaiev, *Na prieme u Stalina*, 337-38.
83. Yuri A. Gorkov, *Kreml, stavka, genshtab* (Tver, 1995), 86.
84. Felix Ivanovitch Chuiev e Viatcheslav Molotov, *Sto sorok besed s Molotovym: iz dnevnika F. Chueva* (Moscou, 1991), 44-45.
85. Volkogonov, *Triumf i tragediya*, 2:1:156-7.
86. Entrevista de Mikoyan em Kumanev, *Govoriat stalinskie narkomy*, 61-62; Jukov, *Vospominaniya i razmyshleniya*, 1:287-88.
87. Mikoyan e Voznesensky foram incluídos no GKO em 3 de fevereiro de 1942. Mikoyan, *Tak bylo: Razmyshleniya o minushem*, cap. 31; doc. 654 em Yakovlev et al., *1941 god: Dokumenty*,2:496—500.
88. Stalin, *Sochineniia*, 15:56—61.
89. Winston S. Churchill, *The Grand Alliance* (Boston, 1950), 372.
90. Churchill para Roosevelt, 7 de dezembro de 1940, em Warren F. Kimball, org., *Churchill and Roosevelt: The Complete Correspondence* (Princeton, N.J., 1984), 1:102-9.
91. David M. Kennedy, *Freedom from Fear: The American People in Depression and War, 1929-1945* (Nova York, 1999), 471.
92. Registro de conversa, 30 de julho de 1941, em *Sovetsko-Amerikanskie otnoseheniya vo vremya Velikoi Otechestvennoie Voiny, 1941-1945* (Moscou, 1984), 1:80—82.
93. Christopher Andrew e Oleg Gordievsky, *KGB: The Inside Story of Its Foreign Operations from Lenin to Gorbachev* (Londres, 1990), 235-36.
94. Roosevelt e Churchill para Stalin, recebida em 15 de agosto de 1941, em *Stalin Correspondence*, 1:17-18.
95. Declaração conjunta de Roosevelt e Churchill, 14 de agosto de 1941, in *FRUS, 1941. The Soviet Union*, 1:367-69.
96. Kennedy, *Freedom from Fear*, 496.
97. Doc. 651 em Yakovlev et al., *1941 god: Dokumenty*, 2:487-88. Documentos posteriores são citados em Volkogonov, *Triumf i tragediya*, 2:1:172-73; também Pavel Sudoplatov e Anatoli Sudoplatov, *Special Tasks: The Memoirs of an Unwanted Witness — A Soviet Spymaster* (Nova York, 1994), 145; e Khruschoev, *Memoirs*, 1:358. Para provas adicionais e dúvidas sobre os esforços de Stalin na busca pela paz, ver Chris Bellamy, *Absolute War: Soviet Russia in the Second World War* (Nova York, 2007), 221-22.
98. W. Averell Harriman, *America and Russia in a Changing World: A Half Century of Personal Observation* (Garden City, N.Y., 1971), 23.
99. Cordell Hull, *Memoirs* (Nova York, 1948), 1:292-307; Jean Edward Smith, *FDR* (Nova York, 2007), 342-43.
100. Kennedy, *Freedom from Fear*, 485, 631.

101. Stalin para Roosevelt, 3 de outubro e 4 de novembro de 1941, em *Stalin Correspondence*, 2:13, 15.

102. Evan Mawdsley, *Thunder in the East: The Nazi-Soviet War, 1941-1945* (Londres, 2005), 192; Bellamy, *Absolute War*, 421.

103. Mawdsley, *Thunder in the East*, 193.

104. Khruschev, *Memoirs*, 1:638-39.

105. Timothy Johnston, *Being Soviet: Identity, Rumour, and Everyday Life Under Stalin, 1939—1953* (Oxford, RU, 2011), 48-49.

106. Rebecca Manley, *To the Tashkent Station: Evacuation and Survival in the Soviet Union at War* (Ithaca, N.Y., 2009), 76.

107. HP 387, pp. 10, 21-23, 42-45, 80-81, 94-95, 97-99.

108. HP 144, pp. 2-3.

109. Rodric Braithwaite, *Moscow 1941: A City and Its People at War* (Nova York, 2006), 233-34.

110. Discurso, 6 de novembro de, 1941, publicado no dia seguinte pelo *Pravda*. Para o pano de fundo, ver Andrew Nagorski, *The Greatest Battle: Stalin, Hitler, and the Desperate Struggle for Moscow That Changed the Course of World War II* (Nova York, 2007), 217-42.

111. Ivan M. Maiski, *Vospominanya sovetskogo diplomata, 1925-1945gg* (Moscou, 1980), 536-38; Stalin para Churchill, 8 de novembro de 1941, em *Stalin Correspondence*, 1:33-34.

112. PRO: PREM, 4/30/8; Anthony Eden, *The Reckoning: The Memoirs of Anthony Eden, Earl of Avon* (Boston, 1965), 335.

113. Ver doc. 11 e, para as demandas soviéticas originais, doc. 12, em G.P. Kynin e Jochen Laufer, orgs., *SSSR i germanskii vopros, 1941-1949: dokumenty iz arkhiva vneshnei politiki Rossiiskoi Federastsii* (Moscou, 1996), 1:124-35; Maiski, *Vospominanya sovetskogo diplomata*, 538-39.

114. Eden, *Reckoning*, 352; David Dilks, org., *The Diaries of Sir Alexander Cadogan, 1938-1945* (Nova York, 1972), 422-23.

115. A.M. Filitov, "SSSR i germanskii vopros: povortotnye punkty," em N.I. Egorova e A.O. Chubarian, orgs., *Kholodnaia voina, 1945-1963gg.: Istoricheskaia retrospektiva. Sbornik statei* (Moscou, 2003), 224-25. Para uma demanda prévia, ver relatório de Molotov sobre a opinião de Stalin na nota para Maiski, 21 de novembro de 1941, doc. 7 em Kynin e Laufer, *SSSR i germanskii vopros*, 1:118-19.

116. Minutas adicionais soviéticas, 18 de dezembro de 1941, doc. 8 em Oleg. A. Rzheshevsky, org., *War and Diplomacy: The Making of the Grand Alliance. Documents from Stalin's Archives* (Amsterdã, 1996), 38.

117. Doc. 7, 17 de dezembro, *ibid.*, 31.

118. Litvinov para Molotov, Molotov para Litvinov, 8-11 de dezembro de 1941, em *Sovetsko-Amerikanskie otnoseheniya*, 1:143-44.

119. Essa decisão foi tomada na Conferência de Arcádia, em Washington, que se reuniu de 22 de dezembro de 1941 a 14 de janeiro de 1942.

NOTAS

4. OBJETIVOS SOVIÉTICOS E CONCESSÕES OCIDENTAIS

1. Ver, por exemplo, Stalin para Tito, fevereiro de 1942, em Vladimir Dedijer, *Tito Speaks: His Self-Portrait and Struggle with Stalin* (Londres, 1953), 178; Alfred J. Rieber, *Stalin and the French Communist Party, 1941-1947* (Nova York, 1962), 26-33.

2. Para o pano de fundo, ver, Dimitrov para Stalin, 1° de julho e 6 de outubro de 1934, e Stalin para Dimitrov, 25 de outubro de 1934, em Alexander Dallin e F.I. Firsov, orgs., *Dimitrov and Stalin, 1934-1943: Letters from the Soviet Archives* (New Haven, Conn., 2000), 13-22.

3. Entradas para 6 e 7 de julho em Gueorgui Dimitrov, *Dnevnik: mart 1933-fevruari 1949: izbrano* (Sofia, 2003), 121-22.

4. Felix I. Chuev, *Molotov: Poluderzhavnyii vlastelin* (Moscou, 2000), 73-74.

5. Stalin para Molotov, 24 de maio de 1942, doc. 38 em Oleg A. Rzheshevsky, org., *War and Diplomacy: The Making of the Grand Alliance. Documents from Stalin's Archives* (Amsterdã, 1996), 122.

6. Doc. 70, *ibid.*, 176-79; Robert E. Sherwood, *Roosevelt and Hopkins: An Intimate History*, ed. revista (Nova York, 1950), 557—61.

7. Doc. 97 e 98 em *Sovetsko-Amerikanskie otnoseheniya vo vremya Velikoi Oteches-tvennoie Voiny, 1941-1945* (Moscou, 1984), 1:179-80; visita tarde da noite, doc. 98, 1:179-81.

8. Chuev, *Molotov*, 70-71, 82.

9. Doc. 100 em *Sovetsko-Amerikanskie otnoseheniya*, 1:187-91; Sherwood, *Roosevelt and Hopkins*, 575.

10. Winston S. Churchill, *The Hinge of Fate* (Boston, 1950), 472-502; Martin Gilbert, *Churchill: A Life* (Nova York, 1991), 726-29; W. Averell Harriman e Elie Abel, *Special Envoy to Churchill and Stalin, 1941-1946* (Nova York, 1975), 159.

11. Doc. 1041, residente para GKO, 4 de agosto de 1942, em S.V. Stepashin, org., *Organy gosudarstvennoi bezopasnosti SSSR v Velikoi Otechestvennoi voyne. Sobornik doku-mentov* (Moscou, 2003), 3:2:115.

12. Doc. 29, 16 de agosto de 1942, em G.P. Kynin e Jochen Laufer, orgs., *SSSR i germanskii vopros, 1941-1949: dokumenty iz arkhiva vneshnei politiki Rossiiskoi Federastsii* (Moscou, 1996), 1:165-67.

13. David Dilks, ed., *The Diaries of Sir Alexander Cadogan, 1938-1945* (Nova York, 1972), 472-74; Martin Kitchen, *British Policy Towards the Soviet Union During the Second World War* (Londres, 1986), 132-40.

14. Carta de repórter da TASS para o Comissariado de Relações Exteriores, 22 de de-zembro de 1936, em AVPRF, f. 0129, op. 20, p. 133a, d. 393, l. 50.

15. George F. Kennan, *Memoirs, 1925-1950* (Boston, 1967), 82-83.

16. Registros para 6-8 de março de 1938, em Joseph E. Davies, *Mission to Moscow* (Nova York, 1941), 235-46.

17. Warren F. Kimball, *The Juggler: Franklin Roosevelt as Wartime Statesman* (Princeton, N.J., 1991), 30–31.
18. William C. Bullitt, "How We Won the War and Lost the Peace," *Life*, 30 de agosto de 1948, 88.
19. David M. Kennedy, *Freedom from Fear: The American People in Depression and War, 1929–1945* (Nova York, 1999), 465–76.
20. Charles E. Bohlen, *Witness to History, 1929–1969* (Nova York, 1973), 211.
21. Cordell Hull, *Memoirs* (Nova York, 1948), 2:1273–74.
22. Dennis J. Dunn, *Caught Between Roosevelt and Stalin: America's Ambassadors to Moscow* (Lexington, Ky., 1998), 263.
23. Kennedy, *Freedom from Fear*, 483–84.
24. Antony Beevor, *Stalingrad: The Fateful Siege: 1942-1943* (Nova York, 1999), 439–40. John Erickson, *The Road to Stalingrad: Stalin's War with Germany* (New Haven, Conn., 1975), 47–49.
25. Jeremy Noakes e Geoffrey Pridham, orgs., *Nazism, 1919–1945*, vol. 3, *Foreign Policy, War and Racial Extermination* (Exeter, RU, 1995), 3:846–48.
26. Molotov para Stalin, 7 de junho de 1942, doc. 99, em Rzheshevsky, *War and Diplomacy*, 226.
27. Roosevelt para Churchill, 18 de março de 1942, em Warren F. Kimball, org., *Churchill and Roosevelt: The Complete Correspondence* (Princeton, N.J., 1984), 1:421.
28. Roosevelt para Stalin, 5 de maio de 1943, em *Stalin Correspondence*, 2:63–64; Todd Bennett, "Culture, Power, and Mission to Moscow: Film and Soviet-American Relations During World War II," *Journal of American History* (2001), 489–518.
29. Stalin para Roosevelt, 26 de maio e 11 de junho de 1943, em *Stalin Correspondence*, 2:66, 70–71.
30. Hull, *Memoirs*, 2:1252; *New York Times*, 25 de maio de 1943.
31. Citado em David Reynolds, *From World War to Cold War: Churchill, Roosevelt, and the International History of the 1940s* (Oxford, RU, 2006), 245.
32. Entrada para 14-28 de abril de 1943, em Elke Fröhlich et al., orgs., *Die Tagebücher von Joseph Goebbels* (Munique, 1993), 2:8:101–78.
33. *New York Times*, 14, 16, 19 de julho de 1945.
34. Stalin para Roosevelt, 21 e 29 de abril, em *Stalin Correspondence*, 2:61–62.
35. Para as reuniões de 8-20 de maio, ver Dimitrov, *Dnevnik*, 179–83; *New York Times* (29 de maio de 1943).
36. V.K. Volkov, *Uzlovye problemy noveishei istorii stran Tsentralnoi i Iugo-Vostocknoi Evropy*, revisto e expandido, Harald Neubert, org., *Stalin wollte ein anderes Europa: Moskaus Aussenpolitik 1940bis 1968und die Folgen, eine Dokumentation* (Berlim, 2003), 148–49.
37. Registros para 20 de maio-12 de junho de 1943, em Dimitrov, *Dnevnik*, 182–89; Mark Kramer, "The Role of the CPSU International Department in Soviet Foreign Relations and National Security Policy," *Soviet Studies* (1990), 429–46.

NOTAS 475

38. Alexander Werth, *Russia at War, 1941-1945* (1964; Nova York, 1984), 672-73.

39. François Furet, *The Passing of an Illusion: The Idea of Communism in the Twentieth Century* (Chicago, 1999), 346.

40. Gerhard Wettig, *Stalin and the Cold War in Europe: The Emergence and Development of East-West Conflict, 1939-1953* (Lanham, Md., 2008), 25-26.

41. GARF, f. 6991, op. 1, d. 1, l. 1-10.

42. Steven Merritt Miner, *Stalin's Holy War: Religion, Nationalism, and Alliance Politics, 1941-1945* (Chapel Hill, N.C., 2003), 123, 136-40.

43. *Ibid.*, 123-40; Robert Dallek, *Franklin D. Roosevelt and American Foreign Policy, 1932-1945* (Nova York, 1979), vii.

44. Hull, *Memoirs*, 2:1247-64.

45 Doc. 60-77 em Kynin e Laufer, eds., *SSSR i germanskii vopros, 1941-1949*, 1:177-240.

46. Jochen Laufer, *Pax Sovietica: Stalin, die Westmächte und die deutsche Frage, 1941-1945* (Colônia, 2009), 361-64.

47 W. Averell Harriman e Elie Abel, *Special Envoy to Churchill and Stalin, 1941-1946* (Nova York, 1975), 256-83.

48. Minutas de Bohlen, em *FRUS, The Conferences at Cairo and Tehran, 1943*, 483-86; Bohlen, *Witness to History*, 139-43. Embora ele não tivesse sido intérprete na primeira reunião, ver também, Valentin M. Berejkov, *Kak ya stal perevodchikom Stalin* (Moscou, 1993), 251-59.

49. *Sovetskii Soyuz na mezhdunarodnykh konferentsiyakh perioda Velikoi Otechestvennoi Voiny, 1941-1945gg.: Sbornik dokumentov: t. 2 Tegeranskaya konferentsiya rukovoditelei trekh soyuznykh derzhav — SSSR, SShA i Velikobritanii* (Moscou, 1984), 85-86, doravante, *Tegeranskaya konferentsiya*.

50. *Ibid.*, 115-17; *FRUS, Cairo and Tehran, dinner*, 538-39; encontro no almoço, 30 de novembro, 565-68; Roosevelt para Stalin, telegrama, 6 de dezembro, 819.

51. Para a sugestão de que Stalin não queria desmembramento, ver Andrei A. Gromiko, *Pamiatnoe* (Moscou, 1990), 1:215.

52. *Tegeranskaya konferentsiya*, 146-50; *FRUS, Cairo and Tehran*, 600.

53. Registro no diário para 5 de janeiro de 1943, citado em Jochen Laufer, "Stalins Friedensziele und die Kontinuität der sowjetischen Deutschlandpolitik 1941-1953," em Jürgen Zarusky, org., *Stalin und die Deutschen: Neue Beiträge der Forschung* (Munique, 2006), 142.

54. Para a reunião de Hull na Casa Branca, 4-5 de outubro de 1943, ver Hull, *Memoirs*, 2:1265.

55. *Tegeranskaya konferentsiya*, 148-50; *FRUS, Cairo and Tehran*, 600-4, 847.

56. *FRUS, Cairo and Tehran*, 598-605.

57. *Tegeranskaya konferentsiya*, 150.

58. *Ibid.*, 147-48; *FRUS, Cairo and Tehran*, 510-12; Winston S. Churchill, *Closing the Ring* (Boston, 1953), 362; Anthony Eden, *The Reckoning: The Memoirs of Anthony*

Eden, Earl of Avon (Boston, 1965), 495-96; Valentin M. Berejkov, *Stranitsy diplomaticheskoi istorii* (Moscou 987), 287-88, 520-21.

59. Sergo Beria, *Beria, My Father: Inside Stalin's Kremlin* (Londres, 2001), 94.

60. *Tegeranskaya konferentsiya*, 148-49; *FRUS, Cairo and Tehran*, 594—96, 600; Bohlen, *Witness to History*, 151.

61. Ver, por exemplo, Francis Dostál Raška, *The Czechoslovak Exile Government in London and the Sudeten German Issue* (Praga, 2002), 44, 51.

62. *Tegeranskaya konferentsiya*, 151-52; *FRUS, Cairo and Tehran*, 594—95.

63. *Tegeranskaya konferentsiya*, 104-5; *FRUS, Cairo and Tehran*, 531.

64. Bohlen, *Witness to History*, 153.

65. Sobre a visita de março de 1944, ver Milovan Djilas, *Conversations with Stalin* (Nova York, 1962), 73.

66. Steven J. Zaloga, *Bagration 1944: The Destruction of Army Group Center* (Westport, Conn., 2004), 42-84.

67. Alexander M. Vassilevski, *Delo vsei zhizni* (Moscou, 1978), 398-417; Gueorgui K. Jukov, *Vospominaniya i razmyshleniya* (Moscou, 2002), 2:224-30.

68. Chris Bellamy, *Absolute War: Soviet Russia in the Second World War* (Nova York, 2007), 612-13; Evan Mawdsley, *Thunder in the East: The Nazi-Soviet War, 1941-1945* (Londres, 2005), 303; e David M. Glantz e Jonathan House, *When Titans Clashed: How the Red Army Stopped Hitler* (Lawrence, Kansas, 1995), 196.

69. Walter Hubatsch, org., *Hitlers Weisungen für die Kriegsführung, 1939-1945. Dokumente des Oberkommandos der Wehrmacht* (Munique, 1965), 281-85.

70. John Erickson, *The Road to Berlin: Stalin's War with Germany* (New Haven, Conn., 1983), 202-24.

71 Ver Antony Beevor e Luba Vinogradova, orgs., *A Writer at War: Vassili Grossman with the Red Army, 1941-1945* (Nova York, 2005), 273-74.

72. Jukov, *Vospominaniya i razmyshleniya*, 2:233.

73 Observação ouvida de passagem por Werth, *Russia at War*, 863. Ver também Erickson, *Road to Berlin*, 228-29.

74 Catherine Merridale, *Ivan's War: Life and Death in the Red Army, 1939-1945* (Nova York, 2006), 278-81.

75. Para as baixas alemãs, ver tabela 59, Rüdiger Overmans, *Deutsche militärische Verluste im Zweiten Weltkrieg* (Munique, 2004), 277; números soviéticos convenientes estão em Glantz e House, *When Titans Clashed*, 214-15.

76. Registros para 29-31 de agosto de 1944, em Mihail Sebastian, *Journal, 1935-1944* (Chicago, 2000), 608-10.

77. Doc. 614 em DGFP, 12:996-1006; e doc. 667 em DGFP, 13:1077-78. Ver também *DRZW*, 4:360.

78. Krisztián Ungváry, *The Siege of Budapest: 100 Days in World War II* (New Haven, Conn., 2005), 40-43.

NOTAS

5. CONQUISTA DA EUROPA ORIENTAL

1. Entrada para 27 de agosto de 1941, em Gueorgui Dimitrov, *Tagebücher 1933-1943* (Berlim, 2000), 1:419.
2. Entradas para 16 de maio de 1942 e 2 de março de 1943, *ibid.*, 516-17, 657-58.
3. Entrada para 25 de fevereiro de 1944, em Ivo Banac, org., *The Diary of Georgi Dimitrov, 1933-1949* (New Haven, Conn., 2003), 299.
4. Doc. 17 em Antony Polonsky e Boleslaw Drukier, orgs., *The Beginnings of Communist Rule in Poland* (Londres, 1980), 230-32.
5. Krystyna Kersten, *The Establishment of Communist Rule in Poland, 1943-1948* (Berkeley, Calif., 1991), 63-65.
6. *Russkii Arkhiv: Velikaya Otechestvennaya Voina: T 14(3-1): SSSR i Polsha* (Moscou, 1994), 105, daqui por diante *SSSR i Polsha*.
7. Konstantin K. Rokossovski, *Soldatskii dolg* (Moscou, 1988), 274-75; Norman Davies, *Rising '44: The Battle for Warsaw* (Nova York, 2003), 165.
8. Davies, *Rising '44*, 204-9.
9. Marek Jan Chodakiewicz, "The Warsaw Rising, 1944: Perception and Reality" (2004). Disponível em: <http://www.warsawuprising.com/doc/chodakiewicz1.pdf>.
10. Doc. 14 e 15, 29 de fevereiro de 1944, em *SSSR i Polsha*, 130-32.
11. Felix I. Tchuiev, *Molotov: Poluderzhavnyii vlastelin* (Moscou, 2000), 89.
12. Stanisław Mikołajczyk, *The Rape of Poland: Pattern of Soviet Aggression* (Nova York, 1948), 69.
13. Doc. 13 em *SSSR i Polsha*, 206-7.
14. Minutas em T.V. Volokitina et al., orgs., *Sovetskii faktor v Vostochnoi Evrope, 1944-1953* (Moscou, 1999), 1:67-4; também Mikołajczyk, *Rape of Poland*, 72-73.
15. Volokitina et al., *Sovetskii faktor*, 1:84-87; Mikołajczyk, *Rape of Poland*, 77-79.
16. Doc. 29 em *SSSR i Polsha*, 218-20.
17. Davies, *Rising '44*, 307-15.
18. Doc. 37 e 39, em *SSSR: Polsha*, 230-33; Cartas Stalin-Roosevelt-Churchill, 16-22 de agosto, em *Stalin Correspondence*, 1:257-58.
19. Doc. 4, 22 de novembro de 1944, em *SSSR i Polsha*, 182-84.
20. John Erickson, *The Road to Berlin: Stalin's War with Germany* (New Haven, Conn., 1983), 285.
21. Rokossovski, *Soldatskii dolg*, 274-83; Gueorgui K. Jukov, *Vospominaniya i razmyshleniya* (Moscou, 2002), 2:250-52; Richard Wolff, "Rokossovsky," em Harold Shukman, org., *Stalin's Generals* (Nova York, 1993), 177-96; aqui, 191.
22. Para uma "refutação" da visão "convencional" no Ocidente de que Stalin devia ser culpado, ver Richard Overy, *Russia's War* (Nova York, 1998), 247-49.
23. *SSSR i Polsha*, 191-92.
24. Aqui concordo com os compiladores de *SSSR i Polsha*, 193-94.
25. Czesław Miłosz, *The Captive Mind* (Nova York, 1951), 96.

26. *Ibid.*
27. Bradley F. Smith e Agnes F. Peterson, orgs., *Heinrich Himmler Geheimreden 1933 bis 1945* (Frankfurt am Main, 1974), 242.
28. Davies, *Rising '44*, 433-34.
29. Józef Garlinski, *Poland in the Second World War* (Londres, 1985), 293-94.
30. Stalin para Churchill, em *Stalin Correspondence*, 1:258-59.
31. Dwight D. Eisenhower, *Crusade in Europe* (Garden City, N.Y., 1948), 291-97; *The Complete War Memoirs of Charles de Gaulle* (Nova York, 1972), 646.
32. Roosevelt para Churchill, 16 de outubro de 1944, em Warren F. Kimball, org., *Churchill and Roosevelt: The Complete Correspondence* (Princeton, N.J., 1984), 3:356-58.
33. Roy Jenkins, *Churchill, a Biography* (Nova York, 2001), 759.
34. Winston S. Churchill, *Triumph and Tragedy* (Boston, 1953), 226-28; Anthony Eden, *The Reckoning: The Memoirs of Anthony Eden, Earl of Avon* (Boston, 1965), 559-50.
35. Churchill para seu gabinete, 14 de outubro de 1944, em *Triumph and Tragedy*, 233-35.
36. Valentin M. Berejkov, *Stranitsy diplomaticheskoi istorii* (Moscou, 1987), 477-82.
37. Eden, *Reckoning*, 557; Derek Watson, *Molotov: A Biography* (Nova York, 2005), 215; Geoffrey Roberts, *Stalin's Wars: From World War to Cold War, 1939-1953* (New Haven, Conn., 2006), 217—25.
38. W. Averell Harriman e Elie Abel, *Special Envoy to Churchill and Stalin, 1941-1946* (Nova York, 1975), 358.
39. Mikołajczyk, *Rape of Poland*, 95-96; Harriman e Abel, *Special Envoy*, 359-60.
40. Mikołajczyk, *Rape of Poland*, 98; para o registro britânico, ver Jenkins, *Churchill*, 762.
41. Eden, *Reckoning*, 563; Churchill, *Triumph and Tragedy*, 235, 237-38.
42. Mikołajczyk, *Rape of Poland*, 103-4.
43. Para a troca de cartas entre Roosevelt, Churchill e Stalin, ver *FRUS, Conferences at Malta and Yalta*, 206-12.
44. Roosevelt para Stalin, 16 de dezembro de 1944; Stalin para Roosevelt, 27 de dezembro, *ibid.*, 217-18, 221-23; Kersten, *Establishment of Communist Rule in Poland*, 104-10.
45. Churchill para Clementine, 13 de outubro de 1944, citado em David Reynolds, *Summits: Six Meetings That Shaped the Twentieth Century* (Nova York, 2007), 114.
46. Churchill, *Triumph and Tragedy*, 238.
47. Harriman para Roosevelt, 14 de dezembro de 1944, em *FRUS, Conferences at Malta and Yalta*, 20.
48. Citado em Reynolds, *Summits*, 134.
49. Eden, *Reckoning*, 592; Jenkins, *Churchill*, 773-79.
50. Harriman e Abel, *Special Envoy*, 367-72.
51. Thomas M. Campbell e George C. Herring, orgs., *The Diaries of Edward R. Stettinius, Jr.* (Nova York, 1975), 210-14.
52. Registro para 28 de janeiro de 1945, em Gueorgui Dimitrov, *Dnevnik: mart 1933-fevruari 1949: izbrano* (Sófia, 2003), 240-41.

NOTAS 479

53. Harriman para secretário de Estado, 4 de janeiro de 1945, em *FRUS, 1945. Europe,* 5:942–44.

54. Edward R. Stettinius, Jr., *Roosevelt and the Russians: The Yalta Conference* (Garden City, N.Y., 1949), 119–20; Charles E. Bohlen, *Witness to History, 1929–1969* (Nova York, 1973), 186–87.

55. Ver Berejkov, *Stranitsy diplomaticheskoi istorii,* 504–5.

56. Pavel Sudoplatov e Anatoli Sudoplatov, *Special Tasks: The Memoirs of an Unwanted Witness — A Soviet Spymaster* (Nova York, 1994), 226.

57. Andrei A. Gromiko, *Pamiatnoe* (Moscou 1990), 1:224.

58. *Sovetskii Soyuz na mezhdunarodnykh konferentsiyakh perioda Velikoi Otechestvennoi Voiny, 1941-1945gg.: Sbornik doumentov: T.4 Krymskaya konferentsiya rukovoditelei trekh soyuznykh derzhav — SSSR, SShA i Velikobritanii*(Moscou, 1979), 50–53, daqui por diante, *Krymskaya konferentsiya.*

59. 5 de fevereiro de 1945, em *FRUS, Conferences at Malta and Yalta, 1945,* 615.

60. *Krymskaya konferentsiya,* 87.

61. Stettinius, *Roosevelt and the Russians,* 136–37, 162–63; Eden, *Reckoning,* 596–97; Peter Graf Kielmansegg, *Nach der Katastrophe: Eine Geschichte des geteilten Deutschland* (Berlim, 2000), 17–18.

62. V.K. Volkov, *Uzlovye problemy noveishei istorii stran Tsentralnoi i Iugo-Vostocknoi Evropy,* revisto e expandido, Harald Neubert, org., *Stalin wollte ein anderes Europa: Moskaus Aussenpolitik 1940 bis 1968und die Folgen, eine Dokumentation* (Berlim, 2003), 166.

63. *Krymskaya konferentsiya,* 69–70; *FRUS, Conferences at Malta and Yalta,* 615; Berejkov, *Stranitsy diplomaticheskoi istorii,* 510-11.

64. Doc. 144, 15 de fevereiro de 1944, em G. P. Kynin e Jochen Laufer, orgs., *SSSR i germanskii vopros, 1941-1949: dokumenty iz arkhiva vneshnei politiki Rossiiskoi Federastsu* (Moscou, 1996), 1:606-8.

65. Molotov para Stalin, 12 de fevereiro de 1944, doc. 88, *ibid.,* 409-17.

66. *Krymskaya konferentsiya,* 71-74; *FRUS, Conferences at Malta and Yalta,* 620-21, 630-32, 982-83.

67. *Krymskaya konferentsiya,* 78-82; *FRUS, Conferences at Malta and Yalta,* 621-24.

68. Ivan M. Maiski, *Vospominanya sovetskogo diplomata, 1925-1945gg*(Moscou, 1980), 655-56; seu relatório completo está no doc. 1 em Volokitina et al., *Sovetskii faktor,* 1:22-48.

69. Discurso, 6 de novembro de 1944, em Stalin, *Sochineniia,* 2:15, 192-203.

70. *Krymskaya konferentsiya,* 88-96; *FRUS, Conferences at Malta and Yalta,* 589-90, 660-67, 976.

71. *Krymskaya konferentsiya,* 98—103; *FRUS, Conferences at Malta and Yalta,* 669-70.

72. Sergo Beria, *Beria, My Father: Inside Stalin's Kremlin* (Londres, 2001), 106.

73. Doc. 56, 21 de fevereiro de 1945, em *SSSR i Polsha,* 411-12.

74. *FRUS, Conferences at Malta and Yalta,* 251-54, 980-81.

480   A MALDIÇÃO DE STALIN

75. *FRUS, Conferences at Cairo and Tehran*, 600.
76. *Krymskaya konferentsiya*, 127; *FRUS, Conferences at Malta and Yalta*, 717.
77. Memo, 4 de fevereiro, em *FRUS, Conferences at Malta and Yalta*, 568.
78. Hull, *Memoirs*, vol. 2:1309; *FRUS, Conferences at Cairo and Tehran*, 489.
79. *Krymskaya konferentsiya*, 139–43; *FRUS, Conferences at Malta and Yalta*, 766–71; acordo com a entrada soviética, 984.
80. S.M. Plokhy, *Yalta: The Price of Peace* (Nova York, 2010), 101.
81. Ivan Mikhailovitch Maiski, *Izbrannaya perepiska s rossiiskimi korrespondentami* (Moscou, 2005), vol. 2:161, doc. 550.
82. Ver o convincente relato em Reynolds, *Summits*, 145, 148; Jenkins, *Churchill*, 778–80.
83. Churchill para Roosevelt, 5 de abril de 1945, em Kimball, *Churchill and Roosevelt: Complete Correspondence*, 3:613.
84. Eden, *Reckoning*, 595.
85. Cadogan para sua esposa, 8 de fevereiro, em David Dilks, org., *The Diaries of Sir Alexander Cadogan, 1938–1945* (Nova York, 1972), 706.

6. O EXÉRCITO VERMELHO EM BERLIM

1. Ver o mapa em S.M. Shtemenko, *Generalnyi shtab v gody voiny: ot Stalingrada do Berlina* (Moscou, 2005), 1:366–67; Reuniões, 5 e 6 de fevereiro, em *FRUS, Conferences of Malta and Yalta 1945*, 606-7, 646.
2. Dmitri Volkogonov, *Triumf i tragediya. Politichesky portret J. V. Stalina v 2 knigakh* (Moscou, 1996), 2:359–60.
3. Gueorgui K. Jukov, *Vospominaniya i razmyshleniya* (Moscou, 2002), 2:261; doc. 260–77, em *Russkii Arkhiv: Velikaya Otechestvennaya Voina: T. 16(5-4): Stavka VGK: Dokumenty i materially 1944–1945* (Moscou, 1999), 177–87.
4. Shtemenko, *Generalnyi shtab*, 1:360–62; Jukov, *Vospominaniya i razmyshleniya*, 2:254–64.
5. Klaus-Dietmar Henke, *Die amerikanische Besetzung Deutschlands* (Munique, 1995), 98–99, citando Joseph R. Storr, *U.S. Military Government in Germany: The Planning Stage* (Karlsruhe, 1947), 50.
6. *DRZW*, 10:1:278–79; Henke, *Die amerikanische Besetzung Deutschlands*, 98–99; Earl F. Ziemke, *The U.S. Army in the Occupation of Germany, 1944–1946* (Washington, D.C., 1975), 59.
7. Walter Warlimont, *Im Hauptquartier der deutschen Wehrmacht 1939–1945* (Frankfurt am Main, 1962), 518–21.
8. Helmut Heiber e David M. Glantz, orgs., *Hitler and His Generals: Military Conferences, 1942–1945* (Nova York, 2002), 554–68; também Warlimont, *Hauptquartier*, 522–24.
9. Para as cartas, ver, *Stalin Correspondence*, 1:296.

NOTAS

481

10. Ver Geoffrey Roberts, *Stalin's Wars: From World War to Cold War, 1939-1953* (Nova York, 2006), 256-57; Konstantin K. Rokossovski, *Soldatskii dolg* (Moscou, 1988), 294-96.

11. Dwight D. Eisenhower, *Crusade in Europe* (Garden City, N.Y., 1948), 342-65.

12. Vassili I. Chuikov, *Konets tretevo reikha* (Moscou, 1973), 286-88. Para a crítica, ver Jukov, *Vospominaniya i razmyshleniya*, 2:273-80; também I. S. Konev, *Sorok piatyi* (Moscou, 1970), 72-73; Evan Mawdsley, *Thunder in the East: The Nazi-Soviet War, 1941-1945* (Londres, 2005), 367-68.

13. Konev, *Sorok piatyi*, 55-56.

14. Nota de Jukov, em *DRZW*, 10:1:529. A operação é também conhecida como Sonnenwende (Solistício); ver Earl F. Ziemke, *Stalingrad to Berlin: The German Defeat in the East* (Nova York, 1996), 445-48.

15. Jukov, *Vospominaniya i razmyshleniya*, 2:283-84.

16. Shtemenko, *Generalnyi shtab*, 1:376.

17. Eisenhower, *Crusade in Europe*, 378-81; Henke, *Die amerikanische Besetzung Deutschlands*, 343-77.

18. Eisenhower, *Crusade in Europe*, 406, dá 325.000; Henke, *Die amerikanische Besetzung Deutschlands*, 400.

19. John Erickson, *The Road to Berlin: Stalin's War with Germany* (New Haven, Conn., 1983), 528.

20. Eisenhower, *Crusade in Europe*, 396-99; Max Hastings, *Armageddon: The Battle for Germany, 1944-1945* (Nova York, 2004), 422-25.

21. Eisenhower para Missão Militar dos EUA em Moscou, 28 de março, em Eisenhower, *Crusade in Europe*, 398-99.

22. Marshall para Eisenhower, 29 de março, em *Crusade in Europe*, 506n23.

23. Jukov, *Vospominaniya i razmyshleniya*, 2:290-91; e Chris Bellamy, *Absolute War: Soviet Russia in the Second World War* (Nova York, 2007), 649-50. Para fontes soviéticas, ver Roberts, *Stalin's Wars*, 261 e n19.

24. Shtemenko, *Generalnyi shtab*, 1:381-85; Jukov, *Vospominaniya i razmyshleniya*, 2:291.

25. Konev, *Sorok piatyi*, 87-89; Jukov, *Vospominaniya i razmyshleniya*, 2:291-92.

26. Rokossovski, *Soldatskii dolg*, 338-39.

27. Nikolai V. Novikov, *Vospominanya diplomata: zapiski, 1938-1947* (Moscou, 1989), 286-88.

28. David Reynolds, *Summits: Six Meetings That Shaped the Twentieth Century* (Nova York, 2007), 149-52.

29. Jochen von Lang, *Top Nazi: SS General Karl Wolff, the Man Between Hitler and Himmler* (Nova York, 2005), 274.

30. Peter R. Black, *Ernst Kaltenbrunner: Ideological Soldier of the Third Reich* (Princeton, N.J., 1984), 243; Bradley F. Smith e Elena Agarossi, *Operation Sunrise: The Secret Surrender* (Nova York, 1979), 86-93, 103-7.

31. Roosevelt para Stalin, 24 de março, e resposta de Stalin, 29 de março, em *Stalin Correspondence*, 2:188-91.

32. W. Averell Harriman e Elie Abel, *Special Envoy to Churchill and Stalin, 1941-1946* (Nova York, 1975), 435.

33. Churchill para Roosevelt, 1º de abril, em Francis L. Lowenheim et al., orgs., *Churchill and Roosevelt, Secret Wartime Correspondence* (Nova York, 1975), 696-99. Churchill para Eisenhower, 31 de março, *ibid.*, 697, nº 1.

34. Roosevelt para Stalin, 31 de março, em Susan Butler, org., *My Dear Mr. Stalin: The Complete Correspondence Between Franklin D. Roosevelt and Joseph V. Stalin* (New Haven, Conn., 2005), 311.

35. Stalin para Roosevelt, 3 de abril, em *Stalin Correspondence*, 2:195-96.

36. Churchill para Roosevelt, 5 de abril, em Lowenheim et al., *Churchill and Roosevelt, Secret Wartime Correspondence*, 704-5.

37. Valentin M. Berejkov, *Stranitsy diplomaticheskoi istorii* (Moscou 1987), 537-46; Roosevelt para Stalin, 5 de abril, e Stalin para Roosevelt, 7 de abril, em *Stalin Correspondence*, 2:196-99.

38. Roosevelt para Churchill e Stalin, 11 de abril, em Warren F. Kimball, org., *Churchill and Roosevelt: The Complete Correspondence* (Princeton, N.J., 1984), 3:629-30; Harriman e Abel, *Special Envoy*, 439-40.

39. *Pravda*, 13 de abril de 1945.

40. Felix I. Tchuiev, *Molotov: Poluderzhavnyii vlastelin* (Moscou, 2000), 93.

41. Relatório citado em *DRZW*, 10:2:583.

42. Relatório Olsztyn/Allenstein, doc. 233 em Włodzimierz Borodziej e Hans Lemberg, orgs., *Die Deutschen östlich von Oder und Neisse 1945—1950: Dokumente aus polnischen Archiven, vol. 1, Zentrale Behörden, Wojewodschaft Allenstein* (Marburg, 2000), 481-83.

43. Roger R. Reese, *Stalin's Reluctant Soldiers: A Social History of the Red Army, 1925-1941* (Lawrence, Kansas, 1996), 63-69.

44. Alexander N. Yakovlev, *A Century of Violence in Soviet Russia* (New Haven, Conn., 2002), 174.

45. Catherine Merridale, *Ivan's War: Life and Death in the Red Army, 1939-1945* (Nova York, 2006), 231-32.

46. Boris Gorbatchevski, *Through the Maelstrom: A Red Army Soldier's War on the Eastern Front, 1942-1945* (Lawrence, Kansas, 2008), 359-60.

47. Jukov, *Vospominaniya i razmyshleniya*, 2:293.

48. Shtemenko, *Generalnyi shtab*, 1:383-85; Jukov, *Vospominaniya i razmyshleniya*, 2:307-8; doc. 330-37, *Russkii Arkhiv: Velikaya Otechestvennaya Voina: T. 16 (5-4): Stavka VGK: Dokumenty i materially*, 219-24; *DRZW*, 10:1:626-27; Erickson, *Road to Berlin*, 533; Bellamy, *Absolute War*, 651.

49. Jukov, *Vospominaniya i razmyshleniya*, 2:255-56.

50. *DRZW*, 10:1:628.

51. Ziemke, *Stalingrad to Berlin*, 474.

52. Max Hastings, *Armageddon: The Battle for Germany, 1944-1945* (Nova York, 2004), 468.

NOTAS

53. Jukov, *Vospominaniya i razmyshleniya*, 2:318—20; Tchuikov, *Konets tretevo reikha*, 290-92.

54. G.F. Krivosheiev, *Rossiia i SSSR v voinakh XX veka: poteri vooruzhennykh sil: statisticheskoe issledovanie* (Moscou, 2001), tabelas do cap. 5.

55. Shtemenko, *Generalnyi shtab*, vol. 2, cap. 10; também Stefan Karner et al., orgs., *Die Rote Armee in Österreich: Sowjetische Besatzung 1945-1955: Dokumente* (Viena, 2005), 87-121.

56. Joachim Fest, *Der Untergang: Hitler und das Ende des Dritten Reiches* (Berlim, 2002), 105.

57. Anton Joachimsthalter, *Hitlers Ende: Legenden und Dokumente* (Berlim, 2004), 185-200; Traudl Junge, *Bis zur letzten Stunde: Hitlers Sekretärin erzählt ihr Leben* (Munique, 2002), 203.

58. Jukov, *Vospominaniya i razmyshleniya*, 2:324.

59. Ordem, em Stalin, *Sochineniia*, 15:218-21.

60 Jukov, *Vospominaniya i razmyshleniya*, 2:329-30.

61. Stalin, *Sochineniia*, 15:223-24.

7. RESTAURAÇÃO DA DITADURA STALINISTA EM UMA NAÇÃO DESPEDAÇADA

1. Stalin, *Sochineniia*, 15:223-24, 228-29.

2. Ilya Ehrenburg, *Liudi, gody, zhizn: vospominaniia, v trekh tomakh* (Moscou, 2005), vol. 3, part 23.

3. Odd Arne Westad, *The Global Cold War: Third World Interventions and the Making of Our Times* (Nova York, 2005), 58.

4. E.A. Rees, "Leader Cults: Varieties, Preconditions and Functions," em Balázs Apor, Jan C. Behrends, Polly Jones e E.A. Rees, orgs., *The Leader Cult in Communist Dictatorships: Stalin and the Eastern Bloc* (Nova York, 2004), 14.

5. Entrada para 16 de dezembro de 1936, em Gueorgui Dimitrov, *Dnevnik: mart 1933-fevruari 1949: izbrano* (Sofia, 2003), 53; Yoram Gorlizki e Oleg Khlevniuk, *Cold Peace: Stalin and the Soviet Ruling Circle, 1945-1953* (Nova York, 2004), 46-47.

6. Nikita S. Khruschev, *Memoirs*, vol. 2, *Reformer* (University Park, Pa., 2006), 33

7. A.A. Tchernobaiev, org., *Na prieme u Stalina: Tetradi (zhurnaly) zapisei lits, priniatykh I.V. Stalinym, 1924-1953* (Moscou, 2008).

8. Entrevistas de Mikoyan em Gueorgui A. Kumanev, *Govoriat stalinskie narkomy: Vstrechi, besedy, interviu, dokumenty* (Smolensk, 2005), 61.

9. Vladimir O. Pechatnov, "'The Allies Are Pressing on You to Break Your Will.' Foreign Policy Correspondence Between Stalin and Molotov and Other Politburo Members, Set. 1945-Dez. 1946," Working Paper n° 26 do CWIHP (1999), 23-24.

10. Kumanev, *Govoriat stalinskie narkomy*, 69; Gorlizki e Khlevniuk, *Cold Peace*, 20-23; Alexander O. Chubariyan e Vladimir O. Pechantnov, "Molotov 'the Liberal': Stalin's 1945 Criticism of His Deputy," em *Cold War History* (2000), 129-40.

11. *Spravochnik po istorii kommunisticheskoi partii i Sovetskogo Soiuza 1898-1991.* Disponível em: <http://www.knowbysight.info/2_KPSS/07178.asp>.

12. Evan Mawdsley e Stephen White, *The Soviet Elite from Lenin to Gorbachev: The Central Committee and Its Members, 1917-1991* (Oxford, RU, 2000), 128, tabela 3.7.

13. *Spravochnik po istorii kommunisticheskoi partii i Sovetskogo Soiuza 1898-1991.* Disponível em: <http://www.knowbysight.info/2_KPSS/07177.asp>. O site também contém a lista de todos os membros e suas biografias.

14. E.A. Rees, "Stalin as Leader, 1924-1937: From Oligarch to Dictator," em E.A. Rees, org., *The Nature of Stalin's Dictatorship: The Politburo, 1924-1953* (Nova York, 2004), 19-58.

15. Discurso, 9 de fevereiro de 1946, em Stalin, *Sochineniia*, 3:16, 6-11.

16. Lazar M. Kaganovitch, *Pamiatnye zapiski: Rabochego, kommunista-bolshevika, prof-soiuznogo, partinogo i sovetsko-gosudarstvennogo rabotnika* (Moscou, 1996), 536-38.

17. *Pravda*, 19 de agosto de 1945.

18. Hiroaki Kuromiya, *Freedom and Terror in the Donbas: A Ukrainian-Russian Border-derland, 1870s-1990s* (Cambridge, RU, 1998), 303.

19. Dmitrii T. Shepilov, *Neprimknushii* (Moscou, 2001), 127-36; Ethan Pollock, *Stalin and the Soviet Science Wars* (Princeton, N.J., 2006), 41-55.

20. Jonathan Brent e Vladimir P. Naumov, *Stalin's Last Crime: The Plot Against the Jewish Doctors, 1948-53* (Nova York, 2003), 49.

21. Pollock, *Stalin and the Soviet Science Wars*, 56-71.

22. Shepilov, *Neprimknushii*, cap. 6, 130.

23. Konstantin Simonov, *Glazami cheloveka moego pokoleniia* (Moscou, 1990), 160-61.

24. Outros 69 acusados e 145 parentes ou foram executados ou receberam longas sentenças de prisão, e centenas definharam nas cadeias. Ver Gorlizki e Khlevniuk, *Cold Peace*, 79-87, e Simon Sebag Montefiore, *Stalin: The Court of the Red Tsar* (Nova York, 2004), 592-94. Para reabilitação depois, ver doc. 84, 10 de dezembro de 1953, S.N. Kruglov e I.A. Serov; e doc. 168, 6 de maio de, 1954, R.A. Rudenko. Disponível em: <www.alexanderyakovlev.org/db-docs/pages/5/searchstr=Реабил итапия&topicId=0>.

25. Gorlizki e Khlevniuk, *Cold Peace*, 5.

26. Shepilov, *Neprimknushii*, 93.

27. Khruschev, *Memoirs*, 2:115.

28. Alexander Soljenitsin, *In the First Circle* (Nova York, 2009), 130.

29. Milovan Djilas, *Conversations with Stalin* (Nova York, 1962), 82.

30. Nikita S. Khruschev, *Memoirs*, vol. 1: *Commissar* (University Park, Pa., 2004), 288-91.

31. 14 de março, em Stalin, *Sochineniia*, 16:25-30.

32. John Barber e Mark Harrison, "Patriotic War, 1941-1945," em Ronald Grigor Suny, org., *The Cambridge History of Russia* (Cambridge, RU, 2006), 3:225.

33. Dimitri Volkogonov, *Triumf i tragediya. Politichesky portret J. V. Stalina* (Moscou, 1989), 2:2:26-27.

NOTAS 485

34. G.F. Krivosheiev et. al., *Rossiya i SSSR v voinakh XX veka. Poteri vooruzhennykh sil: Statisticheskoe issledovanie* (Moscou, 2001), 229-37, tabela 120; também John Erickson, "Soviet War Losses: Calculations and Controversies," em John Erickson e David Dilks, orgs., *Barbarossa: The Axis and the Allies* (Edimburgo, 1994), 255-77.

35. Ver Michael Ellman e S. Maksudov, "Soviet Deaths in the Great Patriotic War: A Note," *Europe-Asia Studies* (1994), 671-80; Mark Harrison, "Counting Soviet Deaths in the Great Patriotic War: Comment," *Europe-Asia Studies* (2003), 939-44.

36. Ver William Moskoff, *The Bread of Affliction: The Food Supply in the USSR During World War II* (Nova York, 1990), 236-39.

37. M.M. Zagorulko, org., *Voennoplennye v SSSR 1939—1956: dokumenty i materialy* (Moscou, 2000), 25-59.

38. S.G. Wheatcroft e R.W. Davies, "Population," em R.W. Davies, Mark Harrison, e S.G. Wheatcroft, orgs., *The Economic Transformation of the Soviet Union, 1913-1945* (Cambridge, RU, 1994), 78.

39. Kees Boterbloem, *Life and Death Under Stalin: Kalinin Province, 1945-1953* (Montreal e Kingston, 1999), 54.

40. *Pravda*, 6 de novembro de 1945; e N.A. Voznesenski, *Voennaia ekonomika SSSR v period Otechestvennoi voiny* (Moscou, 1947), 157-66.

41. Mark Harrison, *Accounting for War: Soviet Production, Employment, and the Defense Burden, 1940-1945* (Nova York, 2002), 164-65.

42. HP, Schedule A, vol. 17, caso 332, homem, 24, ucraniano, sem ocupação.

43. HP, Schedule A, vol. 28, caso 541, homem, 25, russo (pré-guerra, estudante, depois exército).

44. Cartas citadas em Elena Zubkova, *Russia After the War: Hopes, Illusions, and Disappointments, 1945-1957* (Nova York, 1998), 48-49.

45. Donald Filtzer, *Soviet Workers and Late Stalinism: Labour and the Restoration of the Stalinist System After World War II* (Nova York, 2002), 45-46.

46. V.F. Zima, *Golod v SSSR 1946-1947 godov: proiskhozdenie i posledstviia* (Moscou, 1996), 20.

47. Charles King, *The Moldovans: Romania, Russia, and the Politics of Culture* (Stanford, Calif., 1999), 96.

48. Jonathan Harris, *The Split in Stalin's Secretariat, 1939-1948* (Lanham, Md., 2008), 111.

49. Khruschev, *Memoirs*, 2:7.

50. I.Y. Zelenin, *Agrarnaya politika N. S. Khrushcheva i selskoye khozyaistvo* (Moscou, 2001), 27.

51. Filtzer, *Soviet Workers*, 52, tabela 2.2.

52. Ver, por exemplo, caso da mulher da Ucrânia em 1946, doc. 217 em S.S. Vilensky et al., orgs., *Deti Gulaga 1918-1956* (Moscou, 2002), 376.

53. Para uma perspectiva local, ver Boterbloem, *Life and Death Under Stalin*, 211-12; e Alec Nove, *An Economic History of the USSR*, nova ed. (Londres, 1990), 289-90.

54. Zima, *Golod v SSSR 1946-1947 godov*, calcula as mortes em dois milhões (179). Michael Ellman, "The 1947 Soviet Famine and the Entitlement Approach to Famine," em *Cambridge Journal of Economics*(2000), sugere entre 1 e 1,5 milhão (603-30).

55. Zima, *Golod v SSSR 1946-1947 godov*, 149.

56. Zubkova, *Russia After the War*, 49.

57. Peter H. Solomon, *Soviet Criminal Justice Under Stalin* (Cambridge, RU, 1996), 411-13.

58. Galina Mikhailovna Ivanova, *Istoriia GULAGa, 1918-1958: sotsialno-ekonomicheskii i politiko-pravovoi aspekty* (Moscou, 2006), 279-80.

59. V.N. Zemskov, "Gulag (Istoriko-sotsiologicheskii aspect)," *Sotsiologicheskii issledovaniya* (1991), tabela 6, 10-27; tabela 7, 3-16.

60. Paul R. Gregory, *Lenin's Brain and Other Tales from the Secret Soviet Archives* (Stanford, Calif., 2008), 99-102.

61. Yoram Gorlizki, "Rules, Incentives and Soviet Campaign Justice After World War II," *Europe-Asia Studies* (1999), 1245-65.

62. Zubkova, *Russia After the War*, 54-55.

63. Também pelo que se segue, ver Filtzer, *Soviet Workers*, 77-116; e seu "Standard of Living versus Quality of Life: Struggling with the Urban Environment in Russia During the Early Years of Post-War Reconstruction," em Juliane Fürst, org., *Late Stalinist Russia: Society Between Reconstructions and Reinvention* (Londres, 2006), 81-102.

64. Sheila Fitzpatrick, *Everyday Stalinism: Ordinary Life in Extraordinary Times: Soviet Russia in the 1930s* (Oxford, RU, 1999), 226-27.

65. Timothy Johnston, *Being Soviet: Identity, Rumour, and Everyday Life Under Stalin, 1939-1953* (Oxford, RU, 2011), 167-208.

66. Para os anos 1930, ver Victor A. Kravchenko, *I Chose Freedom: The Personal and Political Life of a Soviet Official* (Nova York, 1946), 324-25; para 1956, Zubkova, *Russia After the War*, 102-3; Judith Pallot e Tatyana Nefedova, *Russia's Unknown Agriculture: Household Production in Post-Socialist Russia* (Oxford, RU, 2007), 7.

67. Mark Edele, "More Than Just Stalinists: The Political Sentiments of Victors, 1945-1953," em Fürst, org., *Late Stalinist Russia*, 172.

68. Ver Nina Tumarkin, *The Living and the Dead: The Rise and Fall of the Cult of World War II in Russia* (Nova York, 1994), 103-5; Catherine Merridale, *Ivan's War: Life and Death in the Red Army, 1939-1945* (Nova York, 2006), 336-71.

69. Os números são para 1º de janeiro de cada ano. Ver V.N. Zemskov, "Arkhipelag Gulag: glazami pisatelya i statistika," *Argumenty i fakty* (1989), 6-7; A.B. Bezborodov e V.M. Khrustalev, orgs., *Istoriia stalinskogo Gulaga* (Moscou, 2004), 4:109.

70. Zemskov, "Gulag (Istoriko-sotsiologicheskii aspekt)," *Sotsiologicheskii issledovaniya* (1991), no. 6, 10-27; nº 7, 3-16. Ver também Edwin Bacon, *The Gulag at War: Stalin's Forced Labor System in the Light of the Archives* (Nova York, 1994), 151.

71. Ver Anne Applebaum, *Gulag: A History* (Nova York, 2003), 311.

72. Doc. 211 em T.V. Tsarevskaia-Diakina, ed., *Istoria stalinskogo Gulaga* (Moscou, 2004), 5:707-8; Lynne Viola, *The Unknown Gulag: The Lost World of Stalin's Special Settlements* (Nova York, 2007).

NOTAS   487

73. Alexander Soljenitsin, *The Gulag Archipelago, 1918-1956*, 3 vols. (Nova York, 1973).

74. Ivanova, *Istoriia GULAGa*, 388-89.

8. STALIN E TRUMAN: FALSOS COMEÇOS

1. Reunião, 13 de abril de 1945, doc. 219 em *Sovetsko-Amerikanskie otnoseheniya vo vremya Velikoi Otechestvennoie Voiny, 1941-1945* (Moscou, 1984), 2:356-59; *FRUS, 1945*, 5:825-29.

2. V.O. Pechatnov, "Ot siouza—k vrazde: Sovetsko-amerikanske otnoshenia v 1945-1946gg," em N.I. Egorova e A.O. Chubarian, orgs., *Kholodnaia voina, 1945-1963gg.: Istoricheskaia retrospektiva. Sbornik statei* (Moscou, 2003), 21-35.

3. Robert H. Ferrell, org., *Off the Record: The Private Papers of Harry S. Truman* (Nova York, 1980), 16.

4. *FRUS, 1945*, 5:211.

5. Para a troca de palavras, ver, *ibid.*, 5:213-25.

6. Truman e Churchill para Stalin, recebido em 18 de abril de 1945, em *Stalin Correspondence*, 2:204-5.

7. Bohlen para Stettinius, em *FRUS, 1945*, 5:832-38.

8. David McCullough, *Truman* (Nova York, 1992), 486.

9. W. Averell Harriman e Elie Abel, *Special Envoy to Churchill and Stalin, 1941-1946* (Nova York, 1975), 447-50.

10. Felix I. Chuiev, *Molotov: Poluderzhavnyii vlastelin* (Moscou, 2000), 93.

11. Charles E. Bohlen, *Witness to History, 1929-1969* (Nova York, 1973), 213; *FRUS, 1945*, 5:219-21; Thomas M. Campbell e George C. Herring, orgs., *The Diaries of Edward R. Stettinius, Jr., 1943-1946* (Nova York, 1946), 328-29.

12. Ver estudo clássico de Daniel Yergin: *Shattered Peace: The Origins of the Cold War and the National Security State* (Cambridge, Mass., 1977), 83, 181.

13. Doc. 226 em *Sovetsko-Amerikanskie otnoseheniya vo vremya Velikoi Otechestvennoie Voiny*, 2:367-69.

14. Andrei A. Gromiko, *Pamiatnoe* (Moscou, 1990), 1:257-58.

15. Harry S. Truman, *Memoirs*, vol. 1, *Year of Decisions* (Garden City, N.Y., 1955), 10.

16. Nikolai V. Novikov, *Vospominanya diplomata: zapiski, 1938-1947* (Moscou, 1989), 289-91.

17. Stalin para Truman, 24 de abril de 1945, em *Stalin Correspondence*, 2:208-9; Truman, *Memoirs*, 1:85-86.

18. Henry Stimson, registro no diário para 25 de abril de 1945, microfilme da Biblioteca do Congresso; Truman, *Memoirs*, 1:87.

19. NA, RG 200, Documentos do General Leslie R. Groves, *Correspondence 1941-1970*, Caixa 3, F.

20. Conversa entre Truman, Grew, Harriman Bohlen, 15 de maio de 1945, em *FRUS, The Conference of Berlin (Potsdam Conference)*, 1:13, daqui por diante *FRUS, Potsdam Conference*.

21. Ver, por exemplo, Tsuyoshi Hasegawa, *Racing the Enemy: Stalin, Truman, and the Surrender of Japan* (Cambridge, Mass., 2005), 78; Gar Alperovitz, *The Decision to Use the Atomic Bomb and the Architecture of an American Myth* (Nova York, 1995), 138-54. Ver também relatos soviéticos; Dimitri Volkogonov, *Stalin: Triumf i tragediya. Politichesky portret v 2knigakh* (Moscou, 1996), 2:409, Gromiko, *Pamiatnoe*, 1:270.

22. Richard Rhodes, *The Making of the Atomic Bomb* (Nova York, 1986), 628-29.

23. Richard B. Frank, *Downfall: The End of the Imperial Japanese Empire* (Nova York, 1999), 117, 132.

24. David Holloway, *Stalin and the Bomb* (New Haven, Conn., 1994), 114-15.

25. *Ibid.*, 72-88; Chuev, *Molotov*, 96.

26. Lembrete, 19 de setembro de 1944, em *FRUS, Conference at Quebec, 1944*, 492-93

27. Christopher Andrew, *Defend the Realm: The Authorized History of MI5* (Nova York, 2009), 368.

28. Holloway, *Stalin and the Bomb*, 105.

29. Gromiko, *Pamiatnoe*, 1:274.

30. Ver *New York Times*, de 24 de junho, para uma história de Turner Catledge e outra de Arthur Krock, a última realçando que as observações de Truman não eram para ser levadas a sério.

31. Gromiko, 21 de abril de 1945, doc. 224 em *Sovetsko-Amerikanski otnosheniya vo vremya Velikoi Otechestvennoie Voiny, 1941-1945*, 2:364-67.

32. Wilson D. Miscamble, *From Roosevelt to Truman: Potsdam, Hiroshima, and the Cold War* (Nova York, 2007), 137.

33. Churchill para Truman, em *FRUS, Potsdam Conference*, 1:9.

34. Campbell e Herring, orgs., *Diaries of Stettinius*, 357-58; Truman, *Memoirs*, 1:227-28.

35. Telegrama de Novikov para o Comissariado de Relações Exteriores, 12-13 de maio de 1945, doc. 250 em *Sovetsko-Amerikanski otnosheniya vo vremya Velikoi Otechestvennoie Voiny, 1941-1945*, 2:388-91. Para uma interpretação revisionista do mau passo, ver Yergin, *Shattered Peace*, 83-100.

36. Para um relato com nuances, ver Miscamble, *Roosevelt to Truman*, 87-135.

37. Diário de Davies e boletim de Davies (13 de maio), Documentos de Joseph E. Davies, Biblioteca do Congresso, Caixa 16.

38. Harriman e Abel, *Special Envoy*, 457.

39. Davies para Stalin, via Molotov, 14 de maio; Molotov para Davies, 20 de maio; e Davies para Truman, 22 de maio, em Documentos de Joseph E. Davies, Biblioteca do Congresso, Caixas 16 e 17.

40. Miscamble, *Roosevelt to Truman*, 148-53.

41. Entrada no diário para 29 de maio de 1945, em Anthony Eden, *The Reckoning: The Memoirs of Anthony Eden, Earl of Avon* (Boston, 1965), 624.

NOTAS

42. Ivan Serov, relatório para Stalin, 22 de março, em GARF, f. 9401, op. 2, d. 94, l. 122-26.

43. Doc. 42, 6 de abril, em *Russkii Arkhiv: Velikaya Otechestvennaya Voina: T 14(3-1): SSSR i Polsha* (Moscou, 1994), 478-79, daqui por diante *SSSR I Polsha*.

44. Beria para Stalin, 11 de maio, APRF, f. 3, op. 58, d. 277, l. 92-101.

45. Arthur Bliss Lane, *I Saw Poland Betrayed: An American Ambassador Reports to the American People* (Nova York, 1948), 108.

46. Beria para Stalin, 31 de maio, APRF, f. 3, op. 58, d. 277, l. 141-142; também RGASPI, f. 17, op. 162, d. 37, 1.144.

47. Reunião de Hopkins, 26 de maio de 1945, em *FRUS, Potsdam Conference*, 1:27.

48. *Ibid.*, 1:29, 32-33.

49. *FRUS, 1945*, 5:301-6.

50. Hopkins para Truman, 30 de maio, *ibid.*, 5:307.

51. Ferrell, *Off the Record*, 44.

52. Stanisław Mikołajczyk, *The Rape of Poland: Pattern of Soviet Aggression* (Nova York, 1948), 111-30.

53. Doc. 43-45, 19-21 de junho, em *SSSR i Polsha*, 479-86.

54. Rokossovski sussurrou esta notícia em Potsdam para o comissário Kuznetsov. Ver N.G. Kuznetsov, *Kursom k pobede* (Moscou, 2000), 500.

55. Jamil Hasanli, *Stalin and the Turkish Crisis of the Cold War, 1945-1953* (Plymouth, RU, 2011), 379.

56. Odd Arne Westad, *The Global Cold War: Third World Interventions and the Making of Our Times* (Nova York, 2005), 58.

57. Hasanli, *Stalin and the Turkish Crisis*, 381.

58. Jonathan Haslam, *Russia's Cold War: From tne October Revolution to the Fall of the Wall* (New Haven, Conn., 2011), 47-48.

59. Vladislav M. Zubok, *A Failed Empire: The Soviet Union in the Cold War from Stalin to Gorbachev* (Chapel Hill, N.C., 2007), 39-40.

60. Stalin para Molotov, 20 de novembro de 1946, citado em Vladimir O. Pechatnov, "'The Allies Are Pressing on You to Break Your Will.' Foreign Policy Correspondence Between Stalin and Molotov and Other Politburo Members, Sept. 1945-Dec. 1946," Working Paper nº 26 (1999) do CWIHP, 22.

61. Jamil Hasanli, *At the Dawn of the Cold War: The Soviet-American Crisis over Iranian Azerbaijan, 1941-1946* (Cambridge, Mass., 2006), 48-50.

62. Arquivo do CWIHP, 1945-46. Crise irniana, Politburo do PCUS para o Comitê Central, Partido Comunista do Azerbaijão, 6 de julho de 1945.

63. Jörg Baberowski, *Der Feind ist überall: Stalinismus im Kaukasus* (Munique, 2003), 791-830.

64. Hasanali, *Dawn of Cold War*, 70.

65. Zubok, *Failed Empire*, 41.

66. Allan Bullock, *Ernest Bevin, Foreign Secretary, 1945-1951* (Londres, 1983), 236.

67. Byrnes para Kennan, 8 de março de 1946, em *FRUS, 1946*, 7:348.

68. Hasanli, *Dawn of Cold War*, 234.

69. *Ibid.*, 244.

70. *Ibid.*, 239–42.

71. Bullock, *Bevin*, 237.

72. Stalin para Pishavari, citado em Natalia Egorova, "'Iranskii krisis,' 1945–1946gg: vzglyad iz rossiiskikh arkhivov," *Novaiia i noveishaiia istoriia* (maio-junho de 1994), 41.

73. Hasanli, *Dawn of Cold War*, 370.

74. Louise L'Estrange Fawcett, *Iran and the Cold War: The Azerbaijan Crisis of 1946* (Cambridge, RU, 1992), 179.

75. *FRUS, 1946*, 7:816; *FRUS, 1945*, 1:1017–18; William Taubman, *Stalin's American Policy: From Entente to Détente to Cold War* (Nova York, 1982), 149–50.

9. POTSDAM, A BOMBA E A ÁSIA

1. Ver T.V. Volokitina et al., *Moskva i Vostochnaia Evropa: stanovlenie politicheskikh rezhimov sovetskogo tipa, 1949–1953: ocherki istorii* (Moscou, 2002), 27–41. Ver também T.V. Volokitina et al., *Narodnaja demokratija: Mif ili realnost? Obchchestvenno- politicheskie processy v Vostochnoj Evrope: 1944–1948gg.* (Moscou, 1993), 314.

2. David McCullough, *Truman* (Nova York, 1992), 409.

3. Truman para Bess, 20 de julho, em Robert H. Ferrell, org., *Dear Bess: The Letters from Harry to Bess Truman, 1910–1959* (Nova York, 1983), 520.

4. Robert H. Ferrell, org., *Off the Record: The Private Papers of Harry S. Truman* (Nova York, 1980), 50–53.

5. Dimitri Volkogonov, *Stalin: Triumf i tragediya. Politichesky portret v 2knigakh* (Moscou, 1996), 2:410–11.

6. Gueorgui K. Jukov, *Vospominaniya i razmyshleniya* (Moscou, 2002), 2:368.

7. *Sovetskii Soiuz na mezhdunarodnykh konferentsiiakh perioda Velikoi otechestvennoi voiny 1941–1945gg.: Berlinskaia (Potsdamskaia) Konferentsiia: Sbornik dokumentov* (Moscou, 1984), 6:39–41, daqui por diante *Potsdamskaia Konferentsiia; FRUS, Potsdam Conference*, 2:44–45.

8. Jukov, *Vospominaniya i razmyshleniya*, 2:368–69.

9. Truman para Bess, 18 de julho de 1945, em Ferrell, *Dear Bess*, 519.

10. Ferrell, *Off the Record*, 53.

11. George L. Harrison para Stimson, 16 de julho de 1945, doc. 1304 em *FRUS, Potsdam Conference*, 2:1360.

12. Ferrell, *Off the Record*, 53–54.

13. Diário de Henry Stimson, 17 de julho de 1945, microfilme da Biblioteca do Congresso.

14. *Ibid.*, 21 de julho de 1945; também citado em *FRUS, Potsdam Conference*, 2:1361. O relatório de Groves é o doc. 1305, 2:1361–70.

NOTAS

15. Sean L. Malloy, *Atomic Tragedy: Henry L. Stimson and the Decision to Use the Bomb Against Japan* (Nova York, 2008), 130.

16. *Potsdamskaia Konferentsiia*, 114-15; *FRUS, Potsdam Conference*, 2:210-19.

17. *Potsdamskaia Konferentsiia*, 114; *FRUS, Potsdam Conference*, 2:210.

18. *Potsdamskaia Konferentsiia*, 115-16; *FRUS, Potsdam Conference*, 2:220-21.

19. Observações para a sessão plenária, 21 de julho de 1945, *Potsdamskaia Konferentsiia*, 115-20; *FRUS, Potsdam Conference*, 2:214.

20. George F. Kennan, *Memoirs, 1925-1950* (Boston, 1967), 263-65.

21. Reunião de 23 de julho, em *Potsdamskaia Konferentsiia*, 153; *FRUS, Potsdam Conference*, 2:305, 314.

22. *Potsdamskaia Konferentsiia*, 172-73; *FRUS, Potsdam Conference*, 2:362.

23. Harry S. Truman, *Memoirs*, vol. 1, *Year of Decisions* (Garden City, N.Y., 1955), 416.

24. Winston S. Churchill, *Triumph and Tragedy* (Boston, 1953), 669-70.

25. Andrei A. Gromiko, *Pamiatnoe* (Moscou, 1990), 1:272.

26. James F. Byrnes, *Speaking Frankly* (Nova York, 1947), 263.

27. A.I. Ioirysh, I.D. Morokhov e S.K. Ivanov, *A-Bomba* (Moscou, 1980), 234-37.

28. Felix I. Tchuiev, *Molotov: Poluderzhavnyii vlastelin* (Moscou, 2000), 98-99.

29. Jukov, *Vospominaniya i razmyshleniya*, 2:374-75.

30. Ver G.A. Gontcharov e L.D. Riabev, "O Sozdanii pervoi otechestvennoi atomnoi bomby." Disponível em: <http://wsyachina.narod.ru/history/rds>.

31. Vladimir M. Chikov e Gary Kern, *Okhota za atomnoi bomboi: Dosye KGB nº 13676* (Moscou, 2001), 250-52.

32. Gromiko, *Pamiatnoe*, 1:277.

33. L.D. Riabev, org., *Atomnyi proekt SSSR. Dokumenty i materialy. Tom II, Atomnaia bomba 1945-1954, kniga 1* (Moscou, 1999), 11-13; David Holloway, "Jockeying for Position in the Postwar World: Soviet Entry into the War with Japan in August 1945," em Tsuyoshi Hasegawa, org., *The End of the War in the Pacific* (Stanford, Calif., 2007), 185.

34. Conversa Stalin-Kurchstov, 25 de janeiro de 1946, em CWIHP, *Bulletin* (outono de 1994), 5.

35. David Holloway, *Stalin and the Bomb* (New Haven, Conn., 1994), 172-223.

36. Doc. 1152 em *FRUS, Potsdam Conference*, 2:480, 1150-51.

37. Registro para 25 de julho de 1945, em Ferrell, *Off the Record*, 56.

38. Observações, 31 de julho de 1945, em *Potsdamskaia Konferentsiia*, 244-45; *FRUS, Potsdam Conference*, 2:522, 536.

39. *FRUS, Potsdam Conference*, 2:1474-76.

40. *Ibid.*, 2:476.

41. Carta, 29 de julho de 1945, em Ferrell, *Dear Bess*, 522.

42. Para uma revisão da literatura, ver Barton J. Bernstein, "Introducing the Interpretive Problems of Japan's 1945 Surrender: A Historiographical Essay on Recent Literature in the West," em Hasegawa, *End of the War in Pacific*, 11-64.

43. Tsuyoshi Hasegawa, "The Soviet Factor in Ending the Pacific War: From the Neutrality Pact to Soviet Entry into the War in August 1945," em Hasegawa, *End of the War in Pacific*, 202. Para uma refutação concisa da teoria de que a bomba tinha por objetivo principal intimidar os soviéticos, ver Campbell Craig e Sergey Radchenko, *The Atomic Bomb and the Origins of the Cold War* (New Haven, Conn., 2008), 81–86.

44. Para debates e leituras adicionais, ver a mesa redonda on-line H-Diplo de Hasegawa's *Racing the Enemy*, aqui as observações de Barton J. Bernstein. Disponível em: <http://www.h-net.org/~diplo/roundtables/PDF/Roundtable-XIII-30.pdf>.

45. Frank, *Downfall*, 214–39.

46. John R. Deane, *The Strange Alliance: The Story of Our Efforts at Wartime Co-operation with Russia* (Nova York, 1947), 267–85.

47. Alexander M. Vassilevski, *Delo vsei zhisni* (Moscou, 1978), 518.

48. Kuznetsov, *Kursom k pobede*, 510–11.

49. Hasegawa, "Soviet Factor," em Hasegawa, *End of the War in Pacific*, 221–22.

50. Diretriz em V.A. Zolotarev, org., *Sovetsko-iaponskaia voina 1945goda: istoriia voennopoliticheskogo-protivoborstva dvukh derzhav v 30–40e gody: Dokumenty i materially v. 2t* (Moscou, 1997), vol. 18(7–1), 341.

51. Vassilevski, *Delo vsei zhisni*, 523.

52. Tsuyoshi Hasegawa, *Racing the Enemy: Stalin, Truman, and the Surrender of Japan* (Cambridge, Mass., 2005), 217–26; Holloway, "Jockeying for Position," em Hasegawa, *End of the War in Pacific*, 175–78.

53. Deane, *Strange Alliance*, 278–79; W. Averell Harriman e Elie Abel, *Special Envoy to Churchill and Stalin, 1941–1946* (Nova York, 1975), 498–500.

54. Harriman e Abel, *Special Envoy*, 501.

55. Wesley Frank Craven e James Lea Cate, orgs., *The Army Air Forces in World War II* (Washington, D.C., 1953), 5:732–33, citado em John W. Dower, *War Without Mercy: Race and Power in the Pacific War* (Nova York, 1986), 300–1.

56. Hasegawa, *Racing the Enemy*, 241–48.

57. David M. Glantz, *The Soviet Strategic Offensive in Manchuria, 1945: "August Storm"* (Londres, 2003), 60.

58. Zolotarev, *Sovetsko-iaponskaia voina*, vol. 18 (7-1), 343–48.

59. Hasegawa, *Racing the Enemy*, 256, 259.

60. *Ibid.*, 252–55.

61. Para a ordem e a nota anexa, ver *FRUS, 1945*, 6:658–60.

62. Stalin para Truman, 16 de agosto de 1945, *ibid.*, 667–68.

63. Truman para Stalin, 18 de agosto de 1945, *ibid.*, 670.

64. Stalin para Truman, 22 de agosto de 1945, *ibid.*, 687–88.

65. Diretriz em Zolotarev, *Sovetsko-iaponskaia voina*, vol. 18 (7-2), 43.

66. Erik van Ree, *Socialism in One Zone: Stalin's Policy in Korea, 1945–1947* (Oxford, RU, 1989), 62–67; Holloway, "Jockeying for Position," em Hasegawa, *End of the War in Pacific*, 180–81; Hasegawa, *Racing the Enemy*, 268–70.

NOTAS   **493**

67. *Voina v Koree, 1950–1953* (Moscou, 2003), 3–6. Para um relato geral, ver David Halberstam, *The Coldest Winter: America and the Korean War* (Nova York, 2007), 47–81.

68. Hasegawa, *Racing the Enemy*, 280–85.

69. Tsuyoshi Hasegawa, "The Atomic Bombs and the Soviet Invasion: Which Was More Important in Japan's Decision to Surrender?" em Hasegawa, *End of the War in Pacific*, 143. Para a prova da vontade militar em continuar combatendo após 15 de agosto, ver Toshikazu Kase, *Journey to the Missouri*, David N. Rowe, org. (New Haven, Conn., 1950), 258–65.

70. Sumio Hatano, "The Atomic Bomb and Soviet Entry into the War: Of Equal Importance," em Hasegawa, *End of the War in Pacific*, 112.

71. Hasegawa, *Racing the Enemy*, 288.

72. Vassilevski, *Delo vsei zhisni*, 535.

73. Para afirmação semelhante de um comandante do ataque através da Mongólia, ver I.A. Pliev, *Cherez Gobi i Khingan* (Moscou, 1965), 49.

74. K.A. Meretskov, *Na sluzhbe narodu* (Moscou, 1968), 449; para argumentação similar, ver Tchuiev, *Molotov*, 98–99.

75. Stalin, *Sochineniia*, 15:212–15.

76. Dieter Heinzig, *The Soviet Union and Communist China, 1945–1950: The Arduous Road to the Alliance* (Nova York, 2004), 4.

77. Chen Jian, *Mao's China and the Cold War* (Chapel Hill, N.C., 2001), 26–32.

78. M.M. Zagorulko, org., *Voennoplennye v SSSR 1939–1956: dokumenty i materialy* (Moscou, 2000), 10, 25–59.

79. John Dower, *Embracing Defeat: Japan in the Wake of World War II* (Nova York, 1999), 51–52n27, 570.

10. RETALIAÇÃO SOVIÉTICA E JULGAMENTOS PÓS-GUERRA

1. Departamento de Estado dos EUA, 7 de outubro de 1942, em Relatório de Robert H. Jackson, *International Conference on Military Trials* (Londres, 1945), 9; Arieh J. Kochavi, *Prelude to Nuremberg: Allied War Crimes Policy and the Question of Punishment* (Chapel Hill, N.C., 1998), 28–35.

2. Marina Sorokina, "People and Procedures: Toward a History of the Investigation of Nazi Crimes in the USSR," *Kritika: Explorations in Russian and Eurasian History* (2005), 801; *FRUS, 1942. Europe*, 3:473.

3. Departamento de Estado dos EUA, 17 de dezembro de 1942, em Jackson, *International Conference on Military Trials*, 9–10.

4. Sorokina, "People and Procedures," 824–25.

5. Entradas para 14-28 de abril de 1943, em Elke Fröhlich et al., orgs., *Die Tagebücher von Joseph Goebbels* (Munique, 1993), 2; 8:101–78.

6. Wendy Lower, *Nazi Empire-Building and the Holocaust in Ukraine* (Chapel Hill, N.C., 2005), 194–97; Anthony Dragan, *Vinnytsia: A Forgotten Holocaust* (Jersey City, N.J., 1986), 11.

7. Sergey Kudryashov e Vanessa Voisin, "The Early Stages of 'Legal Purges' em Soviet Russia (1941-1945)," em *Cahiers du Monde russe* (2008), 263-96, e, de modo mais geral, Amir Weiner, *Making Sense of War: The Second World War and the Fate of the Bolshevik Revolution* (Princeton, N.J., 2001).

8. Ilya Bourtman, "'Blood for Blood, Death for Death': The Soviet Military Tribunal in Krasnodar, 1943," *Holocaust and Genocide Studies* (2008), 248; Tanja Penter, "Local Collaborators on Trial: Soviet War Crimes Trials Under Stalin (1943-1953)," *Cahiers du Monde russe* (2008), 357.

9. *New York Times*, 19 de julho de 1943.

10. O julgamento teve lugar em 15-18 de dezembro. Ver *Nazi Crimes in Ukraine 1941-1944, Documents and Materials* (Kiev, 1987), 279-83.

11. W. Averell Harriman para Cordell Hull, 16, 20, 22 e 31 de dezembro de 1943, em *FRUS, The British Commonwealth, Eastern Europe, the Far East* (1943), 3:846-51; também *New York Times*, 20 de dezembro de 1943.

12. Kochavi, *Prelude to Nuremberg*, 73.

13. *FRUS, 1943, General*, 1:768-69.

14. *Sovetskii Soyuz na mezhdunarodnykh konferentsiyakh perioda Velikoi Otechestvennoi Voiny, 1941-1945gg.: Sbornik dokumentov: T. 2 Tegeranskaya konferentsiya rukovoditelei trekh soyuznykh derzhav — SSSR, SShA i Velikobritanii* (Moscou: 1984), xxx; *FRUS, The Conferences at Cairo and Tehran, (1943)*, 553-54; Michael Beschloss, *The Conquerors: Roosevelt, Truman and the Destruction of Hitler's Germany, 1941-1945* (Nova York, 2002), 27.

15. Winston Churchill, *Closing the Ring* (Boston, Mass., 1951), 374.

16. 4 de fevereiro de 1945, em *Sovetskii Soyuz na mezhdunarodnykh konferentsiyakh perioda Velikoi Otechestvennoi Voiny, 1941-1945gg.: Sbornik dokumentov: T. 4Krymskaya konferentsiya rukovoditelei trekh soyuznykh derzhav — SSSR, SShA i Velikobritanii* (Moscou, 1979), xxx; *FRUS, Malta and Yalta (1945)*, 571.

17. Kochavi, *Prelude to Nuremberg*, 224.

18. Norbert Frei, org., *Transnationale Vergangenheitspolitik: Der Umgang mit deutschen Kriegsverbrechern in Europa nach dem Zweiten Weltkrieg* (Göttingen, 2006), 31-32, tabela 1.

19. Bourtman, " 'Blood for Blood, Death for Death,' " 248.

20. Para visões gerais, ver Tony Judt, *Postwar: A History of Europe Since 1945* (Nova York, 2005), 41-50; Jean-Pierre Rioux, *The Fourth Republic, 1944-1958* (Cambridge, RU, 1987), 32; e István Deák, Jan T. Gross e Tony Judt, orgs., *The Politics of Retribution in Europe: World War II and Its Aftermath* (Princeton, N.J., 2000), 4.

21. Frei, *Transnationale Vergangenheitspolitik*, 32.

22. B.N. Kovalev, *Kollaboratsionizm v Rossii v 1941-1945gg.: tipy i formy* (Moscou, 2009), 5-20; A.E. Epifanov, *Otvetstvennost za voennye prestupleniia, sovershennye na territorii SSSR v period Velikoi Otechestvennoi Voiny: istoriko- pravovoie aspect* (Moscou, 2001), 382; Kudryashov e Voisin, "Early Stages of 'Legal Purges,'" 266-67. Para números ligeiramente diferentes, ver Penter, "Local Collaborators on Trial," 356.

NOTAS

23. Ver, por exemplo, Merkulov para Stalin, 19 de março de 1943, em APRF, f. 3, op. 58, d. 207, l. 159-75.

24. Beria para Stalin, 8 de janeiro de 1944, em GARF, f. 9401, op. 2, d. 64, l. 9-13.

25. Jeffrey W. Jones, "'Every Family Has Its Freak'": Perceptions of Collaboration in Occupied Soviet Russia, 1943-1948,"*Slavic Review* (2005), 755.

26. Hiroki Kuromiya, *Freedom and Terror in the Donbas: A Ukrainian-Russian Borderland, 1870s-1990s* (Cambridge, RU, 1998), 298.

27. Marius Broekmeyer, *Stalin, the Russians, and Their War, 1941-1945* (Madison, Wisc., 1999), 180-81.

28. *Ibid.*, 208.

29. Decisão do GKO, 24 de junho de 1942, in APRF, f. 3, op. 57, d. 59, l. 67.

30. Felix I. Chuiev, *Molotov: Poluderzhavnyii vlastelin* (Moscou, 2000), 453-54.

31. GARF, f. 9401, op. 2, d. 66, l. 232.

32. Simon Sebag Montefiore, *Stalin: The Court of the Red Tsar* (Nova York, 2004), 379-80.

33. Christian Streit, *Keine Kameraden: Die Wehrmacht und die sowjetischen Kriegsgefangenen, 1941-1945* (Stuttgart, 1978), 244, 247.

34. Ulrich Herbert, *Fremdarbeiter: Politik und Praxis des "Ausländer-Einsatzes" in der Kriegswirtschaft des Dritten Reiches* (Berlim, 1986), 271, tabela 42.

35. Catherine Andreyev, *Vlasov and the Russian Liberation Movement: Soviet Reality and Émigré Theories* (Cambridge, RU, 1987), 7-10, 72-79.

36. A obra padrão, também com números incorretos, é Rüdiger Overmans, *Deutsche militärische Verluste im Zweiten Weltkrieg* (Munique, 2004), 161-63, 229.

37. Ulrike Goeken-Haidl, *Der Weg zurück: Die Repatriierung sowjetischer Zwangsarbeiter und Kriegsgefangener während und nach dem Zweiten Weltkrieg* (Essen, 2006), 77-78.

38. Anthony Eden, *The Reckoning: The Memoirs of Anthony Eden, Earl of Avon* (Boston, 1965), 560-61.

39. S.M. Plokhy, *Yalta: The Price of Peace* (Nova York, 2010), 300.

40. Jason Kendall Moore, "Between Expediency and Principle: U.S. Repatriation Policy Toward Russian Nationals, 1944-1949," *Diplomatic History* (2000), 386.

41. Goeken-Haidl, *Der Weg zurück*, 89-93; John R. Deane, *The Strange Alliance: The Story of Our Efforts at Wartime Co-operation with Russia* (Nova York, 1947), 183-84.

42. Moore, "Between Expediency and Principle," 384.

43. Stettinius para Harriman, 3 de janeiro de 1945, em *FRUS, Conferences at Malta and Yalta*, 416.

44. *Sovetskii Soyuz na mezhdunarodnykh konferentsiyakh perioda Velikoi Otechestvennoi Voiny, 1941-1945gg.: Sbornik dokumentov: T. 4 Krymskaya konferentsiya rukovoditelei trekh soyuznykh derzhav — SSSR, SShA i Velikobritanii* (Moscou, 1979), 210-11; *FRUS, Conferences at Malta and Yalta*, 985—87.

45. Mikhail Heller e Alexander M. Nekritch, *Utopia in Power: The History of the Soviet Union from 1917 to the Present* (Nova York, 1986), 451.

46. W. Averell Harriman e Elie Abel, *Special Envoy to Churchill and Stalin 1941—1946* (Nova York, 1975), 416-17; David Reynolds, *Summits: Six Meetings That Shaped the Twentieth Century* (Nova York, 2007), 141.

47. Ver a matéria de primeira página, "Russians Captured with Nazis Riot at Fort Dix: 3 Commit Suicide," *New York Times*, 30 de junho de 1945.

48. A história é contada em Deane, *Strange Alliance*, 190-94.

49. Roosevelt para Stalin, 3 de março de 1945, e Stalin para Roosevelt, 5 de março de 1945, em *Stalin Correspondence*, 2:184-85.

50. Stalin para Roosevelt, 22 de março de 1945, *ibid.*, 2:186-87; Harriman e Abel, *Special Envoy*, 419-23.

51. Deane, *Strange Alliance*, 200.

52. Harriman para Roosevelt, 24 de março de1945, e Harriman para secretário de Estado, 2 de abril de 1945, em *FRUS, 1945, Europe*, 1084-88.

53. Goeken-Haidl, *Der Weg zurück*, 545-50.

54. Ver estatísticas frequentemente citadas em Richard Overy, *Russia's War* (Nova York, 1997), 303.

55. Goeken-Haidl, *Der Weg zurück*, 549.

56. Mark Edele, *Soviet Veterans of the Second World War: A Popular Movement in an Authoritarian Society, 1941–1991*(Oxford, RU, 2008), 102-18.

57. Geoffrey Hosking, *Rulers and Victims: The Russians in the Soviet Union* (Cambridge, Mass., 2006), 217.

58. Alexander Victor Prusin, " 'Fascist Criminals to the Gallows!': The Holocaust and Soviet War Crimes Trials, Dez. 1945–Fev. 1946," *Holocaust and Genocide Studies* (2003), 6; Bourtman, "'Blood for Blood, Death for Death,'" 251, 257.

59. Stalin, *Sochineniia*, 15:71-83.

60. Relatório de 6 de janeiro de Molotov no *Pravda* de 7 de janeiro de 1942.

61. *Ibid.*, 28 de abril de 1942, 11 de maio de 1943.

62. Departamento de Estado dos EUA, 17 de dezembro de 1942, em Relatório de Jackson, *International Conference on Military Trials*, 3-17.

63. *Pravda*, 18 e 19 de dezembro de 1942. Para um estudo detalhado, ver Karel C. Berkhoff, " 'Total Annihilation of the Jewish Population': The Holocaust in the Soviet Media, 1941–45," *Kritika: Explorations in Russian and Eurasian History* (2009), 61-105.

64. Ver a declaração e a história, 18 de janeiro de 1943, em Laurel Leff, *Buried by The Times: The Holocaust and America's Most Important Newspaper* (Nova York, 2005), 159-62.

65. Stalin, *Sochineniia*, 15:162-74.

66. 14 de março, *ibid.*, 16:25-30.

67. Berkhoff, " 'Total Annihilation of the Jewish Population,' " 93.

68. Serguei Maksudov, "The Jewish Population Losses of the USSR from the Holocaust: A Demographic Approach," em Lucjan Dobroszycki e Jeffrey S. Gurock, orgs., *The Holocaust in the Soviet Union: Studies and Sources of the Destruction of the Jews in Nazi-Occupied Territories of the USSR, 1941-1945* (Londres, 1993), 212.

NOTAS 497

69. Para esta história e análise do Holocausto, ver Robert Gellately, *Lenin, Stalin, and Hitler: The Age of Social Catastrophe* (Nova York, 2007), 413–68.

70. Andreas Hilger, " 'Die Gerechtigkeit nehme ihren Lauf': Die Bestrafung deutscher Kriegs-und Gewaltverbrecher in der Sowjetunion und der SBZ/DDR," em Frei, *Transnationale Vergangenheitspolitik*, 183.

71. Doc. 33 em D.G. Nadjafov e Z.S. Belousova, orgs., *Stalin i kosmopolitizm: dokumenty Agitpropa TSK KPSS, 1945–1953* (Moscou, 2005).

72. Josuha Rubenstein e Ilya Altman, orgs., *The Unknown Black Book: The Holocaust in the German-Occupied Soviet Territories* (Bloomington, Ind., 2008), xix–xxxix.

73. Amir Weiner, "When Memory Counts: War, Genocide, and Postwar Soviet Jewry," em Weiner, org., *Landscaping the Human Garden: Twentieth-Century Population Management in a Comparative Framework* (Stanford, Calif., 2003), 167–88.

74. Manfred Zeidler, "Der Minsker Kriegsverbrecherprozess vom Januar 1946: Kritische Anmerkungen zu einem sowjetischen Schauprozess gegen deutsche Kriegsgefangene," *Vierteljahrshefte für Zeitgeschichte* (2004), 226.

75. G.V. Kostyrchenko, *Tainaia politikika Stalina: Vlast i antisemitizm* (Moscou, 2001), 388–94.

76. Sorokina, "People and Procedures," 829–30.

77. Christopher R. Browning, *The Origins of the Final Solution: The Evolution of Nazi Jewish Policy, September 1939–March 1942* (Lincoln, Neb., 2004), 274–75.

78. Frank Grüner, "Did Anti-Jewish Mass Violence Exist in the Soviet Union? Anti--Semitism and Collective Violence in the USSR During the War and Post War Years," *Journal of Genocide Research* (2009), 361.

79. Ver Yitzhak Arad, *The Holocaust in the Soviet Union* (Lincoln, Neb., 2009), 543–44.

11. RETALIAÇÃO SOVIÉTICA E GRUPOS ÉTNICOS

1. Pavel Polian, *Ne po svoyey vole. Istoriya i geografi ya prinuditel'nykh migratsii v SSSR* (Moscou, 2001), 105.

2. Doc. 134 a 149 em S.V. Mironenko e N. Werth, orgs., *Istoria stalinskogo Gulaga* (Moscou, 2004), 1:455–75.

3. Beria para Stalin, em APRF, f. 3, op. 58, d. 178, l. 6–9.

4. Fred C. Koch, *The Volga Germans in Russia and the Americas, from 1763 to the Present* (Londres, 1977), 284–85. Sobre a cultura perdida, ver Gerd Stricker, org., *Deutsche Geschichte im Osten Europas: Russland* (Berlim, 1997).

5. Polian, *Ne po svoyey vole*, 105–16; Nicolas Werth, "A State Against Its People: Violence, Repression, and Terror in the Soviet Union," em Stéphane Courtois et al., *The Black Book of Comunism* (Cambridge, RU, 1999), 218; J. Otto Pohl, *Ethnic Cleansing in the USSR, 1937–1949* (Westport, Conn., 1999), 54.

6. M.M. Zagorulko, org., *Voennoplennye v SSSR 1939–1956: dokumenty i materialy* (Moscou, 2000), 10, 25–59; para números de prisioneiros de guerra mortos na

URSS (363.000), ver Rüdiger Overmans, *Deutsche militärische Verluste im Zweiten Weltkrieg* (Munique, 2004), 286.

7. Relatório de Kruglov para o governo da URSS, 24 de maio de 1950, doc. 9.1, em Zagorulko, *Voennoplennye v SSSR*, 916-20.

8. Notificação, 28 de dezembro de 1943, APRF, f. 3, op. 58, d. 178, l. 73-76.

9. Peter Holquist, "To Count, to Extract, and to Exterminate: Population Statistics and Population Politics in Late Imperial and Soviet Russia," em Ronald Grigor Suny e Terry Martin, orgs., *A State of Nations: Empire and Nation-Building in the Age of Lenin and Stalin* (Nova York, 2001), 116-19; Charles King, *The Ghost of Freedom: A History of the Caucasus* (Nova York, 2008), 94-96.

10. Jörg Baberowski, *Der Feind ist überall: Stalinismus im Kaukasus* (Munique, 2003), 553-632.

11. Alexander M. Nekritch, The Punished Peoples: The Deportation and Tragic Fate of Soviet Minorities at the End of the Second World War (Nova York, 1978), 25.

12. Alexander Statiev, "The Nature of Anti-Soviet Armed Resistance, 1942-44: The North Caucasus, the Kalmyk Autonomous Republic, and Crimea," *Kritika: Explorations in Russian and Eurasian History* (2005), 285-318.

13. Terry Martin, "The Origins of Soviet Ethnic Cleansing," *Journal of Modern History* (1998), 824-25.

14. Doc. 3.189 em N.L. Pobol e P.M. Polian, orgs., (Moscou, 2005), 546.

15. HP, Schedule B, vol. 7, caso 89; ver também caso 354; Polian, *Ne po svoyey vole*, 116.

16. Svetlana Alieva, org., *Tak eto bylo: natsionalye repressii v SSSR 1919-1952 gody* (Moscou, 1993), 1:312.

17. Mironenko e Werth, *Istoria stalinskogo Gulaga*, 1:476-77.

18. Merkulov para Stalin, em APRF, f. 3, op. 58, d. 207, l. 159-75.

19. Statiev, "Anti-Soviet Armed Resistance," 305.

20. Beria para Stalin, 3 de janeiro de 1944, em GARF, f. 9401, op. 2, d. 64, l. 1. Para a história deles no testemunho oral de Kalmíkia, ver HP, Schedule B, vol. 7, caso 23; Pohl, *Ethnic Cleansing*, 61-69; Mironenko e Werth, *Istoria stalinskogo Gulaga*, 1:477-80.

21. Alexander Statiev, "Soviet Ethnic Deportations: Intent Versus Outcome," *Journal of Genocide Research* (2009), 250.

22. Mironenko e Werth, *Istoria stalinskogo Gulaga*, 1:491-92.

23. HP, Schedule A, vol. 22, caso 434, homem, 54, checheno, operário; também caso 81. Ver também Norman M. Naimark, *Fires of Hatred: Ethnic Cleansing in Twentieth-Century Europe* (Princeton, N.J., 2001), 94.

24. Jeffrey Burds, "The Soviet War Against 'Fifth Columnists': The Case of Chechnya," *Journal of Contemporary History* (2007), 305-6.

25. Ver GARF, f. 9401, op. 2, d. 64, l. 167-68; Polian, *Ne po svoyey vole*, 122.

26. Beria para Stalin, 29 de fevereiro de 1944, em GARF, f. 9401, op. 2, d. 64, l. 161.

27. Citado com outras testemunhas em Lyoma Usmanov, "The 1944 Deportation," *Chechen Times*, 13 de fevereiro de 2004. Ver também Yo'av Karny, *Highlanders: A*

NOTAS 499

Journey to the Caucasus in Quest of Memory (Nova York, 2000), 227; Amir Weiner, *Making Sense of War: The Second World War and the Fate of the Bolshevik Revolution* (Princeton, N.J., 2001), 151.

28. Citado em Anatol Lieven, *Chechnya: Tombstone of Russian Power* (New Haven, Conn., 1998), 319.

29. Para vários números nesta faixa, ver Naimark, *Fires of Hatred*, 220n63.

30. *Ibid.*, 98–99. Para números menores, ver N. F. Bugai, *Iosif Vissarionovich Stalin — Lavrentyu Berii: ikh nado deportirovat* (Moscou, 1992), 102n.

31. Citado em Amy Knight, *Beria: Stalin's First Lieutenant* (Princeton, N.J., 1993), 127; e em Lieven, *Chechnya*, 320.

32. Citado em Michaela Pohl, "From the Chechen People: Anti-Soviet Protest, 1944–1946", *Chechen Times*, 13 de março de 2004.

33. Polian, *Ne po svoyey vole*, 131–35.

34. HP, Schedule A, vol. 13, caso 159, 4.

35. Polian, *Ne po svoyey vole*, 125; Pohl, *Ethnic Cleansing*, 74–77, 87–92.

36. Natalia I. Egorova, "The 'Iran Crisis' of 1945–46: A View from the Russian Archives," Working Paper nº 15 do CWIHP (Washington, D.C., 1996), 1–25; Bryan Glyn Williams, "Hidden Ethnocide in the Soviet Muslim Borderlands: The Ethnic Cleansing of the Crimean Tatars," *Journal of Genocide Research* (2002), 357–73.

37. Ordem de Stalin, 11 de maio de 1944, em Mironenko e Werth, *Istoriia stalinskogo Gulaga*, 1:499–500.

38. Isaak Kobilianski, *From Stalingrad to Pillau: A Red Army Artillery Officer Remembers the Great Patriotic War* (Lawrence, Kansas, 2008), 115–17.

39. Naimark, *Fires of Hatred*, 102.

40. Nekritch, *The Punished People*, 111.

41. A correspondência está em Mironenko e Werth, *Istoriia stalinskogo Gulaga*, 1:495–500. Ver também Polian, *Ne po svoyey vole*, 126; Pohl, *Ethnic Cleansing*, 115.

42. Alieva, *Tak eto bylo*, 3:93.

43. Mironenko e Werth, *Istoria stalinskogo Gulaga*, 1:503–6; Polian, *Ne po svoyey vole*, 128.

44. Polian, *Ne po svoyey vole*, 127–29; Pohl, *Ethnic Cleansing*, 121, 132.

45. Statiev, "Soviet Ethnic Deportations," 248, tabela 3.

46. John Erickson, *The Road to Berlin: Stalin's War with Germany* (New Haven, Conn., 1983), 411–22.

47. Elena Zubkova, *Pribaltika i Kreml* (Moscou, 2008), 128–44.

48. Ver Valdis O. Lumans, *Latvia in World War II* (Nova York, 2006), 376–77.

49. Alexander Statiev, *The Soviet Counterinsurgency in the Western Borderlands* (Cambridge, RU, 2010), 276–77; Mart Laar, *War in the Woods: Estonia's Struggle for Survival, 1945–1956* (Washington, D.C., 1992), 46–50.

50. Zubkova, *Pribaltika i Kreml*, 141–42.

51. Statiev, *Soviet Counterinsurgency*, 186–87.

52. Zubkova, *Pribaltika i Kreml*, 234, tabela 4.3.

53. Depoimento em Laar, *War in the Woods*, 75-76.

54. Zukova, *Pribaltika i Kreml*, 234, tabela 4.3. Algumas variações nas estatísticas podem ser vistas em Statiev, *Soviet Counterinsurgency*, 110, tabela 4.4, também 190.

55. Statiev, *Soviet Counterinsurgency*, 156-58.

56. Doc. 177 e 178 em Mironenko e Werth, *Istoriia stalinskogo Gulaga*, 1:513-15.

57. I.M. Vladimirtsev e A.I. Kokurin, orgs., *NKVD — MVD SSSR v borbe s banditizmom i vooruzhennym natsionalisticheskim podpolem na Zapadnoi Ukraine, v Zapadnoi Belorussii i Pribaltike (1939-1956): sbornik dokumentov* (Moscou, 2008), 371-72.

58. Weiner, *Making Sense of War*, 130-35.

59. Timothy Snyder, *The Reconstruction of Nations: Poland, Ukraine, Lithuania, Belarus, 1569-1999* (New Haven, Conn., 2005), 170.

60. Doc. 1-3, 17-22 de setembro de 1944, em Stanisław Ciesielski, org., *Umsiedlung der Polen aus den ehemaligen polnischen Ostgebieten nach Polen in den Jahren 1944-1947* (Marburgo, 2006), 76-96.

61. Calculado de Statiev, *Soviet Counterinsurgency*, 125, tabela 4.10.

62. Maria Savchyn Pyskir, *Thousands of Roads: A Memoir of a Young Woman's Life in the Ukrainian Underground During and After World War II* (Jefferson, N.C., 2001), 38-39.

63. Statiev, *Soviet Counterinsurgency*, 110, tabela 4.4, também 190.

64. Pyshir, *Thousands of Roads*, 108-9.

65. Para impressões, ver Zygmunt Klukowski, *Red Shadow: A Physician's Memoir of the Soviet Occupation of Eastern Poland, 1944-1956* (Jefferson, N.C., 1997).

66. Kruglov para Stalin, Beria, e outros, 31 de outubro de 1946, doc. 127, em Vladimirtsev e Kokurin, *NKVD — MVD SSSR v borbe s banditizmom*, 365-67.

67. Krystyna Kersten, "Forced Migration and the Transformation of Polish Society in the Postwar Period," em Philipp Ther e Ana Siljak, orgs., *Redrawing Nations: Ethnic Cleansing in East-Central Europe, 1944-1948* (Oxford, RU, 2001), 75-86.

68. Timothy Snyder, *Bloodlands: Europe Between Hitler and Stalin* (Nova York, 2010), 328; Weiner, *Making Sense of War*, 173; Orest Subtelny, "Expulsion, Resettlement, Civil Strife: The Fate of Poland's Ukrainians, 1944-1947", em Ther e Siljak, *Redrawing Nations*, 155-72.

69. Alexander V. Prusin, *The Lands Between: Conflict in the East European Borderlands, 1870-1992* (Oxford, 2010), 223.

12. REAFIRMAÇÃO DA IDEOLOGIA COMUNISTA

1. Doc. 33 em Andrei Artizov e Oleg Naumov, orgs., *Vlast i khudozhestvennaia intelligentsia: Dokumenty Tsk RKP(b)-VKP(b),VChK-OGPU-NKVD o kulturnoi politike, 1917-1953* (Moscou, 1953), 532.

2. Leszek Kolakowski, *Main Currents of Marxism*, vol. 3, *The Breakdown* (Nova York, 1981), 121.

NOTAS

3. HIA, Departamento de Estado dos EUA, Equipe de Pesquisa Externa, *The Soviet Union as Reported by Former Soviet Citizens*, Relatório 1, agosto de 1951, 3.

4. Doc. 5 em Artizov e Naumov, *Vlast i khudozhestvennaia intelligentsia*, 532.

5. Kees Boterbloem, *The Life and Times of Andrei Jdanov, 1896-1948* (Montreal e Kingston, 2004), 255.

6. Yoram Gorlizki e Oleg Khlevniuk, *Cold Peace: Stalin and the Soviet Ruling Circle, 1945-1953* (Nova York, 2004), 31.

7. Doc. 5 em Artizov e Naumov, *Vlast i khudozhestvennaia intelligentsia*, 550.

8. Doc. 13, 7 de agosto de 1946, *ibid.*, 563.

9. Reunião, 18 de setembro de 1947, em Dimitri T. Shepilov, *Neprimknushii* (Moscou, 2001), 87-90.

10. Andrei Jdanov, "Report on the Journals 'Zvezda' and 'Leningrad'" em Jdanov, *On Literature, Music and Philosophy* (Londres, 1950), 39-51.

11. Doc. 14 em Artizov e Naumov, *Vlast i khudozhestvennaia intelligentsia*, 565-81.

12. Doc. 19, *ibid.*, 589.

13. Ver, por exemplo, *Pravda*, 18 de setembro de 1946.

14. Nancy K. Anderson, *Anna Akhmatova: The Word That Causes Death's Defeat, Poems of Memory* (New Haven, Conn., 2004), 107-14, 135-42.

15. Leonid Koslov, "The Artist and the Shadow of Ivan," em Richard Taylor e Derek Spring, orgs., *Stalinism and Soviet Cinema* (Londres, 1993), 109-11.

16. Ver o controverso Solomon Volkov, *Shostakovich and Stalin: The Extraordinary Relationship Between the Great Composer and the Brutal Dictator* (Nova York, 2004), 201.

17. Doc. 34 em Artizov e Naumov, *Vlast i khudozhestvennaia intelligentsia*, 613; também pelo que se segue.

18. Konstantin M. Simonov, *Glazami cheloveka moego pokkoleniia: razmyshleniya o J.V. Staline* (Moscou, 1990), 162-63.

19. Maureen Perrie, *The Cult of Ivan the Terrible in Stalin's Russia* (Nova York, 2001), 163-79; Koslov, "Artist and the Shadow of Ivan", 129; Volkov, *Shostakovich and Stalin*, 202.

20. Doc. 34 em Artizov e Naumov, *Vlast i khudozhestvennaia intelligentsia*, 618.

21. Declarações da União de Escritores Soviéticos, reunião de de maio de 1947, em G.V. Kostyrchenko, *Tainaia politikika Stalina: Vlast i antisemitizm* (Moscou, 2001), 310-14.

22. Kevin M.F. Platt, *Terror and Greatness: Ivan and Peter as Russian Myths* (Ithaca, N.Y., 2011), 248-52.

23. Boterbloem, *Jdanov*, 303.

24. Shepilov, *Neprimknushii*, 105-8; *Pravda*, 11 de fevereiro de 1948; Volkov, *Shostakovich and Stalin*, 215-31. Boterbloem, *Jdanov*, 317-19.

25. Andrei Jdanov, "On Music," em *On Literature, Music and Philosophy*, 52-75.

26. Shepilov, *Neprimknushii*, 127-36; Ethan Pollock, *Stalin and the Soviet Science Wars* (Princeton, N.J., 2006), 1-14, 47-56.

27. Nikolai Kremenstov, *The Cure: A Story of Cancer and Politics in the Annals of the Cold War* (Chicago, 2002), 84-89.

28. *Ibid.*, 112-13.

29. RGASPI, f. 17, op. 3, d. 1064, l. 32.

30. Nikolai Kremenstov, *Stalinist Science* (Princeton, N.J., 1997), 137-38.

31. Kremenstov, *Cure*, 127.

32. Walter Bedell Smith, *My Three Years in Moscow* (Nova York, 1950), 290.

33. M.M. Wolff, "Some Aspects of Marriage and Divorce Laws in Soviet Russia," *Modern Law Review* (1949), 290-96.

34. Robert C. Tucker, "A Stalin Biographer's Memoir," em Samuel H. Baron e Carl Pletsch, orgs., *Introspection in Biography: The Biographers' Quest for Self- Awareness* (Londres, 1985), 249-71; Robert C. Tucker, *Stalin in Power: The Revolution from Above, 1928-1941* (Nova York, 1990), 474-78.

35. Galina Mikhailovna Ivanova, *Istoriia GULAGa, 1918-1958: sotsialno-ekonomicheskii i politiko-pravovoi aspekty* (Moscou, 2006), 268-69; Boterbloem, *Jdanov*, 302.

36. Doc. 40 em D.G. Nadjafov e Z.S. Belousova, orgs., *Stalin i kosmopolitizm: dokumenty Agitpropa TSK KPSS, 1945-1953* (Moscou, 2005).

37. Memo, Comitê Central de Agitação e Propaganda (Agitprop), 28 de janeiro de 1948, doc. 58, *ibid.*

38. Simonov, *Glazami cheloveka moego pokoliniia*, 112-35.

39. Doc. 100 em Nadjafov e Belousova, *Stalin i kosmopolitizm*.

40. V.L. Malkov, "Igra bez myacha: sotsialno-psikhologicheskii kontekst sovetskoi atomnoi diplomatii," em N. I. Egorova e A. O. Chubarian, orgs., *Kholodnaia voina, 1945-1963gg.: Istoricheskaia retrospektiva. Sbornik statei* (Moscou, 2003), 281-320.

41. Tucker, "Stalin Biographer's Memoir", 251.

42. Stalin, *Sochineniia*, vol. 8. O livro, combinado com reminiscências de Lenin, foi traduzido para o inglês como *The Foundations of Leninism* (Nova York, 1932).

43. *Pravda*, 6 de maio de 1937, em Stalin, *Sochineniia*, 14:209-12.

44. David Brandenburger, *National Bolshevism: Stalin Mass Culture and the Formation of Modern Russian National Identity, 1931-1956* (Cambridge, Mass., 2002), 47.

45. *Istoriia Vsesoiuznoe kommunisticheskoi partii (bolshevikov): Kratkii kurs* (Moscou, 1938), disponível como *The History of the Communist Party of the Soviet Union (Bolsheviks): Short Course* (Moscou, 1939).

46. Roy Medvedev, "How the *Short Course* Was Created", *Russian Politics and Law* (2005), 69-95.

47. Para um exemplo da Hungria devastada pela guerra, ver János Kornai, *By Force of Thought: Irregular Memoirs of an Intellectual Journey* (Cambridge, Mass., 2006), 31.

48. Hua-yu Li, *Mao and the Economic Stalinization of China, 1948-1953* (Nova York, 2006); William J. Duiker, *Ho Chi Minh: A Life* (Nova York, 2000), 220-31; Philip Short, *Pol Pot: The Anatomy of a Nightmare* (Nova York, 2004), 66-67.

NOTAS

49. Para uma perspectiva russa, ver T.V. Volokitina et al., *Moskva i Vostochnaia Evropa: stanovlenie politicheskikh rezhimov sovetskogo tipa, 1949-1953: ocherki istorii* (Moscou 2002), 1-30.

13. NOVOS REGIMES COMUNISTAS NA POLÔNIA E TCHECOSLOVÁQUIA

1. T.V. Volokitina et al., *Narodnaja demokratija: Mif ili realnost? Obchchestvenno- politicheskie processy v Vostochnoj Evrope: 1944-1948gg.* (Moscou, 1993), 314; Norman Naimark, "Post-Soviet Russian Historiography on the Emergence of the Soviet Bloc", *Kritika: Explorations in Russian and Eurasian History* (2004), 561-80.

2. Krystyna Kersten, *The Establishment of Communist Rule in Poland, 1943-1948* (Berkeley, Calif., 1991), 63-65.

3. Stanisław Mikołajczyk, *The Rape of Poland: Pattern of Soviet Aggression* (Nova York, 1948), 100.

4. Relatório, 25 de dezembro de 1944, doc. 43a em *Russkii Arkhiv: Velikaya Otechestvennaya Voina: T 14(3-1): SSSR i Polsha* (Moscou, 1994), 389-92, daqui por diante *SSSR i Polsha*.

5. Jan C. Behrends, *Die erfundene Freundschaft: Propaganda für die Sowjetunion in Polen und in der DDR* (Colônia, 2006), 101-6.

6. Ver, por exemplo, relatório de Beria, 18 de setembro de 1944, doc. 15, e Beria-Stalin, 13 de outubro, doc. 18, em T.V. Volokitina et al., orgs., *Sovetskii faktor v Vostochnoi Evrope 1944-1953* (Moscou, 1999), 1:96-98, 102-3.

7. Kersten, *Establishment of Communist Rule*, 118-56.

8. Tratado assinado em 21 de abril, publicado no dia seguinte no *Pravda*: ver Stalin, *Sochineniia*, 15:214-15.

9. Kersten, *Establishment of Communist Rule*, 166.

10. Doc. 39-59, novembro de 1944-março de 1945, em *SSSR i Polsha*, 383-419.

11. Marek Jan Chodakiewicz, *Between Nazis and Soviets: Occupation Politics in Poland, 1939-1947* (Oxford, RU, 2004), 265-87.

12. Doc. 53 e 54, 17 de fevereiro de 1945, em *SSSR i Polsha*, 407-9

13. Doc. 44, 17 de março de 1945, em Volokitina et al., *Sovetskii faktor*, 1:165-66.

14. Doc. 112 em T.V. Volokitina et al., orgs., *Vostochnaya Evropa v dokumentakh rossiiskikh arkhivov* (Moscou, 1997-98), 1:301-3.

15. Antoni Dudek e Andrzej Paczkowski, "Polen", em Łukasz Kaminski, Krzysztof Persak e Jens Gieseke, orgs., *Handbuch der kommunistischen Geheimdienste in Osteuropa, 1944-1991* (Göttingen, 2009), 265-89.

16. Włodzimierz Borodziej e Hans Lemberg, orgs., *Die Deutschen östlich von Oder und Neisse 1945-1950: Dokumente aus polnischen Archiven* (Marburgo, 2000), 2:55, 1:87, daqui por diante *Dokumente aus polnischen Archiven*.

17. *Ibid.*, 3:311.

18. Andrzej Paczkowski, *The Spring Will Be Ours: Poland and the Poles from Occupation to Freedom* (University Park, Pa., 2003), 178–85; Kersten, *Establishment of Communist Rule*, 279–81.

19. Mensagem de Varsóvia, 30 de junho de 1946, doc. 102 em Volokitina et al., *Sovetskii faktor*, 1:311–13.

20. Doc. 169 em Volokitina et al., *Vostochnaya Evropa*, 1:505; relatório do assessor soviético para Moscou, 22 de julho de 1946, doc. 110 em Volokitina et al., *Sovetskii faktor*, 1:326–27.

21. Doc. 169 em Volokitina et al., *Vostochnaya Evropa*, 1:510–11.

22. Kersten, *Establishment of Communist Rule*, 331, 335.

23. Behrends, *Die erfundene Freundschaft*, 100, 115–16.

24. Maciej Korkuc, "Wybory 1947 — mitzałoz·ycielski komunizmu", *Biuletynie Instytutu Pamięci Narodowej* 1–2 (2007), 106–15.

25. V.F. Zima, *Golod v SSSR 1946–1947godov: Proiskhozdenie i posledstviia* (Moscou, 1996), 149, 179.

26. Mikołajczyk, *Rape of Poland*, 230–50.

27. Andrzej Werblan, "Władysław Gomułka and the Dilemma of Polish Communism," *International Political Science Review/Revue internationale de science politique* (1988), 143–58.

28. Detlev Brandes, *Der Weg zur Vertreibung 1938—1945: Pläne und Entscheidungen zum "Transfer" der Deutschen aus der Tschechoslowakei und Polen*, 2ª ed. (Munique, 2005), 88.

29. Edvard Beneš, "The Organization of Postwar Europe", *Foreign Affairs* (janeiro de 1942), 226–42.

30. 6 de julho de 1942, em Brandes, *Der Weg zur Vertreibung*, 168.

31. 12 de maio de 1942, *ibid.*, 217–18.

32. *Ibid.*, 226–27.

33. Registro de conversações, reimpresso em Vojtech Mastny, org., "The Beneš- Stalin-Molotov Conversations in December 1943: New Documents," em *Jahrbücher für Geschichte Osteuropas* (1972), 367–402.

34. Gueorgui Dimitrov, *Dnevnik: mart 1933–fevruari 1949: izbrano* (Sofia, 2003), 195.

35. Conversa de Gusev com Beneš, 17 de março de 1945, doc. 46 em Volokitina et al., *Sovetskii faktor*, 1:173–74.

36. Citado em Karel Kaplan, *The Short March: The Communist Takeover in Czechoslovakia, 1945–1948* (Londres, 1987), 11.

37. Hubert Ripka, *Czechoslovakia Enslaved: The Story of the Communist Coup d'état* (Londres, 1950), 30–31.

38. Chad Black, *Prague in Black: Nazi Rule and Czech Nationalism* (Cambridge, Mass., 2007), 235.

39. Relatório 29 em *Dokumentation der Vertreibung der Deutschen aus Ost-Mitteleuropa*, vol. 4, *Tschechoslowakei* (reimpressão, Munique, 2004), parte 2, 159, daqui por diante *Dokumentation der Vertreibung*.

NOTAS 505

40. Relatório 25, *ibid.*, 4:2:132–38.

41. Brandes, *Der Weg zur Vertreibung*, 412; Benjamin Frommer, *National Cleansing: Retribution Against Nazi Collaborators in Postwar Czechoslovakia* (Cambridge, RU, 2005), 40–41.

42. Jiri Petráš e František Svátek, "Transport über die Grenze: Geschichte und Vorgeschichte der Aussiedlung der Deutschen Bevölkerung aus Südböhmen, 1945–1947". Disponível em: <http://www.demokratiezentrum.org>.

43. Relatório 29 em *Dokumentation der Vertreibung* 4:2:161–63.

44. Jeremy King, *Budweisers into Czechs and Germans: A Local History of Bohemian Politics, 1848–1948* (Princeton, N.J., 2002), 192.

45. Tomáš Staněk, *Internierung und Zwangsarbeit: Das Lagersystem in den böhmischen Ländern, 1945–1948* (Munique, 2007), 41–47, 66.

46. *Ibid.*, 137, 164, 225.

47. Doc. 59 em Volokitina et al., *Sovetskii faktor*, 1:205–8; Norman M. Naimark, *Fires of Hatred: Ethnic Cleansing in Twentieth- Century Europe* (Princeton, N.J., 2001), 109.

48. Doc. 62 em Volokitina et al., *Sovetskii faktor*, 1:212–13.

49. Brandes, *Der Weg zur Vertreibung*, 438, 414.

50. Eagle Glassheim, "The Mechanics of Ethnic Cleansing: The Expulsion of Germans from Czechoslovakia, 1945–1947," em Philipp Ther e Ana Siljak, orgs., *Redrawing Nations: Ethnic Cleansing in East-Central Europe, 1944–1948* (Nova York, 2001), 204.

51. Bradley F. Abrams, *The Struggle for the Soul of the Nation: Czech Culture and the Rise of Communism* (Lanham, Md., 2005), 53–68.

52. Heda Margolius Kovály, *Under a Cruel Star: A Life in Prague, 1941–1968* (Nova York, 1997), 67–70.

53. Um militante de 1968 citado em Abrams, *Struggle for the Soul*, 56; ver também Kaplan, *Short March*, 34–37.

54. Relatório do Partido Comunista Tcheco, 16 de julho de 1946, doc. 108 em Volokitina et al., *Sovetskii faktor*, 1:318–22.

55. Petr Blažek e Pavel Žáček, "Tschechoslowakei", em *Kaminski, Persak, and Gieseke, Handbuch*, 395–413; Ripka, *Czechoslovakia Enslaved*, 150–52.

56. Kaplan, *Short March*, 133–44; Ripka, *Czechoslovakia Enslaved*, 154–55.

57. Zdeněk Radvanovský, "The Social and Economic Consequences of Resettling Czechs into Northwestern Bohemia, 1945–1947", em Ther e Siljak, *Redrawing Nations*, 251

58. Petráš and Svátek, "Transport über die Grenze." Ver também Martin Broszat, *Nach Hitler: Der schwierige Umgang mit unserer Geschichte* (Munique, 1988), 185–88; 242–44.

59. Doc. 147 em Volokitina et al., *Sovetskii faktor*, 1:408–12; também doc. 141 em Volokitina et al., *Vostochnaya Evropa*, 402–6.

60. Relatório do Partido Comunista Tcheco, não depois de 2 de novembro de 1946, doc. 127 em Volokitina et al., *Vostochnaya Evropa, v dokumentakh rossiiskikh arkhivov*, 363–65.

61. Discurso, 12 de janeiro de 1942, e declaração do governo, 24 de fevereiro de 1942, citados em Brandes, *Der Weg zur Vertreibung*, 177–78.

62. Conversa de John Colville, 12 de dezembro de 1940, em Rainer A. Blasius, org., *Dokumente zur Deutschlandpolitik, 1:3, September bis 31. Dezember 1941. Britische Deutschlandpolitik* (Frankfurt am Main, 1984), 255–56.

63. Citado em Naimark, *Fires of Hatred*, 54.

64. *Dokumente aus polnischen Archiven*, 1:481–83.

65. Harriman para secretário de Estado, 10 de abril de 1945, em *FRUS, 1945*, 5:208. Kennan para secretário de Estado, 18 d abril de 1945, em *FRUS, 1945*, 5:229–31.

66. *Dokumente aus polnischen Archiven*, 1:64.

67. *Ibid.*, 3:77.

68. Relatório (2º quadrimestre de 1945), tribunal militar, Primeiro Exército Polonês, doc. 48, *ibid.*, 1:180–81.

69. *Ibid.*, 1:69.

70. T. David Curp, *A Clean Sweep? The Politics of Ethnic Cleansing in Western Poland, 1945-1960* (Rochester, N.Y., 2006), 47—53.

71. Relatório com início em junho de 1945, doc. 163, e relatório de 14 de junho, 1945, doc. 165, em *Dokumente aus polnischen Archiven*, 4:448–49, 452–55.

72. Curp, *Clean Sweep*, 44–45.

73. Doc. 219, *Dokumente aus polnischen Archiven*, 2:408.

74. Doc. 258, 7 de setembro de 1945, *ibid.*, 470–72.

75. Protocolo de reunião, em *FRUS, Potsdam Conference*, 2:1495.

76. *Dokumente aus polnischen Archiven*, 1:101.

77. Doc. 1, dos documentos de Gomułka, em Andrzej Werblan, "The Conversation Between Władysław Gomułka and Josef Stalin on 14 November 1945", em CWIHP *Bulletin* 11(inverno de 1998), 134–38.

78. Matthew Frank, *Expelling the Germans: British Opinion and Post-1945 Population Transfer in Context* (Oxford, RU, 2007), 227–73.

79. Bernard Linek, "'De-Germanization' and 'Re-Polonization' in Upper Silesia, 1945—1905", em Ther e Siljak, *Redrawing Nations*, 121–34.

80. *Dokumente aus polnischen Archiven*, 2:385.

81. Czestaw Miłosz, *The Captive Mind* (Nova York, 1951), 164–65.

82. Ilya Ehrenburg, *Liudi, gody, zhizn: vospominaniia, v trekh tomakh* (Moscou, 2005), vol. 3, kniga 6, cap. 2.

83. Michael Schwartz, *Vertriebene und "Umsiedlerpolitik": SBZ/DDR 1945 bis 1961*(Munique, 2004), 49–55, tabelas.

84. Hans-Ulrich Wehler, Deutsche *Gesellschaftsgeschichte*, vol. 4, *1914—1949*(Munique, 2004), cita 1,71 milhão e um total de 14,16 milhões de expulsos (944); Naimark, *Fires of Hatred*, aponta 2,5 milhões para o número de mortes (14); Heinz Nawratil, *Schwarzbuch der Vertreibung 1945 bis 1948: Das letzte Kapitel unbewältigter Vergangenheit*, 12ª ed. (Munique, 2005), cita the Statistisches Bundesamt, *Die deutschen*

NOTAS 507

Vertreibungsverluste (Wiesbaden, 1958), como computando 2,23 milhões de mortes, mas adota a quantidade de 2,8 milhões (75).

85. Rüdiger Overmans, *Deutsche militärische Verluste im Zweiten Weltkrieg*, 3ª ed. (Munique, 2004), 298-300; e Overmans, "Personelle Verluste der deutschen Bevölkerung durch Flucht und Vertreibung", em *Dzieje Najnowsze Rocznik* (1994), 51—63. Para uma crítica da literatura, ver Ingo Haar, "Die deutschen 'Vertreibungsverluste': Forschungsstand, Kontexte, und Probleme", em Josef Ehmer, Jürgen Reulecke e Rainer Mackensen, orgs., *Ursprünge, Arten und Folgen des Konstrukts "Bevölkerung" vor, im und nach dem "Dritten Reich:" Zur Geschichte der deutschen Bevölkerungswissenschaft* (Wiesbaden, 2008), 363—81.

86. Doc. 71, 11 de agosto de 1945 e doc. 107, 4 de julho de 1946, em Volokitina et al., *Sovetskii faktor*,1:229-31, 317-18.

87. Anita J. Prazmowska, *Civil War in Poland, 1942-1948* (Nova York, 2004), 172.

88. Jan T. Gross, *Fear: Anti-Semitism in Poland after Auschwitz: An Essay in Historical Interpretation* (Nova York, 2006), 258-60; para um relatório soviético sobre a sutuação dos judeus, ver doc. 119, 24 de setembro de 1946, em Volokitina et al., *Sovetskii faktor*, 1:340-45.

89. Joanna Beate Michlic, *Poland's Threatening Other: The Image of the Jew from 1880 to the Present* (Lincoln, Neb., 2006), 196-98.

90. Gomułka para Stalin, 14 de dezembro de 1948, doc. 307 em Volokitina et al., *Vostochnaya Evropa*, 1:937-44.

91. Citado em Bradley F. Abrams, "Morality, Wisdom and Revision: The Czech Opposition of the 1970s and the Expulsion of the Sudeten Germans", *East European Politics and Societies* (1995), 248, 250.

92. Krystyna Kersten, "Forced Migration and the Transformation of Polish Society in the Postwar Period", em Ther e Siljak, *Redrawing Nations*, 75-86.

93. O reconhecimento veio no acordo dois-mais-quatro (1989-1990) e no Tratado de Fronteira Germano-Polonês (1990). Ver Thomasz Kamusella, "The Expulsion of the Population Categorized as 'Germans' from the Post-1945 Poland", em Steffen Prauser e Arfon Rees, orgs., *The Expulsion of the "German" Communities from Eastern Europe at the End of the Second World War*, Working Paper do EUI HEC Nº. 2004/1, 21-30.

94. Para extensiva literatura e referência de fontes contemporâneas, ver Sven Eliason, org., *Building Democracy and Civil Society East of the Elbe: Essays in Honour of Edmund Mokrzycki* (Nova York, 2006).

14. O PADRÃO DAS DITADURAS: BULGÁRIA, ROMÊNIA E HUNGRIA

1. L.Y. Gibiansky, "Problemii Vostochnoi Evropii i nachalo formiprovania miprovania sovetskogo bloka", em N.I. Egorova e A.O. Chubarian, orgs., *Kholodnaiavoina, 1945—1963gg.: Istoricheskaia retrospektiva. Sbornik statei* (Moscou, 2003), 130-31.

508 A MALDIÇÃO DE STALIN

2. Gueorgui K. Jukov, *Vospominaniya i razmyshleniya* (Moscou, 2002), 2:246–49.

3. Jordan Baev e Kostadin Grozev, "Bulgarien: Organisation, Aufbau und Personal", em Łukasz Kaminski, Krzysztof Persak e Jens Gieseke, orgs., *Handbuch der kommunistischen Geheimdienste in Osteuropa 1944—1991* (Göttingen, 2009), 143–97.

4. Vesselin Dimitrov, *Stalin's Cold War: Soviet Foreign Policy, Democracy and Communism in Bulgaria, 1941-48* (Nova York, 2008), 72; R.J. Crampton, *Eastern Europe in the Twentieth Century — And After*, 2ª ed. (Londres, 2003), 225–26.

5. Ekaterina Nikova, "Bulgarian Stalinism Revisited", em Vladimir Tismăneanu, org., *Stalinism Revisited: The Establishment of Communist Regimes in East-Central Europe* (Budapeste—Nova York, 2009), 289; Marietta Stankova, "Das parteipolitische System in Bulgarien 1944-1949: Äussere Einflüsse und innere Faktoren", em Stefan Creuzberger e Manfred Görtemaker, orgs., *Gleichschaltung unter Stalin? Die Entwicklung der Parteien im östlichen Europa, 1944-1949* (Paderborn, 2002), 185.

6. Ilya Ehrenburg, *Liudi, gody, zhizn: vospominaniia, v trekh tomakh* (Moscou, 2005), 6:26.

7. Entrada para 24 de setembro, em Ivo Banac, org., *The Diary of Georgi Dimitrov, 1933-1949* (New Haven, Conn., 2003), 336–37.

8. Nikova, "Bulgarian Stalinism Revisited," 291–92. Para números ligeiramente diferentes, ver Stankova, "Das parteipolitische System in Bulgarien," 186–87, e E.L. Valeva, "Politicheskiye protsessy v Bolgarii 1944-1948gg", *Mezhdunarodnyi istoricheskii zhurnal* (2000), http://history.machaon.ru/all/number_07/analiti4/total/valeva/index.html.

9. Tzvetan Todorov, *Voices from the Gulag: Life and Death in Communist Bulgaria* (University Park, Pa., 1999), 38–39.

10. Dimitrov, *Stalin's Cold War*, 80.

11. Reunião, 28 de janeiro de 1945, em Gueorgui Dimitrov, *Dnevnik: mart 1933-fevruari 1949: izbrano* (Sofia, 2003), 240–41.

12. Relatório, fim de dezembro de 1944, em Stankova, "Das parteipolitische System in Bulgarien", 189.

13. Carta de figuras públicas para o rei Boris, 26 de maio de 1943, em Tzvetan Todorov, *The Fragility of Goodness: Why Bulgaria's Jews Survived the Holocaust* (Princeton, N.J., 2001), 106–7.

14. Doc. 72 e 73 em T.V. Volokitina et al., orgs., *Sovetskii faktor v Vostochnoi Evrope, 1944-1953* (Moscou, 1999), 1:231–33; Stankova, "Das parteipolitische System in Bulgarien", 197–98.

15. Citado em Dimitrov, *Stalin's Cold War*, 125.

16. Stankova, "Das parteipolitische System in Bulgarien", 200.

17. *FRUS, 1945*, 2:822.

18. Citado em Stankova, "Das parteipolitische System in Bulgarien", 202; ver também Dimitrov, *Dnevnik*, 287–88.

19. Doc. 90 em Volokitina et al., *Sovetskii faktor*, 1:267–69; também doc. 128, em T.V. Volokitina et al., orgs., *Vostochnaya Evropa v dokumentakh rossiiskikh arkhivov*

(Moscou, 1997—98), 1:355—61; Dimitrov, *Stalin's Cold War*, 140; Stankova, "Das parteipolitische System in Bulgarien", 204.

20. Registro para 7 de junho de 1946, em Dimitrov, *Dnevnik*, 298-99.

21. *Ibid.*, 304-6.

22. Stankova, "Das parteipolitische System in Bulgarien", 211.

23. Doc. 121 em Volokitina et al., *Sovetskii faktor*, 1:348-50.

24. Valeva, "Politicheskiye protsessy v Bolgarii 1944-1948gg".

25. Ehrenburg, *Liudi, gody, zhizn*, 6:24.

26. Vladimir Solonari, *Purifying the Nation: Population Exchange and Ethnic Cleansing in Nazi-Allied Romania* (Baltimore, Md., 2010), 340-41.

27. Vladimir Tismăneanu, *Stalinism for all Seasons: A Political History of Romanian Communism* (Londres, 2003), 87-90, 120-24; Robert Levy, *Ana Pauker: The Rise and Fall of a Jewish Communist* (Londres, 2001), 79-80; Dennis Deletant, *Romania Under Communist Rule*, ed. revista (Portland, Ore., 1999), 30-39.

28. Entrevista da TASS com Lucreţiu Pătrăşcanu, 10 de janeiro de 1945, doc. 31 em Volokitina et al., *Sovetskii faktor*, 1:126—30.

29. Ulrich Burger, "Die Strategie der Kommunisten in Rumänien zur Gleichschaltung des Parteiensystems zwischen 1944 und 1948", em Creuzberger e Görtemaker, *Gleichschaltung unter Stalin*, 138-39; Levy, *Ana Pauker*, 78.

30. Doc. 40, 3 de março de 1945, em Volokitina et al., *Sovetskii faktor*, 1:156-59.

31. Tismăneanu, *Stalinism for All Seasons*, 90-91; Deletant, *Romania Under Communist Rule*, 42.

32. Florian Banu, "Calamităţi ale secolului al XX-lea: foametea care a devastat Moldova în 1946-1947", http://www.comunism.ro/images/banu.pdf.

33. Vladimir Tismăneanu et al., *Comisia Prezidenţială Pentru Analiza Dictaturii Comuniste din România: Raport Final* (Bucareste, 2006), 199-200.

34. Extratos de transcrições em Eduard Mark, "Stalin's National-Front Strategy for Europe, 1941-1947", Working Paper nº 31 do CWIHP, (2001), 26-30. Desde então, tais documentos estão fechados ao exame público.

35. Tismăneanu et al., *Comisia Prezidenţială*, 200; Levy, *Pauker*, 75.

36. Tuvia Friling, Radu Ioanid e Mihail E. Ionescu, orgs., *Final Report, International Commission on the Holocaust in Romania* (Iaşi, 2004), 179, 313-14.

37. Burger, "Strategie der Kommunisten", 153-54.

38. Tismăneanu, *Stalinism for All Seasons*, 287-88; Burger, "Strategie der Kommunisten", 154, 158.

39. Tismăneanu, *Stalinism for All Seasons*, 91-94.

40. Citado em Stejărel Olaru e Georg Herbstritt, orgs., *Vademekum, Contemporary History Romania: A Guide Through Archives, Research Institutions, Libraries, Societies, Museums and Memorial Places* (Berlim — Bucareste, 2004), 20.

41. Tismăneanu, *Stalinism for All Seasons*, 20; 85-106; Dennis Deletant, *Communist Terror in Romania: Gheorghiu-Dej and the Police State, 1948-1965* (Nova York, 1999), 114-45, 195-224.

42. Recensământul populației concentraționare 1945–1989, www.memorialsighet.ro.

43. Alice Mocanescu, "Surviving 1956: Gheorghe Gheorghiu-Dej and the Cult of Personality in Romania", em Balázs Apor, Jan C. Behrends, Polly Jones e E.A. Rees, orgs., *The Leader Cult in Communist Dictatorships: Stalin and the Eastern Bloc* (Nova York, 2004), 46–50.

44. Charles Gati, *Hungary and the Soviet Bloc* (Durham, N.C., 1988), 31.

45. Krisztián Ungváry, *The Siege of Budapest: 100 Days in World War II* (New Haven, Conn., 2005), 40—43.

46. Notas de Ernő Gerős, reimpressas em William O. McCagg, Jr., *Stalin Embattled, 1943–1948* (Detroit, 1978), 314–16. O autor ignora a última frase, como observado em László Borhi, *Hungary in the Cold War, 1945–1956: Between the United States and the Soviet Union* (Nova York, 2004), 35.

47. Volokitina et al., *Sovetskii faktor*, 1:109–13; Gati, *Hungary and the Soviet Bloc*, 33–39, 67; Borhi, *Hungary in the Cold War*, 35.

48. Peter Kenez, *Hungary from the Nazis to the Soviets: The Establishment of the Communist Regime in Hungary, 1944–1948* (Nova York, 2006), 120.

49. G.F. Krivosheev, *Rossiia i SSSR v voinakh XX veka: poteri vooruzhennykh sil: statisticheskoe issledovanie* (Moscou, 2001), tabelas no cap. 5.

50. Ungváry, *Siege of Budapest*, 348–63.

51. Borhi, *Hungary in the Cold War*, 66.

52. Conversações, doc. 57 em Volokitina et al., *Sovetskii faktor*, 1:195–204.

53. Doc. 82 em Volokitina et al., *Vostochnaya Evropa*, 1:242–43.

54. László Karsai, "The People's Courts and Revolutionary Justice in Hungary, 1945–46", em István Deák, Jan T. Gross e Tony Judt, orgs., *The Politics of Retribution: World War II and Its Aftermath* (Princeton, N.J., 2000), 233–51.

55. Kerenz, *Hungary*, 141–43.

56. Doc. 98 em Volokitina et al., *Vostochnaya Evropa*, 1:271–74.

57. Doc. 100, *ibid.*, 276–77.

58. Susan Glanz, "Economic Platforms of the Various Parties in the Elections of 1945", em Nándor Dreisziger, org., *Hungary in the Age of Total War* (Nova York, 1998), 179.

59. Mensagem telefônica para Stalin e Molotov, doc. 81, e 11 de novembro de 1945, doc. 116, em Volokitina et al., *Sovetskii faktor*, 1:243–45; Borhi, *Hungary in the Cold War*, 77–78.

60. Kenez, *Hungary*, 149–62; Borhi, *Hungary in the Cold War*, 83.

61. Csaba Békés, "Soviet Plans to Establish the Cominform em Early 1946: New Evidence from the Hungarian Archives", CWIHP *Bulletin* 10 (março de 1998), 135–36.

62. Borhi, *Hungary in the Cold War*, 94–96.

63. Michael Korda, *Journey to a Revolution: A Personal Memoir and History of the Hungarian Revolution of 1956* (Nova York, 2006), 71.

64. János M. Rainer, "Der Weg der ungarischen Volksdemokratie: Das Mehrparteiensystem und seine Beseitigung 1944–1949", em Creuzberger e Görtemaker, *Gleichschaltung unter Stalin*, 333–42.

NOTAS 511

65. A.A. Tchernobaiev et al., orgs., *Na prieme u Stalina: Tetradi (zhurnaly) zapisei lits, priniatykh I. V. Stalinym, 1924–1953* (Moscou, 2008).
66. Rainer, "Der Weg der ungarischen Volksdemokratie", 343–45.

15. COMUNISMO NA IUGOSLÁVIA, ALBÂNIA E GRÉCIA

1. As quantidades étnicas são para 1921. Ver John R. Lampe, *Balkans into Southeastern Europe* (Nova York, 2006), 71 e 217, tabelas 3.1 e 7.1.
2. Nota para Dimitrov, 3 de fevereiro de 1943, em Gueorgui Dimitrov, *Dnevnik: mart 1933–fevruari 1949: izbrano* (Sofia, 2003), 171.
3. Edvard Kardelj, *Reminiscences: The Struggle for Recognition and Independence: The New Yugoslavia, 1944–1957* (Londres, 1982), 37–40.
4. Milovan Djilas, *Wartime* (Nova York, 1977), 120, 359–61.
5. Jerca Vodušk Starič, "Stalinismus und Selbst-Stalinismus in Yugoslawien: Von der kommunistischen Partisanenbewegung zu Tito's Einparteisystem", em Stefan Creuzberger e Manfred Görtemaker, orgs., *Gleichschaltung unter Stalin? Die Entwicklung der Parteien im östlichen Europa 1944–1949* (Paderborn, 2002), 228–29; Djilas, *Wartime*, 361.
6. Doc. 13 em T.V. Volokitina et al., orgs., *Sovetskii faktor v Vostochnoi Evrope, 1944–1953* (Moscou, 1999), 1:91–94; Stevan K. Pavlowitch, *Hitler's New Disorder: The Second World War in Yugoslavia* (Nova York, 2008), 237.
7. Para a troca de palavras Stalin-Tito, ver Vladimir Dedijer, *Tito Speaks: His Self-Portrait and Struggle with Stalin* (Londres, 1953), 232–37.
8. Entrada para 27 de setembro, em Dimitrov, *Dnevnik*, 223–24.
9. Para as visitas a Stalin em novembro de 1944, ver Kardelj, *Reminiscences*, 41, 61.
10. S.I. Lavrenov e I.M. Popov, *Sovetskii Soiuz v lokalnykh voinakh i konfliktakh* (Moscou, 2003), 70–72.
11. Milovan Djilas, *Conversations with Stalin* (Nova York, 1962), 102.
12. Entrada para 8 de abril de 1945, em Dimitrov, *Dnevnik*, 247.
13. Kardelj, *Reminiscences*, 50–52.
14. Nora Beloff, *Tito's Flawed Legacy: Yugoslavia and the West Since 1939* (Boulder, Colo., 1985), 125.
15. Stephen Dorril, *MI6: Inside the Covert World of Her Majesty's Intelligence Service* (Nova York, 2002), 336.
16. O primeiro número é de Vladimir Žerjavić, citado em Pavlowitch, *Hitler's New Disorder*, 262. Janusz Piekalkiewicz, *Krieg auf dem Balkan, 1940–1945* (Munique, 1984), diz que "50 mil soldados croatas e cerca de 30 mil refugiados, na maioria mulheres e crianças, foram executados em um período de cinco dias" (309); citado em Misha Glenny, *The Balkans: Nationalism, War and the Great Powers, 1904–1999* (Nova York, 2000), 530.

17. Sabrina P. Ramet, *The Three Yugoslavias: State-Building and Legitimation, 1918-2005* (Washington, D.C., 2006), 159-60.

18. *Dokumentation der Vertreibung der Deutschen aus Ost-Mitteleuropa*, vol. 5, *Jugoslawien* (reimpressão, Munique, 2004), 180E-84E.

19. Aleksa Djilas, *The Contested Country: Yugoslav Unity and Communist Revolution, 1919-1953* (Cambridge, Mass., 1991), 170.

20. Ramet, *Three Yugoslavias*, 159.

21. Edvard Kardelj, lista de requisições, 5 de fevereiro de 1945, doc. 35 em Volokitina et al., *Sovetskii faktor*,1:138.

22. Milovan Djilas, *Rise and Fall* (Nova York, 1983), 82.

23. Starič, "Stalinismus und Selbst-Stalinismus in Yugoslawien", 233-36.

24. Djilas, *Contested Country*, 159.

25. Relatório, 19 de janeiro de 1946, doc. 91 em Volokitina et al., *Sovetskii faktor*, 1:269-76.

26. Carta, não mais tarde do que 15 de setembro de 1946, doc. 117, *ibid.* 338-39.

27. Citado em Ramet, *Three Yugoslavias*, 169.

28. Starič, "Stalinismus und Selbst- Stalinismus in Yugoslawien", 229-31.

29. Citado em Beloff, *Tito's Flawed Legacy*, 102, 132.

30. Glenny, *Balkans*, 531-32.

31. O primeiro número é de John R. Lampe, *Yugoslavia as History: Twice There Was a Country*, 2ª ed. (Nova York, 2000), 227, e o segundo é de Bor. M. Karapandžić, *The Bloodiest Yugoslav Spring, 1945 — Tito's Katyns and Gulags* (Nova York, 1980), 20. Ver também em Oskar Gruenwald, "Yugoslav Camp Literature: Rediscovering the Ghost of a Nation's Past-Present-Future," *Slavic Review* (1987), 517.

32. Ver Arnold Suppan, "Between Hitler, Beneš, and Tito: Czechoslovak-German and Yugoslav-German Confrontations in World War II," documento, Universidade de Stanford, 6 de março de 2008. Disponível em: <http://iis-db.stanford.edu/evnts/5112/Between_Hitler_ Benes_and_Tito.pdf>.

33. Jozo Tomasevitch, *War and Revolution in Yugoslavia, 1941-1945: Occupation and Collaboration* (Stanford, Calif., 2001), 766.

34. Relatório de Waddams citado em Beloff, *Tito's Flawed Legacy*, 133-34.

35. Lampe, *Balkans into Southeastern Europe*, 188.

36. Para relato de ex-prisioneiro, ver Josip Zoretić, *Goli Otok: Hell in the Adriatic* (College Station, Tex., 2007).

37. Relatório, *New York Herald Tribune*, 7 de novembro de 1952, em T.V. Volokitina et al., *Moskva i Vostochnaia Evropa: stanovlenie politicheskikh rezhimov sovetskogo tipa, 1949-1953: ocherki istorii* (Moscou, 2002), 585-86.

38. Para comentários de um oficial britânico, que trabalhou com os *partisans*, ver Michael Lees, *The Rape of Serbia: The British Role in Tito's Grab for Power, 1943-1944* (Londres, 1990), 295-312.

39. Memorando, 31 de agosto de 1945, em *FRUS, 1945*, 5:1252-53

40. Glenny, *Balkans*, 562-63.

NOTAS 513

41. Ilya Ehrenburg, *Liudi, gody, zhizn: vospominaniia, v trekh tomakh* (Moscou, 2005), vol. 6, cap. 2.
42. Relatório (de não antes de 1º de março de 1947), doc. 150 em Volokitina et al., *Sovetskii faktor*, 1:415-19.
43. Jon Halliday, org., *The Artful Albanian: Memoirs of Enver Hoxha* (Londres, 1986), 62-71.
44. *Ibid.*, 87-89.
45. Peter Danylow, "Sieg und Niederlage der Internationale: Die Sowjetizierung der Kommunistischen Partei in Albanien", em Creuzberger e Görtemaker, *Gleichschaltung unter Stalin*, 242-46.
46. Entrada para 10 de janeiro de 1945, em Dimitrov, *Dnevnik*, 237—38.
47. Citado em Vladimir Volkov, "The Soviet Leadership and Southeastern Europe", em Norman Naimark e Leonid Gibianskii, orgs., *The Establishment of Communist Regimes in Eastern Europe, 1944-1949* (Boulder, Colo., 1997), 66.
48. Danylow, "Sieg und Niederlage der Internationale", 248-49.
49. Djilas, *Rise and Fall*, 111.
50. Discurso citado em *ibid.*, 91.
51. Nota citada em *ibid.*, 92.
52. Reunião com Molotov, 15 de julho, doc. 229, em T.V. Volokitina et al., orgs., *Vostochnaya Evropa v dokumentakh rossiiskikh arkhivov* (Moscou, 1997-98), 1:677-81.
53. Doc. 150 em Volokitina et al., *Sovetskii faktor*, 1:417.
54. Enver Hoxha, *With Stalin: Memoirs* (Tirana, 1979), 53-86.
55. Minutas da reunião, 23 de julho de 1947, doc. 170 em Volokitina et al., *Sovetskii faktor*, 1:474-77.
56. Mark Mazower, *Inside Hitler's Greece: The Experience of Occupation, 1941—44* (New Haven, Conn., 1993), 268, 296.
57. Violetta Hionidou, "Famine in Occupied Greece: Causes and Consequences", em Richard Clogg, org., *Bearing Gifts to Greeks: Humanitarian Aid to Greece in the 1940s* (Nova York, 2008), 26.
58. André Gerolymatos, *Red Acropolis: The Greek Civil War and the Origins of Soviet-American Rivalry, 1943-1949* (Nova York, 2004), 149-85; Philip B. Minehan, *Civil War and World War in Europe: Spain, Yugoslavia, and Greece, 1936-1949* (Nova York, 2006), 212.
59. Entrada para 8 de dezembro de 1944, em Dimitrov, *Dnevnik*, 231.
60. Doc. 37 em Volokitina et al., *Vostochnaya Evropa v dokumentakh rossiiskikh arkhivov*, 1:118-33.
61. Registro para 10 de janeiro de 1945, em Dimitrov, *Dnevnik*, 237-38.
62. Carta, 15 de janeiro de 1945, em John O. Iatrides, org., *Ambassador MacVeagh Reports: Greece, 1933-1947* (Princeton, N.J., 1980), 670.
63. Mark Mazower, "The Cold War and the Appropriation of Memory: Greece After Liberation", em István Deák, Jan T. Gross e Tony Judt, orgs., *The Politics of Retribution: World War II and Its Aftermath* (Princeton, N.J., 2000), 213-15.

514   A MALDIÇÃO DE STALIN

64. Ole L. Smith, "Communist Perceptions, Strategy, and Tactics, 1945-1949", em John O. Iatrides e Linda Wrigley, orgs., *Greece at the Crossroads: Civil War and Its Legacy* (University Park, Pa., 1995), 92—98.

65. Joseph M. Jones, *The Fifteen Weeks (February 11-June 5, 1947)* (Nova York, 1955), 3-13.

66. Clark Clifford com Richard Holbrooke, *Counsel to the President: A Memoir* (Nova York, 1991), 108.

67. Wilson D. Miscamble, *From Roosevelt to Truman: Potsdam, Hiroshima, and the Cold War* (Cambridge, RU, 2007), 285-86.

68. Dean Acheson, *Present at the Creation: My Years in the State Department* (Nova York, 1969), 217-25.

69. Discurso para a Câmara dos Representantes. Disponível em: <http://www.truman-library.org>.

70. Peter J. Stavrakis, "Soviet Policy in Areas of Limited Control: The Case of Greece, 1944-1949", em Iatrides e Wrigley, *Greece at the Crossroads*, 251.

71. A.A. Danilov e A.V. Pyzhikov, *Rozhdenie sverkhderzhavy: SSSR v pervye poslevoennye gody* (Moscou, 2001), 28-32.

72. V.K. Volkov e L.Ia. Gibianskii, "Na poroge pervogo raskola v sotsialisticheskom lagere: Peregovori rykovodiashikh deiatelei SSSR, Bolgarii i Iogoslavii 1948r," *Istoricheskii arkhiv* (1997), 92-123; Dimitrov, *Dnevnik*, 360-68.

16. A MORTE DO COMUNISMO NA EUROPA OCIDENTAL

1. Para outros planos, ver Maxim Litvinov, 9 de outubro de 1943, doc. 62 em G.P. Kynin e Jochen Laufer, orgs., *SSSR i germanskii vopros, 1941-1949: dokumenty iz arkhiva vneshnei politiki Rossiiskoi Federastsii* (Moscou, 1996), 1:277-86.

2. Doc. 79, 11 de janeiro de 1944, em Kynin e Laufer, *SSSR i germanskii vopros*, 1:333-60, aqui seções 3 e 17.

3. Doc. 114, 28 de julho de 1944, *ibid.*, 425-36.

4. *FRUS, Conference at Quebec*, 1944, 467.

5. Gromiko para Molotov, 13 de novembro de 1944, doc. 135 em *SSSR i germanskii vopros*, 1:571-75.

6. Secretário da Guerra para o presidente, 15 de setembro de 1944, em *FRUS, Conference at Quebec, 1944*, 482-85.

7. "Anglichanye i Amerikantziy xotyat vezde sozdat reakzionnyiye pravitlctva", *Istochnik* 4 (1995), 152-58; Gueorgui Dimitrov, *Dnevnik: mart 1933-fevruari 1949: izbrano* (Sofia, 2003), 229-30.

8. Dimitrov para Stalin, 1º de julho, 6 de outubro de 1934, e Stalin para Dimitrov, 25 de outubro de 1934, em Alexander Dallin e F.I. Firsov, orgs., *Dimitrov and Stalin, 1934-1943: Letters from the Soviet Archives* (New Haven, Conn., 2000), 13-22.

NOTAS   515

9. Esta era a concepção desde meados de 1941. Ver entrada para 7 de julho, em Dimitrov, *Dnevnik*, 122.

10. Alfred J. Rieber, *Stalin and the French Communist Party, 1941—1947* (Nova York, 1962), 169, 189. Sobre afiliação ao partido, ver Thomas H. Greene, "The Communist Parties of Italy and France: A Study in Comparative Communism", *World Politics* (1968), 1–38; Joan Barth Urban, *Moscow and the Italian Communist Party: From Togliatti to Berlinguer* (Londres, 1986), 148.

11. Tony Judt, *Past Imperfect: French Intellectuals, 1944-1956* (Berkeley, Calif., 1992), 58–60.

12. Jean-Pierre Rioux, *The Fourth Republic, 1944-1958* (Cambridge, RU, 1989), 54–55.

13. Charles de Gaulle, *The Complete War Memoirs of Charles de Gaulle* (Nova York, 1972), 978–94.

14. Memo, Norris B. Chipman, Embaixada dos EUA em Paris, 23 de novembro de 1946, *FRUS, 1947, British Commonwealth; Europe*.vol. 5, 471–77; Rioux, *The Fourth Republic*, 106–11; William I. Hitchcock, *France Restored: Cold War Diplomacy and the Quest for Leadership in Europe, 1944-1954* (Chapel Hill, N.C., 1998), 12–22.

15. Rioux, *Fourth Republic*, 125–26; também pelo que se segue.

16. Barry Machado, *In Search of a Usable Past: The Marshall Plan and Postwar Reconstruction Today* (Washington, D.C., 2007), 11; Melvyn P. Leffler, *A Preponderance of Power: National Security, the Truman Administration, and the Cold War* (Stanford, Calif., 1992), 158.

17. Caffery para secretário de Estado, 12 de maio de 1947, em *FRUS, 1947, British Commonwealth; Europe*, 3:709–13.

18. Departamento de Estado, comunicado à imprensa, 4 de junho de 1947, *ibid.*, 3:237–39.

19. Hitchcock, *France Restored*, 72–73; Rioux, *Fourth Republic*, 126–27.

20. Harry Bayard Price, *The Marshall Plan and Its Meaning* (Ithaca, N.Y., 1955), 47–48.

21. Entrada para 5 de março de 1944, em Dimitrov, *Dnevnik*, 204–5.

22. Hans Woller, *Die Abrechnung mit dem Faschismus in Italien 1943 bis 1948* (Munique, 1996), 115–17, 304–5.

23. James Holland, *Italy's Sorrow: A Year of War, 1944-1945* (Nova York, 2008), 398.

24. William I. Hitchcock, *The Bitter Road to Freedom: A New History of the Liberation of Europe* (Nova York, 2008), 235–36.

25. De Gasperi para Truman, 8 de janeiro de 1947, em *FRUS, 1947, British Commonwealth; Europe*, 3:850–51; Aldo Agosti, *Palmiro Togliatti: A Biography* (Londres, 2008), 184.

26. Tarchiani para De Gasperi, 14 de maio de 1947, citado em Elena Agarossi e Victor Zaslavsky, *Stalin and Togliatti: Italy and the Origins of the Cold War* (Washington, D.C., 2011), 229–30. Não foi encontrado registro americano da conversa.

27. Memorando sobre a conversa Marshall-Tarchiani, 16 de maio de 1947, em *FRUS, 1947, British Commonwealth; Europe*, 3:904–8.

28. Richard J. Barnet, *The Alliance: America-Europe-Japan, Makers of the Postwar World* (Nova York, 1983), 140.

516   A MALDIÇÃO DE STALIN

29. Agarossi e Zaslavsky, *Stalin and Togliatti*, 220–31.
30. Ver: <http://cronologia.leonardo.it/elezio2.htm>.
31. Visita de dezembro de 1947, em Agarossi e Zaslavsky, *Stalin and Togliatti*, 283–84.
32. *Ibid.*, 285–88.
33. *New York Times*, 26 de fevereiro e 11 de março de 1947.
34. Molotov e Vishinski para Stalin, 20 de agosto de 1945, doc. 31 em Kynin e Laufer, *SSSR i germanskii vopros* 2:218–20.
35. Wolfgang Leonhard, *Die Revolution entlässt ihre Kinder* (1955; Colônia, 2010), 503–9.
36. Ver doc. em *American Journal of International Law* 39, n°. 3 (julho de 1945), 171–78.
37. Relatório sobre a Conferência Tripartite de Berlim, 2 de agosto de 1945, em *FRUS, Potsdam Conference*, 2:1501–2.
38. Norman M. Naimark, *The Russians in Germany: A History of the Soviet Zone of Occupation, 1945-1949* (Cambridge, RU, 1995), 20; Stefan Creuzberger, *Die sowjetische Besatzungsmacht und das politische System der SBZ* (Weimar, 1996), 27–28.
39. Richard Bessel, *Germany 1945: From War to Peace* (Nova York, 2009), 296–97.
40. Dwight D. Eisenhower, *Crusade in Europe* (Garden City, N.Y., 1948), 291–97; De Gaulle, *The Complete War Memoirs*, 431, 434.
41. A diretriz foi revisada por alto em 26 de abril de 1945. Ver *FRUS, European Advisory Commission, Austria, Germany* (1945), 3:471–73, 484–503.
42. Robert Murphy, *Diplomat Among Warriors* (Nova York, 1964), 284.
43. Bessel, *Germany 1945*, 182–203.
44. "The Political and Economic Principles to Govern the Treatment of Germany in the Initial Control Period," em *FRUS, Potsdam Conference*, 2:1505–6.
45. Gueorgui K. Jukov, *Vospominaniya i razmyshleniya* (Moscou, 2002), 2:338–40.
46. BAB, SAPMO, 629, Nachlass Pieck, 62–64. Alguns, mas nem todos os documentos, foram publicados em Rolf Badstübner e Wilfried Loth, orgs., *Wilhelm Pieck-Aufzeichnungen zur Deutschlandpolitik, 1945-1953* (Berlim, 1994), 50–52.
47. Citado em V.K. Volkov, *Uzlovye problemy noveishei istorii stran Tsentralnoi i Iugo--Vostocknoi Evropy*, revista e ampliada, Harold Neubert, org., *Stalin wollte ein anderes Europa: Moskaus Aussenpolitik 1940 bis 1968 und die Folgen, eine Dokumentation* (Berlim, 2003), 168.
48. Ivo Banac, org., *The Diary of Georgi Dimitrov, 1933-1949* (New Haven, Conn., 2003), 372–73.
49. Leonhard, *Die Revolution entlässt ihre Kinder*, 479–82.
50. Hermann Weber, org., *Der deutsche Kommunismus: Dokumente* (Colônia, 1963), 431–38. Catherine Epstein, *The Last Revolutionaries: German Communists and Their Century* (Cambridge, Mass., 2003), 102–3.
51. Doc. 66, 15 de dezembro de 1945, em *SSSR i germanskii vopros*, 2:305–8.
52. Leonhard, *Die Revolution entlässt ihre Kinder*, 518–21.
53. Oliver Rathkolb, "Sonderfall Österreich? Ein peripherer Kleinstaat in der sowjetischen Nachkriegsstrategie 1945-1947", em Stefan Creuzberger e Manfred Görte-

NOTAS 517

maker, orgs., *Gleichschaltung unter Stalin? Die Entwicklung der Parteien im östlichen Europa 1944-1949* (Paderborn, 2002), 368.

54. Bericht Ulbricht, BAB, SAPMO, 631, Nachlass Pieck, 33-34.

55. Carta aberta, 7 de maio de 1946, em *Dokumente des Sozialistischen Einheitspartei Deutschlands: Beschlüsse und Erklärungen des Zentralkommittees und des Parteivorstandes* (Berlim, 1951), 1:32-33.

56. Patrick Major, *The Death of the KPD: Communism and Anti-Communism in West Germany, 1945-1956* (Oxford, RU, 1997), 50-54.

57. Monika Kaiser, " 'Es muss demokratisch aussehen...' Moskau und die Gleichschaltung des Parteiensystems in der sowjetischen Besatzungszone Deutschlands 1944-45 1948-49," em Creuzberger e Görtemaker, *Gleichschaltung unter Stalin*, 278-79.

58. Bericht Ulbricht, BAB, SAPMO, 631, Nachlass Pieck, 33-34.

59. Dirk Spilker, *The East German Leadership and the Division of Germany: Patriotism and Propaganda, 1945-1953* (Oxford, RU, 2006), 84-85.

60. Memorando, 9 de julho de 1946, em Bernd Bonwetsch, Gennadij Bordjugov e Norman M. Naimark, orgs., *Sowjetische Politik in der SBZ 1945-1949: Dokumente zur Tätigkeit der Propagandaverwaltung* (Bonn, 1997), 49-50.

61. "The Principles of Newspeak", em George Orwell, *1984* (1949; Nova York, 2003), 309-23.

62. Creuzberger, *Die sowjetische Besatzungsmacht*, 93n266. Todos os resultados podem ser encontrados em http://www.wahlen- in-deutschland.de/abundalg.htm.

63. Reunião, 24-25 de outubro de, 1946, citado em Spilker, *East German Leadership*, 103.

64. Lucius D. Clay, *Decision in Germany* (Nova York, 1950), 139.

65. Natalja Lebedeva, "Österreichische Kommunisten im Moskauer Exil: Die Komintern, die Abteilung für Information des ZK der VKP(b) und Österreich", em Stefan Karner et al., orgs., *Die Rote Armee in Österreich: Sowjetische Besatzung 1945-1955: Beiträge* (Viena, 2005), 39-60. Ver doc. 2-12, abril de 1945, para os primeiros passos dos comunistas soviéticos e austríacos, em G.A. Bordiugov, et al., orgs., *Sovetskaia politika v Avstrii, 1945-1955gg.: sbornik dokumentove* (Moscou, 2006), 46-67.

66. Günter Bischof, *Austria in the First Cold War, 1945—55: The Leverage of the Weak* (Nova York, 1999), 88-98.

67. Peter Ruggenthaler, "Warum Österreich nicht sowjetisiert werden sollte", em Karner et al., *Die Rote Armee in Österreich*, 61-87.

68. Wolfgang Mueller, *Die sowjetische Besatzung in Österreich 1945-1955 und ihre politische Mission* (Viena, 2005), 172, 233-38.

69. Allan Bullock, *Ernest Bevin, Foreign Secretary, 1945-1951* (Londres, 1983), 286-89.

70. George F. Kennan, *Memoirs, 1925-1950* (Boston, 1967), 287.

71. James F. Byrnes, *Speaking Frankly* (Nova York, 1947), 172; para o registro soviético, ver doc. 71 em *SSSR i germanskii vopros*, 2:335-36.

72. Byrnes, *Speaking Frankly*, 173-76, 194.

73. Spilker, *East German Leadership*, 88.

518 A MALDIÇÃO DE STALIN

74. Reunião do Conselho de Ministros das Relações Exteriores, 10 de julho de 1946, em *FRUS, 1946. Council of Foreign Ministers*, 2:872-73.
75. Bullock, *Bevin*, 284.
76. *FRUS, 1946, Council of Foreign Ministers*, 2: 897; Byrnes, *Speaking Frankly*, 179-81.
77. Clay, *Decision in Germany*, 165; Spilker, *East German Leadership*, 90.
78. Georges Bidault, *Resistance: The Political Autobiography of Georges Bidault* (Nova York, 1965), 147-48.
79. Reflexões de Charles P. Kindleberger para registro, 22 de julho de 1948, em *FRUS, 1947. Council of Foreign Ministers*, 2:241-43.

17. ALTERNATIVAS DE STALIN E O FUTURO DA EUROPA

1. L.Y. Gibiansky, "Forsirovanie sovetskoi blokovoi politiki", em N.I. Egorova e A.O. Chubarian, orgs., *Kholodnaia voina, 1945-1963gg: Istoricheskaia retrospektiva. Sbornik statei* (Moscou, 2003), 137-40.
2. Truman, Discurso sobre o Estado da União, 6 de janeiro de, 1947. Disponível em: <http://www.trumanlibrary.org/whistlestop/tap/1647.htm>.
3. Andrew Roberts, *Masters and Commanders: How Four Titans Won the War in the West, 1941-1945* (Nova York, 2009), 10-12.
4. David McCullough, *Truman* (Nova York, 1992), 525-39.
5. Doc. 185 em *Sovetsko-Amerikanskie Otnosheniya, 1945-1948* (Moscou, 2004); Nikolai V. Novikov, *Vospominanya diplomata: zapiski, 1938-1947* (Moscou, 1989), 383.
6. Allan Bullock, *Ernest Bevin, Foreign Secretary, 1945-1951* (Londres, 1983), 393-94.
7. V.F. Zima, *Golod v SSSR 1946-1947godov: proiskhozdenie i posledstviia* (Moscou, 1996), 179.
8. Georges Bidault, *Resistance: The Political Autobiography of Georges Bidault* (Nova York, 1965), 143
9. *Ibid.*, 142.
10. Michael Creswell, *A Question of Balance: How France and the United States Created Cold War Europe* (Cambridge, Mass., 2006), 10-11, e Marc Trachtenberg, *A Constructed Peace: The Making of the European Settlement, 1945-1963* (Princeton, N.J., 1999), 66-70.
11. Charles E. Bohlen, *Witness to History, 1929-1969* (Nova York, 1973), 263.
12. Relatório, de 28 de abril de 1947, do secretário Marshall, sobre o Quarto Encontro do Conselho de Ministros das Relações Exteriores, em http://avalon.law.yale.edu/20thcentury/decade23.asp.
13. George F. Kennan, *Memoirs, 1925-1950* (Boston, 1967), 325-26.
14. Kennan para Acheson, 23 de maio de 1947, em *FRUS 1947, British Commonwealth; Europe*, 3:223-30. Para reflexões, ver Kennan, *Memoirs*, 325-37.
15. Dean Acheson, *Present at the Creation: My Years in the State Department* (Nova York, 1969), 226-35; Gregory A. Fossedal, *Our Finest Hour: Will Clayton, the Marshall Plan, and the Triumph of Democracy* (Stanford, Calif., 1993), 212-34.

NOTAS 519

16. Observações de Marshall, 5 de junho de 1947, em *FRUS 1947, British Commonwealth; Europe*, 3:237—39.
17. Citado em Trachtenberg, *Constructed Peace*, 56.
18. Bohlen, *Witness to History*, 264.
19. Doc. 35, 31 de janeiro de 1947, em G.P. Kynin e Jochen Laufer, orgs., *SSSR i germanskii vopros, 1941-1949: dokumenty iz arkhiva vneshnei politiki Rossiiskoi Federastsii* (Moscou, 2003), 3:244-64.
20. Bevin citado em Bullock, *Ernest Bevin*, 405, e com leve variação em Bidault, *Resistance*, 151.
21. Caffery para Marshall, 18 de junho de 1947, em *FRUS 1947, British Commonwealth; Europe*, 3:258.
22. Scott D. Parrish e Mikhail M. Narinsky, "New Evidence on the Soviet Rejection of the Marshall Plan, 1947: Two Reports", Working Paper nº 9 do CWIHP (março de 1994), 46; daqui por diante, Narinsky, "Soviet Union and Marshall Plan".
23. Vladislav Zubok e Constantine Pleshakov, *Inside the Kremlin's Cold War: From Stalin to Khrushchev* (Cambridge, Mass., 1996), 276.
24. Novikov, *Vospominanya diplomata: zapiski*, 394; também carta de Novikov, 9 de junho de 1947, doc. 198 em *Sovetsko-Amerikanskie Otnosheniya, 1945-1948*.
25. Narinsky, "Soviet Union and Marshall Plan", 47.
26. Alan S. Milward, *The Reconstruction of Western Europe, 1945-1951* (Berkeley, Calif., 1984), 64.
27. Scott D. Parrish, "The Turn Toward Confrontation: The Soviet Reaction to the Marshall Plan, 1947", Working Paper nº 9 do CWIHP (1994), 24-25.
28. Galina Takhnenko, "Anatomy of the Political Decision: Notes on the Marshall Plan", *International Affairs* (Moscou e Minneapolis) (julho de 1992), 111-27.
29. Caffery para Marshall, 29 de junho de 1947, em *FRUS 1947, British Commonwealth; Europe*, 3:301.
30. Doc. 203 em *Sovetsko-Amerikanskie Otnosheniya, 1945-1948*.
31. Um exemplo recente é Michael Cox e Caroline Kennedy-Pope, "The Tragedy of American Diplomacy? Rethinking the Marshall Plan", *Journal of Cold War Studies* (2005), 97-134. O relato clássico é Melvyn P. Leffler, *A Preponderance of Power: National Security, the Truman Administration, and the Cold War* (Stanford, Calif., 1992), 513-15.
32. Greg Behrman, *The Most Noble Adventure: The Marshall Plan and the Time When America Helped Save Europe* (Nova York, 2007), 86-87.
33. William Appelman Williams, *The Tragedy of American Diplomacy* (Nova York, 1959), 206.
34. *Sto sorok besed s Molotovym: iz dnevnika F. Chueva* (Moscou, 1991), 87-88.
35. Para uma visão geral, consultar Nicolaus Mills, *Winning the Peace: The Marshall Plan and America's Coming of Age as a Superpower* (Hoboken, N.J., 2008), 155-68.
36. Milward, *Reconstruction of Western Europe*, 125.

37. Barry Eichengreen, *The European Economy Since 1945: Coordinated Capitalism and Beyond* (Princeton, N.J., 2007), 65.
38. Wolfgang Leonhard, *Die Revolution entlässt ihre Kinder* (1955; Colônia, 2010), 564-69, 576-78.
39. Vladimir Tismăneanu, *Stalinism for All Seasons: A Political History of Romanian Communism* (Londres, 2003), 91-94.
40. Marietta Stankova, "Das parteipolitische System in Bulgarien 1944-1949: Äussere Einflüsse und innere Faktoren", em Stefan Creuzberger e Manfred Görtemaker, orgs., *Gleichschaltung unter Stalin? Die Entwicklung der Parteien im östlichen Europa 1944-1949* (Paderborn, 2002), 200.
41. Dimitrov para Stalin, doc. 175 em T.V. Volokitina et al., orgs., *Sovetskii faktor v Vostochnoi Evrope, 1944-1953* (Moscou, 1999), 1:491-92.
42. *Ibid.*, 1:15.
43. László Borhi, *Hungary in the Cold War, 1945-1956: Between the United States and the Soviet Union* (Nova York, 2004), 123.
44. János M. Rainer, "Revisiting Hungarian Communism", em Vladimir Tismăneanu, org., *Stalinism Revisited: The Establishment of Communist Regimes in East-Central Europe* (Budapeste e Nova York, 2009), 231-54.
45. János M. Rainer, "Der Weg der ungarischen Volksdemokratie: Das Mehrparteiensystem und seine Beseitigung 1944-1949", em Creuzberger e Görtemaker, *Gleichschaltung unter Stalin*, 348; Peter Kenez, *Hungary from the Nazis to the Soviets: The Establishment of the Communist Regime in Hungary, 1944-1948* (Nova York, 2006), 262-65.
46. Doc. 127, Relatório do Partido Comunista Tcheco, não depois de 2 de novembro de 1946, em Volokitina et al., *Sovetskii faktor v Vostochnoi Evrope*, 1: 363-65.
47. Parrish, "Turn Toward Confrontation", 25-26; Zubok e Pleshakov, *Inside the Kremlin's Cold War*, 106.
48. Narinsky, "Soviet Union and Marshall Plan", 49—50.
49. Doc. 166 em Volokitina et al., *Sovetskii faktor*, 1:462-65. Para o telegrama vazado de Gottwald, ver Steinhardt para secretário de Estado, 10 de julho de 1947, em *FRUS 1947, British Commonwealth; Europe*, 3:319-20.
50. Citado em R.H. Bruce Lockhart, *Jan Masaryk: A Personal Memoir* (Nova York, 1951), 66.
51. Bradley Abrams, "Hope Died Last: The Czechoslovak Road to Stalinism", em Tismăneanu, *Stalinism Revisited*, 351.
52. Smith para secretário de Estado, 11 de julho de 1947, em *FRUS 1947, British Commonwealth; Europe*, 3:327.
53. Doc. 169 em Volokitina et al., *Vostochnaya Evropa*, 1:505-13.
54. Keith para secretário de Estado, 7 de julho de 1947, em *FRUS 1947, British Commonwealth; Europe*, 3:313.
55. Griffis para secretário de Estado, relatório sobre a reunião do dia anterior, 10 de julho de 1947, em *FRUS 1947, British Commonwealth; Europe*, 3:320-22.

NOTAS   521

18. FRACASSOS STALINISTAS: IUGOSLÁVIA E ALEMANHA

1. A.A. Tchernobaiev et al., orgs., *Na prieme u Stalina: Tetradi (zhurnaly) zapisei lits, priniatykh I. V. Stalinym, 1924-1953* (Moscou, 2008), 21-554; V.K. Volkov, *Uzlovye problemy noveishei istorii stran Tsentralnoi i Iugo-Vostocknoi Evropy,* revisto e expandido, Harald Neubert, org., *Stalin wollte ein anderes Europa: Moskaus Aussenpolitik 1940 bis 1968 und die Folgen, eine Dokumentation* (Berlim, 2003), 163-65.

2. Essa imagem se refletiu em como os partidos participantes foram listados na primeira conferência do Cominform.

3. Ver T.V. Volokitina et al., *Moskva i Vostochnaia Evropa: stanovlenie politicheskikh rezhimov sovetskogo tipa, 1949-1953: ocherki istorii* (Moscou, 2002), 1-30.

4. Doc. 116 em T.V. Volokitina et al., orgs., *Sovetskii faktor v Vostochnoi Evrope, 1944-1953* (Moscou, 1999), 1:337-38.

5. George Orwell, prefácio para a edição ucraniana de *Animal Farm,* 1947, em http://www.netcharles.com/orwell/articles/ukrainian-af-pref.htm.

6. Csaba Békés, "Soviet Plans to Establish the Cominform in Early 1946: New Evidence from the Hungarian Archives", CWIHP *Bulletin* 10 (março de 1998), 135-36.

7. Vladislav Zubok e Constantine Pleshakov, *Inside the Kremlin's Cold War: From Stalin to Khruschov* (Cambridge, Mass., 1996), 125.

8. Grant Adibekov, "How the First Conference of the Cominform Came About," em Giuliano Procacci et al., orgs., *The Cominform: Minutes of the Three Conferences, 1947, 1948, 1949* (Milão, 1994), 3-9.

9. Para esse discurso e sua gravação completa em russo e em inglês, ver Procacci et al., *Cominform,* 84-95.

10. Minutas completas, *ibid.,* 217-49.

11. Para a reflexão deles, ver Edvard Kardelj, *Reminiscences: The Struggle for Recognition and Independence: The New Yugoslavia, 1944-1957* (Londres, 1982), 98-102, e Milovan Djilas, *Rise and Fall* (Nova York, 1983), 134-36.

12. Minutas, Procacci et al., *Cominform,* 43.

13. Andrzej Werblan, "Władysław Gomułka and the Dilemma of Polish Communism", *International Political Science Review/Revue internationale de science politique* (1988), 151-52.

14. Vladimir Volkov, "The Soviet Leadership and Southeastern Europe", em Norman Naimark e Leonid Gibianskii, orgs., *The Establishment of Communist Regimes in Eastern Europe, 1944-1949* (Boulder, Colo., 1997), 66; Ivo Banac, *With Stalin Against Tito: Cominformist Splits in Yugoslav Communism* (Ithaca, N.Y., 1988), 29-31.

15. Carta, não mais tarde do que 5 de setembro de 1946, doc. 117 em Volokitina et al., *Sovetskii faktor,* 1:338-39.

16. S.I. Lavrenov e I.M. Popov, *Sovetskii Soiuz v lokalnykh voinakh i konfliktakh* (Moscou, 2003), 72-75; minutas russas e servo-croatas, 27-28 de maio de 1946, reimpressas em Leonid Gibianskii, "The Soviet Bloc and the Initial State of the Cold War: Archival

Documents on Stalin's Meetings with Communist Leaders of Yugoslavia and Bulgaria, 1946-1948," CWIHP *Bulletin* 10 (março de 1998), 119-28.

17. Djilas, *Rise and Fall*, 152.

18. V.K. Volkov e L.Ia. Gibianskii, "Na poroge pervogo raskola v sotsialisticheskom lagere: Peregovori rykovodiashikh deiatelei SSSR, Bolgarii i Iogoslavii 1948r"., *Istoricheskii arkhiv* (1997), 92-123; Gueorgui Dimitrov, *Dnevnik: mart 1933-fevruari 1949: izbrano* (Sofia, 2003), 360-68; Vladimir Dedijer, *Tito Speaks: His Self-Portrait and Struggle with Stalin* (Londres, 1953), 320-22; Djilas, *Rise and Fall*, 152-53.

19. Dedijer, *Tito Speaks*, 310.

20. Para as negociações de comércio e a visita de Kardelj a Stalin em março de 1947, ver *ibid.*, 285-93, 294-96.

21. Entrada, com nota de Stalin, para 24 de janeiro de 1948, e apologia, em Dimitrov, *Dnevnik*, 357-58; Dedijer, *Tito Speaks*, 323-24.

22. Kardelj, *Reminiscences*, 104-7; Djilas, *Rise and Fall*, 166-67; Dedijer, *Tito Speaks*, 325-27.

23. Kardelj, *Reminiscences*, 110.

24. Mark Kramer, "Stalin, Soviet Policy, and the Consolidation of a Communist Bloc in Eastern Europe, 1944-53", em Vladimir Tismăneanu, org., *Stalinism Revisited: The Establishment of Communist Regimes in East-Central Europe* (Budapeste e Nova York, 2009), 83.

25. Doc. 117 e 118 em Stephen Clissold, org., *Yugoslavia and the Soviet Union, 1939—1973: A Documentary Survey* (Londres, 1975), 169-74.

26. Citado em Leonid Gibianskii, "The Beginning of the Soviet-Yugoslav Conflict and the Cominform", em Procacci et al., *Cominform*, 480.

27. Jdanov, "On the Situation in the Communist Party of Yugoslavia", em Procacci et al., *Cominform*, 523-41.

28. Svetozar Stojanović, "Varieties of Stalinism in Light of the Yugoslav Case", em Tismăneanu, *Stalinism Revisited*, 394.

29. *New York Herald Tribune*, 7 de novembro de 1952; T.V. Volokitina et al., *Moskva i Vostochnaia Evropa*, 585-86.

30. Robert Murphy, *Diplomat Among Warriors* (Garden City, N.Y., 1964), 309-10.

31. Lucius D. Clay, *Decision in Germany* (Nova York, 1950), 211; Murphy, *Diplomat Among Warriors*, 312.

32. Doc. 147 em G.P. Kynin e Jochen Laufer, orgs., *SSSR i germanskii vopros, 1941-1949: dokumenty iz arkhiva vneshnei politiki Rossiiskoi Federastsii* (Moscou, 2003), 3:616-32.

33. *Ibid.* e BAB, SAPMO, 695, Nachlass Pieck.

34. Jochen Laufer, "Die UdSSR und die deutsche Währungsfrage 1944-1948", *Vierteljahrshefte für Zeitgeschichte* (1998), 483; doc. 160 em Kynin e Laufer, *SSSR i germanskii vopros*, 3:677-80.

35. Memorando, 4 de junho de 1948, em FRUS, *1948, Germany and Austria*, 2:907-8.

NOTAS 523

36. Laufer, "Die UdSSR und Währungsfrage", 455.
37. Clay, *Decision in Germany*, 358-63.
38. Murphy, *Diplomat Among Warriors*, 298.
39. Derek Watson, *Molotov: A Biography* (Nova York, 2005), 240-41.
40. Gerhard Wettig, *Stalin and the Cold War in Europe: The Emergence and Development of East-West Conflict, 1939-1953* (Lanham, Md., 2008), 173-74.
41. Ver Stalin para Pieck, 13 de outubro de 1949, em Stalin, *Sochineniia*, 16: 100-101; para as reações positivas da Alemanha, ver Jan C. Behrends, *Die erfundene Freundschaft: Propaganda für die Sowjetunion in Polen und in der DDR* (Colônia, 2006), 198-217; Silke Satjukow, *Besatzer: "Die Russen" in Deutschland 1945-1994* (Göttingen, 2008), 63-67.
42. Doc. 50 em Peter Ruggenthaler, org., *Stalins grosser Bluff: Die Geschichte der Stalin-Note in Dokumenten der sowjetischen Führung* (Munique, 2007), 111-13; Wettig, *Stalin and the Cold War*, 197-228. Para um persistente oponente dessa tese, ver Wilfried Loth, *Die Sowjetunion und die deutsche Frage: Studien zur sowjetischen Deutschlandpolitik* (Göttingen, 2007).
43. Acheson para o Alto Comissário dos EUA, Bonn, 22 de março de 1952, em *FRUS, 1952-1954, Germany and Austria*, 189-90; Dean Acheson, *Present at the Creation: My Years in the State Department* (Nova York, 1987), 629-33. Acheson dá 26 de março como a data da entrega; o calendário de Vishinsky, 25 de março.
44. Para a análise da segunda nota, ver Ruggenthaler, *Stalins grosser Bluff*, 158-63.
45. Minutas russas das conversações de Stalin com o SED, em Bernd Bonwetsch e Sergej Kudrjasov, "Stalin und die II. Parteikonferenz der SED: Ein Besuch der SED Führung in Moskau, 31. März-8. April 1952, und seine Folgen. Dokumentation" em Jürgen Zarusky, org., *Stalin und die Deutschen: Neue Beiträge der Forschung* (Munique, 2006), 173-206. O registro alemão está em BAB, SAPMO, NY 4036: Nachlass Pieck, 696, 12-25.
46. *Ibid.*

19. O OLHAR PARA A ÁSIA A PARTIR DO KREMLIN

1. Erik van Ree, *Socialism in One Zone: Stalin's Policy in Korea, 1945-1947* (Oxford, RU, 1989), 108-74; Jongsoo Lee, *The Partition of Korea After World War II* (Nova York, 2006), 93, 143.
2. Entrevista de S.N. Gontcharov com Ivan Kovalev, "Stalin's Dialogue with Mao Zedong", *Journal of Northeast Asian Studies* (inverno de 1991), 15. Conversa de Stalin com Liu Shaoqi, julho de 1949, doc. 6 em Serguei N. Gontcharov, John W. Lewis e Xue Litai, *Uncertain Partners: Stalin, Mao, and the Korean War* (Stanford, Calif., 1993), 232.
3. Dieter Heinzig, *The Soviet Union and Communist China, 1945-1950: The Arduous Road to the Alliance* (Nova York, 2004), 255-56.

4. Stalin–Mao Tsé-tung, 16 de dezembro de 1949, em "New Documents on Stalin's Conversations", CWIHP *Bulletin* 6/7 (inverno de 1995-96), 5.

5. Para os documentos, ver Odd Arne Westad, "Fighting for Friendship: Mao, Stalin, and the Sino-Soviet Treaty of 1950", em CWIHP *Bulletin* 8/9 (inverno de 1996-97), 224-42; Jung Chang e Jon Halliday, *Mao: The Unknown Story* (Londres, 2005), 351-67; e Jonathan Haslam, *Russia's Cold War: From the October Revolution to the Fall of the Berlin Wall* (New Haven, Conn., 2011), 112-16.

6. Stalin — Mao Tsé-tung, 22 de janeiro de 1950, 5-7.

7. Nikita Khruschov, *Memoirs*, vol. 3, *Statesman*, 1953-1964 (University Park, Pa., 2007), 415-16.

8. Westad, "Fighting for Friendship," 225; Chang e Halliday, *Mao*, 369.

9. Kathryn Weathersby, "Soviet Aims in Korea and the Origins of the Korean War, 1945-1950: New Evidence from Russian Archives", Working Paper n° 8 do CWIHP (1993). Conversações de Kim com Stalin, doc. 1, 5 de março de 1949, AVPRF, f. 059a, o. 5a, d. 3, p. 11, l. 10-20, no arquivo virtual do CWIHP, Guerra da Coreia.

10. Telegrama do representante soviético para Moscou, 14 de setembro de 1949, em AVPRF, f. 059a, op. 5a, d. 3, p. 11, l. 46-53, no arquivo virtual do CWIHP, Guerra da Coreia.

11. Shtykov para Vishinski, 19 de janeiro de 1950, em AVPRF, f. 059a, op. 5a, d. 3, p. 11, l. 87-91, no arquivo virtual do CWIHP, Guerra da Coreia.

12. Mao e Chu En-lai para Liu Shaoqi, 1° de fevereiro de 1950, doc. 24 em Westad, "Fighting for Friendship", 235.

13. Heinzig, *Soviet Union and Communist China*, 306.

14. Stalin para Shtykov, 30 de janeiro de 1950, em AVPRF, f. 059a, op. 5a, d. 3, p. 11, l. 92; Shtykov para Stalin, 31 de janeiro de 1950, em APRF, l. 123-124, sem mais dados; e AVPRF, f. 059a, op. 5a, d. 3, p. 11, l. 92-93, no arquivo virtual do CWIHP, Guerra da Coreia.

15. Heinzig, *Soviet Union and Communist China*, 277-79.

16. *Voina v Koree, 1950-1953* (Moscou, 2003), 11-14.

17. Documento citado por extenso em Katheryn Weathersby, "Should We Fear This? Stalin and the Danger of War with America", Working Paper do CWIHP (julho de 2002), 9-11. Ver também A. Torkunov, *Zagadochnaya Voina: Koreiskii konflikt 1950-1953 godov* (Moscou, 2000), 58-64.

18. Doc. 1 e 2 em James G. Hershberg, "Russian Documents on the Korean War, 1950-53", CWIHP *Bulletin* 14/15 (2003-4), 372-73.

19. Muccio para secretário de Estado, em *FRUS, 1950, Korea*, 125-26.

20. Kirk para secretário de Estado, *ibid.*, 139-40.

21. Andrei A. Gromiko, *Pamiatnoe* (Moscou, 1990), 1:248-50.

22. Resoluções do Conselho de Segurança das Nações Unidas. Disponível em: http://www.un.org/documents/sc/res/1950/scres50.htm>.

NOTAS 525

23. Stalin para Klement Gottwald, 27 de agosto de 1950, em A.V. Ledovsky, "Stalin, Mao Tsedun i koreiskaia voina 1950-1953 godov", *Novaia i noveishaia istoriia* (setembro--outubro de 2005), 96-97.

24. Para uma visão alternativa, ver Shen Zhihua, "Sino-Soviet Relations and the Origins of the Korean War: Stalin's Strategic Goals in the Far East," *Journal of Cold War Studies* (2000), 44-68.

25. David McCullough, *Truman* (Nova York, 1992), 799-800.

26. Kim Il Sung e Pak Heonyeong para Stalin (via Shtykov), enviada em 30 de setembro de 1950, em APRF, f. 45, op. 1, d. 347, l. 41-45, no arquivo virtual do CWIHP, Guerra da Coreia.

27. Stalin para Mao, 5 de julho e 1º de outubro de 1950, em APRF, f. 45, op. 1, d. 331, l. 79 e l. 97-98, no arquivo virtual do CWIHP, Guerra da Coreia.

28. Mao para Stalin, 2 de outubro de 1950, em APRF, f. 45, op. 1, d. 334, l. 105-10, no arquivo virtual do CWIHP, Guerra da Coreia.

29. Stalin para Mao, 5 de outubro de 1950, doc. 6 em CWIHP *Bulletin* 14/15 (2003-4), 376-77.

30. Mao, via embaixador soviético na China, para Stalin, 7 de outubro de 1950, doc. 7, *ibid.*, 377-78.

31. Telegrama, Fyn Si (Stalin) para Kim Il Sung (via Shtykov), 13 de outubro de 1950, em APRF, f. 45, op. 1, d. 347, l. 74-75, no arquivo virtual do CWIHP, Guerra da Coreia.

32. Citado em Gontcharov, Lewis e Litai, *Uncertain Partners*, 197.

33. Para uma crítica dessa literatura, ver Chen Jian, *China's Road to the Korean War: The Making of the Sino-American Confrontation* (Nova York, 1994), 1-6.

34. Heinzig, *Soviet Union and Communist China*, 391.

35. Jian, *Mao's China*, 59-61.

36. Chang e Halliday, *Mao*, 377-78; Jian, *Mao's China*, 88-91.

37. *Voina v Koree, 1950—1953* (Moscou, 2003), 41-42; Chang e Halliday, *Mao*, 381-82.

38. Stalin para Chu En-lai, 1º e 7 de dezembro de 1950, em APRF, f. 45, op. 1, d. 336, l. 20-21, e AVPRF, f. 059a, op. 5a, d. 3, p. 11, l. 196-97, no arquivo virtual do CWIHP, Relações Sino-Soviéticas.

39. Jian, *Mao's China*, 93-95.

40. Stalin para Mao, 5 de junho de 1951, in APRF, f. 45, op. 1, d. 339, l. 17-18, no arquivo virtual do CWIHP, Relações Sino-Soviéticas.

41. Conversação Stalin e Chu En-lai, 3 de setembro de 1952, em APRF, f. 45, op. 1, d. 329, ll. 75-87, no arquivo virtual do CWIHP, Relações Sino-Soviéticas.

42. Conversação Stalin e Chu En-lai, 20 de agosto de 1952, em APRF, f. 45, op. 1, d. 329, l. 54-72, no arquivo virtual do CWIHP, Relações Sino-Soviéticas.

43. Conversação Stalin e Chu En-lai, 19 de setembro de 1952, em APRF, f. 45, op. 1, d. 343, ll. 97-103, no arquivo virtual do CWIHP, Guerra da Coreia.

44. Doc. 6 em Gontcharov, Lewis e Litai, *Uncertain Partners*, 232.

45. Chang e Halliday, *Mao*, 388-89.

46. Michael D. Gordon, *Red Cloud at Dawn: Truman, Stalin, and the End of the Atomic Monopoly* (Nova York, 2009), 203–13, 242–42.
47. Kirk para Acheson, 5 de outubro de 1949, em *FRUS, 1949*, 5:664.
48. V.I. Malkov, "Igra bez myacha: sotsialno-psikhologicheskii kontekst sovetskoi atomnoi diplomatii," em N.I. Egorova and A.O. Chubarian, orgs., (Moscou, 2003), 281–320.
49. Dean Acheson, *Present at the Creation: My Years in the State Department* (Nova York, 1969), 420–21; Melvyn P. Leffler, *A Preponderance of Power: National Security, the Truman Administration, and the Cold War* (Stanford, Calif., 1992), 402; Walter Isaacson e Evan Thomas, *Wise Men: Six Friends and the World They Made* (Nova York, 1986), 513.
50. David Holloway, *Stalin and the Bomb* (New Haven, Conn., 1994), 94–319.
51. Citado em *ibid*, 318.
52. N.I. Egorova, "Voenno-politicheskaya integratsia stran Zapada i reaktsiya SSSR (1947–1953)", em Egorova e Chubarian, *Kholodnaia voina*, 200–2.
53. János M. Rainer, "Stalin and Rákosi, Stalin and Hungary", 4 de outubro de 1997, seminário "European Archival Evidence. Stalin and the Cold War in Europe, Budapest, 1956". Disponível em: http://www.rev.hu/history_of_45/szerviz/bibliogr/rmj5.html>.
54. Mark Kramer, "Stalin, Soviet Policy, and the Consolidation of a Communist Bloc in Eastern Europe, 1944–53", em Vladimir Tismăneanu, org., *Stalinism Revisited: The Establishment of Communist Regimes in East-Central Europe* (Budapeste e Nova York, 2009), 93.
55. Jian, *Mao's China*, 116.
56. Stalin para Mao, 27 de dezembro de 1952, em APRF, f. 45, op. 1, d. 343, l. 115–16, no arquivo virtual do CWIHP, Relações Sino-Soviéticas.
57. Chang e Halliday, *Mao*, 390–91.
58. *Voina v Koree, 1950–1953*, 17–19.
59. G.F. Krivosheiev, org., *Rossiya i SSSR v voinakh XX veka: poteri vooruzhennykh sil: statisticheskoe issledovanie* (Moscou, 2001), 525.
60. Acheson, *Present at the Creation*, 652.
61. Max Hastings, *The Korean War* (Nova York, 1988), 329.
62. *Ibid.*, 10–11.
63. Ver David Priestland, *The Red Flag: A History of Communism* (Nova York, 2009), 266–69, 302–3.

20. NOVAS ONDAS DE STALINIZAÇÃO

1. G.V. Kostychenko, *Tainaia politikika Stalina: Vlast i antisemitizm* (Moscou, 2001), 388–94.
2. Stalin, *Sochineniia*, 12:28.
3. Doc. 31 em D.G. Nadjafov e Z.S. Belousova, orgs., *Stalin i kosmopolitizm: dokumenty Agitpropa TSK KPSS, 1945–1953* (Moscou, 2005).

NOTAS

527

4. Arno Lustiger, *Rotbuch: Stalin und die Juden. Die tragische Geschichte des jüdischen Antifaschistischen Komitees und der sowetischen Juden* (Berlim, 1998), 123.

5. Anastas I. Mikoyan, *Tak bylo: Razmyshleniya o minushem* (Moscou, 1999), cap. 30; Simon Sebag Montefiore, *Stalin: The Court of the Red Tsar* (Nova York, 2004), chap. 50.

6. Kostyrchenko, *Tainaia politikika Stalina*, 388-94.

7. Doc. 83 em Nadjafov e Belousova, *Stalin i kosmopolitizm*.

8. Doc. 124 em G.V. Kostyrchenko, org., *Gosudarstvennyi antisemitizm v SSSR ot nachala do kulminatsii: 1938-1953* (Moscou, 2005).

9. Citado em G.V. Kostyrchenko, *V plenu u krasnogo faraona* (Moscou, 1994), 203-4.

10. Ilya Ehrenburg, *Liudi, gody, zhizn: vospominaniia, v trekh tomakh* (Moscou, 2005), 6, parte 15; Joshua Rubenstein, *Tangled Loyalties: The Life and Times of Ilya Ehrenburg* (Nova York, 1996), 240-65.

11. Yuri Slezkine, *The Jewish Century* (Princeton, N.J., 2004), 405n147.

12. T.V. Volokitina et al., *Moskva i Vostochnaia Evropa: stanovlenie politicheskikh rezhimov sovetskogo tipa, 1949-1953: ocherki istorii* (Moscou, 2002), 505—10.

13. Antoni Dudek e Andrzej Paczkowski, "Polen", em Łukasz Kaminski, Krzysztof Persak e Jens Gieseke, orgs., *Handbuch der kommunistischen Geheimdienste in Osteuropa 1944-1991* (Göttingen, 2009), 324-26.

14. Andrzej Paczkowski, *The Spring Will Be Ours: Poland and Poles from Occupation to Freedom* (University Park, Pa., 2003), 198-278.

15. Svetozar Sretenovin e Artan Puto, "Leader Cults in the Western Balkans, 1945-90: Josip Broz Tito and Enver Hoxha," em Balázs Apor, Jan C. Behrends, Polly Jones e E.A. Rees, orgs., *The Leader Cult in Communist Dictatorships: Stalin and the Eastern Bloc* (Nova York, 2004), 216-18.

16. Ver Robert C. Austin, "Purge and Counter-Purge in Stalinist Albania, 1944-1956", em Kevin McDermott e Matthew Stibbe, orgs., *Stalinist Terror in Eastern Europe: Elite Purges and Mass Repression* (Nova York, 2010), 206. Peter Danylow, "Sieg und Niederlage der Internationale: Die Sowjetizierung der Kommunistischen Partei in Albanien", em Stefan Creuzberger e Manfred Görtemaker, orgs., *Gleichschaltung unter Stalin? Die Entwicklung der Parteien im östlichen Europa 1944-1949* (Paderborn, 2002), 259-60.

17. Enver Hoxha, *With Stalin: Memoirs* (Tirana, 1979), 205-6.

18. Peter Kenez, *Hungary from the Nazis to the Soviets: The Establishment of the Communist Regime in Hungary, 1944-1948* (Nova York, 2006), 278-88.

19. Martin Mevius, *Agents of Moscow: The Hungarian Communist Party and the Origins of Socialist Patriotism, 1941-1953* (Oxford, RU, 2004), 242-46.

20. Volokitina et al., *Moskva i Vostochnaia Evropa*, 526-27.

21. László Borhi, *Hungary in the Cold War, 1945-1956: Between the United States and the Soviet Union* (Nova York, 2004), 207-13; George H. Hodos, *Show Trials: Stalinist Purges in Eastern Europe, 1948-1954* (Nova York, 1987), 64-65.

22. Mevius, *Agents of Moscow*, 245-57.

528   A MALDIÇÃO DE STALIN

23. Transcrição de conversações, 13-16 de junho de 1953: Arquivos Nacionais Húngaros, Budapeste, 276.f 102/65, no arquivo virtual do CWIHP. Miklós Molnár, *A Concise History of Hungary* (Cambridge, RU, 1996), 303; Kristián Ungváry e Gabor Tabajdi, "Ungarn," em Kaminski, Persak e Gieseke, *Handbuch*, 546-49.

24. George Konrád, *A Guest in My Own Country: A Hungarian Life* (Nova York, 2007), 194-197.

25. János Kornai, *By Force of Thought: Irregular Memoirs of an Intellectual Journey* (Cambridge, Mass., 2006), 44.

26. Charles Gati, *Failed Illusions: Moscow, Washington, Budapest, and the 1956 Hungarian Revolution* (Washington, D.C., 2006), 49n49.

27. V.G. Grigorian para Stalin, 17 de janeiro de 1950, em T.V. Volokitina et al., orgs., *Sovetskii factor v Vostochnoi Evrope, 1944-1953* (Moscou, 2002), 2:244-45.

28. Volokitina et al., *Moskva i Vostochnaia Evropa*, 530-40; Archie Brown, *The Rise and Fall of Communism* (Nova York, 2009), 212.

29. Gueorgui Dimitrov, *Dnevnik: mart 1933-fevruari 1949: izbrano* (Sofia, 2003), 417.

30. Relatório, 7 de janeiro de 1949, doc. 1 em Volokitina et al., *Sovetskii factor*, 2:11-12.

31. Carta citada em Karel Kaplan, *Report on the Murder of the General Secretary* (Columbus, Ohio, 1990), 34.

32. Frederick B. Chary, *History of Bulgaria* (Santa Barbara, Calif., 2011), 129-31.

33. Jordan Baev e Kostadin Grozev, "Bulgarien: Organisation, Aufbau und Personal", em Kaminski, Persak e Gieseke, *Handbuch*, 181-87.

34. Gueorgui Markov, *The Truth That Killed* (Nova York, 1984), 12.

35. Robert Levy, *Ana Pauker: The Rise and Fall of a Jewish Communist* (Berkeley, Calif., 2001), 144-52; Dennis Deletant, *Communist Terror in Romania: Georghiu-Dej and the Police State* (Nova York, 1999), 84-85, 170-94.

36. MGB para Molotov, 13 de maio de 1950, doc. 115 em Volokitina et al., *Sovetskii factor*, 2:325-6.

37. Vladimir Tismăneanu, *Stalinism for All Seasons: A Political History of Romanian Communism* (Berkeley, Calif., 2003), 132-35.

38. Anotações de interrogatório em Levy, *Ana Pauker*, 157.

39. Dennis Deletant, "Rumänien", em Kaminski, Persak e Gieseke, *Handbuch*, 378-81.

40. Doc. 97 e 105 em T.V. Volokitina et al., orgs., *Vostochnaya Evropa v dokumentakh rossiiskikh arkhivov* (Moscou, 1997-98), 2:298, 317.

41. Igor Lukes, "Rudolf Slánský: His Trials and Trial", Working Paper nº 50 do CWIHP, 14.

42. Ver Kaplan, *Report*, 16-17.

43. *Ibid.*, 47-48.

44. Minutas do discurso de Slánský's em Giuliano Procacci et al., *The Cominform: Minutes of the Three Conferences, 1947, 1948, 1949* (Milão, 1994), 727-37.

45. Lukes, "Rudolf Slánský", 26-27.

46. Citado em *ibid.*, 31.

NOTAS

47. Kaplan, *Report*, 125-51; Lukes, "Rudolf Slánský", 47-51.
48. Marian Šlingová, *Truth Will Prevail* (Londres, 1968), 84-87.
49. Citado em Lukes, "Rudolf Slánský", 54.
50. Jirí Pelikán, org., *The Czechoslovak Political Trials, 1950—1954: The Suppressed Report of the Dubček Government's Commission of Inquiry, 1968* (Stanford, Calif., 1971), 110.
51. Kevin McDermott, "Stalinist Terror in Czechoslovakia: Origins, Processes, Responses", em McDermott e Stibbe, orgs., *Stalinist Terror*, 98-113.
52. Ulrich Mählert, "'Die Partei hat immer Recht!' Parteisäuberungen als Kaderpolitik in der SED (1948-1953)," em Hermann Weber e Ulrich Mählert, orgs., *Terror: Stalinistische Parteisäuberungen 1936-1953* (Paderborn, 1998), 418.
53. Minutas russas das conversações do SED com Stalin, 7 de abril de 1952, em Coleção de Dimitri Volkogonov, Instituição Hoover. O registro alemão está em BAB, SAPMO, NY 4036, Nachlass Pieck, 696, 12-25.
54. Hodos, *Show Trials*, xiii.
55. Jens Gieseke, "Deutsche Demokratische Republic", em Kaminski, Persak e Gieseke, *Handbuch*, 199-260.
56. Dierk Hoffmann, *Otto Grotewohl (1894-1964): Eine politische Biographie* (Munique, 2009), 530-33.
57. Memorando de Beria, 6 de maio de 1953, no arquivo virtual do CWIHP, Alemanha e a Guerra Fria.
58. Ordem, Conselho Soviético de Ministros, APRF, f. 3, op. 64, d. 802, l. 153-61, no arquivo virtual do CWIHP, Alemanha e a Guerra Fria.
59. Doc. 292-301, Volokitina et al., *Sovetskii factor* 2:757-74.
60. Doc. 60, "On the Events of 17-19 June in Berlin and the GDR", 24 de junho de 1953, em Christian F. Ostermann, org., *Uprising in East Germany 1953* (Nova York, 2001), 257-85.
61. Relatório de P. Naumov, 22 de junho de 1953, para D.T. Shepilov, no arquivo virtual do CWIHP, Alemanha e a Guerra Fria.
62. Transcrição de conversações, 13-16 de junho de 1953, Arquivos Nacionais Húngaros, Budapeste, 276.f 102/65, no arquivo virtual do CWIHP.
63. Michael Korda, *Journey to a Revolution: A Personal Memoir and History of the Hungarian Revolution of 1956* (Nova York, 2006), 80.
64. Mark Kramer, "The Early Post-Stalin Succession Struggle and Upheavals in East-Central Europe", *Journal of Cold War Studies* (1999), 3-66.
65. David E. Murphy, Serguei A. Kondrashev e George Baily, *Battleground Berlin: CIA vs. KGB in the Cold War* (New Haven, Conn., 1997), 170.
66. Edith Sheffer, *Burned Bridge: How East and West Germans Made the Iron Curtain* (Nova York, 2011), 163.
67. Joachim Gauck, *Winter im Sommer—Frühling im Herbst* (Berlim, 2009), 78.
68. Sheffer, *Burned Bridge*, 167.
69. Gauck, *Winter im Sommer*, 33-52.

530 A MALDIÇÃO DE STALIN

21. O ÚLTIMO DESEJO E O TESTAMENTO DE STALIN

1. Dmitrii T. Shepilov, *Neprimknushii* (Moscou, 2001), 181–97.
2. Ethan Pollock, *Stalin and the Soviet Science Wars* (Princeton, N.J., 2006), 168–82.
3. Stalin, *Sochineniia*, 16:184–86.
4. Nikita S. Khruschev, *Doklad na zakrytom zasedanii XX Sezda KPSS: o kulte lichnosti i ego posledstviiakh* (Moscou, 1959).
5. Janet G. Chapman, *Real Wages in Soviet Russia Since 1928* (Cambridge, Mass., 1963), 166, 176, tabelas 27 e 28.
6. G.F. Kostyrchenko, *Tainaia politikika Stalina, Vlast I antisemitizm* (Moscou, 2001), 629–30.
7. RGASPI, f. 17, op. 162, d. 46, l. 19–21.
8. Kostyrchenko, *Tainaia politikika Stalina*, 422–74.
9. V.P. Naumov et al., orgs., *Nepravednyi sud. Poslednii stanlinskii rasstrel; stenogramma sudebnogo protsessa nad chlenami Evreiskogo antifashistskogo komiteta* (Moscou, 1994), 375–83.
10. Jonathan Brent e Vladimir P. Naumov, *Stalin's Last Crime: The Plot Against Jewish Doctors, 1948–1953* (Nova York, 2003), 218–19.
11. Resolução do Comitê Central do PCUS, 4 de dezembro de 1952, doc. 167 em G.V. Kostyrchenko, org., *Gosudarstvennyi antisemitizm v SSSR ot nachala do Kulminatsii: 1938–1953* (Moscou, 2005).
12. V.A. Malyshev, registro no diário para 1º de dezembro de 1952, doc. 166, *ibid.*
13. Doc. 262 em Nadzhafov e Belousova, *Stalin i kosmopolitizm*; Kostyrchenko, *Tainaia politikika Stalina*, 654–56.
14. Lev Kopelev, *Ease My Sorrows: A Memoir* (Nova York, 1983), 185.
15. Gennady Kostyrchenko, "Deportatsia — Mistifi katsia: proshanie c mifom stalinskoie-pokhi", *Lekhaim* (2002). Disponível em: <http://www.lechaim.ru/ARHIV/125/kost.htm>. Ver também David Brandenburger, "Stalin's Last Crime? Recent Scholarship on Postwar Soviet Antisemitism and the Doctors' Plot", *Kritika: Explorations in Russian and Eurasian History* (2005), 187—204.
16. Ver as meditações em Vassili Grossman, *Vse technet* (Frankfurt am Main, 1970), 25.
17. Yoram Gorlizki e Oleg Khlevniuk, *Cold Peace: Stalin and the Soviet Ruling Circle, 1945–1953* (Nova York, 2004), 158–59.
18. Ver a entrevista (2004) em Cathy A. Frierson e Semyon S. Vilensky, orgs., *Children of the Gulag* (New Haven, Conn., 2010), 349–50.
19. Alexander N. Yakovlev, *A Century of Violence in Soviet Russia* (New Haven, Conn., 2002), 207–8.
20. *Ibid.*, 209–10.
21. Svetlana Alliluyeva, *Dvadtsat pisem k drugu* (Nova York, 1967), 182—83.
22. Decisão do Politburo, 18 de janeiro de 1949, doc. 8 em Kostyrchenko, *Gosudarstvennyi antisemitizm*.

NOTAS   531

23. Simon Sebag Montefiore, *Stalin: The Court of the Red Tsar* (Nova York, 2004), 585-91.
24. Molotov para Stalin, 20 de janeiro de 1949, em Gorlizki e Khlevniuk, *Cold Peace*, 76.
25. Felix I. Chuiev, *Molotov: Poluderzhavnyii vlastelin* (Moscou, 2000), 548-51.
26. Orlando Figes, *The Whisperers: Private Life in Stalin's Russia* (Nova York, 2007), 518-19.
27. Yuri Slezkine, *Jewish Century* (Princeton, N.J., 2004), 313.
28. Shepilov, *Neprimknushii*, 223; Konstantin M. Simonov, *Glazami cheloveka moego pokkoleniia: razmyshleniya o J.V. Staline* (Moscou, 1990), 206-7.
29. Stalin, *Sochineniia*, 16:227-29.
30. *Ibid.*, 16:74-79.
31. *Ibid.*, 16:194.
32. *Ibid.*, 16:584-87.
33. Gorlizki e Khlevniuk, *Cold Peace*, 148-49.
34. Simonov, *Glazami cheloveka moego pokkoleniia*, 209-12.
35. Nikita Khruschev, *Memoirs*, vol. 2, *Reformer* (University Park, Pa., 2006), 113; Kostyrchenko, *Tainaia politikika Stalina*, 654-63.
36. Stalin, *Sochineniie*, 18:588-90; Simonov, *Glazami cheloveka moego pokkoleniia*, 209-14.
37. David Holloway, *Stalin and the Bomb* (New Haven, Conn., 1994), 292-93, 431n126.
38. "Istoriya bolezin I. V. Stalina" é analisado em Brent e Naumov, *Stalin's Last Crime*, 312-21.
39. Miasnikov é listado como um dos autores de "Istoriya bolezin I. V. Stalina". Ver seu *Ya lechil Stalina: is sekretnikh arkhivov SSSR* (Moscou, 2011), cap. 9; também *Moskovskii Komsomolets*, 21 de abril de 2011.
40. As observações de Kitchlu estão em Harrison E. Salisbury, *Moscow Journal: The End of Stalin* (Chicago, 1961), 327, 332.
41. Alliluyeva, *Dvadtsat pisem k drugu*, 10, 182.
42. Anne Applebaum, *Gulag: A History* (Nova York, 2003), 476-77.
43. Doc. 547, em *FRUS, 1952-1954. Eastern Europe; Soviet Union; Eastern Mediterranean*, 7:1083-85.
44. Doc. 554, *ibid.*, 7:1099.
45. Doc. 557, *ibid.*, 7:1102-3.
46. Salisbury, *Moscow Journal*, 340-49.
47. Vassili Grossman, *Vse technet* (Frankfurt am Main, 1970), 28-29.
48. Citado em Irina Paperno, *Stories of the Soviet Experience: Memoirs, Diaries, Dreams* (Ithaca, N.Y., 2009), 28.
49. A lembrança conjunta está em R.D. Orlova e Lev Kopelev, *My zhile v Moskve: 1956-1980* (Ann Arbor, Mich., 1988).
50. Catherine Merridale, *Night of Stone: Death and Memory in Twentieth-Century Russia* (Nova York, 2001), 257-69.
51. Citado em Frierson e Vilensky, *Children of the Gulag*, 354.

52. Ver Vladimir Koslov, Serguei V. Mironenko, orgs., *Kramola — inakomyslie v SSSR pri Khruschove i Brezhneve, 1953-1982gg.* (Moscou, 2005), 65-98. Juliane Fürst, *Stalin's Last Generation: Soviet Post-War Youth and the Emergence of Mature Socialism* (Oxford, RU, 2010), 122-23.

53. Alexander Soljenitsin, *The Gulag Archipelago, 1918-1956: An Experiment in Literary Investigation* (Nova York, 1978), 3:406-22.

54. Nota 561, 10 de março de 1953, em *FRUS, 1952-1954. Eastern Europe; Soviet Union; Eastern Mediterranean,* 7:1108-9.

55. Gueorgui Markov, *The Truth That Killed* (Nova York, 1984), 57.

56. Vladimir Tismăneanu, "Diabolical Pedagogy and the (Il)logic of Stalinism in Eastern Europe," em Vladimir Tismăneanu, org., *Stalinism Revisited: The Establishment of Communist Regimes in East-Central Europe* (Nova York, 2009), 47.

57. E.A. Rees, "Introduction: The Sovietization of Eastern Europe", em Balázs Apor, Péter Apor e E.A. Rees, orgs., *The Sovietization of Eastern Europe: New Perspectives on the Postwar Period* (Washington, D.C., 2008), 13. Zhihua Shen e Yafeng Xia, "Between Aid and Restriction: Changing Soviet Policies Toward China's Nuclear Weapons Program: 1954-1960", Working Paper 2 do Projeto sobre Proliferação Nuclear (2012).

EPÍLOGO

1. Odd Arne Westad, *The Global Cold War: Third World Interventions and the Making of Our Times* (Nova York, 2005), 67-69.

2. Noel E. Firth e James H. Noren, *Soviet Defense Spending: A History of CIA Estimates* (College Station, Tex., 1998); Vladislav M. Zubok, *A Failed Empire: The Soviet Union in the Cold War from Stalin to Gorbachev* (Chapel Hill, N.C., 2007), 299.

3. Amy Knight, *Beria: Stalin's First Lieutenant* (Princeton, N.J., 1993), 180-91.

4. Doc. 4 em V. Naumov e Y. Sigachev, orgs., *Laverenty Beria. 1953. Stenogramma iiulskogo plenuma TsK CPSS i drugie dokumenty* (Moscou, 1999), 21-23.

5. *Pravda,* 4, 6 e 7 de abril de 1953.

6. Alexander Soljenitsin, *The Gulag Archipelago, 1918-1956: An Experiment in Literary Investigation* (Nova York, 1978), 3:285-331.

7. Anne Applebaum, *Gulag: A History* (Nova York, 2003), 506-13.

8. Nikita S. Khruschev, *Doklad na zakrytom zasedanii XX Sezda KPSS: o kulte lichnosti i ego posledstviiakh* (Moscou, 1959), 9.

9. *Ibid.,* 28.

10. Albert P. Van Goudoever, *The Limits of Destalinization in the Soviet Union: Political Rehabilitation in the Soviet Union Since Stalin* (Nova York, 1986), 8.

11. Applebaum, *Gulag,* 580.

12. Soljenitsin, *Gulag Archipelago,* 3:451.

13. Nanci Adler, *The Gulag Survivor: Beyond the Soviet System* (New Brunswick, N.J., 2002), 31-33.

NOTAS

14. Stephen F. Cohen, *The Victims Return: Survivors of the Gulag After Stalin* (Exeter, N.H., 2010), 4.

15. Pavel Polian, *Ne po svoyey vole. Istoriya i geografi ya prinuditel'nykh migratsii v SSSR* (Moscou, 2001), 143-56.

16. Para a história completa, ver Y. Afiani e N.G. Tomilina, orgs., *A za mnoiu shum pogoni: Boris Pasternak i vlast: dokumenty 1956-1972* (Moscou, 2001).

17. Zubok, *Failed Empire*, 342.

18. Alexander Yakovlev, "Doklad Komissii pri Prezidente Rossiiskoi Federatsii po reabilitatsii zertv polititseskikh repressii", relatório, 2 de fevereiro de 2000. Disponível em: <http://www.alexanderyakovlev.org/personal-archive/articles/7141>.

19. As quantias estão em dólares americanos, 1990; descobertas de Angus N. Maddison, *Monitoring the World Economy* (Paris, 1995), recomputadas como tabela 1.1 em Robert C. Allen, *Farm to Factory: A Reinterpretation of the Soviet Industrial Revolution* (Princeton, N.J., 2003), 5.

20. Tina Rosenberg, *The Haunted Land: Facing Europe's Ghosts After Communism* (Nova York, 1995).

21. Para os números da OCDE de 1990 a 1998, ver Angus Maddison, *The World Economy: A Millennial Perspective* (Paris, 2001), 184-85, tabela A1- b.

22. "The Economist Intelligence Unit's Quality-of-Life Index", *Economist*, 5 de setembro de 2007. Disponível em: <http://www.economist.com/media/pdf/QUALITY_OF_LIFE.pdf>.

23. E. A. Rees, "Conclusion: Crisis of the Soviet Model and De-Sovietization", em Balázs Apor, Péter Apor e E.A. Rees, orgs., *The Sovietization of Eastern Europe: New Perspectives on the Postwar Period* (Washington, D.C., 2008), 288-89.

24. Scott Shane, *Dismantling Utopia: How Information Ended the Soviet Union* (Chicago, 1994), 75-98.

25. Cohen, *Victims Return*, 174.

Índice

Números de páginas em itálico referem-se a mapas

58ª Divisão de Guardas, soviética, 140
69ª Divisão de Infantaria, EUA, 140
9ª Divisão Blindada, EUA, 131

Abakumov, Viktor, 255, 405, 427
Academia de Ciências da URSS, 145
Academia Soviética de Agricultura, 148
Academia Soviética de Ciências Médicas, 251-5
Acheson, Dean, 318, 319, 349, 379, 388, 400
Ackermann, Anton, 338
"acordo das porcentagens", 113-4, 124, 215, 264, 284, 295, 306, 317
Adenauer, Konrad, 378
Adjiatman, 236
Administração da Segurança de Estado (UDNa), 310
Administração Militar Soviética na Alemanha (SMAD), 334, 338-9
África, Norte da, 87, 90, 95, 216
Agência Central de Inteligência (CIA), 92, 169, 198, 332
Agência das Nações Unidas para Assistência e Reabilitação (UNRRA), 331, 340

Agência de Serviços Estratégicos (OSS), 92, 134, 169, 286, 292
Agência Judaica de Notícias, 404
Airey, Terence, 134
Akhmatova, Anna, 248
Akmolinsk, Cazaquistão, 53
Alamogordo, Novo México, 187-8
Albânia, 303, 307, 311-15, 367, 368, 369, 370, 406-09
Alemanha Ocidental, 25, 193-4, 343, 371 80, 449
Alemanha Oriental, 19, 24, 175, 193-4, 337, 347, 356, 363, 374-81, 418-22, 443
Alemanha, nazista, 11, 19, 23, 24, 47, 52, 61 4, 67, 68 77, 78, 79, 84, 87, 91, 104, 115, 129, 210-4, 224, 227-31, 238, 284, 303, 315, 324, 330, 331, 395
Alemanha, ocupada, 333-43, 347, 348, 354
Alexander, Harold, 134, 308
Alexandre II, tsar da Rússia, 230
Alexandrov, Gregory, 222
Államvédelmi Hatóság (AVH) (Polícia de Segurança de Estado) ("Avoh"), 300
Alliluyeva, Nadejda, 34

Alliluyeva, Svetlana, 45, 147, 151, 405, 431-32, 437

Alsácia, 129, 215

Altai, região de, 236

Alto Comando Supremo das Forças Armadas (Stavka), 76, 130, 131

ALZhIR ("campo para esposas de traidores da pátria"), 53

"ano da grande virada" (*veliki perelom*), 38

anticomunismo, 72, 87, 175, 176, 318-21, 346, 347, 348, 351-52, 355

antissemitismo, 61, 65, 71, 81, 103, 207, 220-25, 234, 255-56, 279-81, 287, 291, 292, 293, 295, 296, 297, 300, 403-07, 411, 412, 414, 416, 417-18, 423, 426-33, 436

Antonescu, Ion, 102, 290

Antonov, Alexei I., 102, 127, 133

Archer, Ernest, 132

Ardahan, 178

Armênia turca, 179

armênios, 178-9, 237

Armia Krajowa (Exército da resistência polonesa), 109, 110-1, 242

Armistício de Panmunjom (1953), 396

arquipélago Gulag, O (Soljenitsin), 451

Ásia, 185, 193, 194, 195, 197, 201-3, 381

assassinatos, 46, 59, 147-8

"assentamento eterno" (*vechnoe poseleniye*), 240-1

"assentamentos especiais", (*spetsposelenie*), 39, 45, 159, 228

Associação Greco-Americana de Auxílio de Guerra, 316

Atenas, 316

Attlee, Clement, 185

Auschwitz, campo de concentração, 266

Austrália, 376, 450,

Áustria, 11, 121, 135, 138, 139, 141, 175, 210-12, 307, 313, 314, 330, 333, 338, 340

autoridades locais (*komendanty*), 234

Baberowski, Jörg, 18

Babi Yar, massacre (1941), 222

Bagirov, Mirjafar, 180, 182

Baichorov, Ismail, 231

Baku, 42, 179

balcares, 234-5, 430, **447**

Batalha da Inglaterra, 69-70

Batalha de Inchon, 389-91, 392

Batalha de Kursk, 94

Batalha de Stalingrado, 80, 90, 102, 131, 205, 231

Batalha do Bolsão, 119, 129

Batalhões de Segurança, 317

Batumi, Geórgia, 17

Baviera, 83

BBC, 91

Beam, Jacob, 438

Beaverbrook, Max Aitken, lorde, 79

Bélgica, 84, 128, 167, 215, 333, 341, 398

Belgrado, 70, 305, 314, 371

Benelux, países do, 377

Beneš, Edvard, 266, 268-70

bens de consumo, 156, 445-6

Beria, Lavrenti, 52, 65, 66, 67, 76, 144, 148, 149, 168, 186, 192, 212, 214, 218, 228, 231, 232, 233, 234, 237, 238, 280, 326, 375, 398, 411, 420, 427, 431, 432, 436, 444

Beria, Sergo, 98, 431

Berlim, 26, 28, 127-41, 158, 186, 264, 334, 336, 343, 348, 374, 375, 398, 399, 419, 420-22

Berlin Airlift (1948-49), 376, 385-6

Berna, Suíça, 195

Bessarábia, 62

Bevin, Ernest, 193, 341, 342, 347, 351, 352, 353, 374

Bezpieka (Bezpieczenstwo), 266

Bidault, Georges, 342, 343, 347-8, 351, 352, 353

ÍNDICE

Bielorrússia, 58, 64, 76, 102, 122, 175, 220, 242, 243, 450

Bierut, Bolesław, 115, 177, 264, 408

Bihac, Bósnia, 304

Bloco Democrático, 267

"Bloco de Esquerda", 326, 327

Bloco dos Partidos Democráticos (BPD), 294

Bloco Nacional Democrático, 291

Blum, Leon, 328

Bobruisk, 101-2

Boêmia, 271

Bohlen, Charles "Chip", 23, 89, 165, 166, 167, 348, 349, 440

Bohr, Niels, 169

bolcheviques, 15-6, 19, 24, 38, 41, 45, 58, 64, 67, 92, 94, 117, 224, 258, 289, 304, 315, 405, 434, 439-40

Bolshakov, Ivan, 150

bomba atômica, 164, 166-70, 188-92, 194, 197, 198, 200, 257, 392-97

bomba de hidrogênio (H-bomb), 397-8

bomba termonuclear, 398

Boris III, rei da Bulgária, 285, 287

Borisov, 101

Bor-Komorowski, Tadeusz, 108-9

Bósnia, 304-5, 308

Bradley, Omar, 132

Brejnev, Leonid, 55, 448

Breslau (Wroclaw), 129, 130, 276

Brigadas de aquisição de alimentos, 41

Browder, conde, 92

Brügel, Johann Wolfgang, 281

Bucareste, 104, 279, 290, 291, 292

Budapeste, 130, 296-7, 298

Budionni, Semion, 52

Bughici, Simion, 415

Bukharin, Nikolai, 34-7, 45-8, 60, 371, 446

Bukharin, Yuri, 60

Bulganin, Nikolai, 436, 444

Bulgária, 26, 93, 104, 113, 155, 165, 172, 175, 190, 219, 227, 283, 284-90, 297, 304, 306, 313, 314, 317, 321, 357, 360, 365, 368, 370, 371, 412-3, 420

Bullitt, William C., 88-9

Bureau Comunista de Informações (Cominform), 147, 365-6, 373

Byrnes, James F., 182, 186, 188, 171, 193, 194, 195, 341-43

cabanas de barro (zemlyanki), 157

Cadogan, Alexander, 126

Caffery, Jefferson, 329, 351

Calais, França, 69

Câmara dos Comuns, britânica, 275

Câmara dos Lordes, britânica, 206

Camboja, 258, 392

"campanha anticosmopolitismo", 255-6, 405-07, 431, 433

camponeses mais pobres (bedniaks), 240

camponeses médios (seredniaks), 240

campos de concentração, 266, 271, 286, 295, 310, 313, 315, 336, 416

campos de trabalhos forçados (ITL), 158

"campos de triagem", 219, 239

Canadá, 101, 398, 400, 426, 450,

capitalismo, 19, 21, 25, 36, 40, 44, 61-4, 67-8, 71, 72, 81, 86-7, 100, 118, 134, 137, 190-1, 264, 286, 338, 341, 350, 365, 372, 376, 390, 399, 406, 424, 425, 434, 446

Carcóvia, 42, 153, 208

Caríntia, 314

Cárpatos ucranianos, 372

Carta a um camarada (Lenin), 16-7

Carta do Atlântico (1941), 78-80, 98, 190

Casa dos Sindicatos, Moscou, 175

Cáucaso, montanhas do, 42, 43, 87, 159, 214, 227, 229, 230, 232-4, 237, 242

Cazaquistão, 43, 44, 53, 57, 229, 231, 234, 397, 439

Ceaușescu, Nicolae, 415

538   A MALDIÇÃO DE STALIN

Chagrin et la pitié, Le, 327

Chamberlain, Neville, 173

Chechênia, 430

chechenos, 232-8, 430

Chechevitsa, política da, 232

Cheka, 428

Cheliabinsk, 157

Chełm, Polônia, 108, 264

Cherkassov, Nikolai, 249

Cherniakovski, Ivan, 130

chetniks, 304, 306, 308

ChGK (Comissão Estatal Extraordinária), 207, 222, 223

Chiang Kai-shek (Jiang Jieshi), 124, 194, 202

China, 18, 25, 61, 117, 124, 182, 187, 194, 200, 201, 202, 207, 258, 333, 369, 383-401, 434, 435, 443, 444

Choltitz, Dietrich von, 112

Chu En-lai, 391-2, 394-6

Chuikov, Vassili, 130

Churchill, Winston S., 23, 69, 77-9, 83, 94-100, 102, 108, 109, 110, 112-6, 129, 131, 132-3, 134, 135, 136, 144, 145, 164, 165, 167, 168, 170-1, 173, 183, 185-6, 187-8, 189, 190, 194, 206, 209, 215-6, 264, 267, 275, 277-8, 284, 300, 303, 306, 315, 316, 319, 325, 346

Clark Kerr, Archibald, 132, 135

classe feudal "Junker", 337

Clay, Lucius D., 335, 339-40

Clayton, Will, 349

Clementis, Vladimir, 417

Código Penal, soviético, 36, 211

colaboracionistas, 205-6, 210-14, 227-32, 238-44, 327

Colégio Militar da Corte Suprema, 446

colônias de trabalhos corretivos (ITK), 158

comandante supremo das forças armadas (Supremo), 76

Comissão de Controle Aliado, 165, 297

Comissão de Investigação de Crimes de Guerra da ONU, 206, 209

Comissão de Reparações de Moscou, 122

Comissão Presidencial da Rússia para a Reabilitação de Vítimas da Repressão Política, 431

Comissão Tripartite, 176

Comitê Antifascista para Libertação Nacional, 312, 315

Comitê Central Polonês, 108, 109

Comitê Central Ucraniano, 51

Comitê Central, soviético, 34-5, 37, 42, 46, 47-8, 50, 51-2, 68, 93, 144, 145, 147, 155, 246, 248, 250, 291-2, 359, 371, 404, 405, 428, 433, 435, 437, 449

Comitê de Defesa do Estado (GKO), 76

Comitê de Libertação Nacional da Iugoslávia, 123

Comitê Estatal de Planejamento (Gosplan), 147, 148-9

Comitê Judaico Antifascista (JAFC), 222-3, 404-6, 427, 432

Comitê Polonês de Libertação Nacional (PKWN), 108, 111, 115, 174-75, 242, 263-7

Comitês Nacionais Tártaros, 235

"companhias de extermínio", 308

Complô dos Médicos, 148, 426-33, 436, **445**

comunismo, 19-27, 34, 35, 41, 45-8, 49, 52-68, 69, 71, 79, 84, 88, 92-3, 104, 107-12, 117, 122-4, 126, 128, 134, 145-7, 164, 175, 176, 177-83, 200-3, 205, 212, 224, 227, 229, 230-32, 233, 237, 238-321, 323, 324-27, 345-52, 355-401, 434, 440, 443-4, 446, *ver também* leninismo; marxismo; stalinismo

"comunismo judeu" (*Zydokomuna*), 280, 296

Conferência de Ialta (1945), 116-26, 131, 132, 133, 135, 136, 165, 167, 175, 176, 188, 199, 209, 217, 291, 317, 319, 364

ÍNDICE 539

Conferência de Munique (1938), 272-3

Conferência de Potsdam (1945), 168, 178, 181, 183, 185-94, 195, 196, 199, 272, 277, 287, 335

Conferência de Teerã (1943), 23, 94-100, 165, 178, 182, 190, 209-10

Conferência Mundial de Paz (1949), 407

Conferência para a Cooperação Econômica Europeia, 355

Conferência sobre a Reconstrução Europeia (1947), 354-5

Congresso Mundial Judeu, 221

Congresso, EUA, 78, 165, 301, 318, 319, 329, 346, 350, 353, 355, 373, 397

"conscientização falsa", 244, 299

Conselho Antifascista de Libertação Popular da Iugoslávia (AVNOJ), 303-05, 308, 312

Conselho de Comissários do Povo (Sovnarkom), 144, 334

Conselho de Controle Aliado (ACC), 193, 277, 287, 334, 342

Conselho de Ministros, soviético, 144, 149, 240, 304-6

Conselho de Segurança da ONU, 122, 388-9

Convenção de Montreux (1936), 178

Convenções de Genebra, 215, 216

Coreia do Norte, 13, 200, 201, 383-401, 400

Coreia do Sul, 13, 200, 377, 383-401, 440

Coreia, 13, 25, 56, 200, 201, 319, 381, 383-401, 421, 440

Corfu, 171

cortes marciais, 211

"Cortina de Ferro", 171, 300, 319, 346

Cracóvia, 280

Crimeia, 117, 120, 159, 178, 227, 229, 230, 235-7, 405, 428, 430, 436, 447

crimes de guerra, 64-9, 137-9, 206-10, 336, 339

"Crise de Março", no norte do Irã, 179-83

Crise dos Mísseis Cubanos (1962), 448

croatas, 304, 308, 310

Cruz Flechada, 104, 206, 298

Cuba, 444, 448

curdos, 181, 237

Curilas, ilhas, 196, 199, 200

Curlândia, península, 238

Cyrankiewicz, József, 267

Dachau, campo de concentração, 315

Dachsgrube, campo de concentração, 266

Daily Herald, 145

Danúbio-Suábia, 308

Danzig, Alemanha, 130

Dardanelos, 178

Darien, 124, 200

Davies, Joseph E., 50, 88, 91, 170-3, 187, 319

De Gasperi, Alcide, 331-2

de Gaulle, Charles, 96, 3, 330

Deane, John R., 132, 217, 218

Declaração de Moscou (1943), 209

Declaração de Potsdam (1945), 194, 199

Democracia, 20, 26, 87, 90, 107, 118, 120, 122-4, 125, 131, 166, 172, 176-7, 190, 194, 246, 283, 286-8, 290, 291, 293-4, 298-300, 301, 310, 321, 324, 329, 335, 341, 345, 351-2, 366, 368, 373, 416, 451

democratas-cristãos, 331, 332, 339-40

Departamento de Agitação e Propaganda, 222

Departamento de Estado, EUA, 88-90, 97, 133, 145, 165, 170, 174, 216, 319, 329, 348-9, 352

Departamento de Segurança de Estado da Hungria (Államvédelmi Osztálya) (ÁVO), 300

Departamento para a Proteção do Povo (Odeljenje za zaštitu naroda — OZNa), 309-11

Departamento Soviético de Informação Nacional, 93

desgermanização (*odniemczenie*), 278

desnazificação, programas de, 298, 335-7

Dia D, 152

Dia da Vitória na Europa (V-E Day), 142, 158

Dia Nacional Soviético, 357

Dieppe, incursão de (1942), 88

Dimitrov, Gueorgui, 57, 92, 93, 269, 284, 286, 288, 289, 290, 297, 305, 306-8, 314, 317, 337, 365, 369-70, 412, 413

Dinamarca, 132, 377, 398, 421

Diretório da Segurança (Sigurimi), 313

Diretriz JCS, 167, 335

dissidentes, 93-4, 217-8

Djilas, Milovan, 151, 313-4, 368, 369, 372

Djugashvili, Vassili, 45

Djugashvili, Yakov, 45, 214

Dnepropetrovsk, 153

Don, rio, 212, 213

Donbas, região de, 212

Doutor Jivago (Pasternak), 447

Doutrina Truman, 301, 318-20, 344, 346, 366

Dresden, Alemanha, 131

Drtina, Prokop, 359

Dubrovina, Irina, 430

Dulles, Allen, 134

Dunquerque, evacuação de (1940), 69, 86

Dzerjinsky, Felix, 428

Eden, Anthony, 29, 83, 114, 115, 125, 173, 174, 206, 215-7, 284, 295, 315, 379

Ehrenburg, Ilya, 222, 223, 279, 286, 290, 317, 407

Eisenhower, Dwight D., 96, 129, 131-32, 135, 171, 217, 308, 335, 360, 394

Eisenstein, Serguei, 248-9

Elba, rio, 132, 137, 140, 171

"elementos antissoviéticos", 54

Erdei, Ferenc, 296

Erfurt, Alemanha, 131

eslavos, 220-1, 224, 264, 284, 306, 360

eslovacos, 220, 271, 274, 450

Eslovênia, 306, 307, 450

Espanha, 49, 355, 364, 410

Essentuki, 214

estabilização, 26, 58-9, 227, 272, 403, 407-22

Estado-Maior Conjunto, EUA, 134, 168, 196, 217, 334-6

Estado-Maior soviético, 216

Estados Balcânicos, 117, 302, 306, 313, 321, 368-69

Estados Bálticos, 24, 28, 62, 67, 83, 100, 159, 215, 227, 238-41, 243, 443

Estados Unidos da América (EUA)

anticomunismo nos, 80, 88, 175, 176, 318-21, 346, 349, 348-9, 351-2, 355

armas nucleares dos, 164, 166-70, 187-92, 194, 196, 197, 198, 201, 256, 392-3

cobertura da imprensa nos, 92, 216, 221, 346

economia dos, 81, 355, 425-6, 450, 451

estratégia da Guerra Fria dos, 18, 20, 21-2, 27-8, 29, 108, 118, 158, 160, 163-201, 205, 227, 263-356, 365, 373-81, 398, 421, 443-4

forças militares dos, 80, 110, 198, 218, 324

isolacionismo nos, 78, 88, 170, 341-2, 353

na Segunda Guerra Mundial, 61, 77-80, 83-4, 127-33, 194-203, 217-9, 324-6

ocupação da Alemanha pelos, 334-44

opinião pública nos, 86, 91, 175, 176, 330, 376, 392-3, 397

prisioneiros de guerra dos, 217-9

relações europeias dos, 113, 119, 323-4

relações soviéticas com os, 21-6, 69, 70, 74, 77-126, 133-7, 152, 163-94, 202-3, 205-6, 206-10, 217-9, 221, 247, 251-2, 256, 264, 265, 284, 286-9, 301, 317-21, 323-5, 341-2, 350, 359-61, 365-6, 368, 383, 403, 405, 420-1, 434-5

Estônia, 63, 67-8, 99, 238-41

estupro, 137, 265, 270, 276, 277, 297

ÍNDICE

Etinger, Yakov, 427-9

Eupatória, 236

Europa Ocidental, *12*, 25-6, 27, 28, 153, 171, 318, 319, 323-56, 358, 366, 371-81, 389, 450, 451; *ver também países individualmente*

Europa Oriental, *12*, 18, 19, 24, 25-7, 28, 59, 83, 93, 107-25, 134, 146, 147, 153, 164-5, 166, 171-8, 185, 190, 191, 194, 205, 229, 263-321, 325-7, 333, 335, 338, 345-7, 349-51, 354, 355, 356-81, 389, 398, 403, 407-22, 423, 434, 440, 441, 443-4, 449, 451; *ver também países individualmente*

Exército Grego Popular de Libertação (ELAS), 315, 316

Exército Popular de Libertação, chinês, 392

Exército Vermelho, 26, 28, 52, 62, 64, 65, 67-75, 80-1, 82, 86, 90, 94, 96, 100-12, 119, 122, 123, 126, 127-30, 146, 164, 177, 178, 179, 181, 182, 187, 191, 194-203, 205, 211, 212, 213, 214-20, 221, 222, 228, 229, 231, 232-3, 235-6, 238, 239, 245, 256, 263, 265, 268-70, 275-7, 280-1, 284, 288, 290, 292, 293, 294, 295, 297-8, 303, 305, 336, 375, 384, 399, 405

"expansão das portas abertas", 22

Extremo Oriente, regiões do, 56, 58

"falso pluralismo", 357

fascismo, 26, 48, 97, 104, 118, 175, 202, 211, 214-5, 229, 250, 279, 281, 285, 291, 292, 293, 296, 304, 312, 323, 330-1, 338, 337, 339, 354

Federação Russa, 451

feudalismo, 337, 363

Fierlinger, Zdenek, 270, 272

Finlândia, 19, 24, 67-8, 91, 101, 190, 333

Fischer, Ernst, 340

fome (1946-47), 28, 153-5, 156

Força Aérea dos Estados Unidos (USAF), 376

Forças Aéreas do Exército dos Estados Unidos (USAAF), 198

Forças Expedicionárias Aliadas (AEF), 128, 132, 335

França Livre, forças da, 112

França, 25, 62, 66, 69, 87, 93, 96, 108, 112, 121, 128, 155, 171, 172, 175, 178, 180, 189, 193, 211, 216, 325, 326-30, 331, 333, 334, 335, 340, 341-3, 345, 347-9, 351, 354, 360, 365, 366, 374, 375, 377, 395, 398, 443

Frente da Pátria, 285, 287, 289, 357

Frente de Libertação Nacional (EAM), 315, 316

Frente Democrática Albanesa, 313

Frente dos Lavradores, 292

Frente Nacional da Independência, 296

Frente Nacional Democrática, 291-2

Frente Popular, 309

Frente Unida dos Trabalhadores, 298

Fuchs, Klaus, 169

Gabinete do Governo Militar dos EUA (OMGUS), 335

Gati, Charles, 415

Gauck, Joachim, filho, 421, 422

Gauck, Joachim, pai, 421-2

Gayev, Magomed, 233

genética, 146-9

genocídio, 28, 56-9, 64-9, 91-2, 99, 152-4, 159, 205, 207-13, 227-44, 447

George VI, rei da Inglaterra, 438

Geórgia, 15, 16, 52, 178, 438

Gheorghiu-Dej, Gheorghe, 291, 293, 294, 414-5

Ginzburg, Eugenia Semionovna, 439

Glavlit, 254-5

Goebbels, Joseph, 207

Goli Otok, campo de trabalhos forçados, 311, 373

Golubov, Serguei, 245

Gomułka, Władysław, 264, 265, 267, 268, 275, 277, 280, 360, 365, 367, 408

Gorbachev, Mikhail, 152, 447, 449

Gori, Geórgia, 16

Gorki, Máximo, 425

Gottwald, Klement, 269, 273, 274, 359, 415-7, 418

Governo Democrático Provisório (Grécia), 319

"governo indireto", 128

Governo Provisório da Polônia, 174-7, 264

Governo Provisório da Rússia, 16

Governo Provisório da Unidade Nacional (Polônia), 265

Governo Provisório Popular (Coreia do Norte), 383

governos de "frente nacional", 26, 85, 105, 108, 164, 263, 270, 305-6, 316, 326, 383

Grã-Bretanha, 23, 25, 30, 62, 69-70, 71, 75, 77-126, 131, 134-52, 163-5, 171, 178, 179, 181, 192, 195, 202-9, 215-6, 221-3, 256, 265, 268, 284, 288, 287-8, 293, 301, 305, 311-8, 324, 330, 334, 336, 341-3, 347-8, 350, 351, 359, 374, 376-7, 378, 391, 393, 398, 400, 450

Grande Assembleia Nacional, 289, 357

Grande Depressão, 118

Grande Terror (1937-38), 18, 49-60, 68-107, 111, 150, 258, 304, 423, 424, 429

Grécia, 25, 70, 113, 114, 117, 167, 237, 275, 303, 306, 311, 313, 315-21, 323, 368, 369, 371

Grew, Joseph C., 172

Griffis, Stanton, 361

Gromiko, Andrei, 119, 166, 191, 192, 216, 388

Gross, Jan, 280

Grossman, Vassili, 102, 222, 223

Grotewohl, Otto, 378, 379-80, 418

Groves, Leslie, 167

Groza, Petru, 292, 293, 294, 357

Grozni, 233

Grupo de Exércitos do Centro, alemão, 102

Grupo de Exércitos do Norte, alemão, 238

"grupos de iniciativas", 336

Grupo de Procedimentos Especiais, 332

Guerra Civil Espanhola, 49, 364, 410

Guerra Civil Grega, 315

Guerra Civil Russa, 17, 46, 227, 257, 294, 447

Guerra da Coreia, 13, 200, 381, 383-401, 421, 440

Guerra da Crimeia, 178, 229

Guerra de guerrilha, 241-4

Guerra do Inverno, 68

Guerra Fria, 18, 20-2, 27, 28, 108, 118, 158, 160, 163-201, 205, 227, 263-356, 365, 373-81, 398, 421, 443-4

gulag, campos de trabalhos forçados, 44, 54, 55, 155, 156, 158-60, 192, 219, 229, 237, 254, 295, 311, 437, 439, 444-5, 446, 451

"gulag desconhecido", 44

Harriman, Averell, 79, 87, 112, 114, 119, 133, 135, 136, 163, 164, 165, 171, 172, 173, 197, 217, 219

Harvard, Universidade de, 349, 351

Havel, Vaclav, 281

Himmler, Heinrich, 112, 131, 215, 224

Hirohito, imperador do Japão, 188, 194, 195, 197

Hiroshima, bombardeio de (1945), 197, 200, 257

história do partido comunista da União Soviética (Bolcheviques), A: curso resumido (Stalin), 258, 424-6, 434

Hitler, Adolf, 20, 23, 24, 29, 62, 68-74, 78, 79, 84-5, 87, 90, 98, 102, 104, 112, 118, 129, 130, 132, 141, 170, 173, 191, 196,

ÍNDICE

203, 207, 208, 215, 216, 220, 227, 230, 238, 263, 272, 279, 286, 290, 296, 304, 311, 326, 336, 340, 351, 433

Ho Chi Minh, 386, 392

Hodos, George, 419

Hokkaido, ilha de, 196, 198, 199, 200

Holanda, 84, 128, 215, 341, 398

Holocausto, 44, 207, 220-25, 235, 242, 265, 280, 291, 293, 295, 296, 297, 404, 428

Hopkins, Harry, 78, 86, 173, 175, 176, 177, 206

Horáková, Milada, 416

Horthy, Miklós, 104, 296

Hoxha, Enver, 312-4, 368, 408-10

Hranky, 243

Hull, Cordell, 89, 91, 124

Humanité, 312

Hungria, 19, 23, 75, 93, 104, 113, 175, 190, 268, 274, 277, 283, 284, 295-301, 304, 313, 338, 358, 265, 368, 399, 409-12, 414, 416, 418, 420, 450, 451

Huysmans, Camille, 333

I. G. Farben, 74

Ibraimova, Tenzila, 236

"idealismo da política externa", 21-3

Iejov, Nikolai, 46-7, 48, 51, 55

Ieltsin, Boris, 66

Igreja Católica, 285, 331, 408, 410, 416, 418

Igreja Ortodoxa Grega, 418

Igreja Ortodoxa Oriental, 285

Igreja Ortodoxa Russa, 94

imperialismo, 23, 62-7, 109, 137, 178, 183, 201, 246, 324, 354, 366, 368, 377, 406, 410, 414

Império Otomano, 178, 230

Império Russo, 15-7, 19, 21, 23-4, 83, 178, 200, 230, 248-50, 258-9, 449

Império Vermelho, 24-5, 27, 41, 74, 205, 357, 371, 380, 440, 443-4

"impostores" (*dvurushnik*), 258

Inesquecível Ano de 1919, O, 257

inguches, 231-8, 447

Invasão da Normandia (1944), 87, 95-7, 100, 101, 112, 151, 152, 215, 238

Irã, 25, 115, 173, 178-83, 191, 443

Irmandade da Floresta, 239

Islã, 179, 230, 232, 235, 237, 285, 307, 311

Islândia, 398

Israel, 256, 404, 07

Itália, 25, 61, 75, 93, 94, 101, 108, 110, 112, 134, 135, 190, 237, 361, 308, 311, 314, 330, 333, 345, 347, 350, 354, 365, 366, 377, 398, 443

Iugoslávia, 25, 26-7, 70, 108, 113, 114, 118, 151, 155, 175, 286, 289, 303-12, 313, 314, 315, 317, 321, 357, 363-74, 380, 388, 403, 407, 409, 414, 443

Ivan, o Terrível, 249

Ivanova, Galina, 160

Ivanovo, província, 39

Jajce, Bósnia, 304-5

Jankowski, Jan Stanisław, 174, 177

Japão, 26, 48, 57, 61, 80, 84, 85, 92, 117, 124, 165, 168, 183, 185, 191, 192, 194-03, 287, 312, 324, 350, 366, 396, 450

Jaworzno, campo de concentração, 266

Jdanov, Andrei, 36, 62, 67, 130, 147-8, 222, 246-8, 249, 250, 252, 253, 284, 314, 320, 334-5, 365, 372, 373, 375, 428-9

Jdanov, Yuri, 147, 148

Jdanovschina ("era Jdanov"), 246-8

Jeleznovodsk, 214

Jemchujina, Polina, 405, 432-3, 436

Jivkov, Todor, 285

"Joe-1", teste nuclear, 397

judeus, 34, 61, 65, 71-82, 104, 208, 220-25, 234, 279-80, 285, 287, 290, 292, 293, 296, 297, 299, 404-7, 410, 411, 414, 416, 417-8, 423, 426-33, 436

Jukov, Gueorgui, 72, 75, 76, 102, 110-1, 132-3, 139, 140, 141, 187, 277
Julgamento Continua, O, 208
Junta Aliada de Chefes de Estado-Maior, 308

Kaganovitch, Lazar, 36, 39-40, 43, 48, 58-9, 435
Kalinin, Mikhail, 17
kalmiks, 231, 237, 447
Kameniev, Lev, 34-6, 46
Kant, Immanuel, 190
Kapler, Alexei, 431
karachais, 230, 447
Karcag, Hungria, 300
Kardelj, Edvard, 309, 367, 368, 370, 372
Kars, 178
Katyn, massacre na floresta de (1940), 66, 91, 207, 451
Kennan, George F., 21, 349, 350
Kersten, Krystyna, 281
KGB, 66
Khaibakh, 233
Khatyrchinskii, 236
khemshins, 237
Khruschev, Nikita, 51, 66, 81, 144, 147, 151, 154, 409, 436, 445-6, 447, 448
Kielce, 280
Kiev, 42, 153, 222, 224
Kim Il-sung, 200, 383, 385-8, 400
Kim Jong-il, 401
King, Ernest J., 87
Kirk, Alan, 388, 397
Kirov, Serguei, 45-7, 59
Kislovodsk, 214
Kitchlu, Saiffudin, 437
Klagenfurt, Áustria, 308
Kliueva, Nina, 251-5
Kobanya, 297
Kobilianski, Isaak, 235

Kobulov, Bogdan, 238
Kok-Terek, 439
Konev, Ivan, 129, 130, 133, 139, 140
Königsberg, Alemanha, 130, 189
Konrad, George, 411
Kopelev, Lev, 430, 439
Kornai, János, 411
Košice, 269
Kosior, Stanisław, 39, 41
Kostov, Traicho, 412-3
Kóvacs, Béla, 301, 358
Kovalev, Ivan, 383-4
Kramatorsk, 213
Krasnodar, 208, 220
Krasnodon, 208
Krupskaia, Nadejda, 24
Kuban, distrito, 42, 43
kulaks, 36, 38, 45, 49, 53-4, 58, 154, 159, 238, 240, 243, 307, 372, 418, 419, 425, 446
Kuomintang (KMT) (nacionalista chinês), 202, 386, 393
Kurchatov, Igor, 192
Küstrin, 130
Kuznetsk, 42
Kuznetsov, Alexei, 149
Kuznetsov, Nikolai, 199
Kuznetsov, V.I., 140
Kwantung, exército de, 198
Kyrgyz, 230

Lattre de Tassigny, Jean de, 335
Lebensraum ("espaço vital"), 69
Lefortovo, prisão de, 427
Leipzig, Alemanha, 132
Lemnitzer, Lyman, 131
Lend-Lease, Lei (1941), 171, 324
Lend-Lease, programa, 77-81, 88-90, 91, 171-2, 175, 180
Lenin, prêmio, 415

ÍNDICE

Lenin, V.I., 15-20, 24, 29, 33-5, 38, 54, 57, 61, 77, 79, 93, 140, 146, 217, 257, 264, 372, 423, 424, 425, 428, 435, 440, 449
Leningrad, 247
Leningrado, 24, 42, 45, 67, 101, 149
Leningrado, caso de, 149-50
leninismo, 16-9, 22, 246, 247, 257-9, 372-3, 411, 445
Leonard, John, 132
Leonhard, Wolfgang, 357
Letônia, 63, 67-8, 99, 238-41
Levante de Dezembro (*Dekemvriana*), 316
Levante de Varsóvia (1944), 108-12, 177
lichentsi ("pessoas anteriores"), 55
"ligas metálicas" (codinome da bomba atômica), 169
Likharev, Boris, 247
Linha Curzon, 83, 98, 115, 122
Linha Siegfried, 131
Linz, Áustria, 131
Lippmann, Walter, 318
Literaturnaia Gazeta, 433
Lituânia, 63, 67-8, 99, 175, 238-41, 242
Litvinov, Maxim, 62, 80, 323
Liu Shaoqi, 384, 396
Livadia, 364
Livro negro do Holocausto na União Soviética, O, 222
Lorena, 215
Los Alamos, laboratório de, 169
Lozovski, Solomon, 405-6, 428
Lübeck, Alemanha, 171
Lublin, Polônia, 108
luta de classes, 36-8, 50, 337, 357, 372, **434**
Luxemburgo, 398
Lvov, Polônia, 115
Lysenko, Trofim, 147-8

MacArthur, Douglas, 168, 197, 390, 392, 393
Macedônia, 287, 306, 313

MacVeagh, Lincoln, 317
Maddison, Angus N., 449
magiares, 268
Mainz, Alemanha, 128
Maiski, Ivan, 97, 121, 124, 323, 325
Majdanek, campo de concentração, 266
Malenkov, Gueorgui, 76, 144, 147-50, 365-6, 424, 427-8, 436, 444
Malik, Yakov, 388
Malinovski, Rodion, 297
Malkov, V.L., 397
Malta, 117
Manchúria, 124, 187, 196, 197, 199, 200, 201, 385
Maniu, Iuliu, 357
Manteuffel, Hasso von, 129
Mao Tsé-tung, 18, 25, 92, 201, 202, 384-6, 390-401, 439, 444
mar Báltico, 190
Mar Negro, 101, 178, 364
Mariupol, 208
Markov, Gueorgui, 414, 440
Marshall, George C., 81, 87, 134, 318, 319, 330, 332, 343, 345, 346-56, 359-61, 374, 393
Marx, Karl, 423, 424, 425
marxismo, 15, 34, 35, 71, 257-8, 370-3, 385, 423, 424, 425, 426, 434, **444**
Masaryk, Jan, 269, 359-60
Mausoléu de Lenin, 52, 93, 143, 252-3
Meir, Golda, 406
Menon, K.P., 437
mercados negros, 328, 331, 374
Meretskov, Kirill, 201
Merker, Paul, 418
Mestre Principal (*glavnyi khozyain*), 385
MGB, 358, 427-33
Miasnikov, Alexander, 437
Miguel I, rei da Romênia, 103, 291, 306, 357
Mihailovid, Dragoljub (Draza), 304
Mikhoels, Solomon, 223, 405, 431

Mikołajczyk, Stanisław, 109-10, 114-5, 177, 264, 267, 367

Mikoyan, Anastas, 36, 48, 66, 76, 144, 369, 417

"Milagre no Vístula", 64

Milícia Popular (Narodna Militsiya), 285

Miliutin, Dimitri Alexeievitch, 229-30

Miłosz, Czesław, 112, 279

Mindszenty, József, 410

Ministério da Guerra, britânico, 206, 215, 268

Ministério da Segurança Pública, polonês, 265-7

Ministério das Relações Exteriores, britânico, 90-1, 133

minorias alemãs, 56, 58, 59, 152-4, 159, 207-13, 227-30, 231, 235, 237, 243

Minsk, 42, 102, 153, 405

Miskolc, Hungria, 300

Mission to Moscow (Davies), 91

Missouri, USS, 182, 200

Miterev, Gueorgui, 251

moedas, 157, 374-6

Mogilev, 101

Moldávia, 103, 154

Molotov, Viacheslav, 51, 56, 58, 62, 63, 66, 67, 68, 71, 76, 86-7, 90, 95, 109, 114, 119, 126, 134, 136, 137, 144-5, 153, 163, 164, 165-6, 170, 179, 181, 192, 193, 194, 197, 213, 219, 220, 249, 252, 268, 275, 284, 291, 293, 295, 296, 297, 299, 320, 326, 341, 342, 344, 346, 352, 353, 354, 358, 359, 361, 369, 370, 372, 374, 375, 376, 397, 404-5, 432, 435-6

Monnet, Jean, 328

Montenegro, 306, 308

Montgomery, Bernard, 132, 133, 335

Morávia, 271

Morgenthau, Henry, Jr., 325

Morgenthau, Plano, 325

Morozov, Grigori, 405, 431

Moscou, 24, 42, 75, 79, 82, 88, 102, 112, 132, 151, 157, 159, 164, 174-7, 195, 215-6, 269, 277-88, 291, 305, 314, 317, 328, 336, 338, 346, 347, 348, 363, 364, 378, 371, 384-5, 386, 394, 406, 413, 437-41

movimentos separatistas, 180-3

Muccio, John, 387

mulheres, 137-8, 270, 276, 277, 297, 308

Muralha do Atlântico, 101

Murmansk, 216

Muro de Berlim, 376, 419, 421

Murphy, Robert, 376

Mussolini, Benito, 312, 331

Nachkoiev, Murad, 234

nacionalismo, 41, 44, 403-8, 410, 413, 427-30

nacionalização, 310, 337

Nações Unidas, 90, 100, 122, 163, 174, 190, 206, 207-10, 331, 340, 378, 379, 388-9, 391-2, 393, 395, 400

Nagasaki, bombardeio de (1945), 197, 200, 257

Nagy, Ferenc, 299, 302, 358

Nagy, Imre, 420

Napoleão I, imperador da França, 52, 101

"Napoleonchik", 52

nazismo, 87, 89, 205, 214, 248, 309, 323, *ver também* Alemanha, nazista

Neisse, rio, 130, 140, 190

Nekritch, Alexander, 230

Nemmersdorf (Maiakovskoie), 137

New York Times, 92, 221, 438

Nicolau II, tsar da Rússia, 16

Nijni Novgorod, 39

Nikolaiev, Leonid, 46

Nikova, Ekaterina, 285

NKVD, 47, 51, 53, 55, 56, 58-60, 64-9, 82, 107, 168, 186, 192, 212-14, 219, 223, 228, 231, 232-6, 237, 238, 239, 242-3, 266, 279, 280, 294, 310, 371, 427, 451

ÍNDICE

nomenklatura ("elite governante"), 241

Noruega, 66, 132, 211, 377, 398

Nosek, Václav, 273

Nova Política Econômica (NEP), 35, 38, 47

Nova Zelândia, 376, 400, 450

Novi Mir, 407

Novikov, Nikolai, 352

Novosibirsk, 214, 232

Oder, rio, 98, 119, 128, 130, 131, 190, 193, 276

Odessa, 101, 218

OGPU, 38, 54-5, 57

Okulicki, Leopold, 174, 177

Omsk, 54

Operação Bagration, 101-2

Operação Barbarossa, 70, 102

Operação Coronet, 168

Operação Downfall, 168

Operação Leão-Marinho, 70

Operação Olympic, 168

Operação Overlord, 96, 100-1, 112

Operação Priboy (Arrebentação), 241

Operação Sunrise, 134, 135

Operação Tempestade de Agosto, 198-201

Operação Tocha, 87, 90

Operação Vesna (Primavera), 240

Ophüls, Marcel, 327

Ordem 00270, 214

Ordem 00439, 59

Ordem 00447, 54

Ordem 00485, 55

Ordem 00486, 53

Ordem 390-138SS, 241

Ordem de Lenin, 173, 215

Ordem Geral No. 1, 199

Organização do Tratado do Atlântico Norte (Otan), 377, 378, 398

Organização do Tratado do Pacto de Varsóvia, 399

Organização dos Nacionalistas Ucranianos (OUN), 242-4

Organização Internacional Comunista (Comintern), 57, 71, 85, 91, 92-3, 109, 202, 269, 284, 300, 304, 364-7, 408, 414

Organização Militar Polonesa (POW), 55

Organização para a Cooperação e Desenvolvimento Econômico (OCDE), 449

Orgburo, 248, 435

Oriente Médio, 113, 117, 173, 177-83, 403

Orlova, Raisa, 439

Orsha, 101

Orwell, George, 364

Osóbka-Morawski, Edward, 115, 264

ossetas, 232-3

Ostroumov, N.N., 436

Ozd, Hungria, 299

Pacto Nazi-Soviético de Não Agressão (1939), 62-4, 72-3, 91

Pak Hon-yong, 390

Palestina, 117

Papandreou, George, 316

Parin, Vassili, 251-2, 253

Paris, 67, 112, 354-56, 360

Partido Agrário, 358

Partido Camponês Polonês (PSL), 267, 367

Partido Comunista Albanês, 311-15, 408-10

Partido Comunista Alemão (KPD), 334, 337-8, 374

Partido Comunista Austríaco (KPÖ), 340

Partido Comunista Búlgaro, 284-90, 356, 412

Partido Comunista Chinês, 200, 202

Partido Comunista da União Soviética (PCUS), 35, 40-1, 46, 108, 145, 212, 253, 366, 396, 433-6, 445-6

Partido Comunista Estoniano, 239

Partido Comunista Francês (PCF), 326-30

Partido Comunista Grego (KKE), 315-21

Partido Comunista Húngaro, 295-301, 358, 410

Partido Comunista Italiano (PCI), 330-3

Partido Comunista Iugoslavo, 303-11, 357, 368-74

Partido Comunista Polonês, 57, 108, 275-8, 368

Partido Comunista Romeno, 290-5, 414-5

Partido Comunista Tcheco, 263, 268-74, 281, 359-61, 415-8

Partido Comunista Ucraniano, 42, 51

Partido da Unidade Socialista (SED), 338-41, 357, 374-81, 418-22

Partido Democrata, EUA, 163, 318, 346, 393, 397

Partido Democrático do Azerbaijão (DPA), 181, 182

Partido dos Pequenos Proprietários, 296, 298-9, 301, 358

Partido Nacional dos Camponeses, 296, 297, 357

Partido Operário Polonês (PPR) (Polska Partia Robotnicza), 107, 264-8, 408

Partido Operário Social-Democrata Russo, 15

Partido Operário Unificado da Polônia (PZPR), 408

Partido Republicano Popular (MRP), 327, 328, 347

Partido Republicano, EUA, 330, 346, 355, 394

Partido Social-Democrata (SPD), 337-8, 339

Partido Socialista Polonês (PPS), 264, 267, 408

Partido Socialista, 296

Partido Trabalhista, 185, 289

Partido Tudeh (ou do Povo), 180, 183

Partisans (movimento de resistência iugoslavo), 304, 305, 307, 308-9, 310, 321

partisans, 108, 235

Pasternak, Boris, 447

Pătrășcanu, Lucrețiu, 293, 414

Patterson, Richard, 311

Pauker Ana, 291, 292, 414

Paulus, Friedrich, 90

Pavelić, Ante, 304

Pearl Harbor, ataque a (1941), 84, 194

Pedro I, tsar da Rússia, 250, 258

Pedro II, rei da Iugoslávia, 306

pensões, 158

perseguição religiosa, 54, 93-4

pesquisa sobre o câncer, 250-5

Péter, Gabor, 298, 299

Petkov, Nikola, 287, 288, 289, 290, 358

Piatakov, Yuri, 47

Piatigorsk, 214

Pieck, Wilhelm, 336, 375, 379, 418

Pintilie, Gheorghe, 294

Pishavari, Seyid Jafar, 181-2, 183

Plano Marshall, 25, 27, 330, 333, 340, 345-56, 358, 360-1, 366, 372, 374, 434

Pleshakov, Constantine, 22

pogroms, 220, 224, 300, 429

Pol Pot, 392

"polacos de Londres" (governo polonês no exílio), 92-8, 108-9, 111, 114-6, 122-3, 165, 174-7, 205, 264, 274

"polacos de Lublin" (comitê comunista), 109, 110, 114-6, 176, 264

polícia secreta, 15, 38, 41, 42, 47, 95, 149, 207-8, 244, 245, 266, 273, 285, 292, 294, 298, 299, 309-10, 313, 357, 372, 408, 411-22, 427-33, 451; *ver também organizações específicas*

Politburo, soviético, 17, 34-6, 40, 52, 53, 54, 58, 62, 69, 75, 93, 125, 145-6, 149-50, 180, 238, 240, 252, 253, 255, 333, 405, 425, 432, 435-6, 449

Polônia, *11*, 19, 24, 26, 28, 55, 57, 58, 62, 63-5, 83, 89, 91-2, 93, 97, 98, 107-12,

ÍNDICE

114-6, 117, 122-4, 127-8, 131, 134, 136, 155, 164, 166-7, 172, 173, 174-7, 183, 188-90, 192-4, 218, 220, 242, 243-4, 263-8, 270, 274-81, 286, 308, 359, 360-1, 363, 364, 367

Port Arthur, 124, 200

Portugal, 398

"posições fortificadas" (*feste Plätze*), 101, 131

Postrzewska, Teresa, 276

Povolzhskie Nemtsy, 228

Poznan, 129, 130

Praga, 360, 417

Pravda, 84, 152, 250, 255, 258, 369, 406, 420, 429, 434, 445

Presidium do Soviete Supremo, 116, 435

Primeira Brigada Proletária, iugoslava, 305

Primeira Frente Bielorrussa, soviética, 129, 133

Primeira Frente do Extremo Oriente, soviética, 201

Primeira Frente Ucraniana, soviética, 129, 133, 139

Primeira Guerra Mundial, 15-6, 24, 121, 124, 206, 241-2, 304, 323, 435

Primeiro Exército, EUA, 140

"Primeiro Relâmpago", teste nuclear (1949), 397

"Princípios para um Tratado de Paz Alemão" (Stalin), 378

prisioneiros de guerra, 64, 65, 76, 90, 102-3, 131, 152-3, 158-9, 195, 197, 202, 208, 210-1, 214-9, 221, 229, 266, 271, 298, 394

"Problemas Econômicos do Socialismo na URSS, Os" (Stalin), 433-4

"processo dos álbuns", 56

procurador-geral, soviético, gabinete do, 211

Programa de Recuperação Europeia (ERP), 355-7

Programa Victory, 80

Projeto Manhattan, 167-70, 192

Prokofiev, Alexander, 249, 250

proletariado (classe trabalhadora), 54, 61, 118, 289, 339, 371, 373, 404, 424

propaganda, 17, 66, 147, 157, 222, 246, 254-6, 305, 333, 375, 378-80, 405-6, 410, 418-9, 440-1, 449, 451

Protocolo de Moscou, 80

Protocolo Secreto Adicional, 62

Prússia Oriental, 98, 114, 121, 123, 128, 130, 137, 190

Prússia, 83, 98, 114, 121, 123, 128, 130, 137, 190

Pusan, perímetro de, 389

Putin, Vladimir, 451

Pyskir, Maria, 243

Qavam al-Salana, Ahmad, 181-3

Quartel-General do Exército, alemão (OKH), 140

Questões do leninismo (Stalin), 246-8

racionamento, 42, 157, 329, 347

Radek, Karl, 47

Rădescu, Nicolae, 292

Rádio Iugoslávia Livre, 305

Radkiewicz, Stanisław, 266, 408

Rajk, László, 299, 300, 410, 411, 412, 414, 416, 418

Rakhim (tártaro deportado), 236

Rákosi, Mátyás, 295, 298, 299, 300-1, 358, 365, 399, 409, 412, 415-6, 420

Ramadier, Paul, 329

Ranković, Alexander, 310, 311, 373

Ranniste, Edgar, 239

"reacionários de direita", 36, 52

Reagrupamento do Povo Francês (Rassemblement du Peuple Français — RPF), 327

Real Força Aérea (RAF), 88, 110, 376

realismo socialista, 254

recursos petrolíferos, 87, 179, 181-3

redistribuição de terra e propriedade, 265, 266, 293, 296, 297, 308, 310, 314, 333, 337, 338, 339, 369, 419, 447

"reeducação", 202, 229

refugiados, 28, 99-100, 114-15, 123, 178-9, 193, 227-44, 268-74, 315, 342, 447

Regensburg, Alemanha, 131

Reichstag, 140, 284

Relatório Geral, 355

Remagem, Alemanha, 131

Renânia, 83

rendição incondicional, 194-03

Renner, Karl, 340

Reno, rio, 119, 127, 128, 131

"reparações através do trabalho", (*reparatsiitrudom*), 325

República da Coreia (ROK), *ver* Coreia do Sul

República Democrática Alemã (RDA), *ver* Alemanha Oriental

República Democrática Popular da Coreia (DPRK), *ver* Coreia do Norte

República do Curdistão, 181

República Federal Alemã (RFA), *ver* Alemanha Ocidental

República Federativa Mundial de Sovietes, 19

República Popular da Romênia, 290-1

República Socialista Soviética Autônoma da Kalmíkia (ASSR), 231

República Socialista Soviética da Ucrânia, 272

República Socialista Soviética do Azerbaijão, 179-83

República Tcheca, 451

repúblicas populares, 28-9, 294-5, 301-2, 310, 327, 340, 369, 383, 398-9, 434

Réquiem (Akhmatova), 248

Resistência, francesa, 326

Révai, József, 358

revolução dos bichos, A (Orwell), 364

Revolução Húngara (1956), 410, 420

Revolução Russa, 23, 37, 45, 67, 82, 89, 122, 145, 220, 227, 231, 435, 440, 447, 449

Rhee, Syngman, 200, 383

Rheims, França, 141

Ribbentrop, Joachim von, 63

Riga, 238

Rikov, Alexei, 47-8

Riumin, Mikhail, 427

Rokossovski, Konstantin, 102, 108, 111, 130, 133, 139, 140, 177, 399

Roma, 112

Romênia, 26, 93, 101, 103, 104, 113, 134, 155, 165, 172, 175, 190, 283, 284, 286-8, 290-5, 295, 306, 313, 357, 365, 368, 369, 414-5, 420

Roosevelt, Eleanor, 137

Roosevelt, Elliott, 209

Roosevelt, Franklin D., 23, 77-81, 84, 94-100, 102, 108, 109, 112-26, 133-7, 163-4, 165, 169, 170, 171, 172, 178, 190, 195, 206, 209, 217, 218-9, 268, 291, 315, 316, 317, 325, 335, 348, 438

Roskin, Grigori, 251-5

Rostov, 42, 212

roubos de alimentos, 40, 155-7

Ruhr, vale do, 88, 128, 131, 189, 193, 341, 343

Rússia, tsarista, 15-7, 18, 21, 24, 83, 178, 208, 229, 248-9, 258, 449

"Russos Brancos", 217, 231

Sacalina, ilha de 196, 199

Sadchikov, Ivan, 182

Saint-Lô, penetração, 112

Sakharov, Andrei, 398

Salisbury, Harrison, 438

Salônica, Grécia, 321

Samarcanda, 236

Saratov, 154, 228

Sarre, 128, 189

"Satélite Número Um", 309

Sato Naotake, 197

Saxônia, 339

Scherbakov, Alexander, 427, 428, 429

Schnurre, Karl, 72

Schutzmannschaften (forças auxiliares de polícia), 224

Sebastopol, 246

Seção da Ciência de Agitação e Propaganda (Agitprop), 147

Securitate (polícia romena de segurança), 294-5, 415

Seelow, elevações, 139

Segunda Frente Bielorrussa, soviética, 129, 133, 140

Segunda Frente Ucraniana, soviética, 297

Segunda Guerra Mundial, 18, 20, 23-5, 28, 61-142, 143, 146, 163, 203, 228, 283, 323, 330, 331, 334, 395, 398, 435, 443, 449

Segurança de Estado StB (Státní bezpečnost), 273, 416

sem raízes (besrodnii), 256

Serov, Ivan, 231, 238

Serviço de Segurança (Darjhavna sigurnost) (DS), 285

sérvios, 304, 306, 307, 308, 310

Seul, Coreia do Sul, 393

Shelepin, Alexander, 66

Shkiriatov, camarada, 431

Shostakovich, Dimitri, 250

Shtemenko, Serguei, 131, 133

Shtykov, T.F., 386

Siantos, George, 315

Sibéria, 15, 154, 157, 229, 232, 236, 240, 422, 430

Sicília, 95

Sikorski, Władysław, 274

Silésia, 276-7, 278

Simonov, Konstantin, 255, 406, 433, 435, 447

sionismo, 404-7, 414, 417, 418, 428, 429, 432

Skorzeny, Otto, 104

Slansky, Rudolf, 273, 416-7, 418

Slezkine, Yuri, 433

SMERSH (Smert Shpionam), 138, 285

Smith, Walter Bedell, 251, 254, 360

Smolensk, 153

social-democratas, 270, 237, 291, 298, 299, 337-8, 339

socialismo, 19, 30, 35, 67-8, 93, 264, 267, 268, 270, 273, 274, 291, 296, 298, 299, 327-8, 331, 356, 358, 360, 364-6, 369-71, 372, 380, 389, 403, 407, 412, 414, 416, 419, 424-5, 440, 448-52

"socialismo em um só país", 35, 93

Socialistas (PSI), 331

Socialistas (SFIO), 327-8

Sofia, 284-5, 286, 287, 412-4

Soljenitsin, Alexander, 159, 439

Sombra estrangeira (Simonov), 255

Sorokina, Marina, 223

Soviete Supremo, 116, 254, 435, 444-5

sovietização, 27, 107, 315, 345

Spree, rio, 140

SS Sonderkommando 10a, 220

SS, 195, 215, 220

Stalin, prêmio 148, 252, 255

Stalin, Josef

agenda política de, 16-7, 29-30, 33-8, 80-1, 104, 112-26, 139, 143-6, 163-4, 186, 193-4, 200-3, 205, 264-321, 323, 351-81, 389, 403, 423-41

ambições territoriais de, 62, 64-9, 81-4, 97-126, 186-90, 196-203, 323

aniversário de, 257, 295, 305, 385, 411

antissemitismo de, 296, 404-7, 410, 423, 426-33, 436

apaziguamento de, 170-3, 187

apaziguamento nazista por parte de, 61-5, 66-7, 67-75, 78, 79, 87, 91, 115-6

apoio popular para, 49-50, 77, 123-4, 200, 256-8, 396, 436-41

avaliação histórica de, 20-2, 26-9, 43-4, 59, 97-8, 111-2, 130-1, 152, 155, 180, 189, 190-2, 194, 221-2, 227, 256-7, 278-81, 351-6, 389, 398, 429, 541-2

biografias de, 16, 28-9, 257

casamento de, 44-5

como bolchevique, 15-6, 19, 24, 38, 41, 45, 58, 64, 67, 92, 94, 117, 224, 258, 304, 315, 405, 434, 441

como chefe (*Kkozyain*) ou líder (*Vojd*), 10, 34, 43, 50-1, 91, 109-10, 118, 126, 132, 136, 144, 145, 150, 190, 193, 194, 218, 234, 249, 265, 289, 305, 314-25, 333, 369, 372, 383, 385, 386, 410, 427, 431-2, 434

como comunista, 15, 16-27, 28, 29-30, 33-5, 41, 53, 62-4, 69, 71, 77, 84, 85, 92, 98, 107-12, 114-9, 133-7, 142, 145-6, 164-5, 174-83, 190-2, 201-3, 227, 256-8, 263-321, 356-86, 403-4, 423-52

como georgiano, 15, 16, 51, 438

como herdeiro de Lenin, 15-20, 24-5, 29, 33-6, 37-8, 62, 77, 93, 146, 257, 371-2, 405, 423, 435, 439-40, 448

como membro dos Três Grandes, 23, 94-126, 167, 173, 186, 190, 209-10, 335, 364

como revolucionário, 15-27, 29, 33-48, 85, 145-6, 177-83, 186, 200-3, 289, 306, 316-7, 364-68, 443-4

conspirações contra, 52-3, 57, 89, 148, 426-33, 436

correspondência de, 39, 93, 117, 128-9, 135-6, 154-5, 178, 218, 238, 383-4

culto à liderança de, 19-20, 21-2, 29-30, 36, 40, 43, 50, 58-9, 124-5, 154-5, 256-9, 295, 303-4, 437-41, 445-6

dachas de, 43, 76, 141, 150, 363, 385, 436

deportações ordenadas por, 18, 28, 41, 42, 55-60, 64-9, 178, 213, 221, 227-44, 430-3

derrota alemã e, 117, 123, 127-42, 164, 175, 186-90, 324-5

derrota japonesa e envolvimento de, 53, 117, 124, 165, 168, 183, 185, 192, 194-203

discursos de, 16, 29, 35, 50, 68, 72, 122, 140-1, 143, 145-6, 196, 201-2, 220, 433

ditadura de, 16, 28, 29-30, 33-60, 68-9, 71-2, 75-7, 123, 125, 141, 143-60, 167-8, 227, 248-56, 283-4, 289, 295, 303, 306, 318, 341, 356-86, 394-6, 403-52

elite governante de, 34-8, 125, 144-6, 148-51, 435-6

entrevistas de, 221

escritos de, 257-9, 378, 326-426, 433-4

estratégia militar de, 24-5, 26, 27-8, 51-3, 61-84, 87, 90, 94-5, 95-6, 100-12, 127-42, 143, 194, 203, 257, 296-7, 383-401

execuções ordenadas por, 17, 40, 46-7, 51-60, 65-8, 82, 138, 150, 208-20, 223, 238-44, 253, 290, 358, 405, 409, 411-9, 426-33, 446-7, 448

filmes assistidos por, 149-50, 197

gosto pela bebida de, 45, 144-5, 150-1, 423

histórico de vida de, 15-6

inimigos políticos eliminados por, 17-20, 27-8, 34, 44-60, 64-9, 83, 88, 92, 141, 174-5, 177, 205-25, 241, 245-58, 289-90, 357, 376, 407-8, 410, 411-20, 448-52

invasão alemã derrotada por, 117, 123, 127-42, 164, 175, 186-90, 324-5

julgamentos públicos ordenados por, 46-51, 53, 89, 92, 149-50, 174-6, 177,

206-25, 242, 253, 283, 357, 376, 408, 410, 411-20

kulaks perseguidos por, 36, 37, 38, 45, 49, 53, 58, 154, 159, 238, 240, 243, 307, 372, 418, 419, 425, 446

legado de, 426-7, 436-52

meses finais de, 423-41

morte de, 160, 418, 422, 426, 433, 437-41, 448

motivações ideológicas de, 20-3, 25, 26-7, 28, 29-30, 33-6, 37-8, 58-9, 71, 73-4, 84, 89, 92, 118, 142, 191, 230, 244, 245-59, 263-321, 351-84, 394-6, 423-41, 444, 446, 448, 450

na Conferência de Ialta (1945), 116-26, 131, 132, 133, 135, 136, 165, 167, 175, 176, 188, 199, 209, 217, 291, 317, 319, 364

na Conferência de Potsdam (1945), 178, 181, 183, 185-94, 195, 196, 197, 199, 272, 277, 287, 335

na Conferência de Teerã (1943), 23, 94-100, 116, 178, 182, 190, 209

nome de, 15

objetivos pós-guerra de, 81-4, 95-5, 107-8, 125, 131-2, 163-203, 227-44, 256-8, 263-325, 356-81

opiniões revisionistas *versus* tradicionalistas sobre, 20-2, 71-2, 118, 167-8, 169

personalidade de, 15-6, 45, 52, 95, 97-8, 118, 133-7, 144-6, 149-50, 190-2, 254, 363, 370, 403, 423, 430-3, 437

política de censura de, 245-59, 405-7, 430, 433, 447

política de coletivização de, 19, 35, 42, 45, 155, 231, 234, 240-1, 243, 295, 373, 419, 426, 439, 446

política de ocupação da Alemanha de, 82-3, 95, 96-7, 119, 120-1, 128, 141-2, 174, 188, 276, 297, 324, 328-9, 334-44, 356-7, 366, 374-80

política externa de, 20-7, 55-60, 77-8, 125-6, 133-7, 145, 378-407

política grega de, 303, 306, 313, 315-21, 367, 369-70, 371, 443

política iraniana de, 173, 178-83, 191, 443

política turca de, 173, 178-80, 191, 443

políticas agrícolas de, 19, 28, 35-48, 51, 54, 73, 147-9, 153-5, 156, 172, 240, 267, 426

políticas albanesas de, 303, 307, 311-5, 368, 369, 370, 408-9

políticas asiáticas de, 381, 383-401

políticas búlgaras de, 283, 284-90, 298, 304, 313, 314, 317, 321, 357, 360, 365, 368, 369, 370, 371, 412-3, 420

políticas chinesas de, 369, 383-401, 434, 435, 443, 444

políticas da Guerra Fria de, 17, 20, 21-2, 27-8, 29, 108, 118, 160, 163-201, 205, 227, 263-356, 373-81, 398, 421, 444

políticas de retaliação de, 203, 205-32, 238-44, 327, 330

políticas econômicas de, 25, 27, 35-6, 37, 72-4, 118, 145, 146-50, 152, 156-7, 160, 164-5, 246, 257, 349-50, 351-6, 365-76, 386, 399, 424-7, 433-5, 443, 445-6, 449-51

políticas húngaras de, 277, 283, 284, 296-302, 304, 313, 338, 365, 368, 369, 409-12, 414, 416, 418, 420, 450

políticas industriais de, 18-9, 44, 58-9, 147, 265, 425-6, 445-6

políticas iugoslavas de, 286, 289, 303-11, 313, 314, 315, 317, 321, 357, 363-75, 380, 403, 407, 409, 414, 443

políticas para a Europa Ocidental de, 323-56, 357-8, 365-6, 374-81, 389-90

políticas para a Europa Oriental de, 263-321, 325-8, 333, 335-6, 338, 345-8, 350, 355, 356-81, 389, 398, 403, 407-22, 423, 434, 440-1, 443-4, 449-50 políticas para Alemanha Oriental de, 363, 374-81, 418-22, 443

políticas polonesas de, 55-6, 58, 62, 64, 83, 91, 92, 98, 107-8, 114-5, 117, 122-3, 131, 136, 164, 165, 172, 173, 174-7, 183, 190, 193, 242, 241, 263-8, 270, 274-81, 286, 308-9, 359, 360, 363, 364, 367, 369, 371, 399, 411-2, 450

políticas romenas de, 283, 284, 287, 290-5, 296, 306, 313, 357, 365, 368, 369, 414-5, 420

políticas tchecas de, 263, 266, 268-74, 277, 278, 278-81, 286, 308, 359-61, 365, 369, 371, 415-8, 420

prisões ordenadas por, 37-8, 51-60, 64-9, 150-1, 174-214, 223, 238-44, 249, 252-3, 280-1, 367, 405-6, 409, 410-1, 355-422, 426-33, 447

programa atômico de, 164, 187-92, 396-9, 400

pronunciamentos pelo rádio de, 77, 82, 140, 142, 143, 196, 203, 205-32, 238-44, 327, 330

relação com Truman e opinião sobre, 164-203, 287, 311, 318-20

relação de Hitler com, 24, 62, 63, 68-75, 78, 79, 80, 87, 118, 140-1

relação de Roosevelt com e opiniões sobre ele, 23, 77-81, 84, 94-8, 102, 108, 109, 112-26, 133-7, 163, 166, 169, 170, 171, 176, 190, 195, 206, 209, 217, 218, 291, 315

relações Churchill com, e suas opiniões sobre, 77-9, 83, 94-100, 102, 108, 109, 112-26, 129, 131, 132, 133, 134, 135, 136, 144, 145, 164, 167-8, 170-1, 173, 183, 185-6, 187, 189, 190, 194, 206, 209, 215-6, 264, 277, 278, 284, 300, 303, 306, 315, 316, 319

retratos de, 123-4

saúde de, 143, 151, 436-7

sobre o Comitê Central, 34-5, 37, 40-2, 46, 50, 51, 69, 93, 114, 145, 147, 155, 246, 248, 250, 291, 359, 371, 404, 405, 428, 433, 435, 437, 449

sobre o Politburo, 17, 34-6, 40, 52, 53, 54, 61, 62, 75, 93, 125, 145-6, 149-50, 180, 238, 240, 253, 255, 333, 405, 425, 432, 435-6, 449

sucessores de, 148, 436

terror empregado por, 17-9, 29-30, 34, 41, 42-4, 49-69, 107, 110-1, 140, 152, 157-60, 258, 304, 308, 407-22, 424, 429

testamento político de, 423-41

Trotski como oponente de, 35, 48, 52, 371, 446

Stalingrado, 18, 42, 45, 80, 90, 102, 131, 153, 154, 205, 228, 231

stalinismo, 51, 120, 155-8, 248-51, 256-9, 283-4, 303, 304-5, 311-2, 314, 324, 356-81, 385, 399, 400-22, 443-52

stalinização, 303

Stankova, Marietta, 285

Stargard (Szczecinski), 131

Stasi (Staatssicherheit) (Ministério da Segurança de Estado), 419-22

Stavropol, distrito, 214, 223

Stettinius, Edward, 117, 119, 123, 164, 172, 174

Stimson, Henry, 81, 166, 167, 188, 195, 325

Stojanović, Svetozar, 373

Šubašić, Ivan, 123

Sudetos, 268, 274, 279

suicídio, 216, 218

sunitas, muçulmanos, 235

Supremo Quartel-General das Forças Expedicionárias Aliadas (SHAEF), 128, 131

ÍNDICE

Suslov, Mikhail, 404
Sverdlovsk, região de, 59
Szálasi, Ferenc, 104, 296
Szklarska Poręba, 365

T-34, tanque de guerra, 109
Tabor, campo de concentração, 271
Tabriz, 180-1, 183
Taiwan, 387, 393
Tallinn (Reval), 101
Tammerfors, Finlândia, 405
tanques, 94, 109, 131, 139
Tarchiani, Alberto, 332
tártaros, 229, 230, 235-7, 430, 447
TASS, 182, 430
Tática da dissimulação (*maskirovka*), 128
taxação, 35, 244
Tchecoslováquia, 26, 93, 99, 108, 155, 175, 189, 190, 205, 220, 355
Teerã, 114-5
Terceira Frente Bielorrussa, soviética, 129
Terek, distrito, 43
Theresienstadt, campo de concentração, 271
Thorez, Maurice, 326-9
Tiflis, Geórgia, 17
Tikhon, patriarca, 94
Tildy, Zoltán, 299
Timashuk, Lidia, 148
Timoshenko, Semion, 72, 75, 76
Tirana, Albânia, 313
Tito (Josip Broz), 92, 123, 304-11, 313, 314, 315, 317, 365, 368-74, 403, 408, 410, 412
Togliatti, Palmiro, 330, 331, 332-3
Tolstoi, Alexei, 223
Tomarov, distrito, 156
Tömpe, András, 298
Tóquio, 198
Torgau, Alemanha, 140
"trabalhadores do leste" (*Ostarbeiter*), 214
Trácia, 287

traição, 48, 53, 214-20, 232, 238-41, 310-1, 372, 448
Transcaucásia, 178
"transferências populacionais", 28, 99, 115, 123-4, 178, 193, 227-44, 268-74, 315, 342, 447
Tratado de Dunquerque (1947), 348
"tratados de amizade", 264, 268-9, 370
Tratado de Lausanne (1923), 275
Tratado do Atlântico Norte (1949), 398
Tratado Sino-Soviético de Amizade, Aliança e Assistência Mútua (1950), 202, 385
Tribunal de Honra, 253
Tribunal Militar de Nuremberg, 210
Trieste, Itáli, 171, 307
Trinity, campo de provas, 168
troika, tribunais de, 54, 56
trotskistas, 46-7, 59, 410, 445
Trotski, Leon, 34, 48, 52, 371, 446
Truman, Harry S., 137, 163-203, 287, 301, 311, 318-20, 329, 332, 336, 344, 345-56, 366, 373, 388, 389, 392-3, 394, 397
Tucker, Robert, 254
Tukhachevsky, Mikhail, 52
Turquia, 173, 178-9, 191, 229, 237, 275, 315, 318, 320, 355, 443

Ucrânia, 24, 28, 38, 39-40, 41, 42-4, 51, 58, 59, 64, 110, 115, 122, 151, 154, 175, 207-8, 212, 220, 222, 223, 227, 235, 241-4, 272, 293, 443, 450
Ulbricht, Walter, 336, 338, 357, 379
"Ultimato de Truman", 182
União Democrática Cristã (CDU), 339-40
União dos Escritores Soviéticos, 248, 433, 448
União Soviética
   agricultura na, 19, 28, 35-48, 53-4, 72-3, 147-9, 154, 156, 172, 240, 266, 426
   ajuda econômica dos EUA à, 165, 167, 171, 175, 179, 180, 265, 325

aliança alemã da, 62-4, 73, 91, 205-6, 210-14, 227-32, 238-44

armas nucleares da, 163, 188-92, 396-9, 400

atividades de espionagem na, 55, 57, 59, 70, 95, 119, 133, 136, 138, 169-70, 191-2, 215, 228, 238, 351, 398, 406, 408, 428

baixas em tempo de guerra da, 18, 43-4, 76, 104, 119, 127, 138, 139, 140-1, 152, 220-44, 297, 245-7, 250, 251-6, 405-7, 431, 433

burocracia na, 59, 156, 218, 252

campesinato da, 35-6, 49, 54, 58, 155, 159, 238, 240, 244, 307, 372, 418, 419, 425, 445

campos de trabalhos forçados da, 44, 53-4, 60, 103, 152-3, 202, 208, 217-8, 228-9, 241, 324, 432-3; *ver também gulag*, campos de trabalhos forçados

cobertura da imprensa na, 50, 81, 84, 89, 93, 94, 150, 216, 221, 248, 251, 257, 370, 373, 375, 420, 429, 433-4, 445

colapso da, 241

comércio exterior da, 43, 62, 72-5, 80-5, 155, 268, 360, 368-9, 385-6

crime na, 36-7, 40, 54, 82, 156, 210

economia da, 25, 27, 35-6, 37, 73, 118, 143, 145, 146-50, 152, 157, 159-60, 165, 246, 349-50, 351-6, 365-76, 386, 399, 424-6, 434-5, 443, 445-6, 450

estratégias da Guerra Fria da, 18, 20, 21-3, 27, 29, 108, 118, 158, 160, 163-201, 205, 227, 263-5, 365, 373-81, 398, 421, 443-4

expansão territorial da, 63, 64-9, 82-4, 98-100, 107-26, 186-90, 197-203, 323

fomes na, 28, 39-44, 153-5, 156, 172, 270, 425

forças militares da, *ver* Exército Vermelho

fornecimento de grãos da, 39-43, 44, 73, 155, 268

fronteiras da, 83, 86, 91, 98-100, 115, 116, 121, 122-3, 183, 189, 193-4, 203, 205

habitação na, 157, 426

influências ocidentais na, 245-7, 250, 251-6, 405-7, 431, 433

intelligentsia na, 55, 245-59, 404-7

invasão alemã da, 20, 28, 52, 68-105, 118, 151, 153, 158, 192, 195, 196, 202, 203, 205-25, 227, 229-32, 238, 241, 291, 303, 324

limpeza étnica na, 28, 29, 55-9, 64-9, 91, 99, 152, 159, 207-13, 227-44, 447

literatura na, 246-9, 254-6, 257, 433, 447

mapas da, *12*

minoria alemã na, 56, 58, 59, 152-3, 159, 207-13, 227-9, 231, 234, 235, 237, 243-4, 447

mulheres na, 153, 159, 213, 228, 437, 440, 445

na corrida armamentista, 20, 191, 397

níveis dos salários na, 425

padrões de vida na, 153-8, 449-52

Partido Comunista da, 36, 40, 46, 108, 145, 212, 253, 366, 396, 433-4, 445-6

período pós-guerra da, 25, 27, 82-4, 94-6, 107-8, 125-6, 132, 141, 143-60, 163-203, 227-44, 256-8, 263-324, 256-81

pesquisa científica na, 147-9, 251-55

planos quinquenais da, 35, 37, 42, 44, 146-7, 350, 426, 446

polícia secreta da, 15, 38, 41, 42, 47, 94, 150, 208, 243, 245; *ver também* NKVD

população da, 152-3, 157

processo de reabilitação (*reabilitatsiya*) na, 431, 446-7, 448

Produto Interno Bruto (PIB) da, 449

recenseamento na (1953), 158

ÍNDICE

relações britânicas com, 61-2, 69-70, 71, 75, 77-126, 131, 133-5, 152, 163-4, 177, 179-80, 181, 192, 195, 202-10, 215-6, 221, 222-3, 256, 264, 284, 288, 290, 300, 305, 311, 318, 324, 341-4, 360, 374, 377, 378, 391, 393-9

relações dos EUA com, 21-6, 69, 70, 73, 77-126, 133-7, 152, 163-94, 202-3, 205-6, 206-10, 216-9, 221, 247, 251-6, 257, 264, 265, 284, 286-9, 290, 300, 317-21, 323-4, 341-3, 349-50, 359-61, 366, 368, 380, 383-401, 403, 405, 420-1, 435

reparações para, 121-2, 141, 175, 324, 336, 340, 342, 343

reservas petrolíferas da, 87, 179, 181-3

segurança nacional da, 22, 24, 50, 59-60, 61, 122, 125, 146, 166

sistema de cotas na, 40, 55, 154, 232, 233, 241

sistema jurídico da, 36-7, 156, 211

suprimentos bélicos para a, 77-81, 89, 130

ver também cidades e vilas específicas

unidades de prisioneiros (shtraf), 103, 138

UPA (milícia ucraniana), 242-3, 244

Urais, montanhas dos, 39, 157

Ustasa, 304, 308

Uzbequistão, 57, 235-7

Vandenberg, Arthur, 346, 355

Varsóvia, 64, 108-12, 123, 128, 136, 177, 264, 270, 276

Vassilevski, Alexander, 120, 196-7, 199, 200

"Vassoura Vermelha", 243

Vatutin, Nikolai, 75, 76

Veneza Júlia, 314

Viena, 135, 139, 141, 340

Vietnã, 201, 258, 386, 400, 444

Vinnitsa, 207, 242

Vinogradov, Vladimir, 428

Virumaa, Estônia, 239

Vishinski, Andrei, 51, 292, 376, 379

Vístula, rio, 108, 110-1, 128, 129, 177

Vitebsk, 101

Vladivostok, 42

Vlasik, Nikolai, 123

Vlasov, Andrei A., 214-5

Vojvodina, 308

Volga, rio, 42, 44, 228, 231, 447

Volhinia, 242

Volkogonov, Dimitri, 76

Volksdeutsche (povo alemão), 229

Voronej, 154

Voronov, N.N., 75

Voroshilov, Kliment, 43, 48, 52, 66, 68, 297, 298, 299, 435-6

Voz da América (VOA), 253

Voznesensky, Nikolai, 76, 148-9

Waddams, Frank, 310

Waffen-SS, 215

War Economy of the USSR in the Great Patriotic War, The (Voznesensky), 148

Wehrmacht, 24, 70, 83, 87, 102-3, 129, 130, 137, 138, 153, 211, 215, 216-34

Welles, Sumner, 332

Willkie, Wendell, 78

Wolf, Mischa, 357

Wolff, Karl, 137

Xinjiang, 385

XIV Congresso do Partido (1925), 35

XIX Congresso do Partido (1952), 145, 396, 433-37

Xoxe, Koçi, 314, 409

XV Congresso do Partido (1927), 145

XVI Conferência do Partido (1929), 37, 145

XVII Congresso do Partido (1934), 46

XX Congresso do Partido (1956), 445

Yagoda, Genrikh, 38, 47, 51
Yakovlev, Alexander, 431, 448
Yaroslavl, 431
Yenukidze, Abel, 18

Zachariadis, Nikos, 315, 317, 320, 321
Zagreb, 307

Zerabulak, 236
Zinoviev, Grigori, 34-5, 46, 48
"zona de segurança", 22
Zoschenko, Mikhail, 247-8
Zossen, Alemanha, 140
Zubok, Vladislav, 22

Este livro foi composto na tipologia Minion Pro
Regular, em corpo 11/15, e impresso em
papel off-white no Sistema Cameron da
Divisão Gráfica da Distribuidora Record.